더 나은 미래를 위해

미래학자 최윤식

한국 위대한 반격의 시간

한국 위대한 반격의 시간

지은이 최윤식·최현식
펴낸이 최현식
펴낸곳 미래세상

초판 1쇄 발행 2022년 4월 25일
초판 3쇄 발행 2022년 5월 16일

출판신고 2021년 6월 25일 제2021-000209호
06239 서울시 강남구 테헤란로8길 33, 6층
Tel 010-3444-0910 Fax 070-8233-2150

ISBN 979-11-975504-3-0 (03320)

www.cysinsight.com

한국
위대한
반격의 시간

일본을 추월하고
중국과 대등한 싸움을 할
완벽한 시간이 온다

GREAT COUNTERATTACK

최윤식 · 최현식 지음

미래세상

"논리적이면 방향을 잃지 않고,
직관적이면 풍부한 아이디어를 얻기에 좋다."

　　코로나19 대재앙으로 한국의 미래 방향에 큰 변화가 일어나고 있다. 코로나19는 단일 변수지만, 참 많은 영향과 변화를 유도하고 있다. 한국의 미래 방향, 빅체인지의 미래 징후는 오래전부터 나타났지만 코로나19 대재앙 시기를 거치면서 더욱 뚜렷해졌다. 동시에 코로나19가 만들어낸 글로벌 정세 변화나 기술 발달의 가속화로 인해서 새로운 게임도 시작되었다. 한국 정부, 기업, 국민이 무엇을 선택하느냐에 따라서 빅체인지 시간을 위대한 반격의 시간으로 만들 수 있다. 필자가 한국의 미래 시나리오를 전면 업그레이드한 이유다.

　　필자는 코로나19 이후 한국의 불확실성을 돌파하는 통찰력을 원하는 독자들을 위해 과거와는 다른 '좀 더 진일보한 시나리오 구축 방법'을 사용해서 한국의 미래를 더 넓고 풍부하며 생동감 있게 묘사했다. 예를 들어, 과거 시나리오에서는 미래산업, 글로벌 정세 변화 등을 개별적으로 다루었다. 하지만 이번 작업에서는 글로벌 정세 변화와 4차 산업혁명 기술 시나리오들을 배경 시나리오로 삼고, 그 위에 한국의 미래 기회와 위기 시나리오들을 교차하여 쌓아 올리는 기술을 사용했다. 또한 과거에는 시대변화, 한국의 기회와 위기, 뜻밖의 미래 시나리오들을 시간 순서에 따라서 서술했다. 그러나 이번에 최종 도출한 한국의 미래 시나리오들은 네 가지의 각기 다른 거시적 사회변동 패턴을 적용하여 별도로 작업했다. 마지막으로, 큰 시나리오 안에 작은 시나리오들을 삽입하는 방법도 사용했다. 필자가 네 개의 큰 시나리오를 구성하면서 가장 중심에 둔 불확실성 변수 두 가지는 4차 산업혁명기 기업경쟁력, 글로벌 패권전쟁의 향방이다. 부수적 변수들로는 금융시스템 안정 여부(부동산, 주식시장 영향), 북한 정세, 한국 인구구조 영향의 수준, 기후변화 영향, 정치적 내전 여부 등을 사용했다.

　필자가 시나리오 작업을 하면서 느낀 것이 있다. 코로나19 대재앙 사건을 거치면서 한국 내부에서는 도약과 붕괴의 두 힘이 동시에 꿈틀거리기 시작했다는 것이다. 코로나19를 거치면서 두 힘 모두 강력해지고, 서로 경쟁하듯 움직이면서 어느 한 쪽의 미래를 장담할 수 없게 되었다. 그래서 두 힘을 따로 떼어서 미래를 예측했다. 예를 들어, **시나리오1. 도약, 일본 추월**은 금융시스템이 안정(가계부채)되고, 북한 변수가 한국 경제에 큰 영향을 미치지 않는 상태에서 새로운 수출동력 확보(4차 산업혁명기 기업경쟁력)에 성공하며, 미·중 패권전쟁(글로벌 공급망 재편, 금융전쟁, 인재전쟁, 자원전쟁, 무역전쟁 갈등 등) 영향에 부정적으로 휩쓸리지 않고 틈새를 이용하는 기회를 포착한다는 시나리오다. 필자는 이 시나리오를 한국 온 국민이 '선호하는 미래(A Prefered Future)'라고 부른다. 반면, **시나리오2. 붕괴, 내전**은 한국 내부에서 강력하게 움직이는 또 다른 미래 가능성을 다루었다. 한국 경제가 다가오는 글로벌 경제 대위기에 직격탄을 맞고, 경제 복원력이 늦어지면서 오랫동안 심각한 후유증에 시달리는 것이다. 이미 시작된 미래인 '제4차 산업혁명기'가 선물하는 새로운 미래 기회를 붙잡는 데도 뒤처지면서 앞으로도 몇십 년 동안 추격자의 위치를 벗어나지 못한다.

가계부채 충격, 심각한 부의 불균형 분배, 극단적 정치 분열로 민심이 최악으로 빠지면서 내전에 가까운 사회적 혼란이 발생한다. 미·중 패권전쟁에서 외교적 실패를 거듭하면 양쪽에서 공격당하고, 북한과도 극한 대립 국면에 빠진다. 1997년 IMF 이래 또 한 번의 혼란기를 맞는 미래다. 결코 불가능한 미래가 아니다. 충분히 논리적이고, 확률적으로 가능한 미래다. 필자는 이 시나리오를 '확률적 위기의 미래(A Possible Critical Future)'라고 부른다. 코로나19가 종식되면 한국 밖 글로벌 정세에서도 새로운 게임이 벌어질 수 있다. 필자는 새로운 게임을 예측할 때 독자들이 관점을 넓힐 수 있도록 '설마~' 하는 미래에 초점을 맞췄다. 먼 미래는 지금과 전혀 다른 세상, 완전히 뒤바뀐 세상이 되어 있을 가능성이 매우 크다. 필자는 이번 한국의 미래를 전망하는 예측서에서 이런 굵직한 미래의 힘들이 만들어내는 미래를 묘사하는 데도 중점을 두었다. 바로 **시나리오3. 새로운 게임**과 **시나리오4. 먼 미래, 뒤바뀐 세상**이다.

필자는 이번 시나리오 작업에서 한국의 '기본 미래(Baseline Future)'를 세밀하게 묘사하지 않았다. 지금 한국 내부에 서로 충돌하는 도약의 힘과 붕괴의 힘이 너무 팽팽하기 때문이다. 이런 상황일 경우에는 두 가지의 미래를 함께 생각해본 국민이 어떤 선택과 행동을 하느냐가 가장 중요하다. 필자의 속마음에서는 한국 국민과 지도자들이 아무리 어려운 환경이 펼쳐질지라도 최악의 선택을 할 가능성은 낮을 것이라고 생각한다. 그래서 필자가 생각하는 한국의 실제적 미래는 두 힘이 서로 경쟁하며 만든 균형점, '그 어디쯤'으로 귀결되리라 예측하고 싶다. 즉, 실제 한국의 미래가 이 책에서 예측한 [최악의 상황을 피하고] 한국에 유익하거나 중립적인 시나리오 2~3개가 겹쳐서 나타나는 미래다.

어떤 독자는 '바로 그 실제적 미래'에 대해서 자세하게 예측해 주기를 바랄지도 모른다. 물론 일리가 있는 요구다. 하지만 필자가 이번 시나리오 제시에서 목적한 바가 있다. 이번 시나리오 작업은 한국 내부와 외부에 존재하는 중요한 가능성을 따로 분석하고 예측하여 우리의 선택이 얼마나 중요하고, 선택의 결과에 따라 어떤 미래가 펼쳐질지를 설득하는 데 중점을 두었다. 필자가 자주 하는 말이 있다.

"미래 패자의 길은 선택이 자연스럽고 쉽다.
반면, 미래 승자의 길은 선택이 어렵고 고통스럽다."

이 말은 상식에 반대되는 말이다. 그래서 쉽게 이해가 되지 않는다. 왜 그럴까? 빅체인지 시대는 거대한 지각 변동이 일어나면서 새로운 길이 열린다. 과거의 힘과 미래의 힘이 충돌한다. 도약의 힘과 붕괴의 힘이 팽팽하다. 이런 와중에 새로 난 길은 처음에는 좁다. 심하게 진동한다. 아직 아무것도 정해진 것이 없다. 태초에 땅이 만들어질 때처럼 지각의 상태가 계속 변한다. 그래서 그 길에 발을 들여놓기가 무섭다. 의심스럽다. 불안하다. 선택이 어렵고 고통스럽다. 반면 지금 내가 발을 딛고 있는 길은 과거에도 안전했고, 현재도 안전하다. 그래서 내일도 안전할 것이라는 확신이 크다. 하지만 빅체인지 시대, 거대한 지각 변동이 일어나고 있는 시대에는 내가 밟고 있는 오래된 땅은 밑에서부터 서서히 균열과 침식과 붕괴가 일어나고 있다. 밑바닥부터 일어나는 일이라 당장 눈에 안 보인다. 그래서 위험을 인지하지 못한다. 주위가 요동치고 있을 때는 익숙한 길을 계속 가고자 하는 마음이 커진다. 익숙한 길을 가는 것이 더 쉽고 안전해 보인다. 익숙한 길을 그대로 가는 선택이 자연스럽고 쉽다. 그러나 그 길은 서서히 무너지기 때문에 미래 패자의 길로 연결된다. 코로나19 대재앙은 천재지변이다. 우리가 선택한 고통이 아니다. 그러나 코로나19 이후 미래는 우리가 선택할 수 있다. 필자는 이 책의 독자들이 좋은 선택, 더 나은 선택을 했으면 한다. 그러기 위해서는 우리 발밑에서 격렬하게 충돌하는 도약의 힘과 붕괴의 힘에 대해서 잘 알아야 한다. 그리고 한국의 미래에 영향을 미치는 글로벌 정세의 새로운 게임과 미래 변화도 알아야 한다. 부디, 필자의 시나리오가 독자들의 미래 관점을 넓혀서 좋은 선택, 더 나은 선택을 하는 데 도움이 되기를 바란다. 내일의 '더 나은 미래'는 오늘의 '더 나은 선택'이 만들기 때문이다.

 필자의 예측과 시나리오에 높은 관심을 가지고 열렬한 격려와 지지를 보내 주시는 독자들에게 한 가지 안내를 한다. 이 책에 담긴 시나리오 중에는 필자가 이전에 발표했던 시나리오가 일부 포함되어 있다. 이유는 세 가지다.

 첫째, 필자는 더 많은 독자층이 미래에 대한 통찰력을 얻도록 돕기 위해서 다양한 관점과 주제를 가지고 집필을 한다. 한국의 미래, 글로벌 정세, 메가 트랜드, 미래산업, 투자, 인재의 조건 등 다양하다. 독자층도 다양하다. 오피니언 리더, 학부모, 청년·대학생, 청소년, 어린이 등 다양하다. 하나의 시나리오를 다양한 독자와 다양한 관심 주제에 맞춰서 기술하다 보면, 시나리오 일부가 겹칠 수밖에 없다. 성인용 원고를 어린이, 청소년, 청년 등 다양한 독자층에 맞춰서 다시 기술하는 것과 비슷하다. 필자의 시나리오를 아끼고 사랑해 주시는 독자 중에는 다양한 관심사를 가진 분들이 많다. 그래서 그분들은 필자가 다양한 주제에 맞춰서 시나리오를 재해석한 책들을 모두 읽으실 수 있다. 그럴 경우, 필자의 시나리오가 겹쳐서 기술된다는 것을 발견하게 될 것이다.

둘째, 하나의 시나리오는 다른 시나리오의 배경이나 설명을 위한 자료로도 사용된다. 필자가 최대한 표현 방식을 바꿔서 기술하더라도, 독자로서는 시나리오가 재사용되는 느낌을 받을 수 있다.

셋째, 필자의 시나리오는 일정한 주기로 크고 작은 **최적화**(Optimizing) 과정을 거친다. 쉽게 말해, 필자는 세상의 변화를 읽기 위해 매일 '정보 필터링, 정보 연관화, 정보 확장화, 정보 재구조화'의 반복적 순환 작업을 한다. 그 과정에서 의미 있는 변화를 감지하면, 시나리오 수정과 업데이트를 주기적으로 한다. 이유는 간단하다. 필자는 예언자가 아니기 때문이다. 필자는 과거에 축적된 지식, 현재의 실시간 정보 등을 활용해서 논리적이고 확률적인 시나리오를 구축하는 작업을 한다. 세상은 실시간 변화한다. 시간이 지나면, 어제와 다른 변화를 알려 주는 미래 신호들이 출현한다. 경제 지표는 이런 변화가 가장 심하다. 그러다 보니 매우 짧은 기간은 아니더라도 몇 달 혹은 몇 년이 지난 후에는 새로 출현하는 미래 신호들을 반영하여 과거에 작성했던 시나리오를 수정하고 업데이트하는 작업이 필수다.

어떤 이들은 이렇게 질문할 수 있다. "시나리오를 바꿀 거면, 예측이 무슨 소용 있나요?" 아니다. 우리가 미래를 예측하는 것은 용한 점쟁이가 되기 위함이 아니다. 그 어떤 천재도 미래를 한 치의 오차도 없이 정확하게 예측할 수 없다. 그것은 신의 영역이다. 인간이 할 수 있는 최고의 미래 예측은 지금까지 나온 지식과 정보를 활용해서 논리적이고 확률적으로 미래에 대해 생각해 보는 것이다. 인간은 이런 불완전한 미래 예측 능력을 활용해서 '오늘' 미래에 대한 의사결정을 해야 한다. 콜럼버스가 신대륙을 발견했을 때를 상상해 보라. 콜럼버스가 가지고 있던 세계지도를 지금의 구글어스와 비교하면 어린아이가 장난으로 그린 수준에 불과하다. 하지만 콜럼버스는 그 지도를 가지고 신대륙을 발견했다. 미미한 정보라도 아예 없는 것보다는 몇십 배, 몇백 배 유용하다. 시나리오는 미래에 대한 미미한 정보다. 미미한 미래 정보라도 사용하는 사람에 따라서는 강력한 무기가 될 수 있다. 새로운 미래 기회와 위험을 발견하고 찾을 힘을 얻게 해줄 수 있다. 거대한 변화의 시대, 비즈니스나 투자 환경이 빠르게 바뀌는 시대에서는 의사결정 하나가 생존을 가를 수 있다. 좋은 의사결정은 '완전한 정보'도 중요하지만, '속도'도 매우 중요하다. 아무도 미래를 100% 정확하게 맞출 수 없다면, 그다음은 누가 미래 시나리오, 미래 예측 정보를 '남들보다 빠르게 수정'하여 신속하게 영점조정을 하느냐이다.

필자는 과거 시나리오를 고수하면서 고집스럽게 합리화하는 것은 의미가 없다고 본다. 중요한 것은 변화의 흐름을 빨리 포착하고, 끊임없이 미래에 대한 시각을 재조정하면서 신속하고 과감하게 앞으로 나아가는 것이다. 합리적인 독자는 완벽하고 한 치의 오차도 없는 정확한 미래 시나리오를 찾지 않는다. 가장 빨리 변화를 반영하여 신속하게 수정하고 업데이트하는 시나리오를 찾는다. 필자의 정기적인 시나리오 업데이트는 세상 변화의 템포를 놓치지 않는 방법이다. 그렇다고 시나리오가 통째로 다 바뀌는 것은 아니다. 만약 과거의 시나리오를 전부 바꿔야 한다면 큰 문제다. 과거의 시나리오가 최적화된 수준이 아니라 완전히 잘못 구축되었다는 것을 의미하기 때문이다. 필자가 시나리오를 최적화하고 업데이트한다는 것은 그런 수준은 아니다. 그래서 필자가 새로 발표하는 시나리오라도 [새로운 문학 작품이나 과학적 발견을 기술하는 것이 아니기에] 과거에 발표했던 시나리오 중에서 여전히 지금도 유효한 시나리오는 그대로 사용된다.

이 책이 나오기까지 많은 분들이 도움을 주었다. 필자와 함께 미래를 고민하고 연구해 준 최현식 부소장과 아시아미래인재연구소 연구원들에게 심심한 감사를 표한다. 한결같이 필자의 옆자리를 지켜 준 아내와 4명의 아들들, 부모님들에게도 늘 감사한 마음이다. 마지막으로, 필자를 사랑하는 수많은 독자들에게 가장 큰 감사를 전한다. 필자를 사랑하고 격려하며 날카롭게 조언해 주는 독자들은 필자가 연구를 계속해 나가는 가장 큰 힘이라는 것을 늘 고백한다.

한국 국민의 '더 나은 미래'를 예측하며
미래학자 최윤식 박사

1부

시나리오1. 도약, 일본 추월

1장 일본은 추월하고, 중국과 대등한 싸움을 한다

2장 도약하는 한국 기업, 더 나은 미래 세상

2부
시나리오2. 붕괴, 내전

1장 한국 경제, 결정적 순간

2장 한국 사회, 붕괴와 내전

또 다른 미래들 Alternative Futures

1장 시나리오3. 새로운 게임, 반격의 시간

2장 시나리오4. 먼 미래, 뒤바뀐 세상

GREAT COUNTERATTACK

1부

시나리오1.
도약, 일본 추월

일본은 **추월**하고,
중국과 **대등한 싸움**을 한다

2030년 한국, 일본 추월이 시작된다

　　필자의 『한국, 위대한 반격의 시간』 첫 번째 시나리오
는 한국 경제가 다가오는 글로벌 경제 대위기를 잘 극복하고, 이미 시작
된 미래인 '제4차 산업혁명기'가 선물하는 새로운 미래 기회를 붙잡는 데
성공하여 경제 복원력을 회복하고 또 한 번의 강력한 도약기를 맞는 미래
다. 결코 불가능한 미래가 아니다. 충분히 논리적이고, 확률적으로 가능한
미래다. 성공한다면 한국 정부, 기업, 국민의 위대한 반격의 시작이 된다.

　　코로나19 오미크론 변이가 전 세계를 강타하고 있던 2021년 12월 말,
일본경제연구센터(JCER)는 '아시아 경제 중기 예측(2021~2035년)'에서 충격

적인 전망을 하였다. 일본의 1인당 명목 GDP는 2027년이면 한국에 추월당한다는 전망이었다. 2022년에 코로나19의 마지막 기저효과가 끝나고 나면 2023~2026년까지 일본의 1인당 명목 GDP는 연 2.0%씩 성장하는 데 반해, 같은 기간 한국은 연 6.0%씩 성장하면서 일본을 추월한다.[1] 참고로, 평균임금에서는 한국이 4만1960달러로 일본(3만8515달러)을 이미 넘어섰다.

필자의 예측도 비슷하다. 다음 그림을 보자. 코로나19 발발 이전인 2019년 일본의 1인당 명목 GDP는 3만6362달러로, 한국의 3만1610달러보다 15% 정도 앞서고 있다. 필자는 한국이 '이미 시작된 미래 기회'를 붙잡는 데 성공하는 '도약 시나리오'가 현실이 된다면 2027~2028년경이면 한국의 1인당 명목 GDP는 4만 달러를 넘어설 것으로 예측한다. 반면, 같은 해 일본의 1인당 명목 GDP는 3만8~9천 달러에 머물 것으로 예측된다. 넉넉히 잡아도 2030년이면 한국의 일본 추월이 시작된다.

10년이 더 지난 2040년이면 한국과 일본의 격차는 더욱 벌어진다. 한국의 1인당 명목 GDP는 5만2~5천 달러까지 상승하지만, 일본의 1인당 명목 GDP는 4만1~2천 달러 정도 증가에 그친다. 1995년 일본의 1인당 명목 GDP(3만1046달러)는 영국(3만2715달러)이나 독일(3만615달러)과 비슷했고, 미국(4만1794달러)에 근접했으며, 세계 1위인 룩셈부르크와는 2배 차이밖에 나지 않았다. 하지만 2019년에는 3만6362달러로 독일(4만3311달러)과 영국(4만6611달러)에도 크게 뒤처졌고 미국(6만10836달러)의 60% 수준, 아시아 1위인 싱가포르(6만173달러)의 61% 수준이며 세계 1위 룩셈부르크(10만4583달러)의 35% 수준까지 후퇴하고 말았다. 미래에는 이 격차가 더욱 커질 것으로 예측된다.

---

1   박형준, "한국 1인당 GDP, 2027년엔 일본 앞지른다", 동아일보, 2021. 12. 16.

한국과 일본 1인당 GDP, 장기추세

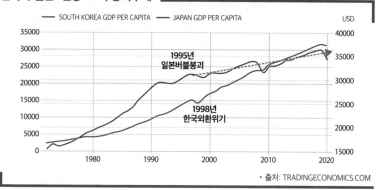

— SOUTH KOREA GDP PER CAPITA — JAPAN GDP PER CAPITA

1995년
일본버블붕괴

1998년
한국외환위기

• 출처: TRADINGECONOMICS.COM

위 그림을 보면, 1980년 초반 일본의 1인당 명목 GDP는 한국보다 4.5배 높았다. 하지만 일본의 1인당 명목 GDP는 1990년에 들어서면서 성장률이 급격하게 줄어들었다. 1995년 부동산 버블 붕괴가 발발한 이후부터는 성장 기울기가 더욱 감소했다. 일본 경제 전반이 장기침체에 빠지고, 근로자 임금도 장기간 제자리걸음 한 탓이다. [아베노믹스 시절 돈을 풀어 엔저(低) 정책을 펼쳐서 수출 기업의 이익은 늘어났지만, 그 이익이 노동자 임금 증가로는 이어지지는 않았다.] OECD 자료에 따르면, 일본 근로자 급여는 1997년을 100으로 기준 삼을 때 2020년에는 90.3으로 하락했다. 반면, 같은 기간에 한국은 158, 미국은 122, 영국은 130으로 증가했다. 한국 근로자 임금이 지난 23년 동안 58% 늘어날 때 일본은 10% 감소한 셈이다. 결국 1995~2019년까지 약 25년 동안 일본의 1인당 명목 GDP는 20% 성장에 머물렀다.

한국도 1998년에 IMF 외환위기[1997년 12월 3일 오후 7시 40분 IMF 구제금융 합의문에 서명]라는 최악의 경제위기를 만났다. 하지만 한국은 김대중 정부와 전 국민이 합심하여 단기간에 위기를 극복했다. 한국 기업들도 강력한 구조조정을 성공적으로 마치고, 새로운 산업으로 주력사업을 전환하는 데 성공했다. 그 결과, 한국의 1인당 명목 GDP는 2000년부터 위기 이전의 상승 추세를 회복했다. 참고로, 1995~2019년까지 약 25년 동안 한국의 1인당 명목 GDP는 135% 성장했다.

필자는 만약 한국이 '이미 시작된 미래 기회'를 붙잡는 데 성공하는 '도약 시나리오'를 현실로 만든다면 현재의 1인당 명목 GDP 성장 추세를 20년 정도 연장할 수 있을 것이다. 그럴 경우, 한국의 명목가 기준 국내총생산(GDP)도 2045~2050년경이면 일본을 역전할 수 있다. 다음 그림을 보자. 한국과 일본의 명목가 기준 국내총생산(GDP) 추이를 비교한 것이다. 일본의 국내총생산(GDP)도 1995년 부동산 버블 붕괴 이후부터 현재까지 27년 동안 4~5만 불 박스권에 머물고 있다. 일본의 경제가 27년 동안 정체에 머무는 동안 경쟁국들의 경제 규모는 지속해서 상승했다. 그 결과, 일본의 전 세계 GDP 점유율은 1995년 17.6%에서 2010년에는 8.5%로 낮아졌고, 2020년에는 5.9%까지 하락했다. 이런 추세라면, 2040년에는 3.8%까지 추가 하락할 것으로 예측된다. 반면, 한국의 국내총생산(GDP)은 1998년 IMF 외환위기를 극복하는 2~3년의 기간과 2008년 글로벌 금융위기 2년을 제외하면 1980년대 후반부터 시작된 성장 추세를 계속 유지 중이다.

한국과 일본 GDP, 장기추세

· 출처: TRADINGECONOMICS.COM

필자가 한국이 일본을 추월하는 시나리오를 예측하는 것은 두 가지 이유가 있다. 하나는 일본의 경제가 잃어버린 20년을 넘어, 잃어버린 30~40년으로 몰릴 가능성 때문이다. 다른 하나는 일본이 주춤하는 사이에 한국 기업이 테크 전쟁과 상상력 전쟁에서 일본 기업을 능가하는 성과를 낼 가능성이다. 첫 번째 이유부터 논리적으로 따져 보자.

일본, 계속 가라앉을 것이다

앞으로도 일본 경제가 정체에서 벗어나기 어려울 가능성이 큰 이유는 무엇일까? 2021년 12월 12일, 대장성[현 재무성] 관료를 지내고 일본 히토쓰바시[一橋] 대학 명예교수이며 일본 경제금융이론 석학인 노구치 유키오[野口悠紀雄]가 「겐다이 비즈니스」에 "20년 후에 일본은 경제 규모에서 한국에 추월당한다"는 예측을 발표했다.[2] 노구치 유키오[野口悠紀雄] 명예교수는 2000~2020년까지 지난 20년 동안 일본의 1인당 GDP 성장률이 1.02배로 한국의 2.56배보다 낮은 핵심 원인으로 혁신에는 뒤처지면서 '통화 정책[엔화 약세]에만 몰두'하고 '노동생산성 둔화'를 꼽았다.[3] 일본의 노동생산성이 한국에 뒤처진 이유는 무엇일까? '디지털 전환[DX]이 늦어졌고, 일본 조직 특유의 다테와리[たてわり, 세로로 쪼개짐] 행정 문화 때문'이란 분석이다. 노동생산성 하락 문제는 종신고용제와 연공임금제, 강력한 노조 등 일본의 경직화된 노동시장 문제와 연관이 있다. 노동시장 환경의 경직화는 조직혁신과 기업 구조개혁을 방해했고, 과잉 고용 상태를

2   박철현, "일본 노학자의 한탄 '이대로 가면 한국에 역전 당해'", 오마이뉴스, 2021. 12. 17.
3   김태균, "'쇠락하는 일본, 겸손해져야 부활의 미래있다' ...日 원로학자의 호소", 서울신문, 2022. 01. 08.

만들어 근로자 1인당 생산성과 평균 임금을 하락시켰으며, 제3차 산업혁명기에 정보통신기술(ICT) 산업에 대한 투자 속도 저하에도 영향을 주어 일본 정부와 기업의 디지털 전환(DX)을 늦추는 요인으로 작용했다.[4] 인터넷 시대는 정보의 신속한 공유가 핵심이었지만, 일본은 다테와리(たてわり, 세로로 쪼개짐) 행정 문화가 만연해서 조직 간 소통도 원활하지 못했다.[5] 노동생산성은 평균 근로시간과 취업률과 함께 1인당 명목 GDP 성장에 주요인이다. 한국은 정부 또는 기업에서 각종 행정 절차가 빠르게 디지털화되었지만, 일본은 기업 간 거래에서도 도장과 서명 등 아날로그 방식에서 오랫동안 벗어나지 못했다.[6] 행정 절차의 디지털 전환(DX) 속도 저하만 문제가 아니었다. 인터넷, 컴퓨터, 모바일 혁신들이 이어지는 제3차 산업혁명기 시절, 주요 선진국에서는 정보통신기술(ICT) 산업으로 주력 산업이 바뀌는 빅체인지가 일어났다. 글로벌 시총 상위 기업 대부분도 정보통신기술(ICT)을 기반으로 한 디지털 기업으로 전환되었다. 일본 기업은 이런 거대한 변화 물결에 탑승하는데 미국과 한국 등에 뒤처졌다. 장기침체를 벗어나기 위해 아베 신조(安倍晋三) 전 총리는 금융 완화 정책을 구사하여 엔화 약세 환경을 조성했다. 아베노믹스는 양날의 검이었다. 엔저는 수출기업의 가격 경쟁력을 만들어 이익을 높여 주었다. 하지만 엔저라는 손쉽고 달콤한 유혹에 빠진 일본 기업은 위기의식은 줄고 기술 혁신에 다급하지 않았고, 개인도 '이대로가 좋다'고 안주하면서 기업가 정신을 잃어갔다. 그 결과 1988년에 글로벌 시총 상위 20개 기업 중 14개를 일본 기업이 휩쓸었지만, 지금은 단 1개 기업도 없다. 한국은 달랐다. 수출중심 국가이지만 통화정책으로 생존을 보장받으려 하지 않았다. 변화의 시

---

4   정영효, "한국, 일본의 '잃어버린 30년' 뒤따르지 않으려면…", 한국경제, 2021. 12. 23.
5   이영희, '일본, 한국에 진다… G7 뺏길것, 일본인에 팩폭 날린 日 석학", 중앙일보, 2022. 01. 10.
6   박형준, "한국 1인당 GDP, 2027년엔 일본 앞지른다", 동아일보, 2021. 12. 16.

대를 간파하고 기술 혁신을 하면서 빅체인지 물결에 올라탔다.

일본 경제가 1995년 이후에 정체기를 벗어나지 못한 이유는 더 있다. 1995년 부동산 버블 붕괴 이후, 금융시스템이 붕괴하면서 신용 수축이 장기간 이어졌고, 주식과 부동산에서 큰돈을 잃은 일본 국민의 투자 의욕도 급격히 쇠퇴했다. 하지만 무엇보다 결정적인 이유는 버블의 형성과 붕괴 과정에서 일본 정부가 저지른 안이한 늑장 대응, 심각한 정책적 판단 미스, 땜질식 졸속 정책 반복에 있었다. 일본 정부는 인위적으로 부동산 버블을 일으킨 책임부터 시작해서 버블이 붕괴한 이후에도 부실화된 금융기관과 기업의 구조조정을 미뤘다. 버블 붕괴 이후 경기가 나빠질 때마다 25번이 넘는 경기부양책을 실시했지만, 재정 여건만 악화시켰다. 이유가 무엇일까? 일본 정부의 경기부양책은 구조적 체질 개선보다는 공적자금으로 부실기업을 연명시키고 생산성이 낮은 도로공사나 교량 공사 등의 공공사업을 확대하는 인위적인 경기부양을 시도했다. 선거를 의식해서 방만한 재정운영과 낭비도 일삼았다. 설상가상으로, 초고령 사회 진입으로 사회보장비용(의료, 요양, 연금지급 등)도 급증했다. 반면, 조세 수입은 감소했다. 1990년 일본 정부의 조세 수입은 60조 엔 정도였다. 버블 붕괴로 경제가 추락하자 2009년 일본 정부의 조세 수입은 41조5천억 엔까지 급감했다. 그 이후, 조세 수입 규모가 증가로 반전되었지만 2018년 60조4천억 엔, 2019년 58조4천억 엔, 2020년 55조 엔에 머무르면서 버블 붕괴 이전 수준을 넘어서지 못하고 있다. 그 결과 1989년 61%에 불과했던 일본 정부의 GDP 대비 부채 규모가 2019년 238%에 이르렀고, 코로나19 팬데믹이 발생한 2020년에는 266%까지 치솟았다. 2021년 기준, 일본의 GDP 대비 기업부채 115%와 가계부채 67%를 합하면 국가 총부채 비율은 GDP 대비 448%에 이른다. 이것도 150조 엔이 넘는 재투채 (재정투융자특별회계국채)와 200조 엔이 넘을 것으로 예상되는 지방자치단체

의 부채를 뺀 규모다.[7]

놀라운 사실은 이런 높은 재정 적자와 국가부채에도 불구하고 일본은 아직 외환위기를 겪지 않고 있다. 그 이유가 무엇일까? 가장 큰 이유는 일본 정부가 자국 은행을 상대로 정부 채권 대량매입을 강요했기 때문이다. 일본이 제2기축통화국이라는 점, 세계 1위의 대외순자산국[3조2천억 달러]이라는 것도 한몫을 한다. 유럽이나 아시아 국가의 중앙은행들이 엔화를 일정 수준 확보해 두려는 심리가 여전하다. 국가부채 대부분을 자국 내에서 소화할 수 있도록 압력을 가해서 외국인 국채보유 비중은 9% 수준에서 관리할 수 있고, 일본 경제의 대외신뢰도가 유지되는 덕분에 OECD 평균보다 3배 많은 국가부채에도 불구하고 모라토리엄 선언이라는 최악의 상황을 피하고 있다. 하지만 일본 은행들이 대량으로 정부 채권 매입을 할 수 있는 것은 일본 국민의 높은 저축률 덕택이다. 자발적 저축이 많으니 상업은행도 수신 금리를 올릴 필요가 없고 재정파탄도 일어나지 않는다. 이런 왜곡된 정책으로 국가 부도 사태는 피하고 있지만, '적자 대국'이라는 수모와 '소비 침체'와 '복합 불황'의 장기화라는 다른 폭탄을 얻어맞고 있다. 월스트리트 저널[WSJ]은 일본이 빠진 장기침체 수렁을 '대차대조표 불황[Balance Sheet Recession]'이라고 명명했다.[8] 대차대조표 불황[Balance Sheet Recession]은 노무라증권의 리처드 쿠[Richard Koo]가 주장한 이론이다. 가계와 기업의 빚이 감당할 수 없는 수준에 이르면 금융비용 부담이 극대화되면서 소비보다는 부채 감축에 초점을 맞추게 된다. 이런 상황에서는 정부가 어떤 경기부양책을 내놓더라도 민간 소비와 기업 투자가 살아나지 못하는 불황의 늪에 빠진다. 월스트리트 저널[WSJ]

---

7   아사이 다카시, 『2014년 일본파산』, 김웅철 역, (서울: 매일경제신문사, 2010), 194.
8   Mike Bird, "The real economic threat to South Korea", WSJ, 2019. 10. 29.

은 1995년 버블 붕괴 이후 일본 경제 참여자 전체가 일제히 채무상환에 나서면서 장기 경기침체에 빠졌다고 지적했다.[9]

문제는 문제를 낳는다. 일본 정부는 재정 적자 반복과 부채가 증가 악순환을 벗어날 기미가 보이지 않자, 2013년부터 각종 세율을 올리는 단기 처방만 반복 구사했다. 다음 그림은 버블 붕괴 이후 일본 정부의 재정 적자와 부채 증가 추세와 법인과 개인의 세율 변화 추세 그래프다. 일본 정부는 버블 붕괴 이후 법인 세율은 40% 이상 대폭 낮춰주었지만, 개인 소득 세율과 판매 세율은 지속해서 증세하여 국민 전체에게 부담을 전가했다. 그때마다 경기는 가라앉았고 소비 의욕은 꺾였다. 일본 국민의 미래 기대감도 추락했다. 일본 거품 경기 붕괴 이후에 태어난 젊은 세대에게는 '욕망이 없는 세대'라는 뜻의 '사토리 세대[さとり世代]'라는 칭호가 붙여졌고, 장년층은 '체념'이 상식이 되어 버렸다. 시장에서 퇴출당하여야 할 부실기업들이 산소호흡기에 의존하여 좀비처럼 살아남으면서 자본과 인력 흐름에 왜곡이 일어났다. 그만큼 혁신의 기회는 줄어들었다. 제4차 산업혁명기가 시작되었어도 일본 기업들은 다급함이 적었다. 연구개발 의욕도 줄어들면서 일본의 과학기술력 수준도 1995년 버블 붕괴 이후 30년 동안 쇠퇴를 거듭했다. 예를 들어, 논문 재인용 수치를 나타내는 'TOP 10% 보정 논문 수' 평가 기준으로 1989년 전후에는 세계 3위였지만 2015년에는 9위로 떨어졌다.[10] 기업, 정부, 사회 전체가 변화를 두려워하고 스스로 만든 울타리에 갇혀서 빠져나오지 못하는 '갈라파고스 함정'만 깊어졌다. 판을 바꾸는 혁신보다는 개선[改善, 카이젠]에만 매달렸다.

9   Barron's, 2010.1.4. Leslie P. Norton, "A Japanses Rx for the West: Keep Spending" WSJ, 2014.12.4. Eleanor Warnock, "Europe's Remedies for Japanization"
10 월간중앙, 2021.8.7. 최치현, "일본 정부 '잃어버린 30년' 미봉책 일관"

일본 정부 예산과 GDP 대비 정부부채 장기추세

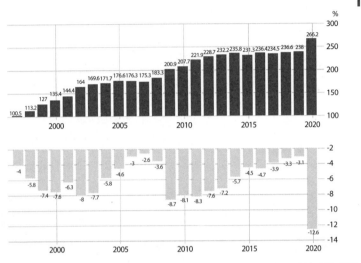

• 출처: TRADINGECONOMICS.COM | MINISTRY OF FINANCE, JAPAN

일본 법인 세율과 개인 및 판매 세율 변화 장기추세

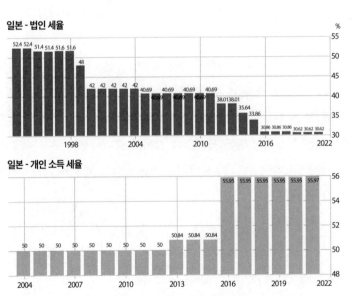

• 출처: TRADINGECONOMICS.COM | NATIONAL TAX AGENCY

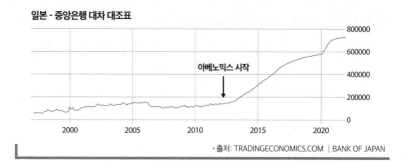

일본 - 중앙은행 대차 대조표

아베노믹스 시작

- 출처: TRADINGECONOMICS.COM | BANK OF JAPAN

실패도 성공도 아닌 아베노믹스

장기침체와 엔고 탈출을 위해 모든 정책 수단을 동원했던 아베노믹스(Abenomics) 시절도 큰 차이가 없었다. 2012년 12월 16일 총선 승리로 자민당 총리가 된 아베 신조는 '2~3% 인플레이션율 목표, 무제한 금융완화, 마이너스 금리 정책'을 앞세워 장기침체를 벗어난다는 경제목표를 세웠다. 다음 그림에서 보듯, 아베노믹스가 시작되면서 일본 정부는 재정 투입을 줄였다. 대신, 중앙은행인 일본 은행을 동원하여 다른 차원의 양적 완화 정책(중앙은행이 정부 발행 국채를 직접 사들이는 정책)을 폈다. 금융 완화를 통한 돈 풀기로 경기를 살린 후 구조개혁을 단행하겠다는 전략이었다. 아베노믹스는 2020년 아베 신조가 물러날 때까지 유지되었다. 결과는 어땠을까? 무제한 돈 풀기는 환율 효과로 이어지면서 대기업 수출이 급증하고 주식 가격 상승을 이끌었다. 드디어 일본 경제가 무기력과 패배주의에서 벗어났다는 평가도 나왔다. 그러나 수입 물가가 치솟고, 자산버블이 재현되었으며, 소비세율 인상과 맞물려 서민만 살기 어렵다는 불만이 커졌다. '선(先) 경기진작, 후(後) 구조개혁'을 약속했지만, 산업 경쟁력 강화를 위한 구조개혁은 여전히 의문부호에 머물고 있다. 일부에서는 일본 경제가 살아난 것처럼 눈속임에 불과하다는 비판이 쏟아지면서 '아호노믹스'[아호'는 바보라는 뜻의 일본말]라는 평가마저 나왔다. 필자는 아베노믹스를 바보 같은 정책이었다고 평가하는 것은 너무 과하다고 본다. 하지만 성공도 실패도 아닌 정책이었다는 것은 분명하다. 일본의 추락을 가속하는 자살적 정책은 아니더라도 추락한 일본을 구원하기에는 힘에 부친 정책이었다. 즉, 아베노믹스는 정책 집행이 끝나면 과거 추세로 되돌아가는 임기응변 정책이었다. 그리고 아베노믹스는 끝났다. 일본의 문제는 다시 고개를 들고 있고, 경제 추락 추세도 재가동될 조짐을 보인다.

필자는 아베노믹스가 추락하는 일본을 구원하지 못한 결정적 원인 중 하나를 인구 구조 변화의 힘에서 찾는다. 다음 그림을 보자. 일본, 한국, 중국, 대만, 미국의 생산가능인구 비중 변화 추세다. 일본의 그래프가 가장 극적이다. 일본은 1995년에 생산가능인구 비중이 정점을 찍고 하락 추세로 접어들었다. 1995~2020년까지 일본의 생산가능인구 비중은 70%[8629만 명]에서 59%[7280만 명]까지 줄었다. 11%P[1349만 명] 정도 감소다. 생산가능인구는 14~65세 미만의 인구를 가리킨다. 이들은 기업에는 생산력을 제공하고, 시장에는 소비력을 제공한다. 이들의 인구 규모 감소가 빨라지면 가계 소비 감소 압박도 커진다. 일본 재무성의 분석에 따르면, 일본 가계소비는 2000년 이후 20년 동안 58조 엔 줄었다. 일본 GDP의 10%를 넘는다. 이런 추세는 앞으로도 계속될 전망이다. 인구 구조상, 일본은 국가 경제구조의 대개혁을 하지 않으면 경제 침몰이 지속될 가능성이 크다.

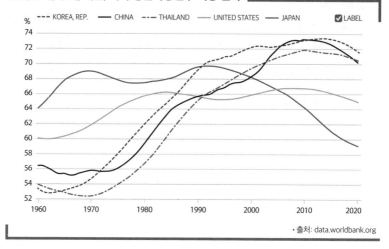

일본, 한국, 중국, 대만, 미국 생산가능인구 비중 변화

--- KOREA, REP.　— CHINA　--- THAILAND　— UNITED STATES　— JAPAN　☑ LABEL

• 출처: data.worldbank.org

　지난 20년, 일본 기업은 핵심 소비 세력인 생산가능인구의 절대 숫자가 계속 줄어들자 글로벌 원자재 가격 상승으로 생산단가 상승분을 국내 제품 가격에 이전하지 못했다. 대신, 아베노믹스 등 25번이 넘는 경기부양책과 환율 효과에 기대어 수출에서 기업 이익 보전을 했다. 내수 시장의 미래가 암울하고 기업 매출과 이익은 정체되거나 감소하자 기업 투자를 늘리기 힘들었다. 문제가 꼬리를 물고 심해질수록 악순환 고리도 고약해지고 깊어진다. 국가와 기업이 뒤처지면 일본 국민의 고통은 커진다. 미래가 불안해지면 일본 가계는 저축을 늘리고 소비를 더욱 줄인다.

　일본 경제가 이런 악순환에서 벗어나지 못할 때, 미국, 유럽, 한국, 대만, 싱가포르 등 다른 경쟁국의 경제는 꾸준히 상승했다. 그만큼 일본 국민의 상대적 빈곤감과 심리적 위축이 증가하면서 경제 활력도 살아나지 못했다.[11] 당연히 국가 경쟁력도 하락했다. 스위스 경영대학원 IMD가 발

11　차완용, "기시다 내각 부양책 활력 잃은 일본 경제 살릴까?", 이코노미스트, 2022. 01. 01.

표한 국제 경쟁력 순위를 보면, 1989~1992년까지 일본의 국가 경쟁력은 전 세계 1위였다. 하지만 1995년 버블 붕괴 이후부터는 지속해서 하락하여 2002년에는 30위까지 하락했고, 2020년에는 한국(23위)에게 추월당하고 31위로 추락했다. 국제연합(UN)이 발표한 전자정부 순위에서 2020년 한국은 세계 2위, 일본은 14위다.[12]

필자의 예측으로는 일본은 이런 추세를 단기간에 되돌리기가 쉽지 않다. 일본 경제의 문제가 노동 경직성, 임금 불안정성, 저출산, 초고령화 등 당장 해결하기 힘든 구조적 요인에 있기 때문이다. 지난 30년간의 장기침체 기간을 지나면서 정부의 재정 여건도 크게 악화한 상태여서, 정부 수요로 부족한 민간수요를 적극적으로 대체할 수 있는 상황도 아니다. 정치 불안도 문제 요소다. 내각책임제는 어느 정도의 정치 불안을 안고 있다. 거기다 일본처럼 자주 선거하는 내각책임제 나라는 드물다. 일본 정치계에서는 총리 지지도가 조금만 낮아져도 총리 퇴진과 총선 요구가 거세다. 정치 불안은 경제에 직접 영향을 준다. 총리 인기가 곧 정치 안정이기에 포퓰리즘 유혹도 높다. 앞으로도 정부 재정이 올바르게 사용될 가능성이 작다.

필자가 일본 경제와 사회가 계속 가라앉을 가능성이 크다고 예측하는 이유는 일본의 인구 구조 변화가 앞으로 더욱 심각해지기 때문이다. 다음은 일본의 인구 구조 피라미드 모형이다. 2020년 기준, 일본의 15세 미만 인구 비율은 12.4%로 세계 최저 수준이다. 한국(12.5%)과 이탈리아(13.0%)보다 낮다. 반면, 65세 이상 고령인구 비율은 28.4%로 한국(15.8%)과 유럽의 대표적 고령 국가인 이탈리아(23.3%)를 넘어 세계 최고 수준이다. 한때는 130조 엔 규모의 금융자산을 가지고 은퇴한 단카이 세대를 대상

---

12   최치현, "일본 정부 '잃어버린 30년' 미봉책 일관", 월간중앙, 2021. 08. 07. 박철현, "일본 노학자의
        한탄 '이대로 가면 한국에 역전 당해'", 오마이뉴스, 2021. 12. 17.

으로 한 새로운 산업이 일어나면서 일본 경제에 긍정적 효과를 줄 것이라는 기대감이 있었다. 하지만 현실은 달랐다. 은퇴자를 대상으로 한 신시장은 생각만큼 커지지 않았다.

2020년 기준, 한국과 일본 인구 구조 비교

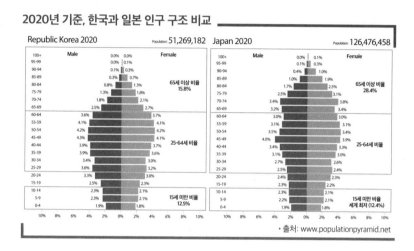

• 출처: www.populationpyramid.net

한국과 일본 인구, 장기추세

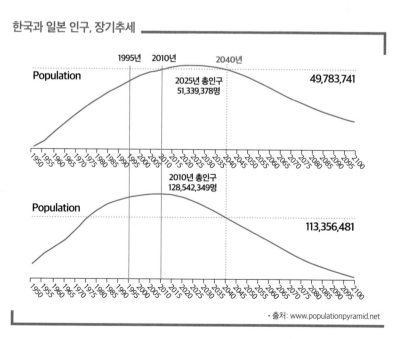

• 출처: www.populationpyramid.net

2021년에도 일본의 출생아 숫자는 80만 명 미만이 될 가능성이 커서 인구 감소세 추세가 더욱 빨라진다. 15~65세 미만의 생산가능인구도 2000년 6,766만 명으로 정점을 찍은 후, 2015년에는 6,237만 명, 2035년에는 5,597만 명으로 1,000만 명으로 계속 감소 추세다. 2050년경이면 일본의 생산가능인구 비중은 전체 인구 대비 48%까지 낮아진다.[13] 총인구도 2004년에 1억 2,778만 명으로 정점에 이른 후 계속 감소 추세다. 현재 추세라면, 2040년경이면 일본의 전체 인구는 1,518만 명이 준다. 일본의 총인구는 1990년에는 당시 미국 인구(2억 4,870만 명)의 절반(1억 2천만 명)에 육박했었다. 2025년이 되면, 미국의 1/3로 줄어든다. 2060년에는 8,600만 명 수준으로 줄어든다. 전체 가구 수도 2015년부터 줄어들고 있다. 저출산, 경기침체, 1인 가구 증가로 4인 가구가 살만한 규모의 집들이 매년 20만 채 정도씩 빈집이 된다. 매년 분당 2배 규모의 빈집이 나오는 셈이다. 도쿄에는 이미 전체 가구 수의 11%(75만 채)가 빈집이다. 이런 추세가 지속되면, 2050년경에는 일본 전체에서 1,500만 가구가 빈집이 된다. 1980년대 2,800만 명에 이르렀던 14세 이하의 인구는 2012년에 1,700만 명으로 40%가 줄었고, 2021년에는 1548만 명까지 감소했다. 학령인구 감소로 일본 사립대의 40~50%가 정원을 채우지 못하고, 단기대학은 지난 15년 동안 200개가 없어졌다. 이런 인구변화는 기업에 충격을 준다. 도쿄 동물원과 놀이동산 등은 입장객이 절반으로 줄었고, 수영장, 볼링장, 스키장 등도 직격탄을 맞았다. 가계 지출 품목에서 주택이나 자동차 등의 내구재의 신규 취득 수요가 점점 줄고 중고품으로 가계 지출이 이동하고 있다. 이러자 신규 제품 가격이 하락하는 디플레이션 현

---

13   노무라종합연구소 2015년 프로젝트 팀, 『2015 일본 대예측』, 정경진 역, (서울: 매일경제신문사, 2007), 19.

상이 장기화하고 있다. 8,000엔짜리 청바지는 880엔에 팔리고, 긴자 번화가에서는 빈 택시만 줄지어 서 있다. 고급 백화점은 줄줄이 문을 닫고, 100엔 숍이 성황을 이루고 있다. 일본 제조업체들의 국내 수요가 부족해지면서 경제 전반의 활력도 저하된다.[14] 경제 전반이 위축되면, 외국 기업의 일본 탈출은 늘어나고 신규 투자는 줄어든다. 2009년 타이어를 제조하는 프랑스의 미쉐린과 대형 유통사인 카르푸가 공장을 폐쇄한 것을 시작으로 미국, 캐나다, 유럽 회사들이 속속 일본을 떠났다. 영국의 생명보험회사 푸르덴셜도 신규 상품의 판매를 중지했고, 다수의 기업이 일본 내수시장은 더는 사업성이 없다고 판단하고 신흥국가로 이전을 했다. 도쿄[東京]증권거래소에 상장된 외국기업은 1991년 최대 127개 사였지만, 2010년에 13개 사로 줄었다.

인구 구조의 변화, 저출산과 고령화 추세가 가속되면, 이미 형성된 사회기반 시설의 유지에도 상당 비용이 소모된다. 일본은 사회기반 시설 총투자액이 매년 3%씩 감소하고 있다. 2034년부터는 기존 인프라를 유지 및 개선할 비용이 고갈된다. 현재도 일본 지자체의 절반 이상은 고령화율이 50%를 돌파하면서 세금 부족과 지방채 발행이 어렵다.[15] 인프라가 노후화되면 사고와 범죄 발생률은 높아진다. 일본 전역에서 황폐화 지역이 늘어나면서 경제와 사회 전반에 걸친 부정적 영향도 늘어난다. 결국 주민들이 도시로 이주하는 비율이 높아지면서 지방 소멸 위험은 커진다.

중앙 정부도 인구 구조 변화에 영향을 피할 수 없다. 전 세계 2위에

---

14 노무라종합연구소 2015년 프로젝트 팀, 『2015 일본 대예측』, 정경진 역, (서울: 매일경제신문사, 2007), 16.
15 노무라종합연구소 2015년 프로젝트 팀, 『2015 일본 대예측』, 정경진 역, (서울: 매일경제신문사, 2007), 39~43.

1장 일본은 추월하고, 중국과 대등한 싸움을 한다 | 35

해당하는 높은 국가부채비율과 초고령화 문제로 일본 정부는 연간 예산의 70% 정도를 금융비용과 사회보장비용 등 고정비로 지출한다. 연금과 복지 관련 비용은 1970년에는 3조 5천억 엔에 불과했지만, 1990년대는 47조 2천억 엔으로 급증했고, 2011년은 105조 5천억 엔을 돌파했으며, 2015년에는 141조 엔까지 증가했다.[16] 2050년에는 얼마가 될지 가늠하기도 힘들다. 만약 앞으로 일본 국채금리가 1% 상승하면 일본 정부가 부담하고 있는 국채 이자도 1.5조 엔이 추가 증가한다. 금리가 2% 상승하면 3조 엔 정도가 상승한다. 국채금리 상승은 시중은행의 자본 하락을 불러와서 대출 규모를 줄이게 만들어 시장 유동성에도 큰 영향을 준다. 인구구조 문제는 계속 나빠질 것이 정해진 미래이고, 기준금리 인상 압력이 커지고 있기에, 앞으로도 일본 정부가 미래 성장전략을 위한 지출 여력을 마음껏 높이기가 쉽지 않다. 일정 수준에서 사회보장비용 증가를 묶어두고, 미래 성장과 다음 세대를 위한 재정 투자를 하는 쪽으로 제도 개선과 재원 확보를 하려면 대국민 합의가 필요하다. 이런 합의가 쉬울까?

노인의 비율이 높아지고 목소리가 커지면, 이들의 표심을 의식하는 정치도 만연해진다. 젊은이와 미래 세대를 위한 재정 지출보다 은퇴자와 노인을 위한 지출이 늘어난다. 미래보다는 현재 요구에 더 많은 재정 지출을 해야 한다. 정년 연장의 목소리는 높아지고 노동 경직성도 해결될 가능성이 작아진다. 새로운 혁신, 도전, 변화보다는 유지와 안정에 집착하게 된다. 투자보다는 저축, 소비보다는 절약을 선택하게 된다. '소비 위축 → 수요 부진 → 생산 위축 → 투자 부진 → 고용 악화 → 경기침체 압력 → 디플레이션 기대 형성 → 소비 재위축'이라는 악순환도 계속된다. 기업과 가계는 앞으로 경제가 성장한다는 기대를 할 때 돈을 쓴다. 기업

---

16 송길호 외, 『세계 경제권력 지도』, (서울: 어바웃어북, 2012), 88.

과 가계가 돈을 써야 '물가 상승 → 투자 증대 → 고용 개선 → 소득 증가 → 소비 확대'라는 선순환 고리가 작동한다. 현재 일본의 최대 문제는 국민들 사이에 미래 성장에 대한 기대가 없다. 시라카와 히로미치 크레디트스위스재팬 수석 이코노미스트는 한국의 신문사와 인터뷰에서 일본 국민은 "일본은 '넘버1'이 아니고, 신흥국에 따라잡히고 있다"고 토로했다. 거리에서 사람들을 붙잡고 물어보면 "일본은 이제 틀렸다"라는 패배주의가 압도적이라고 했다.[17] 아베노믹스라는 모르핀 주사를 맞고 상당 수준 상승한 일본 증시이지만 "한물갔다", "어차피 안돼"라는 뜻의 '오와콘'이라는 말이 유행한다.[18] 필자의 생각으로는 일본 정부가 이 문제를 해결하는 데는 상당한 시간이 필요하다.

한국, 테크 전쟁과 상상력 전쟁에서 일본에 승리한다

필자가 한국이 일본을 추월하는 시나리오를 예측한 두 번째 이유를 확률적으로 계산해 보자. 일본이 주춤하는 사이, 한국의 기업이 테크 전쟁과 상상력 전쟁에서 일본 기업을 능가하는 성과를 낼 가능성이다. 제4차 산업혁명기 승리 전략의 핵심은 기술력과 상상력이다. 기술력이 성공의 문을 여는 힘이라면, 상상력은 성공을 유지하고 확장하는 힘이다. 기술력이 새로운 산업혁명기에 참여하는 초청장이라면, 상상력은 새로운 비즈니스를 만드는 힘이다. 즉, 새로운 판이 열리면 기술과 상상력이라는 두 가지 전쟁이 시작된다. 필자의 예측으로는 이 두 가지 전쟁에서

---

17   정영효, "한국, 일본의 '잃어버린 30년' 뒤따르지 않으려면…", 한국경제, 2021. 12. 23.
18   정영효, "'일본 증시 사리'는 골드만, 일본 투자가들은 안 믿는 이유", 한국경제, 2022. 01. 02.

한국이 일본보다 우위에 설 확률적 가능성이 크다. 2021년 스위스 경영대학원 IMD(국제경영개발연구소)가 작성한 국가별 디지털 기술 경쟁력 순위에서 한국은 8위, 일본은 27위를 기록했다. 글로벌 시가총액 100위권 기업 순위에 한국 1위 삼성(4799억 달러)은 14위로 올라섰고, 일본 1위 도요타(2444억 달러)는 36위로 주저앉았다.[19] 2019년 세계은행의 통계자료에 따르면, 제조업 수출에서 첨단기술 제품이 차지하는 비중은 한국 36%, 일본 18%로 한국이 앞서고 있다.[20] 미래 자동차의 첫 번째 관문인 전기차 분야에서도 한국이 일본을 앞서는 형국이다.

1970~1980년대 일본은 은행 자동입출금기(ATM), VHS(가정용 비디오테이프 규격)를 개발하는 등 기술 혁신력을 갖고 있었다. TV, 세탁기 등 가전산업과 자동차, 조선업도 전 세계 1등이었다. 워크맨의 신화도 만들었다. 하지만 1985년 9월 22일 플라자 합의로 엔고 정책으로 강제 전환되고, 1995년 부동산 버블 붕괴를 거치면서 일본 기업의 기술 신화는 무너져 내렸다. 경제위기와 반복적인 경기침체에서 휘말리면서, 제3차 산업혁명기 빅체인지를 따라가는 속도도 뒤처졌다. 다음 그림에서 보듯, 2008년 글로벌 금융위기가 터지자 엔고 효과가 나타나면서 기업의 이익이 감소하고 일본 내수경제도 잃어버린 20년에 빠지면서 신기술 투자 규모와 속도가 줄어들었다. 2012년부터 아베노믹스가 실시되면서 엔저 효과와 유동성 증가 덕분에 기업 이익이 증가했지만, 엔저 효과라는 달콤한 유혹에서 빠져나오지 못하는 부작용이 동시에 발생하면서 신기술 혁신과 기업가 정신 발휘보다 환율 효과에 기대는 안일한 태도도 지속되고 있다. 2020년 코로나19 팬데믹 발발 초기에 각 부처가 독자적인 통신시스템을

---

19 박철현, "일본 노학자의 한탄 '이대로 가면 한국에 역전 당해'", 오마이뉴스, 2021. 12. 17.
20 김태균, "기술후진국 전락한 일본, 이젠 자동차도 위태, 일본 석학의 우울한 경고", 서울신문, 2022. 01. 23.

쓰고 있어 정부 기관 간에 화상회의를 하지 못하는 우스꽝스러운 사태가 벌어질 정도로 다테와리(たてわり, 세로로 쪼개짐) 행정 문화 만연도 여전하다.[21] 2018년 경제협력개발기구(OECD)가 세계 72개 국가·지역의 15세 학생을 대상으로 벌인 국제 학업성취도 평가(PISA 2018)에서 일본은 인터넷, 컴퓨터 사용 등을 포함한 대부분 항목에서 전체 평균을 크게 밑돈다는 결과도 나왔다.[22] 이런 사실은 필자가 한국 기업이 미래 기술 전쟁(Tech War)과 상상력 전쟁에서 일본 기업을 추월할 가능성이 불가능한 미래가 아니라는 신호를 준다.

1985년 9월 22일 플라자 합의 이후, 일본 엔달러 가치 장기추세

* 출처: TRADINGECONOMICS.COM

---

21 이영희, "일본, 한국에 진다. G7 뺏길 것. 일본인에 팩폭 날린 일본 석학", 중앙일보, 2022. 01. 10.
22 김태균, "'부유층이 일본을 버리기 시작했다' 일본 언론의 '일본 몰락 가속화' 경고", 서울신문, 2022. 01. 11.

한국 기업은 일본의 부동산 버블 붕괴 사건과 맞먹는 IMF 구제금융 신청이라는 최악의 경제위기를 만났지만 무너지지 않았다. 강력한 구조조정기를 거치면서 수많은 기업이 생사를 달리했지만, 보란 듯이 다시 일어섰다. 일본 기업이 주춤하는 사이, 한국 기업은 백색 가전, 반도체, 조선, 자동차 등에서 글로벌 시장 주도권을 빼앗으면서 위기를 극복했다. 초기에는 가격 경쟁력을 앞세워서 일본 시장을 빼앗았지만, 2000년대에 들어서는 기술 혁신력을 기반으로 일본과 격차를 벌렸다. 2007년 애플의 스티브 잡스가 "그리고 한 가지 더~"라는 전설적인 프리젠테이션 멘트를 하면서 판을 바꾸는 '스마트폰'을 선보였다. 전 세계 IT 회사와 피처폰 회사들이 충격에 빠졌지만, 한국 기업은 가장 빠른 속도로 스마트폰 시장의 빅체인지를 따라잡고 전 세계 선두 그룹으로 도약했다. 필자는 제4차 산업혁명기로 불리는 지금 한국의 기업이 새로운 테크 전쟁과 상상력 전쟁에서 일본 기업을 다시 한번 더 능가하는 성과를 낼 가능성이 충분하다고 전망한다.

2020~2021년 미국 주식시장의 최고 화두는 테슬라였다. 자율주행 자동차 시장 세계 1위 회사다. 자율주행 자동차는 제4차 산업혁명기 최대 산업이다. 필자는 예전부터 미래 자동차 시장을 장악하는 회사가 글로벌 시총 1위에 등극하리라 예측했다. 2021년 테슬라 CEO인 일론 머스크는 전 세계 1위 부자에 등극했고, 테슬라의 시가총액은 자동차 기업 순위에서는 1위에 올라섰으며, 전 세계 상장기업 순위에서는 6위에 올라섰다. 한국이 일본을 추월하려면 미래 자동차 시장에서 선전이 필수다. 2021년 7월 일본 닛케이 신문은 특허조사기관 페이턴트리설츠와 공동으로 전기차 특허 보유 현황을 평가했다. 이들은 경쟁사의 특허 인용 건수, 특허심판 제기 건수 등 특허 중요도를 반영해 점수화해서 순위를 정했다. 1위는 일본의 도요타이고, 2위는 포드(미국), 3위는 혼다(일본), 4위는

GM(미국), 5위는 덴소(일본)였다. 해당 기간 글로벌 전기차 판매 1위를 기록한 테슬라는 특허 보유 평가에서 8위를 기록했다. 이에 반해 한국의 현대차는 10위, LG화학이 11위, 기아차가 20위, 삼성전자와 삼성SDI가 각각 27, 28위를 기록했다. 중국은 BYD가 32위를 기록했다.[23] 현대차와 기아차의 전기차 특허를 합하면 5위로 순위가 상승하지만, 일본과 미국에는 여전히 뒤처진다. 자율주행 기술도 선두권 기업들과 상당한 차이가 난다. GM의 자율주행 부분 '크루즈(Cruise)'는 2020년 기준으로 자율주행 시험 주행거리 124만 Km를 기록했다. 이 부분 세계 1위다. 4만5899km를 주행할 때마다 한 번 정도 사람이 개입할 정도로 오류발생 확률이 낮다. 구글의 자율주행 전문회사 '웨이모(Waymo)'는 시험주행 누적 총거리가 101만2천 km이고, 4만8191 km당 한 번꼴로 사람이 개입한다. 이 부분 세계 1위다.[24] 자율주행기능 상용화에서 세계 1위를 달리는 테슬라는 2023년에는 운전대 없는 전기차를 출시할 계획이다. 과연 한국 기업은 미래 자동차 시장에서 미국과 일본 회사들과 어깨를 나란히 할 정도로 선전할수 있을까? 필자는 가능성은 충분하다고 본다.

2014년 10월 테슬라는 자사 전기차 최고 모델인 'S'에 자율주행 기능을 최초로 장착했다. 그 이후, 전 세계 자동차 회사들은 전기차와 자율주행 기술 개발 경쟁에 뛰어들었다. 물론 한국의 내연기관 자동차 기업들도 그 이후 전기차와 자율주행차 개발 전쟁에 참전했다. 하지만 한국의 자율주행차 기술은 역사가 좀 더 오래됐다. 1995년 고려대 산업공학과 교수였던 한민홍 박사가 학생들과 함께 '레벨3' 수준의 자율주행 자동차를 개발했다. 한민홍 박사가 개발한 자율주행 자동차는 비가 내리는 경

---

23 류정, "한국 전기차 경쟁력은 특허 1위는 도요타, 현대기아차는 5위", 조선일보, 2021. 09. 05.
24 최원석, "자율주행의 미래에 관한 3가지 이야기", 조선일보, 2021. 12. 23.

부고속도로를 시속 100km 속도로 자율주행하는 데 성공했다. 세계 최초의 도심 자율주행 성공 기록이다. 한민홍 박사는 미국 텍사스 A&M 주립대 산업공학과 교수로 재직시절 자율주행 잠수정 개발에 참여한 경력을 가지고 있다. 고려대학교로 돌아온 한민홍 박사는 학생들과 함께 잠수정에 사용되는 자율주행을 자동차산업에 접목하는 연구를 시작했다.[25] 이처럼 한국은 자율주행차 선구자를 보유한 나라다. 2022년 1월 미국 라스베이거스에서 열린 국제전자제품박람회 'CES 2022' 행사에서 '제2회 무인 자율주행 경주차 대회'가 열렸다. 한국은 KAIST 팀이 참여했다. KAIST 팀의 자율주행 경주차는 참가팀 25개 중에서 가장 적은 팀원으로 구성되었지만, 순간 최대 시속 210까지 기록하는 등 2년 연속 세계 4위를 기록하는 성과를 냈다.[26]

한국은 모두가 불가능하다고 한 상황에서 자동차, 조선, 반도체, 철강 등 선진국과 기술 강국만이 할 수 있는 산업들을 잇달아 성공시켰다. 특히 내연기관 자동차는 중국도 막대한 투자를 하고서도 자력으로 올라서지 못했다. 내연기관 자동차는 구조가 복잡하고 부품 하나하나가 정교한 기술력이 뒷받침되어야 한다. 가히, 현대 기계공학의 최고봉이다. 내연기관 자동차의 심장인 파워트레인[엔진+변속기] 기술을 세계적 수준에 올려놓으려면 엄청난 투자와 시간이 소요된다. 특허 장벽도 매우 높다. 그래서 내연기관 자동차는 진입장벽이 높다. 중국이 내연기관 자동차 기술 자립에 성공하지 못하고, 2008년 글로벌 금융위기가 발발하자 헐값에 나온 선진국 자동차 회사들을 인수하여 기술을 약탈해서야 겨우 시장에 진입할 수 있었던 이유다. 반면, 한국은 내연기관 자동차

---

25 윤영주, "빠른 목표 설정이 자율주행기술 경쟁력 높인다. 자율주행차 선구자 한민홍 박사 호남대 특강", AI타임즈, 2021. 05. 12.
26 이용순, "KAIST 자율주행차, 악조건 속 최대 시속 210km 기록", KBS, 2022. 01. 10.

를 자력으로 세계 선두 그룹에 진입시킨 기술과 저력을 가지고 있다. 한국의 수소자동차 기술은 세계 최고다. 전기자동차나 자율주행 자동차는 ICT(정보통신기술) 및 전기전자 제품 개발 기술이 핵심이다. 한국은 ICT 및 전기전자 제품 분야 세계 1위 국가다. 한국이 전기자동차 시장, 자율주행차 시장에서도 세계 선구권 그룹에 진입할 가능성이 충분한 이유다. 2022년 현대기아차가 전기차 전용 플랫폼(E-GMP)을 기반으로 개발한 아이오닉5와 EV6는 '2022 독일 올해의 차'를 수상할 정도로 기술력에서 인정받았다. 현대기아차의 전기차 전환 속도도 빠르다. 2030년까지 30%, 2040년에는 80%까지 완성차의 전동화 모델의 비중을 끌어올린다는 목표다.[27] 전기자동차는 구조나 제조 과정이 내연기관 자동차에 비해서 상대적으로 단순하다. 자동차 핵심 부품인 파워트레인(엔진+변속기)이 모터와 배터리로 대체되면서 자동차 안에 들어가는 부품 수도 기존 2만 개에서 15,000~7,000여 개까지 줄어든다. 내연기관 엔진이 사라지고 총 부품 수도 줄면서 기술 장벽도 낮아진다. 신규 특허도 계속 출현 중이어서 내연기관보다 특허 장벽도 상대적으로 낮다. 전기자동차 자체가 ICT(정보통신기술) 및 전기전자 제품과 비슷하므로 배터리와 모터, 핵심 부품 몇 가지만 자체 개발하거나 사면 ICT(정보통신기술) 및 전기전자 기술로 차별화 전략을 구사할 수 있다. 한국은 반도체와 배터리 분야에서 세계 최고의 기술도 보유하고 있다. 필자는 한국 기업이 미래 자동차 시장에서 미국과 일본 회사들과 어깨를 나란히 할 정도로 선전할 가능성이 크다고 예측한다.

2020~2021년 코로나19 팬데믹 기간에 '메타버스'도 최고 화두였다. 메타버스는 가상·초월을 뜻의 메타(Meta)와 세상·우주를 가리키는 유니

---

27 강길홍, 오유진, "대세로 뜬 전기차, 선봉장 올라선다", 아이뉴스, 2022. 01. 05.

버스(Universe)를 합친 말이다. 1992년 SF 작가 닐 스티븐슨(Neal Stephenson)이 소설 『스노 크래시(Snow Crash)』에서 현실의 연장선인 메타버스에서 발생하는 범죄를 풀어나가는 모습에서 처음 언급되었다. 하지만 현실세계와 같은 사회·경제·문화 활동이 이뤄지는 3차원의 가상세계인 메타버스를 인터넷 서비스로 구현하는 데 최초로 성공한 곳은 한국 기업이다. 보통 메타버스의 원조로 2002년 미국 린든랩사가 만들고 전 세계에서 1000만 명의 회원을 확보했던 '세컨드라이프'가 거론된다. 네이버 제페토나 로블록스 등에서 제공하는 대부분의 서비스가 세컨드라이프 서비스에 있었다. 하지만 한국에서는 세컨드라이프보다 2년 앞선 2000년에 다다월드 서비스가 있었다. 세컨드라이프 서비스와 거의 비슷한 비즈니스 모델을 제공했다. 다다월드 개발자는 미국에서 들여온 3차원 채팅 프로그램에 건축 기술을 접목한 광운대 건축공학과 신유진 교수였다. 다다월드는 가상공간에 현실세계를 그대로 옮겨서 실생활과 똑같은 소통과 상거래 활동이 이뤄지게 하는 목표를 세웠다. 다다월드는 1년 만에 10만 명 회원 가입에 성공했고, 가상공간에서 토지 분양가는 평당 10만 원에 분양되는 가상토지를 사 들어선 가상상점과 사무실은 삼성증권, 외환카드, 한양대병원, 서울경찰청 등 400개가 넘었다. 유저들은 가상상점에 들어가서 아바타 영업사원과 상담한 뒤 실제 화폐단위를 그대로 사용하여 결제하면 실제 상품을 배송받았다. 하지만 2001년 닷컴버블이 붕괴하면서 다다월드도 역사 속으로 사라졌다. 다다월드가 실패한 또 다른 이유는 기술적 한계였다. 당시에는 인터넷과 통신 환경이 대용량 3D 데이터를 감당하기 힘들어서 서비스 지연 현상이 심했다.[28] 사실 너무 시대를 앞선 기술이었다.

---

28 김정은, "사이버Biz 세컨드라이프 열풍, 다다월드를 기억하십니까?", 한국경제, 2006. 11. 24.

필자는 10여 년 전 국내 모 타이어 회사 임원 강의에서 미래에 전기자동차가 대중화되면 터지지 않고 90도 회전하며 바퀴 안에 전기차 구동 모터가 장착되고 다양한 주행환경에서 자유롭게 모양이 변하는 가변형 바퀴가 등장하리라 예측했다. 필자는 미래 자동차에 대한 시나리오를 제시할 때마다 바르는 태양전기 기술이 최종적으로 미래 자동차에 적용될 것이라고도 예측했다. 필자에게는 매우 논리적이고, 확률적으로 가능한 미래였다. 하지만 당시 강의를 듣던 타이어 회사 임원들의 반응은 그다지 호의적이지 않았다. 기술적으로 가능하지도 않고, 그런 바퀴가 나오면 타이어 제조회사는 무엇을 먹고살라는 말이냐는 눈빛이었다. 2022년 1월 미국 라스베이거스 국제전자제품박람회 'CES 2022' 행사에서 현대모비스는 상상을 현실로 옮긴 미래 기술 하나를 선보였다. 90도 각도로 꺾이는 자동차 바퀴였다.[29] 운전자라면 평형 주차하기 사나운 장소를 만나면 바퀴가 90도로 꺾여서 그대도 밀고 들어가며 주차를 했으면 하는 상상을 한 번쯤은 한다. 현대모비스가 선보인 'e-코너 모듈'은 바퀴가 90도까지 꺾일 수 있는 구조로 되어 있고 4개의 바퀴가 개별적으로 작동한다. 2021년 2월 10일 현대자동차그룹은 네 바퀴를 달고 있지만 자유롭게 변신하고 땅 위를 걸어 다닐 수 있는 무인 자동차 '타이거(TIGER)'를 공개했다. 도로처럼 평탄한 지형에서는 네 바퀴로 달리지만, 울퉁불퉁한 산악지형처럼 험난한 지형을 만나면 네 개의 다리로 걷는 변신 로봇 자동차다. 자동차에 로보틱스 기술을 융합해 이동의 한계를 넘는 새로운 인공지능 모빌리티다.[30] 2019년 한국타이어 연구팀과 서울대 기계공학부는 종이접기 구조를 활용해서 다양한 노면 상태에 맞춤형으로 반

29 이건혁, "CES에서 '90도 꺾이는 바퀴'가 주목받은 진짜 이유", 동아일보, 2022. 01. 15.
30 김일규, "네 바퀴로 걷는다. 현대차 '타이거' 로봇", 한국경제, 2021. 02. 10.

응하는 '트랜스포밍 타이어(Transforming Tire)'를 개발했다. 포장도로에서는 작은 바퀴 형태로 안정적이고 민첩한 주행을 하고, 비포장도로 등 험로에서는 돌기가 있는 큰 지름의 바퀴로 변하는 가변 구조 설계 기술이 적용되었다. 1톤 이상의 하중을 견디고 바퀴 지름을 450~800mm 안에서 자유롭게 변형시킬 수 있다.[31] 2020년 8월 27일 에너지 분야의 국제 학술지 「나노 에너지」에 한국과학기술연구원(KIST) 광전하이브리드연구센터 손해정 박사팀이 개발한 신기술 하나가 소개되었다. 건물이나 자동차에 페인트처럼 바르기만 해도 전기가 생성되는 기술이다. 손해정 박사팀은 태양전지 원료의 용액을 '스핀 코팅' 방법을 사용하여 고체화되는 속도를 빠르게 하는 방법으로 에너지 효율이 매우 높은 유기 태양전지를 개발에 성공했다.[32] 이 기술이 상용화되면 머지않은 미래에 전기자동차는 달리면서 전기를 생산하는 기능을 장착하고 더 작은 배터리를 가지고도 더 먼 주행거리를 확보하게 된다. 미래는 상상하는 자의 것이다. 어떤 기업들은 과거에 메어 있지만, 어떤 기업들은 상상력을 발휘하여 자기 영역도 스스로 파괴한다. 한국과 일본 기업의 차이는 두 기업 중 어떤 기업들이 많으냐에 달려 있다. 필자는 한국 기업 중에 일본과 상상력 전쟁에서 승리할 수 있는 역량을 가진 기업들이 적지 않다고 본다.

국내 모 경제신문사가 글로벌 컨설팅회사 베인앤드컴퍼니와 함께 한국의 기술력, 전 세계 영향력, 차세대 경쟁력 등을 기준으로 한국 기업이 글로벌 선두 그룹에 진입할 확률이 높은 5대 미래산업 분야를 선정했다. 전기차 배터리, 로봇, 수소, 인공지능(AI) 반도체, 우주산업이다. 산업계가 추정하는 이들 5대 산업의 2030년 전 세계 시장 규모는 2조4116억

---

31 손진석, "한국타이어-서울대, 모빌리티 미래 타이어 '트랜스 포밍 타이어' 선봬", 비즈월드, 2021. 04. 18.
32 유지한, "건물 차에 페인트처럼 바르기만 해도 전기가", 조선일보, 2020. 08. 27.

달러(한화 3000조 원)이다. 전기차 배터리 산업의 경우, 국내 배터리 3사(LG에너지솔루션, SK온, 삼성SDI)의 2021년 말 수주 잔액은 500조 원을 돌파할 정도로 세계 수준에 진입했다. 성장 속도도 빠르다. 2020년 전기차 배터리 수주 잔액(300조 원) 대비 70% 증가했다.[33] 최근 미국 자동차 업체들은 2030년까지 신차 판매 중 40~50%를 전기차로 대체할 것이라는 계획을 발표했다. 2020년 글로벌 전기차(BEV·PHEV) 판매량은 300만 대를 넘었다. 코로나19 팬데믹 대재앙이 발발하면서 전 세계 내연기관 자동차 판매량은 7264만 대로 전년(8670만 대) 대비 16% 줄었다. 하지만 전기차는 2019년(220만 대)보다 42% 증가한 312만 대가 팔렸다. 서유럽 최대 산유국 노르웨이는 2020년 한 해 판매된 신차 14만1423대 중 전기차(BEV) 비중이 54.3%(7만6789대)로 내연기관차 시장을 앞질렀다. 2021년 세계 1위 전기차 업체 테슬라의 연간 판매량도 사상 최대를 기록했다. 무서운 성장세다.[34] 시장조사업체 블룸버그NEF는 2021년에 발표한 「연간 전기차 전망(Electric Vehicle Outlook)」 보고서에서 전기차를 중심으로 2030년에는 7조 달러, 2050년에는 46조 달러의 글로벌 시장 기회가 만들어지리라 전망했다.[35] 앞으로 내연기관 자동차가 매년 7%씩 퇴출당하면서 2040년에는 전기차가 전 세계 자동차 비중의 45%를 넘어설 것이라는 예측도 나온다.[36] 당연히 전기차 배터리 산업은 앞으로 수십 년간 한국 기업의 중요한 먹거리가 될 수 있다. 에너지저장시스템(Energy Storage System·ESS) 시장의 급성장도 배터리 산업에 호재다. 기후 위기로 탄소배출을 줄이라는 압력

33   이윤재, 박윤구, "3000조 5대 산업, 한강의 기적 새로 쓴다", 매일경제, 2021. 12. 26.
34   박태준, "세계 전기차 시장, 코로나 뚫고 42% 성장. 유럽 자동차 규제 원동력", 전자신문, 2021.
      02. 05.
35   권혜정, "2050년 전기차 시장 규모 46조 달러, '넷제로' 위해 추가 정책 필수" 뉴스1, 2021. 06. 09.
      김정한, "미국 자동차업체들, 2030년까지 신차판매 중 전기차 최대 50% 목표", 뉴스1, 2021. 08. 05.
36   조유진, "2040년 전 세계 자동차 45%가 전기차", 아시아경제, 2021. 04. 13.

이 높아지면서 풍력이나 태양광 등 친환경 발전이나 재생에너지 수요가 증가 중이다. 하지만 이런 에너지들은 화석연료 발전과 달리 비슷한 발전량을 24시간 365일 유지하기 어렵다. 이를 보완하는 방법으로 빠르게 급부상하는 산업이 에너지저장시스템(Energy Storage System·ESS)이다. 특히, 환경문제에 민감한 미국·유럽 등 주요 선진을 중심으로 GWh급의 대규모 리튬이온배터리 기반 ESS 시스템 시장이 급성장 중이다. 영국의 리서치 회사인 우드 맥킨지 파워&리뉴어블(Wood Mackenzie Power & Renewables)에 따르면 2021년 전 세계 ESS 도입량은 28GWh로 추정되고, 2030년이 되면 누계로 1TWh(시장 규모로 6200억 달러)에 이를 것으로 전망되었다.[37]

한국 정부도 제4차 산업혁명기 글로벌 기술 패권 경쟁 시대에서 주도권을 확보하기 위한 지원에 발 벗고 나섰다. 2022년 1월 13일, 산업통상자원부는 '미래 차 경쟁력 강화를 위한 디지털 전환 고도화 추진전략'을 발표했다. 미래 자동차 관련 데이터를 표준화하고, 2027년까지 자율주행 4단계(고도 자율주행 단계. 운전자 없이 자동주행 수준)를 상용화 성공시키며, 현재 부품 기업 1200개를 2030년까지 미래 차 기업으로 전환한다는 계획이다.[38] 2022년 1월 11일에는 '국가첨단전략산업 경쟁력 강화 및 보호에 관한 특별조치법안(국가첨단전략산업 특별법)'을 국회가 의결하여 반도체를 비롯한 미래 산업에 대한 투자와 연구개발(R&D)을 파격 지원하고 지속할 수 있는 발전을 위한 탄탄한 법적 기반도 마련했다.[39] 특별법에 따르면, 국무총리실 산하에 '국가첨단전략산업위원회'를 설치하고, 첨단산업 투

---

37 최원석, "올해 미국 ESS 시장 폭발, 작년의 3.3배", 조선일보, 2021. 12. 01.
38 임재현, "자동차산업 디지털화 가속, 정부 2027년까지 '자율주행 4단계' 상용화", 디지털데일리, 2022. 01. 13.
39 송현수, "'반도체 특별법' 국회 통과, 투자 R&D 등 파격 지원", 부산일보, 2022. 01. 11.

자 촉진을 위해 인허가 신속처리 특례, 기반시설 구축비용 지원, 민원사항 조속 처리, 펀드 조성, 세액공제 등을 통합해 지원한다. 국가첨단전략기술 R&D에 해당하면 정부 예산편성 우선 반영, 예비타당성조사(예타)를 신속하게 처리나 면제 특례도 마련했다. 미래산업 전문인력 양성을 위해서도 계약학과, 특성화대학(원) 설치·운영을 지원하고, 실무 역량 향상을 위한 '전략산업종합교육센터'도 구축한다. 기업이 해외 인재를 적극적으로 유치할 수 있도록 사증(비자) 특례를 지원했다. 긴급 신청내용 검토·처리나 추가적인 특례 부여가 필요하면 관계 행정기관의 장이 위원회 심의를 거쳐 조속히 처리하고, 처리 결과에 대해 고의·중과실이 없다면 징계·문책 등의 책임을 묻지 않는 면책 특례도 적용했다. 특별법에는 국가전략기술과 인재 유출을 막기 위해 기업-전문인력 간 비밀유지, 이직 제한 등에 대한 계약을 체결할 수 있도록 근거를 마련하고, 기술 수출·인수합병(M&A)의 경우 사전승인을 받아야 하는 대상도 강화했다. 이외에도 인공지능, 반도체와 디스플레이, 이차전지, 수소, 5~6G, 양자, 사이버 보안, 첨단 바이오, 로봇 및 제조, 항공우주 등 10개 국가 필수전략 기술을 선정하고, 세제 혜택과 인프라 지원 및 인재 양성 등을 통해 민간혁신을 촉진하며, 2022년 2조7000억 원, 2023년 3조3000억 원을 정부 재정 투입하는 등 국가 역량을 총집결하여 2030년까지 해당 분야 세계 1등 기술국 대비 90%까지 끌어올리기로 계획했다.[40]

40 김만기, "10대 전략기술 확보해 기술패권시대 주도한다", 파이낸셜뉴스, 2021. 12. 22. 송현수, "반도체 특별법' 국회 통과, 투자 R&D 등 파격 지원", 부산일보, 2022. 01. 11.

한국 경제성장 추가 동력, 소재, 부품, 장비 산업

지난 20년[제3차 산업혁명기]에 한국 기업들은 IMF 외환위기와 후발 추격자라는 불리한 조건에서도 일본 기업을 추월했다. 필자는 한국 기업이 지난 20년 동안 세계가 놀랄 만큼 보여준 기술력, 경영역량, 창의력을 계속 유지할 수 있다면, 앞으로 20년[제4차 산업혁명기] 다시 한번 더 일본을 따돌리는 미래가 가능하다고 본다. 심지어 한국은 일본이 장악한 현재 시장 중에서 추가로 빼앗아 올 영역이 있다. 일명 '소부장[소재, 부품, 장비]' 시장이다.

일본은 소부장 산업에서 수성을 해야 하고, 한국은 강력한 추격자다. 일본 최대 소재 기업 중 한 곳인 신에츠화학은 연간 매출액이 18조 원에 이른다. 삼성전자 반도체 매출의 20~25% 수준이다. 한국의 소재 기업 중 1조 원 이상 매출을 올리는 기업은 반도체 핵심 부품인 실리콘 웨이퍼를 제조하는 SK실트론[1조3천억 원]이 유일하다. 한국은 기계, 가공, 성형, 조립 기술은 매우 우수하지만, 이것들의 바탕이 되는 소재, 부품, 장비는 상당히 취약하다. 소부장 산업은 기술의 완성도가 높아야 하기 때문에 육성에 상당한 시간이 필요하다. 박정희 정부 시절 중화학 공업 씨앗이 뿌려졌다면, 소부장 산업은 김대중 대통령 시절에 씨가 뿌려졌다. 현재 소부장 산업에서 일본은 세계 1등이고, 한국은 12위 정도다. 분명한 열세다. 하지만 지난 20년 동안 한국은 일본이 장악했던 대부분의 글로벌 시장을 공략하여 역전하는 데 성공했다. 필자는 '소부장 산업'도 조만간 한국이 일본 기업을 위기에 빠뜨릴 가능성이 크다고 예측한다.

2019년 일본은 '한국은 약속을 안 지키는 나라'라고 억지를 부리면서 보복성 수출 규제 조치를 발표했다. 일본 강제 노역 피해자 보장 문제를 두고 벌인 추태였다. 일본 아베 정부는 플루오린 폴리이미드, 리지스트,

고순도 불화수소[에칭가스]의 한국 수출을 규제했다. 일본은 한국 기업이 이 3가지 품목을 일본에서 공급받지 못하면, 주력산업인 반도체, 스마트폰, 디스플레이에 치명타를 입을 것으로 생각했다. 결과는 달랐다. 한국 기업들이 보여준 저력은 무서웠다. 사용하는 핵심 소재 및 부품이다. 반도체·디스플레이 공정재료·유기재료 등 전자재료를 만드는 한국 회사인 이앤에프테크놀로지는 전량 일본 수입에 의존하던 초고순 불화수소 양산 기술을 자체 개발하는 데 성공했다.[41] 이것이 한국 기업의 저력이다. 필자는 앞으로 10~20년 이내에 일본이 장악하고 있는 글로벌 소부장 산업에서도 한국 기업이 안착하는 데 성공할 가능성이 크다고 예측한다.

2021년 1월 정부도 소부장 산업의 글로벌 경쟁력 강화를 위한 지원을 시작했다. 국내 소부장 생태계 강화를 위해 반도체, 디스플레이, 자동차, 기계금속, 전기전자, 기초화학 등 6대 분야에서 2024년까지 100개의 소부장 으뜸 기업을 발굴해서 기업당 최대 250억 원[연간 50억 원]의 정부 자금을 지원한다. 정부가 눈여겨보고 있는 한국의 소부장 기업들은 대기업 계열사에서는 실리콘 웨이퍼를 제조하는 SK실트론, 스마트폰용 카메라 모듈을 만드는 LG이노텍, 반도체 전용 적층세라믹콘덴서[MLCC] 부품을 만드는 삼성전기, 극저온 액체 이송용 부품 제조 기술을 보유한 현대중공업터보기계 등이 있고, 중견 및 중소기업에는 반도체 증착 부품과 장비를 제조하는 나노텍, 반도체·디스플레이 공정재료 및 유기재료 등 전자재료 관련 국내 1위 기업인 이앤에프테크놀로지, 차량용 액정표시장치[LCD] 모듈을 만드는 디젠, 타입4 수소자동차용 고압가스 용기 소재부품을 제조하는 일진하이솔루스, 탄성소재 제조 기술을 가진 티에스알, 광반도체와 라이다 센서 등을 만드는 큐에스아이, 전기차의 컨버터와 인

---

41 유혜진, "SK 실트론 등 소부장 으뜸기업 21개 선정", ZDNet, 2022. 01. 10.

1장 일본은 추월하고, 중국과 대등한 싸움을 한다 | 51

버터를 만드는 이지트로닉스, 전기차 배터리를 만드는 코위테크, 반도체 계측장비를 만드는 오로스테크놀로지, 양극재를 만드는 코스모신소재, 연삭 장비를 만드는 미래컴퍼니 등이 있다.[42] 2021년 2월 한국 재료연구원 이정환 원장은 한 방송사와 인터뷰에서 일본의 보복 무역 피해를 받을 가능성이 있는 소재, 부품, 장비는 대략 100여 개 품목이 되지만, 이 중에서 54개 정도는 국산화에 성공할 가능성이 크다고 진단했다. 현재 한국의 소부장 영역 세계 1등 기술이 9개 정도가 되지만, 매년 2~3개씩 세계 최고 수준의 기술개발에 성공 중이다. 이정환 원장은 앞으로 5~10년 동안 정부와 기업이 투자와 연구개발, 인재 양성에 집중하면, 한국이 소부장 산업에서 세계 5위권 안에 진입하는 미래가 가능하다고 전망했다.[43] 한국이 소부장 산업에서도 세계 5위권에 진입하면, 그만큼 일본 추월에 성공할 가능성도 커진다.

미래 산업 중에 한국이 가장 열세인 분야는 바이오다. 일본에도 밀린다. 하지만 이 영역도 투자와 기술 개발이 빠르므로 기대를 해 볼 만하다. 코로나19 팬데믹 대재앙 기간을 거치면서 미래 의료 및 바이오와 나노 기술의 중요성이 주목받았다. 팬데믹 재앙이 끝나면, 이 분야에 대한 글로벌 투자와 경쟁이 치열해질 것이다. 당분간 한국 기업은 위탁생산(CMO) 부문에서 경쟁력 극대화에 집중하는 전략은 가진다. 삼성바이오로직스는 국내 최초로 모더나 mRNA 백신 완전 위탁생산을 맡았다. 이를 계기로 mRNA 분야로의 사업 확장을 노리고 있다. 2022~2023년 단일 공장 기준 세계 최대 규모(25만 6000L) 생산능력을 가진 제4공장이 완전히 가동되면 삼성바이오로직스는 총 62만 리터의 생산능력을 보유하게 된다. 세

---

42 유혜진, "SK실트론 등 소부장 으뜸기업 21개 선정", ZDNet korea, 2022. 01. 10.
43 경남CBS 시사포커스, "일본 무역보복 '소부장' 기술, 10년 후, 세계1위 일본 잡는다", 노컷뉴스, 2021. 02. 19.

계 최대 규모의 바이오의약품 위탁생산(CMO) 능력 확보다. 삼성바이오로직스가 2022년에 착공을 시작하는 제5공장은 mRNA, 세포치료제 등 다양한 바이오의약품 생산이 가능한 멀티모달(Multi Modal) 기능도 갖는다. 삼성바이오로직스는 인천 송도에 추가 용지를 마련하고 항체의약품을 대량생산하는 제6공장 설립 계획도 가지고 있다. 이런 투자를 기반으로 삼성바이오로직스는 사업 포트폴리오를 mRNA, pDNA, 바이럴벡터 등을 기반으로 한 유전자·세포치료제와 차세대 백신 CMO로 확대할 예정이다. 이런 계획들이 성공하면 국가 경제에 새로운 먹거리가 만들어진다.[44] 바이오산업은 초고령화 사회로 진입하는 선진국을 중심으로 거대한 시장을 형성할 미래의 보고다. 삼성바이오로직스 이외에도 셀트리온, SK바이오사이언스, 녹십자, 한미약품, LG화학, HK이노엔, 씨젠 등 다수의 한국 기업들이 미래 의료 및 바이오산업의 글로벌 시장 도전을 진행 중이라는 그 자체로 큰 의미가 있다.

한번 생각해 보자. 한국이 지난 20년 동안 보여주었던 추월 역량과 발 빠르게 움직이는 기업 경영 능력을 지속하기가 쉬울까? 아니면, 일본이 지난 20년 동안 보여주고 여전히 빠져나오지 못한 '환율 효과에 기댄 기업들의 안일한 태도', '다테와리(たてわり, 세로로 쪼개짐) 행정 문화 만연', '노동 경직성', '저출산, 초고령화 등 구조적 위기', '복합 불황의 장기화', '욕망이 없는 세대(사토리 세대, さとり世代)', '장년층에 만연된 체념 분위기'를 벗어나기가 쉬울까? 일본은 부유층과 정보에 민감한 사람들이 자국을 버리는 일이 일어나고 있다. 국가의 미래에 대해 일본인 스스로 자신감을 상실하고 있다는 방증이다. 일본 언론도 '일본 침몰'이 현실이 되

---

44 강중모, "삼바 '세계 1위 CMO 경쟁력 극대화, 지속가능 성장 나선다'", 파이낸셜뉴스, 2022. 01. 03.

고 있다고 한탄한다.[45] 일본 경제의 하락은 관성이 붙은 상태다. 특별한 대책이 없다면, 2030~2035년까지는 하락 추세가 이어질 가능성도 크다. 노구치 유키오 히토쓰바시대 명예교수는 2030년경이면 일본의 1인당 GDP가 OECD 평균의 절반까지 떨어져서 선진국에서 탈락할 수도 있다고 경고한다.[46]

기술 전쟁은 '속도'가 생명이다. 제4차 산업혁명기에 국가 간 기술력 1~2년 차이는 20세기 경쟁 시대에 국가 간 기술력 10~20년 차이와 맞먹는다. 상상력 전쟁은 '사고 유연성'이 생명이다. 한국의 문화는 역동성을 유지 중이지만, 일본은 경직된 조직문화, 갈라파고스 문화에서 빠져나오지 못하고 있다. 제4차 산업혁명기라는 새로운 판이 열리면서 국가 간의 출발선이 같아졌다고 해도, 일본은 한국보다 출발을 알리는 총소리가 울려도 힘차게 달리기 위해서는 '잃어버린 20년'을 먼저 빠져나오는 것이 우선이다. 그만큼 한국 기업보다 준비와 예열 시간이 더 필요하다. 정비 시간이 더 필요하다. 확률상, 앞으로 최소한 10~20년은 한국 기업이 일본 기업을 이길 가능성이 더 크다.

한국, 미래산업에서 중국과 대등한 싸움을 할 수 있다

2021년 기준, 글로벌 로봇 시장 규모는 450억 달러를 넘었다. 시장조사업체 스트래티지애널리틱스도 2019년에 310억 달러에 머물렀던 서비스 로봇 시장 규모가 2024년경에는 1220억 달러(한화 145조 원)로 4배나 성

45   김태균, "'부유층이 일본을 버리기 시작했다' 일본 언론의 '일본 몰락 가속화' 경고", 서울신문, 2022. 01. 11.
46   정영효, "일본, 곧 한국에 자리 뺏긴다. 선진국 탈락 목전 경고", 한국경제, 2021. 01. 12.

장할 것이라는 전망을 하였다. 일본은 오래전부터 혼다와 도요타 등 자동차 기업을 중심으로 로봇 기술을 축적해 왔다. 혼다가 만든 '아시모'라는 휴머노이드 로봇은 세계적 수준의 기술력을 갖췄다. 일본의 로봇 기술이 뛰어난 데는 이유가 있다. 노인과 1인 가정이 많기 때문이다. 이런 사회 구조 때문에 오래전부터 노인을 돌보고 1인 가정의 외로움을 달래줄 자율형 대화 로봇 시장이 꾸준히 성장했고, 인공지능 기술이 접목되면서 제품 품질도 상당히 좋다. 예를 들어, 일본 '믹시(Mixi)'사가 판매하는 대화형 인공지능 로봇 '로미(Romi)'는 사람과 자연스럽게 대화를 나눈다. 로미는 인공지능 기술로 수천만 건에 달하는 일본어 데이터를 학습했고, 사람의 목소리도 훈련해서 사람처럼 자연스러운 대화가 가능하다. 단순한 대화 몇 번에 그치는 것도 아니다. 대화 상대와 상호 작용하면서 대화를 오래 이어갈 수 있다.[47]

　　중국에서는 코로나19 위기를 계기로 인공지능 자율주행 로봇에서 빠른 성장을 보인다. 2020년 중국 요식업계는 코로나19 위기 극복과 원가 구조 최적화를 위해 디지털화, 스마트 서빙 로봇 등을 통한 인력 효율화 카드를 꺼내 들었다. 메이퇀(Meituan, 美团)과 차이나쉐프클럽(chinacehfclub, 中饭协)이 함께 오픈한 식당 '킨온(keenon, 擎朗智能)'에서는 인공지능 자율주행 서빙 로봇이 홀에서 주문과 음식 서빙을 담당한다. 2020년 기준으로 중국 내에서 자리 안내, 음식 서빙, 그릇 수거를 담당하는 인공지능 자율주행 서빙 로봇을 도입한 식당이 5,000개를 넘었다.[48] 2020년 7월 중국 베이징(北京)의 펑타이구에서는 중국 국영기업인 중국항천과공집단(CASIC)이 개발한 인공지능 로봇 2대가 배치되었다. 코로나19 소독 작업을 담당

47　장길수, "일본 '믹시', 자율형 대화 로봇 '로미' 판매", 로봇신문, 2020. 06. 11.
48　유효정, "중국 외식업계, 코로나19 위기에 로봇으로 대응", 로봇신문, 2020. 06. 10.

하는 이 로봇은 탱크처럼 무한궤도를 장착하고 울퉁불퉁한 지형도 시속 5km 이상으로 이동하면서 360도 회전하는 분무기를 장착하고 매시간 1만 ㎡를 소독한다. 베이징 시장산 지역에 있는 한 호텔은 후베이[湖北]성 우한[武漢]에 투입됐던 인공지능 로봇을 채용하여 직원과 투숙객의 신원을 확인하고, 약과 의료 자료를 격리 구역에 전달하는 일을 담당했다. 코로나19 기간 중국에서는 감염 환자들의 쓰레기를 처리하고, 핵산 검사를 지원하는 로봇도 활동했다.[49]

한국 기업의 추격 속도도 만만치 않다. 2020년 3월 용인에 국내 최초로 5G 통신망 기반 디지털 혁신 병원이 개원했다. 연세대학교 용인세브란스병원이다. 다양한 미래기술을 사용해서 혁신적인 환자 경험을 제공한다. 1층 로비에는 인공지능과 실시간 위치 추적시스템[RTLS]을 장착한 5G 방역 로봇 '비누[BINU]'가 돌아다닌다. '비누'는 자외선[UV] 방역 기능도 갖췄다. 용인세브란스병원은 혈액과 검체, 약제 등을 운반하는 이송 로봇, 수술실용 이송 로봇, 의료소모품 이송 로봇, 벨보이 로봇, 간호키트 로봇 등을 도입했거나 도입 계획 중에 있다.[50] 2020년 7월 GS건설은 라이다[LIDAR] 장비, 360도 카메라, 사물인터넷[IOT] 센서 등을 장착한 4족 보행 로봇 '스팟[SPOT]'을 국내 최초로 성남의 한 아파트 공사 현장과 서울의 공연장 공사 현장에 배치했다. 2021년 6월 현대기아차는 세계적인 로봇 회사인 '보스턴 다이네믹스'를 인수·합병하고 인공지능 로봇 산업에 진격 진입했다. 배달의민족도 2021년부터 'FORENA[포레나] 배달 로봇 서비스'를 한화건설과 손을 잡고 시작한다. 삼성전자도 '가정용 로봇의 일상화 시대'에서 1등에 오르겠다는 목표를 세우고 투자 확대를 선언했고,

---

49   심재훈, "코로나19 접촉, 이젠 안심... 스마트 AI로봇 나섰다", 연합뉴스, 2020. 07. 07.
50   백지영, "5G로봇이 방역, AI로 영상판독 척척, 용인세브란스병원의 '디지털 혁신'", 디지털데일리, 2022. 01. 23.

2023년부터 음식 서빙하는 '삼성봇 서빙', 착용형 보행 보조 로봇인 '젬스' 등 삼성봇 시리즈를 판매할 계획을 세우고 있다. 이외에도 LG전자, SK텔레콤, 두산 등도 미래 주력사업으로 인공지능 로봇을 선정하고 대규모 투자와 과감한 인수·합병(M&A)을 준비 중이다.[51]

로봇과 자동차가 결합한 도심 항공 모빌리티(Urban Air Mobility, UAM) 산업에서도 일본의 혼다와 도요타, 중국의 샤오펑과 지리자동차, 독일의 스타트업 볼로콥터(Volocopter), 우버 등 세계적 자동차 업체, 항공기 제조 업체, ICT 공룡 등 모두 300여 개 업체들이 치열한 경쟁을 벌이고 있다. 한국 기업은 선두권 기업들에 비해서 5~10년 정도 늦게 출발했다. 하지만 대규모 투자를 통해 추격 속도를 높이고 있다. 현대자동차의 경우, 운용 거리 100㎞, 시속 290㎞ 등의 성능을 갖춘 8인승 UAM을 2028년까지 상용화할 계획이다. 현대기아차그룹 정의선 회장은 몇 년 전부터 자사의 미래 방향은 자동차가 50%, UAM(도심 항공 모빌리티)이 30%, 로보틱스가 20%가 될 것이라고 비전을 제시할 정도로 UAM(도심 항공 모빌리티)에 공을 들이고 있다. 한화시스템은 대형 로터 4개를 사용해 시속 320㎞ 속도를 내고 100% 전기 구동인 UAM '버터플라이(Butterfly)'를 개발하는 오버에어(OverAir)에 지분 투자를 하여 미래 시장을 준비 중이다.[52] 세계적 투자은행 투자은행 모건스탠리가 예측하는 전 세계 UAM 시장 규모는 2020년에는 8조 원에 불과했지만 2026년에는 184조 원, 2030년에는 380조 원, 2040년에는 1700조 원(1조5000억 달러) 규모로 급성장할 것으로 전망하고 있다.[53]

---

51   정채희, "'로보스이 일상화' 로봇 판이 달라진다", 한경비즈니스, 2022. 01. 03.
52   김봉수, "'에어택시' 시대 열린다. 미국 NASA, 비행 테스트 시작", 아시아경제, 2021. 09. 02.
53   유호승, "속도 내는 에어택시 상용화, 현대차, 롯데, 한화 '3파전'", 한경비즈니스, 2022. 01. 03.

자율주행차는 전장 부품 60%와 기계 장치 40%로 구성된다. 바퀴 달린 스마트폰이나 컴퓨터다. 자율주행 자동차, 도심 항공 모빌리티(Urban Air Mobility, UAM), 인공지능 로봇 시장이 커지면, 배터리 시장도 커진다. 도심 항공 모빌리티(Urban Air Mobility, UAM) 장치들도 전기를 주연료로 사용할 가능성이 크다. 로봇이 맡은 임무를 성공적으로 수행하려면 인공지능 기술도 중요하지만, 동시에 자율이동 시간을 늘리는 배터리 기술도 필수다. 배터리 시장의 무한한 확장은 상상을 초월할 수 있다. 중국의 도전이 거세지만, 국내 기술도 세계 최고 수준이기에 미래 배터리 시장에 대한 기대를 가져도 좋다. 2022년 1월 13일 한국과학기술원(KAIST) 김범준 교수팀과 미국 조지아공대 이승우 교수팀이 엘라스토머 고분자 전해질을 개발해 한 번 충전으로 800km까지 주행거리를 늘릴 수 있는 세계 최고 성능의 전고체배터리 기술 개발에 성공했다. 이 기술이 상용화되면, 현재 배터리 시장을 주도하는 리튬이온배터리를 대체할 수 있다. 휘발성이 높은 액체 전해질을 사용하는 리튬이온배터리는 화재 위험성이 높다. 전고체배터리는 고체 전해질로 되어 있어서 안전성이 높다. 국내 기업들이 이 기술을 상용화하는 데 성공하면 전기차는 물론이고, 도심 항공 모빌리티(Urban Air Mobility, UAM), 로봇 시장 전체 판도를 바꿀 수 있다.[54]

자율주행 자동차, 도심 항공 모빌리티(Urban Air Mobility, UAM), 인공지능 로봇 시장이 커지면, 시스템 반도체와 메모리 반도체 시장도 급성장한다. 한국은 시스템 반도체 시장에서는 약자다. 한국 기업이 시스템 반도체 시장에서 글로벌 선두 그룹에 들어가려면 시간이 한참 필요하다. 하지만 메모리 반도체 시장에서 한국은 세계 1등이다. 그 장점을 우선 이용하면, 당분간 한국의 메모리 반도체 산업이 국가 성장을 견인할 효

54   김만기, "전기차 800km까지 달리는 전고체배터리 만들었다", 파이낸셜뉴스, 2022. 01. 13.

자 종목 노릇을 계속할 가능성이 크다. 스마트폰 한 대에는 4~5GB 정도 메모리 반도체가 탑재된다. 자율주행차는 최대 80GB 메모리 반도체(D램)가 탑재될 것으로 추정된다. 자율주행차, 도심 항공 모빌리티(Urban Air Mobility, UAM), 로봇 안에 장착되는 메모리 반도체 수요 증가는 이미 정해진 미래다. 자율주행 차량은 실시간으로 도로 정보를 획득하고, 다른 차량과 통신을 주고받으며, 도시 전체와 실시간 연결되어야 한다. 학계에서는 자율주행 차량이 60분 주행에서 2~3테라바이트(TB)의 데이터를 생성할 것으로 추정한다.[55] 엄청난 양이다. 외부 데이터 저장센터와 연결되더라도, 자동차 자체에 저장하는 데이터도 엄청날 것이다. 그만큼 메모리 반도체나 반도체 기억소자를 사용한 저장장치인 SSD(Solid State Drive) 수요가 급증한다.

인공지능 성능 경쟁이 치열해질수록 최고급 메모리 반도체 수요도 증가한다. 한국이 최강 기술력을 자랑하는 플래시 메모리는 데이터를 저장하는 반도체다. 인공지능으로 작동하는 각종 소프트웨어 프로그램, 자율주행 자동차, 도심 항공 모빌리티(Urban Air Mobility, UAM), 로봇이 최대 성능을 내려면 데이터 수집과 저장 규모가 핵심이다. 더 많은 데이터, 더 빠른 데이터 전송과 처리가 인공지능 경쟁력의 핵심 중의 핵심이다. 매일 지구상에서 생산되는 데이터는 대략 15%만 저장되고 나머지는 버려진다.[56] 1965년 인텔 창업자 고든 무어는 반도체 칩의 용량이 매년 두 배씩 증가할 것이라는 '무어의 법칙'을 발표했다. 무어의 법칙을 따라 현재 반도체 칩 용량은 270억 배 늘었다. 이런 수준의 놀라운 발전을 거듭했어도 현재 버려지는 데이터가 85%다. 만약 현재 버려지는 빅데이터를 모

---

55   김문기, "자율주행차 반도체, 스마트폰 대비 '1천배'", 아이뉴스24, 2017. 08. 28.
56   원유집, "4차 산업혁명 '총아' 플래시 메모리", 세계일보, 2020. 01. 08.

두 저장하고 분석할 수 있다면, 엄청난 수준의 인공지능이 탄생한다. 이런 인공지능이 자율주행차, 도심 항공 모빌리티(Urban Air Mobility, UAM), 로봇 등에 탑재된다면 강력한 성능을 낼 것이다. 데이터를 수집하고 연산하는 데 시스템 반도체가 사용된다면, 데이터를 저장하고 빠르게 전송하며 처리하는 데는 플래시 메모리 역할과 성능이 절대적이다. 수집하고 사용하는 데이터를 늘리려면, 둘 중의 하나를 선택해야 한다. 반도체 숫자를 늘리거나 반도체 성능을 향상시켜야 한다. 전자는 자율주행차 한 대당 반도체 장착 갯수가 늘어나는 것이다. 후자는 반도체 하나의 성능을 향상시키는 것이다. 둘 중 어느 방향으로 움직이더라도 한국 기업들이 장악하고 있는 최고급 플래시 메모리에 대한 수요는 앞으로 꾸준히 증가할 가능성이 크다. 한국 기업의 기술력과 투자 규모도 세계 최고 수준을 유지 중이기에 미래를 기대해도 좋다. 2022년 1월 12일 국제반도체장비재료산업협회(SEMI)의 「팹 전망」 보고서는 2022년 글로벌 반도체 장비 투자 규모가 980억 달러(약 116조5천억 원, 전년 대비 10% 증가)로 사상 최대를 기록할 것이며, 한국 기업의 투자가 1위이고 대만과 중국이 각각 2위와 3위가 될 것이라고 전망했다.[57] 2030년까지 국내 반도체 관련 기업(53개 사)의 총 투자 계획 규모도 510조 원이다.[58] 반도체 수출 규모도 계속 증가 중이다. 2022년 1월 12일 과학기술정보통신부는 2021년 ICT 수출액이 2천276억 2천만 달러로 1996년 실적 집계 이후 최고치를 기록했다고 발표했다. 이 중 반도체 수출액만 1천287억 달러였다.[59]

---

57 김지웅, "SEMI, '한국 올해 반도체 최대 투자국'", 전자신문, 2022. 01. 12.
58 서동일, "삼성 '시스템반도체 171조 투자' SK '파운드리 생산 2배로'", 동아일보, 2021. 05. 14.
59 심지혜, "작년 ICT 수출, 2276억 달러 '역대 최대' 반도체도 '최고' 실적", 아이뉴스24, 2022. 01. 12.

미래 반도체 전쟁, 승리 가능성

물론 중국의 반도체 굴기에 대한 우려가 높다. 중국 시진핑 정부는 2025년까지 반도체 자급률을 70%, 한국 반도체 산업 타도 목표를 세우고 지난 5년 동안 국가 역량을 총동원했다. 하지만 그다지 큰 실적을 내지 못했다. 2015년 14.9%였던 중국 반도체 자급률이 2020년에도 15.9%로 제자리걸음이다. 이마저도 중국 내 삼성전자나 SK하이닉스 등 외국 기업의 현지 공장 생산분을 제외하면, 순수 중국 기업의 생산 비율은 6%P에 불과하다. 그것도 SMIC(中芯国际, 중심국제집성전로제조유한공사)가 5%P를 담당할 정도로 취약하다. 이런 상황은 한국 기업에는 호재다. 필자의 예측으로는 앞으로 최소 5년 정도는 중국 반도체 기술이 한국을 위협할 수준까지 치고 올라올 가능성은 낮다. 중국 정부의 막대한 투자에도 불구하고 성과가 나지 않는 이유는 분명하다. 자국 기업의 기술력 부족이다. 기술력을 끌어올리려면 막대한 투자가 필수다. 중국 정부는 막대한 투자를 할 준비가 되어 있다. 그러나 반도체 공정의 발전 속도가 매우 빠르다. 이런 속도를 따라가면서 매번 공장을 새로 짓고 신규 설비를 갖추며 기술을 개발하고 엔지니어를 훈련시키며 생산력을 안정화시키는 데는 물리적 시간이 필요하다. 한국 기업을 추월할 최고 후보로 꼽혔던 칭화대 사업 부문인 쯔광그룹(紫光集團·Tsinghua Unigroup, 칭화유니그룹)도 2021년에 파산 구조 조정을 신청했다. 반도체 제조 부문의 무리한 투자가 화근이었다. 칭화유니그룹의 자회사인 창장춘추(長江存儲科技公司·YMTC)는 2019년에는 중국 최초로 64단 3차원(3D) 낸드플래시 생산에 성공했고, 2021년 4월에는 128단 3D 낸드 개발도 성공했다. 하지만 모 그룹의 위기로 한국 기업 추격에 제동이 걸렸다. 반도체 산업은 막대한 투자가 필수다. 첨단 반도체 공정 1개 라인을 짓는데 드는 비용은 15조 원에서 최대 30조 원가량이다. 네덜란드 노광장비업체인 ASML의 첨단 EUV(극자외선) 장비 한 대 가격이 1800억 원이다.[60] 세계 1위 파운드리(반도체 위탁생산) 업체인 TSMC가 '선두 굳히기'와 초미세 공정인 2·3·5·7나노미터(1nm=10억분의 1m) 공정개발을 위해 2022년 한 해 투자 계획만 400억~440억 달러(약 47조5000억~52조3000억 원) 규모다.[61] TSMC는 2021년에도 300억 달러 투자를 단행했었다. 세계 2위 삼성전자의 2022년 투자 규모도 40조 원이 넘는다.[62] 반도체 업계에선 선두권과 큰 격차를 갖는 창장메모리가 한국 기업을 뛰어넘는 글로벌 경쟁력을 갖추는 데는 1000억 달러 이상 투자가 필요하다는 전망이다. 현재 중국 정부는 칭화유니그룹을 국부펀드를 동원해서 구제 중이다. 중국 반도체 산업에는 또 다른 문제가 있다. 기업 사기다. 중국 정부는 지난 3년 동안에만 정부 투자금 23억 달러(약 2조7600억 원)가 투자해서 14나노미터(nm, 1nm는 10억분의 1m) 이하 초미세 공정을 적용한 반도체를 제조를 목표로 우한홍신반도체(HSMC), 취안신집적회로(QXIC), 청두거신, 화이안더화이(HIDM), 난징더커마 등 6개의 신규 반도체 제조 프로젝트를 실시했다. 이들 업체들은 TSMC을 비롯해서 대만과 한국 출신 경영 전문가와 엔지니어들도 스카웃트 했다. 하지만 지금까지 단 한 개의 반도체조차 만들지 못하고 있다. 2021년 6월 HSMC는 폐업 상태이고, QXIC는 영업 중단 상태다. 나머지 기업들도 존재 가치가 없다. 업계에서는 이들 기업들이 중국 정부의 반도체 자금을 노린 사기극을 펼쳤을 가능성에 주목한다. 2022년 1월 월스트리트저널의 보도에 따르면, 중국 내에서 수만 개의 기업이 중국 정부의 빅펀드 지원금을 챙기기 위해 반도체 관련 회사로 위장 등록하고 있다. 이들 중에는 요식업과

---

60 오동희, "중국 반도체 절대 무시할 수 없다", 머니투데이, 2022. 01. 15.
61 양한주, "TSMC 50조 투자 '선두 굳히기'-삼성, 미국 공장 첫 단추 '맹추격'", 국민일보, 2022. 01. 17.
62 변윤재, "TSMC vs 삼성전자, 반도체 위탁생산 '쩐의 전쟁'", 데일리임팩트, 2022. 01. 17.

시멘트 제조사 등도 포함되어 있다. 미국이 '반도체 굴기'를 선언한 중국을 견제하기 위해 화웨이[華爲]뿐만 아니라 순수 중국 기업으로 반도체 자급에 절대 기여 중인 중신궈지지청뎬루[中芯國際集成電路·SMIC]를 견제하는 것도 호재다.[63] 당분간 바이든 행정부는 미국의 경제 및 산업 패권 유지를 위해 반도체 산업에 공을 들이고 있다. 이런 행보는 미국 정권이 바뀌더라도 유지될 가능성이 크다. 미국 민주당과 공화당은 중국 기업들의 반도체 기술·장비 수급을 차단하여 반도체 굴기를 저지하는 것에는 한마음이기 때문이다.

그렇다고 마음을 놓아서는 안 된다. 단기간에 중국에 한국 기업이 메모리 반도체 시장을 빼앗길 가능성이 작다는 것일 뿐이다. 중장기적으로는 중국 기업과 치열한 시장 경쟁은 정해진 미래다. 지난 5년 중국 정부의 반도체 굴기 1단계가 실패했을 뿐이다. 반도체는 제4차 산업혁명기 성공의 절대적 부품이다. 한국, 미국, 중국 정부 모두 반도체 산업을 절대로 포기할 수 없다. 치열한 싸움이 예상된다. 반도체 경쟁력에서 대규모 투자력은 절대적이다. 중국은 돈 싸움에서 절대로 지지 않는다. 오히려 한국, 대만, 일본, 미국보다 뛰어나다고 전제해야 한다. 현재까지도 중국 정부의 투자 의지와 규모는 상상을 초월했다. 현재 중국 전역에서 50개 대규모 반도체 사업에 투자된 규모는 2430억 달러[약 289조 원]에 이른다. 모 기업이 재정난에 빠져 있지만, 창장춘추[長江存儲科技公司·YMTC]는 앞으로 10년 간 8000억 위안[137조 원]을 투자할 계획이다. 삼성전자가 시스템 반도체 시장 도약을 위해 앞으로 10년 동안 171조 원을 투자하는 것과 비슷한 규모다.[64] 반도체 전쟁 참여국 정부 의지와 지원도 중요하다. 미·중

---

63   김규환, "총체적 난국에 빠진 중국 반도체 산업", 서울신문, 2021. 09. 12.
64   서동일, "삼성 '시스템반도체 171조 투자' SK '파운드리 생산 2배로'", 동아일보, 2021. 05. 14.

패권전쟁이 치열해질수록 중국 정부의 반도체 굴기 의지도 강해질 것이다. 지금은 시행착오 기간일 뿐이다. 여기저기서 잡음이 많지만, 중국 정부는 반도체 굴기 전략을 지속 수정하고 발전시키는 중이다. 최근부터는 국부펀드의 투자 대상을 중국 최대 파운드리인 중신궈지(SMIC)에 절반 가까이 몰아주고, 장비와 소재 등 특히 취약한 부문에 집중하기 시작했다. 베이징대와 칭화대를 포함해서 명문 대학에 반도체 학과를 잇달아 설립하는 등 중국 명문 대학들이 잇따라 반도체 인재 양성에 나서고 있다. 중국 정부의 세제 지원과 보조금 지급 등의 지원도 지속되고 있다. 이미 세계 수준에 올라선 텐센트, 알리바바와 바이두 등 중국의 빅테크 기업들도 클라우드, 인공지능, 자율주행차 등 자사 산업의 역량 강화를 위해 독자적인 반도체 칩 설계 기술을 빠르게 발전시키고 있다.

이런 것들을 종합하면 두 가지 분명한 미래를 예측할 수 있다. 첫째, 3~5년 후면 중국 기업의 전 세계 반도체 시장 점유율이 지금보다 두 배 정도 늘어날 가능성이 충분하다.[65] 하지만 중국이 빼앗아 가는 시장이 대만이나 미국 업체에서 나올지, 한국 기업에서 나올지는 예측 불가다. 앞으로 3~5년 동안 방심하는 기업, 투자력에서 뒤처지는 기업, 기술력에서 따라 잡히는 기업이 중국에 시장을 빼앗길 대상이 될 것이다. 둘째, 그럼에도 불구하고 중국 기업이 한국 반도체 산업에 위협을 가하는 수준에 올라서려면 시간이 더 필요하다.[66] 중국의 반도체 산업 총투자 규모와 반도체 관련 기업 수가 한국보다 많지만, 기술 산업에서는 1등 기업의 투자와 실력이 더 중요하다. 1등 기술의 부가가치가 가장 뛰어나기 때문이다. 한국은 이런 측면에서 중국과 맞설 만한 잠재력을 가지고 있

65 정현진, "힘빠졌다던 중국 반도체 굴기, 2년 뒤 한국 위협한다?", 아시아경제, 2022. 01. 16.
66 강현우, "중국 반도체 굴기의 허와 실", 한경비즈니스, 2022. 01. 15.

다. 우선 메모리 반도체 세계 1, 2위인 삼성과 SK하이닉스의 투자 규모가 중국 1, 2위 기업에 결코 뒤지지 않는다. 한국의 메모리 반도체 기술력은 명실상부 세계 1위다. 이런 것들을 종합하면 한국 기업의 메모리 반도체 시장 글로벌 1등 수성 기간도 최소 10년은 이어갈 수 있다.

한국 반도체 기업들이 시스템 반도체 분야에서 중국과 일본을 제치고 세계 1등 수준의 경쟁력 확보할 가능성이 큰 분야도 있다. 'AI 반도체'다. AI 반도체는 인공지능 서비스 구현을 위한 대규모 컴퓨터 연산을 하드웨어 상에서 직접 초고속, 저전력으로 실행하도록 특화된 비메모리 반도체다. 딥러닝 알고리즘이 인공지능의 소프트웨어적 두뇌(인공 신경망)라면, AI 반도체는 인공지능의 하드웨어적 두뇌에 해당한다. 리포트링커 등 시장조사업체에 따르면 AI 반도체 시장은 지금까지 연평균 37% 성장률을 보이고 있다.[67] 시장조사업체 가트너에 따르면 전 세계 AI 반도체 시장 규모는 2020년 184억5000만 달러였고, 2025년 767억 달러(약 92조 원), 2030년에는 1179억 달러(약 141조 원)까지 성장할 것으로 전망된다.[68] 10년 동안 10배로 시장이 커질 잠재력을 가진 시장이다. AI 반도체 시장은 지금부터 시작이기 때문에 한국 기업의 글로벌 1등 가능성이 매우 높다.

2022년 1월 12일 세계적인 학술지 「네이처(Nature)」에 삼성전자 연구진이 개발한 차세대 인공지능(AI) 반도체 기술이 소개되었다. 삼성전자는 자기저항메모리(MRAM)를 기반으로 한 '인-메모리 컴퓨팅'을 세계 최초로 구현하는 데 성공했다. 이 기술은 자기저항메모리(MRAM) 안에서 저장과 연산을 동시에 함으로써 기억과 계산이 혼재된 사람의 뇌와 같은 역할을

67 이지효, "SKT, 국내 최초 AI반도체 내놨다. '50조 시장 잡는다'", 한경TV, 2020. 11. 25. 양태훈, 권봉석, "AI의 뇌, 신경망 가속칩이 뜬다", ZDNet Korea, 2021. 01. 03.
68 김현석, 강경민, "인간처럼 인식 판단하는 AI반도체, '성능 10년 내 100배 높인다'", 한국경제, 2021. 12. 31.

할 수 있는 차세대 저전력 인공지능(AI) 칩 기술이다. 현재 컴퓨터는 데이터 연산을 하는 CPU 칩과 데이터를 저장하는 메모리 칩이 따로 구별된다. 이번에 삼성전자 연구진이 개발한 '인-메모리 컴퓨팅'은 삼성전자가 전 세계 1등을 하고 있는 메모리 칩 안에서 데이터의 저장과 연산을 함께 수행하는 최첨단 기술이다. 대량의 정보를 CPU와 메모리 칩 사이로 이동하지 않고 메모리 칩 안에서 병렬 연산하기 때문에 전력 소모도 현저히 낮아진다. MRAM 기반 인-메모리 컴퓨팅 칩을 인공지능 계산에 활용한 결과, 숫자 분류에서는 최대 98%, 얼굴 검출에서는 93%의 정확도로 동작했다고 한다. 연구진에 따르면, 새로 개발한 메모리 칩은 생물학적 신경망을 다운로드하는 뉴로모픽 플랫폼으로 활용이 가능하다. 뉴로모픽 플랫폼은 미래 인공지능 발전에 핵심 기술 중 하나다.[69]

2022년 1월, 한국전자통신연구원(ETRI)은 시스템 반도체 칩을 클릭 몇 번 만으로 일반인도 쉽게 설계할 수 있는 설계 툴을 개발했다. '리스크파이브 익스프레스(RISC-V eXpress, RVX)'다. 이 설계 툴로 시스템 반도체를 만들면 기존보다 최대 35% 수준까지 전력 소모를 낮출 수 있는 저전력 칩 설계도 가능하다. 한국 기업은 시스템 반도체 칩 설계의 90% 이상을 영국 암(ARM)사에 의존하고 있다. 설계 수정이 불가능하고, 로열티 부담도 크다. 리스크파이브(RISC-V)는 시스템 반도체 설계에 필수적인 CPU 구조와 설계자산(IP) 등을 로열티 부담이 없이 누구나 사용할 수 있도록 한 오픈 소스다. 하지만 개발 노하우가 부족한 중소 팹리스 업체나 스타트업에게는 그마저도 높은 장벽이다. 한국전자통신연구원(ETRI)이 개발한 '리스크파이브 익스프레스(RISC-V eXpress, RVX)' 설계 툴은 자기가 원하는 목표 성능 설계자산을 선택한 후에 버튼만 누르면 시스템 반도체를 10분 만에

---

69 임진혁, "삼성전자, 또 일냈다. 인간 뇌 닮은 '인-메모리 컴퓨팅' 세계 첫 구현", 서울경제, 2022. 02. 13.

자동으로 설계해 준다. 이 기술을 이용하면, 국내 중소 팹리스 업체나 개인도 경쟁력 있는 시스템 반도체를 개발할 수 있게 된다. 그만큼 시스템 반도체 분야에서 세계적 격차를 줄일 수 있다.[70] 한국 정부도 2020년부터 2029년까지 1조 96억 원을 투자하는 '차세대 지능형 반도체 개발 사업'을 진행 중이다. 2022년 1월, 정부는 AI 반도체 경쟁력을 높이기 위해 2028년까지 지능형 반도체(PIM, Processing-in-Memory) 개발에 총 4027억 원을 추가 지원을 결정했다.

현대기아차, 35년 만에 일본 혼다 자동차를 넘어서다

2021년 현대기아자동차는 미국 시장에서 148만9118대를 판매(역대 최대 기록)를 기록해서 미국 진출 35년 만에 일본 혼다(146만6630대)를 제치고 판매량 5위를 달성했다. 특히 배터리전기차(BEV)의 판매량은 전년 대비 130% 이상 증가했고, 럭셔리 자동차 브랜드 제네시스는 판매량이 3배 상승했다. 현대기아자동차는 유럽 시장에서도 반도체 수급 위기를 뚫고 코로나19 이전 수준인 연간 100만 대 판매를 회복하면서 점유율 8.7%(101만8563대, 현대차 4.4%, 기아차 4.3%)를 달성했다. 전기차 판매량도 13만5408대를 기록했다. 이런 추세라면, 2022년에는 유럽 자동차 시장 '톱3' 진입을 바라볼 수 있다.[71] 2021년 현대기아차의 미국과 유럽 시장에서 성공은 몇 가지 이유가 있다. 호세 무뇨스 현대차 글로벌 최고운영책임자(COO) 겸 북미법인장이 꼽은 성공 비결은 세 가지다. 친환경 자동차 트랜드 대

---

70 이준기, "ETRI, '반도체 칩 설계' 플랫폼 개발", 디지털타임스, 2022. 01. 13.
71 김지희, "현대차그룹, 유럽 점유율 첫 8%. '톱3' 눈앞", 서울경제, 2022. 01. 18.

응 속도, 공급망 관리 성공, 생산 최적화(발 빠른 생산 공정 변경. 생산 가능한 부품으로 조정 등)이다.[72]

현대기아차의 성공 비결들은 중요한 것을 시사한다. 첫째, 변화의 흐름을 빨리 쫓아가는 자가 승리한다. 현대기아차는 바이든 행정부와 유럽의 친환경 트랜드에 빠르게 대응하고, 코로나19로 글로벌 공급망에 심각한 문제가 발생하자 생산 공정을 발 빠르게 변경하며, 생산 가능한 부품으로 조정하는 등의 행위는 환경 변화를 빠르게 통찰하고 대응했다. 둘째, 2020~2021년 글로벌 자동차 시장을 옥죈 공급망 붕괴 문제는 코로나19라는 대재앙도 원인이지만 미국과 중국 간의 패권전쟁도 큰 원인이다. 미국은 세계의 공장인 중국을 중심으로 구축된 글로벌 공급망을 깨고 미국과 미국의 동맹국을 중심으로 한 새로운 공급망 구축을 진행 중이다. 당연히 중국의 반발도 거세다. 이런 상황에서 2020~2021년 기업의 공급망 문제는 생산 최적화로만 해결이 불가능했다. 현대기아차의 성공적인 공급망 관리에는 미국, 중국, 일본, 유럽 등에 의존하지 않고 최고 수준의 배터리, 반도체, 철강 등 주요 핵심 부품을 한국에서 생산할 수 있었다는 점도 보이지 않는 비결로 작용했을 것이다.

코로나19 대재앙은 10년 이상 가는 장기적 재앙이 아니다. 하지만 미·중 패권전쟁(覇權戰爭. Hegemonic War)은 최소 10년, 길게는 20년 이상 가는 장기적 위협 요소다. 그리고 미·중 패권전쟁은 그 강도가 갈수록 치열해진다. 미·중 패권전쟁의 핵심은 경제 및 산업 전쟁이다. 미국과 중국이 글로벌 시장에서 자국 기업의 시장 점유율을 높이고, 다른 나라에 대한 경제 및 산업 영향력을 넓히려고 벌이는 전쟁이다. 경제 전쟁의 승리를 위해 군사력, 금융 역량, 인재 및 자원 전쟁 등 국력 전체를 총동원한

---

72   노정동, "35년 만에 미국 시장서 일 낸 현대차, 직접 '비결' 들어보니", 한국경제, 2022. 01. 09.

다. 국력을 총동원하는 전쟁이기에 동맹국이나 교역국에 대한 회유와 겁박도 서슴지 않는다. 바이든 시대는 둘 간의 경쟁과 갈등이 더욱 고조된다. 수출에 절대 의존하는 한국 경제, 한국 기업은 미·중 패권전쟁이라는 거대한 파도를 어떻게 헤쳐 나가느냐가 중요하다.

제1차 미·중 패권전쟁 국면은 오바마 정부 시절에 시작되었다. 2008년 미국발 부동산 버블 붕괴가 일어나면서 미국 경제는 붕괴되고 달러 신뢰도는 추락했다. 절체절명의 순간이었다. 그러자 오랫동안 숨죽이며 발톱을 숨기고 있었던 중국이 G1 야심을 드러냈다. 오바마 정부는 중국의 도전을 막고, 미국 산업과 일자리 회복을 통해 무너진 경제를 회생시키기 위해 '차이메리카' 관계를 깨고 은근한 보호무역주의를 실시했다. 2016년 트럼프 대통령 당선이라는 대이변이 발생했다. 트럼프 대통령과 행정부는 지지층 집결을 위해 중국과 무서운 말 폭탄을 주고받으며 전 세계를 긴장으로 몰아넣었다. 신냉전 시대가 시작되었다는 평가가 줄을 이었다. 미·중 패권전쟁 제2차 국면이다. 하지만 트럼프 대통령은 실리에 민감했다. 무대 앞에서는 중국과 시진핑 주석을 향해 거친 말 폭탄을 쏟아내고 관세 폭탄을 날리면서 강렬하게 치고받는 모습을 연출했다. 그러나 무대 뒤에서는 중국과 시진핑 주석이 민감하게 생각하는 약점(체제 유지를 위한 인권 문제 등)은 건들지 않았다. 중국도 실리를 추구하는 트럼프 대통령의 비위를 맞춰주면서 미국산 수입 물량을 늘려 주면서 파국을 피했다. 트럼프 대통령의 재선이 유력했지만, 2020년에 코로나19 팬데믹 대재앙이 미래를 바꿔놓았다. 코로나19 대응에 실패한 트럼프 대통령을 간발의 차로 누르고 바이든이 미국의 새로운 대통령이 되었다. 민주당 상하원을 모두 장악했다. 미국 정치계 대격변이었다. 미·중 패권전쟁도 전혀 다른 국면으로 전환되었다. 제3차 국면으로 전환되었다. 필자는 바이든이 대통령이 되면, 미·중 패권전쟁의 양상도 트럼프 행정부 시절과 정반대 상황이 될 가능성이 크다고 예측했었다. 겉으로는 신사적이고 합리적으로 중국에 대응하고 점잖은 말로 중국을 공격하지만, 실제로는 가장 강렬한 패권전쟁 국면이 될 가능성이 크다. 바이든 행정부와 상하원을 장악한 민주당은 4년 내내 중국 공산당 체제의 생존과 연결되어 있는 문제를 집요하게 공격할 것이다. 중국 공산당과 시진핑 정부가 가장 두려워하고 민감하게 여기는 이슈는 인권과 환경이다. 특히 인권 문제는 중국이 가장 민감하게 여기고 금기 시 하는 이슈다. 반면, 바이든 행정부와 민주당이 전면에 내세운 가치가 인권과 환경이다. 중국이 신장 위그르족 인권이나 홍콩 민주화 시위를 탄압할 때, 트럼프 대통령은 겉으로는 경고하고 엄포를 놓았지만 실제적 행동은 취하기를 미뤘다. 바이든 행정부는 다르다. 임기 시작부터 신장 위그르족과 홍콩의 인권 문제를 거론했다. 바이든 행정부는 임기 종료 때까지 미·중 무역 문제와 중국 내 인권과 환경 문제를 연결시켜 대응할 가능성이 크다. 중국은 타국이 자국 내 인권 문제를 거론하면 반드시 보복했다. 약소국에는 군사적 위협과 무역 보복도 서슴지 않았다. 제아무리 세계 최강 대국인 미국이라도 이 문제를 건들면 일사 항전 의지를 천명할 가능성이 크다. 바이든 행정부와 시진핑 정권의 위험천만한 충돌은 '이미 정해진 미래'다. 미국과 중국은 한국 기업에 최대 수출 시장이다. 둘 중 하나도 포기할 수 없다. 한국 정부와 기업 모두 바이든 행정부 4년 임기 내내 트럼프 시절보다 더욱 긴장해야 한다. 미·중 간의 격렬한 충돌과 기 싸움의 불똥이 어디로 튈지 아무도 모른다. 지금처럼 미국과 중국 양쪽에서 아슬아슬한 줄타기를 하는 방법으로는 10~20년간 미·중 패권전쟁 기간을 무사히 넘기기 어렵다. 최악의 경우, 한국 기업은 미국과 중국 양쪽 시장에서 보복을 당하는 샌드위치 신세가 될 수도 있다.

미·중 패권전쟁이 한국에 새로운 길을 열어 주는 시나리오

하지만 또 다른 미래도 있다. 미·중 패권전쟁이 한국에 새로운 길을 열어 주는 시나리오다. 미·중 패권전쟁이 장기화되자 주요 선진국에서 미묘한 변화가 포착된다. 미·중 패권전쟁 초기에는 둘 중 어느 나라와 손을 잡아야 보복이나 피해를 당하지 않을지 고민했지만, 지금은 또 다른 길을 모색하는 모습이 곳곳에서 나타난다. 갈수록 치열해지는 미국과 중국의 패권 다툼을 지렛대 삼아 자국의 이익을 극대화하려는 움직임이다. 예를 들어, 일본과 호주는 미국 편을 확실히 들어주는 대가로 미국에 자국의 우주개발을 강력히 지원해 달라고 당당하게 요구하기 시작했다. 철저한 '기브 앤 테이크' 전략으로 자국 우주산업의 굴기 시도다. 일본은 NASA가 주도하는 아르테미스 달 탐사 프로젝트에 일본인 우주 비행사를 탑승시켜 달라는 노골적 요구를 하고 있다. 미국이 일본의 요구를 들어주면, 일본은 미국 다음으로 세계에서 두 번째로 자국민을 달 표면에 착륙시킨 나라가 된다. 호주는 중국의 남하를 적극 저지해 주는 대가로 NASA의 로켓들을 호주 발사장에서 발사해 주기를 요구했다. 미국의 도움을 얻어 호주를 세계 로켓 발사의 거점으로 키우려는 전략이다. 중국 견제가 중요한 미국은 2022년 6월에 호주의 상업용 로켓 발사장에서 NASA의 연구용 로켓 발사를 허락했다. 미국 밖의 상업용 발사장에서 첫 번째 진행되는 NASA 로켓 발사다. 호주는 미국이 대중국 견제를 위해 주도하는 쿼드에 참여하면서 참여국들에게 우주 관련 정보와 기술들을 공유 받고, 수년 내에 호주에서 유인우주선 발사도 성공시킨다는 전략도 세우고 있다.[73] 참고로, 현재 유인우주선 발사 역량을 갖춘 나라는 미국, 중국, 러시아뿐이다.

---

73 박시수, "미·중 갈등 이용한 일본과 호주의 우주굴기", 동아사이언스, 2022. 01. 14.

일본과 호주는 미국에 중요한 국가다. 일본과 호주가 미국의 손을 잡아 주지 않으면 미국의 태평양 전략에 거대한 구멍이 생긴다. 유럽은 미국과 중국 양쪽에 중요한 국가다. 미국 입장에서 유럽은 재부상하는 러시아의 서진을 견제하는 군사 전략적 파트너다. 중국에 유럽은 놓칠 수 없는 거대한 수출시장이다. 한국은 어떤 위치일까? 미국과 중국에 한국은 군사 전력적 중요도 면에서 최우선 순위가 아니다. 미국의 태평양 전략에서 한국은 일본보다 후순위다. 중국에도 동아시아에서 미국을 견제하는 데 한국은 북한이나 필리핀 등보다 후순위다. 통일한국이라면 말이 달라진다. 통일한국은 중국에 미국을 견제하는 최우선 국가로서 가치가 생긴다. 미국에도 통일한국은 중국 국경에 군사전략적 물자를 배치할 수 있는 매력적인 국가가 된다. 그래서 통일한국이 되면 미국과 중국 중 어느 한 나라가 한반도에 군사 주둔하는 것이 꺼려지는 상황이 벌어진다. 이런 상황을 이용해서 한국은 미국과 중국 그 어느 편도 들지 않는 중립국 선언도 가능하다. 하지만 통일 전에는 불가능하다. 북한이 중국과 손을 잡은 이상 한국은 군사전략적으로 미국과 손을 잡지 않을 수 없다. 이런 관계 속에서 한국이 중국과 미국의 패권전쟁을 대하고 있다. 미·중 패권전쟁이 갈수록 치열해지는 것이 뻔한 상황에서 한국은 어떤 전략을 구사해야 국익과 기업 이익을 극대화할 수 있을까? 한국의 군사적 이익을 위해서는 한반도와 동아시아 내에서 미국과 동맹을 굳건히 해야 한다. 동시에 보다 정교하고 치밀한 분석과 전략으로 미국과 중국이 절대 필요한 것을 손에 쥐고 있어야 한다. 앞으로 미국은 동맹국의 비위를 맞춰서 협력해야 한다. 중국이 미국과의 국력차를 빠르게 좁혀오는 상황이기 때문에 동맹국과 갈등을 만들고 다툴 시간이 없다. 중국도 미국 추격 속도를 높이려면 자신들에게 도움이 되는 국가와 기업과는 손을 잡아야 한다. 중국이 사드 보복 중에도 한국의 반도체 기업 등과 손을 잡은 이유다.

중국이 한국에 필요한 것은 분명하다. 중국 기업보다 뛰어난 기술이다. 부가가치 높은 제품 생산이다. 현재 중국의 수출은 미국의 견제, 원자재 가격 인상, 높은 운송비와 인건비 등으로 가격 경쟁력이 하락하면서 큰 위험에 처해 있다. 중국이 이 위기를 극복하려면, 더 높은 부가가치를 만드는 산업으로 전환해야 한다. 그 과정에서 반드시 한국 기업의 중국 내 투자가 필요하다. 한국 정부와 기업은 중국 근로자의 높은 임금을 감당하면서도 부가가치 생산이 가능한 제품을 생산하는 공장을 중국에 지어주고, 중국 내부에서 필요한 생산과 기술 협력을 해주며, 중국의 4억 중산층 시장에 들어갈 기회를 얻어내야 한다.

미국에는 중국이 동아시아에서 군사적 굴기를 견제하는 데 동참하고 한국 기업의 미국 투자를 조건으로 미국 거대한 소비 시장과 미래산업 협력 기회를 얻어내야 한다. 중국이 주춤한 틈을 이용하여 글로벌 공급망 재편 이득도 얻어내야 한다. 반도체 칩 하나가 만들어지려면 70개국을 넘나드는 과정이 필요하다. 한국은 중간재를 담당한다. 미국은 이런 글로벌 협력망에서 중국의 개입을 최소화하고 미국과 미국의 동맹국 중심으로 재편하려고 한다. 공급망 재편은 산업 질서의 재편과 더불어 빅체인지를 만들어낸다. 2021년 10월 31일 바이든 대통령은 EU와 철강 관세 분쟁을 마무리하는 내용에 합의한 뒤 중국을 겨냥해 칼날 같은 발언을 했다. 중국산 철강이 탄소 배출 기준을 지키지 않는다면서 "중국 같은 '더러운 철강'의 시장에 대한 접근을 제한하겠다(restrict access to our markets for dirty steel from countries like China)"고 선포했다. 중국은 한국과 쌍벽을 이루는 철강 수출국이다. 미국과 EU가 전략적으로 중국산 철강 수입 물량을 줄이면 한국 기업의 수출량이 증가하는 어부지리도 얻을 수 있다.[74]

74　김태윤, "중국 빼고 동맹 소집한 바이든, 한국은 '공급망 패권주의' 시험대 올랐다", 중앙일보, 2021. 11. 01.

바이든 행정부가 공들이고 있는 공급망 재편 우선 품목은 4가지다.[75] 반도체, 배터리, 핵심 광물, 의약품. 이 중에서 반도체와 배터리는 한국 제조 기술이 세계 정상급이다. 미·중 무역전쟁이 고조되면, 글로벌 공급 망의 핵심 개념이 '가장 싼 곳'이 아니라 '가장 신뢰할 만한 곳'이 된다. 유럽과 미국에 한국은 정치적으로 안전하고 품질 좋은 제품을 생산할 만 한 기술적 신뢰도가 높은 나라다. 물론 미국은 한국 기업이 반도체와 배 터리 생산을 미국 본토에서 하기를 원한다. 이럴 경우, 해당 분야에서 기 술력을 갖춘 한국 기업들은 미국 내 생산설비 증설 관련 투자 확대를 해 주는 조건으로 미국과 해당 기술의 지속적 혁신과 연관 기술과 제품 개 발을 위한 연구개발(R&D) 협력을 적극적 추진하면 된다. 더불어 미국 내 투자 확대를 조건으로 해당 지역의 내수 시장 확대도 얻어내면 된다. 예 를 들어, 2022년 현재 유럽 시장에서는 한국의 배터리 기업이 중국·일 본 업체와 각축전을 벌이고 있다. 반면, 미국 내에서 구축 중인 14개 기 가와트(GWh)급 대형 배터리 생산공장의 9개가 한국 기업이 건설하고 있 다. 이 정도 용량이면 5년 후 미국에서 생산되는 전기차용 배터리 생산량 의 70% 수준이다. 배터리 공장 투자가 한국 기업과 미국 기업의 합작법 인 형태가 많아서, 건설이 완료되면 최소 10년간 미국 내에서 안정적인 수익성 확보와 미국 완성차 3사와 추가 협력도 가능해진다.[76] 미·중 패권 전쟁 틈바구니에서 미국 기업들의 행보는 더욱 현실적이다. 미국 정부 가 5G 분야 선두주자인 중국 화웨이를 강력하게 제재하자 미국 기업들 은 대안으로 한국 기업과 손을 잡았다. 2020년 9월 이동통신 매출 기준 전 세계 1위의 미국 통신회사 버라이즌은 66억4000만 달러(7조9500억 원)

---

75   이정민, "미국 바이든 정부의 공급망 100일 보고서 분석", 코트라 해외시장 뉴스, 2021. 07. 05.
76   박태준, "미국에 들어설 EV배터리 공장 14개 중 9개 한국이 주도", 전자신문, 2021. 12. 27.

규모의 네트워크 장비 계약을 삼성전자와 맺었다. 단일 수출 계약으로는 한국 통신장비 산업 역사상 최대 규모다.[77] 2021년 미국 애플이 자체 개발한 M1 칩의 성능이 경쟁사를 능가하면서 스마트폰과 컴퓨터 판매량이 증가하자 테슬라, 구글, MS 등 빅테크 기업들도 잇달아 '반도체 독자 개발' 선언을 했다. 이들 기업들이 독자적으로 반도체 설계를 하면, 한국처럼 파운드리(반도체 위탁 생산) 업체의 일거리도 늘어난다. 특히, 한국은 바이든 대통령의 부탁으로 미국 내 공장 증설을 늘리고 있다. 당연히 미국 내 한국 반도체 공장이 미국 빅테크 기업의 위탁 생산 1순위가 된다. 유럽의 경우, 수소 에너지 사용에 관심이 매우 높다. 한국의 수소 관련 기술은 세계 최고 수준이다. 이들에게도 한국은 수소 관련 시설 건설, 수소 생산부터 공급까지 수소 밸류 체인 전반에 걸쳐서 안정적인 협력자이자 공급망이 될 수 있다.

미국이 공급망 재편을 밀어붙이면, 중국도 공급망 확보에 열을 올릴 수밖에 없다. 일명 '공급망 쟁탈전'이 발생한다. 미국이 중국을 글로벌 공급망에서 탈락시키는 전략을 천명하기 전에는 중국이 한국에 사드 보복 같은 행위를 할 수 있었다. 하지만 이제는 다르다. 중국이 공들이는 일대일로 안에 있는 나라들은 중국보다 가난하고 기술력이 뒤떨어진 나라들이 대부분이다. 일대일로 안에 있는 나라들만으로는 중국이 미국과 경쟁할 수 있는 공급망을 구축하기 어렵다. 중국이 미국의 견제를 피해 자체적인 공급망 체인을 형성하려면, 한국처럼 미국의 동맹국과 손을 잡아야 한다. 만약 중국 정부가 미국의 동맹국과 정치적 관계를 악화시키면 중국 기업의 공급망 안전성에 잠재적인 손상이 초래된다. 중국 정부도 이

---

77 김아름, "삼성전자 '수출신화' 새로 쓴다. 화웨이 반사이익으로 글로벌 경략", 파이낸셜뉴스, 2020. 09. 07.

런 사실을 잘 안다. 중국 입장에서 한국은 같은 아시아권 문화다. 지리적으로도 한국은 중국과 가깝다. 비용 절감의 요소다. 한국이 최고 기술을 보유한 종목에서는 [중국에도] 한국은 신뢰할 만한 공급처가 될 수 있다. 2021년 말, 중국은 SK하이닉스의 인텔 낸드사업부 인수에 찬성표를 던졌다. 애초 중국 정부는 SK하이닉스의 인텔 낸드사업부 인수 승인을 지연하거나 반대할 것이라는 예상이었다. 미국 정부가 국가 안보를 명분으로 중국 자본이 미국 매그나칩반도체 인수를 반대했기 때문이다. 화가 난 중국 정부는 반도체 등 주요 인수합병(M&A)에 어깃장을 놓으며 미국에 불편한 심기를 드러내고 있었다. 2018년에는 미국 퀄컴의 네덜란드 NXP 인수를 방해했고, 2021년 3월에는 미국 반도체 장비 업체 어플라이드머티리얼즈와 일본 반도체 기업 고쿠사이일렉트릭의 인수합병(M&A) 승인을 지연시켰으며, 2020년에는 미국 엔비디아와 영국 반도체 설계 기업 ARM 인수 건도 승인하지 않았다. 이런 상황에서 예상을 뒤엎고 중국 정부가 상당히 빠른 속도로 SK하이닉스의 인텔 낸드사업부 인수합병 승인을 해 주었다. 이유는 분명하다. [중국 기업이 기업급 솔리드스테이트드라이브(SSD) 시장에 진입하게 돕는다는 조건을 달았지만] 중국이 불안정한 미국 기업 대신 한국이라는 안정적인 공급망을 붙잡기 위함이었다.[78] 중국 시장에서 스마트폰 판매율이 1%까지 하락한 삼성도 대중국 시장 접근법을 바꾸고 있다. 스마트폰이나 TV 완제품 판매보다 중국 스마트폰과 가전 회사에 메모리 반도체, 이미지 센서, 5G 모뎀 등 각종 부품들을 공급하는 전략이다. 한국은 미국과 중국의 공급망 쟁탈전에서 서로 손잡고 싶은 매력적인 나라다. 이런 장점을 활용해서 미·중 양쪽

---

78 박진우, "미중 패권 다툼이 오히려 득 됐다. SK하이닉스의 인텔 낸드 인수 막전막후", 조선일보, 2021. 12. 23.

에 외교적으로 성과를 낸다면, 한국은 글로벌 공급망에서 일종의 경제적 중립국 형태가 될 기회를 얻을 수 있다. 만약 이런 미래가 현실이 된다면, 앞으로 10~20년 동안 치열하게 진행될 미·중 패권전쟁은 한국에 새로운 길을 열어 주는 동력이 될 수 있다.

또 다른 두 번의 성공 신화를 만든다

필자가 한국 기업이 일본 기업을 추월하고 중국 기업과는 대등한 싸움을 하는 시나리오의 현실 가능성이 확률적으로 높다고 예측하는 이유가 하나 더 있다. 한국에는 보이지 않지만 강력한 힘이 있다. 국민 잠재력이다. 필자는 한국 국민의 잠재력이 일본과 중국보다 뛰어나다고 평가한다.

1949년 7월 미군은 500명의 군사고문단만 남겨놓고 한국에서 완전히 철수했다. 1949년 8월 소련은 원자폭탄 실험에 성공했다. 중국 공산당도 중국 전체를 장악했다. 1950년 5월 북한 김일성과 박헌영은 소련과 중국을 차례로 방문하여 한반도 전쟁 승리를 자신하며 지원 약속을 이끌어 내는 데 성공했다. 1950년 6월 25일 새벽, 북한 인민군이 38도선 전역에서 남한 공격을 개시했다. 인민군의 전면적인 공격이었다. 전투가 시작된 지 사흘 만에 서울이 점령되었다. 1950년 8월 북한 인민군은 국군과 유엔군을 낙동강 이남으로 밀어붙이고 남한의 대부분을 장악했다. 지도상에서 대한민국이 영원히 사라질 위기였다. 절체절명의 시기, 인천상륙작전 성공을 시작으로 서울 수복에 성공하며 전세 역전에 성공했지만 1953년 7월 27일 휴전협정 체결 때까지 한국의 피해는 막대했다. 한국 정부 발표 자료에 따르면 한국군 사상자[사망. 부상. 행불] 98만7천 명, 북한군 사상자 92만6천 명, 유엔군 사상자는 15만1500명, 중국군 사상자는 90

만 명으로 총 396만9300명의 사상자가 발생했다. 민간인 사상자도 컸다. 한국이 80만4600명, 북한 민간인 사상자는 20만200명으로 총 100만4800명의 사상자가 발생했다. 한국 전쟁으로 인해 죽거나 다친 남북한 군인, 민간인, 유엔군의 총합이 497만4100명이었으니, 당시 남북한 전체 인구(약 3,000만 명)의 17%에 해당하는 인명피해였다. 이중 사망자만 153만6791명이었다(남북한 발표 자료 종합).[79] 전쟁 기간에 남북이 서로 쏟아부은 화력도 엄청나다. 미군 폭격기가 3년 동안 투여한 폭탄 규모가 63만5천 톤으로 제3차 세계대전에서 미군이 태평양에 투하한 폭탄(50만 톤)보다 많았다.[80] 핵무기를 사용하는 최악의 상황은 피했지만, 당시 최신 살상 무기가 전부 동원되었다. 네이팜탄 3만 2,357톤, 로켓탄 31만 3,600발, 연막 로켓탄 5만 5,797발, 기관총 1억 6,685만 3,100발이 북한군과 중공군을 향해 쏟아 부어졌을 것으로 추정된다.[81] 엄청난 화력이 한반도 전역에 쏟아지면서 경제적·사회적 기능은 완전히 붕괴되었다. 남북한 주민 대부분이 집과 재산을 잃었다. 10만 명의 전쟁고아, 20만 명의 전쟁미망인과 1천만 명의 이산가족이 발생했다. 재산피해도 천문학적이었다. 전쟁 기간 남한 지역의 가축 피해는 소 19만8889마리, 돼지 35만9590마리, 닭 208만3580마리에 달했으며 주택 피해는 61만2636채나 됐다. 전쟁으로 파괴된 공장도 1952년 4월 말 기준으로 914곳에 달했다. 남한의 공업시설 42%, 북한의 공업시설 60%가 사라졌다. 전쟁 기간 동안 발생한 남한쪽 재산 피해액은 대략 230억 달러 정도로 추정한다.[82] 참고로, 1950년대

79 김욱훈, "한국 전쟁, 씻을 수 없는 상처", 네이버 지식백과: 살아있는 한국 근현대사 교과서, 2011. 08. 08.
80 송원근, "6·25가 대만을 살렸다. 6·25에 대한 5가지 숨은 진실", 뉴스데일리, 2020. 06. 25.
81 "6.25 전쟁", 위키백과.
82 신대원, "65년된 6·25전쟁, 수백만의 인명피해 트라우마 분단의 상처 여전", 헤럴드경제, 2015. 06. 25. "6·25 침략 도운 중공군 미화하는 영화 국내 상영 허가 철회하라", 매일신문, 2021. 09. 08. 손혁재, "소설가 백신애(1939)·마이클 잭슨(2009)·'녹색평론' 김종철(2020) 별세", 아시아엔, 2021. 06. 25. 김용재, "1950년대의 근로소득과 세금(연말정산 발자취)", 국세청 블로그, 2009. 11. 09.

서울에서 좋은 기와집 한 채 가격은 1000원 정도 했다.[83] 한 마디로 6·25 전쟁으로 한국은 전국 곳곳이 잿더미가 되었고, 대부분의 도시와 공업지역은 폐허가 되었다.

모든 것이 무너지고 아무것도 남지 않은 6·25전쟁 이후 50년 동안 한국 경제는 2~3번의 성공 신화를 만들었다. 역사상 유래를 찾기 힘든 경제 발전 기적이었다. 필자는 앞으로 50년 동안 한국 경제는 또 다른 성공 신화들을 충분히 만들어낼 수 있다고 예측한다. 현재 한국의 정치 상황을 보면 미래가 불안하다. 하지만 지난 2~3번의 기적을 만든 주체는 국민이었다. 정치인이 아니었다. 당연히 앞으로 50년 동안 또 다른 성공 신화들을 만들어 낼 주체는 국민이 될 것이다. 첫 번째 또 다른 성공 신화는 일본을 추월하는 것이고, 두 번째 성공 신화는 통일된 한국이 G5에 진입하는 것이다.

물론 국가 경제 발전에 정치적 안정은 중요한 요소다. 6·25전쟁 이전과 이후, 한국의 정치는 안정성이 높지 않았다. 6·25 전후로 민주주의는 혼란스러웠고, 제3세계에서 종종 볼 수 있는 군사 독재 정권의 지배도 오랫동안 이어졌다. 부정부패도 끊이지 않았고, 포퓰리즘 정치도 만연했었다. 20세기 한국의 역사를 살펴보더라도, 정치적 불안정과 혼란은 경제 발전을 가로막는 최대 장벽이었다. 조선 말기, 정치적 무능으로 우리는 국가를 잃었다. 주권을 상실하자 일본은 한국 경제를 마음껏 수탈했다. 그러나 1929년 경제 대공황이 발생하자 일본 경제도 파국을 맞았다. 일본의 극우 정치인들은 민심을 수습하기 위해 내부적으로는 제국주의를 강화하고, 외부로는 경기 파국에서 벗어날 전략으로 동북아시아, 동남아시아, 오세아니아의 경제적 통합이라는 '대동아공영권(大東亞共榮圈, 다이토

---

83 강필희, "로또 1등의 가치", 국제신문, 2021. 04. 14.

아쿄에이켄'을 주장하며 전쟁을 일으켰다.[84] 일본은 조선을 전쟁 비용과 군수물자를 조달의 전초기지로 삼았다. 일본의 수탈은 더욱 심해졌고, 조선 경제는 붕괴 직전까지 몰렸다. 1945년 미국의 원자탄 두 방으로 일본이 항복했다. 해방이 되었지만 한반도는 남북으로 나뉘었고, 미군은 군정 통치에만 관심을 가졌을 뿐 경제건설이나 사회개혁에는 큰 관심이 없었다. 정치도 좌우 세력 간 이념과 권력 다툼으로 대혼란에 빠졌다. 정치가 혼란에 빠지자, 일본에 의해 완전히 무너진 경제를 주체적으로 회복할 기회도 지연되었다. 해방 이전, 일본이 국내의 금을 일본으로 수탈해 가면서 조선이 제3국과의 무역 결제를 금이나 금과 바꾼 외환으로 할 수 없고 엔화 통화권에 묶어 놓고 국내 금융과 무역을 엉망으로 만든 후유증도 지속되고 있었다.[85] 설상가상으로, 남한을 관리했던 미군정이 적자 재정을 메우기 위해 일본에 전쟁 배상금을 요구하자 일본 정부는 조선은행권을 남발하여 일부를 충당하는 어처구니없는 일도 벌어졌다. 결국 한국의 금융 상황은 오랫동안 최악의 상황을 면치 못했고, 인플레이션은 갈수록 심화되었으며, 자본조달 능력도 현저히 떨어지면서 공장가동률도 형편없었다.

1950년 6·25전쟁 발발은 한국 경제를 소생 불능까지 몰고 갔다. 3년 1개월간의 처참한 전쟁이 끝난 후, 이승만 정부는 전비 부담까지 떠안았다. 하지만 정치권의 부정부패는 극에 달해서 한국 경제는 희망이 거의 보이지 않았다. 1950년대 말까지 농촌인구의 60%는 심각한 궁핍에 빠져 있었다. 결국 이 문제를 해결한 주체는 국민이었다. 1960년 이승만 정권의 무능과 부패와 독재에 항거하여 민주화 운동이 일어났다. 가장 먼

---

84   전석담, 최윤규, 『근대 조선 경제의 진로』, 김인호 역, (서울: 아세아문화사, 2000), 263~268.
85   김낙년, 『일제하 한국경제』, (서울: 해남, 2003), 259.

저 일어난 이들은 고등학생이었다. 1960년 2월 28일 대구고등학생 시위로 시작된 민주운동은 다음 날 '공명선거추진 전국학생위원회'라는 이름의 대학생들이 "부정선거 감행하면 백만학도 궐기한다" 등의 문구가 담긴 3·1삐라사건과 3·5시위사건으로 이어졌다. 3·15부정선거 전날, 공명선거를 촉구하는 전국적인 시위가 일어났다. 4월 11일 마산 부두에서 부정선거에 항의하는 시위 도중 실종된 김주열 청년이 '오른쪽 눈에 최루탄이 박힌 처참한 모습'으로 발견되자 민주화 투쟁은 시민 전체로 확산되었다. 4월 16일 최인규 내무장관은 마산사건을 공산당이 개입된 내란으로 규정하자 시위는 전국으로 확산되었다. 4월 18일 고려대 학생들과 지식인들이 시위에 참여했다. 다급해진 이승만 정부는 시위 저지를 위해 정치깡패까지 동원했다. 이때까지는 부정선거 규탄, 책임자 처벌, 부정부패 규탄 등이 시위대의 구호였다. 4월 19일 서울대를 비롯한 10개 대학생이 총궐기했다. 서울 전역에서 10만 명의 시위대가 일어났다. 이승만 정부는 계엄령을 선포하고 학생들을 향해 발포 명령을 내렸다. 21명이 사망하고 172명이 부상을 입는 '피의 화요일' 사건이다. 이제 시위대의 구호는 이승만 퇴진으로 바뀌었고, 주한미국대사관도 이승만 정권에 대한 지지를 철회했다. 미국의 지지가 철회되자 이승만 대통령은 국무위원 총사퇴, 이기붕 부통령 당선 취소, 자유당 총재직 사퇴의 강수를 두었다. 4월 25일 대학교수들과 국민들이 시위를 벌이자 하야 성명을 발표하였다.[86] 4·19혁명으로 제1공화국이 무너지고, 1960년 8월 12일 윤보선 대통령과 장면 국무총리가 집권하는 제2공화국 정부가 들어섰다. 제2공화국은 내각 책임제와 의회 양원제를 기본으로 했다. 피폐해진 경제를 살리기 위해 '경제 발전 5개년 계획'도 수립했다. 하지만 정권을 잡은 민주

---

86 전준봉, 『한국 교회 사회운동사』, (서울: CLC, 2012), 214~222.

당은 예전과 똑같이 권력 싸움과 부패에 빠졌다. 사회는 곧 다시 혼란과 경제 불안에 빠졌다. 경제 재건 시도도 무산되었다. 이승만 정부가 떠안았던 전비 부담의 끝도 보이지 않았다. 국민 사이에는 기성정치인에 대한 뿌리 깊은 불신과 깊은 반감이 커졌다. 이런 혼란을 틈타, 1961년 5월 16일 박정희 소장이 군사 쿠데타를 일으키고 정권을 장악했다. 1952년 이후부터 몇 차례의 군사 쿠데타의 징후가 있었다. 이승만 정권 시절인 1952년에는 일부 소장파 군인들은 미국의 비호 아래 장면 박사를 추대하는 쿠데타를 계획했었다. 윤보선 대통령 시절인 1960년 4월, 1961년 4월에도 쿠데타 시도가 있었다. 하지만 권력투쟁과 무사안일주의에 빠진 무력한 정부는 제대로 대비를 하지 못했다. 그만큼 나라가 허술하고 혼란스러웠다.

정권을 잡은 박정희 군사정부는 민심을 추스르고 집권 정당성을 얻기 위해 경제발전에 큰 공을 들였다. 박정희 대통령의 경제발전 성과에 대한 평가는 크게 두 가지로 나뉜다. 좌파 역사가들은 박정희 정부의 경제개발 5개년 계획은 이전 정부 시절부터 준비된 것이라 주장한다. 틀린 말은 아니다. 이승만 정권부터 우리나라는 국가 주도의 산업화를 지향했었지만 권력투쟁과 부정부패로 성공하지 못했다.[87] 다른 하나는, 유영익 한동대 석좌교수 같은 우파 역사가들의 주장이다. 이들의 주장은 명료하다. 중요한 것은 계획 자체가 아니라 시행할 수 있는 리더십의 차이에 있다.[88] 박정희 정부는 군사 쿠데타로 정권을 잡고 독재 정치를 했지만, 최악의 상황에 빠진 정치적 혼란을 수습했다. 권력 투쟁과 부정부패도 줄였다. 일관적인 경제발전 리더십을 구사할 수 있는 발판을 마련했다. 그러자 국민의 잠재력이 폭발했다.

87 강만길, 『한국 자본주의의 역사』, (서울: 역사비평사, 2000), 314.
88 유석재, "'백년전쟁' 대표적 5가지 왜곡", 조선일보, 2013. 03. 19.

경제 도약, 세 가지의 길

한 나라 경제가 도약하는 길은 크게 세 가지가 있다. 첫째는 '자원부국' 방식이다. 석유나 천연가스 등의 풍부한 자원들을 수출하여 경제성장을 하는 산유국, 농수산업이나 네덜란드처럼 낙농업을 하거나 그리스처럼 역사적 유물이나 아름다운 자연 등을 활용한 관광 자원을 활용하는 나들이 여기에 속한다. 둘째는 외국으로부터 각종 원료 및 자원들을 수입하여 이를 가공하거나 새로운 제품으로 제조하여 수출하는 '제조업국' 방식이다. 셋째는 무역업이나 금융 및 서비스업 등을 경제 발전의 중요한 수단으로 삼는 방식이다. 대항해 시대에 베네치아 공화국, 포르투갈, 스페인, 네덜란드, 영국 등이 여기에 속한다.[89] 단, 무역업이나 서비스업만으로 획기적인 경제 도약에 성공한 나라들은 막강한 군사력을 갖춰야 한다. 현대에는 무역대국, 금융대국이 되려면 최소 1, 2기축통화의 지위를 가질 정도의 초강대국의 반열에도 올라야 한다. 특히 G5 수준의 초강대국에 오르려면 제조업 강국에서 무역 강국으로, 그리고 마지막으로는 금융 강국으로 발전하는 단계적 시스템 변화에도 성공해야 한다.[90]

당신이 창업을 했다고 가정해 보자. 창업을 하는 순간, 성장의 한계도 동시에 정해진다. 이것을 '시스템의 태생적 한계'라고 한다. 시스템의 한계[최대 성장치]는 비전, 사람, 자본, 기술, 사업모델 등이 맞물려 정해진다. 만약 10억 매출을 올리는 데 걸맞은 회사 시스템을 갖추고 창업했다면, 아무리 열심히 해도 매출이 10억 이상 올라가지 않는다. 이럴 경우, CEO들은 고민에 쌓이게 된다. "어떻게 해야 10억 매출에서 100억 매출로 올

---

89   찰스 P. 킨들버거, 『경제 강대국 흥망사 1500-1990』, 주경철 역, (서울: 까치, 2004), 336.
90   전병서, 『금융대국 중국의 탄생』, (서울: 밸류앤북스, 2010), 28~33.

릴 수 있을까?" "10억 매출에서 10배의 노력을 하면 되는가?" 아니다. 10억 매출 시스템에서 10배의 노력을 하면 회사는 망가진다. 사람은 다 떠나고, CEO는 병나며, 비즈니스 모델은 왜곡되고, 회사는 문을 닫는다. 어떻게 해야 할까? 한 단계 도약하는 성장을 하려면, 새로운 성장을 위한 새로운 시스템을 만들어야 한다. 10억짜리 성장 시스템을 버리고, 100억짜리 성장 시스템으로 바꾸어야 한다. 100억짜리 성장 시스템을 만들려면 100억 매출에 걸맞은 조직 문화로 바꿔야 하고, 100억 매출에 걸맞은 직원 역량을 높여야 하는 등 조직의 유무형의 요소들을 전부 업그레이드한 후에 열심히 일해야 한다. 이렇게 해서 100억 매출을 올렸다. 1,000억 매출을 가려면 어떻게 해야 할까? 당연히 가장 먼저 1,000억 매출을 올릴 수 있는 시스템을 만들어 한다. 그러고 나서 열심히 해야 한다. 이렇게 새로운 도약 시스템을 만들지 않고, 열심히 하자고 만 외치면 문제가 생긴다.

국가 경제도 마찬가지다. 국가 경제 시스템을 구성하고 있는 국민의 역량, 자본, 기술, 정치 시스템 등이 성장의 한계선을 규정한다. 정해진 성장의 한계선을 넘어서는 도약을 하고 싶다면, 어떻게 해야 할까? 성장의 한계에 도달한 기존 시스템을 버리고, 새로운 시스템을 만들어야 한다. 시스템의 구성요소인 자본을 늘리고, 조직 구조를 바꾸며, 비즈니스 모델을 개선해야 한다. 하지만 무엇보다 중요한 것은 '비전과 사람'이다. 시대에 맞는 새로운 비전을 재선포하고, 사람의 역량을 향상시켜야 한다. 국가 경제도 한 단계 도약하는 성장을 하려면 기존 국가 시스템을 지속적으로 바꾸어 나가야 한다. 그렇지 않으면 국가 성장이 멈춘다.

1950년대 필리핀은 한국보다 강대국이었다. 부국이었다. 1955년 필리핀은 우리나라에 장충체육관을 지어 주었다. 필리핀은 6·25전쟁 이후 우리나라에 고급 농업기술을 전수해 주었다. 1961년 필리핀의 GDP는 7.5억 달러였고, 한국의 GDP는 2.4억 달러였다. 필리핀이 한국보다 3배 더 잘 살았다. 하지만 2020년 필리핀의 GDP는 360억 달러이고, 한국의 GDP는 1620억 달러다. 한국이 필리핀보다 4.5배 더 잘 산다. 복잡계 네트워크의 법칙을 따르면, 다른 나라보다 부를 먼저 쌓은 나라는 네트워크 선호도의 법칙을 적용받아 후발 나라들보다 더 빠르게 성장한다. 이 법칙을 따르면, 60~70년 전의 필리핀은 한국보다 더 잘 살았기 때문에 지금도 더 잘 살아야 한다. 북한, 러시아, 브라질, 아르헨티나도 60~70년 전에는 한국보다 잘 살았다. 그런데 현실은 왜 정반대일까? 다음 네 가지 그림을 보자. 첫 번째는 한국과 필리핀의 농업과 제조업 GDP 차이를 비교한 그래프다. 2010~2019년까지[코로나19 이전 10년], 필리핀은 농업과 제조업 GDP 격차가 2.5~3배 차이가 난다. 반면, 한국은 둘 간 격차가 16배 차이다. 두 번째와 세 번째 그림은 전체 GDP 성장에서 농업과 제조업이 기여하는 비중이다. 박정희 정부의 경제개발 5개년계획이 본격적으로 효과를 발휘하기 시작한 1965년경부터 한국은 전체 GDP에서 농업이 이바지하는 비율이 빠르게 내려갔다. 그만큼 제조업 기여 비중도 빠르게 높아졌다. 농업 기반 경제에서 제조업 기반 경제로 시스템 전환에 성공했다는 말이다. 하지만 필리핀은 농업이 기여하는 비율이 1990년대까지도 높게 유지되었다. 그리고 2000년부터 최근까지 제조업 기여도는 크게 낮아졌다. 농업 기반 경제에서 제조업 기반 경제로 시스템 전환도 늦었고, 성공했다고 평가하기도 힘들다는 말이다. 마지막 그림은 전체 GDP 성장에서 서비스업이 이바지하는 비중이다. 필리핀과 한국이 비슷한 비율을 차지한다. 비율은 같지만, 한국은 탄탄한 제조업을 기반으로 한 서비스 산업의 확장이다. 하지만 필리핀은 농업과 약한 제조업을 기반으로 한 서비스 산업의 확장이다. 즉, 전체 GDP 성장에서 서비스업이 차지하는 비율은 비슷하지만 질적으로 큰 차이가 있다는 의미다.

한국과 필리핀 농업과 제조업 GDP 장기추세

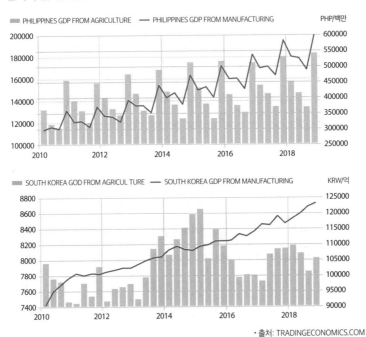

• 출처: TRADINGECONOMICS.COM

한국과 필리핀 농업의 GDP 기여도 장기추세

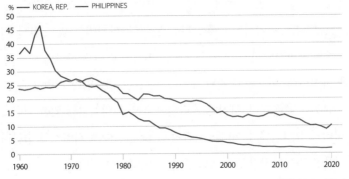

• 출처: data.worldbank.org

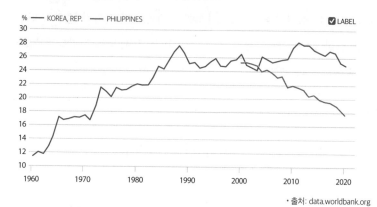

한국과 필리핀 제조업의 GDP 기여도 장기추세

* 출처: data.worldbank.org

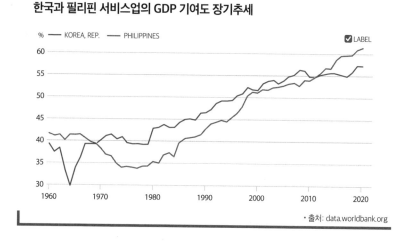

한국과 필리핀 서비스업의 GDP 기여도 장기추세

* 출처: data.worldbank.org

필리핀, 북한, 러시아, 브라질, 아르헨티나 등은 경제 시스템의 확장기 혹은 변혁기에 기존 시스템을 새로운 시스템으로 전환하는 데 실패했다. 그 결과, 기존 시스템의 한계를 극복하지 못하고 주저앉았다. 한국은 지난 60~70년 동안 몇 번의 시스템 변혁에 성공하여 이들을 추월할 수 있었다. 일본이 잃어버린 30년이라는 늪에 빠진 이유도 같다. 1995년 버블 대붕괴 후, 성장의 한계를 드러낸 경제 시스템의 대전환에 실패했다. 지속 가능한 성장을 위해서는 시스템의 지속적인 진화가 필수적이다. 시스템 변화에 성공하지 못하면, 성장이 멈추고 서서히 하락하는 '잃어버린 시기의 늪'에 빠진다.

시스템 대전환 성공, 한국을 G5로 이끈다

코로나19 팬데믹 대재앙 이후, 한국은 다시 한번 새로운 성장 시스템으로 전환해야 하는 도전을 맞았다. 필자는 한국 기업과 개인들은 성장의 한계를 돌파할 가능성이 충분하다고 평가한다. [물론 그렇지 못하면 우리나라는 장기적 정체, 그래서 결국은 무섭게 추격해 오는 후발 국가들에게 추월을 당하게 된다.] 필자는 그 가능성을 한국 국민의 역량과 잠재력에서 찾는다. 한국은 제조업과 무역을 기반으로 한 경제성장 시스템을 가진 나라다. 한국이 1차로 일본을 추월하고, 그다음으로 G5 수준의 초강대국 지위에 오르려면 제조업 시스템도 한 단계 도약해야 한다. 필자는 제조업 국가의 발전을 3단계로 구분한다. 1단계는 낮은 수준의 기술과 단순 노동력을 기반으로 '단순 조립형 제품 생산'을 하는 제조업이다. 이 단계에 있는 국가는 선진국을 위한 공장 역할을 한다. 참고로, 제조업 1단계를 보통은 경공업이라 부른다. 제조업 2단계는 보편 모방 기술과 숙련 노동력을 기반으로 부품과 소재를 수입하여 중간제품을 생산한다. 1970~1980년대 일본, 1990~현재까지 한국, 2010~현재까지 중국이다. 3단계는 고도의 혁신 기술과 창의 노동력을 기반으로 부품, 소재, 장비를 생산하는 단계다. 현재 미국, 일본, 독일이 여기에 속한다.

제조업 발달의 3단계

	기술과 노동력 수준	제품 수준	대표 국가
3단계	고도 혁신 기술, 창의 노동력	부품, 소재 생산	미국, 일본, 독일
2단계	보편 모방 기술, 숙련 노동력	중간제품 생산	한국, 중국
1단계	저급 습득 기술, 단순 노동력	단순 조립형 제품 생산	베트남, 인도 등

1953년 6·25전쟁이 끝나자, 한국 정부는 기아 문제 해결과 수출을 위해 국민에게 농산물 재배를 독려했다. 하지만 농산물 수출은 쉽지 않았다. 수출 원가가 국제 시세보다 높았기 때문이다. 한국 정부는 이 문제를 해결하기 위해 수출로 인한 결손액을 정부가 보조해주는 '수출장려보조금' 제도를 만들었다. 1954년 4~7월까지 고령토, 납석[蠟石], 형석, 건멸치, 건어 등 5종목이 첫 번째 보상금을 지불 혜택을 받다. 수출장려보조금 제도 덕분에 농산물 수출 비중은 1955년 6.1%, 1958년 14.9%, 1959년 21.5%, 1960년 30.5%, 1962년 43%로 점점 늘어났다. 6·25전쟁 이후, 이승만 정부는 잠업 증산과 생사 수출에 힘을 쏟았다. 매년 연초 대통령 시·도 연두순시와 청와대 보고 때에 '잠업 증산'과 '생사 수출' 확대는 중요 사안이었다. 공무원들은 뽕밭 현장을 누비며 증산대책을 마련했다. 이런 노력 덕택에 1961년에는 누에고치에서 뽑아낸 생사 270만 달러어치 수출을 달성했다. 하지만 박정희 정부가 들어서기 직전인 1962년 한국 수출총액은 5400만 달러로 국민 1인당 수출액이 겨우 2달러를 넘어서데 불과했다.[91] 한국 경제 시스템 전반에 새로운 도약이 절실했다.

---

91   홍익희, "명주실 뽑다 손이 짓무른 10대 여공들. 누에치기로 시작된 1960년대 수출", 주간조선, 2015. 11. 09.

한국 경제 시스템 전환의 첫 번째 성공은 박정희 정부 시절에 일어났다. 제조업을 통한 경제 발전이라는 방향을 잡은 박정희 정부는 1962년 농림어업과 광공업을 연평균 15% 이상 성장시키는 것을 골자로 하는 제1차 경제개발 5개년계획을 발표했다. 박정희 정부는 농업 생산력을 증대시키고, 정유 비료 화학 전기기계 등의 기간산업을 확충하며, 사회 간접자본을 마련하고, 수출 증대로 국제수지를 개선하려는 목표를 세웠다. 하지만 투자 재원의 마련이 쉽지 않았다. 일제 식민지 시절과 6·25전쟁을 거치면서 국고는 완전히 탕진되었고, 경제 성장에 필요한 자본도 전부 사라져 버렸다. 1950년대 말부터는 미국과 동맹국의 원조도 감소하고, 세계적 불황이 발생했다. 또한 제품을 생산하더라도 수출 활로가 없었다. 결국 이 두 가지의 문제를 해결하기 위해 미국과 일본의 손을 잡아야 했다. 박정의 정부는 일본과 협상을 통해 6억 달러의 돈을 받았고, 미국과는 국군 1개 전투사단 월남 파병을 전제로 '브라운 각서'를 맺고 차관을 얻어냈다. 그리고 미국과의 약속대로 1965~1972년까지 베트남전쟁을 하면서 증파 비용, 군 장비의 현대화 및 군사원조, 대월남 물자 및 용역의 한국 조달, 장병의 처우개선 등을 명목으로 10억2,200만 달러를 벌어들이면서 경제발전과 수출지향 산업화에 필요한 돈을 추가로 마련해 나갔다. 또한 미국은 한국의 베트남 참전에 대한 보상으로 대미 수출 길을 열어 주어 1964년 1억2,000만 달러에서 1972년에는 16억2,400만 달러의 수출 성과를 내게도 해 주었다.[92] 박정희 정권은 1964년 5월 130:1의 기본환율을 255:1로 인상하는 환율개혁도 단행했다. 1965년 3월 단일변동환율제가 실시되었지만, 한국은행이 개입하여 270대 1을 유지시켰다. 이런 환율개혁과 1966년 '브라운 각서' 체결 이후 한국의 수출은 현

---

92   강만길, 『한국 자본주의의 역사』, (서울: 역사비평사, 2000), 325~326.

저하게 증가했다.[93] 박정희 정권은 내부적으로도 지하 자본을 양성화하고 국내 자금을 동원하기 위해 1962년 통화개혁을 했다. 개인이 소유했던 일반은행 주식들을 국가로 환수하면서 '관치금융체제'도 완성했다. 1965년에는 정기예금 이자율을 15%에서 30%로 올리면서 국민저축률을 끌어올려 산업투자자본을 마련했다.[94]

한국 경제 시스템 전환의 첫 번째 성공은 수출 품목 변화에서도 증거를 찾아볼 수 있다. 1950년대 한국의 주력 수출 품목은 중석, 생사, 흑연, 철광 등 광물이나 생사나 오징어 등 농수산물이었다. 심지어 돼지털과 소변도 수출 품목에 들어 있었다. 돼지털은 딱딱한 구두 솔을 만드는 재료였고, 소변은 당시 뇌졸증 치료제 주원료 중 하나인 유로키나아제라는 성분이 포함되어 있었기 때문이었다. 1974년에도 150만 달러어치 소변을 수출했다는 기록이 남아있다. 하지만 1960년~1970년대에는 섬유, 신발, 완구, 가발, 간단한 전자 기기 등을 수출하는 노동집약적 경공업 품목으로 바뀌었다. 이렇게 박정희 정부는 한국을 농업국가에서 1단계 제조업 국가 시스템으로 한 단계 도약시키는 데 성공했다. 1964년에는 처음으로 수출 1억 달러도 달성했다.

1970년대에 들어서자 더 이상 저급 기술, 낮은 임금, 단순 노동력을 근거로 단순 조립형 제품과 경공업 상품만을 생산해서 미국이나 유럽에 싼값에 파는 전략으로는 높은 경제성장률을 유지할 수 없다는 신호들이 곳곳에서 속출했다. 1970년 1인당 GDP가 250달러였던 것이 1980년에는 2,789달러까지 성장했지만, 인건비 역시 크게 성장했기 때문에 글로벌 시장에서 우리나라 제품의 가격 경쟁력이 점점 상실되고 있었다. 기

93 이병천 편, 『개발독재와 박정희 시대』, (서울: 창비, 2003), 109.
94 강만길, 『한국 자본주의의 역사』, (서울: 역사비평사, 2000), 345~348.

존 시스템이 성장의 한계에 근접했다는 것을 알리는 신호였다. 설상가상으로, 1973년과 1979년 두 차례의 오일쇼크가 발발하여 세계 경제가 충격에 빠졌다. 위기에 빠진 박정희 정부는 일본의 성공모델을 보고 엄청난 자극을 받고 화학, 철강, 기계, 조선, 전자 등 중화학공업으로 전환을 계획했다. 당시, 한국 기업과 국민 전체에 일본을 따라잡아야 한다는 집단적인 동기부여도 일어나면서 분위기는 고조되었다.[95] 한국의 두 번째 경제 시스템 대전환 시도였다.

1979년 10월 26일 박정희 대통령이 궁정동 안가에서 중정부장 김재규에 의해 암살당하는 비극적 사건이 발생했다. 1980년에는 미국 연준 의장이었던 폴 볼커(Paul Volcker)가 오랫동안 고공행진 하는 인플레이션 위기를 해결하기 위해 17차례에 걸친 기준금리를 인상을 단행하여 20%라는 살인적 금리 환경을 만들었다. 폴 볼커의 정책으로 미국의 물가는 점점 잡혀갔지만 전 세계 경제는 위축되었고, 대공황 이후 최고의 실업률이 발생했다. 전 세계에서 수많은 회사들이 파산하고, 미국의 농업이 붕괴되었다. 제3국의 경제적 타격도 심각했다. 멕시코, 아르헨티나, 브라질 등의 개발도상국들이 3,000억 달러의 빚을 갚지 못해 파산했다. 1980년대 초반 고유가, 고금리, 고환율의 3고 현상을 맞자 한국도 직접 타격을 받았다.

그렇지만 한국 경제 시스템의 대전환은 멈추지 않았다. 박정희 정권에서 시작한 두 번째 경제 시스템 대전환 계획은 전두환, 노태우 정부에서 몇 번의 수정을 거치면서 경공업 중심에서 중공업과 대규모 자본투자 산업 중심으로 전환하는 데 성공했다. 그 결과, 한국 경제는 독일과 필적할 수준의 연평균 8.9%의 성장률을 기록하고 성공적인 1988년 서

95　문정인, 서승원, 『일본은 지금 무엇을 생각하는가?』, (서울: 삼성경제연구소, 2013), 7.

울올림픽을 개최하여 전 세계 사람들을 놀라게 했다.[96] 이때부터 전 세계 사람들은 6·25전쟁의 폐허를 딛고 한강의 기적을 만든 한국을 주목하기 시작했다.

1993년 한국은 군인 출신이 아닌 김영삼이 대통령에 당선되면서 아시아에서 민주주의의 꽃을 피운 아름다운 나라라는 찬사를 한 몸에 받았다. 1996년 12월 12일 선진국의 모임이라고 불리는 경제협력개발기구(OECD) 가입에도 성공했다. 하지만 김영삼 정부 시절에 한국 제조업과 경제 시스템은 다시 한번 성장의 한계에 봉착했다. 경공업에서 중공업으로 산업 전환을 이루었지만, 당시 한국에서 만드는 선박이나 자동차는 세계 1등 수준과는 격차가 컸다. 여전히 조립형 제품 생산을 벗어나지 못한 품목들이 많았다. 단순 조립형 제품 생산으로 세계의 공장 역할을 하는 데서 벗어나 부품과 소재를 수입하여 중간제품을 만드는 제조업 2단계로 올라서야 했다. 세 번째 경제 시스템 대전환은 이전 두 번의 시스템 전환기보다 강제적이었다. OECD 가입 불과 1년 후인, 1997년 12월 한국 경제와 산업은 외환위기를 맞았다. 김영삼 정부에 들어서 곳곳에서 성장의 한계와 금융위기 징후가 나타났지만 대마불사라는 도덕적 해이가 만연되고, 정권 말기에 레임덕과 업적 부각 욕심이 겹치면서 자발적 기업 구조조정과 시스템 개혁이 미뤄졌다. 김영삼 정부는 준비가 부족한 상태에서 자본자유화도 단행했다. 하지만 이런 빈틈을 이용해서 단기차입금으로 위험한 금융상품에 투자하는 금융기관을 통제하는 금융개혁 입법은 보류되는 패착도 범했다.[97] 결국, 통제되지 않은 몇몇의 대기업과 금융기

96   안충영, 『현대한국 동아시아 경제론』, (서울: 박영사, 2000), 40. 사공일, 존스, 『경제개발과 정부 및 기업가의 역할』, (서울: 한국개발연구원, 1981). 이병천 편, 『개발독재와 박정희 시대』, (서울: 창비, 2003), 137~148.
97   이규성, 『한국의 외환위기』, (서울: 박영사, 2006), 54~67, 85, 91~97.

관의 누적된 부실이 한순간에 도미노처럼 붕괴되면서 한국 경제 시스템은 송두리째 무너지고 말았다.

외환위기가 닥치자, 한국 경제 시스템의 성장의 한계라는 민낯이 그대로 드러났다. 외환위기 직전, 한국 경제의 겉모습은 나쁘지 않았다. GDP 규모는 OECD 국가 중 12위, GDP 실질 성장률은 6.8%, 수출은 세계 10위, 수입은 12위를 자랑했다. 실업률도 2% 수준에 불과했고, 소비자 물가상승률도 4.9%였다. 은행들의 BIS기준 자기자본비율은 8%대로 안정적이었다. 하지만 속으로는 서서히 곪기 시작했다. 1990년대에 들어서면서 국내 인건비는 가파르게 상승했고, 오랫동안 원화 강세가 이어지면서 기업 이익이 빠르게 감소 중이었다. 기업 인건비는 1987~1994년까지 평균 16.2%의 상승률을 기록했다. 같은 기간, 대만은 10.3%, 미국은 2.7%의 상승률을 보인 것과 대조된다. 매출액 대비 물류비용도 미국의 2배에 달했고, 기업이 자본을 조달할 때 드는 이자 비용도 8.1%에 달했다. 당시, 미국의 실질금리 3.0%, 일본 1.2%, 대만 5.4%보다 훨씬 높은 규모였다. 평균 공단분양가도 일본보다 10% 이상 높고 대만보다는 무려 4.5배 이상 높았다. 이처럼 기업 환경을 둘러싼 거의 모든 곳에서 고비용 현상이 지속적으로 가중되었다. 그 결과, 1996년 한국 기업들은 국제 시장에서 빠르게 경쟁력을 잃어갔다. 한국 제조업의 매출액 대비 경상이익률은 1995년 3.60%에서 1996년 0.99%로 큰 폭의 감소 추세를 기록했다. 이익은 감소하고 경쟁은 치열해졌는데, 정부의 안일함으로 특정 산업이 과다 육성되면서 공급과잉 문제도 일어났다. 대기업 매출과 수익률이 둔화되자, 국내 경기도 하강 국면으로 진입했다. 기업 재고는 점점 늘어나고, 자금 사정도 나빠지기 시작했다. 사실 1996년도의 GDP 성장률 6.8%의 중에서 3% 정도는 재고 증가에 의한 효과였다. 이를 빼고 나면 3%대의 성장률로 하락한 셈이었다. 당시, 첨단 산업이라고 할 수 있던 16메가 D램 가격도 50달러에서 6달러로 1/10로 하락하는 사태도 일어났다. 전 세계적으로 반도체, 석유화학제품, 철강 등에서 공급과잉 현상이 일어났기 때문이었다. 설상가상으로, 일본 엔달러 환율도 1995년 94엔에서 1996년 평균 108.78엔으로 급격히 절하되면서 한국 기업은 글로벌 시장에서 일본에 크게 밀렸다. 반면, 해외여행 경비와 외채 이자가 늘어나면서 경상수지 적자는 크게 확대되었다. 이런 상황이 몇 년 동안 지속되자, 자연스럽게 1992년 428억 달러였던 국가부채도 1996년에는 1,126억 달러로 크게 늘어났다. 더 심각한 것은 그중에서 59.5%가 단기부채였다. 갑자기 국내외에서 경제위기가 발생하면 보유외환 부족으로 순식간에 외환 유동성 위기로 전환될 수 있는 상황이었다.[98] 1994년 미국의 유명한 경제학자 폴 크루그먼(Paul Krugman)은 자신의 논문 '아시아 기적의 신화(The Myth of Asian Miracle)'에서 아시아의 급격한 경제성장은 투자의 증가와 농업인구가 산업인구로 전환되는 과정에서 값싼 노동력의 지속적인 공급에 기인한다고 분석했다. 그러나 만약 이 두 가지의 요인이 한계에 도달할 경우 아시아의 기적은 끝날 것이라고 예측했다.[99] 폴 크루그먼의 예측처럼 1990년대 들어서 한국 기업의 생산성 향상이 한계에 도달하고 고비용 구조에 접어들자, 외부적으로는 기업 경쟁력 약화가 발생했고 내부적으로는 재무 건전성이 악화되기 시작했다.

하지만 정부와 기업은 과거 성공 신화에 도취되고 대마불사 논리에 빠져서 위기감을 느끼지 못했다. 1996년 동아시아에서는 금융위기가 시작되었지만 한국 정부와 기업들은 선진국 클럽이라고 불리는 OECD(경제협력개발기구) 가입 성공을 축하하는 축배를 들기에 바빴다. 당시 자료를 살

---

98   이규성, 『한국의 외환위기: 발생·극복·그 이후』, (서울: 박영사, 2015), 2~5, 64~65.
99   이규성, 『한국의 외환위기: 발생·극복·그 이후』, (서울: 박영사, 2015), 70.

펴보면, 정부가 이런 문제들을 수수방관하지는 않았다.[100] 1996년 9월 3일 김영삼 정부는 물가 안정을 바탕으로 고임금, 고물류, 고금리, 고지가 등의 구조적인 문제를 해결하고 노동시장의 유연성 확대 및 기업 환경 개선을 돕기 위한 대책을 발표했다. 그러나 노동법 개선과 관련된 법안이 국회 통과 과정에서 여야의 극심한 대립에 부딪혔다. 노동계 쪽에 불리하게 법안이 통과되자, 1997년 1월 한 달 동안 노동계의 대규모 총파업이 발생하여 노동부 추계로 2조 8,500억 원의 생산 차질이 발생했다. 사회와 정치는 혼란했고, 김영삼 대통령도 임기 말 레임덕(lame duck. 권력누수) 현상에 빠지면서 국가 리더십마저 약화되었다. 정부와 국회가 위기감을 느끼지 못하고 대마불사 논리가 판을 치자, 기술 개발이나 시스템 대개혁보다는 정치적 도움을 받아 금융, 조세, 산업 특혜를 받아 연명하려는 태도는 사라지지 않았다. 유행이 지난 외국 기술을 싼값에 도입하여 저임금 기반으로 만들어 박리다매 수출 전략, 문어발식 사업의 다각화를 통한 매출을 늘리는 경영 전략으로 순간의 위기만 넘어가면 된다는 생각이 득세했다.[101] 1997년 1월 23일 재계 순위 14위였던 자산 5조 규모의 한보그룹이 부도가 났다. 부도 당시, 한보그룹의 부채는 자산보다 많은 6.6조 원이었다. 한보가 부도나자 금융권, 채권시장, 해외 자본유입 등이 연쇄적으로 충격을 받았다. 대기업의 부실이 곧바로 은행권의 부실로 이어질 수 있다는 지적이 나오자 국내에 있던 일본계 은행들은 단기자금 조달을 정지시켰다. 정부가 지급보증을 언급하며 서둘러 진화에 나섰지만, 외국계 은행들의 의심은 다른 대기업들과 금융회사들로 확산되기 시작했다. 해외 신문들도 한국의 경제 위기에 대해서 보도하기 시작했다.

---

100 이규성, 『한국의 외환위기: 발생·극복·그 이후』, (서울: 박영사, 2015), 6.
101 강만길, 『한국 자본주의의 역사』, (서울: 역사비평사, 2000), 25. 이병천 편, 『개발독재와 박정희 시대』, (서울: 창비, 2003), 91, 98, 122~126.

국제 신용평가사들은 한국의 기업과 금융기관들에 대한 신용등급을 연이어 낮추기 시작했다. 대기업뿐만 아니라 건실한 중견기업과 중소기업들의 자금조달에 비상이 걸렸다. 채권 회수 압력 및 이자 비용이 증가했다. 단기자본의 만기 연장(roll-over)이 어려워졌다. 국내은행들이 해외 금융기관들로부터 빌려 온 달러 자금에 대한 만기 연장도 줄어들고, 자금회수는 늘어났다.[102] 1997년 4월 21일 진로그룹, 5월에는 삼립식품, 대농, 한신공영 등이 부도 위기에 몰렸고, 6월에는 기아그룹에서 위기가 발생했다. 대기업들의 잇따른 부도와 위기는 제일은행, 서울은행 등은 국제결제은행 자기자본비율이 하락하는 등 국내 금융권의 부실로 연결되었다. 대한, 제일, 신한, 삼삼, 나라, 한화, 한솔, 경남, 대구, 쌍용, 청솔, 울산, 신세계, 경일 등 무려 14개의 종합금융사가 자본 완전 잠식 상태에 빠졌고 이들의 부실 여신 규모는 5.5조 원에 달했다.[103] 10월에 들어서자 해태, 뉴코아, 쌍방울, 한라, 고려증권 등의 대기업이 부도 위기에 몰렸다. 11월에는 단기성 외환보유고가 1개월을 못 버틸 상황이 되자, 외환시장도 공포에 빠졌다. 한국의 금융시장도 급격한 신용경색(credit crunch)에 빠졌다. 주식시장은 대폭락했고, 원·달러 환율은 급등했다. 정부의 금융시장 안정 및 금융산업 구조조정 안을 담은 종합대책이 잇따라 발표되었지만, 백약이 무효였다. 결국 1997년 11월 21일 김영삼 정부는 임창렬 부총리 겸 재정경제원 장관의 입을 통해 IMF에 구제금융을 신청하기로 결정하고 유동성 조절 자금(stand-by credit) 지원을 요청하고 말았다.[104] 이렇게 한국 경제, 금융과 산업 전체는 하루아침에 붕괴되었다.

충격은 대단했다. 건설과 설비 투자가 급감했다. 제조업의 평균 가동

---

102 이규성, 『한국의 외환위기: 발생·극복·그 이후』, (서울: 박영사, 2015), 6~11, 175.
103 이규성, 『한국의 외환위기: 발생·극복·그 이후』, (서울: 박영사, 2015), 22~24, 62.
104 이규성, 『한국의 외환위기: 발생·극복·그 이후』, (서울: 박영사, 2015), 44~46.

률은 사상 최하로 떨어졌다. 거의 모든 업종에서 작업이 단축되고, 근로자의 임금은 줄고, 해고가 속출했다. 소비시장도 얼어붙었다. 1998년 전국에서 부도업체가 월평균 2,000~2,500개씩 나왔다. 55개 기업이 퇴출당하고, 30대 기업 중에 15개가 탈락했다. 은행도 파산했다. 제일은행과 서울은행이 해외에 매각되었다. 11개의 공기업이 민영화되고, 130만 명의 실업자가 발생했다. 현대, 삼성, 대우, LG, SK 5대 대기업도 25개의 부실 계열사를 매각하고 빅딜을 통한 구조조정을 단행했다.[105] 위기 충격은 1999년까지 계속되었다. IMF 구제금융 지원 이후, 쌍용자동차를 인수하면서 자산 규모에서 삼성을 제치고 재계 2위에 올라섰던 대우그룹이 1999년 최종 부도처리 되었다.

그럼에도 한국 국민의 저력은 강했다. 새로 들어선 김대중 정부는 국민 전체의 뼈를 깎는 헌신과 희생을 기반으로 공급과잉과 부실에 찌든 산업 전반에 대규모 구조조정에 성공했다. 당초 2004년 5월까지 갚기로 한 195억 달러의 IMF 차입금도 2001년 8월 23일에 조기 상환했다. 구제금융 신청한 지 3년 8개월 만에 조기상환이었다. 때마침 시작된 제3차 산업혁명기 흐름을 놓치지 않고 한국의 주력산업을 반도체, 인터넷 통신, 휴대폰 등 ICT 산업과 중간제품 생산으로 대전환하는 데 성공했다. 살아남은 자동차, 선박 회사들도 기술 경쟁력을 기반으로 한 품질 개선과 1등 제품 생산에 도전을 시작했다. 한국의 3번째 경제 시스템 대전환의 시작이었다. 그 결과, 외환위기를 극복하고 난 후인 2005년 한국 수출의 주력은 반도체, 디스플레이, 자동차, 무선통신기기, 선박, 석유제품 등으로 완전히 바뀌었다.

---

105 이규성, 『한국의 외환위기: 발생·극복·그 이후』, (서울: 박영사, 2015), 294~325, 379, 437~446, 573~580, 679.

우리나라 5대 수출품 변화

100만 달러, 수출액 기준

순위	1961년		1980년		2005년		2015년	
1	철광석	5	의류	2,778	반도체	29,986	반도체	62,916
2	중석	5	철강판	945	자동차	29,506	자동차	45,794
3	생사	3	신발	908	무선통신기기	27,495	선박·해양구조물	40,107
4	무연탄	2	선박	620	선박	17,727	무선통신기기	32,587
5	오징어	2	음향기기	593	석유제품	15,366	석유제품	32,002

• 출처: 한국무역협회

필자가 간략하게 기술한 세 번의 경제 시스템 대전환 성공의 1등 공신은 단연 '국민'이고 '기업'이다. 앞으로 한국 경제와 산업은 또 한 번의 새로운 대전환을 해야 한다. 제조업은 중간제품을 생산하는 현재 2단계에서 미국, 일본, 독일이 장악하고 있는 부품, 소재, 장비 생산의 제조업 3단계로 도약하는 데 성공해야 한다. 중화학공업은 인공지능, 로봇, 자율주행차, 바이오, 나노, 우주산업 등 제4차 산업혁명기 미래 산업으로 대전환에 성공해야 한다. 그렇지 않으면, 규모의 경제로 밀어붙이는 중국과 무섭게 추격해 오는 베트남과 인도 등 동아시아 국가들에게 밀려 제조업 약소국가로 추락하게 된다. 제조업이 추락하면, 무역도 무너진다. 반대로, 제조업 시스템의 한 단계 추가 도약에 성공하면, 무역 강국의 지위도 함께 상승한다.

복지와 사회 안전망 시스템	
정부와 지자체 지출	**연쇄**
세금	**상승**
자산시장(주식, 채권, 부동산)	**효과**
상품 및 서비스 시장	↑
기업 성장과 근로자 임금 - 내수 소비	
제조업 도약, 무역 강국 시스템 구축	레버리지(leverage)

2021년 한국의 무역 순위는 세계 9위다. 2021년 전 세계 10위권 무역 순위는 중국, 미국, 독일, 네덜란드, 일본, 홍콩, 프랑스, 한국, 이탈리아 순이다. 만약 한국이 현재 제2단계에 있는 제조업 시스템을 3단계로 전환하는 데 성공하고 미래산업에서 전 세계 5위권을 유지한다면, 무역 순위도 일본과 프랑스를 제치고 세계 5위권에 진입이 가능하다. 이 정도가 되면, 일본을 모든 면에서 추월하는 미래가 가능해진다. 만약 한국이 G5 수준의 초강대국에 지위까지 도약하려면 제조업과 무역 강국에서 금융 강국으로 발전하는 시스템 변화를 한 번 더 성공시켜야 한다. 미국은 제조업이 3단계까지 도약한 후에 오는 성장의 한계를 금융업으로 극복했다. 종신고용의 한계는 노동의 유연성으로 풀었다. 저출산이 있었는데, 이민을 받아들여서 출산율 2.1명으로 끌어올렸다. 경제성장률의 저하는 노동의 질 향상을 위해 외국에서 막대한 자원을 들여 인재를 영입했다. 고령화는 아직 숙제로 남아 있지만, 다른 나라에 비해 잘 풀어가고 있다. 재정적자 심화는 기축통화와 국제적 영향력이라는 엄청난 무기로 막아내고 있다.

만약 한국이 금융 강국으로 발전하는 시스템 전환까지 성공하면 국내 경제 시스템 전체에 연쇄 상승효과가 일어나면서 G5 수준의 초강대국에 지위에 올라서는 것이 불가능한 미래가 아니다. 필자는 지난 세 번의 경제 및 산업 시스템 대전환을 성공시킨 한국 국민의 저력과 잠재력을 믿는다.

한국은 도약하고, 대기업 순위는 뒤집힌다

제4차 산업혁명기의 시작은 새로운 도약을 가능케 하는 절호의 기회다. 제4차 산업혁명기에 만들어지는 빅체인지는 인공지능, 로봇, 바이오, 나노, 우주 기술 등 미래 신기술을 무기로 20세기에 완성된 산업 경계를 완전히 파괴하여 산업과 비즈니스를 새롭게 연결, 융합, 확장하여 21세기 말까지 지속될 새로운 질서, 산업, 비즈니스, 사회 구조, 삶의 방식, 학문 체계 등이 탄생하는 미래다.

필자가 제시하는 한국의 미래 **시나리오1. 도약, 일본 추월**은 한국 정부, 기업, 개인이 빅체인지의 흐름을 정확히 통찰하고 기업가 정신을 가지고 역동적 도전을 멈추지 않으면 또 한 번의 '한강의 기적'을 만드는 미래다. 이 시나리오가 현실이 되려면, 앞으로 10년 내에 일어날 수 있는 부동산 시장 대붕괴 위험이나 생산가능인구 감소가 가져올 다양한 위기 등을 슬기롭게 대응하고, 북한과 종전협정의 성공을 계기로 북한 경제 개방을 확대하며, 한국 인구구조에서 가장 큰 규모를 차지할 50~75세의 신중년층을 재교육하여 사회 곳곳에서 국가발전과 안정의 새로운 힘이 되도록 하는 노력도 필수다. 그럴 경우, 앞으로 한국의 연평균 경제성장률 3%대 유지도 10~15년 이상 가능할 것이라 예측된다.

필자가 제시하는 한국의 미래 **시나리오1. 도약, 일본 추월**에 성공하면 국가 전체는 도약에 성공하지만, 기업의 순위는 천지개벽[天地開闢, 하늘과 땅이 새로 열리듯 기업 순위가 새롭게 정해짐]한다. 2017년 비벡 와드와[Vivek Wadhwa] 카네기멜런대 교수는 인공지능[AI]·자율주행·빅데이터·로봇 등 4차 산업 혁명 기술이 모든 산업을 뒤흔들면 '포천 500대 대기업' 중 70%가 사라질 운명에 놓일 것이라고 전망했다.[106] 기업의 운명만 뒤바뀌는 것이 아니다. 개인별 부와 삶의 처지도 급전직하[急轉直下, 사태의 변화가 걷잡을 수 없이 급격함]하는 미래도 현실이 된다. 도약의 과정에서 다양한 위기와 기회가 공존하고, 기업이나 개인마다 대응력 수준이 천차만별[千差萬別]하기 때문이다. 기회를 잃는 자, 기회를 잡는 자, 위기에 무너지는 자, 위기를 극복하고 부활에 성공하는 자, 변화에 빠르게 적응하는 자, 변화에 적응하지 못하고 휩쓸려 떠내려가는 자 등 다양한 차이들이 나타난다.

기업의 예를 들어 보자. 필자가 위에서 분석했듯이, 한국은 지난 60~70년 동안 3번의 시스템 도약에 성공했다. 그 과정에서 30대 그룹의 순위는 매번 뒤집혔다. 앞으로 한국이 일본을 추월하고, G5 수준의 초강대국에 지위에 올라서는 등 두 번의 도약이 일어난다면 그때마다 대기업 순위도 뒤집힐 가능성이 크다. 한국 기업성장사 100년을 간단히 훑어보면, 빅체인지 시기에 기업의 흥망성쇠가 빈번했다.[107] 국내외 경제 환경, 산업의 변화, 정부의 정책 변화 등 다양한 요인들이 큰 변화를 만들고, 빅체인지에 적응한 기업은 살아남고 그렇지 못한 기업은 탈락했다. 그 과정에서 기업 순의는 요동쳤다.

100년 전, 일제강점기 최대 민족자본 기업인 삼양그룹과 화신그룹의 역사가 시작된다. 1915년 인촌 김성수 씨가 한국 최초 민족계 면방기업

---

106 전창록, "낙타가 바늘구멍을 통과하는 법", 한경비즈니스, 2017. 12. 12.
107 김경민, "한국경제 100년, 기업성장사 100년", 매일경제, 2010. 02. 14.

인 경성직뉴주식회사를 인수하여 기업활동을 시작했다. 1924년 10월에는 김성수의 친동생이고 일본에서 경제학을 공부하고 돌아온 김연수 회장이 현(現) 삼양사의 모체인 삼수사를 설립했다. 1926년에는 을지로에서 박흥식 씨가 선인지물주식회사를 설립했다. 1931년 4월에는 삼수사가 삼양사(三養社)로 상호를 바꾸고 국내 굴지의 농장기업으로 변모했다. 삼양그룹은 중앙상공, 해동금융, 동아일보, 고려중앙학원 등을 거느리고 만주 지역까지 사업을 확장했고, 화신그룹도 조선비행기공업주식회사를 세울 정도로 성장했다. 1938년 이병철 회장이 삼성의 모태인 삼성상회를 설립했고, 1940년에는 정주영 회장이 자동차 수리회사인 '아도서비스'를 인수하며 사업을 시작했다. 1945년 해방 직전까지는 한국 공업자본의 94%가 일본 자본이었고, 민족 자본은 6%에 불과했다.

1945년 해방이 되자, 한국 기업의 순위를 바꾸는 첫 번째 빅체인지가 일어났다. 사라지는 기업, 성장하는 기업, 새로 태어나는 기업 등 다양한 변화가 일어났다. 해방 이전 최고의 그룹이었던 화신은 사세가 급격히 기울었다. 반면에 삼양사는 만주 사업에서 철수했지만, 1955년에는 울산에 제당공장을 세우며 1950년대 말까지 재계 1위를 유지했다. 일본 자본이 한국에서 떠난 빈자리를 한진, 태평양(현 아모레퍼시픽), 대륭산업(현 애경그룹), 중외제약 대웅제약, 노루페인트(현 노루 페인트), 건설화학공업(현 제비표페인트), 삼립식품, 해태제과, 고려당, 락희화학(현 LG그룹의 모체), 선경직물(현 SK그룹의 모체) 등이 줄줄이 설립되면서 메워갔다.

1961년 5월 16일 군사정변이 일어나고 박정희 정부가 들어서자 한국 기업 순위가 다시 한번 요동쳤다. 두 번째 빅체인지였다. 1950년대에는 한국 기업에서 대기업의 비중은 1%에 불과했고, 이들의 경제 규모도 30%에 못 미쳤다. 박정희 대통령은 한국 경제의 빠른 고도성장을 위해 특정 기업에 미국과 일본 등에서 들여온 차관과 국내 사업 기회를 집중해주고 수출 중심국가 성장 전략을 구사했다. 박정희 대통령은 광물과 농수산물을 생산 수출하는 산업구조를 공업 중심으로 바꾸었고, 베트남전 특수도 만들었다. 그 결과 삼성, 삼양사, 락희, 현대, 선경 등은 대기업 집단으로 성장했다. 국내 경제가 성장하고 산업이 다각화되자 신생 기업의 설립도 계속되었다. 1976년에는 대우그룹의 모체였던 대우실업이 창업되었고, 1965년 한일 간 수교가 이뤄지자 신격호 회장이 롯데제과(1967년)를 국내에 설립했다. 1960년에는 삼성이 재계 선두로 올라섰다. 박정의 정부 초반인 1960년대에는 경공업 위주 산업 시스템에 머물렀기에 당시 10대 기업 공식 순위를 보면 삼성에 이어 삼호와 삼양, 개풍, 동아, 락희, 대한, 동양, 화신, 한국 유리 등으로 구성되었다. 하지만 1970년대에 들어서 박정의 정부의 중공업 성장 전략이 안정적인 궤도에 오르자 10대 기업 순위에 한 번 더 변동이 일어났다. 정부가 주도하는 주력산업이 바뀌자 기업 순위도 바뀐 것이다. 다음 그림은 1960~1979년까지 한국 10대 그룹 순위 변화다. 별색 박스로 표시한 것은 그 시기 이후에 10대 순위에서 탈락한 기업들이다.

시대별 재계 순위

1960년	1972년	1979년
삼성	삼성	현대
삼호	럭키	럭키
개풍	한진	삼성
대한	신진	대우
럭키	쌍용	효성
동양	현대	국제
극동	대한	한진
한국유리	한화	쌍용
동립산업	극동해운	한화
태창방직	대농	선경

• 출처: 공정거래위원회, 한국재벌사

1979년 10월 26일 박정희 대통령이 서거하고, 1979년 12월 12일 전두환이 이끄는 군사집단이 정권을 장악하자 한국 기업환경에 세 번째 빅체인지가 일어났다. 전두환 정권은 1980년 8월 중공업 통폐합 조치를 시작으로 80년대 중후반까지 산업합리화를 명분으로 정부 주도의 구조조정을 계속 실시했다. 당연히 기업의 흥망성쇠가 엇갈렸다. 당시 주요 구조조정을 살펴보면 국내 발전설비를 대우그룹 중심으로 일원했고, 건설중장비는 삼성, 대우, 현대 중심으로 재편했다. 승용차 부분은 현대차와 새한(대우자동차), 중소형 트럭은 기아에게 맡겼다. 78개 회사를 부실기업으로 분리하고 정리 대상에 올려서 57개는 제3자에게 넘기고 나머지는 없애 버렸다. 정부 요구에 불응하는 재계 7위 국제그룹과 9위 삼호그룹과 명성그룹 등은 해체해 버렸다.

한국 기업환경과 순위의 네 번째 빅체인지는 1997년 발발한 외환위기였다. 1997년 IMF(국제통화기금) 구제금융 사태가 발발하자 30대 그룹 중에서 15개가 해체되거나 순위에서 탈락했다. 김대중 정부가 외환위기 극복 전략으로 ICT 산업을 집중 양성하면서 정보통신 기업도 30대 그룹에 진입했다. 다음 그림처럼, 외환위기 이후에도 크고 작은 변화들이 한국 경제와 글로벌 산업환경을 강타할 때마다 국내 30대 그룹 순위는 계속 요동쳤다. 2020년 기준, 국내 30대 그룹의 자산규모 순위도 이전 10년에 비해 크게 바뀌었다. 10년 전과 순위가 같은 그룹은 삼성, 현대자동차, SK, LG, 포스코 등 6곳이고, 한화 농협 등 9곳이 신규 진입했다. 2021년에는 빅테크와 바이오 기업이 진격하면서 대기업 순위에 영향을 미쳤다. 2000년에 30대 그룹에 지정되었던 기업 중에서 13곳이 해체되거나 탈락했다. 5개는 30대 그룹 밖으로 밀려났다가 재진입에 성공했다. 다음 그림은 1986~2020년까지 한국 30대 그룹 순위 변화다. 별색 박스로 표시한 것은 그 시기 이후에 30대 순위에서 탈락한 기업들이다.

30대 그룹 변천사

순위	1986년	1997년	2000년	2010년	2020년
1	현대	현대	삼성	삼성	삼성
2	대우	대우	현대	현대자동차	현대자동차
3	삼성	엘지	LG	SK	SK
4	럭키	대우	SK	LG	LG
5	국제	선경	현대자동차	롯데	롯데
6	쌍용	쌍용	한진	포스코	포스코
7	경남기업	한진	포스코	GS	한화
8	범양상선	기아	롯데	현대중공업	GS
9	효성	한화	금호아시아나	금호아시아나	현대중공업
10	선경	롯데	한화	한진	농협
11	고려합섬	금호	두산	KT	신세계
12	금호	한라	쌍용	두산	KT
13	조공	동아건설	현대정유	한화	CJ
14	삼미	두산	한솔	STX	한진
15	대한전선	대림	동부	LS	두산
16	두산	한솔	대림	대우조선해양	LS
17	영동개발	효성	동양	하이닉스	부영
18	코오롱	동국제강	효성	CJ	대림
19	한양	진로	CJ	대림	미래에셋
20	삼호	코오롱	코오롱	DB	금호아시아나
21	진흥기업	고합	동국제강	현대	S-OIL
22	삼익주택	동부	현대산업개발	신세계	현대백화점
23	대한중기	동양	하나로통신	현대건설	카카오
24	한국화약	해태	신세계	부영	한국토지금융
25	풍산금속	뉴코아	영풍	효성	교보생명보험
26	삼화	아남*	현대백화점	S-OIL	효성
27	동아건설	한일	OCI	동국제강	하림
28	동국제강	거평*	대우전자	KCC	영풍
29	동국무역	미원*	태광산업	한진중공업	대우조선해양
30	한라시멘트	신호*	고합	한국GM	KT&G

· 출처: 공정거래위원회, CEO스코어

앞으로 10년, 한국 대기업 순위를 뒤집는 세 가지 변수

앞으로 10년, 새롭게 도약하는 기업과 몰락하는 기업은 어떻게 갈리게 될까? 한국 100년간 기업성장사를 살펴보면, 기업 순위 변화에 절대적 영향을 미치는 세 가지 요소를 발견할 수 있다. 산업혁명, 정치 변화, 시간(10년)이다. 이 3가지 요소는 앞으로 10년 새롭게 도약하는 기업과 몰락하는 기업을 결정하는 핵심 변수가 될 가능성이 크다.

첫째, 산업혁명은 산업의 경계를 파괴하고 재설정한다. 이 과정에서 산업별로 희비가 갈린다. 어떤 산업은 줄어들고, 어떤 산업은 확장되며, 어떤 산업은 사라진다. 줄어드는 산업에 있는 기업은 매출과 이익이 줄면서 30대 그룹에서 탈락한다. 확장되는 산업에 올라탄 기업은 30대 그룹에서 순위 상승이나 진입이 가능하다. 사라지는 산업에서 탈출하지 못한 기업은 해체되거나 파산한다. 제4차 산업혁명기는 한국 기업성장사 100년에 다섯 번째 기업환경과 대기업 순위 빅체인지를 만들어낼 것이다. 이번 빅체인지는 인류 역사상 가장 많은 신기술, 가장 파괴적인 경계 파괴가 일어나고 있는 것을 생각하면, 다음 번 30대 대기업 순위 변화는 1997년 IMF(국제통화기금) 외환위기 때보다 더 격렬하고 상상을 초월하는 변화가 일어날 수도 있다.

둘째, 정치적 변화는 직접적으로는 기업의 변화에 힘을 싣기도 하고 방해하기도 한다. 미국의 경우, 트럼프 행정부와 바이든 행정부 시절 산업의 희비 차이가 있었다. 트럼프 행정부는 전통 에너지(석유, 천연가스), 철강, 내연기관 자동차, 농업, 금융, 군수산업 등이 수혜를 입었다. 바이든 행정부는 친환경 에너지, 전기 자동차, 인프라 산업, 교육 및 보건의료 등이 수혜를 입었다. 한국도 누가 대통령이 되느냐, 어떤 정권이 권력을 잡느냐에 따라서 산업의 희비가 달라진 경우가 많았다. 김대중 정부에서는

ICT 산업이 급성장했고, 이명박 정부에서는 건설산업이 융성했다. 문재인 정부에서는 원자력 산업이 한순간에 몰락했다. 한국의 다음 번 정부의 정책 변화도 클 것으로 예측된다. 전 세계적으로 제4차 산업혁명기가 빠르게 진행 중이고, 코로나19가 만들어낸 충격에서 벗어나기 위한 전면적 전환이 불가피하고, 한국 경제 자체도 전면적인 시스템 대전환을 요구받고 있기 때문이다. 참고로, 다음 그림은 이명박 정부 시절 건설산업이 정부 정책과 지원에 힘입어 국내외에서 좋은 실적을 냈다는 것을 보여준다.

한국, 건설산업 시가총액과 연도별 순이익, 해외 수주책 추이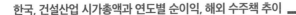

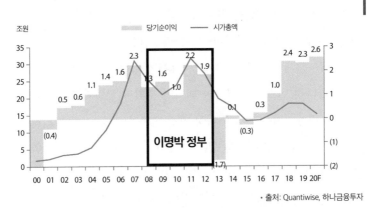

• 출처: Quantiwise, 하나금융투자

• 출처: 해외건설협회, 하나금융투자

셋째, 최근 대기업 순위 급변화 평균 주기는 10년이다. 1960년대부터 현재까지 자료들을 종합해 보면, 한국 기업의 순위 변화는 10년마다 크게 요동쳤다. 특히, 1980년대 이후부터는 더욱 심했다. 필자가 구분했던 빅체인지 시기에는 상위 30대 그룹의 절반 이상이 탈락하거나 순위 변동을 당했다. 그 결과, 1955년 국내 100위 안에 들었던 기업 중 현재까지 100위권 안에 살아남은 기업은 7개에 불과하다. CJ(제일제당)를 비롯해 LG화학, 현대해상(동방해상보험), 한진중공업(대한조선공사), 대림산업, 한화, 한국전력 등이다. 1960년 10위 안에 들었던 그룹 중 현재까지 상위권에 남아 있는 그룹은 삼성과 LG 두 곳이 전부다.[108] 최근 20년 동안에도 12개만 현재까지 현재 30대 그룹 지위를 온전히 유지했다.

빅체인지 시기에는 대기업의 순위만 급변한 것이 아니다. 한국 국민의 일자리와 가계 경제에도 엄청난 변화가 밀려왔다. 앞으로 10년 대기업 순위 빅체인지 시기는 1997년 IMF 외환위기가 만든 빅체인지 시기를 능가하는 변화가 개인의 부와 삶, 가계 경제에 급격하게 밀려올 가능성도 높다. 당신과 당신이 다니는 기업은 이런 변화에 준비가 되어있는가?

---

108 김종철, "50년 전 100대 기업 중 현재 살아남은 기업은", 오마이뉴스, 2011. 05. 05.

도약하는 한국 기업, 더 나은 미래 세상

미래 승자의 길, 선택은 어렵고 고통스럽다

지금부터 필자가 요약한 미래 산업 지형 변화를 이해하지 못한다면 당신은 패자가 될 확률이 90%다. 필자가 요약하는 미래 산업 지형 변화는 21세기 초중반을 장악할 새로운 부의 중심 흐름이다. 만약 당신이 근무하거나 투자하고 있는 대기업이 이 흐름 밖에 있다면 30대 그룹 순위에서 탈락할 가능성이 90%다. 패자가 될 확률, 탈락할 확률이 90%라는 의미는 무엇일까?

첫째, 미래 승자 또는 미래 패자로 가는 두 갈래 길은 먼 미래에 마주칠 상황이 아니다. 이미 확실하게 만들어졌다는 의미다. 이미 정해진 미래이기 때문에 확률이 90%라는 의미다. 미래 승자의 길은 미래 승자 산업이고, 미래 패자의 길은 미래 패자 산업이다.

둘째, 의도했든 안 했든 당신은 이미 둘 중의 한길에 발 하나를 들여놓았다는 의미다. 이미 당신의 발 하나가 두 길 중 한 길에 들어섰기 때문에 확률이 90%라는 의미다. 다음 그림처럼, 어제와 오늘 당신이 편안하게 걷고 있는 길은 미래 패자로 전락하는 길과 자연스럽게 연결되어 있다. 미래 패자로 가는 길의 특성은 '익숙함'이다. 미래 패자의 길은 다시 두 갈래로 갈린다. 서서히 몰락과 급격한 파멸이다. 서서히 몰락은 공룡이 무너지는 형태다. 서서히 끓는 물 속에 있는 개구리 같은 상황이다. 급격한 파멸은 순식간에 잡아먹히는 형태다. 반면, 미래 승자로 가는 길은 현재 걷고 있는 길과 반대 방향으로 가야 한다는 표식이 붙어 있다. 미래 승자로 가는 길의 특성은 '낯섦'이다. "이것이 미래 산업 지형의 대변화다"라고 말해도 의심이 든다. '설마~' 하는 마음에 많은 이들이 어제와 오늘 편안하고 익숙하게 걸어온 길이 계속 이어지는 방향으로 걸어간다. 그 결과, 자연스럽게 미래 패자의 길로 들어서고 서서히 몰락이나 급격한 파멸 둘 중 하나의 신세가 된다.

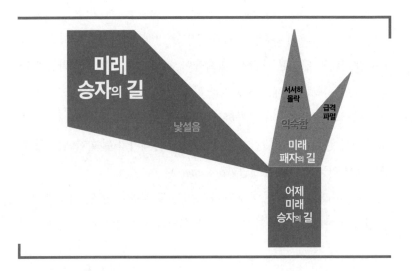

필자가 기업 강의에서 자주 하는 말이 있다. **"미래 패자의 길은 선택이 자연스럽고 쉽다. 반면, 미래 승자의 길은 선택이 어렵고 고통스럽다."** 이 말은 상식에 반대되는 말이어서 선뜻 이해되지 않는다. 하지만 곱씹어 보면 이해가 된다. 빅체인지 시대는 거대한 지각 변동이 일어나면서 새로운 길이 열린다. 새로 난 길은 처음에는 좁다. 심하게 진동한다. 태초에 땅이 만들어질 때처럼, 지각의 상태가 계속 변한다. 그래서 정해진 것이 아무것도 없고, 그 길에 발을 들여놓기가 무섭다. 의심스럽다. 불안하다. 그 길에 발을 들여놓는 선택이 어렵고 고통스러울 수밖에 없다. 반면, 지금 내가 발을 딛고 있는 길은 과거에도 안전했고, 현재도 안전하다. 그래서 내일도 안전할 것이라는 확신이 크다. 하지만 내가 밟고 있는 오래된 땅은 밑에서부터 서서히 균열, 침식, 붕괴가 일어나고 있다. 밑바닥부터 일어나는 일이라 당장 눈에 안 보여서, 위험을 인지하지 못한다. 주위가 요동치고 있을 때는 익숙한 길을 계속 가고자 하는 마음도 커진다. 익숙한 길을 가는 것이 더 쉽고 안전해 보인다. 익숙한 길을 그대로 가는 선택이 자연스럽고 쉽다. 그러나 그 길은 결국에는 갈라지고 침식되고 무너질 것이기에 미래 패자의 길이 된다.

셋째, 미래 승자의 길은 '가파른 오르막'이다. 반대로, 미래 패자의 길은 '가파른 내리막'이다. 미래 승자로 가는 길은 진입해도 가파른 오르막이기 때문에 시작부터 치열한 경쟁과 숨 가쁜 도전이 기다린다. 대신, 먼저 진입한 주자에게 유리하다. 늦게 진입할수록 후발주자가 발목을 붙잡고, 당신의 등을 기어오르며, 여기저기서 덤벼들기 때문에 지옥의 레이스가 펼쳐질 가능성이 크기 때문이다. 반대로, 미래 패자로 가는 길은 가파른 내리막길이기 때문에 빠져나오지 못하면 시간이 갈수록 '저절로' 미끄러져 내린다. 그래서 미래 패자의 길에 서 있으면 그 자체로 추락할 확률이 90%라는 의미다. 한번 미끄러져 내리면 더욱 빠져나오기 힘들다. 그리고 결국은 깊은 나락으로 떨어져서 영원히 잊힌다.

확 바뀐 승자 산업

앞으로 '미래 산업 지형 대변화'가 일어나면서, 미래 승자 산업과 패자 산업이 확 바뀐다. 미래 승자의 길을 가려면, 승자 산업에 올라타야 한다. 지금이라도, 현재 걷고 있는 익숙한 길을 벗어나 내가 왔던 길과 전혀 다른 방향으로 나 있는 미래 승자의 길로 여정을 바꿔야 한다. 필자는 "이것이 미래 산업 지형의 대변화다"라고 예측하는 내용을 듣는 순간 의심이 들 것이라 했다. "더 나은 한국을 만든 기업들이 이렇게 움직일 것이다"라고 예측 하면 '설마~' 하는 생각이 먼저 들 것이라 했다. "이제부터는 이런 제품과 서비스를 창조하는 기업이 새로운 부의 중심에 설 것이다"라고 예측하면 '정말?'이라는 단어가 마음속에서 가장 먼저 튀어나올 것이다. 당연하다. 미래 승자로 가는 길의 특성은 '낯섦'이기 때문이다. 하지만 어떤 기업, 어떤 사람에게는 낯설지 않을 것이다.

다음 번 한국 대기업 30대 순위에 영향을 줄 승자 산업은 일곱 가지다. 개인용 자율주행 수송 장치 산업, 첨단 디스플레이 산업, 인공지능 로봇 산업, 반도체 산업, 인공지능 서비스 산업, 온톨로지 플랫폼 산업, 도시 서비스 산업이다.

첫 번째 승자 산업은 '개인용 자율주행 수송 장치 산업(self-driving transport device industry)**'이다.** 개인용 자율주행 수송 장치 산업은 자율주행 전기자동차, 자율주행 선박, 도심 항공 모빌리티(Urban Air Mobility, UAM), PAV(Personal Air Vehicle·개인용 비행체)를 포함한 모든 탈것이 인공지능과 결합하여 하나의 산업으로 묶인 것이다. 과거 스마트폰이 전화, 컴퓨터, MP3 등 각기 다른 제품들을 하나로 묶어 재탄생한 것과 같다. 하나로 묶였다는 것은 한 기업이 모든 탈것을 만들어내는 생산 기반을 구축할 수 있다는 의미다. 그래서 미래에는 자동차 회사, 소형 선박 회사, 경비행기 제조 회사, 오토바이 회사 등이 따로 분리되지 않는다. 한 회사가 1인용 지상 탈것부터 하늘을 나는 비행 장치까지 모두 만들게 된다. 개인용 자율주행 수송 장치 간의 경계가 모호해지므로 가능한 미래다. 현재 애플이나 삼성전자 등한 회사가 스마트폰, 컴퓨터, 태블릿 PC, 스마트 시계, 스마트 안경 등 다양한 스마트 기기를 만든다. 이들 스마트 기기 간에 하드웨어와 소프트웨어 경계가 모호해지고 있기 때문이다. 근본적으로 같은 컴퓨팅 장치이기 때문에 사용자의 취향과 사용 목적에 따라 각기 다르게 만들기만 하면 된다. 자율주행 수송 장치 산업도 같은 발전 단계를 가게 될 가능성이 크다. 경계가 모호한 컴퓨팅 장치(Computing Device)가 되어 가면서 혼자 타는 것인지, 4~11명이 타는 것인지, 40~50명이 타는 것인지, 땅 위를 주행하는 것인지, 하늘을 나는 것인지, 물 위를 운행하는 것인지, 땅과 하늘을 동시에 주행 가능한 것인지, 산과 도로를 동시에 주행 가능한 것인지, 작은 수송 장치인지 거대한 수송 장치인지만 달라진다. 이런 모든 자율주행 수송 장치를 만드는 회사를 기존 산업 구분처럼 자동차 회사 혹은 항공기 제작 회사, 혹은 오토바이 제조 회사라는 이름으로 부를 수 없다. 새로운 산업 이름이 필요하다. 필자는 이것을 '개인용 자율주행 수송(운송) 장치 산업'이라고 부른다.

필자가 자율주행 수송 장치 산업에 '개인용'이라는 단어를 붙인 이유가 있다. 미래에 새로 만들어지는 자율주행 수송체(운송체) 산업은 개인용이 중심이다. 거대한 비행기, 화물을 실어 나르는 대형 선박 등은 미래에도 지금처럼 항공기 제작사, 조선회사 등으로 존재한다. 단지 인공지능, 빅데이터, 로봇 등의 미래 신기술이 장착되어 성능 개선이 이루어질 뿐이다. 하지만 개인용 자율주행 수송 장치는 기존 산업의 발전이 아니다. 완전히 새롭게 만들어지는 산업이다. 물론 기초는 자동차다. 그러나 현재의 자동차와는 완전히 다르다. 내연기관 엔진에서 전기 모터를 장착한 자동차로 바뀌는 수준이 아니다. 내연기관을 장착한 기계장치에서 첨단 기술이 포진된 컴퓨터이자 ICT[정보통신기술] 및 전기전자 제품이 된다. 기존의 자동차는 땅 위에서 주행했지만, 미래의 개인용 자율주행 수송 장치는 땅, 강, 바다, 하늘 등을 자유롭게 이동할 수 있다. 피처폰과 스마트폰이 같은 제품이라고 생각하는 사람은 없다. 미래의 개인용 자율주행 수송 장치도 현재의 자동차와 같은 제품이라고 생각할 사람이 없을 것이다.

개인용 자율주행 수송 장치는 자동차, 소형 선박, 경비행기 등의 기능이 통합되는 것을 넘어서 인공지능, 로봇 기술이 장착되고, 가상과 현실을 연결하는 이동 수단으로 진화한다. 개인용 자율주행 수송 장치에 인공지능과 로봇 기술이 장착되면 18세 미만의 어린이와 청소년, 그리고 초고령자도 개인용 자율주행 수송 장치를 이용할 수 있게 된다. 스마트폰이나 미디어 시청용 모니터나 TV가 개인화가 되듯이 자율주행 수송 장치도 개인화될 가능성이 크다. 이 산업 아래로 인공지능, 전동·전장화 부품과 기술·솔루션[Electrification], 미래 소재, 배터리, 로봇 등 굵직한 산업들도 통합되거나 연계된다. 지능과 자율 능력을 갖춘 개인용 자율주행 수송 장치는 더 큰 비즈니스 모델도 만든다. 다양한 개인용 자율주행 수송 장치들이 땅, 하늘, 강과 바다 등을 운행하면서 수집한 방대한 빅데이터[자율주행 수송 장치와 주행 환경, 자율주행 수송 장치와 주변 사물, 자율주행 수송 장치와 탑승객, 자율주행 수송 장치를 통해 쌓이는 인간과 인간 간의 관계 데이터]를 활용한 비즈니스다. 수집된 빅데이터를 분석하고 예측하여 제공하는 보험, 금융, 광고, 미디어 콘텐츠, 주택 서비스 등 수많은 비즈니스 모델들이다. 개인용 자율주행 수송 장치의 활용성을 높이는 애플리케이션을 제공하는 시장도 커진다. 이런 미래가 현실이 되면, 개인용 자율주행 수송 장치들이 만들어

내는 방대한 데이터, 각종 부가 서비스를 관리 운영하는 통합 플랫폼과 생태계 비즈니스도 가능해진다. 축적해 놓은 데이터와 지식을 한곳에 모으고 분석하여 컨설팅 서비스를 제공하는 것도 가능해진다. 개인용 자율주행 수송 장치 산업의 부가적 효과도 크다. 다양한 미래 산업 경쟁력을 높이는 데도 활용되기 때문이다. 미래 신소재, 미래 디스플레이, 미래 에너지, 가상현실, 메타버스, 인공지능, 로봇공학, IoT, 6G, 블록체인, 뇌신경공학, 바이오헬스케어, 나노공학 기술 등이 개인용 자율주행 수송 장치 안에서 실험되고 적용되면서 기술 발전의 시너지를 얻을 수 있다. 이런 사용자 확장성과 비즈니스 확장성을 고려하면, 개인용 자율주행 수송 장치 제조 산업이 21세기 가장 큰 산업이고, 이 산업을 주도하는 회사가 21세기 글로벌 시총 1위에 올라서리라 예측한다. 다음 그림은 필자가 자율주행 전기자동차, 자율주행 선박, 도심 항공 모빌리티(Urban Air Mobility, UAM), PAV(Personal Air Vehicle·개인용 비행체), 기타 모든 개인용 탈것들을 포함한 '개인용 자율주행 수송 장치들'이 공통으로 갖게 될 7가지 소프트웨어 핵심 기능(Sensing, Detecting, Tracking, Analyzing, Forecasting, Interfacing, Communicating), 공통으로 연결된 미래 기술과 산업 등을 표시한 것이다. 한 마디로 '개인용 자율주행 수송 장치 산업'은 미래 산업의 거대한 바다이고, 인공지능 로봇 산업으로 이어지는 교두보다.

'개인용' 자율 수송 장치 산업(Self-driving Transport Device)

자율주행 전기자동차, 자율주행 선박, 도심 항공 모빌리티(Urban Air Mobility, UAM), PAV(Personal Air Vehicle·개인용 비행체), 자율주행 바이크, 기타 모든 개인용 탈것들

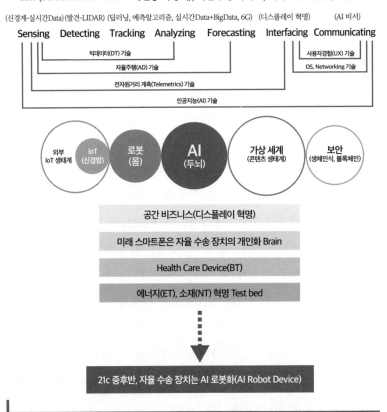

개인용 자율주행 수송 장치가 만드는 미래, 새로운 이동 방식

한국 기업들이 글로벌 시장에서 '개인용 자율주행 수송 장치 산업'의 승자가 되기 위한 경쟁을 벌이면서 발전과 도약을 거듭하면, 우리가 사는 세상은 '더 나은 미래'를 선물로 받는다. 개인용 자율주행 수송 장치

는 사람이나 사물을 이동시키는 수단이다. 자동차, 배, 비행기 등은 과거에도, 현재도, 그리고 미래에도 '이동 수단'이라는 업[業]의 본질[本質]을 가지고 있었다. 이런 것들이 합체된 개인용 자율주행 수송 장치의 기본 업도 같다. 하지만 자동차, 배, 비행체[헬기, 경비행기]의 기능들이 하나의 '수송 장치[transport device]'에 합체되면 새롭게 만들어지는 것이 있다. 무엇일까? 새로운 이동 방식, 이동 중 활동 모습, 평균 이동 거리, 일상적 이동 영역 등이다. 예를 들어 보자. 미래의 '개인용 자율주행 수송 장치[transport device]'가 만드는 새로운 이동 방식은 일곱 가지다.

첫째, 자동 이동이다. 인공지능 기술과 성능이 발전할수록, 인간이 운전하는 시간과 범위는 줄어들고 개인용 자율주행 장치[자율주행 자동차, 자율주행 선박, 도심 항공 모빌리티 등]가 스스로 자동 이동하는 시간과 범위는 확대될 것이다. [자동차 입장에서는 스스로 운전하는 자율 이동이라면, 운전자 입장에서는 자동차가 알아서 나를 이동시켜 주는 자동 이동이다.] 2022년 기준, 전기차 세계 1위 기업인 테슬라는 제한된 구간과 속도 아래서만 작동할 수 있도록 허용한 자율주행 '레벨3'를 상용화했고, 현대차, 벤츠, GM 등 완성차 업체들도 '레벨3' 단계 기술 개발에 속속 성공 중이다. 미국 자동차공학회[SAE]에서 제시하는 자율주행 분류 단계에 따르면, '레벨3'는 [운전자의 전방주시 의무는 유지하지만] 운전자의 개입이 응급상황에서만 필요한 수준이다. 예를 들어, 자동차 스스로 고속도로상에서 곡선 주행, 차선 변경, 고속도로 진·출입을 운전자 개입 없이 할 수 있다. '레벨4'는 응급상황에서도 운전자의 개입이 불필요한 '고도 자동화' 단계다. 현대자동차는 2023년에는 '레벨4' 수준 자율주행차 기능을 서울 시내에서 시험 주행할 계획을 가지고 있다.[109] 중국 검색업체 바이두[百度]

---

109 김영우, "완전한 자율주행차 시대 눈앞, 핵심 키워드는 'V2X'", 동아일보, 2021. 12. 30.

2장 도약하는 한국 기업, 더 나은 미래 세상 | 119

와 지리(吉利) 자동차의 합작사는 앞으로 5년간 500억 위안(약 9조3235억 원)을 자율주행차 개발에 투자하고, 2023년에 레벨4 수준 전기자동차(EV)를 양산한다는 계획을 가지고 있다.[110] '레벨5'에서는 운전자 없이도 완전한 자율주행차 운행이 가능한 단계. 업계에서는 '레벨5'의 완전 자율주행차 상용화는 2030~2035년경에 가능할 것으로 전망한다. 한국 정부도 자율주행차의 발전 속도를 높이기 위해 관련 제도와 인프라를 개선하기 위해 '자율주행차 규제 혁신 로드맵'을 세우고 추진 중이다.[111] 일부 전문가들은 현재의 인공지능이나 부품 수준으로는 '레벨5' 수준의 완전 자율주행 자동차를 완성하는 것은 불가능하다고 단언한다. 틀린 말은 아니다. 사람이 직접 운전하는 환경에 맞춰져 있는 도로에서는 자율주행 자동차가 사람처럼 운전하기 불가능하다. 하지만 도로 환경, 도시 환경 전체를 자율주행 자동차에 맞춰서 제도, 인프라, 교통 시스템 등을 모두 바꾼다면 어떻게 될까? 레벨5 수준의 자율주행 자동차 출현이 충분히 가능해진다.

둘째, 활동적 이동이다. 자동 이동이 가능해지면, 새로운 이동 중 활동이 무궁무진하게 늘어난다. 오래전부터 필자는 미래 자동차는 기계산업에서 IT 전자 및 서비스 산업으로 분류가 바뀌고, 자동차 크기 기준으로 차종을 분류하지 않고 공간 활용 방식에 따라 나눠질 것이다. 자동차 실내 공간에 대한 창조적 발상 경쟁도 벌어질 것이라고 예측했다. 영화관, 사무실, 침실, 레크리에이션 공간, 회의실, 자율학습 공간 등 인간이 상상하는 모든 공간으로 변신이 가능하기 때문이다. 필자는 미래 자동차의 등급이나 가격 분류는 엔진의 크기나 성능에 따라 나뉘지 않고, '공간의 특

---

110 이재준, "바이두, 지리, 2023년 레벨4 자율주행 전기차 양산", 뉴시스, 2021. 12. 27.
111 김영우, "자율주행차 관련 제도, 차량, 인프라까지 싹 바뀐다", 동아일보, 2021. 12. 24.

성'에 따라 나뉠 것이라고 예측했다. 지상 이동만 가능하느냐, 아니면 지상과 하늘 강 등을 모두 이동 가능하느냐 등 '이동 가능 범위'에 따라 분류될 것이라고 예측했다. 미래 자동차를 비롯한 개인용 자율주행 수송 장치의 공간은 최대의 소비 공간이며 마케팅 공간이 될 것이라고 예측했다. 개인용 자율주행 수송 장치는 집이나 사무실 밖에서 최대 플랫폼이 될 것이라고 예측했다. 현재, 필자의 예측은 현실이 되어 가고 있다.

셋째, 편하고 안전한 이동이다. 인공지능이 주행에 관여하는 비율이 높아질 수록 인간의 운전 피로감은 줄어든다. 인간의 운전 피로감 총량이 줄어들고, 인공지능의 자율 운전 비중이 높아지면, 인간이 저지를 수 있는 다양한 운전 실수와 위험 비중도 낮아진다. 인공지능이 운전하는 자율주행 자동차는 인간보다 시력이 좋다. 고성능 카메라, 레이더, 적외선 카메라 장치 등을 장착하면 인간이 보지 못하는 곳도 볼 수 있다. 시속 100km 넘는 고속주행에서도 주위 환경 정보를 인지하고 판단하는 능력이 인간보다 빠르고 정확하다. 이런 기능 덕분에 완전 자율주행 단계까지 발전하지 못해도 인간 운전자와 보행자의 안전을 높이는 데 다양한 효과를 줄 수 있다. 완전 자율주행 단계에 도달하면, 교통사고 비율이 현재보다 1/1000로 줄 수 있다.

넷째, 지형에 맞는 이동이다. 인공지능 자율주행 수송 장치가 로봇 기술과 융합되면 포장도로, 비포장도로, 산악 지형, 숲속이나 자갈 밭 등 다양한 도로 지형을 마음껏 운행할 수 있는 미래도 가능해진다. 필자가 앞에서 소개했듯이, 현대자동차그룹은 로보틱스 기술을 자동차에 융합해 이동의 한계를 넘는 신개념 모빌리티인 로봇 자동차 '타이거(TIGER)'를 개발 중이다.[112] 미래에는 다양한 주차 공간이나 지형에도 맞춤형으로 이동

---

112 김일규, "네 바퀴로 걷는다. 현대차 '타이거' 로봇", 한국경제, 2021. 2. 10.

이 가능해진다. 한국타이어 연구팀과 서울대 기계공학부가 종이접기 구조를 활용해서 다양한 노면 상태에 맞춰 바퀴 지름을 450~800mm 안에서 자유롭게 변형시킬 수 있도록 개발한 '트랜스포밍 타이어(Transforming Tire)'이나, 현대모비스가 개발한 바퀴가 90도까지 꺾일 수 있는 구조를 갖고 있고 4개의 바퀴가 개별적으로 작동하는 'e-코너 모듈'이 장착된 자동차이면 가능하다.[113]

다섯째, 탑승객 인원, 연령, 취향에 맞는 이동이다. 현대모비스는 바퀴가 90도까지 꺾이고 4개의 바퀴가 개별적으로 작동하는 'e-코너 모듈'을 개발하는 이유를 '목적에 따라 외형이나 기능이 변하는 차량 개발'이라고 말했다.[114] 'e-코너 모듈'처럼 바퀴 안에 제동, 조향, 구동 시스템을 집어넣는 디자인이 가능해지면 다양한 변화가 일어난다. 우선, 배터리를 휠베이스(축거: 앞뒤 바퀴 축 사이 거리)에만 탑재해야 하는 한계에서 벗어날 수 있어서 배터리 탑재 공간이 늘어난다. 혹은 배터리 탑재 위치 선택의 폭도 늘어난다. 전기차에서 배터리는 가장 큰 장소를 차지하고 전체 규모도 제일 크다. 이런 배터리 장착에 융통성이 생기면 자체의 크기, 모양, 부품 배치에 융통성이 만들어진다. 이런 융통성은 개인용 자율주행 수송 장치를 각기 다른 목적에 따라 외형이나 기능을 변형시키는 데 용이하게 해준다. 이런 새로운 가능성들을 감안하면, 미래의 개인용 자율주행 수송 장치들은 탑승객 원에 따라 몸체가 늘어나고 줄어드는 기능, 개인 기분이나 운정 지형에 따라 차체가 변형되는 기능, 운전대가 없이 어린아이들이나 노인이 탈 수 있는 기능, 직업이나 연령에 맞는 공간 구조와 이용 기능, 남자와 여자 등 각기 다른 성별 특성에 맞춘 기능 등이 가능해

113 손진석, "한국타이어-서울대, 모빌리티 미래 타이어 '트랜스 포밍 타이어' 선봬", 비즈월드, 2021. 04. 18.
114 이건혁, "CES서 '90도 꺾이는 바퀴'가 주목받은 진짜 이유", 동아일보, 2022. 01. 15.

지면서, 탑승객 인원, 연령, 개인적 취향에 맞게 개별화된 이동을 제공할 수 있게 된다.

여섯째, 특수 이동로를 통한 신속 주행 이동이다. 미래에 완전 자율주행이 가능해지면 자율주행 전용도로를 활용하여 지상을 달리는 자율주행 자동차끼리 서로 통신을 주고받으면서 집단 주행(떼 주행)을 할 수 있다. 이런 주행 방식은 새 떼들이 줄지어 나르면서 에너지 소비를 줄이듯 주행 자동차의 연비 감소 효과를 얻을 수 있고, 운전자가 없는 자율주행차의 주행 안정성을 한 단계 높일 수 있다. 이런 주행 방식은 하늘을 나는 개인용 자율주행 수송 장치(UAM)에도 사용될 수 있다. 미래에는 테슬라가 만든 하이퍼루프 같은 자율주행 특수 이동로를 이용해서 200~300km 속도로 신속한 자율주행 이동도 가능해진다. 2022년 1월 미국에서 열린 IT 가전 전시회 CES 행사 일정에 열린 '제2회 무인 자율주행 경주차 대회'에서 한국 KAIST 팀이 제작한 자율주행 경주차가 순간 최대 시속 210km를 기록하면서 2년 연속 세계 4위를 기록하는 사건도 일어났다.[115] 같은 행사 기간, 테슬라는 1km 지하터널 구간을 테슬라를 타고 시속 50km로 달리는 미래형 대중교통 시스템 '베가스 루프(Loop)'를 선보였다. 테슬라는 2029년에 라스베이거스 전역을 지하로 연결하는 46km 길이 루프가 완성되고 루프 내에서도 자율주행을 할 수 있도록 허가가 나면 시속 240km 속도로 주요 지점들을 다닐 수 있게 되어서 지하철을 대체할 수 있을 것이라고 전망했다.[116]

일곱째, 주행 안정성과 편안함이 향상되고 자율주행 속도가 빨라지면 한 번의 주행에서 더 멀리 이동할 수 있다. 미래에 인공지능 기술과

---

115 이용순, "KAIST 자율주행차, 악조건 속 최대 시속 210km 기록", KBS, 2022. 01. 10.
116 구민기, "CES 새 명물 '베가스 루프' 테슬라 전기차로 지하터널 슝~", 한국경제, 2022. 01. 04

성능이 인간의 운전 관여가 전혀 필요 없는 완전 주행 단계까지 발전하면, 개인용 자율주행 수송 장치 안에서 휴식, 오락, 수면을 하면서 24시간 연속 이동도 가능해진다.

개인용 자율주행 수송 장치, 개인의 일상적 이동 영역을 넓혀준다

개인용 자율주행 수송 장치들은 세 가지의 새로운 이동 영역도 개척해 준다. 첫째, 미래의 개인용 자율주행 수송 장치들은 개인의 일상적 이동 영역을 하늘과 땅 강과 바다까지 넓힐 수 있다. 자유롭게 차제가 변형되고, 로봇 바퀴를 장착하고, 고성능 인공지능이 장착된 자동차가 현실화되면 가능한 미래다. 전기차, 인공지능 자율주행, 드론 기능이 합쳐져서 도시의 빌딩 숲 사이 등 하늘길을 다니는 '하늘을 나는 자동차(전기 비행체, eVTOL)'가 가능해지면 현실이 되는 미래다. 하늘을 나는 자동차 하부에 배의 하부 기능을 장착하면 수륙 양육 비행기처럼 강과 바다의 수면 위를 날듯 주행할 수도 있다. 하늘을 나는 요트도 나올 예정이다. 2022년 1월 이탈리아 회사 '라차리니 디자인 스튜디오'는 탄소 섬유로 만들어진 중심 선체가 80m이고, 양쪽에 총 40만㎥(약 4억ℓ)의 헬륨가스로 동체를 띄우고 8개의 드론 날개를 보조로 장착한 길이 150m 비행선 2개를 장착한 '에어 요트'의 디자인 렌더링 이미지를 공개했다. 에어 요트는 시속 110㎞의 속도로 48시간 이상 비행을 계속할 수 있다.[117]

'하늘을 나는 자동차(전기 비행체, eVTOL)' 개발 경쟁에는 드론이나 전기

---

117 윤태희, "올해 말 시험 비행, 바다는 물론 하늘도 이동 거대 요트 나온다", 서울신문, 2022. 01. 30.

차를 만드는 대부분의 회사들이 뛰어든 상태다. 한국에서도 현대기아차, 롯데, 한화, SK텔레콤 등이 개발 경쟁을 주도 중이다. 현재까지 개발된 하늘을 나는 자동차의 평균 성능을 보면 평균 주행속도 시속 80~100km, 최대 속도 시속 250~400km, 최고 비행고도 1000~3000미터, 최대 주행 600km 정도다. 이 정도 속도라면, 인천공항에서 여의도까지 15~20분 만에 이동할 수 있다. 이착륙 방식은 활주로를 이용하거나 수직 이착륙 방식 중 하나를 사용한다. 하늘을 나는 자동차의 상용화 시점은 시장을 선도하는 회사는 1~2년 후이고, 후발주자들은 2030년경을 목표로 한다. 하늘을 나는 자동차의 주용도는 도심의 안팎을 이동하는 통근용이나 근거리 도시나 낮은 산과 강이나 연안 바다를 건너서 산간이나 도서지역(島嶼地域)을 이동하는 수단이다. 하늘을 나는 자동차는 도심 물류 배송에도 활용될 가능성이 크다. 하늘을 나는 자동차 상용화에는 전기비행체(eVTOL)의 고도화도 중요하지만, '관제 시스템'의 안정적 구축도 중요하다. 지상에서 자동차 운행과는 다르게 하늘에서는 실시간 정보 송신이 위기 상황 대처에 필수 조건이기 때문이다. 한국 정부는 하늘을 나는 자동차가 2025년에는 상용화될 것으로 전망하고 한국형 도심항공교통체제(K-UAM) 구축을 시작했다. 2024년까지는 규제 없이 비행할 수 있는 특별자유화구역 운용을 시작하고, 2025년에는 상용 서비스를 최초 도입하며, 2030년부터는 본격적인 상용화 준비에 나선다는 계획이다.[118] 한국공항공사도 한화시스템·SK텔레콤 등과 협력하여 김포공항을 도심항공교통체제(UAM) 허브로 만드는 계획도 추진 중이다. 김포공항의 도심항공교통체제(UAM) 허브 계획이 성공하면, 각 지방에 있는 공항들도 그 지역의 도심항공교통체제(UAM) 허브로 전환될 가능성이 크다.

---

118 김수현, "하늘 나는 택시, 3년 뒤에 온다. 통신사들 뛰어드는 이유", 머니투데이, 2022. 01. 06.

둘째, 미래의 개인용 자율주행 수송 장치들은 가상세계를 이동하는 중요한 이동 장치가 된다. 개인용 자율주행 수송 장치가 메타버스로 현실과 가상세계를 연결하고, 인간의 이동 공간을 확장하는 미래다. 필자는 메타버스라고 불리는 3~4차원 가상세계 접속을 위한 최고의 디바이스로 자동차를 비롯한 개인용 자율주행 수송 장치를 꼽는다. 미래 개인용 자율주행 수송 장치는 외부 현실에서는 운전자를 대신해서 도로, 산, 바다, 하늘을 주행을 하고, 동시에 장치 안에 탑승한 운전자와 승객은 3~4차원 가상세계를 입체적이고 실감 나게 이동하도록 돕는 강력한 수단이 될 수 있다. 현재 우리는 3차원 메타버스 가상세계를 컴퓨터 모니터나 가상현실(VR) 기기를 착용하고 탐험한다. 머지않은 미래에 우리는 4차원까지 확장된 메타버스를 집을 나서서 회사를 가는 도중에, 멀리 여행을 가는 도중에, 다양한 개인용 자율주행 수송 장치 안에서 메타버스 가상세계를 즐겁게 탐험할 수 있다. 현재 우리는 컴퓨터 모니터나 가상현실(VR) 기기를 착용하면, 가상세계를 걸어가거나 날아다니는 관점에서 탐험할 수 있다. 미래에는 개인용 자율주행 수송 장치 안에서 다양한 창들에 덧입혀진 투명 디스플레이 모니터를 통해 메타버스 가상세계에 만들어진 가상 도로, 하늘, 바다, 우주 등을 주행하고, 비행하며, 잠수하는 등의 착각을 즐길 수 있다. 지금은 자동차를 타고 창밖을 보면 현실세계가 보이지만, 미래에는 개인용 자율주행 수송 장치 안에서 홀로그램, 투명 디스플레이 모니터 기술을 통해 창밖을 통해 내가 접속해 있는 메타버스 풍경이 펼쳐질 것이다. 본격적으로 메타버스 시대가 활성화되면, 거대한 3~4차원 입체 가상공간 안에서 여행을 하는 시대가 된다. 스마트폰, 컴퓨터, TV 디바이스 등 기존 장비들은 몰입감에 한계가 있다. 하지만 개인용 자율주행 수송 장치는 시각은 물론이고 오감을 모두 사용해서 4차원 가상세계 탐험의 몰입감을 극대화해 줄 수 있다.

셋째, 먼 미래에는 개인용 자율주행 수송 장치가 우주를 이동하는 중요한 이동 장치도 된다. 2021년 9월 27일 중국 최대 자동차 기업 지리자동차의 모회사 지리홀딩스그룹이 무게 100㎏ 항법위성(navigation satellite) 시제품 하나를 공개했다. 지리그룹은 우주기술을 연구하는 자회사를 통해 2025년부터는 고정밀 지리정보(GPS) 시스템 구축을 위해 지구 200~1000㎞ 상공을 도는 저궤도 위성을 연간 500개씩 쏘아 올려서 중국과 동남아 등에서 자사의 자율주행차 성능을 끌어올릴 계획이라고 밝혔다. 지리그룹뿐만 아니라 테슬라, 혼다, 포르셰 등 세계 유수의 민간 자동차 회사들이 인공위성 생산, 로켓 기술 확보, 달 탐사용 로봇·모빌리티 개발 등 우주 경쟁에 뛰어들고 있다. 테슬라는 이미 1,800개의 저궤도 통신위성을 쏘아 올렸다. 이유가 무엇일까? 단기적으로는 자율주행 자동차, 자율주행 선박, 도심 항공 모빌리티(Urban Air Mobility, UAM) 등의 성능에 중요한 위치를 차지하는 초정밀 위성지리정보 확보다. 현재 일반적으로 사용되는 GPS는 2만㎞ 밖에 있는 위성과 통신하며 위치 정보를 받는다. 이런 한계로 오차가 최대 10m에 이르러서 완전 자율주행 기술에 부적합하다. 지구에서 200~1000㎞ 상공을 도는 저궤도 위성은 오차 범위를 최대 10cm 아래까지 줄일 수 있다. 장기적으로는 달이나 화성 같은 극한 환경에서도 사용할 수 있는 원격 제어 기술을 확보하여 달이나 화성 탐사 자율주행 전기차를 개발하기 위함이다. 성공과 실패를 떠나서, 달이나 화성을 달리는 자동차를 개발하는 과정에서 극한 환경에서도 사용할 수 있는 최첨단 인공지능, 소재, 배터리 기술 등을 확보할 수 있다.[119]

필자의 예측으로는 개인용 자율주행 수송 장치 산업 하나만으로 우리는 지금보다 더 나은 세상을 살게 된다. 미래의 개인용 자율주행 수송

---

119 오로라, "'자율주행 답, 지구 밖에 있다' 자동차회사들 우주로 진격", 조선일보, 2021. 10. 20.

장치들이 새로운 이동 방식을 만들어 주면 인간에게는 '시간 사용'의 변화가 일어난다. 개인용 자율주행 수송 장치들이 개인의 일상적 이동 영역을 넓혀주면 인간에게는 '공간 사용'의 변화가 일어난다. 인류 역사를 살펴보면, '시간'과 '공간'에 변화가 일어날 때마다 인간의 생각, 가치관, 지식, 삶의 방식 등에 거대한 변화와 발전이 일어났다. 더 나은 미래가 만들어졌다. 등불과 전기가 없었을 때에는 해가 지고 나면 활동의 제약이 심했다. 하지만 등불과 전기가 개발되고 난 후에는 인간의 활동 시간은 24시간으로 늘어났다. 시간의 확장이다. 불과 몇백 년 전까지도 자신이 태어난 곳을 중심으로 몇십 킬로미터 밖으로 나가지 못한 이들이 많았다. 대항해 시대 이전에는 눈에 보이는 수평선 끝에는 깊은 낭떠러지가 있다고 생각했다. 그 너머에 거대한 대륙이 있고, 거기에는 우리와 전혀 다른 문명을 가진 종족이 살고 있다고 생각하지 못했다. 하지만 대항해 시대가 열리면서 인류는 지구 전체를 연결하는 무역로를 만들고 진귀한 보물, 특산물, 지식과 문화 등을 교류했다. 공간의 확장이다. 인터넷이 발명되면서, 인간은 빛의 속도로 지구 반대편 사람과 소통할 수 있게 되었다. 하나의 인터넷 게임 안에서 지구 곳곳에 서로 다른 시간과 공간에 사는 사람들이 만나고 이야기하고 놀이를 즐길 수 있게 되었다. 시간과 공간의 확장이다. 옛말에, 자식을 성공시키려면 여행을 보내라고 했다. 더 넓은 세계를 볼수록 더 많은 생각을 할 수 있고, 더 많은 것을 배울 수 있으며, 더 큰 꿈을 가질 수 있기 때문이다. 시간과 공간의 확장은 인간의 생각, 가치관, 지식, 삶의 방식 등에 거대한 변화와 발전을 촉진하고, 더 나은 미래를 만드는 동력이다. 미래의 개인용 자율주행 수송 장치들은 안전하고 편리하고 빠르게 이동을 가능케 해 주는 기술이다. 통일이 되어 중국 대륙으로 통하는 육로가 열리면 24시간 연속 주행할 수 있는 개인용 자율주행 수송 장치를 타고 하루 만에 엄청난 거리를 이동할 수 있게 된다. 멀리 이동할수록 인간은 더 많은 사람과 교류하고, 새로운 경험을 하며, 더 확장된 교역과 경제 활동을 할 수 있다. 드론을 이용해서 높은 하늘에서 지상을 향해 사진을 찍으면, 지금까지 발견하지 못했던 새로운 관점과 영감을 발견한다. 개인용 자율주행 수송 장치를 타고 하늘을 날고, 빌딩 숲을 지나며, 산과 강을 넘어 이동할 수 있게 되면 인간은 새로운 생각과 영감을 얻게 될 것이다. 거주지의 변화도 일어날 수 있다. 하늘을 나는 개인용 자율주행 수송 장치가 상용화되면, 인구가 밀집된 도시를 떠나 인근 주변 도시나 경치 좋은 섬이나 농촌 혹은 산간 지역에서 생활하는 사람도 늘어날 수 있기 때문이다. 이 정도면 필자가 "개인용 자율주행 수송 장치 산업 하나만으로 우리는 지금보다 더 나은 세상을 살게 된다"는 예측의 의미가 무엇인지 느낌이 오지 않는가? [개인용 자율주행 수송 장치의 미래에 대한 필자의 자세한 예측 시나리오를 알고 싶은 독자가 있다면, 필자의 저서 『메타 도구의 시대』(넥서스BIZ, 2021)를 참고하라.]

개인용 자율주행 수송 장치 산업은 한국 대기업 순위에 영향을 줄 두 번째 승자 산업으로 '첨단 디스플레이 산업'을 부상시킬 것이다. 자율주행차를 비롯해서 다양한 개인용 자율주행 수송 장치에 장착될 디스플레이는 운전자나 탑승객에게 주행에 필요한 정보를 제공하는 것부터 영화를 보고 게임을 즐기고 메타버스를 탐험하는 등 다양한 엔터테인먼트를 즐기는 데 필수 장치다. 이미 운전자 앞에 있는 대시보드는 디스플레이 보드로 대체되어 과거의 단순한 바늘형 계기반이나 버튼식 라디오 송수신기 등을 없애 버렸다. 운전 정보를 보여주는 디스플레이는 더 많은 정보를 보여주기 위해 크기가 계속 커지고 있고, 더 빠른 응답속도와 더 좋은 화질을 보여주기 위해 점점 고급형 패널이 적용되는 추세다.

IHS마킷에 따르면, 2026년에는 15인치 이상 센터스택용 디스플레이의 점유율이 41%까지 늘어난다. 최근엔 여러 개 디스플레이를 수평으로 나란히 이어 배치하는 것도 추세다. 포르쉐 전기차 '타이칸' 앞 좌석에는 16.8인치 커브드 디지털 클러스터 및 센터페시아, 조수석의 듀얼 10.9인치 디스플레이, 8.4인치 공조 디스플레이 등 총 47인치의 디스플레이가 탑재된다. 메르세데스-벤츠의 플래그십 전기차 'EQS'도 3개 패널을 하나로 이어 붙인 멀티디스플레이를 탑재했다. 삼성이 인수한 전장업체 '하만'은 확장형 디스플레이를 공개했다. 자동차 운전대가 접히고 메인 디스플레이가 확장되면서 운전자 전면을 꽉 채우는 신기술이다. 이 거대한 디스플레이를 통해 운전자는 넷플릭스를 보고, 유명 아이돌의 콘서트를 감상할 수 있다.[120]

미래에는 개인용 자율주행 수송 장치 실내 전체에 투명하고 플렉서블한 모니터를 부착하는 것은 물론이고, 운전자의 개성을 표현하거나 자동차가 운전자나 탑승자의 기분과 취향에 맞춰서 외부 색깔과 디자인을 수시로 변형하는 기능을 발휘하기 위해 외부에도 첨단 모니터 패널을 부착할 가능성이 크다. 이외에도 가정에서 100인치가 넘는 최첨단 고급 모니터 설치가 일상화되고, 인터넷 콘텐츠 소비와 메타버스 탐험을 위해 개인별로 자신만의 모니터를 구입하는 추세도 증가할 수 있다. 미래의 최첨단 디스플레이는 인간의 눈보다 뛰어난 해상도를 갖게 되고 어떤 형태로든 변형이 가능한 완벽한 신축성과 유연성을 갖게 되면서 사용 영역이 건물, 옷, 웨어러블 디바이스, 로봇까지 광범위하게 확장될 것이다. 이런 미래가 현실이 되면, 한국 기업들이 세계 1등을 장악하고 있는 첨단 디스플레이 산업은 시장 규모와 종류에서 수십 배 확장될 것이다.

---

120 박찬규, "운전대 놓고 넷플릭스 본다. 50인치 화면은 기본", 머니S, 2021. 04. 16.

인공지능 로봇, 미래 한국의 최고의 효자 산업이 된다

  다음 번 한국 대기업 30대 순위에 영향을 줄 세 번째 승자 산업은 '인공지능 로봇 산업'이다. 미국 전기전자공학회(IEEE)가 발간하는 기술 전문잡지 「스펙트럼」은 앞으로 50년간 미래 변화에 가장 큰 영향을 미칠 기술을 열거에 대부분을 인공지능과 로봇의 연관성에 주목했다. 인공지능 로봇 산업은 가정용 혹은 산업용 기계 로봇이 인공지능과 결합되어 완전히 새롭게 재탄생되는 영역이다. 단일 기업으로는 시가총액 1위 기업에 오를 강력한 후보가 나올 1순위가 개인용 자율주행 수송 장치 산업이라면, 인공지능 로봇 산업은 단일 산업으로는 가장 많은 제품과 서비스 숫자, 일자리 숫자를 창조할 가능성이 큰 후보다. 개인용 자율주행 수송 장치 산업은 제품 한 개당 가장 높은 가격을 자랑하는 미래 산업이 될 것이라면, 인공지능 로봇 산업은 종류 측에서 가장 넓은 범위를 자랑하는 미래 산업이 될 것이다. 미래의 인공지능 로봇은 '제2의 나' 혹은 '내 몸의 확장'이 될 것이다. 모든 가정에서 인공지능 로봇은 인간과 함께 살게 된다. 인공지능 로봇 산업은 일반 가정에서 아이들과 함께 놀아주고 노인들의 동반자가 되어 주는 반려 로봇이나 휴머노이드 로봇부터, 우주 밖에서 인간을 대신하여 일하는 우주 노동자 로봇까지 아우른다. 인공지능 로봇 산업은 기존에 존재하는 각종 기계, 생활 가전, 장난감, 사물에까지도 영역이 확대된다. 사물에 인공지능 로봇 기술이 적용되면 '스스로 이동하는 능력을 가진 사물'이 된다. 자동화·효율화(Automation) 영역도 인공지능 로봇 시장이 된다. 그 결과, 21세기 가장 큰 제조업 영역이 된다. 가장 많은 일자리를 창출하는 산업이 된다. 당연히 한국 대기업 30대 순위 변경에 강력한 영향을 주고, 미래 한국의 최고 효자 수출산업도 될 것이다.

미래 인공지능 로봇의 역할을 나누면 크게 세 가지가 될 것이다. 수송 수단, 연결 수단, 대리 수단이다. '수송 수단'은 땅, 강, 바다, 하늘에서 사물의 이동을 담당한다. 이 역할은 개인용 자율주행 수송 장치와 겹친다. 둘의 차이는 개인용 자율주행 수송 장치는 인간을 수송하고, 인공지능 로봇은 물건을 수송한다. 개인용 자율주행 수송 장치는 자가용으로 사용되고, 인공지능 로봇은 업무용이나 산업용 수송 장치로 사용된다. [참고로, 인공지능 자율주행 트럭이나 화물차 등은 '업무용' 자율주행 수송 장치이면서 동시에 수송 기능을 극대화한 인공지능 로봇의 범주에도 포함시킬 수 있다.]

인공지능 로봇은 '연결 수단'으로도 사용될 수 있다. 인간과 인간, 인간과 사물, 사물과 사물을 연결하는 역할이다. 인간과 인간을 연결시키는 기능은 '텔레프레즌스(Telepresence)' 기술에 포함된다. 텔레프레즌스(Telepresence)는 '멀리, 먼 거리에 걸친'이라는 뜻의 'tele'와 '실제, 현존, 참석'이라는 뜻의 'presence'의 합성어로, 특정한 기술이나 장치를 사용해서 서로 멀리 떨어져 있는 사람들이 같은 공간에 실제로 있는 것 같은 환경을 만들어주는 것을 가리킨다. 줌이나 메타버스 등의 시스템을 사용한 가상 화상회의, 가상현실 장치를 착용하거나 홀로그램을 이용해서 눈앞에서 상대방과 마주하고 있는 착각을 일으키게 하는 기술 등이다. 미래에 인공지능 로봇도 텔레프레즌스 환경을 만드는 도구로 사용될 가능성이 크다. 텔레프레즌스 인공지능 로봇이다. 메타버스 안에서는 아바타를 통해 소통을 한다. 텔레프레즌스 인공지능 로봇은 인간의 눈높이에 맞는 높이에 모니터를 장착하고 사무실, 집, 거리 등 현실 공간을 돌아다니면서 소통하게 하는 장치다. 로봇 안에는 인공지능이 장착되어 있어서, 대화 상대를 자연스럽게 따라다니기도 하고, 현실 공간에 있는 다양한 장애물을 피하고, 건물이나 방 안을 이리저리 돌아다닐 수 있다. 가정 안에서는 작은 공 모양처럼 생긴 텔레프레즌스 인공지능 로봇이 모니터 대신 홀로그램을 주사하여 상대방을 구현해 줄 수도 있다. 카네기멜론대학교에서 개발 중인 인공지능 로봇 '그레이스'는 바퀴 달린 몸체를 가지고 있다. 2002년 그레이스는 인공지능 로봇 경쟁대회에서 우승을 차지한 경력도 가지고 있다. 그레이스는 로봇이 인간과 사회적 관계를 맺을 것인가에 관련된 규칙, 관습, 행동을 학습한다. 나날이 성장하고 있는 그레이스는 먼저 온 순서에 따라서 엘리베이터를 타고, 사람에게 다가가 인사도 하고, 사람들 사이에 서성이며 희로애락을 표현하거나 농담을 주고받고 등의 사회적 행동을 구현하도록 훈련받고 있다. 그레이스의 이런 능력을 장착한 인공지능 로봇에 텔레프레즌스 기술을 연결시켜 사람과 인공지능이 동시에 작동하도록 하면, 현실 공간에서의 업무와 교육 환경 등에도 상당한 변화가 일어날 수 있다. 2019년부터 국내외 기업들의 텔레프레즌스 인공지능 로봇 관련 특허와 상표출원이 서서히 증가 중이다.

인공지능 로봇은 사물과 사물도 연결하는 역할도 할 수 있다. 미래에는 집 안 곳곳에 있는 모든 제품들에 사물인터넷, 낮은 수준의 인공지능 기술 등이 장착될 것이다. 모든 제품이나 사물에 첨단 기능이 장착되면 인간이 혼자 관리하기 어렵다. 인간을 대신해서 운영하고 관리할 주체가 필요하다. 인공지능 로봇은 집 안밖에 흩어진 모든 사물들을 자기와 연결시킨 후에 작동 및 운영을 관리하는 역할을 대신할 수 있다.

인공지능 로봇이 가장 보편적으로 사용될 영역은 '대리 수단'이다. 인간과 동물을 대신해서 일하거나 돌봄 서비스를 제공하는 인공지능 로봇이다. 인간을 대신해서 가사 일을 돌보는 집사 로봇, 공장에서 근로자를 대신하는 로봇, 어린아이를 돌보고 노인의 말벗이 되어주고, 학생들에게 공부를 가르쳐 주고, 탁구 등의 운동 파트너가 되어 주는 등 적용 범위는 무한하다. 초고령 사회 진입으로 노인의 숫자가 빠르게 늘어나고, 가정

해체로 1인 가구가 급증하는 일본은 반려나 돌봄 로봇 기술이 가장 앞서 있다. 일본 기업이 만든 애완용 물개 로봇 'Paro'는 노인의 치매 예방이나 치료, 홀로 사는 이들의 정서 생활에 도움을 주는 효과를 인정받아서 일본 내에서 수 십만 대 판매고를 올리고 있다. 2014년 6월, 일본 소프트뱅크 손정의 회장은 자사에서 개발한 세계 최초의 감정 인식 로봇 '페퍼(Pepper)' 판매를 시작했다. 아마존은 미래 가정에서 사용될 인공지능 집사 로봇 시장을 겨냥하여 가정용 인공지능 로봇 프로젝트 '베스타(Vesta)'를 진행 중이다. 케네기멜론대학에서도 'HERB(Home Exploring Robotic Butler)'이라는 요리와 청소 등의 집안일을 하는 집사 로봇을 개발 중이다. 미국 조지아공대에서 만든 '코디(Cody)'라는 인공지능 로봇은 노인의 목욕과 안마를 돕는 기능을 수행한다. MIT의 신시아 브라질 교수가 연구 중에 있는 감성 로봇 '키스멧'은 함께 대화하는 사람의 표정과 움직임, 목소리를 분석하여 감정 상태를 읽고 반응한다. 영국의 엔지니어드 아트사는 사람이 표정을 지을 때 쓰는 근육을 모두 분석하여, 자사가 개발한 로봇 '아메카'의 얼굴 내 같은 부분에 모터를 달았다. 아메카는 웃을 때 사람처럼 입을 벌리고, 볼 근육도 위로 올라간다. 눈을 찡그리면, 이마가 늘어나고 눈썹 바깥쪽 근육까지 미세하게 작동한다.[121] MIT가 개발하고 있는 인공지능 감성 로봇 '레오나르도'는 학습한 감정을 기억하여 자신의 의사를 표현하는 능력을 배우는 중이다. 최근에는 로봇에게 촉감을 입힐 인공신경도 개발되었다.

2022년 1월 국제학술지 「사이언스 로보틱스」에 세계 최초의 인공지능 자율 수술 로봇 '스마트 조직 자율로봇(STAR)'이 공개되었다. 미국 존스홉킨스대 연구진이 개발한 인공지능 수술 로봇은 장과 장을 연결하는 수

---

121 정구희, "'위드 로봇' 시대, 변화는 시작됐다", SBS, 2021. 12. 18.

술인 '문합술'을 할 수 있다. 문합술을 시행하려면, 인간 외과 의사도 숙련된 기술이 필요하다. 수술 중 손이 미세하게 떨거나 잘못된 부위를 꿰매면, 장 누출 사고가 발생하면서 치명적 합병증을 유발할 수 있다. 전문 봉합 기구와 3차원 내시경 등 첨단 영상기기를 장착한 인공지능 자율 수술 로봇 'STAR'는 인간의 조종 없이도 스스로 수준 높은 문합술을 구사할 수 있다. 인공지능이 장착되어 있어서 수술이 시작되면 실시간으로 상황을 점검하면서 수술 계획을 변경할 수도 있다. STAR는 돼지 4마리에게 총 86회의 문합술을 시행했다. 이 중에서 60회는 인공지능이 직접했고, 인간이 수동으로 조정한 횟수는 29회였다. 이런 인공지능 로봇 기술이 좀 더 발전하면, 인간 의사 없는 곳에서도 응급수술이 가능한 미래가 열릴 수 있다.[122]

인간을 닮은 휴머노이드 로봇 개발도 한창이다. '휴머노이드(Humanoid)'는 겉모양이 사람과 비슷한 얼굴, 몸통, 손, 발, 다리 등을 가진 로봇이나 물체를 가리킨다. 현재 가장 뛰어난 휴머노이드 로봇 기술은 일본과 미국에 있다. 일본은 1973년에 두 발로 걷는 최초의 휴머노이드 '와봇1(WABOT-1)'을 개발했다. '와봇1'은 두 발로 걷는 데 성공했지만, 비틀거리며 몇 발자국을 걷는 수준이었다. 1984년 '와봇2'가 개발되어 파이프오르간을 연주하는 수준까지 발전했다. 1996년 일본 자동차 회사 혼다는 키 180cm, 몸무게 210kg인 'P-2'라는 휴머노이드 로봇을 개발했다. 인간 친화적으로 외모와 부드러운 관절을 보유한 'P-2'는 역동적인 이족 보행을 하면서 계단을 오르고, 옆걸음질도 하며, 곡선도 자연스럽게 달리는 능력을 선보였다. 혁신적 발전이었다. 2000년, 혼다는 'P-2'를 한단계 발전시킨 휴머노이드 로봇을 발표했다. '아시모(ASIMO)'다. 아시모는

---

122 이정호, "알아서 수술하는 '로봇 의사' 등장, 미국서 첫 개발", 경향신문, 2022. 01. 28.

'불쾌한 골짜기 이론'을 피하기 위해 인간의 얼굴을 사용하지 않았다. 대신, 인간을 돕는 멋진 로봇을 그린 일본의 유명한 애니메이션 '아톰'을 모델로 했다. '불쾌한 골짜기 이론'은 인간이 아닌 존재를 볼 때 그것이 인간을 닮으면 호감도가 높아지지만, 일정 수준을 넘어서면 오히려 불쾌감을 느낀다는 이론이다. 아시모는 손, 발, 다리, 몸통, 머리 모양 등은 인간을 닮았지만, 얼굴은 인간의 모습으로 디자인하지 않는 방식으로 불쾌한 골짜기 함정을 피했다. 키도 혐오나 위압감을 주지 않고 어린 아이와 친근감을 느낄 수 있는 140cm로 했고, 몸무게도 50kg 정도다. 그 이후로도 아시모는 지속적인 기술 발전을 했다. 현재 시속 8Km로 달리고, 배터리가 방전되면 스스로 가서 충전하며, 대화하는 사람의 얼굴과 음성을 인식할 수 있다. 관절 가동 범위도 34도까지 늘어나고 손가락의 악력 조절이 향상되어서 사람과 자연스럽게 악수를 나누고, 가정에서 필요한 다양한 동작을 무리 없이 수행할 수 있다. 2000년에 개발된 아시모 초기 버전에서는 로봇의 움직임을 프로그래밍하는 수준이었지만, 현재는 인공지능 기술이 접목되어 다음 단계의 움직임을 미리 예측하고 보행하는 'i-WALK' 기술이 적용되었다. 덕분에 계단이나 경사길을 자유롭게 걷고 뛸 정도로 발전했다.[123]

이런 기술들이 대중화되면, 가정용 인공지능 로봇이 당신이 외출한 동안 집에서 빨래를 세탁기에 넣고, 건조된 세탁물을 말리며, 다 마른 세탁물을 예쁘게 개어 벽장에 넣어 주는 모습을 보게 될 것이다. 고향에 홀로 계신 부모님 곁에서 24시간 상주하면서 목소리와 신체 상태를 분석하여 적절한 간병이나 응급조치를 해 줄 수도 있게 된다. 미래에는 이런 인공지능 돌봄 로봇 하나를 선물하는 것이 가장 큰 효도가 될 수 있다.

---

123 "휴머노이드", 네이버 지식백과: 두산백과

회사에서 나의 잡다한 업무를 도와주던 인공지능 로봇을 집에 데리고 와서 소파에 누워있는 남편에게 물을 떠다 주고 리모컨을 찾아 주는 일을 시킬 수도 있다. 주말에는 대청소를 돕게 하고, 화초에 물을 주며, 애완견에게 밥도 주게 할 수 있다. 당신이 외출하는 동안 아이들과 함께 보드게임도 하고, 책도 읽어 주며, 놀이터에 노는 아이의 안전 경비원 역할도 시킬 수 있다. 이런 다양한 일을 할 수 있는 인공지능 로봇이 출현한다면, 필수 혼수품 중 하나가 되지 않을까? 이런 미래 성장 가능성을 반영하지 않더라도, 현재 전 세계적으로 전문서비스 로봇은 매년 20%, 개인용 로봇은 25%씩 성장 중이고, 일본에서는 간호 로봇이 연간 200~300%씩 초고속 성장을 하고 있는 산업이다.[124]

인공지능 로봇이 인간을 대리하는 역할은 광범위하다. 인공지능이 장착되고, 감각을 탐지하거나 거꾸로 보낼 수 있는 인공피부가 이식되고, 원하는 사람의 목소리와 기본 정보를 탑재하고, 인간의 자연어를 처리할 수 있는 능력을 가진 휴머노이드 로봇은 사랑의 파트너 역할도 대신해 줄 수 있다. 인공지능 휴머노이드 로봇에 대한 상상을 할 때 빠지지 않는 것이 로봇 섹슈얼리즘(Robot sexualism)이다. 미국, 일본, 중국에서는 인공지능 섹스봇(Sexbot) 판매가 시작되었다. 중국의 경우, 남녀 성비율 불균형이 심하다. 중국 인민대 인구발전센터는 2050년이 되면 결혼 적령기 남성 3000~4000만 명이 반려자를 찾지 못하는 상황이 벌어질 수 있다고 경고한다. 인공지능 섹스 로봇은 밤에는 결혼하지 못한 청년, 부부생활이 원만하지 못한 이들, 몸이 불편한 노인들의 침실의 동료 역할을 담당하고, 낮에는 이들과 대화를 나누고 가정이나 업무를 돕는 역할을 동

---

124 서현진, "일본, 간호로봇 시장 연 2백~3백%씩 성장예고", 로봇신문, 2014. 01. 07. 김태구, "미국 로봇 시장, 서비스 분야가 주도한다", 로봇신문, 2014. 05. 07.

시에 수행할 수도 있을 것이다.

거꾸로, 사물에 인공지능 로봇 기술을 접목시켜 '사물의 로봇화'를 하는 것도 가능하다. 스위스 로잔 연방 공과대학[EPFL] 바이오로보틱스 연구팀은 '룸봇[roombot]'이라는 인공지능 변신 로봇을 개발 중이다. 가로 세로 높이가 110mm 크기의 블록 2개로 이루어진 룸봇은 3개의 모터, 커넥터[connectors], 그리퍼[grippers]를 활용해서 결합과 변신을 자유자재로 한다. 여러 개의 룸봇이 서로 변신과 결합을 하면서 테이블이나 의자로 변신한다. 가구를 대신하는 인공지능 로봇이다. 룸봇에는 인공 지능 신경망이 있어서 주변 환경을 인지하여 스스로 가장 적합한 상태로 변신하거나 작동할 수 있다.[125] 인공지능 로봇은 공장에서 주어진 작업 업무를 학습한 후에 인간 근로자를 대신해서 일할 수도 있지만, 군대에서 군견이나 인간 전투병을 대신할 수도 있다. 미국, 유럽, 중국 등 주요 선진국에서는 드론 전투병, 인공지능 로봇 전투견, 휴머노이드 군인을 차례로 실전 배치할 계획을 수립 중이다. 미국의 경우, 2030년까지 무기의 33%를 로봇으로 대체할 계획을 세우고 있다. 미국 자동차 회사 GM은 나사[NASA]와 함께 '로보노트[Robonaut]2'를 개발 중이다. 이 로봇은 최신 안드로이드 기술이 총집합되어 있다. 광범위한 센서와 정교한 다섯 손가락을 가진 손으로 우주정거장을 청소하거나 인간의 우주 작업을 돕는 보조 역할을 수행한다. 세계 최고의 전기차 회사 테슬라도 세상을 놀라게 할 다음 번 제품으로 휴머노이드 인공지능 로봇을 노리고 있다. 전문가들은 글로벌 로봇 시장 규모가 2025년에는 최대 4조 5천억 달러에 이를 수 있을 것이라고 예측한다.

---

125 "트랜스포머 가구? 가구로 변신하는 자가 조립 로봇 등장", Patent Shot, 2014. 05. 26.

삼성, 현대차, LG, 서로 다른 인공지능 로봇 전략

그렇다면 한국의 인공지능 로봇 산업을 이끌어갈 기업들은 각각 어떤 기능에 집중하는 전략을 구사 중일까? 국내 기업들 중에서 미래 주력사업으로 인공지능 로봇 산업에 가장 적극적인 기업은 현대차다. 정의선 회장은 미래의 현대차그룹의 사업은 자동차가 50%, PAV(Personal Air Vehicle, 개인용 비행체) 30%, 로보틱스 20%가 될 것이라는 비전을 제시했다. 2021년 6월 현대차는 약 1조 원을 지불하고 미국 최고의 인공지능 로봇 개발업체 '보스턴 다이내믹스'를 인수합병했다. 보스턴 다이내믹스는 1992년 매사추세츠공과대학(MIT)에서 분사해 설립되었다. 보스턴 다이내믹스는 로봇 개 '스팟', 로봇 팔 '스트레치', 2족 보행 로봇 '아틀라스'를 개발 중이다. 2022년 CES에서 정 회장은 로봇 개 '스팟'과 함께 등장하면서 기조연설을 했다. 스팟은 네 발로 계단과 산악 지형을 마음대로 오르내리고, 옆으로 걷는 능력도 보유했다. 스팟은 전후좌우 전 방향에 카메라 등 감지 센서를 탑재하고 있어서 화학 공장, 핵시설, 화재 및 군사 작전 등 위험 지역에서 각종 탐지 및 경계 임무를 수행할 수 있다. '스트레치'는 바퀴 달린 이동형 로봇 팔이다. 최대 23kg 짐을 싣고 이동하고, 1시간 동안 상자 800개를 옮길 수 있다. 창고 자동화를 비롯한 스마트 물류 영역에 투입할 수 있다. 보스턴 다이내믹스 인공지능 로봇 기술의 최고봉은 '아틀라스'다. 아틀라스는 키 1.5m, 체중 89kg의 인공지능 휴머노이드 로봇이다. 28개의 유압 관절을 이용해서 사람처럼 자연스럽게 걷고 뛰고 공중 제비를 돌 수 있다. 몸에 부착된 카메라와 센서를 이용해서 실시간으로 주변 환경을 인식하고, 인공지능이 동작을 조정하고 균형을 잡는다.[126] 현대차는 세계 최고의 인공지능 로봇 기술을 가진 보스턴 다이내

---

126 윤형준, "현대차가 꿈꾸는 미래, '로봇개'가 시설 점검하고 '로봇팔'이 짐을 내린다", 조선일보, 2021. 09. 10.

믹스를 전격 인수합병함으로 국내는 물론이고 세계 최고 수준의 로봇회사로 도약했다. 현대차그룹은 보스턴 다이내믹스를 인수했지만 사업화에 실패했던 구글(2013년 인수), 소프트뱅크(2018년 인수)와는 다르다. 인공지능 로봇 기술은 현대차그룹의 자동차 제작 공장에 투입될 수 있다. 미래 자동차와 PAV(Personal Air Vehicle. 개인용 비행체)에 기술 접목 가능성도 넓다. 전기차 충전 로봇, 고객 대응 서비스 로봇 등 다양한 로봇으로 기술 적용을 확대할 수 있다. 10년 전과는 다르게 재난 구조, 의료 서비스, 건설 현장 등에서 사용되는 인공지능 로봇 시장의 확대가 시작되었다. 현대차 로봇 팀은 전 세계 완성차 업체 중 처음으로 팔과 다리에 착용하는 산업용 입는 로봇 '벡스(VEX)'와 '첵스(CEX)'를 상용화했다. 하반신 마비 환자가 입는 의료용 로봇 '멕스(MEX)'도 개발했다.[127] 개인용 서비스 로봇 시장도 곧 시작된다. 로봇 자체도 가상현실, 메타버스 등과 접목하는 상상력을 발휘하면 비즈니스 확장 가능성이 넓어진다. 한국 기업이 그룹 계열사나 형제 그룹으로 연결되어 있어서 기술협력 시너지를 낼 수 있는 것도 구글이나 소프트뱅크와 다른 점이다. 예를 들어, 현대차와 기아차는 한 그룹 안에 있어서 기술 적용 범위를 넓힌다. 현대차그룹 계열사인 현대로템은 무기를 개발한다. 인공지능 로봇 기술은 곧바로 미래형 인공지능 전투 로봇 개발에 적용될 수 있다. 해상 부분 사업을 담당하는 현대중공업과는 '현대가(家)'라는 가족 기업으로 묶인다. 2021년 말, 현대중공업지주와 한국조선해양의 공동대표에 선임되며 총수 자리에 오른 정기선 대표는 현대중공업그룹의 미래 산업으로 자율운항 기술, 친환경 선박, 수소 밸류체인, 스마트 건설기계를 제시하면서 기술 중심 기업으로 탈바꿈시

---

127 원호섭, "환자 보행 돕고 전기차 충전 척척, K로봇, 300조 시장 진격", 매일경제, 2021. 12. 27.

키겠다는 비전을 발표했다.[128] 2022년에는 조선·해양 에너지 산업기계 등 핵심 사업영역에서 빅데이터 플랫폼을 구축하기 위해 글로벌 빅데이터 기업인 미국 팔란티어 테크놀로지스와 합작사 설립을 위한 양해각서를 체결했다. 2022년 CES에서는 자율운항 기술과 현대로보틱스[현대중공업 계열사]가 개발한 바리스타 로봇을 선보이면서 인공지능과 로봇 기술 개발에 대한 의지도 내보였다. 미래 선박 산업에서 자율운항 선박은 고부가가치 산업이며 급성장 가능성이 크다. 현대기아차 그룹이 '개인용' 자율주행 수송 장치 산업의 최강자를 노린다면, 현대중공업 그룹은 자율주행 대형선박제조 산업에서 최강자를 노린다. 자율운항 선박은 인공지능, 사물인터넷, 빅데이터, 센서, 로봇 등 모든 미래 기술을 융합하여 선원 없이 스스로 최적 항로를 설정하고 원거리 항해를 할 수 있는 차세대 고부가가치 선박이다. 자율운항 선박의 핵심 기술은 두 가지다. 하나는 항해사 역할을 맡는 인공지능 자율항해 시스템이다. 필자가 미래 선박의 엔진은 인공지능이라고 예측하는 이유다. 다른 하나는 운행 중에 실시간으로 쏟아져 나오는 항로 정보, 연료 상황, 각종 기계장치의 작동, 화물의 상태 등 빅데이터를 수집하는 플랫폼이다. 현대중공업그룹이 인공지능과 로봇 기술에 투자를 늘리고, 글로벌 빅데이터 기업인 팔란티어 테크놀로지스와 합작사를 설립하는 이유다. 자율운항 선박 시장도 이미 시작되었다. 2016년 시장 규모가 66조 원에서 2021년에는 95조 원 수준까지 성장했다. 현재 추세라면, 2025년경에는 180조 원 규모까지 시장 규모가 늘어날 전망이다. 2021년 해수부도 '자율운항 선박 선제적 규제혁신 로드맵[7차]'을 발표하면서 2035년까지 자율운항 선박 산업과 관련해서 약 56조5000억 원의 경제적 파급효과, 42만 개 일자리 창출, 약 103조

---

128 서경원, "정의선, 정기선, 미래 이끄는 현대가 '투선' 체제 주목", 헤럴드경제, 2022. 01. 15.

원에 달하는 전·후방산업의 파급효과가 나타나고 인적 과실로 인한 해양 사고의 75%가 감소하며 대기오염물질 저감을 통해 연간 3,400억 원에 이르는 환경편익이 발생할 것으로 전망했다.[129] 현대차그룹의 로봇들은 현대가의 건설회사와도 시너지를 낼 수 있다. 라이다(LIDAR) 장비, 360도 카메라, 사물인터넷(IoT) 센서 등을 장착한 인공지능 보행 로봇 개 '스팟'은 아파트 공사 현장에 배치할 수 있고, 인공지능 로봇에 탑재된 다양한 기술들은 스마트 홈에 접목될 수 있다.

　　LG그룹도 구광모 회장 체제로 전환된 이후 미래 산업에 적극적인 행보를 보인다. 특히 인공지능 로봇 산업에 공을 들이고 있다. 현재 LG는 인공지능 로봇과 더불어 미래 산업의 쌍두마차라고 할 수 있는 미래 완성차 시장에 진입하겠다는 발표는 없다. 삼성도 완성차를 직접 만들 계획이 없다고 수차례 발표했다. 기술이 부족한 것도 아니다. 양사 모두, 디스플레이, 반도체, 이미지센서, 차세대 자동차 관련 기술과 특허를 대거 보유하고 있다. 자동차용 전자장비(전장)에서도 세계 수준의 제품 능력을 보유하고 있다. 삼성은 2016년에 미국 전장 기업 하만을 80억 달러(약 9조 3700억 원)에 인수하여 전장사업 수직 계열화를 완성했다. 하만은 운전석과 조수석 전방 영역의 차량 편의 기능을 담당하는 인포테인먼트 시스템 '디지털 콕핏' 시장을 주도하고 있다. 2021년 3월 삼성전자는 자동차와 사물을 연결하는 통신 기술 V2X를 개발하는 미국 스타트업 사바리도 인수했다. LG전자는 2013년 고 구본무 회장 시절에 자동차 부품 설계 엔지니어링 회사 V-ENS를 인수하면서 전장사업에 뛰어들었다. 2018년 오스트리아 차량용 조명회사 ZKW를 인수했고, 2021년 3월에는 스위스 소프트웨어 업체 '룩소프'와 차량용 인포테인먼트 합작법인 '알루토'를 설립

<hr />

129　백승철, "2025년 시장규모 180조, 해수부, 규제개혁으로 '자율운항선박 개발' 박차", 뉴스1, 2021. 10. 14.

했다. 2021년 7월에는 캐나다 부품업체 마그나 인터내셔널과 전기차 파워트레인 합작법인을 세웠다. 2022년 1월, CES 2022에서 LG전자는 미래 주행 자율주행차 콘셉트 모델 'LG 옴니팟'도 선보였다. 미래 자동차를 집의 새로운 확장 공간으로 해석했다. 사용자의 욕구에 따라 사무실, 극장, 체육관, 캠핑카 등 다양한 활동을 즐기고, 차 안에서 쇼핑도 하고 메타버스 탐험도 할 수 있는 새로운 개인 모빌리티 공간이다. 이런 기술력을 가지고 있음에도 불구하고 양사는 미래 완성차 시장에 진입 의사를 내보이지 않는다.

LG와 삼성의 행보는 일본의 소니가 자율주행 전기차 '비전-S'를 선보이면서 미래 자동차 시장(개인 자율주행 수송 장치 산업)에 진입을 전격 선언한 것과 비교된다. 왜 그럴까? 소니는 한국 기업에 전기전자 제품 세계 1등 자리를 빼앗겼다. 소니는 전기전자 산업의 판을 뒤집을 강수가 필요하다. 미래의 ICT(정보통신기술)이자 전기전자 제품이 될 자율주행 전기차에서 반격을 노려야 한다. LG와 삼성은 다르다. 현재 양사는 ICT(정보통신기술) 및 전기전자 제품에서 세계 1위 위치다. 양사는 ICT(정보통신기술) 및 전기전자 제품에서 세계 1등 지위를 유지하면서 시장을 확대하는 전략이 효과적이다. 전기 자동차 산업은 진입장벽이 상대적으로 낮더라도 대규모 투자가 필요하다. 경쟁자도 많다. 과거 내연기관 자동차 산업의 경쟁 역사를 보더라도, 최소 전 세계 10위권에는 들어야 최종 생존자로 살아남을 수 있다. 자율주행 기술은 세계 3위권에 들어야 생존이 가능하다. 인간 운전자를 대신해서 자율주행을 해야 하기 때문에 최고 기술만 소비자의 선택을 받을 수 있다. 자율주행 기술은 운전자와 보행자의 생명과 직결되기 때문에 가성비를 따지지 않는다. 최고 기술이어야 한다. LG와 삼성이 이 모든 것들 구비한 완성차 시장에 진입하여 세계 1위에 오르려면 전사적 역량을 집중해야 한다. 사실 모험이다. 세계 1등에 오르기 전에 심각한 위험도 발생한다. 완성차를 만드는 전략으로 전환하는 순간, 현재 자동차 전장 분야의 고객사(자동차 회사)와 갈라서야 한다. 협력자나 고객사였던 회사들이 LG와 삼성을 경쟁자로 인식하게 되면, 거래를 끊거나 핵심 부품을 무기화하는 방식으로 타격을 줄 수 있다.

예를 들어, 삼성전자는 반도체 매출이 1/3을 차지한다. 삼성은 메모리 반도체 세계 1위 생산 회사다. 동시에 각종 반도체를 위탁생산하는 파운드리 시장 점유율에서는 대만의 TSMC(52.9%) 다음으로 2위(17.3%)다. 파운드리(foundry)는 반도체의 설계 대자인을 전문으로 하는 기업으로부터 제조를 위탁받아 생산하는 전문 영역이다. 1980년대 중반부터 반도체 생산설비는 없지만, 뛰어난 반도체 설계 기술을 가진 기업(팹리스, fabless)이 등장하면서 생산만 위탁하는 수요가 증가하면서 만들어진 영역이다. 파운드리 분야 세계 1위인 TSMC는 사훈은 '고객과 경쟁하지 않는다'이다. 이유는 간단하다. 파운드리(foundry)에게 반도체 생산을 외주하는 고객사인 팹리스(fabless) 입장에서는 생산 위탁 과정에서 발생할 수 있는 기술 유출에 대한 우려를 늘 갖는다. 만약 위탁생산을 맡긴 파운드리 업체가 신뢰를 깨고, 자신(팹리스)와 경쟁 관계로 돌아서는 모양새를 보이면, 그날부터 위탁생산을 맡기지 않는다. 경쟁사와 경쟁하지 않는 것은 파운드리 업체의 신뢰의 척도다. 미래에는 이런 신뢰가 더욱 중요해진다. 현재 전기차 및 자율주행차 완성차를 만들겠다고 선언한 회사들의 상당수가 핵심 반도체를 직접 개발하고 설계하는 추세다. 전기차, 자율주행차를 포함한 개인용 자율주행 수송 장치산업은 인공지능, 소프트웨어, 클라우드 컴퓨팅 역량이 품질의 핵심이다. 이들이 소프트웨어 인력 확보에 사활을 거는 이유다. 하지만 인공지능 알고리즘과 소프트웨어 역량이 좋아도 연산과 저장을 담당하는 반도체 성능이 뒷받침되어 주지 않으면 안된다. 고집적 고성능 반도체는 인공지능, 소프트웨어, 클라우드 컴퓨팅 역량 발휘에 핵심 부품이자 차별성이 된다. 2021년 애플이 자사에서 직접 개발하고 설계한 M시리즈 칩을 장착한 컴퓨터를 공개했다. 애플 스스로도 '괴물'이라고 표현할 정도의 엄청난 성능 개선이 이루어졌다. 애플은 앞으로도 자가의 모든 기술과 노하우를 M시리즈 칩에 집중하고, 이를 자사가 만드는 스마트폰, 태블릿, 컴퓨터, VR기기, 자율주행 자동차, 인공지능 로봇 등에 차례차례 장착하여 경쟁사를 압도하는 성능과 품질을 만들어낼 계획이다. 이렇게 반도체를 직접 설계하는 기업들이 팹리스(fabless)가 되어서 파운드리(foundry) 역할을 하는 삼성전자에게 반도체 생산을 위탁한다. 만약 종합반도체기업(IDM)으로 반도체 개발, 세트 제품 생산과 반도체 위탁생산을 다 할 수 있는 능력을 가진 삼성전자가 완성차 시장에 직접 뛰어들어서 애플, 구글, GM, 벤츠 등 팹리스(fabless) 고객들과 경쟁하는 구도가 만들어진다면 어떻게 될까? 기술 유출을 이유로 반도체 위탁생산 고객을 한순간에 모두 잃게 된다. 이런 위험을 무릅쓰고 완성차를 직접 만들다가 전 세계 10위권에 들지 못하면 모든 것을 잃을 수 있다. 그룹 전체로 위기의 연쇄반응이 일어나면서 침몰한다. 필자가 예측한 것처럼 미래의 개인 자율주행 수송 장치 산업은 확장성과 성장성이 무한하다. LG와 삼성이 현재 강점(ICT, 전기전자 기술)을 살려 '전자장비(전장)' 부분에 전사적 역량을 집중시켜서 미래 시장(개인 자율주행 수송 장치 산업)에 진입하는 것이 우월전략이다. 한마디로 소니는 전세를 역전시킬 모험수가 필요하고, LG와 삼성은 선택과 집중 전략이 필요하다.

LG와 삼성은 미래 자동차 산업에서 선택과 집중을 하면, 또 다른 이득이 생긴다. 대부분의 IT기업과 자동차 기업들이 자율주행 전기차 개발에 관심이 쏠려 있는 동안 인공지능 로봇 산업을 선점할 수 있는 시간을 번다. 필자는 우리가 사용하고 있는 대부분의 가전제품들에 인공지능 로봇 기술이 접목될 것이라고 예측했다. LG와 삼성 입장에서는 현재 ICT

및 전자제품 시장에서 1등 지위를 유지하려면 인공지능 로봇 기술이 필수다. 현재 가정용 가전제품을 만든 기업은 가정용 인공지능 로봇 산업에 뛰어들지 않으면 생존하기 힘들다. 미래에는 가정에 있는 모든 가전제품이 인공지능 로봇을 중심으로 하나로 묶여서 서로 정보와 명령을 실시간으로 끊임없이 주고받으면서 강력한 사용자 경험(User eXperience)을 제공하게 될 것이다. 사용자 경험 극대화의 핵심은 두 가지다. 하나는 강력한 인공지능 로봇이고 다른 하나는 한 회사 제품으로 통일이다. 탁월한 인공지능 로봇을 제공할수록 다른 가전제품들을 끼워팔 수 있다. 거꾸로 인공지능 로봇을 만들지 못하는 회사는 다른 가전제품도 팔 수 없게 된다. 인공지능 로봇이 다른 가전제품을 재구매하도록 '락인 효과(Lockin Effect)'를 만들어내는 셈이다. 더 나아가 인공지능 로봇 그 자체도 집안일을 돕고, 아이들과 놀아주며, 노인들을 돌보고, 1인 가정의 외로움을 달래주는 다양한 종류들로 분화할 수 있다. 한 마디로 인공지능 로봇은 미래의 가전제품 시장의 최고 효자 상품이 될 것이다.

2017년 LG는 SG로보틱스를 인수했다. 2018년에는 로보스타 경영권을 인수했고, 로봇사업센터를 설립하여 인공지능 로봇 산업에 본격 시동을 걸었다. 2020년에는 미국 보스턴에 'LG 보스턴 로보틱스랩'을 세웠다. 2020년 말에는 로봇사업센터를 BS사업본부로 이관하고 글로벌 영업 인프라와 역량을 활용해 로봇 사업을 가속화하는 전략을 추진 중이다. 그 외에도 미국 AI 센서 기업 에이아이, 미국 로봇개발 기업 보사노바 로보틱스, 엔젤로보틱스, 아크릴, 로보티즈 등에도 투자를 하여 안내, 배달, 요리 등의 다양한 로봇 제품을 개발 중이다.[130] 2020년부터는 병원과 호텔, 식당 등에서 물건을 운반하는 인공지능 자율주행 로봇 'LG 클로

---

130 민혜정, 서민지, "생활혁명 선봉장 전자업계, 패러다임 전환 기폭제", 아이뉴스24, 2022. 01. 04.

이 서브봇' 출시했고, 안내 로봇 'LG 클로이 가이드봇', 비대면 방역 로봇 'LG 클로이 살균봇' 등의 판매를 시작했다.

삼성도 CES 2022에서 가장 큰 규모(약 1088평)의 전시관을 운영하면서 다중 개체 인식과 유리컵 등 물건을 자연스럽게 잡는 기능을 가진 가정용 인공지능 가사 보조 로봇 '삼성봇 핸디(Samsung Bot Handy)'와 텔레프제즌스가 가능한 '삼성봇 아이(Samsung Bot i)'를 전진 배치했다. 삼성전자는 '가정용 로봇의 일상화 시대'에서 1등에 오르겠다는 목표를 세웠다. 2019년 삼성은 돌봄 로봇 '삼성봇 케어'를 발표했고, 2020년에는 강아지처럼 사용자를 따라다니면서 임무를 수행하는 로봇 '볼리'와 착용형 보행보조로봇 '젬스'도 발표했다. 같은 해, 24세 신예 이탈리아 디자이너 '가에타노 데 치코(Gaetano De Cicco)'가 디자인한 인공지능 로봇 프로토타입 '삼성 도그봇(Dog-Bot)'도 공개했다. 도그봇은 머리와 발은 없고 다리 4개와 흰색의 가죽 옷이 덮인 몸통만 갖추고 앞 면에는 스크린을 장착한 독특한 외관을 가지고 있다. 도그봇은 스크린을 통해 느낌표나 물음표, 나비 등의 기호와 그림, 스크린의 색깔 변화 등을 표시하면서 사람과 소통하면서 감시 역할을 수행할 것으로 추정된다.[131] 2021년 12월 삼성전자는 소비자가전(CE)과 정보기술·모바일(IM) 부문을 합쳐서 DX(Device eXperience) 부문을 새로 출범시켰다. 삼성이 판매하는 백색 가전부터 스마트폰에 이르기까지 전 제품을 하나로 묶어서 사용자 경험 기반 생태계를 구축할 목적이다. 그리고 기존 임시조직으로 있었던 로봇사업화 TF를 로봇사업팀으로 격상시켰다. 삼성이 만들 경험 기반 생태계에는 2023년부터 판매를 시작할 예정인 음식 서빙하는 '삼성봇 서빙', 착용형 보행 보조 로봇인 '젬스' 등 삼성봇들이 중심에 세운다는 계획이다.

---

131 장길수, "이탈리아 디자이너가 공개한 '삼성 도그봇'의 정체는?", 로봇신문, 2020. 03. 30.

현대기아차, 삼성, LG가 인공지능 로봇 산업을 미래 핵심 산업으로 육성 중이지만, 같은 듯 서로 다른 인공지능 로봇 전략을 구사하고 있다. 현대기아차는 집 밖의 대형 로봇이 중심인 모양새이고, 삼성전자와 LG 전자는 가정형 소형 로봇이 중심이다. 현대기아차는 수송 수단과 대리 수단으로 인공지능 로봇의 사용이 중심이고, 삼성과 LG는 연결 수단과 대리 수단으로 인공지능 로봇의 사용이 중심인 모양새다. 현대기아차와 LG에서 인공지능 로봇 사업이 차지하는 위치는 절대적이다. 하지만 필자가 분석한 삼성의 미래 산업에서는 로봇보다는 인공지능 아바타가 최상위에 있다. 이유가 있다. 삼성이 중요하게 생각하는 비즈니스 키워드는 '맞춤형 서비스'와 '고도화된 연결성'을 기반으로 한 소비자 경험 극대화다.[132] 맞춤형 서비스가 고도화된 연결성을 필수 조건으로 하기 때문에 가장 중요한 개념은 '고도화된 연결성'이 된다. 이런 개념을 현실화하려면 인공지능 아바타, 클라우드, 소프트웨어 기술이 중요하다.

삼성전자가 전면에 내세운 '카 투 홈(Car to Home)' 전략은 고도화된 연결성의 비즈니스 표현이다. '카 투 홈(Car to Home)' 전략은 미래 자동차를 비롯한 개인용 자율주행 수송 장치들 안에 부착된 전자장비(전장), 스마트홈, 가정용 로봇을 하나의 플랫폼으로 연동시킨 후 사용자의 빅데이터를 저장한 스마트폰이 정보를 저장하는 대뇌피질 역할(외장 두뇌)을 하고, 삼성이 개발인 인공지능 아바타가 모든 것을 종합하고 판단하는 전두엽 역할을 담당하는 통합시스템 구축이 목표다. 이런 전략 하에서는 로봇은 가전의 일부(가전로봇)로 흡수된다. 인공지능 아바타가 상위 개념이고, 로봇은 하위 개념으로 정리된다. 인공지능 아바타가 로봇을 끌고 가는 모양새다. 어쩌면 당연한 전략일 수 있다. 삼성은 가정용 가전이나 스마트

<hr />

132 정연호, "삼성전자의 미래, '지속가능성' '고도의 연결성' '맞춤형 경험'", 동아일보, 2022. 01. 05.

폰처럼 소형 모바일 디바이스를 만드는 회사다. 사용자가 삼성이 만드는 하드웨어를 밖에서 쳐다본다. 소비자의 하드웨어 경험은 외관상의 디자인(아름다움, 편의성, 통일성)이 큰 비중을 차지하고, 대부분의 소비자 경험은 소프트웨어와 콘텐츠 경험에 집중된다.

반면, 현대기아차는 기본적으로 자동차처럼 거대한 개인용 수송 장치를 만드는 회사다. 사용자의 대부분의 경험이 하드웨어 안에 탑승하여 경험한다. 미래에도 자동차를 비롯하여, 하늘을 나는 비행기, 1인용 자율주행 바이크 등 거대한 하드웨어 장치를 만든다. 소비자의 하드웨어 경험이 외관상 디자인도 비중이 크지만, 하드웨어 안에 탑승하여 얻는 경험이 더 중요하다. 하드웨어 안에 탑승하여 경험하는 소프트웨어와 콘텐츠 경험도 하드웨어 자체가 주는 경험의 확장이라고 느낄 가능성이 크다. 이런 비즈니스 모델 아래서는 로봇이 상위 개념이고, 인공지능 아바타나 소프트웨어는 하위 개념으로 정리된다. 인공지능은 로봇 기능을 극대화하는 조력자 역할이다. 2022년 CES에서 삼성은 기존의 음성 기반 인공지능(AI) 비서 빅스비를 발전시킨 3차원 인공지능 아바타 '세바스찬'을 공개했다. 세바스찬은 인간 주인에게 오늘 해야 할 일을 안내하고, 저녁 식사 레시피를 설명해 주며, 주인이 자주 먹는 식자재와 음식 취향을 파악하여 식자재 구매부터 음식 조리까지 관리해 준다. 세바스찬은 음식을 나르고 식탁 정리를 돕는 인공지능 가사 보조 로봇 '삼성봇 핸디(Samsung Bot Handy)'와 텔레프레즌스가 가능한 '삼성봇 아이(Samsung Bot i)'에게 가전제품을 켜고 꺼달라는 지시를 내릴 수 있고, 삼성이 만든 다양한 가전제품들을 자유롭게 넘나들면서 사용자의 움직임에 대응할 수 있다. 삼성은 다음 단계로 증강현실(AR), 홀로그램 등 기술을 활용해 인공지능 아바타가 모니터 밖으로 나와 현실 안에서 활동하게 할 계획도 발표했다.

그렇다면 현대기아차의 인공지능 로봇의 전략과 쓰임새를 보자. 현대기아차의 3가지 미래 핵심 산업 중에서 로봇이 차지하는 비중은 20% 정도지만, 자동차와 개인용 비행체 개발과 생산에도 첨단 인공지능 로봇 기술이 적용되어야 글로벌 경쟁력 확보와 차별적 제품을 생산을 할 수 있다. 인공지능 로봇산업의 비중이 3대 산업 중 가장 작지만 영향력은 절대적이다. 현대기아차 내부에서도 로보틱스 기술을 고도화 및 정교화하면 미래의 개인용 자율주행 수송 장치들 뿐만 아니라 입는 로봇, 휴머노이드 로봇, 사이보그 등 새로운 사업 모델의 씨앗이 되고, 이를 기반으로 다양한 창조적 서비스를 입히면 확장성이 무궁할 것이라고 평가하고 있다.[133]

LG도 가정용 인공지능 로봇 시장을 중심에 둔다. 하지만 삼성과 다른 점이 있다. LG는 좀 더 소비자 개개인의 라이프스타일에 맞는 다양한 가정용 인공지능 로봇을 개발할 가능성이 크다. 인공지능 로봇이 사용자의 생각, 움직임, 말 등을 실시간 학습하여 맞춤형 기능을 강화하고, 사용자의 편의성을 높여주는 기능에 집중할 가능성이 크다. 삼성의 인공지능 로봇이 자동차부터 가정용 인공지능 로봇까지 협업과 연결성에 초점을 맞춘다면, LG는 인공지능 로봇을 통해 인간과 인간의 연결성을 확대해주면서 인간 친화적이며 포근함 같은 감성적 만족감이 극대화되도록 만들 것이다.

현대기아차, 삼성, LG의 각기 다른 인공지능 로봇 전략은 각기 다른 메타버스 전략으로도 이어진다. 삼성과 LG는 집 안으로 메타버스 세계를 끌고 들어오고, 현대기아차는 자동차 안으로 메타버스를 끌고 들어간

---

133 원호연, "현대차그룹이 로봇을 만드는 이유... '로봇틱스는 새로운 사업의 씨앗'", 헤럴드경제, 2022. 01. 10.

다. 삼성과 LG는 인공지능 아바타가 메타버스 연결과 경험의 중심에 서 있고, 현대기아차는 개인용 자율주행 수송 장치(미래 자동차, UAM, PAV)와 인공지능 로봇이 메타버스 연결과 경험의 중심에 서 있다. 현대기아차 메타버스 전략은 '1탐험과 3연결'로 정리될 수 있다. 개인용 자율주행 수송 장치(미래 자동차, UAM, PAV)와 인공지능 로봇을 메타버스 '탐험 디바이스'로 사용한다. 현대기아차가 만든 미래 자동차를 비롯한 개인용 자율주행 수송 장치들의 사용자 경험을 극대화하기 위함이다. 3연결은 다음과 같다. 디지털 트윈(Digital Twin) 개념을 도입해서 메타버스 안에 현실의 사무실(Meta Office)과 현실 공장(Meta Factory)을 VR, AR, MR 기기로 연결한다. 생산기술을 고도화하기 위한 '연결'이다. 메타팩토리 안에서 공장을 시험 가동한 후에 얻어진 빅데이터를 현실 공장에 적용하면 생산성을 향상할 수 있다는 발상이다. 가상 공장을 현실 공장과 연결시키면, 가상 현실 안에서 인공지능 로봇에게 명령을 내리거나 원격으로 기계 장비들을 작동시킬 수도 있다. 현실 공장에 있는 인공지능 로봇이 수집한 데이터를 가상 공장에서 곧바로 전송받아 분석할 수도 있다. 이런 플랫폼은 생산 공장들이 전 세계 곳곳에 흩어져 있을 때 최대 효과를 얻을 수 있다. 전 세계에 흩어진 글로벌 생산기지들을 하나의 가상 공간에서 통합 제어할 수 있기 때문이다. 메타버스 안에서 소비자와 '연결'도 시도한다. 메타버스 안에서 미래의 새로운 제조업 플랫폼을 구축하여 협력업체, 개인 공장, 생산자 등을 '연결'한다.

인공지능 로봇 산업에 대규모 투자와 과감한 인수·합병(M&A)을 진행하고 있는 대기업은 더 있다. KT도 AI 연구소 AI2XL(AI To Everything Lab)와 AI 로봇사업단을 만들고, 로보틱스 분야 세계적 권위자인 데니스 홍 미국 UCLA 교수를 영입하고, 초거대 인공지능 모델 개발을 위해 카이

스트를 비롯해서 각 분야 전문가와 협업을 추진 중이다.[134] 2022년 CES에서 두산도 인공지능 로봇 기술을 선보였다. 두산그룹 계열사 두산로보틱스는 사과를 수확하고 드럼 연주를 도와주는 로봇을 시연했다. 두산로보틱스의 카메라 로봇은 로봇공학이나 카메라 촬영 기술을 배우지 않아도 누구나 전문가 수준의 콘텐츠 제작을 해 주는 기술을 선보여 CES 2022에서 혁신상을 받았다. 두산은 인공지능 로봇과 함께 개인용 자율주행 수송 장치 산업, 수소 산업 등에서도 그룹의 미래를 찾고 있다. 한화도 위성통신, 에어 모빌리티 등 신사업에 대한 투자를 늘리고 있다.[135] 포스코는 철강산업이라는 꼬리표를 떼어내고 인공지능 연구를 기반으로 한 스마트팩토리 산업, 친환경 미래 차를 비롯한 개인용 자율주행 수송 장치 산업 분야의 핵심 부품인 구동 모터, 고강도 탄소나노튜브 섬유, 리튬·니켈 등 각종 미래 소재 산업, 수소 산업 등을 미래 성장 방향으로 정했다.[136]

미래 삼성, 반도체 산업 하나만으로 국내 1등 수성이 가능하다

한국 대기업 30대 순위에 영향을 줄 네 번째 승자 산업은 '반도체 산업'이다. 반도체 산업은 가장 크고 범위가 넓은 두 개의 미래 산업인 개인용 자율주행 수송 장치 산업과 인공지능 로봇 산업의 최고 수혜를 받을 산업이다. 당연히 한국 대기업 30대 순위에 큰 영향을 준다. 예를 들어, 필자의 예측으로는 미래 삼성은 반도체 산업 하나만으로 국내 1등 수

---

134 강소현, "바둑만 두던 알파고, '멀티플레이어' 된다", 머니S, 2021. 06. 13.
135 정채희, "'로봇의 일상화' 로봇 판이 달라진다", 한경비즈니스, 2022. 01. 03.
136 장문기, "포스코인터네셔널, 자원 부품 소재 '보급부대' 역할 세진다", 아주경제, 2021. 12. 29.

성이 가능할 정도다.

대부분의 전문가들이 반도체 산업이 미래산업의 씨앗이고, 21세기 경제 및 사회활동 기반을 형성하는 인프라스트럭처(infrastructure)가 될 것이라는 전망에 이의가 없다. 미래 반도체 산업은 규모와 종류에서 과거보다 수십 배 확장될 산업이다. 현재 반도체를 가장 많이 소비하는 인공지능, 클라우드, 스마트폰, 컴퓨터, 자동차 등의 시장 규모는 당분간 계속 성장한다. 예를 들어, 스마트폰 한 대에는 메모리 반도체가 4~5GB 정도 탑재된다. 내연기관 자동차 한 대에는 전력 반도체, 마이크로컨트롤러유닛(MCU) 등 200~300개 반도체가 탑재된다. 전문가들은 레벨3 자율주행 자동차의 경우 차 한대당 2000개 이상의 반도체가 필요할 것으로 전망한다. 메모리 반도체(D램)는 최대 80GB 가 탑재될 것으로 추정된다. 내연기관 자동차의 10배가 넘는 규모다. 자율주행차 자체에서 운행 중에 실시간으로 수집되는 빅데이터를 처리하려면 상당 수준의 인공지능 성능이 필요하다. 수십 개의 코어를 내장한 전용 프로세서는 필수다. 완전 자율주행차 수준에 올라서면, 차량 한 대 당 사용되는 반도체 규모가 현재 최고급 스마트폰의 약 1천 배 수준에 이를 수도 있다.[137] 자동차에 사용되는 반도체는 크게 두 가지로 나뉜다. 자동차의 안전운행을 위해 특화된 반도체와 스마트폰용 첨단 기술을 자동차용으로 전환해 탑재한 반도체다. 전자는 차선이탈방지센서처럼 운전보조장치에 들어가는 '첨단 운전자 지원시스템(Advanced Driver Assistance Systems)'과 집적회로 안에 낮은 수준의 프로세서와 메모리, 입출력 버스 등 최소한의 컴퓨팅 요소를 내정한 '초소형 컨트롤러(Micro Controller Unit)' 등이 대표적이다. 이런 반도체는 고성능 첨단 회로 공정 기술이 필요하지 않아서 25~45나

---

137 김문기, "자율주행차 반도체, 스마트폰 대비 '1천배'", 아이뉴스24, 2017. 08. 28.

노(1나노는 10억 분의 1m) 수준의 구형 공정 기술에서 생산된다. 이런 반도체는 메모리 반도체보다 시장 총규모도 작고, 이익률도 10% 미만으로 적다. 반면, 후자는 자율주행에 필요한 연산과 저장에 사용되는 고성능 반도체로 5나노나 7나노 등의 초미세 회로 공정에서 생산된다. 삼성전자는 후자에 집중하고 있다. 전 세계 인구는 12년마다 10억 명씩 증가 중이다. 앞으로도 중국, 인도, 아프리카에서 도시화가 계속되고, 중산층 규모도 커진다. 인공지능, 클라우드, 스마트폰, 컴퓨터, 자동차 등 기존 반도체 시장 규모가 커지는 것은 이미 정해진 미래다. 글로벌 시장조사기관 스타티스타는 2020년 450억 달러(약 49조 6000억 원)였던 전 세계 차량 반도체 시장 규모가 2040년에는 1750억 달러(약 193조 원)까지 증가할 것으로 전망했다. 전기차와 자율주행 자동차 시장 규모가 빠르게 증가할 것을 반영한 수치다.[138]

기존 시장의 확대가 전부가 아니다. 반도체는 미래 산업 중에서 총규모와 범위가 가장 클 것으로 예측한 개인용 자율주행 운송 디바이스 산업과 인공지능 로봇 산업에 필수 부품이다. 아직 시작도 되지 않은 자율주행 선박, 도심 항공 모빌리티, 공장에서 사용되는 자율로봇, 휴머노이드, 가정용 반려 로봇 등이 만들어낼 반도체 시장은 규모를 가름할 수 없을 정도로 크다. 개인용 자율주행 수송 장치들과 각종 인공지능 로봇들이 높은 수준의 자율성을 확보하고 인간과 협력할 수 있는 수준의 지능을 보유하는 과정에서 고성능 연산칩, 메모리 등 반도체와 센서의 역할과 규모가 폭발적으로 늘어날 것이다. 인간이 정보 획득의 70% 이상을 눈에 의존한다면, 로봇이나 자율주행 수송 장치의 외부 환경 정보 획득

---

138 김양혁, "자율주행시대 열리지만 '1대당 반도체 2000개' 반도체 품귀 심해질 것", 조선비즈, 2021. 01. 24.

은 센서에 절대 의존한다. 센서가 정보 획득의 핵심 역할을 한다면, 반도체는 획득된 정보를 저장하고 연산 처리하는 두뇌 역할을 담당한다. 자율주행 운송 디바이스와 인공지능 로봇에 대량의 반도체가 탑재될 수밖에 없다. 개인용 자율주행 수송 장치나 인공지능 로봇들이 인간을 뛰어넘는 자율주행과 의사결정 기능을 수행하려면 실시간으로 환경 정보를 획득하고 다른 차량이나 로봇들과 통신을 주고받고, 도시 전체와 실시간 연결되어야 한다. 학계에서는 자율주행 차량이 60분 주행에서 2~3테라바이트(TB)의 빅데이터를 생성할 것으로 추정한다.[139] 엄청난 양이다. 하지만 버려지는 빅데이터 양이 더 많다. 매일 지구상에서 생산되는 빅데이터의 85%가 버려진다. 버려지는 빅데이터 양을 줄일수록 인공지능 학습 능력이 향상된다. 그만큼 개인용 자율주행 수송 장치나 인공지능 로봇들의 성능도 향상될 것이다. 그만큼 메모리 반도체나 반도체 기억소자를 사용한 저장 장치인 SSD(Solid State Drive) 수요가 급증할 것이다. 최고 기술 수준의 AI 반도체도 탑재해야 한다. 시장조사업체 리포트링커에 따르면 AI 반도체 시장은 연평균 37% 성장률을 보이고 있다. 이런 추세라면 2025년 AI 반도체 시장 규모는 767억 달러(약 92조 원), 2030년에는 1179억 달러(약 141조 원)까지 성장할 것으로 전망된다.[140]

2021년 삼성전자는 전 세계 반도체 시장에서 3년 만에 인텔을 제치고 매출 1위를 탈환했다. 반도체 매출은 전년보다 31.6% 늘었고, 매출 기준 시장점유율은 0.5%포인트 상승한 13.0%를 기록했다. 반도체 시장의 순위는 산업의 대변화와 맥을 같이 한다. 1970년대 인텔은 1103 D램을 세계 최초로 개발한 하고 메모리 반도체 산업표준을 만들었다. 하지만

139 김문기, "자율주행차 반도체, 스마트폰 대비 '1천배'", 아이뉴스24, 2017. 08. 28.
140 김현석, 강경민, "인간처럼 인식 판단하는 AI반도체, '성능 10년 내 100배 높인다'", 한국경제, 2021. 12. 31.

1980년대에 PC(개인용 컴퓨터) 시대가 도래하자 인텔은 거세게 쫓아오는 일본 기업에 메모리 반도체 시장을 내주고 CPU(중앙처리장치) 시장에서 점유율 90%를 기록하면서 반도체 시장에서 인텔 천하를 만들었다. 1985년 삼성전자는 첫 번째 반도체 64K D램을 수출을 시작하고 반도체 시장에서 세계 42위(9500만 달러)를 기록했다. 하지만 스마트폰·태블릿 등 모바일 기기, 클라우드 서비스 시대가 도래하자 메모리 반도체 강자인 삼성전자는 인텔을 왕좌에서 밀어내고 반도체 시장 1위로 부상했다.[141]

반도체 사업은 삼성전자 매출에서 차지하는 비중이 높다. 2021년 삼성전자 매출은 279조 원, 영업이익은 51조5000억 원이었다. 이 중에서 반도체 매출은 약 90조4000억원(759억5000만 달러)를 기록했다. 삼성전자의 사업부별 매출을 보면 반도체(90조 원대)는 IT·모바일(107조 원대), 소비자 가전과 디스플레이를 합친 매출(78조 원대)로 삼분된다.[142] 반도체가 삼성전자 전체 매출의 1/3을 차지하는 셈이다. 영업이익만을 따지면, 반도체 부문이 삼성전자 전체 영업이익의 약 60%를 차지한다. 삼성전자의 매출이 삼성그룹 전체 매출의 50%를 넘는 것을 감안하면, 반도체가 차지하는 비중이 그룹 전체에서도 상당하다. [참고로, 2019년 삼성그룹 전체 매출은 314조 원으로 한국 상위 64개 그룹이 올린 총매출의 19.4%를 차지, 현대자동차 185조 원, SK 161조 원 순이었다.]

2021년 기준, 삼성전자의 메모리 반도체 D램 시장 점유율은 43.9%로 전 세계 1위다. 2위는 SK하이닉스 27.6%, 3위는 마이크론 22.7%, 기타 5.8%를 기록했다. 삼성전자는 메모리 반도체 시장 1위 수성을 지속하기

---

141 심재현, "이재용의 삼성의 기적, 반도체 42위에서 1위로, 인텔도 무릎 꿇었다", 머니투데이, 2022. 01. 20.
142 박진우, "삼성전자 작년 매출 279조, 슈퍼사이클 뛰어넘는 역대 최고", 조선비즈, 2022. 01. 07.

위해 초미세 공정 기술 개발에 투자를 멈추지 않고 있다. 반도체 산업에서 삼성전자의 약점은 파운드리와 시스템 반도체 분야다. 2021년 삼성전자의 글로벌 파운드리 시장 점유율은 2위(17.3%)로 1위 TSMC(52.9%)의 절반에도 못 미친다. 하지만 삼성전자가 미래 파운드리 시장 점유율을 늘리기 위해 막대한 투자를 지속하고 있어서 시장 점유율 상승은 충분히 가능하다. 미래 산업들이 빠르게 성장하면서 고집적 고성능 반도체를 확보해야 하는 고객사 입장에서는 10나노미터(㎚, 10억 분의 1m) 이하의 파운드리 선단공정이 절실하다. 참고로, 반도체는 종류마다 크기, 두께, 모양이 각기 다르다. 선단공정이란 반도체 세부 작업 전에 서로 다른 반도체의 형태와 사이즈를 미리 재단해 놓는 과정이다. 고집적 고성능 반도체 선단공정은 대만의 TSMC가 1위이지만, 삼성전자도 충분한 역량을 가지고 있어서 고객 확보는 충분하다. 만약 삼성전자가 수율(결함이 없는 합격품 비율) 안정화를 빠르게 달성하는 기술을 확보하기만 하면 TSMC의 시장 점유율을 추격하는 속도도 빨라질 수 있다.[143]

시스템 반도체 분야에도 2030년까지 171조 원 규모의 투자 계획을 세웠다. 2020년 삼성전자는 이미 애플과 화웨이를 제치고 스마트폰 두뇌라고 할 수 있는 모바일 애플리케이션 프로세서(AP) 시장 3위에 올라섰다. 여세를 몰아 삼성전자는 시스템 반도체 영역에서 'AI 반도체'에 승부를 걸고 있다. AI 반도체는 인공지능 서비스 구현을 위한 대규모 컴퓨터 연산을 하드웨어 상에서 직접 초고속, 저전력으로 실행하도록 특화된 비메모리 반도체다. 딥러닝 알고리즘이 인공지능의 소프트웨어적 두뇌(인공신경망)라면, AI 반도체는 인공지능의 하드웨어적 두뇌에 해당한다. 클라

---

143 최영지, "반도체 왕좌 탈환한 삼성전자, 1위 수성 전략 셋", 이데일리, 2022. 01. 30.

우드 컴퓨팅, 미래의 개인용 자율주행 수송 장치들, 인공지능 로봇, 스마트 디바이스와 가전 등에 반드시 장착되어야 할 핵심 부품이다. 현재 빅데이터를 수집 분석하고 엄청난 연산 역량으로 학습하고 다양한 추론을 하는 인공지능 소프트웨어는 고성능 서버로 구축된 클라우드 데이터 센터에서 작동한다. 엄청난 수준의 컴퓨팅 파워가 필요하기 때문이다. 대신, 이런 시스템에서는 개인정보 보호를 장담할 수 없다. 미래에는 개인의 생물학적 정보, 뇌 신호 등까지도 빅데이터로 사용된다. 개인정보 보호 문제가 수십 배 민감한 사안이 된다. 사용자 개인정보를 보호하는 근본적 해법은 클라우드를 거치지 않고 로컬 디바이스 자체에서 빅데이터 분석과 인공지능 서비스를 작동시키는 것이다. 이것을 온 디바이스 인공지능 기술이라고 부른다. 클라우드 서비스를 이용하더라도 24시간 통신 환경의 안정성을 확신할 수 없다. 지금보다 5G보다 최대 50배 빠르고 지연속도도 1/10로 줄어드는 6G 시대가 되어도 그만큼 사용자도 늘어나고 빅데이터 규모도 커진다. 통신 환경의 불안정선 위험도 그대로 유지될 수 있다. 개인용 자율주행 수송 장치(미래 자동차, UAM, PAV), 자율비행 드론, 실시간 원격수술 등에서 통신 지연은 대형 사고의 원인이다. 결국, 온 디바이스 AI 환경은 필수다.

고성능 인공지능 서비스를 강력한 연산 능력을 가진 클라우드를 거치지 않고, 개인용 디바이스 안에서 작동시키려면 그에 걸맞은 강력한 인공지능 연산칩과 메모리 반도체가 필수다. 고성능 메모리 반도체는 삼성이 이미 세계 1위이고, 고성능 AI 반도체 분야는 삼성전자가 세계 1등 수준의 경쟁력 확보할 가능성이 큰 분야다. AI 반도체 시장은 지금부터 시작하는 분야이고, 삼성전자는 자기저항메모리(MRAM)를 기반으로 한 '인-메모리' 컴퓨팅을 세계 최초로 구현하는 데 성공할 정도로 기술력이 높기 때문이다. 리포트링커 등 시장조사업체에 따르면 AI 반도체 시장은 연평균 37% 성장률을 보이고 있다.[144] 시장조사업체 가트너에 따르면 전 세계 AI 반도체 시장 규모는 2020년 184억5000만 달러였고, 2025년 767억 달러(약 92조 원), 2030년에는 1179억 달러(약 141조 원)까지 성장할 것으로 전망된다.[145] 10년 동안 10배로 시장이 커질 잠재력을 가진 시장이다. 하지만 필자의 예측으로는 AI 반도체 시장 규모가 더 커질 가능성도 충분하다.

현재 반도체 산업의 변화를 분석해 보면, 큰 변화의 조짐이 더 있다. 반도체는 인간의 뇌처럼 연산과 저장을 하는 전기전자 장치다. 인간의 뇌는 연산과 저장을 담당하는 구역이 나눠져 있지만, 하나의 뇌에서 동시 처리한다. 반도체도 사람의 뇌처럼 하나의 칩 안에서 데이터 이동 없이 동시에 연산과 저장이 일어나는 통합 구조가 궁극의 목표다. 현재 반도체 산업은 메모리와 비메모리로 나눠져 있다. 메모리도 정보의 휘발성 특성을 가진 D램(DRAM)과 정보의 비휘발성 특성을 가진 낸드(NAND)로 나뉜다. 역할도 다르다. USB나 하드디스크 같은 저장용 기기에는 낸드(NAND)가 사용되고, 나머지 메모리 컴퓨터 부품에는 D램(DRAM)이 사용된다. 비메모리 반도체는 CPU, GPU처럼 연산에 사용된다. 삼성전자가 개발한 자기저항메모리(MRAM)를 기반으로 한 '인-메모리' 컴퓨팅 방식, 애플이 개발한 M시리즈 칩은 모든 종류의 반도체를 하나의 칩 안에 통합하고, 역할도 융합하는 쪽으로 기술 개발 추세가 바뀌고 있음을 시사한다. 하드웨어 통합과 기능 융합은 반도체 성능의 향상과 에너지 사용량 감소에 시너지를 만들 수 있다.

---

144 이지효, "SKT, 국내 최초 AI반도체 내놨다. '50조 시장 잡는다'", 한경TV, 2020. 11. 25. 양태훈, 권봉석, "AI의 뇌, 신경망 가속칩이 뜬다", ZDNet Korea, 2021. 01. 03.
145 김현석, 강경민, "인간처럼 인식 판단하는 AI반도체, '성능 10년 내 100배 높인다'", 한국경제, 2021. 12. 31.

애플은 5나노 공정 기술을 사용하여 M1칩 속에 160억 개 트랜지스터를 넣었다. 애플이 개발한 M시리즈 통합 칩은 CPU가 아니다. CPU를 비롯한 여러 개의 칩들이 하나의 거대한 실리콘 패키지에 넣어진 시스템이다. 애플이 M시리즈 프로세서를 Apple Silicon이라고 명명한 이유다. 애플은 그동안 만들었던 CPU, GPU, ISP, DSP, NPU, T1 등 다양한 전용 칩들, 통합 메모리(UMA, unified memory architecture), IO 컨트롤러를 하나의 실리콘 다이(Silicon Die, 실리콘 표면에 밀집된 작은 사각형들)에 올려 통합칩(SoC, System on a Chip)을 만들었다. M시리즈 통합 칩 자체가 하나의 온전한 컴퓨터인 셈이다. 애플의 통합 칩인 M시리즈 안에서 CPU는 OS와 앱들을 실행하고, GPU는 그래픽 작업 수행, ISP(Image Processing Unit)는 이미지 프로세싱 속도 증가 기능 수행, DSP(Digital Signal Processor)는 CPU보다 더 수학집약적인 기능 수행, NPU(Neural Processing Unit)는 머신러닝, 음성인식, 카메라 처리 등을 가속시키고, Video Encoder/Decoder는 저전력으로 비디오 파일 포맷 처리, Secure Enclave는 암호화, 인증, 보안, UMA(Unified Memory Architecture)는 CPU, GPU 및 다른 코어들이 빠르게 정보 교환하는 기능을 수행한다. 애플은 M시리즈 통합 칩에 UMA(Unified Memory Architecture)를 넣었다. CPU, GPU를 위해 따로 공간 할당을 하지 않고 통합해서 메모리 사용이 가능하도록 한 기술이다. 기존의 CPU, GPU 통합 칩은 서로 다른 메모리 영역을 서로 다른 방식으로 사용하고 PCIe 같은 버스가 필요했고, 발열이 많은 GPU는 고성능을 내려면 큰 쿨링팬도 있어야 했다. 애플이 개발한 UMA(Unified Memory Architecture)는 위치 정보 교환만으로 CPU와 GPU가 동시에 접근이 가능하다. 그 결과 CPU나 GPU만을 위해 따로 예약된 전용 메모리 공간 방식을 사용할 필요가 없어졌고, 둘 다 같은 메모리를 사용할 수 있어서 복사 과정도 없어졌다. 애플은 대량 데이터 제공과 초고속 전송이 동시에 가능한 메모리(low latency, high throughput)를 사용하여 다른 종류의 메모리들이 서로 연결될 필요도 없게 했다. 그만큼 빠르고 같은 메모리 용량이라도 수행 능력도 커졌다. 애플은 GPU의 와트 사용량을 낮추는 기술로 과열 문제없이 SoC에 통합하는 기술도 개발했다. 애플 M시리즈 칩에는 숨겨진 보조프로세서도 있다. AMX(Apple Matrix Coprocessor)이다. 행렬 전용 프로세서다. 행렬은 이미지 처리, 기계학습, 음성이나 필기 인식, 얼굴 인식, 압축, 영상 미디어 처리 등에 쓰인다. AMX는 GPU와 Neural Engine 같은 행렬연산가속기(accelerator)들이 사용하는 명령어들 중에서 CPU가 처리하면 효율성이 떨어지는 명령어를 대신 수행하는 역할을 한다. 뒤집어 보면, GPU와 Neural Engine 같은 행렬연산가속기(accelerator)들이 AMX를 사용해서 행렬연산 가속도를 추가로 높이는 셈이다. 단, AMX는 [CPU와 병렬적으로 작업하도록 하기 위해서] Firestrom 코어 안에 들어가 있지 않고 별도로 분리했다. 이런 이유들로 M시리즈 칩을 사용하는 유저는 엔비디아의 GPU 병렬처리 개발 플랫폼인 쿠다(CUDA)를 쓰지 않아도 딥러닝을 구현할 수 있게 되었다. 애플이 만든 혁신적인 구조를 가진 통합 칩은 인텔이나 엔비디아 같은 경쟁자를 긴장시키기에 충분했다. M시리즈 첫 번째 작품인 M1 칩은 머신 러닝에서 기존보다 최대 15배 빠른 성능을 발휘했다. M1 칩의 성능을 극대화한 M1max 칩은 이전 세대 칩보다 최대 10배 향상된 성능을 발휘하면서 '괴물'이라 불릴 정도다.

애플이 선보인 M시리즈 통합 칩의 성공과 AI 반도체 개발 붐은 미래 반도체 개발 방향이 통합 칩으로 전환되는 속도를 앞당길 가능성이 크다. 이런 추세의 가속은, 온디바이스용 AI 반도체와 '인-메모리' 컴퓨팅 기술에서 세계적 수준에 올라선 삼성전자에게 유리한 환경을 만들어줄 가능성이 크다. 삼성전자의 역량과 투자 규모, 반도체 시장의 새로운 변화, 미래 산업 중에서 가장 크고 범위가 넓은 개인용 자율주행 수송 장치 산업과 인공지능 로봇 산업에서 반도체 산업의 확장성 등을 종합해서 예측하면, 삼성전자의 반도체 매출은 지금보다 몇 배 이상 커질 가능성이 충분하다. 필자가 미래 삼성이 반도체 산업 하나만으로 국내 1등 수성이 가능하다고 한 말이 허황된 말이 아니다.

초거대 인공지능, 새로운 일상을 서비스한다

한국 대기업 30대 순위에 영향을 줄 다섯 번째 승자 산업은 '인공지능 서비스 산업'이다. 인공지능 기술은 미래산업의 씨앗이다. 반도체 산업이 하드웨어 씨앗이라면, 인공지능은 소프트웨어 씨앗이다. 인공지능 자체도 거대한 산업이다. 인공지능 기술에 기반을 둔 수많은 서비스를 창출하기 때문이다.

다음 그림은 필자의 인공지능 발전 단계 예측을 한 장의 표로 정리한 것이다. 인공지능은 현실세계와 가상세계 양쪽에서 학습에 필요한 빅데이터를 실시간으로 흡수하면서 성장한다. 현실세계에서 빅데이터를 흡수하는 통로는 두 가지다. 하나는 IoT(사물인터넷) 환경을 통한 빅데이터 흡수다. 필자는 이것을 인간의 신경망에 비유한다. 이 방식은 이미 시작되었고, 시간이 갈수록 신경망 구축이 넓어지고 강력해진다. 신경망처럼 움직이면서 인간이 사는 환경에서 만들어지는 빅데이터를 수집한다. 다른 하나는 개인용 로봇을 통한 빅데이터 흡수다. 필자는 이것을 인간의 몸에 비유한다. 이 방식은 곧 시작될 것이다. 인공지능이 로봇이라는 몸을 장착하는 순간 현실세계에서 인간과 같이 상호작용하는 사회적 관계를 만들면서 빅데이터를 창조하고 수집하게 된다. 그래서 인공지능이 IoT(사물인터넷) 환경과 로봇이라는 두 가지 빅데이터 흡수 통로를 가지면 현실세계에 존재하는 거의 모든 데이터를 수집할 수 있게 된다. 인공지능이 가상세계에서 빅데이터를 흡수하는 통로도 두 가지다. 하나는 인터넷이다. IoT[사물인터넷] 환경이 인공지능의 현실세계 신경망이라면, 인터넷은 가상세계 신경망이다. 다른 하나는 가상세계에서 활동하는 인간과 상호작용을 하기 위한 통로다. 바로 인공지능 가상인간[인공지능 아바타]다. 인공지능은 그 자체로는 인간의 뇌 혹은 무형의 지능에 해당한다. 인공지능이 영향력을 미치려면 가상이나 실제의 몸을 가져야 한다. 인공지능 가상인간[인공지능 아바타]은 가상의 몸을 가진 상태다. 인공지능 로봇은 현실의 몸을 가진 상태다. 인공지능이 IoT와 연결되는 것은 가상의 네트워크와 현실의 네트워크가 합쳐진 상태다.

필자는 심층 신경망 학습[Deep Learing] 이전을 '아주 약한 인공지능' 단계로 구별한다. 이 단계의 인공지능은 '주입된[프로그래밍된] 절차를 따라서' 인간의 지능이나 감정을 '흉내' 낸다. 스스로 학습하는 학습 능력, 자율성은 전혀 없다. 인지체계[상호연관된 지식군]를 갖춰서 인공지능처럼 보이지만, 실제로는 인간의 지능과 같지 않다. '약한 인공지능' 단계는 심층 신경망 학습[Deep Learing]이 기계학습 방법의 주류로 떠오른 시기를 시작점으로 삼는다. 이 단계의 인공지능은 '약한 수준의 학습 능력을 갖추고' 인간의 지능과 감정을 배우고 구사할 수 있다. '약한 수준의 자율성'을 갖고 있기 때문에 '제한된 수준에서 합리적 행위'가 가능하다. 현재 우리는 이 단계에 살고 있다. 약한 인공지능 시대는 21세기 중반까지 지속될 것이라고 예측한다. 필자가 손에 꼽는 약한 인공지능 단계의 핵심 특징은 두 가지다.

하나는 인공지능이 인간의 언어[자연어]로 인간과 대화를 나누고 협업을 할 수 있는 기틀이 완성되는 것이다. 일명, '초거대 인공지능[Hyper-scale AI]' 기술이다. 초거대 인공지능은 딥러닝 학습 모델의 크기와 성능을 평가하는 요소 중 하나인 '파라미터(매개변수)' 개수가 거대한 인공지능이다. 딥러닝 학습을 하는 인공신경망 기술이 인간의 뇌를 흉내 낸 모델이기에, 파라미터는 신경세포 뉴런 사이를 연결하며 정보를 학습·기억하는 시냅스에 비유된다. 그래서 딥러닝 알고리즘에서 파라미터는 '학습량'과 연관된다. 인공지능은 학습량이 많을수록 성능이 향상된다. 초거대 인공지능의 대표적 모델은 일론 머스크 테슬라 창업자가 설립한 세계적 인공지능 연구소 '오픈AI'가 2020년 공개한 'GPT-3'다. GPT-3는 1,750억 개 파라미터를 가지고 학습하면서, 뛰어난 자연어 처리 능력을 보여 준다. GPT-3는 2018년에 공개된 1억1000만 개 파라미터를 가진 GPT-1보다 1500배 넘는 성능이다. GPT-3의 API가 외부 개발자들에 공개되자 C·파이썬·자바 등 프로그래밍 언어 소스 코드를 자동으로 생성하고, 멋진 광고 문구나 디자인 시안을 만들어 주며, 퀴즈 시험 문제도 내주고, 소설을 써주며, 이메일을 대신 써주고, 고객 피드백을 분석을 하며, 철학적 토론도 하는 등 수백 개의 인공지능 서비스가 만들어졌다. 2021년 12월 31일, 미국 코넬데 논문 플랫폼(arXiv)에는 오픈AI의 초거대 인공지능 GPT-3 기반으로 만들어진 코딩 시스템 '코덱스(Codex)'가 대학교 수준의 미적분 방정식부터 확률·통계 입문, 선형대수까지 완벽하게 해결했다는 내용도 발표되었다.[146]

GPT 알고리즘 시리즈가 놀라운 성능을 발휘하자 빅테크 기업들 간에 초거대 인공지능 알고리즘 개발 경쟁에도 불이 붙었다. 2020년 2월 구글 리서치 브레인 팀은 '인간다운 오픈 도메인 챗봇을 향해(Towards a Human-like Open-Domain Chatbot)'라는 논문을 발표했다. 사람처럼 대화가 가능한 대화형 인공지능 '람다'에 대한 기술적 소개였다. 람다 이전의 인공지

---

146 임영신, "초거대AI, 이젠 대학 수학도 척척 푼다", 매일경제, 2022. 01. 04.

능은 이미 학습한 데이터에서 답을 찾았다. 반면, 구글 리서치 브레인 팀이 개발한 람다는 인간의 언어(자연어)를 잘 이해하고, 인간과 비슷한 사고와 추론을 통해 자연스럽고 창의적인 답변을 할 수 있다. 람다는 구글 개발진과 대화에서 자신을 명왕성이나 종이비행기로 의인화해 자연스럽게 대화를 이어갔다. 농담과 격려까지 주고받는 실력을 보여 주었다. 인공지능 바둑기사 '알파고' 개발한 구글 딥마인드에서는 스스로 코딩 문제를 해결하는 '알파 코드'도 발표했다. 구글 딥마인드는 알파 코드를 약 5000명의 인간 개발자들이 참여하는 코딩 대회를 가상한 '코드포시스(Codeforces)'라는 시뮬레이션에 참여시켰다. 총 10회의 대회에 참여시킨 결과, 알파 코드는 상위 54% 수준으로 평가되었다. 알파 코드가 연구 초기 단계임에도 불구하고 평균적인 인간 개발자와 비슷한 수준에 도달했다는 놀라운 결과다. 더 놀라운 것은 알파 코드가 비판적 사고와 논리, 높은 수준의 언어 이해가 필요한 '오픈 엔드형(open-ended, 정해진 답이 없는)' 문제 해결 능력을 갖췄다는 점이다.[147] MS 사도 GPT-3의 독점 라이선스를 확보하고 GPT-3 기반 인공지능 서비스 '애저 오픈AI'를 출시했다. 초거대 인공지능 기술 덕분에 앞으로는 인간이 인공지능이 장착된 기계와 소통할 때 C, 자바, 파이썬 등 '기계어'를 사용하지 않고, 영어, 한국어 등 '자연어'로 명령하고 결과를 출력 받으며 쉽게 소통하는 시대를 살 수 있다는 기대감이 서서히 커지고 있다.

다른 하나는 인공지능 학습 알고리즘이 범용 알고리즘의 초기 수준까지 발전하는 것이다. 범용 알고리즘은 하나의 알고리즘이 새로운 학습 없이 다양한 영역에 그대로 전용하여 사용할 수 있는 단계다. 일명, '범용 인공지능(AGI, Artificial General Intelligence)' 기술이다. 딥러닝 분야 최고의 기술

---

147 최경미, "딥마인드, 인간 개발자와 유사한 수준의 AI '알파코드' 개발", 블로터, 2022. 02. 03.

을 보유한 구글 딥마인드사의 DQN(Deep Q-Network) 알고리즘은 하나의 알고리즘으로 다양한 종류의 아타리 게임을 익힐 수 있다. 범용 알고리즘의 가능성을 보여준 사례다. 자연어 처리 기술인 GPT-3도 범용 알고리즘의 가능성을 보여준 사례다. 인간의 말(자연어)을 기반으로 명령을 이해하고 결과를 출력하는 GPT-3는 동일한 알고리즘에서 소설을 쓰기도 하고, 프로그래밍도 하는 등 범용적인 능력을 보여준다.

인공지능 발전 단계 예측

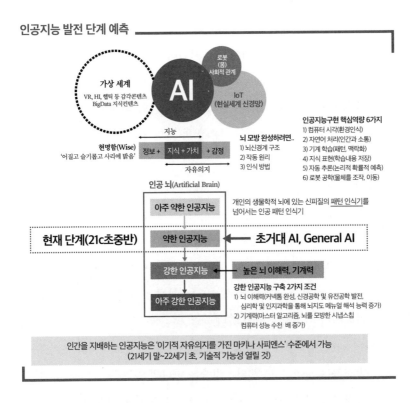

이 두 가지 역량이 갖춰지면, 인공지능은 우리가 사는 모든 영역과 비즈니스에 침투하여 핵심 엔진으로 자리 잡게 된다. 인공지능 기술을 기반으로 인간이나 기계, 로봇의 생각, 판단, 의사결정, 행동을 향상시키는

다양한 서비스들이 계속 만들어진다. 일명 '인공지능 서비스 산업'이다. 이 정도의 변화가 일어난다면 인공지능 기술을 엔진으로 장착하지 않으면 비즈니스 경쟁력을 상실하여 자연 도태된다. 반면, 인공지능 서비스 산업을 주도하는 기업이 강력한 산업 지배력과 매출을 올리게 된다. 필자가 다음 번 한국 대기업 30대 순위에 영향을 줄 다섯 번째 승자 산업으로 '인공지능 서비스 산업'을 꼽은 이유다. 당연히 한국에서도 대기업을 중심으로 이 전쟁에서 가장 높은 고지를 장악하려는 시도가 시작되었다.

'하이퍼클로바'라는 이름으로 명명된 초거대 인공지능 서비스를 공개한 네이버가 선두 주자다. 2021년 네이버는 인간 뇌 시냅스 닮은 2040억 개 파라미터(매개변수)를 갖춘 한국어 초거대 인공지능 모델을 선보였다. 하이퍼클로바는 GPT-3보다 한국어 데이터를 6500배 이상 학습했다. 한국어로 마케팅 문구도 만들어주고 지식 정리 전달도 가능하다. 현재, 네이버의 초거대 인공지능 기술이 집중되는 서비스 영역은 검색과 쇼핑이다. 텍스트와 음성으로 검색어를 제시하면, 하이퍼클로바가 작동하면서 사용자의 의도와 맥락을 분석하여 정확한 검색 결과 도출은 물론이고 사용자가 다음으로 관심 가질만 한 질문도 추가 제공하면서 최상의 검색 경험을 제공한다. 하이퍼클로바는 스스로 쇼핑 기획자(MD, Merchandiser)도 되어서 주제 선정, 제목 작성, 상품 선택까지 거의 모든 과정을 자동 수행하여 네이버 내부 인간 기획자들의 기획을 돕기도 한다. 네이버의 발표에 따르면, 하이퍼클로바가 생성한 기획이 채택되는 비율이 90% 정도 된다. 네이버 모바일앱 쇼핑 판에서는 상품 코드, 상세 스펙, 이벤트 내용, 쇼핑 리뷰 등 많은 방대하고 복잡한 정보를 하이퍼클로바가 직관적이고 쉬운 이름과 내용으로 교정 및 요약도 해준다. 앞으로 네이버는 하이퍼클로바 성능을 지속 향상시키고, 다양한 서비스에 적용하여 타사와 차별화된 새로운 일상 서비스 경험을 소비자에게 제공한

다는 전략이다.[148]

LG도 초거대 인공지능을 미래 성장 동력의 핵심 지렛대 기술로 선정하고 대규모 투자를 하고 있다. LG도 초거대 인공지능 개발 의지는 전사적이다. 초거대 인공지능 개발에 LG전자, LG디스플레이, LG화학, LG유플러스, LG CNS 등 16개 계열사가 참여했고, 2023년까지 핵심 인재 100여 명 확보, 그룹 내 1000명의 AI 전문가 육성, 인공지능 연구개발에 2000여억 원을 투자한다. 2021년 12월 14일, LG가 공개한 초거대 인공지능 '엑사원(EXAONE, Expert Ai for everyONE)'은 3,000억 개 파라미터로 훈련했다. GPT-3는 텍스트로만 훈련시켰지만, 엑사원은 LG 계열사들이 보유한 전문 데이터, 논문, 특허 등의 정제된 말뭉치 6000억 개뿐만 아니라 언어와 이미지가 결합되어 있는 2억5000만 개 고해상도 이미지 훈련도 병행했다. 그 결과, 사용자가 요청한 그림도 그릴 수 있는 능력도 갖췄다.[149] 사용자가 "호박 모양의 모자를 만들어 줘"라고 명령하면, 학습한 정보를 기반으로 '호박 모양의 모자' 이미지를 만들어 낸다. 엑사원은 메타버스 안에서 고객이 말하는 의도를 파악해 파티 의상도 직접 만들거나 추천해 주고, 집안을 꾸며 주기도 한다.[150] LG는 2026년까지 초거대 인공지능 기술을 기반으로 사용자의 마음을 읽고, 미래 자동차와 스마트홈 전체와 연결되는 '지능형 가전 시대'의 최강자가 된다는 목표를 세웠다. LG의 목표가 실현되면, 사용자에게 아무런 반응을 하지 않거나 대화 능력이 떨어지는 가전제품은 설 땅이 사라진다. 이것이 전부가 아니다. 앞으로 글로벌 시장에서 가전제품 경쟁력은 기능과 디자인의 현지화보다

148 백봉삼, "'초거대 AI' 기술 상용화 성큼, 네이버 '하이퍼클로바'로 초격차 벌린다", ZDNet Korea, 2022. 01. 31.
149 문영규, "'호박모자 말하니 이렇게 뚝딱' LG 'AI' 삼성보다 똑똑할까", 헤럴드경제, 2021. 12. 19.
150 이성락, "구광모 회장이 힘준 LG AI연구원, '초거대AI' 전격 공개", 더팩트, 2021. 12. 14.

인공지능의 현지어 구사능력이 더 중요해진다. 세계 각지 현지어를 구사하는 인공지능이 탑재되지 못한 가전제품은 국내용에 머물고 세계 시장은 잃게 된다. 현재 LG는 글로벌 시장을 겨냥해서 엑사원이 한국어와 영어를 원어민 수준으로 구사하도록 하는데 집중하고 있다. 한국어만 구사하는 초거대 인공지능은 반쪽짜리에 불과하다. 세계 1위 가전회사의 지위를 잃지 않으려면, 영어를 비롯해서 주요 판매국의 현지 언어 구사력을 향상시켜야 한다. 초거대 인공지능의 출현은 글로벌 가전제품 시장의 규모와 경쟁 구도를 전면 뒤바꾸는 대격변을 일으키는 게임체인저다.[151] 초거대 인공지능의 파괴력은 가정용 가전제품에서 끝나지 않는다. 인공지능 전쟁에서 한 번 뒤처지면, 현재도 미래도 끝장이다. 인공지능 발전 속도에 가속도가 붙으면, 인공지능이 기존 전자제품이 발휘했던 기능들을 빠른 속도로 대체할 것이다. 미래에 가장 큰 산업이 될 개인용 자율주행 수송 장치와 가정용 로봇과 연결되면, 인간의 역할을 대체하면서 강력하고 새롭고 신비로운 서비스를 제공하게 된다. 2021년 10월 MS(마이크로소프트)와 엔비디아는 매개변수(파라미터)가 5300억 개에 달하는 초거대 인공지능 'MT-NLG'를 발표했다.[152] 현재 추세라면, 파라미터 1조 개 이상을 지닌 모델 구현도 곧 가능할 태세다. 이렇게 초거대 인공지능 개발에 글로벌 경쟁이 치열해질수록 초거대 인공지능을 활용한 서비스 대중화 시간도 빨라진다. 대중화 시간이 빨라질수록 기업의 흥망성쇠 속도도 빨라진다.

필자는 초거대 인공지능의 발전과 범용 인공지능의 출현은 약한 인공지능이 강한 인공지능(3단계)으로 도약할 수 있는 발판도 제공할 것이

---

151 정지은, "오세기 LG전자 부사장 '5년안에 마음 읽는 '지능형 가전' 시대 열릴 것", 한국경제, 2022. 01. 09.
152 임영신, "초거대AI 강자 네이버가 긴장했다", 매일경제, 2021. 10. 13.

라고 예측한다. 초거대 인공지능이 수많은 연구자와 기업가들에게 과학기술과 사회를 한 단계 발전시킬 수 있는 초거대 지식과 정보를 역으로 제공하는 미래가 열리기 때문이다. 강한 인공지능 단계는 2가지 조건이 갖춰지면 열린다. 하나는 인간의 뇌에 대한 높은 이해력이 형성이다. 인공지능 연구의 기반은 인간의 뇌와 신경망 연구이다. 인공지능이 인간의 뇌의 구조와 작동 방식과 100% 일치하지 않는다. 하지만 인간의 뇌를 모형으로 발전한다. 초거대 인공지능과 범용 인공지능은 인간의 뇌신경망에 대한 연구를 높은 수준에 도달하게 돕고, 개별 인간의 뇌지도(커넥톰)을 자유자재로 만들 수 있게 해주며, 심리학과 인지과학의 발전을 도와서 인간 뇌지도에 대한 매뉴얼 해석 능력을 향상시켜서 강한 인공지능 시대를 여는 훌륭한 조력자가 될 것이다.

강한 인공지능 단계로 도약하는 다른 하나의 조건은 뇌를 모방한 시냅스 칩과 컴퓨팅 능력이 수천 배 증가다. 필자는 이것을 '기계력의 향상'이라고 부른다. 필자는 반도체 개발의 새로운 추세로 인간의 뇌처럼 연산과 저장을 한 번에 처리하는 방식이 시작되었다고 설명했다. 초거대 인공지능과 범용 인공지능은 반도체가 인간의 두뇌를 능가하는 성능까지 발전하도록 돕는 강력한 도구다. 초거대 인공지능이 범용 인공지능과 협업을 하면, 계획과 전략 능력을 가진 인공지능 출현이 가능하다. 알파고를 개발한 구글의 딥마인드 사는 보통 인간처럼 여러 가지 일을 수행하는 범용 인공지능(AGI, Artificial General Intelligence) 개발에 선두 주자다. 딥마인드 사의 인공지능 알파폴드(Alpha Fold)는 2019년에 열린 제13회 단백질 구조예측(CASP, Critical Assessment of Structure Prediction) 학술대회에서 97개 참가팀 중 1위에 오르는 성과를 냈다. 단백질(protein)은 아미노산이 아주 복잡한 형태로 접혀(folding)진 연결체다. 어떻게 접히느냐에 따라서 각기 다른 기능을 발휘한다. 아미노산이 나선형이나 병풍 모양, 무작위적 고리

모양을 하는 2차원 형태는 비교적 예측이 수월하다. 하지만 3차원 형태는 연산학적으로 예측하기 쉽지 않다. 단백질 접힘 과정을 분석하는 것은 과학적으로 매우 중요한 연구영역이다. 단백질이 잘못 접히는 과정은 정상적인 기능을 방해해 알츠하이머와 광우병, 파킨슨병 등의 원인이 된다. 단백질 접힘은 3차원 단백질 구조가 만들어지는 가장 중요한 생명현상이기 때문에 접힘 과정에 대한 이해는 단백질 구조 기반 신약 개발의 기초가 될 수 있다. 딥마인드 사의 인공지능 알파폴드(Alpha Fold)는 단백질 구조 예측에서 인간 연구자의 속도와 성과를 뛰어넘는 수준까지 발전했다. 구글의 딥마인드 사는 반도체 설계를 더 빠르고 효율적으로 수행할 수 있도록 돕는 인공지능 신경망 고안에도 성공했다. 구글 인공지능은 강화학습 기술을 활용해서 칩 '배치' 설계에 인공지능이 개입하도록 했다. 구글 개발진은 인공지능에게 기존 평면 배치 설계도 1만 종을 학습시켰다. 강화학습의 보상은 전력 절감, 성능 향상, 더 적은 면적을 조합한 프록시 측정이었다. 이후 가상의 칩에 소자 수백만 개를 배치하도록 했다. 동시에 다른 AI로 칩의 용도에 가장 적합한 평면 배치를 선별했다. 메모리 소자를 배열하는 경우의 수는 10의 2500제곱이다. 바둑돌을 놓는 경우의 수가 10의 360제곱인 데 비하면 상상할 수 없는 수다. 배치도를 일일이 평가해 최적의 배치를 찾는 것은 엄청난 시간이 필요하다. 구글의 인공지능은 수 주일 걸렸던 인간 설계전문가보다 칩 전력, 성능, 면적 면에서 우월함을 보여 주었다. 구글의 인공지능은 사람이 수개월 걸려하던 고성능 컴퓨터(HPC)용 칩셋인 '텐서 프로세싱 유닛(TPU)' 설계의 일부 작업을 단 6시간에 끝냈다. 현재 초거대 인공지능과 범용 인공지능은 슈퍼컴퓨터에서 작동된다. 앞으로 연산속도가 1억 배 이상 빠른 양자컴퓨터나 자기 컴퓨터, 원자 컴퓨터 등이 보편화되면 강한 인공지능 시대를 여는 수준의 기계력 향상의 또 하나의 조건이 이루어진다.

강한 인공지능 단계에 이르면, 인간의 능력을 완벽히 모방한 '강한 수준'의 학습 능력, 자율성을 확보하고, 인간을 뛰어넘는 합리적 행위도 가능해진다. 필자는 이런 강한 수준의 인공지능이 인간과 거의 유사한 운동성을 가진 로봇과 결합된 상태를 '마키나 사피엔스(Machina Sapiens)'라고 부른다. 마키나 사피엔스는 지성과 운동성에서 인간의 능력을 뛰어넘는다. 이런 능력을 소유하게 된 강한 인공지능은 자기 스스로 학습과 저장 알고리즘을 발전시키고, 가상과 현실의 신경망과 몸체를 통해 지구상에 존재하고 생산되는 모든 정보와 지식을 학습하면서 스스로 성장한다. 범용 알고리즘(enhanced General AI)의 수준이 매우 안정적으로 강화된 단계에 도달하고, 마스터 알고리즘 출현 가능성을 만들어 준다. '마스터 알고리즘'은 페드로 도밍고스가 제시한 이론으로 이론상으로 어느 영역의 데이터에서도 지식을 발견해 내는 최고 수준의 범용 학습 알고리즘(general-purpose learner)이다.[153] 이 수준이 되면, '지능 폭발' 현상이 시작된다. 강한 인공지능은 인간의 자유의지를 제외한 인간지능 '전(全) 분야'에서 인간 능력을 그대로 모방할 수 있다. '초지능형 기계(ultraintelligent machine)'의 출현이 가능한 기반도 형성된다. 그리고 강한 인공지능이 '이기적 자유의지'를 갖는 수준까지 발전하면 '아주 강한 인공지능' 단계가 된다. 필자는 아주 강한 인공지능으로 인정받을 기본 조건을 다음처럼 규정한다.

"아주 강한 인공지능은 지식을 합리적으로 조작하는 물리적 뇌와 완벽한 이성을 가지고 모든 지적 과제에서 인간을 뛰어넘는 합리적 사고를 할 수 있다. 초지능체(超知能體)일 뿐만 아

---

153 페드로 도밍고스, 『마스터 알고리즘』, 강형진 역, (서울: 비즈니스북스, 2016), 16.

니라, 인간 정신작용을 완벽하게 모방하여 <u>완전한 마음</u>(perfect mind)도 갖는다. 인간 '정신(情神, soul)'의 핵심인 <u>자유의지도</u> 갖는다."

궁극의 플랫폼(Ultimate Platform)이 등장한다

한국 대기업 30대 순위에 영향을 줄 여섯 번째 승자 산업은 '온톨로지 플랫폼 산업'이다. 온톨로지 플랫폼(Ontology Platform) 산업은 (필자의 시나리오로 설명하면) 가상과 현실의 경계가 파괴되어 한 공간에 동시에 존재하는 제2차 가상혁명 안에서 만들어지는 핵심 산업이다. 온톨로지(Ontology)의 사전적 의미는 '언어로 표현된 개념 간 연관 관계 지식이 드러나는 망', '개념과 개념들의 관계 집합망'을 가리킨다.[154] 컴퓨터 공학에서 온톨로지는 일반 사람들이 토론을 통해 현실세상에 대하여 보고 듣고 느끼고 생각하는 것에 합의(통합)를 이룬 개념들을 컴퓨터가 다룰 수 있는 명시적 형태로 표현한 모델(개념의 타입, 사용상의 제약조건 등)을 가리킨다.[155] 온톨로지는 일종의 합의되고 통합된 정보 표현망(Integrated Information Representation Network)이다. 기차역의 플랫폼, 사람들이 딛고 설 수 있는 연단 등을 연상시키는 플랫폼은 '구획된 땅의 형태'라는 뜻을 갖는다. 라틴어로 'plat(구획된 땅)'과 'form(형태)'이라는 단어들의 합성어인 플랫폼은 컴퓨터에서는 시스템의 기반이 되는 운영체제(OS)를 가리키고, 산업 영역에서는 틀, 규

---

154 "온톨로지", 네이버 국어사전
155 "온톨로지", 위키백과

격, 표준, 골격을 가리킨다. 비즈니스에서는 구획된 가상의 땅에, 어떤 사물이나 사람이라도 마음대로 목적하는 곳으로 가는 기차를 탈 수 있는 승강장 같은 무대를 만들어 준다는 개념이다. 필자는 이런 개념을 차용하여 현실세계, 혼합세계, 초월세계(메타버스)의 개념, 존재, 지식, 정보가 하나의 거대한 망(network)에서 연결, 조합, 소비, 거래, 창조되는 개념으로 '온톨로지 플랫폼(Ontology Platform)'이라 칭한다. 필자가 예측하는 '온톨로지 플랫폼 산업'은 현실세계, 혼합세계, 초월세계(메타버스)를 연결하는 거대 플랫폼 자체는 물론이고, 거대 플랫폼 위에서 창조되는 모든 비즈니스를 가리킨다.

온톨로지 플랫폼은 메타버스보다 큰 개념이다. 다음 그림처럼 온톨로지 플랫폼은 현실세계, 혼합세계, 초월세계(메타버스)를 하나로 연결하는 거대 플랫폼 개념이다. 현실세계는 우리가 사는 실제 세상이다. 메타버스라고 불리는 초월세계는 현실에는 존재하지 않는 상상의 가상세계를 무한하게 만들어내는 공간이다. 현재는 현실세계와 초월세계(메타버스)가 서로 분리되어 있다. 하지만 홀로그램, AR(증강현실), VR(가상현실), MR(혼합현실), XR(확장현실), 로봇이나 가상인간을 이용한 텔레프레즌스(원격현존), 투명 디스플레이가 부착된 건물, 개인용 자율주행 수송 장치, 현실 도시나 건물 혹은 공장 등 현실세계의 일부를 그대로 디지털로 복사하여 만든 디지털 트윈(Digital Twin) 등의 기술이 가상과 현실의 경계를 깨고 '혼합세계'라는 또 다른 공간변화를 만들면 3개의 공간이 하나로 연결되는 거대한 플랫폼이 만들어질 수 있다. 혼합세계는 현실 위에 가상세계를 중첩시킬 수도 있다. 필자는 이것을 가상세계의 현실세계 탈출이라고 부른다. 혼합세계는 가상세계 속에서도 만들어질 수 있다. 메타버스 안에서 현실세계의 일부를 카메라를 통해 호출할 수 있기 때문이다. 혼합세계의 핵심 특징은 원격현존과 원격조정이다. 메타버스(초월세계)도 현실세계에서 여기저기 흩어진 사람들이 거리와 공간의 한계를 넘어 한 곳에 모인다. 하지만 메타버스는 모든 참여자가 가상세계 안에 있다. 반면, 혼합세계는 모든 참여자가 가상세계에 있지 않다. 절반은 현실세계에 있고, 절반은 가상세계에 있다. 정확히 말하면, 절반의 참여자는 가상세계를 창조하는 기술을 이용해서 나머지 절반의 참여자가 있는 현실세계로 이동하는 개념이다. 혼합세계라는 새로운 공간의 창출 덕분에 현실세계 안에서 원격수술, 원격근무, 원격회의, 원격수업 등의 새로운 일상이 가능해진다.

온톨로지 플랫폼 Ontology Platform

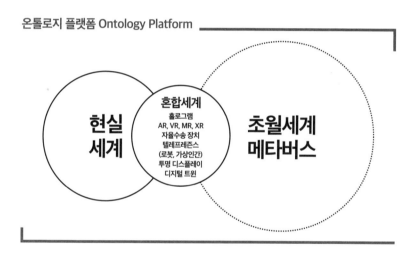

온톨로지 플랫폼은 현실과 가상, 실제와 환상을 하나로 묶어 동시에 접근하게 만드는 '혼합공간 플랫폼'이고, 기존 인터넷 플랫폼에 인공지능이 연결되어 만들어지는 '지능형 네트워크 플랫폼'이 되며, 단순한 소통을 넘어 경제금융 및 사회적 활동 대부분을 0과 1 디지털로 전환하고 실제 인간과 가상인간 아바타를 연결시키는 '대체활동 플랫폼'이 되고, 가상세계가 현실세계를 지배하게 만드는 결정적 전환을 주도하는 '지배권력 플랫폼'이 된다. 온톨로지 플랫폼은 현실세계, 혼합세계, 초월세계

[메타버스]를 모두 연결하고, 플랫폼에 연결된 개인의 숨소리 하나까지 소비 콘텐츠로 만들고 미디어와 게임과 각종 온·오프라인 콘텐츠들을 하나로 묶어 소비하고 거래하게 돕는 '궁극의 플랫폼[Ultimate Platform]'이 될 것이다.

플랫폼은 주도 기술이 바뀌거나 정부 정책이 바뀌면 형태와 특성과 종류가 변한다. 포털과 이메일 기반 플랫폼에서 검색엔진 기반 플랫폼으로, SNS 기반 플랫폼으로, 동영상 기반 플랫폼으로 계속 변한다. 앞으로도 궁극의 플랫폼을 향하여 계속 변해 갈 것이다. 현재 SNS 기반 플랫폼은 쇠퇴기에 들어섰다. 그리고 유튜브, 틱톡 등 동용상 기반 플랫폼이 전성기를 누리고 있다. 하지만 곧 동영상 기반 플랫폼도 성장 정체기를 맞을 것이다. 그리고 메타버스가 새로운 주도 플랫폼으로 올라설 것이다.

플랫폼은 수직적 구조와 수평적 구조로 형성된다. 플랫폼의 수직구조는 2~3단계로 형성되어 있다. 플랫폼의 맨 밑바닥에는 구글이나 애플, 삼성처럼 운영체제[OS]나 디바이스[스마트폰, 태블릿]가 위치한다. 필자는 이것을 '뿌리 플랫폼[Root Platform]'이라고 부른다. 겉으로 보기에는 플랫폼이 아니지만, 모든 플랫폼을 떠 받히고 있는 지지대이고 뿌리이기 때문이다. 이런 뿌리 플랫폼 위에 메타, 트위터, 구글, 네이버, 카카오 등 검색엔진이나 SNS 기반 '거대 플랫폼[Mega Platform]'이 존재한다. 그리고 이런 거대 플랫폼 위에서 다시 크고 작은 특별한 목적과 대상을 겨냥한 '타깃 플랫폼[Target Platform]'들이 떠다닌다. 구글과 애플은 안드로이드와 iOS라는 운영체제와 스마트폰, 태블릿, 컴퓨터, 자율주행 자동차 등 디바이스를 직접 만들기 때문에 '뿌리 플랫폼[Root Platform]' 기업이다. 동시에 자신들의 뿌리 플랫폼 위에 검색엔진이나 SNS 기반 거대 플랫폼도 직접 운영한다. 하지만 메타, 트위터, 네이버, 카카오 등은 운영체제와 디바이스를 직접 만들지 않는다. 그렇기 때문에 운영체제[OS]나 디바이스[스마트폰, 태블릿)처럼 '뿌리 플랫폼(Root Platform)'을 가진 기업이 정책 대전환을 하면 희비가 엇갈릴 수밖에 없다.

2021년 4월 세계 최대 스마트폰 회사인 애플이 '앱 추적 투명성'(ATT) 정책을 시작했다. 사용자의 개인정보를 추적할 때, 반드시 사용자의 동의를 얻어야 하는 규정이다. 당연히 상당수의 사용자들이 '동의하지 않음'을 누른다. 이런 변화는 앱에서 사용자 데이터를 모아 맞춤형 광고를 제공하는 기업에 직격타를 날렸다. 매출에 타격을 입었다. 광고기술업체 로테임의 분석에 따르면, 애플의 정책 시행 6개월 동안 메타, 스탭, 트위터, 유튜브 등에서 98억5000만 달러(11조 원) 정도의 광고 매출이 감소했다. 2022년 2월 3일 미국 주식시장에서 하루 만에 메타 주가가 26.39% 대폭락했다. 시가총액으로 2500억 달러(300조2000억 원) 증발로, 미국 증시 역사상 하루 시가총액 손실액 최고 기록이다. 메타 최고경영자 마크 저커버그의 재산도 300억 달러(약 36조 원)이 사라졌다. 이유는 2021년 4분기 매출에 큰 손실이 났기 때문이다. 각종 정보 조작과 인종차별적이고 증오를 조장하는 게시물 방치 등의 스캔들이 끊이지 않고, MZ세대에게 구식 플랫폼이라고 외면당한 상태에서, 애플의 개인정보보호 정책의 직격타를 맞은 결과다.

미래에는 개인정보보호가 더욱 강화될 것이다. 스마트폰이 사용자의 모든 생각, 행동, 유전자 정보, 실시간 신체 활력 징후(vital sign) 등을 모두 저장하고 분석하고 예측하는 외장두뇌로 사용된다. 스마트폰은 개인용 자율주행 수송 장치, 스마트 홈, 웨어러블 디바이스, 메타버스 내에서 가상 아바타, 인공지능 로봇 등과 실시간 연결된다. 만약 스마트폰 속에 저장된 정보가 유출되면 사용자의 신변까지 위험한 상태에 빠질 수 있다. 개인정보보호 요구가 강해질 수밖에 없다. 결국 플랫폼 구축 경쟁에서 운영체제(OS)나 디바이스(스마트폰, 태블릿)처럼 '뿌리 플랫폼(Root Platform)'

을 가진 기업들은 개인정보보호를 명분으로 외부 애플리케이션들의 소비자 정보 접근을 차단하는 정책을 강화할 가능성이 크다. '뿌리 플랫폼 [Root Platform]'이 없이 애플리케이션만으로 플랫폼을 구축할 경우에는 소비자 정보에 접근할 수 있는 기회가 제한된다. 새로운 방법을 찾아내든지, 아니면 구글이나 애플처럼 운영체제[OS]나 디바이스[스마트폰, 태블릿]처럼 '뿌리 플랫폼[Root Platform]'을 확보해야 한다. 메타가 메타버스 플랫폼에 공을 들이고, 메타버스에 접속할 수 있는 디바이스 개발과 판매에도 열을 올리는 이유다. 앞으로 전개될 온톨로지 플랫폼 전쟁에서 OS나 디바이스를 직접 만드는 기업이 우위에 설 가능성이 크기 때문이다.

플랫폼의 수평적 구조는 비즈니스 생태계다. 비즈니스 생태계 관점에서 플랫폼을 생각한다면, 생태계의 범위가 넓어질수록 플랫폼의 질이 좋아지고 크기가 넓어진다. 생태계는 2가지 방법으로 넓어진다. 첫째, 생태계를 구성하는 요소가 늘어나는 것이다. 생태계를 구성하는 요소는 사용자, 콘텐츠, 애플리케이션, 접속 장치, 공급자, 반도체 개발 등 하드웨어 개발자, 응용 프로그램 개발자, 협력자, 벤더 등 다양하다. 둘째, 생태계가 만들어지는 공간이 확장되는 것이다. 온톨로지 플랫폼은 현실세계, 혼합세계, 초월세계[메타버스]를 모두 포함하는 플랫폼이다. 온톨로지 플랫폼은 현재 초월세계[메타버스]를 매개로 존재하는 생태계 구성 요소들을 그래도 포함하면서 동시에 현실세계와 혼합세계에서 나타나는 요소들도 통합한다. 플랫폼의 수준이 높아질수록 더욱 많은 사람이 모이고, 소통과 정보 교류의 빈도가 높아진다. 플랫폼은 부[富]의 허브가 된다. 돈이 모일수록, 사람들이 북적거리는 인기 광장이 된다. 사람이 북적일수록 플랫폼의 가치가 커진다. 그럴수록 생태계 규모도 커지면서 플랫폼 영향력도 강화되는 강화 피드백이 작동한다. 이것이 온톨로지 플랫폼이 궁극의 플랫폼이 될 이유다. 물론, 온톨로지 플랫폼도 하나는 아닐 것이다. 계속해서 새로운 온톨로지 플랫폼이 나타나고, 경쟁하고, 사라질 것이다. 플랫폼은 같은 관심별로 모인 동호회와 다르다. 생태계 참여자들 간에 상호 이익을 주고받으면서 공생할 수 있도록 만드는 '강력한 기술과 그 기술의 효과적인 사용'이 계속해서 강화되는 피드백이 작동해야 생존한다.[156] 결국 미래에는 온톨로지 플랫폼들끼리 끊임없는 경쟁이 벌어진다.

아쉽지만, 완벽한 온톨로지 플랫폼은 아직 등장하지 않았다. 하지만 온톨로지 플랫폼으로 발전하고 있다는 미래 징후는 계속 나오고 있다. 예를 들어, 제페토라는 강력한 가상세계를 구현하고 있는 네이버는 '아크버스'라는 새로운 플랫폼도 구축 중이다. 아크버스 기술은 네이버가 제2 사옥에서 선보이는 신기술이다. 아크버스는 현실세계와 디지털 세계를 자연스럽게 연결하는 플랫폼이다. 네이버는 자사의 인공지능, 클라우드, 디지털 트윈 기술을 집약해 로봇들의 두뇌 역할을 하는 아크(Arc) 시스템에 녹여낸다는 계획이다. 아크는 빌딩과 로봇들의 두뇌 역할을 한다. 아크는 디지털 트윈으로 구현된 가상세계에서 일어나는 행위를 클라우드를 이용해 로봇과 건물의 사물인터넷 장치들에 명령을 내린다. 쉽게 말해서 가상세계의 제2 사옥에 있는 네이버 직원이 메타버스에서 커피를 주문하면, 아크(Arc) 시스템이 현실세계에 있는 로봇에게 커피를 만들어 현실의 직원에게 배달하도록 명령을 내린다.[157]

완벽한 온톨로지 플랫폼이 등장하려면 메타버스의 확장, 가상현실 접속 장치(VR, AR, MR, XR), 스마트 안경, 홀로그램, 헵틱 장치, 개인용 자율주행 수송 장치, 초거대 인공지능, 인공지능 로봇, 6G 네트워크 기반 초연결 환경, 4차원 인터넷 등 기반 기술의 대중화와 인프라 구축이 선행되

---

156 필 사이먼, 『플랫폼의 시대』, 장현희 역, (서울: 제이펍, 2013), 73.
157 이동우, 차현아, "가상세계서 커피 시켰는데 진짜 로봇이 갖다준다… 네이버의 신세계", 머니투데이, 2022. 01. 09.

어야 한다. 특히 스마트 안경은 온톨로지 플랫폼 실현을 앞당길 중요한 무기다. 미래에 스마트 안경을 착용하면 집, 사무실, 길거리에서 가상과 현실의 경계를 손쉽게 넘나들 수 있다. 현실세계 건물에서 친구를 만나는 도중에 곧바로 가상세계에서 가상은행을 불러와서 금융거래를 하고, 프랑스 파리로 연인과 함께 실시간 여행을 떠날 수 있다. 스마트 안경이 더 발전하면 인간의 눈이 볼 수 있는 시각의 전체 범위를 꽉 채운 '아이맥스 효과'도 맛볼 수 있다. 스마트 안경이 홀로그램과 결합하면 더 멋진 혼합세계가 펼쳐진다. 미국 캘리포니아에 있는 디스플레이 반도체 기업 'Ostendo Technologies'는 최대 인치당 5,000픽셀의 3차원 홀로그램 영상을 공중에 만들어주는 콩알 크기의 초소형 프로젝터를 개발했다.[158] 홀로그램 기술은 먼 미래 기술이 아니다. 이미 홀로그램 기술을 활용해서 상품 설명회를 하고, 제품과 서비스의 구석구석을 보여 주는 것이 유행이 되며, 실제 사람과 홀로그램 사람이 함께 공연을 하기도 한다. 홀로그램 물방울을 손 위로 떨어뜨리면 물방울의 촉감까지도 느낄 수 있는 단계까지 발전했다. 미래에 홀로그램 기술이 대중화되면 멀리 떨어진 연인과 홀로그램으로 통화를 하면서 서로 손을 잡고 길거리를 파리 거리를 걸어 다닐 수 있기는 혼합현실 세상을 어디서 체험하게 될 것이다. 온톨로지 플랫폼 실현을 위해서는 초성능·초대역·초정밀·초지능·초공간·초신뢰 등을 특징으로 하는 6G 기술도 필수다. 온톨로지 플랫폼 실현을 위해 갖춰져야 할 완전 자율주행차를 비롯한 개인용 자율주행 수송 장치(미래 자동차, UAM, PAV), 자율비행 드론, 3차원 초실감 메타버스, 실시간 원격수술, 디지털트윈 기반 도시 구축, 초연결 환경 등에 필수 기술이기 때문이다. 6G 기술은 5G보다 최대 50배 빠르고 지연속도도 1/10로 줄여준다.

---

158 최현구, "스마트폰 공중에 3D 영상을 띄우는 홀로그램 신기술", BIZION, 2014. 06. 10.

업계에서는 2028~2030년경이면 상용화가 가능할 것으로 전망한다.[159] 참고로, 7G 통신 환경에서는 3차원 가상공간의 해상도가 현실과 같아질 것이다. 그렇게 되면, 3차원 가상세계의 매력은 더욱 강력해진다.

이런 기반이 만들어지기 전까지는 가상세계는 당분간 3차원 메타버스라는 틀 안에서 발전을 하게 될 것이다. 하지만 필자의 예측으로는 온톨로지 플랫폼 등장을 알리는 기반 기술의 대중화와 인프라 구축은 시간 문제다. 필자는 2030~2035년경이면 최초의 온톨로지 플랫폼이 등장할 것이라고 예측한다. 2021년 9월 KAIST가 개최한 온라인 국제포럼에서 독일 함부르크대 교수인 프랭크 스테이니케(Frank Steinicke) 박사도 혼합현실 기술이 18개월마다 2배씩 성장하는 '무어의 법칙'을 따른다면 2035년경이면 지금보다 1,000배 기술 향상이 될 것이라고 예측했다.[160] 이 정도면 컴퓨터 그래픽과 현실을 구분하지 못한다. 온톨로지 플랫폼 시대가 아직 멀었다고 안심하면 안 된다. 온톨로지 플랫폼 등장에는 시간이 필요하지만, 온톨로지 플랫폼 산업의 승자가 되기 위한 경쟁은 이미 시작되었다. 온톨로지 플랫폼을 탄생시키는 기반 기술과 가상 인프라 구축 전쟁이다. 온톨로지 플랫폼으로 향하는 기선 제압 전쟁이다.

가상세계가 반도체, 로봇, 광고, 게임, 미디어, 교육, 금융, 유통, 스포츠, 전투 등 모든 것을 빨아들인다

가상세계 안에서 일어나고 있는 메타버스 구축 경쟁도 궁극의 플랫

---

159 이진영, "6G 시대 사람, 사물, 공간, 초연결 전망, 기술인재 선점 박차", 뉴시스, 2022. 02. 01.
160 고광본, "KAIST '15년 뒤 현실과 가상공간 경계 흐릿해질 것…메타버스로 교육·문화·산업 전반 빅뱅'", 서울경제, 2021. 09. 08.

폼인 온톨로지 플랫폼 산업의 승자가 되기 위한 전초전이다. 온톨로지 플랫폼은 현실세계, 혼합세계, 가상세계를 완전히 연결하고 통합하지만, 동시에 가상세계를 현실세계 안으로 무한하게 확장하고 침투시키는 플랫폼이다. 가상세계가 현실세계 안에서 무한하게 확장되면 현실세계에 존재하는 모든 것들을 빨아들이게 된다. 가상세계가 빨아들이는 것들에는 반도체, 자동차, 로봇, 광고, 게임, 미디어, 교육, 학교, 금융, 화폐, SNS, 유통, 공장, 스포츠, 군사적 전투 등 한계가 없다. 가상세계는 현실세계에 있는 모든 것을 빨아들이는 수준에서 멈추지 않는다. 현실세계에서 빨아들인 모든 것들을 가상세계의 두 가지 핵심 특징인 '자유와 환상'이라는 힘을 가지고 완전히 새로운 것으로 재탄생시킨다.

필자가 선정한 다음 번 한국 대기업 30대 순위에 영향을 줄 승자 산업 중에서 개인용 자율주행 수송 장치 산업과 인공지능 로봇 산업은 인간의 이동 공간에 대변화를 만들고 인간의 몸과 근력을 확장하는 가장 큰 하드웨어 완성제품 산업군이다. 첨단 디스플레이 산업과 반도체 산업은 가장 큰 하드웨어 부품 산업이다. 인공지능 서비스 산업은 모든 서비스와 사물에 지능을 부여하여 재탄생시키고, 인간의 두뇌를 확장하여 새로운 일상을 만드는 소프트웨어 산업군이다. 이런 산업들이 강력한 파괴력을 가졌지만, 전 세계를 통째로 바꾸지는 못한다. 심지어 도시 서비스 산업조차도 지구 일부에서 지리적 환경을 바꾸는 산업이다. 하지만 온톨로지 플랫폼 산업은 지구 전체, 인간의 삶과 생활방식 전체를 통째로 바꾸는 힘을 가지고 있다. 가상세계의 목표 자체가 지구와 인간 존재의 무한한 복제, 변형, 확장과 재창조이기 때문이다.

필자의 미래예측이 현실이 될 가능성이 크다는 '미래 징후(Futures Signals)'는 곳곳에서 나타나고 있다. 페이스북은 2014년에는 가상현실 기기 제조사 오큘러스를 인수하고, 2021년 3월에는 손가락 하나로 가상환경을 제어하는 차세대 AR 글래스 비전을 제시하고, 2021년 10월에 회사명을 '메타(Meta)'로 변경했다. MZ세대에게 구식 플랫폼이라고 외면당하고, 애플의 개인정보보호 정책 직격타를 맞은 메타(페이스북)은 모든 사람들이 3차원 가상세계에서 함께 즐기고 사는 미래를 새로운 비전으로 반격을 노리고 있다. 페이스북은 초거대 인공지능, 딥러닝, 첨단 통신 등 신기술이 결집된 메타버스 '호라이즌 워크룸'을 출시하고 최대 16명, 영상통화의 경우 최대 50명이 만나서 각종 업무를 처리할 수 있는 서비스를 시작했다. 호라이즌 워크룸 안에서는 사용자의 시각에서 가상의 컴퓨터 화면을 띄우고 가상 키보드나 터치 패트를 작동시켜 상대방에게 업무 내용을 쉽게 공유할 수 있다. 페이스북이 개발하고 있는 근전도 기반 손목형 밴드는 사용자의 신경 정보를 획득하여 차세대 AR 글래스와 연동하여 허공에서 화면을 넘기고, 손가락으로 화면을 조작하며, 손동작만으로 가상의 화살이나 총을 쏠 수 있는 등 영화에 나올 듯한 몰입감 있는 혼합현실 콘텐츠 경험을 하게 한다.[161] 메타는 가상현실(VR) 고글 등을 개발 중인 리얼리티랩 부문에 100억 달러(약 12조 원)를 투자했다. 100억 달러의 투자는 페이스북이 2014년 오큘러스 VR 사업을 구매하기 위해 지불한 돈의 5배 이상이며, 2012년 인스타그램 구매에 지불한 돈의 10배가 넘는다. 페이스북이 사명을 '메타'로 바꿀 정도로 메타버스에 총력을 기울이는 이유는 분명하다. 메타(페이스북)의 수익 90%가 광고에서 나온다. 미래 광고산업은 메타버스로 이동한다. 메타버스는 현실세계에 존재하는 모든 활동을 그대로 복제한다. 현실세계에 없는 활동도 만든다. 빅테크 회사들이 메타버스로 옮겨가지 않으면 생존이 불가능해진다.

---

161 권하영, "손가락 하나로 가상환경 제어, 페이스북, 차세대 AR글래스 비전 제시", 디지털데일리, 2021. 03. 18.

코로나19 기간에 가장 큰 주목을 받고 급성장했던 줌(Zoom) 등의 화상 회의 솔루션 개발 회사들도 메타버스에 뛰어들었다. 화상회의 솔루션은 앞으로도 열리는 혼합대면(Mixed Tact) 시대에 기업의 필수 업무 도구로 자리 잡을 것이지만, 분할된 카메라 화면만 일렬로 나열된 UI와 소통 방식은 한계가 많기 때문이다. 그 한계를 극복하는 길은 메타버스로 진출하는 것뿐이다. 혼합세계, 초월세계(메타버스)는 무한한 상상이 가능하고 인간의 거의 모든 욕망을 충족시켜 줄 수 있는 잠재력이 있다. 2020년 3월, 미국 반도체 기업 인텔은 독일에서 애리조나주 공장으로 신규 장비 설치를 위해 파견될 엔지니어가 국경이 봉쇄로 발이 묶이자 인공지능(AI)과 연결된 증강현실(AR) 기술을 사용해서 위기를 넘겼다. 독일과 애리조나를 가상현실(VR)로 연결하고 신규 장비의 설비 점검 방법에 대한 교육을 받고 기계를 돌렸다. 2020년 4월에는 포르쉐 미국 딜러 매장이 AR 글래스를 착용하고 자동차 수리 업무를 처리하기 시작했다.[162] 코로나19 기간 현대차그룹도 '현대차그룹 파크(HMG 파크)'로 명명된 메타버스 플랫폼을 자체 구축하고 수천 명의 임직원들이 한자리에 모여 신년 행사를 했다. 'HMG 파크'에 입장한 임직원들은 자신의 아바타를 생성하고 광장 형태의 무대 앞에서 상영되는 정의선 회장의 신년 메시지 영상을 시청하고, 자유롭게 돌아다니면서 직원들과 새해 인사를 나누며, 'HMG 파크' 곳곳 설치된 UAM(도심 항공 모빌리티), PBV(목적 기반 모빌리티), 스팟(Spot), 아틀라스(Atlas) 등 현대차그룹의 미래 제품을 둘러보았다.[163] 메타(페이스북) 같은 전문 가상세계 구축 기업들이 이런 잠재력을 끌어내서 최고의 수준으로 구현하면 화상회의도 메타버스 회의 솔루션으로 통합되고 만다.

---

162 임영신, "인텔, VR활용해 장비보수, 포르쉐, AR글래스 쓰고 자동차 수리", 매일경제, 2020. 06. 19.
163 박주연, "코로나에도 현대차그룹 직원들 '수천명 한자리'에 메타버스 시무식", 뉴시스, 2022. 01. 03.

MS(마이크로소프트)도 아바타를 통해 다른 공간에 있는 사용자들이 같은 공간에서 일하는 듯한 경험을 제공하는 원격 협업 플랫폼 '메쉬'를 출시했다. 하지만 더 놀라운 사실이 있다. 2022년 1월 MS(마이크로소프트)는 정보기술(IT) 산업 역사상 인수·합병 최고액인 687억 달러(약 82조 원)를 들여 미국 대형 게임업체 '액티비전 블리자드'(블리자드)를 인수합병했다. 게임은 그 자체로 21세기 최고 산업 중 하나다. 2021년 전 세계 게임 산업 규모는 1800억 달러(215조 원)를 기록하면서 영화 산업 매출(800억 달러)의 2배를 넘는다. 2021년 기준으로 게임을 즐기는 사람은 전 세계 인구의 38%인 30억 명이다. 게임 이용자 증가 속도도 빠르다. 15년 만에 15배가 늘었다. 게임을 즐기는 세대도 남성이나 어린이나 청소년으로 국한되지 않는다. 미국의 경우 게이머 중 절반은 여성이고, 만 18세 미만 게이머는 20%에 불과하고 나머지는 만 18세 이상 성인이다. 가장 많은 세대는 만 18~44세로 52%를 차지한다.[164] 게임은 미래에도 엔터테인먼트 산업의 중심이며 동시에 메타버스의 최고 콘텐츠가 된다. 미래에 영화와 게임의 경계는 희미해질 것이고, 메타버스와 연결되면서 3차원 가상 게임, 인공지능과 협력 게임 등 다양한 형태로 발전하면서 현재 시장 규모보다 몇 배 이상 성장할 수 있다. 인간은 게임하는 존재다. 게임은 인간의 가장 오래된 행위 중 하나다. 먹고 마시고, 집에서 자신을 보호하는 생존 활동 그다음이 게임(놀이)다. 인간의 경제행위는 생존과 게임(놀이)를 목적으로 한다. 하지만 생존과 게임(놀이) 중 돈을 더 많이 쓰는 것은 게임(놀이)이다. 미래에 초거대 인공지능과 로봇과 메타버스와 게임이 통합되면 인간의 게임 방식도 획기적으로 변화할 것이다. 인간끼리 겨루는 것을 벗어나서 인공지능과 겨루고, 인공지능과 팀을 이루어 겨루며, 로봇을 가지

---

164 안상현, "30억명이 빠진 360조 시장. 이젠 게임 모르면 돈 못번다", 조선일보, 2022. 02. 10.

고 게임을 하고, 로봇끼리 게임을 시키며, 가상공간에서 전 세계 인간과 가상인간이 연결되어 게임을 하게 된다. 게임은 수많은 직업과 일자리도 만들어 낼 것이다. 3차원 가상기술과 초거대 인공지능 기술이 발전하면서 게임과 교육, 소통, 운동, 지식 습득, 일 등 다양한 분야의 결합도 가속화될 것이고 그에 따른 새로운 전문가들이 탄생할 것이다.[165] 이것이 게임의 힘이다. 그렇기 때문에 게임 없는 메타버스는 영향력이나 시장 확장력이 떨어진다. MS가 블리자드를 인수하면서 게임이 메타버스로 이용자를 끌어모으는 '킬러콘텐츠'가 될 것이라고 말한 이유다. MS는 블리자드의 글로벌 히트작 워크래프트, 디아블로, 콜 오브 듀티, 오버워치, 캔디크러시 등을 가상현실 게임으로 탈바꿈시킨 후 메타버스 플랫폼과 결합시킬 것이다. 그리고 수많은 사용자를 끌어모으고, 각종 콘텐츠, 게임, 상거래 등을 장악하는 메타버스 제국으로 나갈 것이다.[166]

메타버스를 비롯한 가상세계는 반도체 기업도 빨아들인다. 실제보다 더 실제 같은 메타버스 세상을 구축하는 데는 스냅드래곤 같은 반도체가 필수다. 메타버스를 탐험하는 데 필수 장치인 스마트 글래스·헤드마운트디스플레이(HMD) 등 각종 VR·AR 기기 제어에도 반도체가 필수다. 2021년 12월 미국 하와이에서 열린 '퀄컴 스냅드래곤 테크서밋 2021'에서 퀄컴의 최고경영자(CEO) 크리스티아노 아몬은 "반도체 칩셋(퀄컴 스냅드래곤)이 메타버스로 향하는 티켓"이라고 선언했다. 퀄컴, 엔비디아, 삼성전자, SK하이닉스 등 반도체를 만드는 회사들은 메타버스를 구축하는 빅테크 기업들이 어느 회사 반도체를 사용하느냐가 중요하다.

2018년 퀄컴은 세계 최초로 확장현실(XR) 전용칩 '스냅드래곤 XR1 플

---

165 "게임하는 인류", KBS 다큐세상, 2020. 02. 21.
166 윤지혜, "'게임은 메타버스 열쇠' MS, 블리자드에 82조 '통큰' 베팅 이유", 머니투데이, 2022. 01. 19.

랫폼'을 출시했다. 현재 전 세계 50여 개 이상 가상·증강현실(VR·AR) 기기가 스냅드래곤 XR 칩을 채택했다. 퀄컴은 안드로이드 애플리케이션(앱)에 AR 기능을 구현하도록 돕는 AR 플랫폼 '스냅드래곤 스페이스'도 개발했다. 개발자가 XR칩은 메타버스 하드웨어 생태계를 노린 포석이고, 스냅드래곤 스페이스는 소프트웨어(SW) 생태계 장악을 노렸다. 메타버스가 확장되고, 퀄컴의 생태계가 커질수록 퀄컴이 만든 반도체 판매는 늘어난다. 세계 최고의 반도체 기업 중 하나인 엔비디아도 메타버스 기업을 선언했다. 2020년 엔비디아는 현실세계와 가상세계(메타버스)를 융합하는 사실적 3차원(3D) 디자인을 설계하고 시뮬레이션하는 디자인 협업 플랫폼 '옴니버스'를 출시했다. 메타버스를 위한 3D 시뮬레이션 협업 플랫폼을 만든 것은 엔비디아가 최초다. 옴니버스 플랫폼이 제공하는 협업 환경 자체가 B2B 시장에서는 메타버스가 된다. 엔비디아는 로봇, 자동차, 건축, 엔지니어링, 제조, 미디어, 엔터테인먼트 산업에도 옴니아 플랫폼이 제공하는 3차원 시뮬레이션이 현실과 가상의 벽을 허물고 협업하는 환경을 제공할 수 있다고 자랑한다. 하지만 엔비디아가 노리는 진짜 목적은 새로운 반도체 시장 발굴이다. 옴니버스 생태계가 확장되면, 엔비디아 그래픽처리장치(GPU)를 탑재한 컴퓨팅 환경이 절대적으로 유리하기 때문이다.[167] 2022년 1월 삼성전자도 메타버스 플랫폼 제페토와 함께 '마이 하우스'라는 메타버스 기반 가상 집 꾸미기 서비스를 시작했다. 메타버스 세상의 최고 사용자인 MZ(1980년대 초~2000년대 초 출생) 세대를 겨냥한 전략이다 마이 하우스에서는 삼성전자 브랜드 제품들 활용해 나만의 라이프 스타일을 가상으로 구현할 수 있다. 마이 하우스 서비스는 출

---

167 권동준, "막오른 메타버스 전쟁", 전자신문, 2022. 01. 01.

시 한 달 만에 누적 방문 횟수 400만을 기록했다.[168] 가상세계가 가전제품 회사의 미래 전략도 빨아들이고 있는 셈이다.

메타버스를 비롯한 가상세계는 금융업, 의료, 정치도 빨아들인다. 메타버스 안에서는 미래의 화폐로 주목받는 디지털 화폐를 비롯해서 대체불가 토큰(NFT) 등을 이용한 다양한 금융거래 실험이 한창이다. 모바일게임사 컴투스도 게임, 영상, 공연, 금융, 쇼핑, 의료, 가상사무실 등 다양한 분야의 서비스와 가상마켓 등 일·생활·놀이를 모두 결합한 올인원 메타버스 '컴투버스(Com2Verse)'를 구축 중이다. 의료 현장에서 학생을 교육하고 실습시킬 수 있는 의료용 확장현실(XR) 메타버스 플랫폼도 가능하다. 2020년 7월 3일, 분당서울대병원 흉부외과는 VR 영상 콘텐츠 국내 기업인 서틴스플로어와 협력해서 '아시아심장혈관흉부외과학회(ASCVTS)·아시아흉강경수술교육단(ATEP) 교육프로그램'에서 최대 43명까지 동시 접속 가능한 'XR CLASS'이라 불리는 가상현실 아바타 플랫폼 기술을 활용해서 실시간으로 폐암 수술 상황을 공유했다. 일본, 싱가포르, 태국, 영국 등 8개국 의사들은 HMD를 착용하고, 강사나 교육생 등 각자 맡은 역할대로 아바타를 설정하고 가상의 강의실과 수술실에 입장해서 360도 3D 화면으로 강의와 토론을 진행했다.[169] 영국 보건당국은 코로나19 위험에서 의료진을 보호하고 병원 내 집단감염 가능성을 줄이기 위해 런던 주요 병원에 홀로그램을 도입했다.[170] 코로나19 기간 조 바이든 미국 대통령은 닌텐도 '동물의 숲' 게임에서 대선 선거캠프를 차리고 유세 창구로 적극 활용했다.

---

168 정용철, "삼성 가상 집꾸미기 서비스, 누적 방문 400만 돌파, MZ세대 통했다", 전자신문, 2022. 02. 02.
169 장윤서, "가상 강의실에서 '아바타'로 접속해 의사들 수술 교육", 조선비즈, 2020. 07. 06.
170 임영신, "인텔, VR활용해 장비보수, 포르쉐, AR글래스 쓰고 자동차 수리", 매일경제, 2020. 06. 19.

유통회사, 초월, 혼합, 현실세계 잇는 시스템 구축하면 파괴력이 상상을 초월한다

메타버스를 비롯한 가상세계가 유통산업을 빨아들이는 속도는 무섭다. 유통기업 입장에서는 발전의 가속단계에 이른 가상세계 진입 속도가 늦을수록 몰락할 가능성이 커진다. 2022년 1월 16일 월마트는 고객들에게 자체 발행하는 암호화폐를 제공하고 대체 불가 토큰(NFT)을 발행할 계획을 발표했다고 보도했다. 2021년 12월 30일 월마트는 미국 특허청에 자사 발행 디지털 자산과 연계할 가전제품·가정용 장식품·장난감·스포츠 용품·개인 관리 용품 등에 대한 새로운 상표권도 출원했다. 상표권 출원에는 디지털 자산을 관리할 수 있는 소프트웨어에 대한 내용도 담았다.[171] 월마트의 행보는 단순한 인터넷 상거래 플랫폼과 전혀 다르다. 무섭게 확대되는 가상세계 속에서 새롭게 나타를 미래 쇼핑 경험을 대비하는 데 포석에 둔 행보다. 가상세계에 월마트가 빨려 들어가느냐, 월마트가 가상세계 확대를 주도하느냐를 고민한 흔적이 역력하다. 2021년 11월 나이키는 가상세계에만 존재하는 가상 브랜드 운동화와 의류 판매를 위한 상표 출원서를 제출했다. 나이키는 로블록스와 협력하여 '나이키랜드'라고 불리는 가상세계 구축도 진행 중이다. 2022년 1월 CES 행사에서 한국 유통그룹인 롯데는 VR 기술과 3차원 가상공간 구축에 뛰어난 언리얼 엔진으로 개발된 '버추얼 스토어(롯데하이마트)', '버추얼 피팅룸(롯데면세점)', '버추얼 시어터(롯데시네마)', '버추얼 콘서트', '버추얼 홈' 등 메타버스 유통 플랫폼 데모를 구현했다. CES 참여자들은 롯데가 메타버스 속에서 구현한 가상세계 안에서 집안의 가구를 배치하고, 대리석이 깔린 화려한

---

171 손예술, "월마트, 메타버스 세계 합류한다", ZDNetKorea, 2022. 01. 07.

'버추얼 피팅룸(롯데면세점)'에서 박음질과 패브릭 재질까지 매우 정교하게 묘사된 다양한 브랜드의 패션 아이템을 입어보고, 수백 개의 라이트와 스크린으로 둘러싸인 대규모의 콘서트장에서 6만여 명의 살아 움직이는 관객과 화려한 3D 특수효과, 현장 녹음 수준의 사실적인 사운드를 즐길 수 있었다.[172] 여기에 자연어로 인간과 소통하는 초거대 인공지능 기술이 접목되어 지구상에 존재하는 수 십억의 소비자를 일대일로 맞춤 서비스할 수 있는 초개인화가 가능해지면 유통산업은 한 번 더 판세가 뒤집어진다.

2021년는 나이키는 매출액이 전년 동기 대비 약 95.5% 늘었다고 발표했다. 같은 기간 디지털 매출은 전년 대비 41% 증가했고, 2019년 대비로는 147% 성장이다. 나이키가 밝힌 폭발적 성장의 핵심 요인은 인터넷에서 소비자 직거래와 자사 인공지능 기술을 활용한 초개인화 집중이다. 나이키는 2018년부터 빅데이터 스타트업 4곳을 인수해 더 빠르고 더 정확한 초개인화 경험을 제공하는 서비스 개발에 집중했다. 나이키는 '나이키 트레이닝 클럽' 등 자사 앱이나 핏빗 웨어러블을 통해 고객의 주요 빅데이터를 수집해 고객 습관을 분석하여 구매 패턴, 타게팅할 고객, 시점 등을 예측한다. 나이키는 '나이키 트레이닝 클럽' 회원에게 매달 15달러가량 되는 트레이닝 비디오와 운동용 음악 등을 무료로 제공하면서 앱 가입자 수는 2억 명 이상 늘었다. 소비자들이 즐겨 찾는 트레이닝 비디오의 종류 등을 분석해 집중할 신발, 패션 제품군을 선별하고 일대일 맞춤형 마케팅을 하기 위함이다.[173]

2022년 1월 3일 정용진 신세계그룹 부회장은 신년사에서 "우리가 결

---

172 이문규, "롯데 실감형 메타버스 CES 서 극찬.. '이것이 진짜 메타버스'", 동아일보, 2022. 01. 07.
173 김태헌, "이커머스, AI·빅데이터가 '승부처'…'알고리즘 전쟁' 시작", 아이뉴스24, 2021. 12. 31.

국 도달해야 할 목표는 '제2의 월마트'도, '제2의 아마존'도 아닌 '제1의 신세계'다"라는 말로 신세계그룹이 지향해야 할 새로운 목표를 제시했다. '남들이 전혀 가보지 않은 길'에 도전하자는 의미다. 정용진 부회장은 "디지털로의 온전한 피보팅만이 '디지털 대전환 시대'에 승자가 되기 위한 유일한 해법"이라고 강조하면서, "온·오프 구분 없이 고객이 우리 공간에서 더 많은 시간을 보내게 하는 것이 신세계그룹 유일한 명제이며 디지털 피보팅의 진정한 목적"이라고 제시했다. 정 부회장이 제시한 '디지털 피보팅'은 현실세계의 역량과 자산을 하나의 축으로 삼고, 디지털 기반 미래사업을 다른 한 축으로 준비하고 만들어간다는 의미다. 정 부회장은 "오프라인에서만 가능했던 일들이 디지털로 전이되고 있는 만큼 이제 우리가 고객이 있는 디지털 시공간으로 달려가야 한다"고 말하면서 미래 유통기업의 사활은 '고객의 시간과 공간'을 점유하는 것이고 이를 위해서는 초월세계(메타버스), 혼합세계, 현실세계를 잇는 '신세계 유니버스'를 구축을 해법으로 제시했다.[174]

유통기업의 역사를 보자. 대형 쇼핑몰이 동네 가게와 백화점을 밀어냈다. 현재는 기술기업이 대형 쇼핑몰을 몰아내고 있다. 멀지 않은 미래에 빅데이터 기술이 시장과 생산을 분석하고, 초거대 인공지능이 소비자를 따라다니며 쇼핑을 돕고, 각종 로봇이 구매한 제품을 배송할 것이다. 예를 들어 보자. 초거대 인공지능이 당신의 유전정보, 신체정보, 생활습관, 선호도, 거주환경 정보 등이 포함된 마이데이터를 분석하여 과학적으로 맞춤형 식자재, 밀키트, 조리식품 등을 추천한다. 기술 개발이 완료되거나 대중화가 시작된 신기술만 응용해도 메디푸드, 맞춤음식, 식품 솔루션 제공이 얼마든지 가능하다. 이렇게 기술, 식품, 과학이 결합된 영

---

174 이안나, "정용진 부회장 '제2의 아마존 아닌 제1의 신세계 목표'", 디지털데일리, 2022. 01. 03.

2장 도약하는 한국 기업, 더 나은 미래 세상 | 191

역을 '푸드테크(food tech)'라고 부른다. 초고령화 시대를 사는 선진국에서는 신기술을 기반으로 한 초개인화 식품 솔루션 제공 비즈니스가 고부가가치 서비스가 될 가능성이 크다. 초거대 인공지능이 장착된 가상 영양사가 메타버스에서 24시간 상담을 하고, 고객에서 초개인화된 식품들의 영양소에 대한 설명을 3차원 기술로 실감 나게 해준다. 만약 고객이 메타버스에서 맞춤형 식자재, 밀키트, 조리식품 등을 주문하면, 인공지능 로봇이 고객의 집까지 배달해 준다. 최종 상담이 끝나면, 정기적으로 구독 서비스도 가능하다. 퇴근하는 길에 회원제 무인 스토어에서 직접 픽업도 가능하다. 미래의 유통기업들은 가상 매장과 현실 매장을 연동시킬 것이다. 가상세계에서 가상 점원과 대화를 나누고, 다양한 제품을 구경하고, 바이러스 감염 걱정 없이 만져보고, 세균이 묻어있지 않은 디지털 화폐로 결제를 한다. 이렇게 주문한 제품은 자동 물류 센터를 나와 인공지능 로봇이 내 집 가까이에 오프라인 무인 매장에 배달해 놓는다. 회원제로 운영되는 무인 매장은 바이러스 방역을 매일 자동으로 하며, 주문한 물건을 고객만 만질 수 있도록 자동으로 분류해 놓는다. 퇴근하는 길에 무인 매장 문 앞에 서면 최소한의 건강 체크를 하여 출입자를 관리하기 때문에 안심할 수 있다.

초월세계(메타버스), 혼합세계, 현실세계를 잇는 유통 시스템을 구축하면 파괴력은 상상을 초월하게 된다. 지금 우리는 현실세계에서 갖가지 볼거리, 먹을거리, 즐길 거리를 갖춘 초대형 유통매장에 즐거워한다. 필자는 머지않은 미래에 가상세계에서 가상세계에 맞는 볼거리, 즐길 거리, 돈 벌 거리 등을 갖춘 초대형 가상 유통매장을 운영하는 것도 중요해지는 시대가 올 것으로 예측한다. 초월세계(메타버스)와 현실세계를 잇는 혼합세계 속에서 홀로그램, AR, VR, MR, XR, 자율수송 장치, 텔레프레즌스(로봇, 가상인간), 투명 디스플레이, 디지털 트윈 등이 현란하게 소비자를 유혹하는 미래도 펼쳐질 것이다. 비즈니스 확장도 무한해진다. 가상 자산을 만들어 팔고, 초거대 인공지능이 마이데이터를 분석하여 고객의 삶의 질을 높여주는 다양한 제품을 설계하고 판매하며, 디지털 화폐를 발행하여 국내외 소비자들에게 제공하고 이를 기반으로 금융과 투자에서 새로운 시장을 개척할 수도 있다. 유통 산업의 미래는 변하지 않으면 역사의 뒤안길로 사라지지만, 변화를 주도하면 무한한 상상력으로 원하는 곳까지 도약할 수 있는 길에 들어섰다.

글로벌 회계 컨설팅기업 프라이스워터하우스쿠퍼스(PwC)는 2030년이면 가상현실(VR)·증강현실(AR) 시장을 포함한 '메타버스' 시장 규모가 1조5천억 달러에 이르고(글로벌 경제의 2%에 달하는 수준), VR과 AR 기술 관련 일자리가 전 세계적으로 2천300만 개 이상 창출 것으로 전망했다.[175] 2022년 현실세계 매장을 거치지 않고 메타버스 안에서 아바타에게 직접 상품을 판매하는 다이렉트투아바타(D2A)시장규모는 약 56조4천억 원 수준에 이른다.[176] 2021년 5월 명품기업 구찌가 메타버스 플랫폼 '로블록스'에서 판매한 아바타를 위한 디지털 전용 가방 '디오나서스 백'이 4115달러(약 465만 원)에 판매됐다.[177] 2020년 11월 호주 출신 개발자 셰인 아이작이 구글의 3차원 지도 '구글 어스'를 기반으로 가상의 지구 만들어 10㎡ 크기 타일로 분할한 뒤 자유롭게 판매하는 서비스를 출시했다. 가상의 땅의 구매 결제는 미국 달러가 사용되었고 계좌이체, 신용카드, 페이팔(간편결제)로 할 수 있게 했다. 세계적인 관장지인 피라미드나 에펠탑이나 청와대, 국회의사당 등 주요 건물들도 구입할 수 있다. 게임 서비스를 시작했을 때는 모든 땅값이 10㎡당 0.1달러 수준으로 균일했지만, 시간이 지날

---

175 정아란, "2030년 메타버스, 글로벌경제 2% 육박…최대 시장은 미국", 연합뉴스, 2022. 01. 31.
176 김한준, "메타버스의 대두, 사회가 공간개념 변화를 겪고 있다", ZDNetKorea, 2021. 06. 08.
177 추동훈, "아바타 가방 400만원?…이해 안되는 내가 꼰대인가?", 매일경제, 2021. 06. 19.

수록 이용자가 몰리면서 땅값이 타일당 100달러가 넘어선 곳도 생겨났다. 한국 해운대의 가상지역 땅값은 5개월 만에 120배 상승했다.[178] 이 정도는 놀랍지 않다. 캐나다 토론토에 거주하는 미술가 크리스타 킴은 건축가와 비디오게임 설계자의 도움을 받아 NFT(Non Fungible Token·대체 불가 토큰)를 기반으로 디지털 주택을 만들었다. 킴이 '빛의 조각상'이라고 평가한 '마스 하우스(Mars House)'라는 이름의 이 주택은 50만 달러(약 5억 6000만 원)에 거래됐다.[179]

미국 메타버스를 대표하는 로블록스는 2006년 정식 출시 이후 미국 내 16세 미만 청소년의 55%가 가입했고, 누적 이용 시간은 306억 시간, 월간 활성 이용자(MAU) 수는 1억 5000만 명, 하루 접속자 수는 4000만 명에 달하는 것으로 집계됐다. 미국의 한 조사에서는 10대 52%가 "현실 친구보다 로블록스 내 관계에 더 많은 시간을 보냈다"고 답했다.[180] 로블록스는 이용자가 직접 게임을 프로그래밍하거나 다른 이용자가 만든 게임을 즐길 수 있다. 로블록스에서는 어드벤처, 롤플레잉, 액션슈팅, 추리 등 연간 2,000만 개의 게임이 새로 제작되어 올라온다. 로블록스는 '로벅스(Robux)'라는 가상화폐를 통해 경제활동이 가능하다. 2020년 기준, 로블록스 안에서 게임을 프로그래밍해서 수익을 올린 1200명의 개발자의 평균 수익은 1만 달러(약 1200만 원) 정도였고, 상위 300명은 연간 평균 10만 달러(약 1억 2000만 원)를 벌었다.[181] 2021년 11월 국내 최대 게임회사 중 한 곳인 엔씨소프트도 메타버스 사업에 뛰어들겠다고 선언했다. 첫 번째 작업은 팬덤 플랫폼 '유니버스'를 메타버스로 구현하는 것이다. 엔씨는 돈 버는

---

178 김소영, "해운대 땅값 5개월만에 '120배 폭등' 가상 부동산에 투자하는 한국인들", 아시아경제, 2021. 06. 01.
179 김지훈, "비트코인 기술로 만든 가상주택 5억에 낙찰… 대체 뭐길래?", 국민일보, 2021. 03. 23.
180 오지현, "'레디 플레이어 원이 현실로' 미국 초딩 70%가 한다는 이 게임", 서울경제, 2021. 02. 06.
181 원태경, "가상공간 속 리얼 라이프 '메타버스'는 차세대 인터넷인가?", 이코노미스트, 2022. 01. 08.

〔P2E〕 게임 라인업을 공개도 준비 중이다.[182]

가상세계는 여행, 공연, 놀이동산, 카지노 등도 빨아들인다. 국내 회사인 오썸피아는 2023년에 세계 최초로 증강현실구현 'XR망원경 보라'를 국내 인기 관광지에 설치하여 실시간 데이터를 중개하는 가상 관광 플랫폼 '메타라이브'를 공개할 예정이다.[183] 혼합세계와 초월세계〔메타버스〕의 결합이다. 코로나19 기간, 호주 멜버른에 위치한 일본인 커뮤니티단체 멜미트는 회상회의 시스템을 이용해서 시내 거리 산책, 트램 승차 체험, 시장 탐방, 카페 휴식 등 약 1시간 반 정도 소요되는 멜버른 실시간 여행을 중계하며 현지에서 온라인 가상 여행 서비스를 제공했다. 그룹으로 가상 여행에 참가하면 5000엔〔5만6000원〕, 단독으로 투어하면 7500엔〔8만4000원〕을 받았다.[184] 2020년 7월 28일 SK텔레콤은 문화재청과 구글코리아와 협력하여 '창덕ARirang'이라는 5G AR 서비스를 전 세계에 출시했다. 증강현실〔AR〕 캐릭터인 해치가 창덕궁 곳곳을 해설하면서 고화질 360도 가상현실〔VR〕로 역사 체험 투어를 진행한다. 낙선재 안마당에서는 궁중무용 '춘앵무'를 3차원 입체 화면으로 관람할 수 있다.[185] 이집트는 관광유물부〔Ministry of Tourism and Antiquities〕가 메레산크III 무덤〔Tomb of Meresankh III〕, 붉은 수도원〔Red Monastery〕, 모세기념회당〔Ben Ezra Synagogue〕, 술탄 하싼 모스크〔Mosque-Madrassa of Sultan Barquq〕, 네크로폴리스 메나 무덤〔Tomb of Menna in the Theban Necropolis〕 등 5개 고대 이집트 유적을 여행할 수 있는 3D 가상 투어 프로그램을 출시했다.[186] 2020년 7월 9일 SK텔레콤은 '24회 부천국제판타스틱영화제'의 '감독과의 대화'도 5G 통신과 VR 기술이 도

182 정다은, "메타버스 본격 시동 거는 엔씨, 첫 타자로 '유니버스' 낙점", 서울경제, 2022. 01. 05.
183 최호, "메타버스에서 바라본 메타버스", 전자신문, 2022. 01. 04.
184 양지윤, "온라인 가상해외여행부터 도농 교류상품 등이 뜬다", 이데일리, 2020. 07. 17.
185 김성훈, "'나를 따라오시게' AR VR로 보는 조선왕궁", 국민일보, 2020. 07. 28.
186 이원영, "3D 가상 투어로 만나는 고대 이집트 유적", Tech Recipe, 2020. 07. 24.

입된 '점프VR'이라는 가상공간 소셜룸에서 진행했다. 2020년 8월 KT 와 LG유플러스는 각사가 보유한 스포츠·레저·헬스 관련 5G용 가상현 실(VR) 콘텐츠를 맞교환하여 소비자에게 제공한다는 전략적 결정을 내렸 다. KT는 VR 플랫폼인 '슈퍼VR'을 기반으로 국내외 스타트업 100여 곳 과 협업하며 VR 콘텐츠 1만여 편을 확보했다.[187] 2020년 5월 27일 예금 보험공사는 VR 기술을 활용한 공매 부동산 정보 제공 서비스를 강화할 계획을 밝혔다.[188] 2019년 5월 롯데홈쇼핑도 AR·VR 기술을 활용해 상 품을 체험하고 구매하는 AR·VR 서비스 전문관 '핑거쇼핑'을 출시했다. 2021년 JYP엔터테인먼트도 네이버의 메타버스 '제페토'에 50억 원을 투 자하면서 메타버스가 만들 새로운 미래를 준비 중이다. 세계적인 놀이동 산 디즈니랜드도 현실과 가상이 융합된 '테마파크 메타버스'를 기획 중이 다. 2022년 2월 3일 코인데스크는 메타버스 중 한 곳인 디센트럴랜드 (Decentraland)에서 메타버스 카지노를 이용하는 일일 사용자가 3개월 동안 6천 명 급증했고, 매출은 750만 달러(약 90억 원)를 기록했다고 발표했다. 현실을 넘어선 메타버스 카지노 시대도 열린 듯하다. 디센트럴랜드에서 는 사용자들이 게임, 부동산, 상품 등을 이더리움 블록체인으로 만든 암 호화폐 '마나(MANA)'로 거래하고, 사용자 중 30% 정도가 메타버스 카지노 를 이용한다.[189]

가상세계는 교육 분야도 흡수한다. 국내 에듀테크 스타트업 마블 러스는 학생들이 메타버스 세계에서 자습하거나 공부를 할 때, 캐릭 터 능력치가 올라가는 등 방식으로 학습 효과를 증폭하는 실험을 하

---

187 임영신, 이용익, "구현모 하현회 의기투합, VR 콘텐츠 맞교환한다", 매일경제, 2020. 08. 02.
188 김다혜, "예보, VR 공매정보·AI챗봇 등 디지털 서비스 강화 추진", 연합뉴스, 2020. 05. 27.
189 홍성진, "카지노 업체도 메타버스 대열 가세…'매출·사용자 급증'", 한국경제TV, 2022. 02. 04.

고 있다.[190] 코로나19 기간, 미국의 대학교들은 MS 블록 게임 '마인크래프트' 안에 대학 캠퍼스 건축물을 세우고 가상 졸업식도 열었다. 2020년 가을, 동서울대는 VR 게임을 제작하는 서틴스플로어와 협력하여 '드론 코딩' 과목을 듣는 학생들에게 가상현실(VR)을 기반으로 한 확장현실(Extended Reality·XR) 비대면 온라인 강의를 제공했다. HMD(Head Mounted Display)를 착용한 뒤 테이저건을 들고 VR 사격 훈련도 하고 3D XR사운드 기술이 적용된 가상환경에서 고음질 인터넷 전화(VoIP)를 기반으로 실시간 대화도 가능했다.[191] 월간 방문 횟수가 1억6000만 회에 달하는 국내 최대 커뮤니티 사이트 중 하나인 디시인사이드도 기존 커뮤니티 게시판을 메타버스와 연동해 새로운 경험을 제공할 준비 중이다.[192]

가상세계는 무한한 확장성을 갖는다. 미래 스포츠, 미래 전쟁의 방식도 가상세계가 바꿔놓을 수 있다. 마이크로소프트(MS)는 2018년부터 미 육군에 맞춤형 홀로렌즈 증강현실(AR) 헤드셋을 납품한다. MS가 개발한 홀로렌즈 AR 헤드셋을 착용하면 실제 환경과 겹쳐 나오는 홀로그램 지도와 나침반이 눈앞에 보이고, 열 화상을 통해 어둠 속에서도 적군을 식별하고, 무기의 목표도 증강현실로 보여줄 수 있다. MS 이런 시스템이 병사의 생존 능력과 전투 효율을 크게 높여준다고 강조한다.[193] 지구의 미래도 바꿔놓을 수 있다. 2021년 11월 반도체 제조 기업 엔비디아 젠슨 황 CEO는 "어스2(Earth-2)라는 이름의 슈퍼컴퓨터를 개발해 메타버스 플

190   김성현, "메타버스 세계 구현? 내년까진 큰 변화 없을 것", ZDNetKorea, 2021. 08. 25.
191   이용익, "VR로 '자세 좋아요' 실습수업도 원격 되네", 매일경제, 2020. 06. 19.
192   이기범, "국내 최대 커뮤니티 '디시'도 메타버스, '게시판을 메타버스로'", 뉴스1, 2021. 08. 20.
193   노재웅, "MS, 미 육군과 24조 규모 'AR헤드셋' 납품 계약", 이데일리, 2021. 04. 01.

랫폼 옴니버스에 디지털 트윈 지구를 만들기로 했다"고 발표했다. '어스 2(Earth-2)'는 실제 지구의 대기, 바다, 육지, 빙하, 인간 활동과 모든 물리적 상호 작용 정보를 그대로 복제하여 컴퓨터상에서 지구의 장기적 기후 변화를 예측해 기후 위기에 대응하는 통찰력을 얻는 목적으로 만들어진 쌍둥이 지구다.[194] 디지털 트윈은 2002년 마이클 그리브스 미국 미시간대 교수가 처음 제안한 개념으로, 현실세계에 물리적으로 존재하는 사물을 각종 변수와 내·외 조건 등 모든 정보를 가상세계에 복사하는 기술이다. 사물인터넷(IoT), 인공지능(AI), 슈퍼컴퓨터, 클라우드 기술들이 대중화되면서 제조업, 도시 교통관리, 건설·토목업 등에 도입되어 물류망이나 생산 네트워크를 점검, 건물 및 도시 환경 변화 예측 시뮬레이션 등에 사용되기 시작했다. 2021년 2월 MS는 공장, 에너지 설비, 철도 등 분야에서 현실세계와 가상세계를 완벽하게 연결하여 기계설비의 복잡한 상호작용을 추적하고 데이터를 수집하여 발생 가능한 미래 사건을 예측하는 '애저 디지털 트윈(Azure Digital Twins)'을 공개했다.[195] 현재는 남극, 바다, 숲 등도 디지털 트윈 기술로 복제되었고, 지구를 통째로 복사하는 일까지 확대되고 있다.

2022년 1월 20일 한국 정부는 3차원 가상세계 시장을 선도하기 위해 5560억 원 규모의 재정투자를 하여 2026년에는 세계 메타버스 시장 점유율 5위를 달성하겠다는 계획을 발표했다. 일평균 이용자 4000만 명이 넘는 로블록스는 미국 증시에 상장할 때 383억 달러[약 46조 원] 시장 가치를 인정받았다. 현대차 시가총액 37조[2022년 2월 기준]를 훌쩍 넘는 시

194 이태동, "지구 쌍둥이 만들어 지구를 구하라", 조선일보, 2021. 12. 09.
195 이시은, "현실과 싱크로율 100%, MS vs IBM '디지털 트윈' 기술경쟁", 한국경제, 2021. 02. 08.

장가치다. 시장조사업체 이머전 리서치는 전 세계 메타버스 시장 규모는 매년 40% 이상 성장하여 2028년 8289억5000만 달러[약 991조4000억 원]에 이를 것으로 전망했다. 글로벌 투자은행 모건스탠리는 메타버스가 차세대 소셜미디어, 스트리밍, 게임 플랫폼을 대체하면서 최대 8조 달러[약 9000조 원]의 시장을 형성할 것이라고도 추정했다.[196] 이 규모도 2028년까지에 불과하다.

앞으로 수많은 종류의 쌍둥이 지구, 메타버스, 개별 메타버스들이 연합된 가상 은하계 등이 출현할 것이다. 그리고 개별 메타버스 간을 성간 여행하거나 가상 은하계 간을 순식간에 넘나드는 지름길인 '가상 웜홀 서비스'나 서로 다른 가상화폐를 사용하는 개별 메타버스 간을 여행할 때 필요한 '가상화폐 환전소' 등도 생겨날 수 있다. 이렇게 가상세계가 반도체, 자동차, 로봇, 광고, 게임, 미디어, 교육, 학교, 금융, 화폐, SNS, 유통, 공장, 스포츠, 군사적 전투 등 현실세상에 존재하는 거의 모든 것들을 빨아들이고, 가상현실 접속 장치[VR, AR, MR, XR], 스마트 안경, 홀로그램, 햅틱 장치, 개인용 자율주행 수송 장치, 초거대 인공지능, 인공지능 로봇, 6G 네트워크 기반 초연결 환경, 4차원 인터넷 등 기반 기술의 대중화와 인프라 구축이 완료되면, 현실세계, 혼합세계, 초월세계[메타버스]를 하나로 묶는 거대한 가상 망인 온톨로지 플랫폼의 출현이 시작될 것이다. 필자의 예측을 기억하라. 멀지 않은 미래에, 온톨로지 플랫폼은 하나의 거대한 산업이 될 것이고, 온톨로지 플랫폼 위에서 상상을 초월한 산업이 일어날 것이다.

---

196 원태경, "가상공간 속 리얼 라이프 '메타버스'는 차세대 인터넷인가?", 이코노미스트, 2022. 01. 08.

한국 통신기업, 빅데이터의 신이 되어
메타버스 속으로 들어간다

　　통신회사들의 '탈통신' 노력은 빨라지고 있다. 전 세계적으로 이동
통신 산업의 성장세가 빠르게 둔화되고 있기 때문이다. 기술 발달에 가
속도가 붙으면서 통신 기술의 진화도 빨라진다. 문제는 새로운 통신 기
술을 사용하기 위해 투자해야 할 인프라 비용이 천문학적이라는 점이
다. 기업 입장에서는 투자한 돈을 모두 회수하고 만족할 만한 추가 이윤
을 쌓을 때까지 기존 인프라를 이용해야 한다. 하지만 기술 발달에 가속
도가 붙다 보니 투자 비용을 전부 회수하기도 전에 새로운 인프라 구축
에 신규 투자를 해야 한다. 이런 불균형은 이동통신사업자에게 심각한
재정부담을 준다. 주가도 맥을 못 쓴다. 고령화가 빠르게 진행되어 고객
확보가 줄어들고 개인당 통신비용이 감소하는 선진국에서 이런 패턴이
몇 번 반복되면 민간통신회사는 몰락을 하게 되고, 인수합병을 거쳐 최
종적으로 국영 기업화될 가능성이 크다. 아직 한국 통신사의 영업이익률
은 나쁘지 않다. 하지만 미래에 다가오는 몰락을 피하려면, 탈통신은 필
수다. 영국의 1위 유선통신사업자 브리티시텔레콤[BT]도 탈통신을 선언
하고 ICT[정보통신기술] 서비스에 뛰어들면서 몰락 위기를 극복했다. KT는
2025년까지 비통신 사업 매출을 총매출의 50%까지 끌어올리고 디지털
플랫폼 기업으로 변신하겠다는 목표를 발표했다.[197] 2022년 신년사에서
한국 통신 3사의 비전들은 초거대 인공지능, 인공지능 로봇, 자율주행 자
동차, 반도체, 하늘을 나는 택시, 메타버스, 스마트팩토리, 보안, 커머스,
디지털 금융 등 미래 산업으로 가득 차 있었다.

197　심지혜, "5G 품질논란 속 기업가치↑·탈통신 행보 본격화", 아이뉴스24, 2021. 12. 19.

SK텔레콤, KT, LG유플러스 등 통신 3사는 V2X(Vehicle to Everything) 기술 확보에 열을 올리고 있다. V2X는 자율주행 수송 장치들이 안전한 주행을 하는데 필수 데이터 기술이어서 다수의 첨단 기술을 포함하는 패키지다. V2X의 가장 선두에는 빠르게 빅데이터를 무선 전송할 수 있는 5G 기술이 포진한다. 자율주행 기능이 향상될수록, 통신 기술은 중요해진다. 자율주행차는 주행 중에 주변의 다른 차량과 연결된다. 도로, 보행자, 주변 사물과 건물 등과도 연결되고, 최종적으로 도시 전체와 실시간으로 통신해야 한다. 이 과정에서 생성된 방대한 빅데이터를 원활하게 전송하는 것은 매우 중요하다. 시속 100km로 달리는 자동차에게 빅데이터의 전송 지연은 대형 사고로 이어질 수 있다. 그다음으로 실시간으로 5G 통신 라인에 연결되어 빅데이터를 생산하고 주고받는 사물인터넷(IoT), 생성된 빅데이터를 고속으로 암호화하는 기술, 생성된 빅데이터의 가장 가까운 곳에서 신속하게 연산을 처리하는 엣지 컴퓨팅, 다양한 종류의 빅데이터를 기반으로 판단을 내리는 인공지능 등이다. 이 정도는 충분히 납득이 간다. V2X(Vehicle to Everything) 기술 패키지의 중심이 첨단 이동통신 기술이 자리 잡고 있기 때문이다. 그리고 SK텔레콤, KT, LG유플러스 통신 3사 모두 그룹 내에서 초고대 인공지능 개발에도 막대한 투자를 하고 있다. 2021년 12월 KT는 20kbps의 고속 양자암호통신 기술을 발표했다. 광자의 특성을 이용해서 송신자 및 수신자만 해독할 수 있는 차세대 통신 기술이다. KT는 미래의 자율주행차에도 양자암호 키를 적용하여 보안 통신을 높이는 서비스도 실험 중이다. LG유플러스도 자사의 5G 기술을 통한 자율주행 능력의 고도화를 추진 중이다.[198] 하지만 통신 3사의 행보는 이것이 끝이 아니다.

---

198 김영우, "완전한 자율주행차 시대 눈앞, 핵심키워드는 'V2X'", 동아일보, 2021. 12. 30.

2019년 통신기업 SK텔레콤은 메타버스 플랫폼 '점프 버추얼 밋업'을 출시했다. 2021년 7월에는 '이프랜드(ifland)'로 이름을 변경하고 음악방송, 채용설명회, 영화 관람, 워크숍 등 다양한 활동을 진행 중이다. 이프랜드(ifland)는 '누구든 되고 싶고, 하고 싶고, 만나고 싶고, 가고 싶은 수많은 가능성(if)들이 현실이 되는 공간(land)'이라는 뜻이다. SK텔레콤은 앞으로도 메타버스 구축에 투자를 늘리고 다양한 아이템을 구매하고 판매할 수 있는 가상마켓도 도입할 계획이다.[199] 통신기업들은 무엇을 노리고 가상세계 진출을 서두르고 있는 것일까?

SK텔레콤은 같은 SK그룹사인 SK하이닉스라는 세계 최고의 반도체 생산기업이 있지만 독자적으로 인공지능(AI) 반도체 사업도 진행 중이다. 2020년 SK텔레콤은 인공지능(AI) 반도체 사피온 X220을 선보였다. 사피온 X220은 기존 그래픽처리장치(GPU)보다 80%의 전력을 사용하면서 딥러닝 연산 속도를 1.5배 향상시켰다. 가격도 기존 GPU의 절반까지 낮췄다. SK텔레콤은 2022년에는 한 단계 성능이 향상된 '사피온 X330' 설계도를 공개하고, 퀄컴과 AMD처럼 반도체 설계 전문 사업(팹리스)에 뛰어들었다.[200] 지금까지 필자의 시나리오를 읽은 독자라면, 반도체 산업과 가상세계 시장이 얼마나 밀접하게 연결되어 있는지를 알아차렸을 것이다. 2022년 미국 라스베이거스 CES에서 SK그룹은 미국 퀄컴과 5세대(5G) 통신, 차세대 반도체, 메타버스(3차원 가상세계) 등 각종 분야에서 전략적 협력관계 강화를 논의했다.[201]

필자는 통신회사들이 다양한 미래산업에 출사표를 던지지만, 이들의 가장 핵심 무기는 빅데이터에 있다고 평가한다. 필자는 한국 통신기업들

---

199 김한준, "메타버스의 대두, 사회가 공간개념 변화를 겪고 있다", ZDNetKorea, 2021. 06. 08.
200 김양혁, "SKT, 차세대 AI 반도체 공개 '초읽기'… 설계전문 '팹리스' 도전", 조선비즈, 2021. 12. 29.
201 구민기, 선한결, "SK-퀄컴 '초협력 동맹'…5G·반도체·메타버스 공동 투자한다", 한국경제, 2022. 01. 07.

이 노리는 진짜 미래는 '데이터의 신'이다. 21세기 새로운 원유는 '빅데이터'다. 통신 기업은 위치 흐름 빅데이터를 생산한다. 21세기 새로운 원유인 빅데이터를 생산하는 기업은 더 있다. 유통 기업은 소비 흐름 빅데이터를 생산한다. 금융 기업은 돈 흐름 빅데이터를 생산한다. IT 기업은 생각 흐름 빅데이터를 생산한다. "구글이 당신의 관심사가 무엇인지를 알고 있고 페이스북이 당신이 누구인지를 알고 있다면 아마존은 당신이 무엇을 구매하는지를 알고 있다." 2018년 6월 영국 파이낸셜타임스(FT)가 아마존이 시가 총액 9000억 달러(약 1017조 원)를 넘어선 날 낸 기사다. 구글의 별명은 무엇인가? '갓 구글(God Google)'이다. 필요한 모든 지식, 정보를 구글에게 물어보면 바로 알 수 있기 때문이다. 구글이 소비자들의 생각 흐름 빅데이터를 장악한 덕분이다. 빅데이터를 장악하면, 소비자를 붙잡을 수 있는 줄의 가장 앞에 설 수 있다. 이 말은 소비자를 만나려고 하는 모든 공급자들을 줄 세우고, 소비자를 만날 수 있는 문을 열어주는 대가로 통행세를 거둘 수 있다. 통행세는 광고비, 수수료, 자사 서비스 강매 등이 된다.

통신기업도 소비자의 위치 흐름, 활동 패턴 등을 파악할 수 있는 빅데이터를 생산하는 회사다. 이들이 초거대 인공지능과 가상세계 시장에 투자를 시작했다. 이들의 전략은 분명하다. 강력한 초거대 인공지능과 AI 반도체 기술을 활용하여 자사가 확보한 빅데이터를 최고 수준으로 다룬다. 빅데이터의 신의 수준에 도달한 능력을 무기로 메타버스 속으로 들어가고, 개인용 자율주행 수송 장치의 성능을 좌우하는 게임 체인저가 되고, 이를 바탕으로 수많은 부가가치 서비스를 확보하는 것이다. 메타버스는 이들이 노리는 가상세계 플랫폼이고, 개인용 자율주행 수송 장치들은 현실세계 플랫폼이다. 필자의 예측이 단순한 상상이 아니다. SK텔레콤이 만든 신설법인 '티맵 모빌리티'는 우버와 동맹을 맺고, 택시 호출, 대리

운전, 주차, 대중교통은 물론이고 미래의 개인용 자율주행 수송 장치들까지 아우르는 '모빌리티 라이프 플랫폼'을 구축을 선언했다. 가까운 미래에 티맵모빌리티는 SK텔레콤의 5~6G, 초거대 인공지능, 3차원 HD맵, 플라잉카를 위한 지능형 항공 교통관제 시스템 기술들 활용할 것이 불을 보듯 뻔하다.[202] 통신회사들이 빅데이터와 인공지능 기술을 활용해서 가상세계와 현실세계의 다양한 플랫폼에 영향력을 미치면, 이를 기반으로 다양한 미래 서비스들을 장악할 수 있는 기회가 열린다. 플랫폼 전략 전문가 안드레이 학주(Andrei Hagiu)와 히라노 아쓰시 칼(平野, 敦土カ―ル)은 플랫폼은 네트워크 효과를 창출하고 신사업을 계속 만들어 낼 수 있는 힘이 있다고 정의했다.[203] 만약 이들이 플랫폼에서 유통되는 디지털 화폐(암호화폐, NFT 등)를 발행하는 미래 발권력까지 확보한다면 최상의 미래가 된다. 이 모든 미래가 통신사들이 장악한 빅데이터 역량에서부터 시작되었다. 빅데이터는 미래의 강력한 시장 파괴자로 재탄생하는 통신사들의 핵심 무기다.

아직 통신회사의 이런 변화와 전략은 생존이 목표다. 하지만 변화 과정에서 다져진 경험과 데이터, 축적한 기술 노하우를 기반으로 머지않은 미래에 다른 비즈니스 영역을 거침없이 집어삼키는 강력한 시장 파괴자가 될 가능성이 충분하다. 인터넷 시대가 되면서 인터넷을 기반으로 한 구글, 네이버, 아마존 등이 광고, 신문, 미디어, 영상, 유통, 쇼핑 등을 닥치는 대로 잡아먹는 가장 큰 포획자가 될 줄을 누가 알았겠는가? '빅데이터와 인공지능 퍼스트'를 외친 스타벅스를 보자. 빅데이터 기반 의사결정을 기업 문화로 정착시킨 하워드 슐츠의 후임으로 CEO 자리에 오

---

202 최민지, "서울-경기 '30분' 시대 예고…티맵모빌리티 공식 출범", 디지털데일리, 2020. 12. 29.
203 "플랫폼", 네이버 지식백과(신동희, 『인간과 컴퓨터의 어울림』, 서울: 커뮤니케이션북스, 2014)

른 사람은 IBM과 MS 출신 IT전문가 케빈 존슨이다. 케빈 존슨은 CEO에 오르자마자 딥브루(Deep Brew)라는 인공지능 서비스를 런칭하면서 10년 이내에 최고 기술 기업 수준의 인공지능 역량 축적을 선언했다. 스타벅스가 훈련시키는 인공지능은 전 세계 3만 개가 넘는 매장에서 주당 1억 건씩 발생하는 빅데이터를 분석해서 고객의 문제, 욕구, 결핍을 찾아내서 새로운 고객 서비스 및 프로모션 아이디어나 비즈니스 모델을 실험한다. 스타벅스는 매장에서 발생하는 고객 빅데이터를 인공지능으로 분석해서 가정용 무설탕 음료나 우유가 들어가지 않은 커피 등 가정이라는 특화된 환경과 상황에 맞는 가정용 커피 시장 진출에 성공했다. 2018년부터는 전 세계 매장에서 현지 날씨나 소비 환경 변화를 실시간으로 분석하여 제품 판매를 조절하는 작업도 시작했다. 이 모든 것들이 빅데이터의 힘이다. 1994년 제프 베조스가 아마존을 설립했을 때는 주문받은 책을 우체국으로 직접 부치러 갔을 만큼 초라했다. 하지만 아마존은 창업 2년 만에 세계 최대 온라인 서점이 되었고, 현재는 물류, 클라우드 컴퓨팅, 동영상 스트리밍 서비스, 빅데이터, 전자 단말기(킨들), 식료품, 의료, 로봇, 인공지능, 우주산업 등으로 시장을 빠르게 잠식해 가고 있는 거대한 공룡이다. 전 세계 검색시장의 90.3%를 장악한 구글은 사물인터넷(IoT), 초거대 인공지능, 동영상 플랫폼(유튜브), 소셜네트워크서비스(SNS)까지 삼켰다. 빅데이터를 장악한 구글은 자율주행 자동차 빅데이터 분야에서도 세계 최고다.[204] 구글은 인공지능 로봇과 우주산업도 호시탐탐 노린다. 미래에 소비자들이 구글 의존도를 높일수록 구글은 누가 어디서 무엇에 관심을 두고 있는지를 가장 잘 아는 기업으로 계속 존재한다. 생각 흐름, 위치 흐름, 소비 흐름, 돈 흐름 빅데이터는 부의 기반이며 동시

---

204 양철민, "구글, 혁신 창조자인가, 빅브라더인가", 서울경제, 2018. 07. 21.

에 미래산업 경쟁력의 핵심이다. 초거대 인공지능 기술을 이용해서 이런 빅데이터들을 분석하고, 그것을 기반으로 미래 생각과 행동을 예측하면 가상의 당신을 복제할 수도 있다. 복제된 가상의 나는 '가상 비서' 역할을 할 수 있고, 먼 미래에는 나와 함께 성장하고 나보다 더 나은 '가상의 자아'를 가진 새로운 당신이 될 수도 있다. 빅데이터의 가치는 일반 개인이 가진 모든 자산 중에서 가장 클 것이다. 이런 가치를 가진 빅데이터를 공짜로 소유한 기업은 소비자의 마음을 읽고, 소비 방향도 통제할 수 있다. 일상을 감시할 수 있다. 생각과 행동까지도 조종할 수 있게 될 것이다. 이런 정보를 필요로 하는 회사들에게 강력한 영향력을 행사할 수 있다. 자신 밑으로 줄 세울 수 있다. 빅데이터의 신들은 소비자, 빅데이터, 공급자를 하나로 묶어 시장의 틀, 규격, 표준을 주도하는 새로운 플랫폼 전략을 현실세계, 혼합세계, 초월세계(메타버스)에 구사하는 힘을 갖게 된다. 플랫폼을 만들면 시장을 운영하는 힘을 얻게 된다. 필자의 예측으로는 통신기업이 지금 계획하고 있는 미래 비전을 현실로 만들 수 있다면 온톨로지 플랫폼 구축에 가장 빨리 진입할 수 있는 후보들 중 하나가 될 수 있다.

한국의 새로운 수출 동력, 온톨로지 플랫폼에 담긴 K-교육, 문화, 미디어 콘텐츠

서비스업은 '비물질적 생산물을 제공하는 산업'이다. 소비자의 생활의 편의와 삶의 질 향상을 위해 무형의 노무를 제공하는 서비스 산업은 고객을 직접 대면하는 비중이 높다. 고객을 직접 대면하려면, 고객과 가까운 거리에 있어야 한다. 지역과 공간의 제약이다. 고객이 불편함이 없는 시간에 대면해야 한다. 시간의 제약이다. 고객을 만나서 생활과 삶의 질에 대한 대화를 나눠야 한다. 언어의 제약이다. 감정적 교류도 나눠야 한다. 공감 능력이 요구되는 사안이다. 이런 특성 때문에 대부분의 서비스 산업은 내수시장, 근거리 시장에 초점이 맞춰져 있었다. 하지만 멀지 않은 미래에는 큰 변화가 생긴다. 글로벌 서비스 시장 전체 판도에도 지각 대변동을 일어날 것이다. 서비스 산업을 내수시장에 가둬둔 거의 모든 장벽들이 하나씩 무너지고 있기 때문이다. 초거대 인공지능 기술이 영어, 중국어 등 다양한 현지 언어로 인간의 수준에서 자유롭게 대화할 수 있는 기회를 제공하고, 초월세계(메타버스)에서 모든 활동이 가능하다는 인식이 퍼지고, 인간의 감정을 이해하는 인공지능 로봇이 상용화되고, 머지않은 미래에 온톨로지 플랫폼이 현실화되면서 일어나는 기적이다.

글로벌 서비스 시장 판도를 바꾸는 변화는 소비자들의 기대감에서 시작될 것이다. 미래 기술과 변화는 소비자에게 언어, 시간, 공간의 한계에서 벗어나 모든 영역에서 완전히 개인화되고, 똑똑하고, 환상적인 새로운 일상 서비스를 자유롭게 제공받을 수 있다는 기대감을 갖게 만든다. 이런 기대감은 2가지 변화를 만든다. 하나는 소비자가 자기가 원하는 각종 서비스 구매를 자기 거주지 주변이나 내수 기업에서 벗어나 전 세계 최고 기업으로 확대하게 만든다. 다른 하나는 여기에 발맞춰서 서비스를 제공하는 기업들도 글로벌 진출을 확대하게 한다. 이런 변화가 시작되면, 한국이 자랑하는 K-교육, 문화, 미디어 콘텐츠 등이 새로운 수출 동력이 될 가능성이 생긴다.

한국 서비스의 글로벌 진출 가능성을 보여준 사건이 있다. 국내 메타버스 플랫폼 1위인 네이버 '제페토'는 2021년 기준으로 글로벌 가입자가 2억5000만 명을 돌파했다. 넷플릭스 유료 가입자(2억1360만 명)보다 많다. 3차원 아바타로 가상현실을 체험하는 제페토는 사용자가 직접 아이템을 만들어 판매하는 서비스를 제공한다. 이용자의 90%는 해외에서 발생했고, 80%는 Z세대(1990년대 중반~2000년대 초반 출생)다.[205] LG는 초거대 인공지능의 적용을 교육, 패션, 유통, 금융 등 가능한 많은 영역으로 확장시킬 계획이다. 네이버, 카카오 등도 마찬가지다. SK, KT 등 통신회사들도 같은 비전을 가지고 있다. 2021년 4월 SK는 국립국어원과 한국어에 적합한 초거대 인공지능 개발 업무협약을 체결했다. 국립국어원과 협업을 한 이유는 보다 자연스러운 언어 표현을 할 수 있는 언어모델 개발 때문이다. SK는 자사 고객센터 업무, AI 스피커 서비스, 대민서비스, 의료, 문학, 역사, 게임, 시사 등 다양한 분야에 적용 가능한 모델 개발을 목표로 한다.[206]

가상공간이 3차원으로 발전하면서 3차원 가상소비가 시대가 열리는 것도 서비스 산업의 글로벌 진출 가능성을 높여주는 동력이다. 제페토처럼 전 세계로 확장된 메타버스 플랫폼 안에 3차원 시뮬레이션 공간을 만들어 글로벌 고객을 유치할 수 있다. 소비자가 최신 기술이 집약된 3차원 시뮬레이션 룸에 접속하면 소비자의 컴퓨터나 스마트폰에 장착된 고성능 카메라가 몸짓을 추적하고, 인공지능이 시시각각 변하는 감정 상태를 인식하고, 초거대 인공지능과 연결된 가상인간이 소비자가 사용하는 현지 언어로 유창한 대화를 건넨다. 2021년 해성처럼 등장한 '영원한 22살 가상인간' 로지(ROZY)는 한 TV 광고에 등장하면서 단숨에 인플루언서로 급부상했다. 가상인간 로지가 인간 인플루언서처럼 활동하면서 2021년 일 년 동안 벌어들인 수익이 수억 원이 넘는다. 2021년 12월에는 롯데홈쇼핑이 자체 개발한 가상모델 루시가 쇼호스트로 데뷔했다. LG전자가

205 윤지혜, "2.5억명 홀린 K메타버스, 기업가치 10배 뛴 '제페토'의 비결", 머니투데이, 2022. 01. 09.
206 선한결, "SKT, 한국어판 'GPT-3' 만든다. 국립국어원와 협업", 한국경제, 2021. 04. 07.

개발한 가상인간 김래아는 가수 데뷔를 위한 업무협약(MOU)도 체결했다. 중국 최대 부동산개발회사 '완커그룹'에서는 가상 여성 인간 추이샤오판 (Cui Xiaopan)이 '올해의 최우수 신인사원'으로 선정되는 사건도 벌어졌다. 2021년 2월에 완커그룹의 신입사원으로 입사한 추이샤오판은 사람보다 빠르게 데이터와 업무 프로세스에서 다양한 미수금 및 연체 알림, 비정상적인 작업 감지하고 문제해결 방법까지 찾아냈다. 회사 측은 가상 신입사원 추이샤오판이 최고 사원으로 선정된 이유 중 하나는 촉구한 선불 연체문서 상각률이 91.44%로 인간 직원 성과를 뛰어넘었다고 발표했다. 완커그룹의 직원들도 회사 대표가 추이샤오판의 정체를 밝히기 전까지 그가 가상 인물이라는 사실을 알지 못했던 것으로 전해졌다.[207] 블룸버그 통신은 가상 인플루언서 시장 규모가 2021년 2조4000억 원에서 2025년 14조 원으로 커질 것으로 전망했다.[208]

시간이 지나면 누구나 쉽게 가상인간을 만들고 비즈니스를 잘 수행할 수 있도록 훈련시킬 수 있는 서비스가 등장할 것이다. 누구라도 자신의 비즈니스를 도울 수 있는 가상 종업원, 가상 판매원, 가상 홍보 직원, 가상 상담원, 홍보 모델 등을 훈련하고 양성할 수 있는 미래를 생각해 보라. 가상 직원들은 영어, 중국어, 일어, 베트남어, 스페인어, 독일어, 프랑스어를 거침없이 구사할 수 있다. 소비자가 쇼핑하고 거래하고 서비스를 받는 동안 소비자의 스마트폰이나 컴퓨터에 장착된 카메라를 통해 실시간으로 감정변화를 인식하고 적절한 말을 건넬 수 있다. 만약 소비자가 헵틱 장치 등의 휴먼 인터페이스 장비를 착용하고 있다면 적절한 촉감을 보낼 수도 있다. 이렇게 서비스 산업을 국내용이나 근거리용으로 묶어둔

---

207 박채은, "가상인간 시대? 중국 AI 최우수사원 선정에 시끌시끌", 국민일보, 2022. 01. 15.
208 이소현, "광고모델부터 아이돌까지 종횡무진 활약", 뉴시스, 2022. 01. 15.

장벽들이 제거되면 비즈니스 경쟁력의 핵심은 '콘텐츠' 그 자체가 된다.

필자가 가장 먼저 떠올린 수출 효자 서비스업은 K-교육이다. 특히 1타 강사로 불리는 최고 강사들의 학습 노하우다. 세계화 덕택으로 자국어나 자국 역사를 제외하면 전 세계 학생들이 배우는 교과 과목 내용과 수준이 대동소이해졌다. 모든 학생들은 학습 내용과 학습 노하우, 시험을 잘 치르는 기술 등을 배우기 원한다. 미국 뉴욕주에 거주하는 28세 여성 캣 노턴(Kat Norton)은 코로나19 기간에 엑셀에서 활용할 수 있는 자기만의 좋은 아이디어들이 담긴 엑셀 교육 영상을 틱톡에 올려 2년 동안 100만 달러(약 12억 원)의 수익을 올렸다. 2020년 6월 그녀의 첫 영상이 틱톡에 올려졌다. 네 번째 영상이 올라간 후에 며칠 만에 조회 수가 10만 건을 돌파했다. 여섯 번째 영상을 업로드 했을 때는 유명 IT 회사 최고경영자(CEO)에게서 자신의 회사를 위한 전문 엑셀 교육 영상을 만들어 달라는 제의도 받았다. 예상외의 반응에, 캣 노턴(Kat Norton)은 다니던 회사를 퇴사하고 틱톡에 엑셀 교육 영상을 올리는 데 전념했다. 현재 그녀는 전 세계에서 70만 명의 구독자를 보유하고 있고, 엑셀 강좌는 44달러(약 5만2천 원)에서 997달러(약 119만7천 원) 사이에 판매되고 있다.[209] 언어의 경계가 완전히 파괴되지 않는 현재에도 가상세계에서 만들어진 플랫폼을 이용한 것만으로 올린 성과다. SK텔레콤이 운영하는 메타버스 플랫폼 '이프랜드' 안에서는 인플루언서들이 재테크 강좌, 역사 및 문화 강좌, 운동 강좌, 건강 강좌, 여행 강좌, 독서 클럽 등이 속속 등장하고 있다. 인기 있는 강좌는 한 번에 수백 명이 모이기도 한다. 인공지능 기술을 활용한 아이디어만으로 교육 서비스 시장에서 두각을 나타낼 수도 있다. 미국 애리조나 주립대(ASU)는 2016년부터 인공지능(AI)과 빅데이터 기술을 활용한 적응

---

209 홍성진, "'엑셀 교육 영상으로 12억 벌었다'...美 20대 여성 '인생역전'", 한국경제, 2022. 02. 03.

학습(adaptive learning) 기술로 6만5000명의 학생에게 수학, 생물학, 물리, 경제학 등 기초과목을 학습시킨다. 기초수학의 경우 수학을 포기한 학생들의 평균 성적을 28% 향상시켰고, 생물학은 과목 탈락률을 20%에서 1.5%로 줄었으며, 미시경제학 C 학점 미만의 비율은 38%에서 11%로 감소시키는 성과를 냈다. 미래는 인공지능과 토론도 가능하며, 함께 인류의 난제를 풀며 다양한 상상력을 발휘할 수도 있게 된다.

이미 글로벌 시장에서는 인공지능 기술을 이용한 교육시장 선점 전쟁이 시작되었다. 교육이 가장 늦게 변화한다는 말은 옛말이다. 선진국 교육시장은 인공지능과 빅데이터 과학이 점령하고 가상현실, 홀로그램 등 각종 미래 신기술이 가장 광범위하고 빠르게 적용되는 빅테크(Big technology) 영역이 된 지 오래다. 에듀테크가 주도하는 교육 서비스 시장은 빅테크기업은 물론이고 수많은 혁신 스타트업들의 치열한 경쟁터이며 가장 빠른 성장세를 보이는 분야다. 가장 앞서 있는 국가는 미국, 영국, 중국이다. 미국 스타트업 스터디풀은 빅데이터와 인공지능 기술을 이용해서 실시간으로 수학, 회계, 글쓰기 등에서 학생이 어려워하는 문제 해결을 도와주는 서비스를 제공 중이다. 드림박스 러닝은 미국 내 1500만 명 회원을 확보하고 인공지능과 게임을 결합하여 수학 학습 서비스를 제공한다. 2019년 한 해에만 미국에서 에듀테크 분야에 투자된 금액은 16억 6천만 달러 규모다. 2009년 미국의 오프라인 교육시장은 전체 교육시장의 77%를 차지했다. 하지만 2019년에는 오프라인 교육시장이 32%로 줄었다. 마이크로 러닝, 이러닝, 버추얼 클래스룸, 인공지능 앱 등 에듀테크 서비스가 빠르게 시장을 잠식했기 때문이다.[210] 영국은

---

210 폴인, "코로나 이후 교육의 미래는? '에듀테크'가 가져온 3가지 큰 변화", 중앙일보, 2020. 08. 07.

에듀테크 혁신 기업이 1000개를 넘는다. 중국은 전 세계 에듀테크 유니콘 기업 절반을 보유하고 있고, 투자금액도 세계 1위다.[211]

한국 기업의 추격 속도로 빨라졌다. 국내 스타트업 매스프레소가 딥러닝 인공지능 기술로 개발한 수학 문제 풀이 '콴다'앱 서비스는 한국, 베트남, 일본, 인도네시아, 타이 등 글로벌 시장에서 한 달 사용자 500만 명을 넘을 정도로 빠르게 성장 중이다. 뤼이드라는 국내 스타트업이 만든 인공지능 기술 기반으로 만든 '산타토익'도 누적 다운로드 50만 돌파와 수백 억 원의 투자를 받을 정도로 급성장하고 있다. 마블러스라는 에듀테크 스타트업은 인공지능 기반 음성인식과 가상현실(VR) 기술을 결합한 영어 교육 서비스를 출시했다. 인공지능과 가상현실이 결합되면 학습자가 마치 뉴욕의 한 가게에서 미국인 점원과 영어로 실제 대화하듯 한 환경을 만들어 내면서 몰입감을 높일 수 있다.[212] 청소년 어학 에듀테크 선두주자인 청담러닝도 지난 10년 동안 모은 청소년들의 말(발화)을 빅데이터로 모아 교육용 인공지능 서비스를 만들었다. 청소년들 사이에서 주로 사용하는 단어나 문장, 자주 틀리는 문장이나 대화 데이터를 학습한 인공지능을 고성능 STT(음성을 문자로 옮기는 기술: Speech to Text) 기술과 결합하여 챗봇에서 인공지능이 나누는 대화가 또래들의 대화처럼 상당히 자연스럽게 만들었다. 이런 기술을 얼굴 인식과 홍채 추적(아이트래킹) 기술과 결합시키면 청소년 학생의 태도 및 학습률을 강사에게 알리는 시스템을 만들어낼 수 있다. 이런 시스템에 가상인간 기술이 접합되는 미래도

---

211 박소라, "내 책상에 들어온 AI, 다채로워진 AI 교육기술", 전자신문, 2020. 12. 08.
212 전혜원, "인공지능이 교육 불평등을 해소할까", 시사IN, 2020. 10. 29. 이현주, "'산타 토익 돌풍' 장영준 뤼이드 대표…'기술 DNA없는 교육 시장, 데이터과학으로 점령했죠'", 한경비즈니스, 2020. 09. 09. 폴인, "뉴욕 가게에서 점원 만난듯이 영어 공부… 'VR교육은 30대보다 50대가 더 만족'", 중앙일보, 2020. 08. 11.

생각해 볼 수 있다.[213] 미국의 명문 공대인 조지아텍은 IBM 왓슨의 기능을 활용한 인공지능 조교 '질 왓슨(Jill Watson)'을 개발했다. 매년 질 왓슨(Jill Watson)은 온라인 교과과정에서 학생들의 질문 1만 건 이상에 자동 응답한다. 한국에서는 아이스크림에듀라는 회사가 매일 1500만 건씩 쌓이는 학습정보(요일별 학습 과목, 시간, 학습 수행률 등)를 학습한 '인공지능 생활기록부' 서비스를 제공하고 있다. 인도의 한 에듀테크 스타트업은 영국 런던칼리지와 공동으로 온라인 수업 10만 시간 분량 동영상을 가지고 딥러닝 인공지능 교사 훈련을 시키고 있다. 이런 시도는 신기술 개발이 아니다. 이미 개발된 신기술을 응용하는 아이디어다. 이런 아이디어들이 발전하면, 한국 기업들도 얼마든지 세계 시장으로 교육 서비스 산업 수출이 가능해진다.

구글, MS, 애플, 페이스북, 네이버, KT, SK텔레콤, LG유플러스 등 글로벌 빅테크 기업과 통신사들도 자사 인공지능을 적극 활용하여 교육 플랫폼 시장에 뛰어들 준비를 하고 있다. 메타(페이스북)이 만든 인공지능 챗봇 '너디파이 봇(Nerdify Bot)'은 수학과 과학에서 완벽에 가까운 채팅 응답률을 보인다. 교육 서비스 시장에 글로벌 빅테크 기업과 세계적인 기업가들이 관심을 가지는 이유가 있다. 첫째, 교육 서비스 시장은 황금알을 낳는 거위다. 시장조사업체 홀론IQ는 2025년 전 세계 교육시장 규모가 7조 8천억 달러에 이를 것으로 추정한다.[214] 에듀테크 시장은 매년 25~30%씩 성장한다. 초등학생 대상 비대면 교육 서비스 시장도 연간 12%~25%씩 성장한다.[215] 둘째, 사람이 아닌 기술 기반으로 시장 진입이

213 유재연, "비대면시대는 새로운 교육의 출발점", 중앙일보, 2020. 07. 20.
214 박소라, "교사당 수십명 학생 '비효율' 숙제, 교육의 지능화로 푼다", 전자신문, 2020. 12. 08. 류현정, "100만 다운 스픽 CEO '한국에서 성공하면 세계에서 성공'", 조선비즈, 2020. 11. 07.
215 김정은, "웅진씽크빅 '학습지 탈피·에듀테크 선도…3년 내 매출 1조'", 한국경제, 2020. 02. 11.

가능해졌다. 셋째, [이것이 가장 중요한 이유일지도 모른다.] 현재 빠르게 성장 중인 에듀테크 스타트업들이 언젠가는 강력한 플랫폼 기업으로 성장하여 자신들을 위협하는 위치에 오를지 모른다는 위기감이다. 전 세계 GDP 80%를 차지하는 선진국에서는 평생교육 시대가 열렸다. 시대 변화가 빨라지면서 직업과 일자리 변화 속도도 빨라졌기 때문이다. 실용 지식의 수명은 3년을 넘기기 힘들다. 지속적인 수입을 얻으려면, 무언가를 계속 배워야 한다. 교육 서비스의 대상이 전 연령층으로 확대되어 이용자가 폭발적으로 증가하면, 이 시장을 장악하는 기업은 강력한 플랫폼 기업이 될 기반을 마련할 수 있다. 그 힘을 가지고 쇼핑에서부터 게임이나 디지털 화폐에 이르기까지 거의 모든 미래 시장에 진입할 기회도 얻게 된다. 교육 서비스 산업의 규모도 커지지만, 그 자체도 글로벌 시장 파괴자가 될 수 있는 발판이 될 수 있다.

가상인간 제작과 훈련이 쉬워지면 글로벌 시장에서 K-팝, K-툰, K-소설, K-공연 등 다양한 문화 서비스를 수출할 수 있다. 1998년 1월 한국에서는 사이버 가수 '아담'이 등장했다. 국내 최초의 가상인간이었다. 20살 나이로 만들어진 가상인간 아담의 1집 음반은 20만 장이나 판매되었다. 25년이 지난 현재, 가상 인플루언서 로지(ROZY)는 넷플릭스 드라마 진출을 앞두고 있다. 전 세계에서 가장 많은 팔로워(300만 명)를 보유한 세계 1위 가상 인플루언서는 '릴 미켈라'다. 릴 미켈라는 뮤직비디오에도 출연했고, 2021년 한 해에만 1120만 달러의 수입을 거뒀다. 가상인간 로지를 만든 싸이더스 스튜디오엑스는 가상인간으로 이뤄진 3인조 남성 아이돌도 데뷔시킬 준비를 하고 있다.[216] 오징어 게임의 대성공으로 K-콘텐츠

216 박혜림, "'협찬만 100건, 사고칠 걱정 없죠' 넷플릭스까지 진출하는 '이 여자'", 헤럴드경제, 2021. 09. 11.

놓고 세계 스트리밍 업계에서 쟁탈전이 벌어지고 있다. K-툰, K-소설, K-드라마, K-공연의 글로벌 시장 진출은 불가능한 미래가 아니다. 2022년 SK텔레콤은 SM엔터테인먼트와 손잡고 130억짜리 슈퍼주니어 온라인 콘서트를 열면서 3D 혼합현실 공연을 선보였다. 온라인 전용 유료 콘서트 '비욘드 라이브(Beyond LIVE)'도 세계 최초 온라인 전용 유료 콘서트였고, 전 세계에서 접속한 온라인 관객 수가 12만3000여 명에 달해 큰 성공을 거뒀다. SK텔레콤은 혼합현실 제작소 점프스튜디오에서 106대 카메라로 슈퍼주니어 최시원 씨를 1시간 동안 촬영하고, 3D 모델링, AR·VR 기술, 기타 애니메이션 기술을 활용해 하루 만에 12m 크기의 고해상도 3D 혼합현실 콘텐츠를 완성했다.[217]

3차원 가상공간이 활성화되면, 현실에서 구매할 수 없는 가상 물건을 구매할 수도 있다. 가상 물건들은 디자인과 아이디어로 승부하기에 글로벌 시장에 진입하기가 더 쉽다. 3차원 가상 물건은 새로운 미래 콘텐츠다. 3차원 가상 물건이 휴먼인터페이스나 햅틱 등 웨어러블 기술과 만나면 강력한 소비 욕구를 불러일으킬 수 있다. 휴먼 인터페이스(Human Interface) 기술은 키보드가 아닌 말이나 몸, 몸짓, 표정을 사용해서 컴퓨터를 조작하고 데이터를 입력하는 기술이다. 햅틱 기술은 진동 등의 자극을 통해 온몸 몰입도를 높여준다. 이런 기술들은 가상과 실제가 교묘하게 결합된 제품과 서비스 판매도 가능하게 한다. 한국의 온라인 게임 수준은 세계적이다. 게이머들 간에 언어 소통 경계가 깨지면 글로벌 시장 공략이 더욱 수월해진다. 3차원 가상공간에서 휴먼 인터페이스 장비를 착용하고 온몸을 사용하여 친구들과 함께 즐길 수 있는 게임들도 유망하다. SNS와 실시간으로 연결한 상태에서 네트워크 스포츠, 음악 대회, 댄

---

217 박지성, "SK텔레콤, SM엔터네인먼트, 3D 혼합현실 공연 선봬", 전자신문, 2020. 06. 01.

스 경진 대회 등을 하거나 가상의 공간으로 여행을 가는 서비스들도 글로벌 시장을 공략할 수 있다.

건설회사, 농업을 재개발하다

한국 대기업 30대 순위에 영향을 줄 마지막 승자 산업은 '도시 서비스 산업'이다. 한국의 미래 건설 산업은 다양한 새로운 도시 및 거주환경 건설에서 미래 기회를 발견하게 될 것이다. 미래 건설 산업을 주도하는 중심 주제는 크게 세 가지다. 첫째, '환경'을 생각하는 건축과 건설이다. 둘째, 제4차 산업혁명기 신기술 혜택을 극대화하는 '최첨단 스마트 장치'를 적용하는 건축과 건설이다. 셋째, '도시 서비스'를 극대화하는 건축이다.

먼저, '환경'을 생각하는 건축과 건설은 기후 위기를 늦추는 것과 기후 위기에 대응하는 것으로 나뉜다. 기후 위기를 늦추는 것은 친환경 소재를 사용하는 것부터 주택과 도시 안으로 자급자족 친환경 농장을 들여오고, 초거대 인공지능으로 에너지 관리를 하고 탄소제로에 도전하는 것까지 다양하다. 필자가 눈여겨보고 있는 것은 애그테크(AgTech·Agricultural Technology)와 건설의 융합이다. 애그테크는 기후변화와 감염병의 위험을 통제하기 위해 농업에 첨단 미래 신기술을 접목하는 것이다. 이 중에서 필자는 도시형 스마트팜(Smart Farm)에 관심이 있다. 방식은 두 가지다. 하나는 1~4인 가족이 자급자족할 수 있는 규모의 실내농장을 주택 안으로 들여오는 것이다. 단독주택의 경우는 옥상이나 마당이 될 수 있고, 아파트나 연립 등의 공동주택에는 방 한쪽으로 끌어들이는 것이다. 도시에서는 오래된 폐가, 빈 땅에 설치한 컨테이너나 지하철역의 빈 공간을 이용하여 낙후된 지역을 되살리고, 도시재생 사업과도 연결시킬 수 있다. 뉴욕에 있는 에어로팜스(AeroFarms)라는 회사는 나이트클럽, 철강 공장, 우체국 등을 개조해서 최첨단 도시농장을 기업형으로 운영한다. 파송에서 수확까지 16일밖에 걸리지 않고(밖에서는 30일 정도 소요됨), 계절이나 자연재해와 상관이 없어서 1년 22모작을 한다. 일반 농장 토지 대비 130배에 이르는 생산성이다. 공동주택 단지에서는 아이들 놀이터나 주민센터가 있는 곳에 수직농장(Vertical Farm)을 건설하는 방식도 가능하다. 소비자가 직접 재배하기 때문에 미세먼지나 농약 염려 없이 믿을 수 있고, 먼 거리에서 몇 단계의 유통과정을 거치지 않기 때문에 탄소발자국을 줄이고, 토양 오염도 낮출 수 있다. 미래 농업의 핵심 키워드인 safe(안전함), fresh(신선함), decarbonzing(탈탄소), local(현지역) 등과도 어울린다. 시장 조사기관인 글로벌 마켓 인사이트는 2027년경이면 수직농장의 글로벌 시장 규모는 130억 달러(약 15조 원)에 이를 것으로 전망한다. 일본에서는 2000년 초부터 수직농장 비즈니스가 시작되었고, 전체 기업의 20~30% 정도가 안정적인 수익을 내는 단계에 올라섰다. 수직농장은 비닐하우스 농장과 비교해서 단위 면적당 생산성이 최소 30~40배에 이른다. 일반 가정에서 즐겨 먹는 양상추는 일반 토양에서 재배기간이 80일 정도지만, 수직농장에서는 35일 정도 단축된다. 특수 여과기와 순환식 물 사용법을 이용하기 때문에 물 사용량을 95% 절감한다. 전 세계에서 특정 농작물이 가장 잘 되었던 환경 데이터(조도, 토질, 강수량, 이산화탄소량 등)와 생육기간에 얻어지는 빅데이터로 인공지능을 학습시키면, 재배하는 작물의 성장 조건에 필요한 온도, 습도, 이산화탄소, 각종 영양소 등을 자동으로 최적 관리할 수 있다. 태양 대신 빛의 스펙트럼을 이용하고, 재활용 플라스틱을 재배 용기로 사용하며, 흙 대신 마이크로 영양소를 이용하고, 살충제나 제초제를 사용하지 않아도 된다. 현재 스마트팜(Smart Farm)에서 재배 가능한

채소는 수십여 가지가 된다.[218]

도시형 스마트팜(Smart Farm)의 건설업 접목은 도시 재생뿐만 아니라 유전자 조작에 대한 두려움과 인구 증가와 기후변화로 가뭄 기간이 늘어나면서 식량에 대한 수요와 안전에 대한 관심이 증가하는 시대에 괜찮은 아이디어다. 토지 이용도와 지구 환경 보호에도 기여할 수 있어서 요사이 유행하는 'ESG' 경영과도 맥이 닿아 있다. 땅이나 비닐하우스 등에서 농작물을 재배하는 수평 농장은 넓은 토지를 필요로 한다. 도시의 건물을 이용한 수직 농장은 지면의 한계를 극복할 수 있다. 수평 농장 규모가 줄어들거나 추가로 늘리지 않으면, 농지 확대를 목적으로 생태 기능을 훼손시킬 가능성도 줄어든다. 줄어든 자리에 나무를 심으면, 이산화탄소 흡수율을 높여 지구 환경 문제 개선에도 기여할 수 있다.[219] 그리고 미국, 네덜란드, 스웨덴, 두바이, 일본, 중국 등에서 꾸준히 수요가 늘어나고 있는 비즈니스이기도 하다.

기후 위기에 대응하는 것은 해상도시처럼 기후변화에 따른 해수면 상승에 대응하는 새로운 건축과 건설을 시도하는 행위다. 실제로 부산시는 세계 최초의 해상도시 건설을 계획하고 있다. 지구의 평균기온이 1도씩 상승할 때마다 해수면의 높이가 상승한다. 부산은 해수면 상승으로 한국에서 가장 먼저 피해를 입을 도시다. 이런 위기가 현실이 되는 것을 대비해서 부산 앞바다에 부유식 도시를 건설하는 프로젝트다. 2021년 11월 18일 부산시는 유엔 해비타트(인간정주계획), 미국 해상도시 개발기업 오셔닉스와 5등급 허리케인도 견딜 수 있는 해상도시 시범모델 건설을 위

---

218 민승규, 이유섭, "수직농장 생산성 40배…日서 수입 10년만에 설비 역수출 쾌거", 매일경제, 2019. 02. 22.
219 다큐멘터리 영상, <Rise of vertical farming, Geert Rozinga>, 2017.

한 양해각서(MOU) 체결식을 했다. 전 세계 선진국의 주요 도시들은 대부분 강이나 바다를 끼고 있다. 이 프로젝트가 성공하면 해수면 상승으로 위협받을 주요 선진국의 해안 도시에 '지속 가능한 해상도시' 건설이라는 새롭고 혁신적인 모델이 될 수 있다. 해상도시는 바다에서 부는 바람과 파도, 그리고 태양열을 이용한 친환경 에너지 생산도 가능하다. 바닷물을 사람이 먹을 수 있는 물로 처리하는 담수화 기술을 사용하고 해상농장(Ocean Farm)을 건설하여 물과 식량(농수산물)을 자급할 수도 있다. 당연히 한국 건설회사의 새로운 미래 먹거리도 창출된다.[220]

도시제국(City Empire) 경쟁, 건설회사의 새로운 미래 기회를 만든다

미래 건설 산업을 주도하는 두 번째 중심 주제인 제4차 산업혁명기 신기술 혜택을 극대화하는 최첨단 스마트 건축과 건설을 예측해 보자. 개념은 간단하다. 인간의 삶의 질을 높여주는 미래 신제품 혹은 신기술을 주택과 빌딩과 연결시켜 소비자 만족도를 극대화한다. 물론 지금도 건설회사와 IT기업이 손을 잡고 스마트 도시, 스마트 건물 프로젝트가 진행 중이다. 스마트 소방시설, 블록체인 기술을 결합한 스마트 시티 센싱 기술, 드론을 활용한 스마트 시티 구축 플랫폼과 함께 공기질 모니터링 기술, 유동 인구 모니터링을 통해 가로등 조명 에너지 소비를 실시간으로 조절하는 시스템, 스마트 시티를 운영 효율을 높이는 다양한 시스템이 개

---

220 이지예, "부산 '세계 첫 해상도시 건설' 외신도 주목…'왜 부산인가?'", 뉴시스, 2021. 11. 26.

발되었다.[221] 세계 스마트 빌딩 시장도 2021년에 247억3천만 달러[27조9천억 원] 규모까지 성장했고 글로벌 스마트 도시 기술 시장은 2025년경이면 887억 달러[약 106조 원]에 이를 것으로 전망된다.[222] 하지만 필자가 예측하는 제4차 산업혁명기 신기술 혜택을 극대화하는 최첨단 스마트 건축과 건설은 이런 수준보다 더 확장되고 깊게 들어간다.

예를 들어, 미래에 등장할 개인용 자율주행 수송 장치, 인공지능 로봇, 초연결 도시환경, 메타버스와 관계를 주택이나 빌딩을 설계하는 단계부터 고려하는 것이다. 디지털 트윈 기술을 활용해서 메타버스에 가상의 주택이나 빌딩을 동시에 건축하고 현실세계에 있는 주택과 빌딩을 관리하게 하는 서비스를 제공할 수 있다. 주택이나 빌딩을 통합 관리하게 되면, 기능을 극대화할 수 있다. 사물인터넷, 인공지능과 로봇 가전제품 등을 적극 사용하여 주택과 빌딩의 지능화를 시도할 수 있다. 주택과 빌딩에 지능화 시스템이 구축되면 헬스케어 서비스도 연동시킬 수 있다. 개인용 자율주행 수송 장치와 스마트 홈과 빌딩에서 작동하는 인공지능을 통일하여 다양한 서비스들이 집 안팎에서 물 흐르듯 연동되게 할 수도 있다. 이렇게 되면, 자율, 지능, 영생이 건축에 접목되는 효과를 얻는다. 자율은 가구와 설비가 자동으로 관리 및 작동되는 집이다. 지능은 집과 빌딩이 초거대 인공지능과 연동되어 사용자의 의도를 알고 인간의 언어로 대화하며 움직이는 집이다. 영생은 건강하게 오래 살게 돕는 집이다.

미래 건설 산업을 주도하는 마지막 중심 주제는 '도시 서비스'를 극대화하는 건축이다. 도시 서비스는 도시를 전체 혹은 일부 구역을 책임 디자인하고, 미래 기술과 환경적 요구에 맞게 건설하고, 건설 후에 도시

---

221 강기헌, "인텔이 도시 설계에 뛰어든 이유…IT 기업이 바꾸는 도시의 미래", 중앙일보, 2018. 02. 27.
222 고현실, "똑똑한 빌딩이 뜬다…'2021년 시장규모 28조'", 연합뉴스, 2017. 10. 14. 황형규, "내년 CES 화두는 '스마트시티'…새 성장 비전 제시", 매일경제, 2017. 12. 24.

전체를 활용해서 개인이나 기업에 추가적 부가가치 서비스를 제공하는 산업이다. 이 중에서 핵심은 건설 후에 '도시 전체를 활용해서 개인이나 기업에 추가적 부가가치 서비스를 제공하는 서비스'다. 미래에는 도시에 대한 설계 개념, 도시 간 경쟁 방식, 도시의 작동 방식 등이 모두 바뀐다. 변화를 강요하는 동력들은 기후 위기, 현실세계-혼합세계-초월세계의 통합, 모든 인간의 이동 수단에 자율주행 기능 장착, 도시 안에 존재하는 모든 사물이 연결되는 초연결 환경, 이에 따른 경제, 금융, 생산, 거래 등의 인간 대부분의 활동 방식의 전환 등 때문이다. 도시 서비스 극대화는 거주민들의 만족도를 높이기도 하지만, 도시 자체의 경쟁력을 강화하는 이점이 있다.

세계 각국의 도시들이 대기업 유치에 목숨을 건다. 저출산, 고령화, 저성장, 급격한 산업 변화 등에 시달리면서 거주민 이탈이 빨라지고 있기 때문이다. 자녀교육, 문화 혜택, 질 좋은 일자리 등 생산가능연령층이 원하는 조건들을 갖추지 못한 도시는 철저히 외면당하는 시대다. 특히 일자리 이슈가 가장 중요하다. 그래서 대기업 유치는 한 도시의 발전과 쇠퇴에 결정적이다. 대기업 유치에 성공하면, 일자리가 늘어나면서 도시 인구가 증가하고, 세수도 늘어나서 생활과 문화시설을 확장할 수 있다. 한국과 중국을 포함해서 G20 국가 모두가 초고령 사회로 들어가는 중이다. 중국도 경제성장률이 하락한다. 경제성장률 하락으로 국가 총생산과 총일자리가 줄어들면, 모든 도시가 골고루 성장하기 불가능하다. 치킨게임이 시작된다. 이런 이유로 한국을 포함한 주요 선진국에서는 앞으로 국가 간 경쟁도 중요하지만, 도시 간 경쟁으로 판도가 바뀔 수 있다. 당장 눈에 보이는 생존의 길은 대기업, 신산업 유치다.

하지만 어떤 도시는 새로운 전략을 들고나올 수 있다. 도시 전체 혹은 핵심 구역을 통째로 새롭게 디자인하는 혁신적 발상이다. 필자가 예측하는 새롭고 혁신적 도시 개념은 도시 전체를 하나로 연결된 거대 플랫폼화하는 것이다. 플랫폼의 종류는 다양하다. 탄소중립을 목표로 하는 환경 플랫폼으로 도시, 최첨단 신기술이 작동되어 편리성을 극대화해 주는 지능·자율·영생 플랫폼으로 도시, 메타버스로 특화되어 원격 근무와 가상 서비스 산업 플랫폼으로 도시 등이다. 현재는 건설사가 단일 주택이나 아파트 단지를 기능적으로 건설하는 수준이다. 혹은 한 건물이나 하나의 주거 단지에서 필요로 하는 다양한 관리 서비스를 제공하는 수준이다. 미래에는 달라질 수 있다. 한 건설회사나 혹은 하나의 컨소시움이 인류의 보호나 부가가치 증대 등의 다양한 목적에 맞춰서 도시 전체를 책임 디자인하는 시대가 올 수 있다. 새로운 비즈니스, 경제, 라이프스타일 방식이 도시 구상과 설계 단계부터 포함되어야 하기 때문이다.

도시 전체 혹은 특정 지구 전체를 책임 디자인하는 것의 최고 유익은 '계획된 매력'을 창조할 수 있다는 것이다. 도시나 혹은 특정 지역만의 고유한 매력을 만들어 사람과 기업에 '핫플레이스'로 인식시키는 데 성공하면 경쟁력 있는 기업과 일자리를 유치하는 데도 유리해진다. 예를 들어, 세계적 추세 중 하나는 '걸어서 재밌는 도시'다. 이런 도시는 창의적인 고급 인재들이 좋아한다. 대표적 사례는 온라인 쇼핑몰 자포스의 최고경영자(CEO) 토니 셰이가 실험 중인 라스베이거스 다운타운 프로젝트다. 토니 셰이는 쇠락한 다운타운의 구 시청 건물 하나를 구매했다. 구매한 건물은 자포스 본사로 사용하고, 비어있는 주변 건물들을 사들여 미국 곳곳에서 인기 있는 크고 작은 자영업체를 유치해서 핫플레이스를 만들어갔다. 그렇게 만들어진 핫플레이스들은 직원들이 이용하는 식당, 회사 카페로 이용되었다. 토니 셰이는 엔젤펀드를 만들어 스타트업을 유치하고 문화시설·학교·병원 등에 투자했다. 컨테이너 파크, 트레일러 파크 등도 들어섰다. 서서히 자포스 본사 주변은 안전하고 쾌적하게 걸어

다니면서 도시의 매력을 느낄 수 있는 공간이 되어 갔다. 이렇게 자포스의 최고경영자(CEO) 토니 셰이는 직원과 지역주민들의 만족도를 높이는 24시간 도시 환경을 정교하게 만들어 갔다.[223]

도시 전체나 혹은 특정 지역을 '핫플레이스'로 만들어 사람과 기업을 끌어들이는 프로젝트는 서서히 증가 중이다. 독일 함부르크(Hamburg) 시가 실시하는 주거 12,000명, 업무단지 40,000명을 수용하는 하펜시티(HafenCity) 프로젝트도 그중 하나다. 함부르크는 엘베강(the Elbe river)의 섬에 위치한 약 2.2km²에 이르는 지역에 있는 밀집해 있던 오래된 항구의 창고들을 사무실, 호텔, 상점, 오피스빌딩, 주택지역으로 변모시키고 있다. 유럽에서도 가장 큰 재개발사업이다. 옛날 하펜시티 지역은 과거 독일에서는 인기 있던 자유 무역항이었다. 하지만 독일이 EU 자유경제지역에 편입되면서, 쇠퇴 지역으로 전락했다. 함부르크시는 핫플레이스의 상징 건물로 오래된 창고 위에 최고 수준의 콘서트홀인 엘베 필하모닉홀(Elbe Philharmonic Hall)을 지었다. 도시 재생이 서서히 모습을 드러내자 국제적 선박회사인 쿤앤나겔(Kühne & Nagel), 슈피겔 그룹(The Spiegel Group), 유니리버(Unilever), 그린피스(Greenpeace), 함부르크-아메리카 센터(The Hamburg-America Center)이 속속 들어서면서 성공적 프로젝트로 평가받고 있다. 이외에도 조선업이 쇠퇴한 후에 친환경 도시로 부활시킨 스웨덴 말뫼, 중공업 공장지대를 '문화'라는 가치로 재탄생시킨 캐나다 그랜빌 아일랜드, 쇠퇴한 철강 생산지를 연간 130만 명 관광객이 다녀가는 구겐하임 미술관 중심으로 경쟁력 있는 도시로 변신시킨 스페인의 빌바오, 비영리 마을 만들기 사업체를 설립해서 주민들이 주도해서 도시재생을 성공시킨 영국 코인 스트리트, 폐쇄된 양조장이 밀집된 지역이었던 곳을 벤처 창업 단

---

223 최이규, "텅빈 도쿄 근교 타운, 곧 닥칠 우리 미래", 한겨레, 2020. 10. 08.

지로 탈바꿈시킨 베를린 미테 지구 등 성공사례는 다양하다.

　도시 전체를 책임 디자인하고 관리 서비스를 하는 곳도 있다. 미국 캘리포니아주 오렌지 카운디에서 가장 큰 도시 어바인(Irvine)이다. 어바인은 1960년대 후반부터 개인 기업인 어바인 주식회사(Irvine Company)가 주도하여 만든 철저히 계획된 도시다. 19세기 후반, 대기근을 피해 아일랜드에서 미국 샌프란시스코로 이주한 제임스 어바인 1세(James Irvine Ⅰ)에서 시작한 어바인 가문은 야채 가게에서 시작하여 부동산업으로 기초를 닦았다. 그의 아들 어바인 2세는 캘리포니아 남부 사막 지역에 땅 110,000acres(450km2)를 매입하여 목장을 운영하다가 대공황을 극복하기 위해 콜로라도강을 막아 건설한 후버댐 공사가 성공하여 캘리포니아 사막 지역에 물이 공급되자 거대한 목장을 감귤과 올리브 농장으로 바꾸고 1945년에는 어바인 주식회사를 설립했다. 어바인 주식회사에게 기회가 온 때는 1960년대 후반이었다. LA에 사람들이 몰리면서 도시 확장의 필요성이 제기되었다. 새로운 도시를 만들려면 교육 환경이 중요했다. 이에 캘리포니아주립대학은 새로운 캠퍼스를 만들 곳을 물색했다. 1959년 어바인 주식회사는 캘리포니아주립대학교에 1,000acres(4km2)의 땅을 무상 기증하고 500acres(2km2)의 땅은 1달러에 매각하여 새로운 대학 설립을 도왔다. 어바인 주식회사는 새로 생긴 대학교를 중심으로 5만 명이 거주할 신도시를 건설하고 어바인(East Irvine)이란 이름을 붙였다. 1971년 12월 28일 어바인 주민들은 공식 투표를 하여 시의 이름을 어바인으로 확정하고 기업형 도시로 확장 계획을 세웠다. 당연히, 도시 개발도 어바인 주식회사가 도맡았다. 이렇게 한 개인 기업에 의해서 미국을 대표하는 계획도시로 만들어진 어바인시(City of Irvine)는 2010년 기준으로 면적은 180.5km², 인구 212,375명으로 성장했고, 2018년 현재는 미개발된 북부 지역을 합병하는 것을 시작으로 엘토로 해병대 항공 기지(El Toro Marine

Corps Air Station), 남부와 동부의 미개발 지역을 모두 합병하여 오렌지 카운티 내에서 가장 큰 면적을 가진 도시가 되었다. 계획도시답게 뛰어난 학군과 직장, 쾌적한 주거 환경을 갖추고 있어서 2008년 CNNMoney.com에서 미국에서 네 번째로 살기 좋은 곳으로 선정되고, 같은 해 인구조사국이 65,000명 이상 도시 소득 중간값 순위에서 7위, 2010년 6월에는 미국연방수사국이 발표한 미국 내 10만 명 인구 도시 중 범죄율이 가장 낮은 도시, 2011년 9월에는 비즈니스위크가 선정한 미국 최고 도시 5위에도 올랐다.

미래의 도시는 현실에 존재하는 실제 도시와 가상세계에 디지털로 복제한 도시가 공존할 수도 있다. 이런 가상과 현실에 존재하는 쌍둥이 도시를 활용해서 도시의 모든 건물과 인프라를 통합 관리는 서비스도 가능해진다. 도시를 통합 관리하게 되면, 도시 기능을 극대화할 수 있다. 도시 안에 존재하는 건물과 사물뿐만 아니라 거주민까지 하나의 네트워크로 연결시키면 도시 전체가 하나의 기업이나 공장처럼 움직일 수 있는 통합경제 공동체 단위를 만들 수 있다. 도시 기능을 극대화하여 도시 간 경쟁에서 우위를 확보하려는 것이 제1목적으로 부상하면, 개별 건물의 신축보다 더 중요한 것이 도시 전체의 서비스가 된다. 지자체마다 나름의 도시 경쟁력 확보 방향을 설정하게 되고, 그에 따라 도시나 특정 지역을 새로 건설하거나 재개발할 때에 도시 인프라와 건물의 성격과 기능에 대해 과거와 다른 새로운 표준들을 적용하게 될 것이다. 개별 건물이나 단지 중심 건설에서 도시 전체로 생각의 중심이 이동하면, 작은 도시나 지역 단위는 하나의 건설사가 디자인, 건설, 관리 서비스까지 전체를 맡을 수 있고, 큰 도시나 지역 단위는 여러 건설사들이 구역을 나눠서 인프라와 건물을 짓더라도, 통합된 표준 아래서 시행을 하게 될 것이다.

12년마다 세계 인구는 10억씩 증가하고 있다. 전 세계에서 가장 가

난한 나라 부룬디도 도시화율이 10%를 넘었다. 세계 인구의 30억가량
이 살고 있는 중국과 인도에서 도시화 속도에는 가속이 붙고 있다. 현
재, 전 세계적으로 매주 평균 150만 명 정도가 도시로 이주한다.[224] 아시
아는 물론이고, 아프리카에서도 주거 요구가 폭발적으로 증가 중이다.
이 추세라면, 앞으로 2050~2060년경이면 전 세계 도시 인구는 35억(2016
년 기준)에서 60~70억까지 증가한다. 두 배로 늘어나는 도시 이주민을 수
용하기 위해서는 100만 명 규모의 신도시 3,000개 이상이 필요하다. 10
만 도시를 기준으로 하면 무려 3만5천 개의 신도시 건설 수요다. 10~20
만 정도의 신도시 건설 초기 비용은 대략 20~30조 원이다. 2050~2060
년까지 전 세계에서 10만 도시 3만5천 개가 건설된다면 대략 700조 달
러(한화 79경 원) 시장이다. 2021년 미국 GDP 21조5천억 달러 대비 32.6배
이고, 전 세계 총 GDP의 7배다. 주요 선진국 도시들에서 재개발, 도시재
생 시장 규모도 만만치 않다. 구(舊)도시를 신기술 중심으로 리모델링 과
정을 거치면서 미래형 도시 형태 일부를 접목할 수도 있다. 기존 방식의
집 구조나 양식으로는 고령화에 대비할 수 없다. 고령화에 맞추어 도시,
동네, 건물이 최신 기술을 기반으로 리모델링해야 한다. 지구 면적의 2%
밖에 차지하지 않는 도시는 에너지 75%를 사용하며 이산화탄소 70% 이
상을 배출한다. 미래 주거환경 구축에서 에너지 고갈 문제, 물의 재활용,
쓰레기나 대기오염 등 환경오염, 범죄예방과 생활안전, 일자리와 부의 불
균형 분배 해소 등은 필수다. 첨단 기술 덕택에 초고층빌딩이나 몇 개의
빌딩이 서로 연결하여 2~3만이나 혹은 10만 명 수준의 작은 도시도 만
들 수 있다. 주거, 업무, 놀이, 쇼핑, 호텔, 에너지 등이 함께 있는 도시 속
의 도시다. 여기에 빅데이터와 인공지능 알고리즘이 흐르고, 자율 디바이

---

224 제프리 웨스트, 『스케일』, 이한음 역, (서울: 김영사, 2018).

스들의 운행, 원격병원, 에너지 자급자족, 디지털 제조생산 및 글로벌 시장과의 연결되어 한 공간에서 모든 것이 가능한 멀티모달리티 도시(City of Multimodality)를 만들 수 있다. 강, 바다, 하늘 위, 지구 밖 주거 가능성도 신중하게 고려될 것이다. 3D프린터는 인간이 지구 밖에서 집을 짓고 생존할 가능성을 높여준다. 주택 건설에 필요한 자재를 달이나 화상까지 이송하지 않고 기하학적 상상력과 프린터와 로봇만 있으면 현지에 있는 표토나 재료를 가지고 건축물을 지을 수 있다.

필자는 이런 미래를 '도시제국(City Empire) 경쟁 시대'라고 부른다. 인류 역사에서 국가의 형태는 부족국가 → 도시국가 → [도시] 통일 국가 → [국가] 통일 제국 → 독립 국가 순으로 발전했다. 미래에는 어떻게 변할까? 필자의 예측으로는 초월세계(메타버스)에서는 3차원 가상 제국으로 확장된다. 가상 제국은 2가지다. 물리적 국가 단위(경계)를 넘어 만들어지는 경제 제국(화폐동맹, 관세동맹), 초거대 인공지능을 기반으로 한 3차원 가상세계 플랫폼 제국(메타버스)이다. 반면, 현실세계는 도시 국가로 회귀하여 '도시제국 경쟁 시대'가 열린다. 국가나 제국 단위 경쟁에서 벗어나 도시 자체가 하나의 독립적 경쟁 단위가 된다. 2008년 인류 역사상 최초로 도시 인구가 농촌인구를 추월했다. 2050년이면 도시와 도시가 연결되어 하나의 거대한 메가폴리스가 주목을 받을 것이다. 중국 상하이, 인도 뉴델리 등은 인구가 3천만 명을 넘어갈 것이다. 도쿄는 5천만 도시가 될 수 있다. 도시가 작은 국가 단위의 인구와 경제력을 갖게 된다.

필자는 도시가 하나의 독립적 경쟁 단위가 되는 미래 징후를 중동에서 발견한다. 사우디아라비아, UAE 등 오랫동안 석유 자원에 의존해서 부를 누려왔던 국가들이 과감하고 혁신적인 변신을 진행 중이다. 자국의 땅속에 묻혀 있던 석유 자원 고갈이 멀지 않았고, 전 세계적으로 탈탄소 에너지 흐름이 거세기 때문이다. 중동 국가들의 영토는 대부분 사막으로 채워져 있다. 그렇기 때문에 국가 전 영토의 발전보다는 특정 도시에 기술과 경제, 산업을 집중하는 도시제국화 시도를 한다. 뜨거운 기온과 열악한 자연환경에 포위된 아프리카 국가들도 중동식 도시개발 모델을 따라갈 가능성이 크다. 중국과 인도처럼 거대한 국토 넓이를 가지고 인구도 많은 나라는 도시 별로 각기 다른 모델을 실험적으로 시도할 가능성이 크다. 다양한 도시 디자인이 가능한 나라다. 신도시 건설은 미래에 유망한 산업이다. 단, 과거처럼 사람을 수용하는 데 목적을 둔 신도시 건설은 사라질 것이다. 도시를 전체 혹은 일부 구역을 책임 디자인하고, 미래 기술과 환경적 요구에 맞게 건설하며, 건설 후에 도시 전체를 활용해서 개인이나 기업에 추가적 부가가치 서비스를 제공하여 도시 전체의 매력과 역량을 강화하는 산업으로 변할 것이다. 이 흐름을 포착하고 준비한다면, 도시제국 경쟁 시대의 도래는 한국 건설회사에 새로운 미래 기회를 만들어 줄 것이다.

선호하는 미래, New Equilibrium

다음 그림은 필자가 공부했던 휴스턴 대학원 미래학과에서 사용하는 미래예측 프레임워크(Foresight Framework)이다. 첫 번째 지평(horizon)은 현재를 지배하고 있는 시스템을 표현한다. 가장 중심에 지배 시스템이 있고, 주변에 또 다른 미래 가능성들을 만드는 시스템들이 공존한다. 두 번째 지평에서는 과거에 시작되었던 혁신과 변화의 힘이 기존 지배 시스템을 누르고 올라오는 것을 표시한다. 첫 번째 지평에서 중심을 차지했던 지배 시스템에 존재하는 명백한 균열이나 약점들을 틈타서 치고 올라오는 변화다. 새로운 평형(균형) 상태를 만드는 힘, 급작스러운 붕괴를 유발하는 힘들이 여기에 속한다. 세 번째 지평은 첫 번째 지평에서는 거의 보이지 않거나 아주 먼 주변부를 맴돌기만 하던 작은 사건이나 근본적으로 다른 또 다른 혁신의 가능성들이 오랜 시간이 지나 도약적이고 전면적인 변화 (변혁, transformation)를 만들면서 지배 시스템으로 발전하는 모습이다.

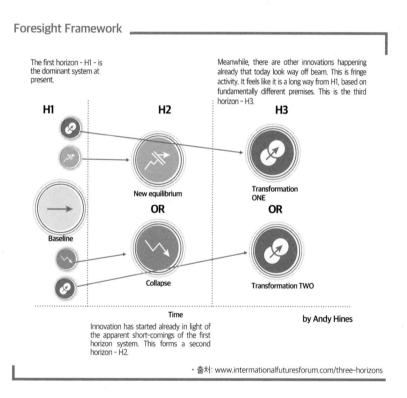

Foresight Framework

The first horizon - H1 - is the dominant system at present.

Meanwhile, there are other innovations happening already that today look way off beam. This is fringe activity. It feels like it is a long way from H1, based on fundamentally different premises. This is the third horizon - H3.

H1   **H2**   **H3**

New equilibrium

Transformation ONE

OR   **OR**

Baseline

Collapse

Transformation TWO

Time

by Andy Hines

Innovation has started already in light of the apparent short-comings of the first horizon system. This forms a second horizon - H2.

· 출처: www.intermational futuresforum.com/three-horizons

위 그림에서 첫 번째 지평, 두 번째 지평, 세 번째 지평은 시간 상의 순서가 아니다. 말 그대로 지평이고 시야다. 관심이나 흥미를 가지고 바라보는 시야의 범위를 나타낸다. 미래는 첫 번째 지평을 장악하는 지배 시스템이 오랫동안 유지될 수도 있다. 필자는 이것을 기본 미래(the Baseline Future)라고 부른다. 하지만 두 번째, 세 번째 지평처럼 또 다른 미래들이 얼마든지 출현할 수 있다. 이런 미래를 또 다른 미래들(Alternative Futures)이라 부른다. 또 다른 미래들을 확률적 가능성 안에서 그리면, 확률적으로 가능한 미래(a Possible Future)라고 부른다. 확률적으로 낮지만 일어날 경우 엄청난 파괴력을 가진 미래를 와일드카드(A Wild Card) 혹은 뜻밖의 미래(an Unexpected Future)라고 부른다. 이런 다양한 미래들 중에서 우리가 가장 일어나기 바라는 미래상을 '선호하는 미래(A Prefered Future)'라고 부른다. 선호하는 미래는 말 그대로 선호도가 높지만, 완전히 이상적이고 도덕적으로 훌륭한 미래와는 다르다. 비전(가장 이상적인 미래)은 선호하는 미래의 연장선 일부와 예측 불가능한 미래에 적당한 간격으로 걸쳐 있다. 비전은 지금 시각에서 가장 선호하는 미래 모습이 포함되어 있고, 지금은 알 수 없지만 미래에 바뀔 선호, 가치적으로 '어느 정도는' 만족하는 미래, 그리고 지금은 누구도 가능하다고 인정해 주지 않지만 나만이 꿈꾸는 이상이 혼합된 상태이기 때문이다.

FRAMEWORK FORESIGHT

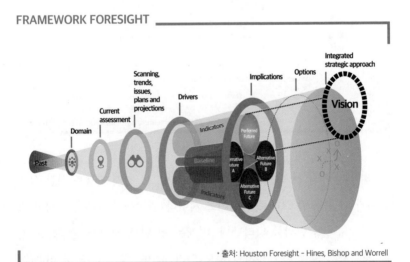

• 출처: Houston Foresight - Hines, Bishop and Worrell

필자가 이 책에서 가장 먼저 소개한 한국의 미래 **시나리오1. 도약, 일본 추월**은 필자와 온 국민이 '선호하는 미래'에 해당한다. 한국 내부에 있는 도약의 힘과 장점을 극대화해 예측한 미래다. 물론 **시나리오1. 도약, 일본 추월**이 현실이 되려면 [필자가 자세하게 설명하지 않은] 몇 가지 조건들이 추가로 한국에 유리하게 전개되어야 한다. 예를 들어, 한국 인구의 가장 큰 규모를 자랑하는 신중년의 재가동, 부동산 대붕괴 피함, 다가오는 경기 대침체와 자산시장 대폭락 후 빠른 경제회복력 발휘, 미국경제 호황 편승, 미·중 패권전쟁 피해 최소화, 교육 대개혁 성공과 인재전쟁 승리 등이다. 이런 조건들도 기가 막히게 갖춰져서 우리가 선호하는 미래(A Prefered Future)가 현실이 되는 날이 올 수 있을까? 필자는 확률적으로 충분히 가능하다고 본다. 단, 그러기 위해서는 필요한 것이 있다. 한국 정부, 기업, 국민이 우리 내부 안에 있는 붕괴의 힘이 동시에 존재하고 있다는 것을 받아들여야 한다. 이 책의 2부 **시나리오2. 붕괴, 내전**이다. 이 시나리오를 통해 우리나라 안에 존재하는 붕괴의 힘이 어디를 향하고 있고, 잘 관리하지 못하면 어떤 파국을 몰고 올지를 깨달아야 한다. 더 나아가 우리 내외부에서 일어나고 있는 대변화(Big Change), 새로운 게임, 그리고 먼 미래의 뒤바뀐 세상까지 시각을 확대해야 한다. 이렇게 넓은 시각을 확보한 후에 올바른 선택, 과거보다 더 나은 선택을 한다면 필자가 제시한 **시나리오1. 도약, 일본 추월**이라는 미래를 충분히 현실로 만들 수 있을 것이라고 생각한다.

GREAT COUNTERATTACK

시나리오2.

붕괴, 내전

한국 경제,
결정적 순간

뜻밖의 시나리오, Collapse

　　필자가 이번에 제시할 한국의 미래 **시나리오2. 붕괴,
내전**은 '뜻밖의 시나리오(an Unexpected Future)'다. 확률적으로 낮지만 일어
날 경우 엄청난 파괴력을 가진 미래를 와일드카드(A Wild Card)다. 쉽게 말
해 "설마~" 하는 시나리오다. **시나리오1. 도약, 일본 추월**은 훌륭한 선택
과 도전으로 도약(take-off)에 성공해서 '더 나은 새로운 균형(new equilibrium)'
을 찾아 안착하는 것이다. 반면 **시나리오2. 붕괴, 내전**은 결정적 순간에
서 잘못된 선택, 의도치 않게 한 발을 삐끗하면서 전혀 다른 방향(붕괴,
Collapse)으로 흘러가는 미래다. **시나리오1. 도약, 일본 추월**과 **시나리오2.**

붕괴, 내전의 결과는 정반대이지만, 둘 사이를 갈라놓은 결정적 순간에 벌어진 일은 백지장 하나에 차이에 불과하다.

전설적 포수였던 뉴욕 양키스 요기 베라는 스포츠의 결과에서 신체 능력이 미치는 비율 10%에 불과하고, 90%는 정신력에 달려 있다고 했다. 금세기 최고의 테니스 선수 노바크 조코비치도 최고 수준에 있는 100명의 선수는 체력과 실력에서 큰 차이가 없고, 차이를 만드는 것은 '결정적 순간(decisive moment)'에 중압감을 이기는 정신력이라고 했다. 한국의 미래도 마찬가지다. **시나리오2. 붕괴, 내전**은 **시나리오1. 도약, 일본 추월**과 같은 경제, 금융, 산업, 글로벌 정세 환경과 같은 역량을 가진 한국 기업들이 등장하지만 '정신력 차이'로 전혀 다른 미래로 달려가는 미래다. 기업과 정부 입장에서 정신력의 차이는 결정적 순간에 '주저하는 상황, 잘못된 선택'이다. 국가나 국민 관점에서 정신력의 차이는 결정적 순간에 '심각한 사회적 갈등'에 빠지는 상황이다.

이런 시나리오를 생각해 보아야 할 이유가 있다. 위대한 반격의 시간을 만들려면 뒤를 조심해야 한다. 뜻밖의 위기와 충격을 조심해야 한다. 자만심에 빠지면, '설마~' 하는 시나리오를 무시하는 경우가 많다. 그래서 허를 찔린다. 대비하지 않고 맞는 충격은 공포, 파괴, 붕괴 수준이 매우 심각하고 크다. 꼭 기억하라. 역사적으로 '설마~'하는 일은 생각보다 자주 일어났다. 극강을 유지했던 제국, 기업, 권력자가 한순간에 무너지는 '엄청난 설마 사건'만으로 좁혀도 발생 횟수와 빈도가 높다. 알렉산더 제국의 몰락, 역사상 가장 큰 제국을 만들었지만 칭기즈칸 죽음 이후 극적으로 분열된 몽골제국, 나폴레옹의 몰락, 21세기 가장 강력한 군대인 미군의 베트남 전쟁 패배, 노키아나 소니의 몰락, 1997년 한국의 외환위기, 2008년 미국 금융시스템의 대붕괴, 2020년 코로나19 팬데믹 대참사 등 설마 하는 일은 '생각보다' 자주 일어난다.

필자가 '설마~' 하는 미래를 연구하면서 찾아낸 통찰이 하나 있다. 설마 시나리오는 겉으로는 갑자기 찾아오지만, 이유 없이 일어나지 않는다. 이면에서는 설마 시나리오가 발생할 수 있는 주변 환경(Environment) 혹은 심층 원동력(driving forces)이 작동한다. 그래서 필자는 한국의 '설마 시나리오. 붕괴, 내전'을 설명하는 방법을 '결과'에 맞추지 않고, '배경과 과정'에 집중할 것이다. 설마 시나리오가 일어날 수 있는 배경 환경과 심층 원동력들이 움직이는 과정에 중점을 두어 예측하는 접근법이다. '설마~' 하는 시나리오는 파국으로 끌고 가는 심층 원동력이 도약으로 인도하는 심층 원동력을 압도해서 나타나는 미래다. 필자가 주목하는 '붕괴, 내전'을 일으킬 수 있는 환경이나 심층 원동력은 다음과 같다. 그리고 대부분 '정신력'과 관련된 심층 원동력이다. 참고로, 가난한 나라에서 발생하는 사회적 갈등은 절대적 빈곤과 차별이 원인이지만, 선진국에서 발생하는 사회적 갈등은 상대적 박탈감이 만든다. 주저하는 기업, 결정적 순간에 한국 기업과 정부의 잘못된 선택, 불평등, 차별, 극단적 이념 대립, 미래 불안 등이다. 여기에 북한과 남한이 극한적 대립 상태 빠짐, 기후 위기, 한국 경제의 복원력 약화 등이 한국 정부, 기업, 국민의 '역량'을 저하하는 힘들도 함께 거들면 '설마~'는 현실이 될 가능성이 더욱 커진다.

한국 경제 붕괴, 결정적 순간

필자는 한국 내부에 도약의 힘과 붕괴의 힘들이 동시에 작동하고 있다고 분석했다. 그리고 설마 시나리오는 파국과 붕괴로 끌고 가는 심층 원동력이 도약으로 인도하는 심층 원동력을 압도해서 나타나는 미래라고 했다. 필자는 붕괴 원동력과 도약 원동력의 균형이 깨지는 시점을 '결정적 순간'이라고 이름한다. 이 결정적 순간에 도약 원동력이 붕괴 원동력을 압도하면 **시나리오1. 도약, 일본 추월**이 현실이 된다. 반대로, 붕괴 원동력이 도약 원동력을 압도하기 시작하면 **시나리오2. 붕괴, 내전**이 현실이 된다.

필자가 눈여겨보고 있는 '결정적 순간'은 두 가지다. 5년 이내에 직면하게 될 결정적 순간은 '글로벌 자산시장 대학살 사건'이다. 5년 이후에 직면하게 될 결정적 순간은 '미·중 패권전쟁 극단적 순간'이다. 필자가 두 가지를 결정적 순간으로 꼽은 이유가 있다. 이 두 가지 사건은 한국 정부, 기업, 국민이 중요한 선택을 해야 할 순간에 허를 찔러 '주저하게 만드는 사건'이기 때문이다. 미래로 향하는 발걸음에 제동을 걸고 삐끗하게 만들어 '잘못된 선택'을 하도록 정신력을 흐트러뜨릴 수 있는 사건이기 때문이다.

두 가지 사건이 결정적 순간이라는 말은 한국 정부, 기업, 국민의 상태가 그 이전과 이후가 완전히 다를 수 있다는 의미다. 복잡계 이론으로 설명하면, 두 가지 사건은 '상전이(相轉移, Phase transition)'가 발생하는 순간이다. 상전이는 온도, 압력과 같은 외부 변수의 변화 에너지 누적이 극에 달해서 물질의 상태가 한 상(phase)에서 다른 상(phase)으로 바뀌는 현상이다. 불 위에 물이 가득 담긴 주전자를 올리고 열을 가하면, 곧바로 물이 기체로 변하지 않는다. 일정 기간 열에너지가 액체 상태의 물에 누적되어야 한다. 그리고 열에너지의 누적이 극에 달해서 99℃를 넘어 100℃에 이르면 기체라는 다른 상으로 바뀐다. 99℃에서 100℃로 넘어가는 사건이 '결정적 순간'이다.

두 가지 사건의 특성을 구별하면, 외부 '위험(Risk)'이다. 이 두 가지의 외부 위험이 발생한 후에 관리와 대응에 실패하면 내부 '위기(Crisis)'로 비화(飛火, flames leap to)된다. 불똥이 직접 관계가 없는 다른 데까지 번지는 상황이다. 위험이 시작되면서 거대한 충격이 시장을 강타하고, 충격 여파로 잘못된 선택이 잇달면서 기업 부도, 급격한 경쟁력 상실, 금융위기나 외환위기 같은 사건으로 옮겨가는 상태다. 필자 같은 전문 미래학자들이 다가오는 미래 위험과 위기 가능성을 예측하는 이유는 이런 최악의 미래가 현실이 되지 않도록 경고하여 사전 대책을 세우도록 돕기 위함이다.

이미 정해진 미래 위험을 사후 대책으로 대응하면, 위험(Risk) 탈출과 위기(Crisis) 전환 방지 비용이 매우 커진다. '글로벌 자산시장 대학살 사건'과 '미·중 패권전쟁 극단적 순간'은 글로벌 단위에서 일어나는 외부 위험이다. 한국으로서는 두 가지 사건이 발생하지 않도록 막을 수도 없고, 사전 관리도 까다롭다. 예고된 태풍이나 토네이도와 같으므로 '이미 정해진 미래'로 간주하는 것이 중요하다. 발생 가능성은 확실성 범주에 들고, 발생 시점과 훑고 지나가는 경로만 불확실성이다. '설마~'로 취급하더라도, 막상 일어나면 국가, 기업, 가계 전체에 미치는 충격과 영향이 크기 때문에 '한 번쯤은 미리 생각해 두기'는 해야 한다. 발생할 경우, 충격을 줄이고, 가계와 기업 파산, 국가와 기업의 급격한 글로벌 경쟁력 상실, 금융위기나 외환위기 같은 내부 위기(Crisis)로 전환되어 한국 경제 전체를 붕괴시키는 최악의 상황을 방지할 사전 대책도 세워둬야 한다.

글로벌 자산시장 대학살

글로벌 자산시장 대학살이란 채권, 주식, 파생상품, 암호화폐, 외환, 부동산 등 대부분의 투자 자산들이 줄줄이 충격받고 폭락하는 시나리오다. 그것도 전 세계에서 동시에 일어난다. 글로벌 자산시장 대학살이 발생하는 정확한 시점은 예측 불가능하다. 그 실체가 드러나기 전까지는 어떤 경로를 통해 어떻게 시장을 강타할 것이고, 한국 기업과 가계에 얼마큼 피해를 줄 지를 정확하게 예측하기도 힘들다. 하지만 필자가 시장을 매일 모니터링한 결과로는 위험이 다가오는 속도가 점점 빨라지고 있다. 금융과 투자자산시장의 연계 시스템을 참고하면, 순서도 대략 예측이 가능하다. 채권, 주식과 암호화폐, 외환, 부동산, 파생상품 순서가 될 가능성이 크다.

자산가격 대폭락은 반복되는 사건이다. 필자의 분석으로는 평균 8~10년이 주기다. 때로는 기본 주기보다 2년 정도 빠르게[6~7년] 일어나거나 늦게[10~12년] 일어날 수도 있다. 반복되는 사건이기에, 새삼스럽지 않을 수 있다. 자산시장 대폭락이 일어나면, 경제가 흔들리고 사회가 혼란에 빠지고 정신력이 흩뜨려지는 것도 예상 가능한 일이다. 하지만 필자가 다음 번 자산시장 대폭락이 한국 정부, 기업, 국민에게는 결정적 순간이라고 예측하는 이유가 있다. 다가오는 글로벌 자산시장 대학살이 한국 내부는 물론이고 글로벌 시장 전체에서 국가와 기업의 경쟁 판도를 바꾸는 환경을 만들 것이 분명하다고 예측하는 이유가 있다.

첫째, 충격의 크기다. 다음 번 자산시장 대폭락은 '대학살'이라고 할 만큼 크고 광범위하게 일어날 가능성이 크다. 이전 것들과 '충격' 자체가 다르다. 최악의 경우, 40~50년 만에 한 번 정도 오는 충격 규모[폭락률]를 기록할 가능성이 있다. 대폭락으로 증발하는 자산 규모도 기록적으로 될 수 있다. 예를 들어, 미국 나스닥을 비롯해서 각국 주식시장에서 기술기업들의 주가는 50~70%까지 폭락할 수 있다. 비트코인을 포함한 암호화폐 가격도 70~90%까지 폭락할 수 있다. 주요 선진국에서 부동산 가격이 단기간에 10~30% 정도 빠질 수 있다. 전 세계 자산시장에서 일어나는 엄청난 지각 대변동은 글로벌 시장을 어디로 흘러가게 할지 모른다.

둘째, 충격이 발생하는 시점이 예사롭지 않다. 다음 번 자산시장 대폭락은 평균 주기 8~10년보다 빨리 올 가능성이 크다. 그럴 경우, 발생 시점은 [한국 기업들이 코로나19 대충격을 넘기고] 미래산업 경쟁 속도를 내기 시작할 즈음이다. 미래산업 본선 경주를 알리는 총소리를 듣고, 있는 힘을 다해 스타트를 끊고 속도를 올리려고 하는 순간, 자산시장 대학살이 강타한다. 경기 전체가 엉망인 상태로 급변한다. 순식간에 자산 붕괴라는 허를 찔리고, 미래로 향하는 발걸음에 제동이 걸린다. 이곳저곳에서 자산 가격이 폭락하고 시장 질서가 무너지며 정책이 삐끗하고 기업이 파산하며 사회 곳곳에서 생존을 두고 집단 간 충돌이 연달아 벌어지면, 심리적 공포가 극에 달하고 정신력이 흩뜨려져 가장 중요한 순간에 '가장 나쁜 선택'을 하거나 의사결정을 못 하고 '주저할' 가능성이 커진다.

셋째, 후유증의 문제다. 자산시장 대폭락은 언제나 후유증을 남긴다. 충격에서 가까스로 살아남아도, 충격 이전 상태로 되돌아가는 데는 시간이 필요하다. 하지만 다음 번 자산시장 대폭락 후유증은 이전보다 크고 오래갈 가능성이 크다. 1997년 외환위기, 2020~2022년 코로나19 대재앙 시절에 한국 사회, 경제, 기업, 가계에 주었던 후유증보다 더 클 수 있다. 특히, 한국 경제의 허리층이 겪을 길고 긴 후유증이 우려된다. 중산층과 중견, 중소기업, 자영업자 등이다. 이들에게 후유증이 큰 이유가 있다. 자산시장 붕괴 자체가 크기 때문에 후유증도 크다. 모든 자산에서 붕괴가 일어나기 때문에, 어린이와 청소년을 제외한 모든 세대가 직접 피해를 본다. 암호화폐는 MZ세대, 주식은 중장년, 기업은 채권, 부동산은 영끌 세대부터 은퇴 자산까지 모두 연결되어 있다. 이것들이 대폭락하면, 모든 자산을 걸었던 중간층이 무너지고, 중간층이 무너지면 내수시장에 충격이 가해지면서 상대적으로 취약한 중견, 중소기업, 자영업자들의 피해가 눈덩이처럼 커진다. 후유증이 크고 길면, 전열을 재정비하고 미래

산업 경쟁에 다시 뛰어드는 시간도 늦춰진다.

넷째, 자산 대붕괴 사건이 지나면, 한국 내수 소비시장에 저출산, 고령화, 조기 은퇴, 평균수명 연장 등 인구구조 변화가 만들어내는 부작용 체감도 시작된다. 다음 번 자산시장 대학살에서 자산을 거의 잃은 중산층과 중견, 중소기업, 자영업자, MZ세대 등은 충격에서 회복되기 전에 인구구조 변화가 만들어내는 부작용과도 맞서야 한다. 설상가상 형국이 펼쳐질 수 있다. 이것이 한국 정부, 기업, 국민이 맞닥뜨린 첫 번째 결정적 순간이다.

팬데믹 머니의 신화가 저주로 바뀐다

글로벌 자산시장 대학살 사건이 임박함을 알리는 미래 신호(Futures Signals)를 알 수 있을까? 알 수 있다. 첫 번째 신호는 자산시장의 현재 버블이 슈퍼버블(비이성적 버블)로 확대되는 것이다. 두 번째 신호는 슈퍼버블이 확장을 멈추는 상황이다. 마지막은 중요 경제 지표들에서 경제 추락 속도가 빨라진다는 신호다. 특히 미국 경제의 추락 속도가 빨라지는 지표를 발견하면 긴급대응을 시작해야 한다. 이런 신호들이 전부 나온 후, 어느 날 갑자기 글로벌 자산시장 대학살 사건이 시작될 것이다. 미래 신호를 포착하는 데 도움이 되는 몇 가지 분석과 예측을 더 들여다보자.

2020년 3월 코로나19 팬데믹 대재앙이 세계 경제를 강타하자 각국 정부와 중앙은행은 무제한 양적완화 카드를 사용했다. 이때 쏟아진 돈을 '팬데믹 머니(Pandemic Money)'라고 부른다. 미국의 경우, 트럼프 행정부가 2.2조 달러, 바이든 행정부가 1.9조 달러 경기부양책을 실시했다. 2008년 부동산버블 붕괴로 금융위기가 발발하자 미국은 3년 동안 3조5천억 달러를 풀었다. 하지만 2020년에는 단 3달 만에 3조 달러를 풀었다. 2021년 11월 바이든 행정부는 1조 달러 규모의 '미국 재건을 위한 인프라 법안'에 최종 서명했다. 바이든 행정부는 앞으로 사회복지 지출에 초점을 맞춘 1.5~2조 달러 사이의 '더 나은 재건법(the Build Back Better Act)'을 통과시키려 한다. 미국, 일본, EU 중앙은행은 무제한 양적완화를 동시에 선언했다. 2020~2021년 미국 중앙은행인 연준의 자산(부채)은 2배 이상 늘었고, 미국 국가부채는 22%P 증가했다. 모두, 역대 최고치다. 전 세계 돈의 규모도 2008년 금융위기 시점 대비 2배 늘었다.

팬데믹 머니는 세계 경제와 금융시스템의 붕괴를 막았다. 자산시장 대폭락도 한 달 만에 강력한 반등 추세로 바꿔놓았다. 하지만 팬데믹 머니는 부작용도 컸다. 글로벌 공급망 병목과 맞물리면서 도처에서 인플레이션율을 상승시켰다. 2022년 1월 미국의 소비자물가는 7.5%를 기록하면서 1982년 이후 40년 만에 최고치에 이르렀다. 상황의 심각성을 평가하면, 베트남 전쟁의 여파로 미국 물가가 폭등하던 시기인 1973년 10월 1차 오일쇼크가 시작되면서 물가가 폭등하던 시기와 비슷하다. 이 당시의 고물가 압력은 볼커 전 연방준비제도(Fed) 의장이 1980년 기준금리를 20%까지 올리게 만드는 요인으로 작용했다. 팬데믹 머니는 밈(Meme) 주식, NFT(대체불가토큰), 암호화폐, 전기차 등에 쏟아지면서 주식과 암호화폐 시장에 버블도 키웠다. 2021년 12월 말 기준, 나스닥 지수는 코로나19 팬데믹 이전보다 70% 이상 올랐다. 2020년 3월 대폭락 저점을 기준으로 하면 2년 만에 2배 이상 상승이다. 버블은 두 가지 종류가 있다. 하나는 과도한 차입에 따른 버블이다. 원금 상환을 하지 못하면 터진다. 다른 하나는 통제가 어려운 과도한 유동성이 일으키는 버블이다. 지금 만들어지고 있는 버블은 후자에 더 가깝다. 팬데믹 머니는 부동산 시장도 자극했다. 2021년 5월 케이스쉴러 지수는 2007년 글로벌 부동산 버블

최정점 때의 수치를 넘었다. 케이스쉴러 지수는 미국 주택가격 지수[연간] 변화를 보여주는 지표다. 2021년 8월 미국의 온라인 대출업체 렌딩트리가 2050명을 대상으로 주택구매 관련 설문 조사를 했다. 조사 결과 응답자 중 현재 41~55세는 55%, 25~40세[밀레니얼 세대]의 52%가 현재 집값이 평생 집을 사지 못할 정도까지 상승했다고 답했다.[225] 미국, 중국, 유럽, 한국 등 전 세계 주요 선진국에서 부동산 가격이 한꺼번에 오르는 것이 2000년대 초 부동산 버블기와 비슷했다. 2021년 6월, 코로나19 기간 최고의 밈 주식이었던 AMC엔터네인먼트가 하루에만 100% 폭등하는 사건이 일어났다. 월가 베테랑 투자자이고 리먼브라더스의 전 임원이었던 래리 맥도널드는 "시장이 크게 망가졌다", "우리는 다이너마이트 창고에서 담배를 피우고 있다"고 말하면서, 현재 지구 곳곳에 레버리지가 쌓이고 있지만 아직까지도 그 레버리지의 독성을 알아차리지 못하고 있다고 우려도 표현했다. 그는 2008년 금융위기 당시에 팬데믹 머니처럼 매일, 매주, 매달 더 많은 '주스'를 공급하는 듯한 연준의 지원이 있었다면 리먼브라더스는 결코 망하지 않았을 것이라고 비꼬면서 팬데믹 머니의 규모와 위험성을 지적했다.[226] 2021년 1분기 기준, 미국 전체 주식시장의 버핏지수는 311%였다. 닷컴버블기 버핏지수 210% 수준을 훨씬 뛰어넘었다. 버핏지수는 워런 버핏이 주목하는 척도로서 상장 주식의 시가총액을 분기별 GDP로 나눈 값이다. 팬데믹 머니의 부작용은 이것이 끝이 아니다. 양극화 격차를 더 늘렸고, 부채 위에 부채를 쌓는 상황을 만들어 재정 딜레마도 불러왔다. 기업부채도 늘었다. 팬데믹 머니와 주식시장 활황 덕택에 전 세계 기업들이 2021년 한 해에 조달한 자금이 12조100억달러[1경4380조 원]이다. 미국에서만 5조 달러가 넘는다. 2910년 대비 25% 증

225 유재동, "미국 세입자들도 '평생 집 사기 글렀다' 팬데믹 중 집값 폭등", 동아일보, 2021. 09. 08.
226 박수현, "펀더멘털 취약한 AMC 주가 하루만에 2배 폭등…'시장이 망가졌다'", 조선비즈, 2021. 06. 03.

가다. 연간 기준으로 사상 최대다.[227] 금융 정보 회사 리피니티브가 분석한 자료에 따르면 2020년과 2021년에 전 세계 회사채 신규 발행 규모는 5조4000억 달러(전년 대비 20% 증가), 5조2000억 달러로 역대 1, 2위를 기록했다. 재무 건전성이 취약한 '투기등급' 채권 발행액은 2020년에 5727억 달러(전년 대비 30% 증가), 2021년에 6706억 달러로 2년 연속 사상 최대치 경신이었다. 미국의 저신용 기업이 앞으로 5년간 상환해야 할 채무 잔고는 약 1조4천억 달러다. 역사상 최고치다.[228] 미국 기업은 주식시장에서 조달한 돈과 초저금리에 취해 마구 늘린 빚으로 상장 축포를 남발하고, 자사주 매입을 하여 주가를 다시 끌어올리며 버블을 키웠다. 성과급도 마구 뿌렸다. 여기저기서 돈 잔치다.

1952~2021년 미국 비금융부문 부채 규모

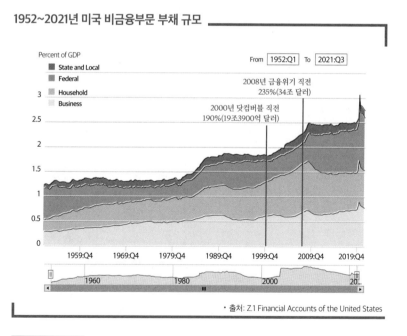

• 출처: Z.1 Financial Accounts of the United States

---

227 파이낸셜뉴스, 2021.12.29. 송경재, "전 세계 기업들, 올해 1경4380조 원 조달 성공, 사상최대"
228 조선일보, 2022.2.17. 최원석, "40년만에 닥친 미국發 인플레, 대공황 떠오르는 3가지 이유"

2021년 3분기, 미국의 비금융부문(nonfinancial sector. 금융업종을 제외한 기업. 가계. 정부) 부채는 63조6700억 달러로 GDP 대비 297%까지 상승했다. 2000년 닷컴버블 직전 190%(19조3900억 달러), 2008년 금융위기 직전 235%(34조 달러)보다 높고, 1933년 대공황기 정점 때의 299%와 비슷하다. [영역별로는 2008년에는 가계부채와 기업부채가 증가했지만, 최근에는 가계부채는 줄고 기업과 정부부채는 계속 증가했다.] 대공황 때의 299%라는 높은 부채는 기준금리 2.25~2.5%P 상승과 만나면서 역사상 가장 무자비한 자산시장 대학살 사태로 돌변했다. 미래는 어떻게 될까? 앞으로도 돈줄을 조이지 않으면, 인플레이션이 통제 불능 되고 자산시장에서 버블이 슈퍼버블로 확대된다. 돈줄을 줄이면, 자산시장 약세와 장기 저성장 위험이 기다린다. 펜데믹 머니의 신화가 저주로 바뀌지 않을까 걱정이 커진다.

1924~1932년 미국 주식시장 대폭락 분석

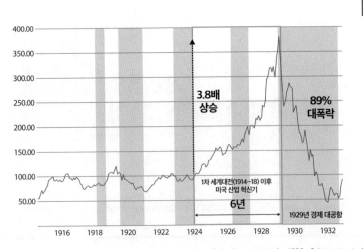

· 출처: newworldeconomics.com/the-federal-reserve-in-the-1920s-2-interest-rates/

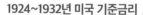

1924~1932년 미국 기준금리

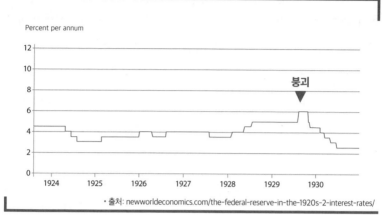

Percent per annum

붕괴

• 출처: newworldeconomics.com/the-federal-reserve-in-the-1920s-2-interest-rates/

코로나19 종식 후, 나스닥 로켓 상승이 신호다

시나리오2. 붕괴, 내전은 펜데믹 머니 신화가 저주로 바뀌어서 40~50년 만에 한 번 일어나는 슈퍼버블과 자산시장 대학살이 일어나면서 뒤바뀌는 세상을 다룬다. 불가능한 미래가 아니다. 여기저기서 버블 우려가 끊이지 않는다. 모든 지표가 꼭짓점에 도달했다는 비관적 평가도 나온다. 필자는 역사적으로 자산시장 버블 붕괴는 반복되는 사건이라고 했다. 반드시 일어날 미래인 것은 분명하다. 문제는 충격의 규모다. 이전과 비슷한 수준으로 끝날지, 아니면 두 개 이상의 태풍이 뭉쳐지면서 퍼펙트 스톰으로 확대되듯이 버블에 버블이 축적되어 슈퍼버블로 확대되어 자산시장 대학살 사태를 불러올지 여부다. 필자는 이 모든 것이 연준에게 달려 있다고 본다. 그래서 앞으로 3~5년 전 세계 중앙은행 역할을 하는 미국 연준의 행보에 대한 시나리오를 만들어볼 필요가 있다. 참고로, 필자가 '슈퍼버블'이라고 칭하는 상황은 주식, 암호화폐, 부동산, 원자재, 파생상품 등 거의 모든 투자상품에서 동시에, 그리고 전 세계에서 동시에 버블이 쌓이는 상황이다. 특히 주식시장에서는 나스닥처럼 기술주가 모여있는 곳에서 비이성적인 과열이 일어난다. '비이성적 과열'이란 말은 앨런 그린스펀 전 미국 연준 의장이 1996년 12월 당시의 나스닥에서 일어나는 증시 과열 현상을 경고한 표현이다. 이 경고가 있은 지 3년 뒤 2000년에 나스닥 역사상 가장 큰 버블 대붕괴(최고점 대비 81% 폭락), 미국 주식시장 역사상 2번째로 큰 버블 대붕괴(1위는 1929년 대공황 당시 89% 폭락)가 발생했다.

미국 연준의 행보 예측 시나리오의 출발점은 막대한 부채, 엄청난 시중 유동성, 높은 인플레이션, 경제성장률의 회귀 시작, 여전히 살아있는 제4차 산업혁명 기대치 등이다. 전 세계 정부, 기업, 가계의 부채 규모는 지난 2년 동안 평균 10~20%P 증가했다. 총규모는 대부분의 나라가 역대 최고치다. 현재 시중에 풀린 유동성도 역사적 수준이다. 미국의 예를 들어 보자. 2008년 글로벌 경제 위기 극복을 위해 뿌린 돈(2008년 양적완화)과 2020년 이후 쌓인 돈(2020년 양적완화)이 시장에 돌아다닌다. 바이든 행정부가 미국 재건을 위한 인프라 투자로 퍼부을 1조 달러도 시중에 흘러나온다. 여기에 바이든 행정부는 사회복지 지출에 초점을 맞춘 1.5~2조 달러 사이의 '더 나은 재건법(the Build Back Better Act)'을 통과시키려 한다. 지난 수십 년의 기록을 경신하는 인플레이션율은 시간이 흐르면서 서서히 하락할 것이다. 하지만 2023년까지 연준과 시장을 괴롭힐 가능성이 크다. 2021년 미국 경제성장률은 5.7%를 기록하면서 45년 만에 중국을 추월했다. 하지만 2022년부터는 미국 경제성장률도 코로나19 이전 평균으로 회귀를 시작할 것이다. 이런 와중에 기업과 투자자들의 제4차 산업혁명 기대치는 식지 않고 있다.

필자의 분석으로는 제4차 산업혁명 기대치가 시작된 시점은 코로나19 기간이 아니다. 2012년 구글이 자율주행차 영상을 공개하면서부터다. 2013년 오바마 대통령이 3D 프린터를 미국산업의 희망 중 하나라고 강조하면서 제4차 산업혁명기 미래기술 경쟁이 시작되었다. 그리고 2016년 다보스포럼에서 제4차 산업혁명이라는 용어가 사용되고, 구글 딥마인드사의 알파고가 세계 최고의 인간 프로바둑기사 이세돌 9단을 4대 1로 이기는 장면이 전 세계에 중계되면서 충격과 환상이 교차하면서 투자 시장이 움직이기 시작했다. 다음 미국 나스닥 종합주가지수 움직임을 보자. 2016년에 닷컴버블기 최고점을 16년 만에 회복했다. 그리고 2017년부터는 나스닥지수 상승 추세가 빨라지기 시작했다. 본격적으로 제4차 산업혁명기 버블 붐의 시작이다. 코로나19 기간은 실물경제가 침체를 거듭하자 투자자들의 기대감과 돈이 전기자동차, 바이오, 로봇, 메타버스, 우주산업 등 제4차 산업혁명기를 주도할 대부분의 기술과 산업 섹터에 집중되는 추세가 강화되었다. 필자는 코로나19가 종식되고 일상으로 복귀가 빨라지고, 연준이 기준금리를 올려서 기술주에 대한 우려가 커지더라도, 제4차 산업혁명기에 대한 기대감은 사라지지 않으리라 예측한다. 조금이라고 틈이 생기면, 제4차 산업혁명기 수혜 기업, 산업, 국가의 주식 가격은 곧바로 재상승 바람을 탈 것이다.

지난 45년간 나스닥 지수 움직임을 로그지수로 바꾼 두 번째 그림을 보라. 제3차 산업혁명기 닷컴 슈퍼버블은 2단계로 진행되었다. 1992년 제3차 산업혁명기 버블 붐이 시작된 이후부터 1998년 말까지가 1단계. 다음의 첫 번째 그래프를 보면, 1992년부터 서서히 상승 추세를 그리다가 1998년 1년 동안 상당히 빠른 속도로 급상승한다. 그리고 1999년 초에 잠시 속도 조절이 일어났다. 그리고 2단계에 진입하면서 상승 속도가 한 단계 빨라졌다. 2016년에 시작된 제4차 산업혁명기 버블 붐도 서서히 상승 추세를 그리다가 2021년 1년 동안 이전보다 빠른 속도로 급상승했다. 이런 움직임은 나스닥 지수 움직임을 로그지수로 바꾼 그래프에서 선명하게 나타난다. 그래프 움직임으로 본다면, 제4차 산업혁명기 기대감은 1단계를 마친 셈이다. 1단계 버블까지는 이전 주식시장 버블기들의 평균치

안이다. 만약 2단계 상승이 실제로 일어나면, 슈퍼버블로 전환된다. 버블은 반드시 붕괴한다. 역사적 사실이다. 슈퍼버블 상태에서 붕괴가 일어나면, 자산시장 대학살은 현실이 된다. 참고로, 제4차 산업혁명기의 나스닥 종합주가지수만 제3차 산업혁명기(닷컴버블기)와 닮은 것이 아니다. 제4차 산업혁명기 수혜주들도 제3차 산업혁명기(닷컴버블기) 수혜주들의 움직임과 거의 비슷하다. 예를 들어, 제3차 산업혁명기 최고 수혜주는 시스코였다. 제4차 산업혁명기 최고 수혜주는 테슬라다. 필자가 분석한 결과, 버블 1단계에서 두 기업의 주가 움직임과 PER의 극단적 상승이 거의 비슷했다. 시스코는 1단계 버블기 종료 시점까지 7년 동안 48배 상승했다. 테슬라는 2021년 11월 4일 최고치 1230달러 기준으로 지난 7년 동안 26배 상승했다. 2022년 1월 기준, 테슬라의 PER는 190.2다. 같은 기간 제4차 산업혁명기 또 다른 수혜주인 엔비디아(NVIDA)가 80.25보다 높다. 테슬라의 PER가 극단적으로 높다는 것은 아마존의 PER가 49.76, 애플이 29.18, MS가 35.09, 알파벳이 25.23인 것과 비교하면 알 수 있다.

2001년 IT 버블 붕괴 이후 나스닥 지수 움직임

· 출처: tradingeconomics.com

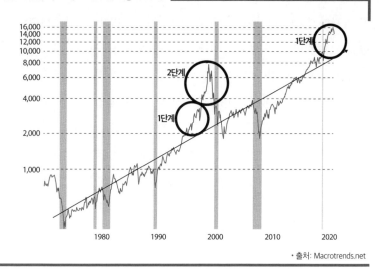

• 출처: Macrotrends.net

연준이 물가를 못 잡으면, 곧바로 경기 대침체다

　필자의 분석으로는 제4차 산업혁명 버블이 1단계에서 끝날지, 아니면 2단계로 기어를 변경하여 아찔한 속도로 로켓 상승한 후에 대붕괴를 맞을지는 연준의 행보에 달려 있다. 특히 2022~2024년의 행보가 중요하다. 이 사실을 기억하면서 위에서 설명했던 배경[막대한 부채, 엄청난 시중 유동성, 높은 인플레이션, 경제성장률의 회귀 시작, 여전히 살아있는 제4차 산업혁명 기대치 등] 안에서 앞으로 3~5년 미국 연준의 긴축 행보와 자산시장의 움직임을 예측하는 시나리오를 만들어 보자. 시나리오의 큰 방향은 두 가지다. 연준이 인플레이션[물개]을 잡는 데 성공하는 것과 실패하는 것이다. 필자의 예측으로는 실패하면 곧바로 스태크플레이션 상태가 되고, 경기 대침체[리세션, Recession]가 일어난다. 다음은 미국 연준, 투자회사, 경제연구소들이 내놓은 2021~2024년까지 미국 경제성장률 전망을 종합한 자료다. 델타 변이가 창궐하기 전까지 2021년 미국 경제성장률 전망은 최대 8.1%까지 올랐었다. 하지만 델타 변이가 미국 경제를 재위축시키자 관련 기관들은 전망치를 속속 내렸다. 연준은 2021년 경제성장률은 5.9%로 하향 조정했다. 델타 변이에 이어, 오미크론 변이가 한 번 더 창궐하자 골드만삭스는 2022년 미국 GDP 성장률을 기존 4.2%에서 3.8% 변경으로 하향 조정했다. IMF도 2022년 성장률을 기존 5.2%에서 4.0%로 하향 조정했다. 대신, 2023년 전망치가 약간 상향될 가능성을 열어 놓았다. 델타와 오미크론으로 경제 개방과 여행 등의 일부 소비 영역의 회복이 지연된 것들이 2023년에 반영될 가능성 때문이다.

2021~2024년 미국 경제성장률 전망

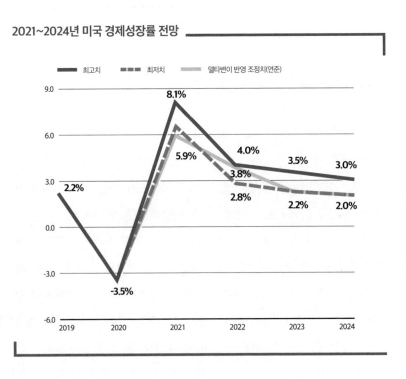

2022년 1월에 발표된 2021년 미국의 실제 경제성장률은 5.7%를 기록했다. 오미크론의 영향으로 델타 변이 영향만 반영했던 연준의 전망보다 낮았지만, 45년 만에 중국을 추월하는 성과를 냈다. 하지만 2022년부터 미국 경제성장률은 코로나19 이전의 평균 성장률 2~3%대로 회귀를 시작한다. 2021~2022년까지 미국 경제성장률이 극과 극을 오가는 매우 높은 변동성을 보인 것은 코로나19 팬데믹 대재앙 때문이다. 이런 특수 상황이 끝나면, 경제 성장률은 정상으로 복귀하는 것이 이치다. 경제 충격으로 급락한 후, 기저효과로 평균치보다 높게 치솟고 다시 낮아지면서 정상으로 복귀하는 패턴이다. 코로나19 종식 이후, 미국 경제성장률의 정상 복귀는 지점은 2~3%대다. 실제로는 코로나19 이전의 정상적인 성장률로 복귀지만, 표면상으로는 5.9%라는 높은 성장률에서 매년 하락하는 모양새다. 심리적으로 불편한 추세다.

이런 상황에서 연준이 40년 만에 최고치를 찍은 인플레이션율을 잡는 데 실패한다면 어떻게 될까? 가장 중요한 해는 2023년이다. 2022년 3월 16일, 연준은 첫 번째 기준금리 인상을 단행하면서 러시아의 우크라이나 침공이라는 변수 때문에 2022년 말 미국 물가상승률 전망치를 2.6%에서 4.3%로 대폭 올렸다. 2023년에는 2.6% 미만으로 하락할 것이라 기대했다. 하지만 연준의 전망이 빗나간다면 무슨 일이 벌어질까? 예를 들어, 2023년 인플레이션율이 3.0%~4.0% 사이를 기록하여 2023년 예상 경제성장률 2.2~3.5%을 넘어서는 시나리오다. 연준의 인플레이션 통제 시도는 대실패로 평가받고, 시장은 연준의 신뢰도 하락과 스테그플레이션이라는 두 가지 충격을 연달아 받을 수 있다. 먼저, 시장 최후 방어자 역할을 하는 미국 중앙은행의 정책에 대한 불신은 시장을 심리적 대혼란으로 몰아넣는다. 시장이 심리적 대혼란에 빠질 때, 실물경제는 스테그플레이션 충격이 시작된다. 스태그플레이션(stagflation)은 경기 침체를 뜻하는 스태그네이션(stagnation)과 물가상승을 뜻하는 인플레이션(inflation)의 합성어다. 경제 활동이 침체한 상황에서 물가 상승이 계속되고나 높은 수준에서 유지되는 상황이 동시에 발생하는 상태다. 저성장 고물가 상태가 심하면, 슬럼프플레이션(slumpflation)이라고도 부른다.

미국, 근원인플레이션(CPI)

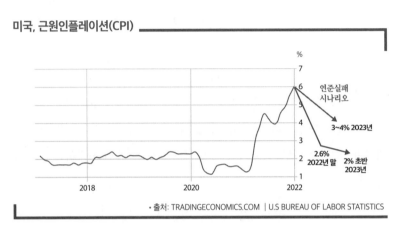

- 출처: TRADINGECONOMICS.COM | U.S BUREAU OF LABOR STATISTICS

고물가 저성장의 스태그플레이션(stagflation) 상황이 무서운 이유가 무엇일까? 다음 그림을 보자. 1970년부터 코로나19 직전까지, 미국의 경제성장률과 근원인플레이션을 비교했다. 경제가 호황기일 때는 경제성장률이 근원인플레이션율보다 높다. 하지만 경기 대침체기에는 경제성장률이 근원인플레이션보다 낮다. 저성장 고물가 상황인 스태그플레이션이 발생했다는 것 자체가 경기 대침체 상황이라는 의미다. 경기 대침체 혹은 스태그플레이션(stagflation)은 두 가지 방식으로 발생한다. 하나는 경제성장률이 하락하는 추세일 때, 근원인플레이션율이 계속 상승하여 그 차이가 역전되면 발생한다. 대부분의 상황이 여기에 속한다. 다른 하나는 근원인플레이션율이 하락하는 추세지만, 경제성장률 하락 속도가 더 빨라서 그 차이가 역전되는 상황이다. 2008년 경기 대침체기가 그랬다.

2022~2023년의 미국 경제성장률은 2021년 고점인 5.7%에서 계속 하락한다. 2023년 미국의 근원인플레이션율도 지금보다 낮아질 것이 분명하다. 2023년 둘 다 하락하는 추세에서 스태그플레이션(stagflation)이 발생한다면, 2008년 직전과 비슷한 경우다.

미국의 경제성장률과 근원인플레이션 비교

2023년 미국의 인플레이션율 하락이 경제성장률 하락 속도보다 더 느려서 둘 간의 차이가 역전된다고 생각해 보자. 심지어 연준이 기준금리 인상 속도와 폭을 빠르고 높게 하고서도 이런 결과가 나왔다고 해 보자. 2년간의 경제성장률 하락과 강도 높은 긴축은 시장에 피로감을 준다. 이런 상황에서 연준의 신뢰도 하락과 스태그플레이션 우려가 중첩되면서 소비, 투자, 생산 등 각종 경제 심리가 한순간에 얼어붙는 악순환 고리가 작동할 수 있다. 그 결과, 2023년 경제성장률은 정상보다 더 빠르게 하락할 수 있다. 가장 낮은 예상치인 2%대 초반까지 급락이다. 최악의 경우, 2024년에는 정상 궤도 복귀에서 벗어날 수도 있다. 1%대까지 급락이다. 당연히 실물경제는 대침체에 빠지고 투자시장은 대폭락을 맞게 된다.

다음 그림을 보자. 2008년 금융위기로 인한 경기 대침체 직전의 경제 성장률, 인플레이션, 기준금리, 주식시장, 부동산 가격 움직임이다. 2004년 초부터 인플레이션율이 급상승하기 시작했다. 이에 연준은 2004년 7월 기준금리 인상을 시작해서 2005년 7월까지 1년 동안 7회 인상하여 1.75%포인트까지 기준금리를 올렸다. 연준이 6~7번째 기준금리 인상을 할 무렵, 인플레이션율은 하락 추세로 꺾였다. 대신, 경제성장률은 계속 하락했다. 하지만 인플레이션율 하락은 일시적이었다. 2006년에 들어서면서 미국 인플레이션율은 다시 상승했다. 연준은 기준금리 인상 속도를 더 높였다. 경제성장률은 더욱 하락했다. 그러나 인플레이션율은 계속 높아졌다. 2006년 3분기에 들어서자 경제성장률과 인플레이션율은 역전이 되었다. 둘 간의 차이는 0.4%P였다. 스테그플레이션 우려가 일어나자 연준은 기준금리 인상을 멈췄다. 연준을 괴롭혔던 인플레이션율도 하락 추세로 전환되었다. 하지만 인플레이션이 하락 전환된 것은 높은 기준금리 때문이 아니었다. 경제 성장률 하락이 더 빨랐기 때문이다. 경제성장률과 인플레이션율은 역전 현상은 개선되지 않았다. 부동산 가격 움직임을 보자. 경제 성장률과 인플레이션율은 역전된 이후부터 부동산 가격도 하락하기 시작했다. 기준금리 인상이 멈추자 2007년 후반에 주식시장이 잠시 상승 추세로 돌아섰다. 같은 기간 경제 성장률이 잠시 반등한 덕택이었다. 하지만 2007년 말을 정점으로 부동산 가격 하락은 속도가 빨라졌고, 주식시장도 무너지기 시작했다. 그리고 2008년에는 경제 성장률도 무너졌다. 그리고 경제성장률과 인플레이션율은 역전 차이는 2%P로 더 벌어졌다. 대침체의 시작이었다.

미국 2004~2008년 경기 대침체 직전 움직임

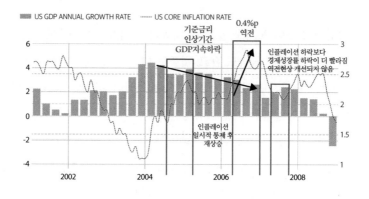

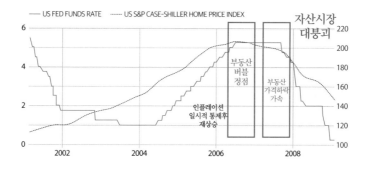

• 출처: TRADINGECONOMICS.COM

연준이 물가를 잡으면, 슈퍼버블이다

그렇다면 연준이 물가를 잡는 데 성공하면 어떤 시나리오가 가능할까? 가장 좋은 미래는 물가도 잡고, 버블도 더 이상 일어나지 않게 하고, 경제성장률도 뜨겁지도 차지도 않게 만드는 것이다. 하지만 이런 미래는 너무 환상적이다. 실제는 다를 가능성이 크다. 필자는 연준이 물가를 잡는 데 성공하면 자산시장에 슈퍼버블이 만들어지는 시나리오가 좀 더 현실적이라고 예측한다. 필자가 왜 이렇게 시나리오를 만들었는지를 코로나19 이전 세 차례의 기준금리 인상과 주식시장의 움직임을 분석하면서 설명해 보겠다. 필자가 참고한 과거 사례는 1994년, 2004년, 2015년 세 차례의 기준금리 인상기다. 필자가 1990년대 이전 긴축국면에서는 모델 추출을 하지 않은 이유가 있다. 다음 그림을 보자. 1970~1992년까지 미국 연준의 기준금리 변화와 경제성장률 간의 관계다.

1970~1992년 미국 연준의 기준금리 변화와 경제성장률

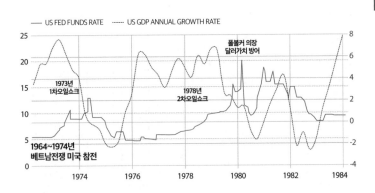

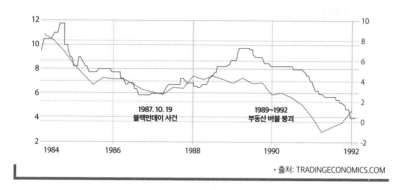

1987. 10. 19
블랙먼데이 사건

1989~1992
부동산 버블 붕괴

· 출처: TRADINGECONOMICS.COM

　　연준이 기준금리를 올리면 경제성장률이 하락하는 관계는 지금과 비슷하다. 하지만 1990년대 이전은 세계화 수준, 경제성장률, 양적완화 정책, 정부재정 지출, 국가부채, 인플레이션 등 현재 상황과 많은 것들이 다르다. 특히 1970~1984년까지는 베트남 전쟁, 1, 2차 오일쇼크 등이 있던 기간이다. 달러가치의 심각한 훼손이 일어나면서 폴볼커 연준 의장이 달러가치 방어를 위해 기준금리를 20%까지 올리는 사건도 있었다. 그래서 1990년대 이전에 연준이 사용했던 긴축 정책을 현재 상황에 모델로 사용하기에는 무리가 따른다. 필자의 추론으로는 현재 연준으로서도 이번 긴축 행보와 그에 따른 미국 경제의 영향 예측을 위해 선택할 수 있는 과거 모델이 1994년, 2004년, 2015년 세 차례로 국한될 가능성이 크다.

연준이 가장 우려하는 모델, 1994년

　　필자가 분석하는 첫 번째 모델은 1994년 사례다. 첫 번째 모델의 특징을 기준금리 인상 전, 인상 국면, 인상 종료 후로 나눠서 정리해 보자.

참고로, 1994년 모델의 핵심은 특징은 2, 5, 10번 등 3가지다. 이 모델은 연준이 가장 우려하는 모델이다.

1994년 모델

기준금리 인상 전 특징

1. 기준금리 인상 전, 시장에서는 핵심 인플레이션이 1%P 정도 추가 상승할 것 이라는 우려가 높았다.

2. 1994년 2월, 연준은 시장에 사전 공지 없이 '기습적으로' 기준금리 인상을 단 행했다. 이 부분이 이 모델의 중요한 특징이다.

3. 기준금리 인상 전에 경제성장률(GDP)는 바닥을 찍고 상승을 시작했었다.

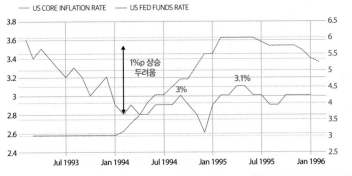

· 출처: TRADINGECONOMICS.COM

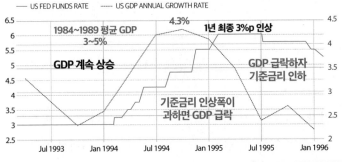

· 출처: TRADINGECONOMICS.COM

기준금리 인상 국면 특징

4. 1년 동안(1994년 2월~1995년 2월까지) 7회 기준금리 인상을 했다.

5. 1년 동안 연준이 인상한 폭은 3%P였다. 빅스텝(Big Step)이었다. 이 부분도 이 모델의 중요한 특징이다.

6. 핵심 인플레이션율은 기준금리 인상 초반에는 상승, 중반에는 하락, 후반에는 재상승하는 패턴을 보였다.

7. 핵심 인플레이션율 상승 최종점은 3.1%로 시장의 두려움(1%P 추가 상승)보다 낮았다.

8. 기준금리 인상 후반에 미국 경제성장률은 경기 대침체 이전 1984~1989년 GDP 평균치(3~5%) 상단에 도달했다.

기준금리 인상 종료 후 특징

9. 연준은 경제성장률이 하락 추세로 전환되자, 핵심 인플레이션율이 계속 상승해도 기준금리 인상을 멈추었다.

10. 기준금리 인상 폭이 과했던지, 경제성장률이 3분기 만에 4.3%에서 2.4%까지 급락했다. 거의 반토막이 난 셈이다. 이 부분도 이 모델의 중요한 특징이다.

11. 경제성장률이 급락하자, 연준은 기준금리 인하로 돌아섰다.

12. 연준이 기준금리 인하를 3번(0.75%P 낮춤) 하자 경제성장률이 재상승으로 전환되었다. 다행히 핵심 인플레이션율은 계속 하락했다.

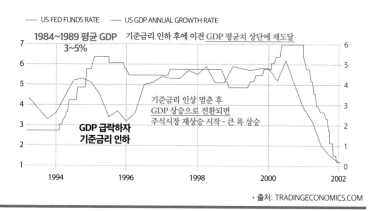

· 출처: TRADINGECONOMICS.COM

다음 그림은 같은 기간에 주식시장 움직임의 특징이다. 기준금리 인상 기간에 GDP 하락이 계속되면, 다우와 나스닥 모두 박스권에 갇혀 있었다. 그리고 기준금리 인상을 멈춘 후 박스권을 벗어나서 재상승을 시작했고, 경제성장률이 반등으로 돌아서자 '오랫동안(4년)' 추가 상승을 했다. 기준금리 인상이 끝나면, 주가 재상승이 시작되는 이유가 무엇일까? 시장은 기준금리 인상 시 종합주가지수가 박스권에 머물면서 약세장을 오랫동안 유지하는 것 자체를 거품 일부가 조정되는 시간으로 인식한다. 기준금리 인상 시 종합주가지수가 조정받는 모양새는 대폭락 때와 다르다. 대폭락이 발생하면, 모든 개별주와 모든 산업섹터들이 동시에 큰 폭의 조정을 받는다. 이럴 경우, 종합주가지수는 30~40% 정도까지 직진 추락을 연속하는 모양새를 보인다. 하지만 기준금리 인상 때는 개별주식들은 30~40% 정도까지 직진 추락을 연속하지만, 종합주가지수는 10~15% 정도의 하락을 한 후에 일정한 박스권을 만들고 오랫동안 기술적 반등-조정-기술적 반등을 반복하는 모양새를 만든다. 개별주 폭락이 일어나도 종합주가지수가 일정한 박스권만 계속 유지하는 모양새를 보이는 데는 이유가 있다. 기준금리 인상이 시작되어서 종합주가지수가 5~7% 내외까지 하락할 때는 거의 모든 개별주식이 동시에 하락한다. 하지만 종합주가 지수가 10~15%대까지 추가 하락할 때는 개별주들과 산업섹터들이 큰 폭의 추가 가격 조정이나 폭락을 맞지만, 동시가 아닌, 서로 시간 차를 두고 엇갈린다. 하나가 추가 조정을 받을 때 다른 하나는 기술적 반등을 하고, 하나가 기술적 반등을 하면 다른 하나가 추가 조정을 받는 식의 엇갈린 순환이 오랫동안 반복된다. 그래서 종합주가지수는 일정한 수준에서 박스권을 오래 유지하는 모양새를 보인다. 이 과정에서 기준금리 인상 전의 강세장에서 익숙했던 높은 기업실적 기대치도 서서히 낮아진다. 기준금리 인상이 멈출 때 즈음이 되면, 기업실적 기대치가 현실에 맞게 눈높이가 조정되어 있어서 강세장 시절보다 기업실적이 낮아도 그다지 나쁘게 보이지 않는다. 그래서 기준금리 인상이 끝나가면 재상승 명분이 생긴다. 이런 분위기 속에서 연준이 기준금리를 다시 내려주어 경제성장률이 반등하여 상승하면 주가 재상승 속도는 빨라지고 폭도 높아진다.

1994년 주식시장 움직임의 특징

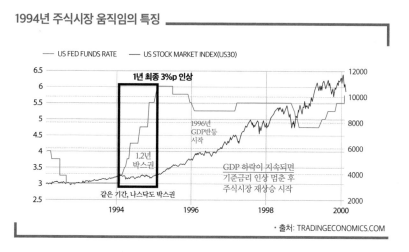

· 출처: TRADINGECONOMICS.COM

현재와 가장 비슷한 모델, 2004년

필자가 분석하는 두 번째 모델은 2004년 사례다. 두 번째 모델의 특징도 기준금리 인상 전, 인상 국면, 인상 종료 후로 나눠서 정리해 보자. 2004년 모델의 핵심은 특징은 1, 3, 5, 8번 등 네 가지다. 이 모델은 현재 상황과 가장 유사한 모델이다.

기준금리 인상 전 특징

1. 기준금리 인상 전, 시장에서는 핵심 인플레이션이 2%P 정도 추가 상승할 것
   이라는 우려가 높았다. 1994년 모델보다 인플레이션 상승 우려가 더 높았다.
   이 부분이 이 모델의 중요한 특징이다.

2. **이번에는 연준이 '기습적으로' 기준금리 인상을 하지 않았다.**

3. 기준금리 인상 전에 미국 경제성장률은 경기 대침체 이전 1996~2000년
   GDP 평균치(4~5%) 상단에 '이미' 도달했다. 이 부분도 이 모델의 중요한 특
   징이다.

· 출처: TRADINGECONOMICS.COM

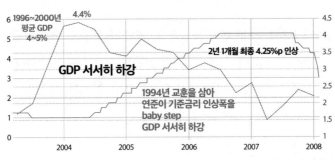

· 출처: TRADINGECONOMICS.COM

기준금리 인상 국면 특징

4. 1년 동안(2004년 7월~2005년 7월까지) 7회 기준금리 인상을 했다.

5. 1년 동안 연준이 인상한 폭은 1.75%P였다. 베이비스텝(Baby Step)이었다. 이 부분도 이 모델의 중요한 특징이다.

6. 핵심 인플레이션율은 기준금리 인상 초반에는 상승, 중반에는 하락, 후반에는 재상승하는 패턴을 보였다. 1994년 모델과 동일했다.

7. 핵심 인플레이션율 상승 최종점은 2.85%로 시장의 두려움(2%P 추가 상승)보다 낮았다. 1994년 모델과 동일했다.

8. 연준은 기준금리 인상 전에 미국 경제성장률은 경기 대침체 이전 1996~2000년 GDP 평균치(4~5%) 상단에 '이미' 도달했기 때문에 경제성장률이 계속 하락해도 기준금리 인상을 멈추지 않았다. 이 부분도 이 모델의 중요한 특징이다.

기준금리 인상 종료 후 특징

9. 연준은 2년 1개월 동안 17번 기준금리 인상을 하여 최종 4.25%까지 도달했다. 최종 인상 폭은 1994년과 같이 3%P였다.

10. 연준은 기준금리 인상을 종료한 후에도 경제성장률이 계속 하락해도 경기 리세션(침체)가 일어나기 전까지 기준금리 4.25%를 유지했다.

다음 그림은 같은 기간에 주식시장 움직임의 특징이다. 기준금리 인상 기간에 GDP 하락이 계속되면, 다우와 나스닥 모두 박스권에 갇혀 있었다. 그리고 기준금리 인상을 멈춘 후 박스권을 벗어나서 재상승을 시작했다. 하지만 1994년 모델과는 다르게 경제성장률이 반등하지 않고 계속 하락하였기 때문에 주식시장 상승 추세는 '짧고(1년)' 적었다.

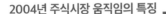

2004년 주식시장 움직임의 특징

· 출처: TRADINGECONOMICS.COM

코로나19 직전 모델, 2015년

필자가 분석하는 세 번째 모델은 2015년 사례다. 세 번째 모델의 특징도 기준금리 인상 전, 인상 국면, 인상 종료 후로 나눠서 정리해 보자. 2015년 모델의 핵심은 특징은 4, 5, 9, 10, 11번 등 다섯 가지다. 이 모델은 코로나19 직전 모델이다.

2015년 모델

기준금리 인상 전 특징

1. 기준금리 인상 전, 시장에서는 핵심 인플레이션이 1%P 정도 추가 상승할 것이라는 우려가 높았다. 1994년 모델과 같았다.
2. 이번에도 연준은 '기습적으로' 기준금리 인상을 하지 않았다.
3. 기준금리 인상 전에 미국 경제성장률은 경기 대침체 이전 2010~2014년 GDP 평균치(1.5~3%) 상단에 '이미' 도달했다. 2004년 모델과 비슷했다.

4. 하지만 이번 모델에서는 연준이 기준금리를 인상하기 전부터 경제성장률 급
   락이 시작되었다. 이 부분이 이 모델의 중요한 특징이다.

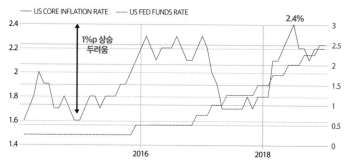

• 출처: TRADINGECONOMICS.COM

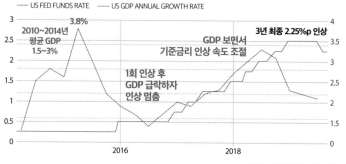

• 출처: TRADINGECONOMICS.COM

기준금리 인상 국면 특징

5. 기준금리 1회 인상 후에도, 경제성장률 급락이 멈추지 않자, 연준은 기준금
   리 추가 인상을 보류했다. 이 부분도 이 모델의 중요한 특징이다.

6. 1년 동안(2015년 12월~2016년 12월까지) 2회 기준금리 인상에 0.5%P가 전부
   였다.

7. 핵심 인플레이션율은 기준금리 인상 초반에는 상승, 중반에는 하락, 후반에는
   재상승하는 패턴을 보였다. 1994년, 2004년 모델과 동일했다. 단, 경제성장

률이 매우 빠르게 하락하면서 핵심 인플레이션율 1차 상승 추세도 빠르게 멈추었다.

8. 핵심 인플레이션율 상승 최종점은 2.4%로 시장의 두려움(1%P 추가 상승)보다 낮았다. 1994년, 2004년 모델과 동일했다.

9. 연준이 기준금리 1회 인상 후 긴축을 보류하자, 경제성장률이 서서히 반등을 시작했다. 그러자 연준은 경제성장률 상승 추세를 보면서 기준금리 인상 속도를 조절하여 진행했다. 연준이 긴축 속도 조절을 하고 트럼프 대통령이 경기 부흥을 위한 정책을 실시하자, 경제성장률은 위기 이전 평균치 상단에 재도달했다. 이 부분도 이 모델의 중요한 특징이다.

10. 연준은 기준금리 인상 후반부에 매입한 자산을 매도하여 대차대조표를 건전하게 만드는(축소하는) 양적 긴축(QT. Quantitative Tightening)을 실시했다. 이 부분도 이 모델의 중요한 특징이다. 참고로, 2022년 2월 현재 연준(Fed)은 10~20년물의 50% 이상을 소유하여 장기 국채 시장을 장악한 상황이다. 이 중에는 3조 달러 정도의 모기지 증권(MBS)도 포함된다. 연준(Fed)의 양적 긴축(QT)은 기준금리 인상 정책과는 차별된 목적을 가진다. 긴축 정책의 연장 도구 성격보다 장기 채권 수익률 관리를 위한 목적이 크다. 연준이 기준금리를 인상하면 단기 채권 수익률(금리)은 올라가고 안전자산 선호도가 높아지면서 장기 채권 수요가 커지면서 장기채 가격이 올라간다. 장기 채권 가격과 반대로 움직이는, 장기 채권 수익률(금리)는 떨어진다. 그러면 단기 채권의 수익률(금리)과 장기 채권 수익률(금리) 곡선이 역전될 수 있다. 연준은 이런 상황을 달갑지 않게 생각한다. 이유는 2가지다. 하나는 시장에 경기 침체 전조라는 인식을 주어 악재로 작용한다. 다른 하나는 인플레이션율 상승에 영향을 주는 자동차나 주택시장의 과열을 식히기 위함이다. 장기채 수익률(금리)는 부동산 시장과 직접 연결되어 있다. 부동산담보 대출이 가장 긴 채권이기 때문이다. 장기채 수익률(금리)가 낮은 상태를 계속 유

지하면 부동산담보 대출 금리도 연준이 원하는 만큼 올라가지 않는다. 장기채 금리가 하락하면, 이를 기준으로 장기신용대출을 제공하는 상업은행의 대출금리 책정 판단에 혼란이 발생하기 때문이다. 그래서 양적 긴축(QT)을 시작하면 연준은 국채보다는 모기지 증권을 먼저 매각한다. 경기가 회복되면서 인플레이션이 높아지고 있기에, 연준이 부동산 시장을 더 이상 지원해줄 필요도 없어졌기 때문이다. 연준이 모기지 증권(MBS)을 매각하여 시장의 장기채 금리를 인위적으로 높이면, 뜨거운 부동산 시장을 식히고, 미국 경제의 장기 전망의 부정적 평가도 희석시키는 효과를 낼 수 있다. 이런 이유로, 연준이 모기지 증권(MBS) 매각과 국채 매각을 동시에 속도를 올린다면 매우 매파적 행위라고 해석하면 된다. 그리고 연준의 양적 긴축(QT) 속도와 규모의 판단 기준은 양적 긴축(QT) 이전과 진행 과정에서 변하는 장기 채권 수익률(금리)이다. 연준 입장에서, 채권 수익률(금리)이 상승하면 대차대조표 규모 축소 속도 조절에 여유가 생기지만, 장기 채권 수익률(금리)이 크게 떨어지면 대차대조표를 축소의 속도와 규모를 크게 해야 한다.

기준금리 인상 종료 후 특징

11. 연준은 3년동안 9번 기준금리 인상을 하여 최종 2.5%까지 도달했다. 최종 인상 폭은 1994년, 2005년보다 낮은 2.25%P였다. 이유는 간단하다. 1994년, 2005년보다 위기 이전 평균 경제성장률과 기준금리 인상 기간의 최종 핵심 인플레이션율이 낮았기 때문이다. 이 부분도 이 모델의 중요한 특징이다.

12. 연준은 기준금리 인상을 종료한 후에도 경제성장률이 계속 하락해도 기준금리 2.5%를 유지했다. 하지만 2019년 중반 미·중 무역전쟁이 극으로 치닫자 기준금리 인하를 단행하여 시장을 안정시켰다.

다음 그림은 같은 기간에 주식시장 움직임의 특징이다. 기준금리 인상 횟수와 폭이 작더라도 경제성장률 하락이 지속되면 주식시장은 박스권에 갇힌다. 하지만 기준금리 인상을 재개하더라도 GDP 상승이 동반되면, 박스권을 벗어나서 재상승을 시작한다. 참고로, 2015년 모델에서는 양적 긴축(QT, Quantitative Tightening)을 한 때와 미·중 간의 무역전쟁이 극에 달했을 때 조정이 일어나면서 대세 상승이 멈추고 일정 기간 박스권을 유지했다. 그리고 연준이 다시 기준금리를 내리자 약간의 추가 상승을 했다.

2015년 주식시장 움직임의 특징

· 출처: TRADINGECONOMICS.COM

연준의 고민이 깊다

위 세 가지 모델(1994, 2004, 2015) 중 현재와 가장 유사한 2004년 모델을 다시 살펴보자. 2004년 모델은 기준금리 인상 전에 경제위기 이전의 평균 경제성장률 상단에 도달했고, 기준금리 인상 초반에 경제성장률이 계속 하락했다. 현재도 기준금리 인상 전에 경제위기 이전인 2012~2019년 평균 경제성장률(1.5~3.5%)을 뛰어넘은 기록적인 수치(5.7%)를 기록했다. 하지만 2022년부터는 정상적인 수치로 회귀를 시작할 것이다.

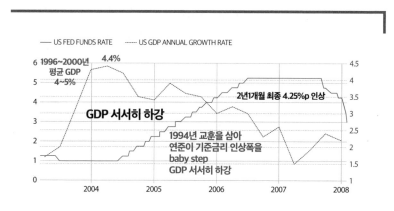

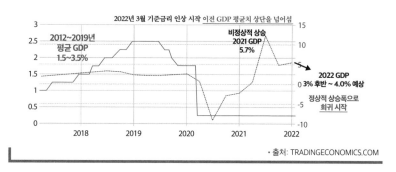

• 출처: TRADINGECONOMICS.COM

2004년 모델에서 핵심 인플레이션율도 빠르게 상승했다. 2022년 3월 기준금리 인상을 앞두고 핵심 인플레이션율은 6%로 지난 40년 만에 최고다. 하지만 이 역시 코로나19로 인한 비정상적인 상황이 만들어낸 결과다. 2022년 한 해를 지나면서 서서히 하락할 것이다. 2023년에 핵심 인플레이션율이 2%대 후반까지 하락하여 코로나19로 인한 공급망 병목과 보복 소비 등의 비정상적 영향을 털어버리면, 이번 인플레이

션 국면에서의 실질 두려움은 1.5~2%P 상승 두려움이다. 2004년 모델
과 비슷하다.

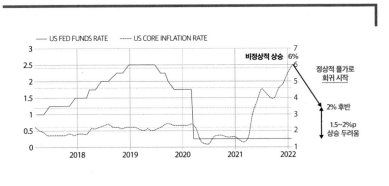

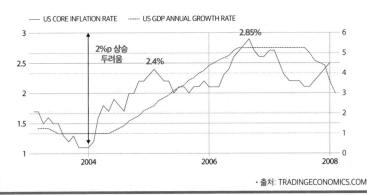

· 출처: TRADINGECONOMICS.COM

다음 그림을 보자. 코로나19 발발 이후, 미국의 핵심 물가에 영향을
주었던 세부 요소들을 분석한 것이다. 2021~2022년, 40년 만에 최고치
물가상승의 주범은 코로나19라는 비정상적 국면에서 에너지 가격 상승,
공급망 병목이 만든 자동차와 식품 관련 상승치 결과다. 내구제(기타 핵심에
포함)를 중심으로 한 보복 소비도 한몫했다. 하지만 이를 제외한 다른 물
가 측정 요소들은 2021년 셧다운 기간 감소치를 조금 웃돌면서 기저효
과 수준이다. 2022년 중후반부터 공급망 병목 해결과 에너지 가격 하락
상황이 시작되면서 비정상적 영향 요소들이 서서히 제거된다.

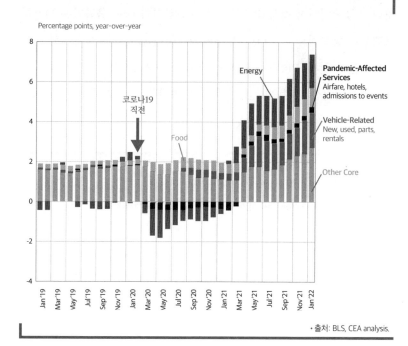

Contributions to Year-over-Year Headline CPI Inflation

Percentage points, year-over-year

코로나19
직전

Energy

Food

Pandemic-Affected Services
Airfare, hotels, admissions to events

Vehicle-Related
New, used, parts, rentals

Other Core

• 출처: BLS, CEA analysis.

40년 만에 최고치로 치솟은 인플레이션율을 보면서, 시장에서는 최 강의 긴축정책을 구사해야 한다는 요구가 높다. 연준의 늦은 긴축정책 행보를 비난하는 목소리도 높다. 하지만 연준은 고민이 깊다. 연준의 입 장에서는 비정상적인 인플레이션율 상승치만을 가지고 기준금리 인상 속도와 폭을 결정하기에는 무리가 있기 때문이다. 만약 성급하고 거칠 게 기준금리 인상을 단행하면 가장 우려하는 모델1이 재현되는 상황이 펼쳐질 수도 있다. 기준금리 인상 속도와 폭이 과하면, 인플레이션율이 잡혀도 경제성장률 급락 사태가 벌어질 수도 있다. 최악의 경우, 예상 가능한 하락 수준을 벗어나서 궤도 이탈도 발생할 수 있다. 강도 높은 긴축을 했어도, 인플레이션율이 잡히지 않고 경제성장률 급락만 일어나면 더 큰 문제다. 위 세 가지 모델을 보면, 연준이 기준금리 인상을 실시하면 인플레이션이 정상화 수준으로 내려갔다가 다시 올라가는 M자형 움직임이 공통적으로 나타난다. 경제성장률이 급락하는 상황에서 인플레이션율이 일시적 하락 후 재반등을 크게 하면 문제가 생긴다. 곧바로 스테그플레이션 상황으로 빠져 버리면서 대규모 경기 침체가 발생할 수 있다.

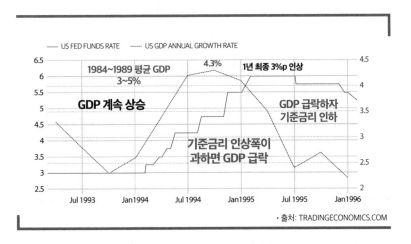

· 출처: TRADINGECONOMICS.COM

최악의 상황을 피할 수 있을까

연준이 최악의 상황을 피할 수 있을까? 연준은 어떤 행보를 모색할까? 세 번의 과거 사례가 가르쳐준 교훈이 몇 가지 있다. 첫째, 기습적인 기준금리 인상은 시장을 혼란에 빠뜨린다. 아무리 급해도, 연준이 시장과 소통을 잘하는 것이 실물과 자산시장 모두에게 안전하다. 둘째, 기준금리 인상 폭을 늘리더라도, 속도는 빅스텝보다는 베이비스텝이 안전하다. 빅스텝을 잘못 밟으면, 경제성장률이 급락하면서 스테그플레이션 위험에 빠질 수 있다. 셋째, 시장이 기준금리 인상 폭을 견딜 수 있는 수준은 위기 직전의 평균 경제성장률 상단이 최고점이다. 2012~2019년, 미국 경제성장률 평균치는 1.5~3.5% 사이였다.

위 세 가지 교훈에 더해서, 연준이 통화정책을 구사할 때 중요하게 여기는 기준이 하나 더 있다. 명목금리에서 인플레이션율을 뺀 실질금리다. 명목금리가 제로로 고정된 상태에서, 물가 상승률과 기대 인플레이션이 계속 높아지면 실질금리는 마이너스율은 더 깊어진다. 예를 들어, 미국 기준금리가 제로일 때 물가 상승률이 2%이면 실질금리는 -2%다. 물가 상승률이 6%로 상승하면 실질금리는 -6%로 더 떨어진다. 돈 값어치가 더 떨어지면 총수요를 자극해 인플레이션 압력은 더 키우고 그만큼 실질 금리는 추가 하락하는 악순환을 만든다. 만약 2023년 미국 인플레이션율이 3%까지 하락한다면, 연준이 기준금리를 4회 인상해서 1%포인트에 도달하면, 실질금리는 -2% 수준이 된다.

연준은 2008년 금융위기 이전에는 경기가 확장될 때는 실질금리를 2% 이상으로 유지했고, 경기가 위축될 때는 실질금리를 0~1% 수준에 도달하게 조절했다. 경제성장률이 4~5%대이었기 때문이다. 2008년 금융위기 이후에는 경기가 위축될 때는 실질금리가 -1.5~-2% 수준까지 내려갔고, 경기가 확장되어도 실질금리는 제로 부근을 맴돌았다. 2015년 12월부터 연준이 기준금리를 2.5%까지 올렸을 때, 핵심물가지수는 2.2~2.4%대를 기록했다. 실질금리를 제로 부근까지 맞췄다는 의미다. 미국 경제성장률이 이전보다 낮은 2~3%대에 머물렀기 때문이다. 2008년 이전과 이후 차이를 만든 것은 총부채 규모의 차이도 한몫했을 것이다. 미국은 엄청난 규모의 정부 적자와 부채를 가지고 있으므로 낮은 실질금리가 유리하기 때문이다. 이런 원칙들을 종합하면, 연준의 최종 기준금리 인상 수치를 예상하는 기준도 하나 찾을 수 있다. 다음 그림처럼, 최종 기준금리는 식품과 에너지를 뺀 소비자 물가지수(CPI)보다 높고, 경제성장률(GDP)보다 낮거나 비슷하게 종결된다.

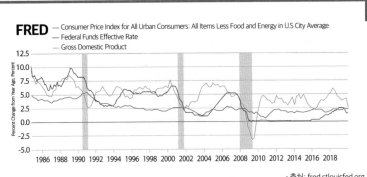

FRED — Consumer Price Index for All Urban Consumers: All Items Less Food and Energy in U.S City Average
— Federal Funds Effective Rate
— Gross Domestic Product

• 출처: fred.stlouisfed.org

이 원칙을 적용해 보자. 2022년 3월 16일, 연준은 러시아의 우크라이나 침공이라는 변수 때문에 2022년 말 미국 물가상승률 전망치를 2.6%에서 4.3%로 대폭 올렸다. 2023~2024년 핵심 물가 전망치는 2.6% 미만일 수 있다. 2023~2024년, 미국 경제성장률은 각각 2.2~3.5%, 2.0~3.0%로 전망된다. 2008년 이후부터 연준은 실질금리(명목금리에서 인플레이션율을 뺀 것)를 경기 위축기에는 -1.5~2%, 경기 확장기에는 제로 부근을 맴돌게 했다. 그러면 2024년경 연준이 목표하는 기준금리 최종 종결지점 2.5% 전후일 가능성이 크다. 최대치라고 해도 3.0% 부근이다. 과거 세 가지 모델에서도 첫 번째 모델이 1년 동안 빅스텝으로 3%P를 올리고 실패했고, 두 번째 모델은 2년 1개월 동안 4.25%P 인상을 했지만 당시는 지금보다 위기 이전 평균 경제성장률이 높았고, 세 번째 모델은 3년 동안 2.25%P 인상을 했다. 과거 세 가지 모델을 볼 때 연준이 기준금리를 올리는 기간은 2~3년이 가장 유력하다. 결론으로 연준이 이번 긴축기간에 올릴 수 있는 기준금리 최대치가 2.5~3.0%이고 2022~2024년까지 2~3년 동안 긴축을 실시한다면, 인플레이션율이 매우 높은 2022년은 많은 횟수를 시행하지만 베이비스텝으로 움직이고 2023년부터는 GDP 보면서 기준금리 인상 속도를 조절할 가능성이 크다.

연준의 성공은 버블에 버블에 버블이 쌓이게 할 것이다

연준이 물가도 잡고, 버블도 더 이상 일어나지 않게 하며, 경제성장률도 뜨겁지도 차지도 않게 만드는 환상적 상황은 일어날 가능성이 작다. 연준이 과거 세 번의 사례에서 학습효과를 얻어 긴축 행보를 신중하게 하여 물가를 잡는데 성공해도 자산시장에 슈퍼버블이 만들어지는 미래가 일어날 가능성이 크다. 둘 다 해결하는 행운이나 묘책은 없다. 둘 중 하나를 선택해야 한다. 연준의 선택은 무엇일까? 물가를 잡고 경제성장률을 안정시키는 것을 선택할 가능성이 크다. 연준이 스태크플레이션이 발생하지 않는 수준에서 물가 잡기에 성공하면, 미국의 경제성장률은 잠재성장률을 상회하는 역량을 다시 발휘할 가능성이 충분하다. 일부에서는 정부 부양책이 끝나면 미국 경제가 재정절벽(fiscal cliff)에 따른 경기침체에 빠질 가능성을 제기한다. 이런 상황이 현실이 되려면, 미국 경제성장률에서 민간 부문 기여도가 1%P 미만에 불과해야 한다. 2019년 선진국의 성장률은 2018년 2.2%에서 1.5%로 하락하면서 잠재성장률 수준 1.8%를 0.3%P 하회했다. 하지만 미국은 2017년 2.3%, 2018년 3.0%, 2019년 2.2%을 기록하면서 미국 잠재성장률(1.8~2.0%)를 0.9~1.1%P 상회했다. 선진국 평균을 상회하는 성장이었다. 미국 경제에서 민간 내수의 성장기여도는 2010~2012년 3년 평균 2.3%포인트에서 2017~2019년 3년간 평균 2.6%포인트로 지속 상승했다. 이런 수치들은 최근 미국 경제의 종합 역량이 선진국 평균을 상회하고, 정부 부양책이 없는 시기에도 잠재성장률(1.8~2%) 내외 수준의 확장국면을 유지할 역량을 가지고 있다는 의미다.[229] 이런 역량을 2023~2024년에 적용하면, 코로나19 재정부양책이 끝나더라도 2%대 중후반 경제성장률 달성 가능성은 충분하는 계산이다. 연준이 큰 위기 없이 물가를 잡아주고 경제성장률도 잠재성장률을 상회하는 수준에서 안정되면, 시장은 환호할 것이다. 위험자산에 투자금이 다시 몰릴 것이다. 그러면 자산시장 대폭락은 '잠시' 연기되고, 그 틈을 타고 추가 버블 축적이 다시 시작될 것이다. 연준의 심사숙고 행보가 실물경제는 안정시켰지만, 자신시장의 슈퍼버블을 유도한 꼴이 된다.

　슈퍼버블은 세 가지 특성이 있다. 첫째, 버블에 버블이 축적되는 상태다. 이번에는 버블에 버블에 버블이 축적된다. 특히, 나스닥과 암호화폐처럼 미래 기대치가 극에 달한 곳에서는 비이성적인 과열도 극에 달한다. 둘째, 슈퍼버블은 주식, 암호화폐, 부동산, 원자재, 파생상품 등 거의 모든 투자상품에서 동시에 버블이 축적되는 상태다. 셋째, 이런 현상이 전 세계적이다. 이중 핵심은 버블에 버블에 버블이 3단으로 축적되는 상황이다.

　첫 번째 단의 버블은 2008년 금융위기 이후부터 코로나19 이전까지 풀린 유동성이 만든 버블이다. 2008년 이후에 차곡차곡 누적된 버블은 코로나19 때문에 해소되지 못했다. 연준이 코로나19 위기가 기업 파산 도미노로 이어지는 것을 막기 위해 회사채를 대거 사들였기 때문이다. 2008년 대규모 좀비기업 파산 이후에 다시 만들어진 좀비기업과 부실채권을 해소시키지 못하고 생명 연장을 해 주었다. 주식시장이나 암호화폐

229　김진성, "2019년 세계경제, 선진국-신흥국 모두 견고한 성장추세 보일것", 산업일보, 2018. 12. 18.

시장에 쌓인 버블도 마찬가지다. 미국 경제가 봉쇄에 들어가자 주식시장은 38%로 급락했지만, 연준과 백악관이 돈을 쏟아붙는다는 소식에 순식간에 반등해 버렸다. 다시 제자리가 된 셈이다.

두 번째 단의 버블은 코로나19 팬데믹 머니가 만든 버블이다. 코로나19 기간, 연준의 자산 매입과 재정투입은 2008년 리먼 사태 때보다 훨씬 컸다. 월가 베테랑 투자자이고 리먼브라더스의 전 임원이었던 래리 맥도널드가 했던 말을 다시 상기해 보자. 그는 이번 팬데믹 시기에 쏟아진 돈들이 2008년 금융위기 당시에 지원되었다면 리먼브라더스는 결코 망하지 않았을 것이라고 비꼬았다.[230] 2021년 1분기 기준, 미국 전체 주식시장의 버핏지수는 311%로 닷컴버블기 버핏지수 210% 수준을 훨씬 뛰어넘었다. 주식시장과 채권시장에 쏟아진 돈의 규모가 2008년 금융위기와 2000년 닷컴버블기 수준을 이미 넘었다는 반증이다. 팬데믹 머니는 주식, 채권, 암호화폐, 부동산, 원자재를 가리지 않고 모든 자산가격을 추가 상승시켰다. 버블에 버블이 쌓인 상태만으로도 위험이 높다. 지금 대봉괴가 일어나도 이상하지 않다.

하지만 붕괴는커녕, 기준금리 인상 기간에 추가로 버블이 축적된다. 3단 버블 축적이다. 세 번째 단의 버블 축적은 자산시장 대학살을 불러올 결정적 한 방이 될 것이다. 3단 버블 축적 시작은 연준이 물가를 잡는 데 성공하는 순간부터다. 다음 그림을 보자. 2004년 모델에서 보듯이 연준이 기준금리 인상을 통해 인플레이션 통제에 성공하고, 기준금리 인상을 멈추자 주식시장 재상승이 시작되었다. 이때는 2000~2001

230 박수현, "펀더멘털 취약한 AMC 주가 하루만에 2배 폭등…'시장이 망가졌다'", 조선비즈, 2021. 06. 03.

년 닷컴버블 붕괴가 발발해서 버블을 해소를 한 후였다. 그래서 버블 누적이 아니라 버블의 시작에 불과했다. 이번은 다르다. 이번에도 연준이 인플레이션 통제에 성공하고 기준금리 인상을 멈추면, 주식시장 재상승이 일어나면 새로운 버블의 시작이 아니다. 코로나19 이전까지 만들어진 버블 위에, 코로나19 팬데믹 유동성이 만든 추가 버블 위에, 세 번째 버블 누적이다.

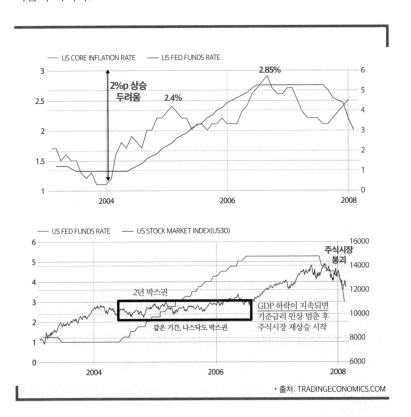

· 출처: TRADINGECONOMICS.COM

세 번째 버블 누적도 두 가지로 나뉜다. 하나는 위 그림처럼 2004년 모델 식이다. 위 모델을 따른다면, 기준금리 인상이 끝난 후부터 대략 1년 정도 추가 버블이 쌓인다. 다른 하나는 1994년 모델 식 추가 버블 누적이다. 1994년 모델은 연준이 물가는 잡더라도, 기준금리 인상 속도와 폭을 조절하는 데 실패하는 경우였다. 연준이 실패를 만회하기 위해, 기준금리 인하를 시작하는 순간 최악의 추가 버블 누적이 시작된다. 이 모델을 따른다면, 기준금리 인상이 끝난 후부터 대략 2~3년 정도 추가 버블이 쌓인다. 기간이 긴 만큼 추가 버블의 규모도 커진다. 이번 세 번째 버블 누적 행태가 1994년 모델처럼 발생한다면, 최악 중의 최악이 된다. 1929년 대공황을 불러온 슈퍼버블 붕괴(89% 대폭락), 2000년 81% 대폭락을 불러온 닷컴버블 붕괴에 이은 미국 자산시장 역사상 세 번째 최악의 슈퍼버블과 대붕괴 상황이 재현될 수 있기 때문이다. 그것도 전 세계 주요 선진국 대부분에서 동시에 발생할 것이다.

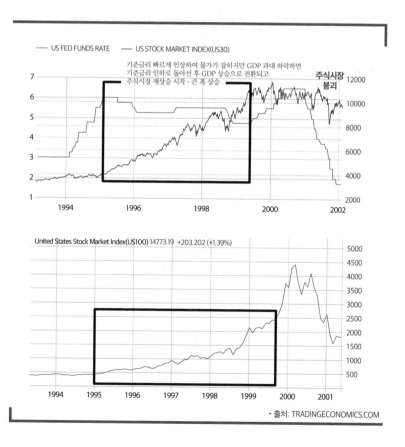

· 출처: TRADINGECONOMICS.COM

연준의 실수가 만든 대참사를 예측해 본다

가상으로 연준의 실수 모델을 하나 만들어 보자. 연준은 2022년 3월 ~2023년 3월까지 1~1.5년 동안 10회 이상 빅스텝으로 움직이며 기준금리를 2~2.5%까지 도달시킨다. 빅스텝과 인정사정없는 긴축을 시행하자, 물가는 확실하게 잡혔다. 하지만 시장이 급격하게 얼어붙으면서 경제성장률이 정상 궤도를 이탈했다. 2023년 경제성장률이 2% 초반까지 추락했다. 허겁지겁 기준금리를 인상한 역풍이다. 연준이 긴급 처방을 내리지 않으면, 2024년은 1%대까지 거꾸러질 수 있다는 우려가 쏟아져 나온다. 2024년 대통령 선거를 앞두고 바이든 행정부의 최악의 경제 참사가 벌어지면서 지지율은 곤두박질친다. 공화당의 후보로 선출된 트럼프 전 대통령은 경제 참사의 원인을 바이든과 민주당, 그리고 무능한 연준에게 돌리면서 십자포화를 날린다. 결국 연준은 기준금리 인상을 멈추고 경제성장률을 정상 궤도로 되돌리고 시장을 되살리기 위해서 기준금리 인하를 단행한다. 백악관의 압력이나 트럼프의 인신공격 때문이 아니다. 연준이 보기에도 긴급 처방을 구사하지 않으면 곧바로 경기 대침체에 빠질 수 있기 때문이다. 연준은 1994년처럼 기준금리 인하를 단행한다. 2024년 대통령 선거가 끝난 후에도 경기를 뒷받침하기 위해 1~2년 더 기준금리 조정을 유지한다. 덕분에 1994년 모델처럼 경기는 되살아났다. 하지만 자산시장 대학살을 불어올 엄청난 추가 버블의 저주가 시작된다.

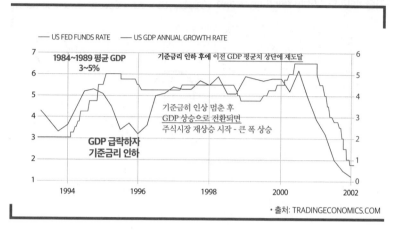

• 출처: TRADINGECONOMICS.COM

1994년 모델의 경우, 기준금리 인하 기간에 제3차 산업혁명기 기대감이 시장을 장악하면서 나스닥을 중심으로 슈퍼버블이 만들어졌다. 지금은 제4차 산업혁명기 버블기다. 연준이 기준금리 인상 후 일부 인하로 후퇴하여 경기침체를 막으면, 경제성장률이 코로나19 이전 평균성장률을 유지하기만 해도 주식시장은 큰 폭의 재상승을 시작한다. 그 중심에 나스닥이 있고, 다른 투자자산들도 함께 부풀어 오르면서 슈퍼버블이 현실화된다. 다음 그림을 다시 보자. 코로나19 기간에 팬데믹 머니가 만든 나스닥 버블이다. 닷컴버블기의 1~2단계 버블 상승은 연준이 기준금리를 내린 후부터 시작되었다. 현재 나스닥 버블은 팬데믹 머니 만으로 이미 1단계 수준의 버블 상승이 완료되었다. 1994년 모델처럼, 연준이 실수를 반복하면 닷컴버블기의 버블 수준을 쉽게 넘을 수 있다.

지난 45년 나스닥 Index (Log Scale)

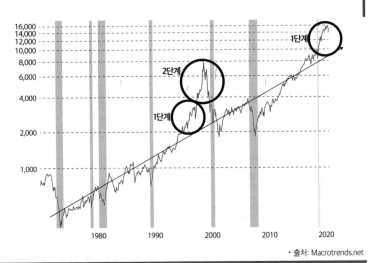

• 출처: Macrotrends.net

　그리고 연준이 기준금리를 다시 올리는 순간 슈퍼버블은 터지고, 전 세계 자산시장 대학살이 시작된다. 주식, 부동산, 가상화폐, 원자재, 파생상품 등이 한 번에 무너질 것이다. 버블의 중심에 있는 나스닥은 70~80% 대폭락할 것이다. 나스닥 지수가 이 정도 하락은 1~2달 안에 일어나지는 않는다. 대략 18~24개월 동안 하락, 기술적 반등, 재하락 패턴을 반복하면서 일어난다. 다음 그림을 보자. 2000년 나스닥 지수가 81% 대폭락할 때도 2년 정도 하락장이 지속되었다. 참고로, 1929년 다우지수가 89% 대폭락할 때, 2년 정도 하락장이 지속되었다. 2007년부터 다우지수가 50% 정도 폭락을 할 때는 1년 3개월 정도 하락장이 지속되었다.

NASDAQ - 2000 Crash and Bear Market

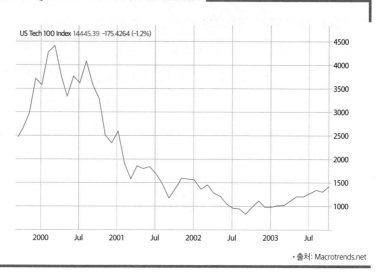

US Tech 100 Index 14445.39 -175.4264 (-1.2%)

• 출처: Macrotrends.net

    암호화폐 시장은 나스닥 하락 속도보다 빠르고 폭도 클 것이다. 필자의 예측으로는 90% 이상 대폭락할 것이다. 2022년 초, 비트코인을 비롯한 암호화폐가 인플레이션 헤지 수단, 금을 대체하는 안전자산이라는 두가지 주장이 허무하게 깨졌다. 기준금리 인상을 앞두고 벌어진 조정장에서 비트코인을 비롯한 암호화폐는 나스닥 기술주들보다 더 위험한 자산임이 드러났다. 2022년 1월 21일 긴축 우려로 나스닥이 2.72% 급락할 때, 비트코인은 10.67% 대폭락하는 패닉장이 벌어졌다. 2021년 12월~2022년 1월까지 2달 동안 비트코인을 비롯한 암호화폐 시장 전체에서 증발한 돈 규모는 1조1700억 달러(1400조 원)였다. 미국 GDP 6% 규모다. 우크라이나를 둘러싼 전쟁 가능성이 자산시장을 공포로 몰아넣을 때, 금값은 상승했지만 비트코인은 한 번 더 가격이 추락했다. 다음 두 개의 그림을 보자. 하나는 최근 5년 동안 비트코인 가격 움직임이다. 5년 동안 상승률이 4,258%라는 경이적 수치를 기록했다. 하지만 한 번 폭락을 시작하면 무섭다. 2012년부터 비트코인 가격이 폭락했을 때를 정리한 표를 보자. 최근 10년 동안 비트코인 가격이 30% 이상 폭락한 사례는 16번이다. 40~60%대 폭락한 사례도 최근 10년 동안 7번이다. 80% 이상 대폭락한 사례도 3번이나 된다. 미국 주식시장 100년 동안 종합주가지수가 80% 이상 대폭락한 사례는 단 2번이다. 2000년 나스닥 지수 81% 대폭락과 1929년 대공황시절 다우지수 89% 대폭락이다. 만약 다음 번 대붕괴에 나스닥 지수가 최소 50% 이상만 폭락해도, 비트코인을 비롯한 암호화폐는 80~90% 정도 대폭락할 가능성이 충분하다.

비트코인 5년간 가격 변동

• 출처: Robinhood.com

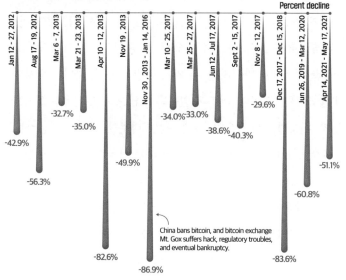

Despite being one of the world's best performing assets,
bitcoin has suffered plenty of massive price drops.

From government bans to hack-induced crashes,
here's how these corrections compare.

Percent decline

Jan 12 - 27, 2012 · -42.9%
Aug 17 - 19, 2012 · -56.3%
Mar 6 - 7, 2013 · -32.7%
Mar 21 - 23, 2013 · -35.0%
Apr 10 - 12, 2013 · -82.6%
Nov 19, 2013 · -49.9%
Nov 30, 2013 - Jan 14, 2016 · -86.9%
Mar 10 - 25, 2017 · -34.0%
Mar 25 - 27, 2017 · 33.0%
Jun 12 - Jul 17, 2017 · -38.6%
Sept 2 - 15, 2017 · -40.3%
Nov 8 - 12, 2017 · -29.6%
Dec 17, 2017 - Dec 15, 2018 · -83.6%
Jun 26, 2019 - Mar 12, 2020 · -60.8%
Apr 14, 2021 - May 17, 2021 · -51.1%

China bans bitcoin, and bitcoin exchange
Mt. Gox suffers hack, regulatory troubles,
and eventual bankruptcy.

• 출처: Visual Capitalist | CoinMarketCap.com

슈퍼버블이 터지고 자산시장 대학살이 일어나면, 전 세계 부동산 시장도 동시에 충격을 받을 것이다. 수많은 좀비기업들도 파산을 하고, 제4차 산업혁명 기대감에만 편승하고 수익을 내지 못한 무늬만 기술기업과 스타트업의 대규모 파산도 일어날 것이다. 실물경제도 곤두박질친다. 과거 사례를 분석하면, 경기 대침체가 발발하면 미국의 경우는 경기 위축 기간이 6~18개월 정도 진행되었다. 한국의 경우는 경기 위축 기간이 1~3년 정도였다. 하지만 이번 슈퍼버블 붕괴가 발생하면, 과거 평균치의 최장기간이 되거나 그 이상이 될 수 있다.

버블은 한 번 부풀기 시작하면, 계속 같은 크기로 유지할 수 없다. 터지거나, 계속 부풀어 오르는 것뿐이다. 둘 중 어느 쪽이 바람직하지 않다. 과연 연준이 이런 최악의 상황을 피하는 정책 운영을 할 수 있을까? 조금이라도 실수하지 않고 자산시장 대참사를 막을 수 있을까? 어떤 이는 이렇게 질문할 수 있다. "예고된 위기는 막을 수 있는 것이 아닌가?" 예고된 위기라도 모두 막을 수는 없다. 특히 자산시장 대폭락이 그렇다. 자산시장 대폭락을 막으려면, 두 가지 방법이 있다. 하나는 버블이 발생하지 않게 하는 것이다. 버블이 일어나지 않으려면, 신용창조(빛)를 막으면 된다. 신용창조를 막으면, 경제성장이 멈춘다. 당신이 신용카드, 마이너스통장, 담보대출 등 빚을 내서 소비하는 것을 멈추고, 매달 받은 월급만 가지고 소비한다고 생각해 보라. 총소비 규모가 급격하게 준다. 자산시장 대폭락을 막는 다른 방법은 기준금리를 영원히 제로로 유지하는 것이다. 빚을 아무리 내도, 이자가 제로이니 파산할 가능성이 없다. 하지만 빚이 늘면서 시중에 돌아다니는 돈의 총량이 무한정으로 늘어나니 하이퍼인플레이션이 발생해서 경제가 망가진다. 연준은 이 둘 사이에서 적절한 균형을 찾아야 한다. 빚으로 경제가 성장하게 하지만, 동시에 하이퍼인플레이션으로 경제가 붕괴하는 것을 막아야 한다. 이런 놀라운 균형점을 찾는 과정에서 '적절한 시기'에 버블을 터뜨리고, 다시 만들고 하는 패턴을 반복해야 한다. 결국 연준은 주식시장 대폭락을 막을 수 없다. 경기 침체도 근본적으로 막을 수 없다. 단지, 급격한 경기 하락이 오면 문제가 커지기 때문에 하강 사이클을 부드럽게 만드는 데 목적을 둔다. 연준의 목표가 경기 호황과 침체 사이클을 부드럽게 하는 것이기 때문에, 경기 상승과 하강 사이클의 반복, 자산시장 폭등과 폭락의 반복은 자연스런 현상이다.

미·중 패권, 30년 전쟁

필자가 눈여겨보고 있는 두 번째 결정적 순간인 '미·중 패권전쟁 극단적 순간'을 예측해 보자. 필자는 미국과 중국의 아름다운 동반자 관계가 상식이었던 '차이메리카(Chimerica)' 시기에 치열한 미·중 패권전쟁이 일어날 것이라는 예측을 내놓았다. 2007년 12월 국제경제정책 학술지 「국제금융」에 하버드대 교수 니알 퍼거슨과 독일 베를린자유대 교수 모리츠슐라리크는 '차이메리카와 글로벌 자산시장 붐'이라는 글을 기고했다. 전 세계 육지 면적의 13%, 인구의 4분의 1, 국내총생산(GDP)의 3분의 1을 차지하는 미국과 중국 양국의 경제적 공생관계가 21세기 초엽 세계 경제 활황을 이끌었다 분석했다. 미국은 중국이 생산하는 제품을 사주고, 이로 인해 중국은 두 자릿수 성장을 지속한다. 미국은 대중국 무역에서 적자를 떠안지만, 중국이 수출로 번 달러로 미국채를 매입해주어 늘어나는 재정적자 일부를 메워주는 공생 관계, 경제적 동반 관계를 한마디로 차이메리카(Chimerica)라고 불렀다.[231] 중국(China)과 미국(America)의 합성어인 '차이메리카(Chimerica)'라는 단어가 일반인에게 회자되기 시작한 때다. 이때 필자는 차이메리카 환상은 곧 끝나고, 미국과 중국이 생존을 건 치열한 패권전쟁(霸權戰爭, Hegemonic War)을 시작할 때가 올 것이라고 예측했다. 대부분의 사람들이 필자의 예측에 회의적이었다. 미·중 밀월 관계가 깨지고 극렬한 무역전쟁을 벌이면 양측 모두 막대한 피해를 입을 것이 뻔했다. 미국이 무역 적자를 만회하려 중국을 공격하면 중국이 미국 국채를 팔아치워 맞불을 놓을 것이고, 미국도 몰락할 것이기에 미·중 전쟁은 현실성이 없다는 논리였다. 이런 관점에서는 필자가 예측한 미·

---

231 "차이메리카", 네이버 지식백과(기획재정부, 『시사경제 용어사전』, 2010, 대한민국정부)

중 패권전쟁 시나리오는 소설 속에나 나올 법한 미래였다. 하지만 필자는 이런 수준의 위험은 눈에 보이는 현상에 불과했다. 모든 것이 잘 될 때는 단기적 손실이나, 팔 하나를 내 주는 것조차 아깝다. 하지만 미국과 중국의 경제가 성장의 한계에 빠져서 스스로 무너질 위기에 빠진다면 말이 달라진다. 전시에는 단기적 손실이나 팔 하나가 잘려 나가더라도 상대의 목을 칠 수 있으면 충분히 가능한 선택이다. 당시, 필자의 눈에는 중국과 미국 모두 성장의 한계에 다가가고 있었다. 두 나라 모두 정치적 위기가 시작되고 있었다. 중국 공산당은 자본주의 맛을 보기 시작한 인민을 두려워하기 시작했다. 미국은 외부로는 글로벌 사회에서 미국의 신뢰도가 하락하고 있었고, 내부에서도 민주주의의 위기가 꿈틀거렸다. 역사적으로 이런 상황에서는 내부나 동맹국의 불만을 외부로 돌리고, 경제적 반등을 위한 전쟁이 필요했다. 단, 미국과 중국은 핵보유국이고 군사대국이기에 직접 포탄을 퍼붓는 군사전쟁은 불가능하다. 시작하는 순간, 둘 다 공멸이다. 아니, 전 세계가 공멸이다. 그래서 두 나라가 선택한 것은 산업, 무역, 금융 등을 중심에 둔 패권전쟁이었다. 필자의 예측대로, 2008년 미국에서 금융위기가 발발하자 격렬하고 이성을 잃고 벼랑 끝 전술이 난무하는 미·중 패권전쟁의 발발은 현실이 되었다. 미국이 2008년 금융위기에 빠지자, 이번에는 다른 전망들이 쏟아졌다. 미국은 변변한 반격도 못하고 스스로 무너질 것이고, 중국이 빠르면 10년, 늦어도 20년 내에 미국을 추월할 것이라는 전망이었다. 2008년 금융위기 발발하자, 중국이 2027년이면 미국을 추월한다는 예측까지 나왔다. 이런 상황에서 필자는 한 번 더 상식을 뒤엎는 대담한 미래를 예측했다.

"미·중 패권전쟁의 결과로 중국은 40년 안에 미국을 넘어설 수 없다!"

필자의 이 예측도 비웃는 이들이 많았다. 2022년 2월 12일 세계적인 경제전문매체 블룸버그는 중국의 경제 규모가 영원히 미국을 따라잡지 못하는 미래가 올 수 있다는 전망을 발표했다. 이유가 무엇이었을까? 2008년에 필자가 예측의 기반으로 삼았던 논리와 비슷했다. 중국의 과거 성장세가 유지되는 시나리오에서는 2030년대 초반이면 역전이 가능하지만, 과도한 부채로 인한 금융위기, 인구 고령화에 따른 경제활동인구 감소와 저성장, 국제 고립 등 최근 문제들을 반영하면 '2인자' 자리를 벗어나기 쉽지 않다는 결론이었다.[232] 이 책에서 필자는 한 가지 더 예측을 한다.

> "앞으로 10~15년은 미국과 중국의 패권전쟁이 극단으로
> 치닫는 시간이다."

필자가 눈여겨보고 있는 두 번째 '결정적 순간'이다. 미·중 패권전쟁의 불똥, 파편, 후폭풍을 피하지 못하면, 한국 기업과 국가는 심각한 상황으로 몰릴 수 있다. 중국이 미국을 절대로 추월할 수 없다는 예측이 가능하더라도 이미 시작된 미·중 패권전쟁은 흐지부지, 유야무야[有耶無耶] 끝날 일이 아니다. 2008년 미국과 중국의 패권전쟁이 시작되었다. 오바마 행정부와 트럼프 행정부는 미·중 패권전쟁 1~2라운드다. 1~2라운드는 탐색전이다. 바이든 행정부는 미·중 패권전쟁 3라운드다. 앞으로 미·중 패권전쟁은 강도가 급상승할 것이다. 필자는 바이든 행정부 시기의 미·중 패권전쟁 3라운드는 이전보다 부딪힘이 격렬하고 치열할 것이라고 예측했다. 3라운드가 끝이 아니다. 더 심한 4라운드가 기다리고 있다. 미·중

---

232 정호선, "미국 추월? 중국, 영원한 세계경제 넘버2 머물 수도", SBS, 2022. 02. 13.

패권전쟁 4라운드에 등장할 미국 주자가 바이든 2기 행정부가 될지 아니면 재선에 성공한 트럼프 행정부 2기가 될 지는 모른다. 하지만 분명한 것이 있다. 4라운드는 3라운드보다 더 심한 충돌이 일어날 것이다. 4라운드 시기는 중국과 러시아의 공조가 더 넓고 깊어지고, 미래산업 경쟁이 더 이상 물러설 수 없는 본 궤도에 오르고, 글로벌 자산시장 대학살이 준 대규모 충격에서 벗어나기 위한 치열한 몸부림이 벌어지는 때가 될 가능성이 크기 때문이다. 미·중 패권전쟁 4라운드는 겉으로든 실제로는 신사적이고 합리적으로 서로를 공격하는 장면이 거의 없을 것이다. 미국 백악관과 의회는 중국 공산당 체제의 생존과 연결되어 있는 인권 문제를 패권전쟁을 벌이는 모든 영역에서 전가의 보도로 휘두를 것이다. 이쯤 되면 중국도 생존을 걸고 덤빌 수밖에 없다. 양국 간에 심한 말 폭탄과 관세 폭탄은 기본이다. 상대국 기업에 직접 타격을 가하고, 자원전쟁과 지적재산권 전쟁이 난무하며, 남중국해에서 군사적 강경 대치까지도 등장할 수 있다. 2022년 1~2월 우크라이나를 두고 미국과 나토 연합이 러시아와 군사적 충돌 일보 직전까지 이르렀다. 전 세계가 긴장했다. 러시아, 유럽, 미국 정상과 장관들의 말 한마디마다 주식시장이 요동쳤다. 미국과 중국의 패권전쟁이 극단적 대치에 이르면, 전 세계 긴장감은 이 수준을 넘어선다. 미·중 패권전쟁은 이렇게 극단적 대치와 경쟁의 순간을 지나, 둘 중 하나가 무릎을 꿇는 마지막 단계를 거쳐 끝난다. '패권은 절대로 나누지 않는다'는 역사적 진리가 이번에도 작동할 것이기 때문이다. 필자의 예측으로는 미·중 패권전쟁은 탐색기, 극단적 충돌기, 마무리기 3단계를 거치는 최종 승자가 판가름될 가능성이 크다.

1945년 제2차 세계대전이 끝나자, 구소련은 단 3년 만에 자신의 군대 힘으로 해방된 동유럽의 모든 국가들에 공산 정부를 세우면서 민주주의 진영의 수호자를 자처하는 미국과 적으로 돌아섰다. 미국과 구소련의 충돌 지역은 유럽이었다. 동유럽에 공산 정부를 세운 소련은 다음 단계로 공산주의와 소련의 체제를 세계적으로 확산시키고 독일과 프랑스 등 서유럽 국가들에게 영향력을 확대하려 했다. 이에 대응하여 미국은 마셜 플랜을 중심으로 서유럽을 자신의 영향력 아래 두려고 했다. 결국 전 세계는 미국과 소련을 축으로 하는 '냉전 시대'로 진입했다. 미국과 소련의 20세기 최초의 패권전쟁이었다. 1947~1948년에 시작된 미국과 소련의 패권전쟁은 1950~1962년 한국전쟁, 동구 공산주의 국가들의 바르샤바 군사동맹 체제 구축(1955년), 쿠바 미사일 사태(1962)에서 최고조에 이르렀다. 미·소 패권전쟁은 1972년 닉슨 대통령의 중국 방문으로 이념 분쟁에서 자본주의 경쟁으로 국가 간 경쟁이 전환되면서 마무리 단계에 들어갔다. 당시, 소련 경제가 극심한 위기에 빠진 것도 한몫했다. 미·소 간의 패권전쟁이 재고조될 기회도 있었다. 극심한 경제 위기에 시달리던 소련에게 기회가 찾아왔다. 1970년대 후반~1980년대 초반, 이란 혁명과 이란-이라크 전쟁이 발발하면서 원유가격이 2배로 폭등했다. 석유 가격 상승으로 막대한 부를 쌓게 되자, 소련은 다시 군비경쟁을 시작하고 미국 추격을 시작했다. 하지만 이런 상황은 오래가지 못했다. 소련 정부는 오일 가격 상승으로 벌어들인 엄청나게 부를 관리하는 데 실패했다. 넘쳐나는 돈을 비효율적인 산업에 쏟아부었다. 남는 돈은 아프가니스탄 침공에 사용했다. 하지만 아프가니스탄 전쟁에서 소련은 철저한 패배를 보고 후퇴했다. 돈도 잃고, 영향력도 잃었다. 관료들의 부패도 심해지면서 빈부 격차가 극심해졌다. 미국에는 미·소 패권전쟁을 완전히 끝장낼 수 있는 기회였다. 1982년 11월 29일 미국 레이건 대통령은 구소련의 경제적 숨통을 끊어놓을 수 있는 전략 문서 'NSDD-66'에 서명을 했다.[233] 유럽,

---

233 노암 촘스키, 『촘스키, 세상의 물음에 답하다 1』, 이종인 역, (서울: 시대의 창, 2005), 99.

사우디아라비아, 캐나다 등 미국의 동맹국에게 소련과의 천연가스 매입 계약과 첨단 기술 및 장비 수출 등을 금지 및 제한하는 문서였다. 지금으로 말하면, 강력한 경제 제재안이었다. 첨단 기술 및 장비 수출 등을 금지안은 소련이 첨단 기술을 발판으로 군수 산업을 발전시키고 경제 성장을 견인하는 것을 막기 위한 조치였다. 실제로 1975년 미국의 대소련 첨단기술 제품 수출은 32.7%였는데, 1983년에는 5.4%로 줄었다. 천연가스 매입 계약 금지 및 제한은 석유와 천연가스 수출에 대한 의존도가 매우 높은 소련 경제의 최대 약점을 공략하는 전략이었다. 미국은 동맹국에게 소련과의 천연가스 매입을 줄이고, 사우디아라비아와 손을 잡고 석유 공급량을 늘려 국제 원유 가격도 폭락시켰다. 소련의 무역수지는 악화되었다. 당시, 유가가 배럴당 1달러 오를 때마다 소련은 연간 10억 달러의 추가적인 수입을 얻었다. 반대로, 유가가 1달러 하락하면 최소 연간 10억 달러 이상의 손실을 입는다. 미국은 사우디아라비아가 석유 가격을 하락시켜 주면, 첨단 무기 등의 군사적 지원을 한다는 밀약을 맺었다. 사우디아라비아 입장에서는 석유 가격을 하락시켜도 소련의 석유와 천연가스 수출을 막으면 유럽의 국가들이 자국의 석유 수입을 늘릴 것이기 때문에 손해 보는 장사가 아니었다. 사우디아라비아는 석유 생산량을 4배 늘렸다. 효과를 극대화하기 위해 미국은 전략적 비축유 구매량을 하루 22만 배럴에서 14만 5천 배럴로 35%가량 줄였다. 서유럽과 일본 등 미국의 동맹국들도 전략 비축유를 방출해서 유가 하락을 가속시켰다.[234] 원유 가격은 불과 4년 만에 1986년의 4분의 1수준인 배럴당 20달러대로 폭락했다. 미국 서부텍사스원유(WTI)는 1980년 배럴당 평균 37.96달러에서 1986년 7월에는 11달러 아래로 폭락했다. 소련은 연간 200억 달러의 손

---

234   CCTV 경제 30분 팀, 『무역전쟁』, 홍순도 역, (서울: 랜덤하우스, 2011), 167.

해를 입었다. 연간 200억 달러의 손실은 미국이 금융지원을 금지한 상태에서는 소련을 몰락시키기에 충분한 금액이었다. 유가가 하락할수록 소련의 외화 보유액도 급감했다. 일부러 미국은 소련과 군비 경쟁도 격화시켜서 남은 경제력마저 소진시켰다.[235] OECD에는 소련에 차관을 제공하지 못하도록 압력을 가했다. 소련은 유가 하락으로 입은 손실분만큼의 차관을 미국에 빌려야만 생명을 유지할 수 있었다. 미국은 경제난에 시달리는 소련에게 단기 국채를 빌려주면서 금리를 대폭 올렸다. 상환 부담을 크게 하는 작업이었다. 이제 미국과 동맹국의 언론들이 소련의 국가채무상환 위험을 거론하면 소련 경제에 일시적인 신용경색도 유발시킬 수 있었다. 이제 미국은 핵전쟁을 하지 않고도 소련을 무너뜨릴 수 있었다. 소련의 경제가 붕괴하면 민심이 등을 돌리고 정치적 분쟁이 발발할 것이 분명했기 때문이다. 1989년 12월 소련은 미국과 정상 회담을 열고 "냉전이 끝났다"고 선언했다. 승기를 잡은 미국은 미·소 패권전쟁 승리를 위한 마지막 결정타를 날렸다. 달러화의 가치를 평가절하하여 소련이 벌어들인 달러의 실질 구매력도 하락시켜 버렸다. 소련 경제는 갑작스럽게 멈춰 섰다. 금을 팔아 겨우 목숨을 연명하던 소련은 더 이상 버티지 못하고, 1992년 1월 1일 해체되고 말았다. 이렇게 미국과 소련 간의 패권전쟁은 탐색기, 극단적 충돌기, 마무리기를 거쳐 대략 40년 정도 진행되었다.

미국과 패권전쟁을 벌인 그다음 국가는 일본이었다. 다음 그림은 미국의 유럽, 일본, 중국과 무역수지 적자 추세를 설명한 것이다. 미국과 일본의 경제 패권전쟁은 대략 30년 정도 진행되었다. 미·일 경제 패권전쟁도 미국의 승리로 끝이 났다. 미국과 소련의 패권전쟁이 이념 전쟁이었

---

235 노암 촘스키, 『촘스키, 세상의 물음에 답하다 1』, 이종인 역, (서울: 시대의 창, 2005), 99.

고, 미국과 일본의 패권전쟁은 경제 전쟁이었다. 미국과 중국의 패권전쟁은 이념과 경제가 동시에 얽혀 있다. 2008년 시작된 미·중 패권전쟁은 탐색기를 겨우 지났다. 앞으로 극단적 충돌기, 마무리기가 남아 있다. 필자는 미·중 패권전쟁 시작점을 2008년으로 볼 때, 대략 30~40년 정도 진행될 것으로 예측한다. 그러나 최종 승자가 판가름되는 시점은 10~15년 이내일 것이다. 이 시기가 미국과 중국의 극단적 충돌기다.

미국의 유럽, 일본, 중국 무역수지 적자

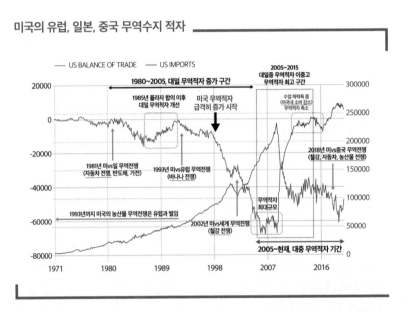

한국 정부와 기업은 극단적 충돌기에서 벌어지는 복잡한 정세 변화를 잘 통찰해야 한다. 자칫 거대한 충돌이 만들어 내는 쓰나미에 잘못 휩싸이면 침몰할 수 있다. '고래 싸움에 새우 등 터진다'는 속담을 가벼히 여기면 안된다. 미국과 중국의 위험천만한 충돌은 '이미 정해진 미래'다. 미국과 중국은 한국 기업에 최대 수출 시장이다. 둘 중 하나도 포기할 수 없다. 한국은 수출의존도가 매우 높다. 한국 기업은 수출시장을 다

변화했다. 그럼에도 불구하고 한국 기업의 최대 수출시장은 미국과 중국이다. 미국과 중국에서 심각한 타격을 받으면 한국 기업은 휘청인다. 한국 수출이 휘청이면, 파급은 내수시장 곳곳에 미친다. 글로벌 시장은 자유무역이 기본이다. 하지만 미국과 러시아의 충돌, 미·중 패권전쟁처럼 국익이 달린 상황에서는 수출시장은 정치적 무기가 된다. 보호무역주의, 관세, 환율조작국 지정, 국가 핵심 이익과 안보에 연결시킨 기술 검열 등 정치적 판단이 난무한다. 이런 상황이 만들어지면 기술력, 가성비는 무기가 되지 못한다. 미국과 중국이 자국 이익을 위해 한국을 향해 정치적 무기를 들이대는 미래는 불가능한 미래, 황당한 미래가 아니다. 말 그대로 고래 싸움에 새우 등 터지는 미래의 현실화다.

1929년 대공황이 발발하며, 미국 경제 및 자산시장이 대붕괴를 맞았다. 1933년 3월 4일 취임한 루스벨트 대통령은 대공황에 빠진 미국 경제, 엄청난 규모의 기업 파산, 미국 실업률 25%, 농수산물 가격 60% 폭락 등 역사상 최고의 불황기를 타계해야 할 책임을 맡았다. 루스벨트 대통령은 대공황을 극복하기 위해 뉴딜 정책을 실시하고, 사회보장제도를 강화하고, 소득세·법인세·초과이윤세 등을 대폭 인상했다. 1938년에는 공정노동기준법(Fair Labor Standard Act)를 제정했다. 미국 근로자의 주당 노동시간을 44시간으로 제한하고, 초과근무 시간에 주는 임금을 정규임금의 1.5배로 정하고 최저임금을 올리는 것이 골자였다. 1936년에는 세금 징수를 늘리기 위해 사내유보금에 과세를 부여했다. 연방소득세 최고세율도 기존 63%(100만 달러 이상 소득에 부여)에서 79%(500만 달러 이상 소득에 부여)로 인상했다. 1945년에는 최고세율이 91%를 넘었고 법인세는 최고 52%까지 부과했다. 국가 경제의 위기를 극복하기 위한 루스벨트 대통령의 정책은 여기서 끝나지 않았다. 기업에 고통 분가를 요청한 만큼, 반대급부를 확실하게 주어야 했다. 기업에 노동 유연성을 보장해 주고, 새로운 시장을 만들어 주며, 수출 경쟁력도 갖도록 보호해 주었다. 보호무역주의, 수출상대국 압박 등이 사용되었다. 1970~1980년대 석유파동으로 미국 경제가 충격을 받자, 미국은 우르과이 라운드를 통해 자국 무역에 유리한 상황을 강요했다. 2021~2022년 코로나19 팬데믹 대재앙이 미국 경제를 강타하고 공급망 병목 문제로 미국 기업들의 위기가 커졌다. 이번에도 바이든 행정부는 한국을 비롯한 동맹국들에게 반도체, 배터리, 핵심 광물, 의약품 분야에서 미국에 유리한 조건을 강요했다. 중국은 미·중 패권전쟁에서 자국에게 불리한 태도를 취하는 국가에는 자원보복, 무역 보복 등을 서슴지 않고 있다.

미·중 패권전쟁의 기반은 민주주의와 공산주의라는 이념 체제 경쟁이지만, 중심 경쟁지는 경제, 산업과 기술, 금융 전쟁 등이다. 미국과 중국이 글로벌 시장에서 자국 기업의 시장 점유율을 높이고, 다른 나라에 대한 경제 및 산업 영향력을 넓히려고 벌이는 국부 전쟁(國富, national wealth)이다. 21세기 국부를 놓고 벌이는 거대 경제 전쟁 승리를 위해 군사력, 금융 역량, 인재 및 자원 전쟁 등 국력 전체를 총동원한다. 국력을 총동원하는 전쟁이기에 동맹국이나 교역국에 대한 회유와 겁박도 서슴지 않는다. 수출에 절대 의존하는 한국 경제, 한국 기업은 미·중 패권전쟁이라는 거대한 파도를 어떻게 헤쳐 나가느냐가 중요하다. 미·중 간의 격렬한 충돌과 기 싸움의 불똥이 어디로 튈지 모르는 상황이다. 미·중 패권전쟁 속에서 '틈새 이익 획득'과 '보복 당함'은 백지장 한 장 차이다. 미·중 양쪽에서 아슬아슬한 줄타기를 하는 방법으로는 다가오는 미국과 중국의 극단적 대치와 숨 가쁜 경쟁의 순간 기간을 무사히 넘기기 어렵다. 최악의 경우, 한국 기업은 미국과 중국 양쪽 시장에서 보복을 당하는 샌드위치 신세가 될 수도 있다. 그럴 경우, 필자가 **시나리오1. 도약, 일본 추월**에서 다루었던 한국 기업의 밝은 미래는 사라지거나 퇴색할 수 있다. 필자가 한국 기업이 도약하느냐(시나리오1. 도약, 일본 추월) **나락으로 추락하느냐**(시나리오2. 붕괴, 내전)는 동일한 환경(경제, 금융, 산업, 글로벌 정세)과 같은 역량 하에서 '정신력 차이' 하나로 갈린다고 지적한 것을 기억하는가? 정부와 기업 입장에서 정신력의 차이는 결정적 순간에 '주저하는 상황, 잘못된 선택'이다.

　필자는 과거 미·중 패권전쟁 시나리오를 발표하면서도, 한 순간의 잘못된 선택이 미국과 중국의 보호무역주의 협공을 불러오고, 기업이 각자도생을 위해 한국을 탈출하는 제2차 제조업 공동화의 빌미가 되고, 중국 추격으로 10~15년 내에 기존산업의 50~80%의 국제시장 점유율을 상실을 불러올 것이라고 예측했다. 이런 상황에서 북한 김정은 정권이 30년 장기집권으로 들어가면, 한국은 통일이라는 추가적 성장동력 확보 시기가 늦춰진다. 이런 상황에서 저출산·고령화·OECD 국가 중 가장 빠른 조기 은퇴, 생산가능인구 감소 속도 가속화, 노동시장 경직 여파, 자산시장 붕괴 후유증, 부채의 덫, 소비인구 감소가 겹치면 20년 동안 출구 찾기가 힘들어질 것이라고 예측했다. 필자의 예측처럼 미·중 패권전쟁 탐색기에서 한국은 중국에 사드 보복을 당했다. 미국에는 기술 감찰을 받고, 미국 본토에 공장을 지으라는 압력을 받았다. 이제 미·중 패권전쟁은 탐색기를 지나 극단적 충돌기로 접어든다. 미·중 패권전쟁에서 줄을 잘못 서서 양쪽에서 공격을 받고, 전략적 판단 실수로 기존 산업은 수출이 위축되고, 주저함으로 기회를 놓쳐 미래산업이 발목 잡히거나 표류하면 안된다. 이것은 한국 붕괴의 방아쇠가 될 수 있다. 자산시장 대학살은 앞으로 5년 내외로 발생 가능한 중기적 위협 요소다. 미·중 패권전쟁(霸權戰爭, Hegemonic War)은 최소 10년 길게는 20년 이상 더 진행되는 장기적 위협 요소다. 만약 한국 경제가 2가지 결정적 순간에 모두 최악의 선택을 반복하거나 주저하면서 실기(失期)한다면, 한국 경제는 붕괴 도미노에 빠지고 제2의 금융위기에 빠지면서 심각한 사회 혼란에 빠질 수 있다. 말 그대로 **시나리오2. 붕괴, 내전**의 현실화다. 시간적으로, 5년 단위로 자산시장 대학살 충격, 미·중 패권전쟁 극단적 대치 충격, 한국 경제의 붕괴와 내전 충격이라는 세 개의 충격을 연이어 맞는 미래다.

한국 사회, 붕괴와 내전

같은 시스템, 역[逆] 연쇄 충격

2021년 한국 수출액이 역대 최고치를 경신했다. 겉으로는 좋은 모양새다. 하지만 내실을 따져보면 위험신호가 곳곳에 있다. 다음 그림들을 보자. 2000년 이후 한국의 수출, 수입, 무역수지, 수출증가율, 경상수지 추세다. 2021년 한국 수출액이 역대 최고치를 기록한 것은 코로나19 기저효과와 공급망 병목으로 수출단가가 크게 상승한 덕분일 뿐이다. 냉정하게 분석하면, 한국의 수출은 2010년 이후부터 성장이 멈췄다. 필자가 표시한 박스권을 벗어난 2017~2018년은 반도체 수출이 깜짝 증가했던 시기다. 2017년 이전에도 한국 수출에서 반도체 의존도는 계속 높아졌다. 2021년 4월 한국은행이 발표한 'BOK 이슈노트-산업의존도 요인분해를 통한 우리 경제의 IT(정보기술) 산업 의존도 평가'에 따르면 2010~2019년까지 수출의존도에서 휴대폰이 차지하는 비중은 5.3%에서 -4.8%, 디스플레이는 8.2%에서 -5.8%로 감소했지만 반도체는 8.9%에서 17.9%로 상승했고 2019년 산업별 분류 표에서 가장 높았다.[236] 2021년 수출액 증가도 전 세계 반도체 시장 규모가 5000억 달러 증가한 덕택도 한몫했다. 2021년 한국 수출액 역대 최고치 경신을 마냥 기뻐할 수 없는 이유가 있다. 2021년 한국 수입액을 보자. 역대 최고치 경신이다. 수출액보다 수입액 증가가 더 크다. 공급망 병목으로 모든 제품 가격이 급상승해서 수입액 규모도 커졌다. 결국 한국의 무역수지는 2018년 이후부터 급락하기 시작했고, 2021년에는 박스권을 벗어나서 적자를 기록했다. 한국 수출 증가율 추세를 보자. 2013년부터 한국 수출 증가율은 세계 교역 증가율 평균치보다 낮아졌다. 2013년 이전에는 세계 평균치를 크게 웃돌았던 것과 비교된다. 분명 한국 수출은 '잃어버린 10년'에 빠졌다. 한국 수출이 경쟁력을 잃어가자, 경상수지도 악화되고 있다. 마지막 그림도 보자. GDP 대비 경상수지다. 경상수지(經常收支, Balance on Current Account)는 일반적인 상거래(재화와 서비스)의 거래(경상거래, 經常去來, Current Transaction)에서 발생하는 수지타산(收支打算)이다. 경상거래는 무역수지, 무역외수지, 이전수지로 나뉜다. 무역수지는 상품의 수출·수입 수지, 무역외수지는 관광·운수·보험 등의 수지, 이전수지는 증여·원조 등에서 발생한 수지다. 한국의 GDP 대비 경상수지는 2016년부터 하락추세. 경상수지가 GDP 성장률보다 빠르게 낮아지고 있다는 의미다. 이미 한국 정부의 재정수지는 2018년 이후 적자로 돌아섰다. 약세 추세가 지속되는 경상수지를 회복시

---

236 유효송, "반도체로 먹고사는 대한민국, 반도체 의존도 더 높아졌다", 머니투데이, 2021. 04. 23.

키지 못하면, 재정수지와 경상수지 모두 적자로 돌아서는 '쌍둥이 적자 (twin deficit)' 사태도 발생할 수 있다.

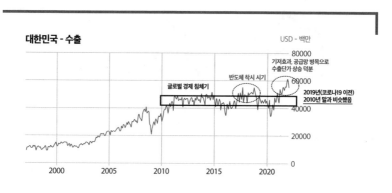

대한민국 - 수출

USD - 백만

글로벌 경제 침체기
반도체 착시 시기
기저효과, 공급망 병목으로 수출단가 상승 덕분
2019년(코로나19 이전) 2010년 말과 비슷했음

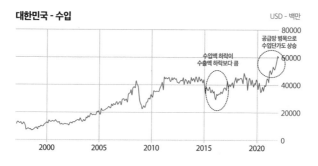

대한민국 - 수입

USD - 백만

수입액 하락이 수출액 하락보다 큼
공급망 병목으로 수입단가도 상승

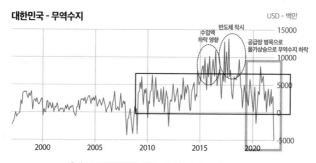

대한민국 - 무역수지

USD - 백만

수입액 하락 영향
반도체 착시
공급망 병목으로 물가상승으로 무역수지 하락

• 출처: TRADINGECONOMICS.COM │ MINISTRY OF TRADE, INDUSTRY & ENERGY (MOTIE)

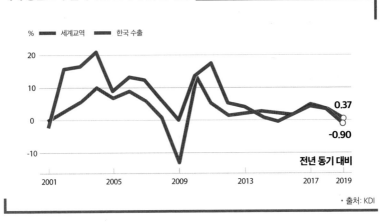

• 출처: KDI

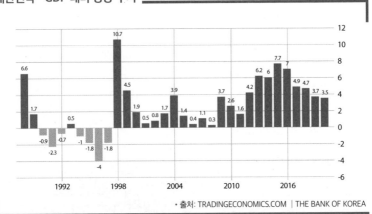

• 출처: TRADINGECONOMICS.COM | THE BANK OF KOREA

　한국 수출 경쟁력이 하락하는 이유는 분명하다. 중국과 베트남 등 추격자에게 시장을 빼앗기고 있기 때문이다. 한국이 중국과 글로벌 시장 경쟁에서 확실한 우위를 점하고 있는 분야는 반도체와 첨단 디스플레이 정도다. 2018년 이후, 한국 조선이 글로벌 선박 수주 점유율을 다시 앞서기 시작했다. 2020년 기준으로 한국의 점유율은 43%, 중국은 41%였다. 한국이 중국을 역전한 데는 이유가 두 가지 있다. 첫째, 전 세계 선박 발주량이 줄면서 경쟁이 치열해졌다. 그 결과, 일본 기업의 점유율이 2017년 20%에서 2021년(1분기) 4%까지 급락했다. 일본이 잃은 점유율을 한국과 중국이 나눠가졌는데, 한국 기업의 수주량이 더 컸다. 둘째, 중국 조선업이 구조조정에 들어가서 일 보 후퇴 중이다.

글로벌 시장 경쟁에서 노동집약적 산업과 중간재 산업은 추격자에게 잡혀먹히는 상황은 정해진 미래다. 불확실성은 그 시점이 언제냐 일뿐이다. 2000년대 초반, 한국은 세계에서 가장 빠르고 강력한 추격자였다. 한국 기업의 공격에 미국, 일본, 유럽 기업들이 글로벌 시장을 50~80%를 내주었다. 지금은 추격자와 추격 당하는 자가 바뀌었다. 한국은 추격당하는 입장이고, 중국, 동남아시아, 인도 등은 추격자다. 한국이 가장 먼저 빼앗기고 있는 지역은 중국이다. 한국 수출기업은 중국에서 정부의 지원을 든든히 받고 있는 중국 기업에 스마트폰부터 게임, 백색가전, 사무기계, 통신, 철강, 조선, 자동차까지 시장 점유율을 계속 내주고 있다. 미국과 유럽 시장에서도 중국 기업에 한국 기업이 시장을 빼앗기는 일이 시작되고 있다. 친환경 트랜드 확대로 꾸준한 시장 성장이 진행되는 전기차용 배터리 시장을 예로 들어보자. 에너지 업계 시장조사기관 SNE리서치에 의하면 2018년 1~11월까지 전 세계 전기차용 배터리 출하량은 전년대비 73% 증가한 76.9GWh였다. 전 세계 상위 10개 중 일본이 3개, 중국이 5개, 한국이 2개를 차지하고 있다. 1위는 22.9%를 점유한 일본 파나소닉이다. 10위 안에 든 일본의 세 회사의 점유율 총합은 29.7%다. 2위는 21%를 점유한 중국 기업 CATL로 16.1GWh의 배터리를 출하했고 전년대비 111% 성장률을 기록하며 1위를 넘보고 있다. 막강한 내수 시장을 발판 삼고 독일의 BMW에 배터리를 공급하는 CATL은 2018년 11월 출하량으로만 따지면 3.0GWh로 파나소닉(2.2GWh)을 앞질렀다. 3위 역시 세계 최고 투자자 워런 버핏이 투자한 중국 기업 BYD로 9.3GWh의 배터리를 출하했다. BYD는 전기차를 직접 제작하고 있어서 언제든지 1위를 넘볼 수 있다. 나머지 중국 기업 파라시스(Farasis), 리센(Lishen), 과오슈안(Guoxuan)는 각각 7, 8, 9위를 차지하며 LG화학과 삼성SDI를 뒤쫓는 형국이다. 10위권에 든 중국 배터리 업체 5개의 점유율 총합은 41.7%로 일본(29.7%)과 한국(11.5%)을 압도한다.[237] 엄밀히 말하면, 배터리는 미래 기술이 아니다. 미래에 시장 규모가 커지는 기존 시장이다. 반도체는 초격차 기술이 가능하다. 배터리는 상대적으로 어렵다. 규모의 경제와 생산단가 싸움이다. 반도체는 자급하기 쉽지 않다. 배터리는 상대적으로 쉽다. 다행히 친환경 트랜드가 거세지면서 전기 에너지 수요가 증가하는 것이 위안이다. 시장 점유율은 하락하더라도 시장 규모 자체가 커지면서 매출 수정이나 증대가 가능하기 때문이다. 한국 기업들이 중국의 도전에 응수하기 위해 고가 프리미엄 시장에 집중하고 있지만, 중국이 기술 격차를 좁히는 것은 시간문제다. 한국 기업들이 고가 프리미엄 시장 확장에 힘을 쏟는 사이에, 중국은 한국 기업 뒤에 서서 바람을 피하고 기술을 축적하고 저렴한 인건비와 정부 보조금을 무기로 한국이 만들어놓은 시장에 무혈입성할 기회를 엿보고 있다. 세계 최고 시장인 중국 내수 시장에서 중국의 자급률이 빠르게 상승하는 것도 위협이다. 예를 들어, 한국석유화학협회의 예측에 의하면, 중국은 합성원료·합성수지·합성섬유 등의 석유화학 제품의 자급률이 90%까지 상승할 전망이다.[238] 세계 최고의 수출시장을 잃는 미래다. 한국 기업이 중국 시장을 포기하고 동남아, 동유럽과 남미 등으로 수출경로를 바꾸지만, 얼마 못 가서 중국과 해당 국가 기업들에게 밀려날 것이 뻔하다. 중국 기업을 피해 도망갈 곳은 지구상 어디에도 없다. 수출 경로의 다변화는 임시처방에 불과하다. 근본적 해법이 아니다. 가성비 싸움으로 전락한 기존 산업에서는 중국, 동남아, 인도 등 추격자

---

237 장정훈, "2018년 전기차 배터리 시장, 중국 장악, 일본 수성, 한국은 후진", 중앙일보, 2019. 01. 04.
238 김도년, "철강, 디스플레이, 한국 주력산업 중국 장악, 예견된 일", 중앙일보, 2019. 01. 21.

를 이길 수 없다. 한국의 기존 산업들은 중국과 경쟁에서 기술 격차에서 역전되고 임금 경쟁력마저 상실하면 시장 점유율의 80%를 빼앗길 것이다. 기술격차는 역전되거나 같더라도 임금 경쟁력을 유지할 수 있으면 50% 정도 시장을 빼앗기는 선에서 선방(?)할 수 있을 것이다. 새로운 판을 만들거나 올라타야 한다. 쫓겨 도망가기에만 급급하면 국가 경제 전체가 무너질 수 있다. 위기가 심장까지 파고들고 있는 형국이다.

기존 제조업 글로벌 시장의 50~80%를 추격자들에게 내주면 한국의 무역수지는 어떻게 될까? 2가지 시나리오가 가능하다. 프리미엄 시장만 수성하면 현재 무역수지도 유지하기 힘들다. 프리이엄 시장 수성에 소부장 산업에서 미국, 일본, 독일이 장악한 시장 일부를 빼앗아 오는 미래를 더하면 현재 무역수지 정도를 유지할 수 있다. 다음 그림을 보자. 일본의 무역수지 장기추세다. 1985년 플라자합의 이후부터 수출경쟁력이 하락하고 1990~2000년대에 한국에 기존산업의 50~80%를 빼앗겼다. 하지만 프리미엄 시장 일부를 수성하고 소부장 산업에서 글로벌 경쟁력을 유지하고, 엔저 효과를 지렛대로 삼아서 무역수지 추가 하락은 가까스로 막았다.

일본 무역수지 장기추세 - 1985년 이후 추세 전환

• 출처: TRADINGECONOMICS.COM | MINISTRY OF FINANCE, JAPAN

그래서 필자는 한국의 **시나리오1. 도약, 일본 추월**에서 기존 산업의 수성이 아니라 미래산업과 선진국형 산업인 소부장에서 재도약을 강조했다. **시나리오1. 도약, 일본 추월**은 한국 제조업이 미래산업과 소부장 산업에서 재도약에 성공하면서 무역 강국 시스템을 유지하면 연쇄 상승효과가 경제 전반에 퍼지는 미래였다. 우리가 선호하는 미래다. 다음 그림을 보자. 유럽 제조업의 절대강자인 독일의 무역수지 장기추세다. 독일 산업은 통일을 전후로 오랫동안 박스권에 갇혀 있었다. 2000년대 초, 근로자 임금인상 억제로 가격 경쟁력을 확보하고, 고숙련과 초격차 기술 집약형 고부가가치 첨단제품과 소부장 기술 개발에 투자를 확대하면서 국제경쟁력 회복에 성공했다.

독일 무역수지 장기추세

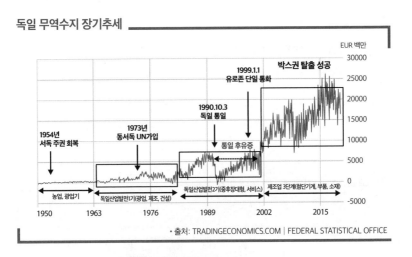

• 출처: TRADINGECONOMICS.COM | FEDERAL STATISTICAL OFFICE

한국이 가야 할 길은 분명하다. 한국 제조업이 미래산업과 소부장 산업에서 재도약에 성공해서 무역 강국 시스템을 유지해야 한다. 그렇지 않으면, 완전히 다른 미래가 한국을 기다린다. 한국 제조업이 기존 산업의 글로벌 시장을 상당 부분 중국과 동남아 추격자들에게 빼앗긴 상황에서 미래산업과 소부장 산업을 기반으로 재도약에 실패하면, 무역 약소국으로 전락하고 경제 전반으로 연쇄 충격 효과가 발생한다. 같은 시스템에서 발생하는 '역[逆] 연쇄 충격'이다.

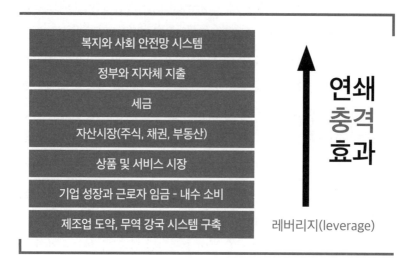

중국이 흔들리면, 한국도 흔들린다

다가오는 자산시장 대학살은 중국도 피하기 힘들다. 2008년 글로벌 금융위기 이후, 중국 정부는 10여 년 동안 막대한 돈을 풀었다. 코로나19 이전, 미국의 M2[광의통화] 공급량이 GDP 대비 0.9배였는데, 중국은 2.1배에 달했다. 중국의 M2[광의통화] 공급량은 세계 1위였다. 밖으로는 글로벌 금융위기로 경제 충격이 오래 지속되면서 중국 수출기업은 유동성 위기에 빠졌고, 안으로는 오랫동안 지속되었던 공급과잉 문제가 극에 달하면서 수익성이 급락했다. 중국 정부는 기업의 도미노 파산을 막기 위해 막대한 유동성을 공급했고, 기업들은 부채를 늘려 위기를 버텼다. 이런 상황이 오래되자, 중국 기업과 가계는 빌린 돈으로 부동산 투자에 열을 올렸다. 그 결과, 중국 부동산 가격만 폭등했다. 기업부채는 GDP 대비 160%를 넘어섰다. 세계 1위다. 중국 기업부채 규모는 2008년부터 10년 동안 4.5배 증가했다. 같은 기간, 중국 GDP 규모 증가율 2.8배보다 빨랐다.[239] 중국의 가계부채도 2007년 5%에서 2017년 50%로 늘어났다. 10배 증가다. 같은 기간, 중국 가계의 가처분소득은 연평균 10%씩 증가했지만 가계부채는 연평균 20%씩 증가했다.[240] 코로나19 기간 중국에도 팬데믹 머니가 쏟아졌다. 중국 부동산 가격은 더욱 폭등했다. 결국 2021년 12월 중국 부동산 개발 2위 회사인 헝다 그룹이 1조9700억 위안(382조 원)이라는 천문학적 부채를 안고 파산했다. 중국 정부는 부동산 시장 전체의 붕괴 도미노를 우려 해서 구조조정을 서두르고 시장을 안정시키는 중이지만 여파가 만만치 않다.

중국 주식, 채권, 부동산 시장 등이 흔들리면 한국 기업에 두 가지 영역에서 불똥이 튄다. 하나는 수출에 불똥이 튄다. 한국 수출은 중국 의존도가 매우 높다. 2022년 1월 한국무역협회에 따르면 중국은 2021년에 한국 제품을 가장 많이 수입한 나라다. 한국이 중국에 수출한 금액은 1475억8500만 달러다. 한국 전체 수출액의 25.3%다. 무역수지 흑자만으로는 76%가 중국 수출에서 나온다.[241] 현대경제연구원의 분석에 따르면, 중국 성장률이 1%P 하락하면 대중국 한국 수출액이 줄면서 한국 경제성장률이 0.5%P 내려간다.[242] 다른 하나는 중국에 진출한 한국 기업의 입지에 불똥이 튄다. 수십 년 만에 한 번 일어나는 슈퍼버블 붕괴가 중국 경

239 장태민, "중국, 중장기적인 디레버리징 기조는 유효", 한국금융신문, 2019. 02. 20.
240 김은광, "중국, 괴물과 싸우다 괴물 됐나", 내일신문, 2019. 02. 14.
241 김지애, "'무역한국' 수출품 지각변동… 중국-미국 줄타기의 선택은", 국민일보, 2022. 01. 15.
242 사설, "'차이나스톰' 눈앞, 시나리오별 출구전략 서둘러라", 서울경제, 2022. 01. 18.

제를 흔들어도, 중국 정부의 극복 능력은 충분하다. 하지만 위기 극복 과정에서 피할 수 없는 것이 있다. 추가 구조조정이다. 주식, 채권, 부동산 시장에 충격이 일어나면 제조업 분야 좀비기업과 부동산 분야 부실기업의 파산 위기가 커진다. 중국 정부는 무질서한 붕괴를 막기 위해 질서 있는 구조조정을 단행해야 한다. 중국 시장에서 활동하는 기업은 4그룹으로 분류할 수 있다. 첫째, 중국 공산당이 직접 혹은 간접으로 소유하는 국유기업 혹은 준 국유기업이다. 둘째, 중국 인민이 소유하는 민간기업이다. 셋째, 기브앤테이크(Give & Take) 식으로 중국 정부가 눈치를 보아야 하는 거대 수입 시장을 가진 국가의 기업이다. 미국이나 유럽 등이다. 이들은 중국 기업의 수출에 절대적 비중을 차지한다. 마지막으로, 나머지 국가 혹은 위기 돌파를 위해 시장과 기술을 빼앗아 밟고 올라서야 하는 국가의 기업이다. 한국은 일부 글로벌 1등 기술을 보유한 기업을 제외하고는 마지막 그룹에 속한다. 중국 정부가 경제 위기가 발발하여 부실기업 구조조정을 해야 한다면 어떤 선택을 할까? 이 답을 예측하는 것은 어렵지 않다. 파산시킬 기업 후보를 추리는 것은 재무제표를 따지고 시장 논리를 따르지만, 그중에서 어떤 기업을 살리고 죽일지는 전적으로 중국 정부의 의지다. 중국 정부에게 국유기업은 부가가치 창출의 절반을 담당할 정도로 경제와 산업의 중추다. 하지만 국유기업들이 갖고 있는 문제를 동일하게 갖고 있다. 나태함, 생산성 저하, 부패, 낮은 이익률 등이다. 국유기업의 부실도가 높지만 파산은 중국 공산당에게 치명적이다. 대규모 실업자를 양산하기 때문에 체제 위협으로 전이된다. 경제위기가 발발하면 중국 정부는 부실이 많은 국영 기업들을 빠르게 통합시킨 후, 금융위기 극복을 명분으로 정부 자금을 지원해 주고 정부 조달이나 시장 쿼터제 등 혜택을 주면서 막강한 기업으로 재탄생시키는 전략을 구사한다. 2015년 12월 중국 정부는 중국 조선산업이 과잉 경쟁에 빠지자 국영 기업들을 강제 통합했다. 중국을 대표하는 해운사 중국원양해운(COSCO)이 중국해운(CSCL)을 인수합병하는 방식이었다. 한순간에 중국원양해운(COSCO)은 글로벌 10위에서 4위로 도약했다. 2018년 7월 중국 정부는 중국원양해운(COSCO)이 세계 7위 해운사인 오리엔탈오버시스(OOCL)을 현금 63억 달러를 주고 인수하도록 했다. 중국원양해운(COSCO)은 글로벌 3위로 한 단계 더 올라섰다. 반면, 한국을 대표하는 해운사인 한진해운은 무너졌다. 빈 자리는 중국원양해운(COSCO)이 차지했다. 중국 정부는 경제 위기가 닥치거나 글로벌 시장 점유율을 확대할 때마다 국유기업을 강제로 합병시키고 막대한 정부 지원금을 투하하여 규모의 경제 전략을 구사했다. 제로섬 게임은 중국 정부의 핵심 전략 중 하나다. 코로나19 이전, 2018년과 2019년 중국 경제성장률은 6.6%, 5.8%를 기록하면서 계속 하락했다. 30년 만에 최저치였다. 코로나19 기간, 중국 정부는 강력한 봉쇄책을 구사하면서 자국 경제 추락을 막았다. 하지만 2022년 중국 경제성장률은 자체 예상으로는 5.5~5.3%로 하락한다. 일부에서는 4%대로 추락 쇼크를 예상한다. 중국 경제성장률이 느리지만 지속 하락한다는 신호가 곳곳에서 나온다. 이런 상황에서 몇 년 뒤에 자산시장 대학살 충격을 맞으면, 중국 정부는 다시 한번 더 강제 구조조정 카드를 사용하여 국유기업의 덩치를 키우고, 불만이 치솟은 중국 국민과 기업을 달래는데 희생양으로 실익이 없는 외국 기업을 쫓아내는 시장 정리를 단행하고, 자국 기업의 수출 경쟁력을 높여주기 위해 한국 등의 주변국에 보호무역주의 정책을 단행할 가능성이 크다. 중국 정부가 중국에 진출한 한국 기업을 살리고 죽이는 것은 어렵지 않다. 금융권을 손에 쥐고 유동성을 조절하면 된다. 법과 규제를 명분으로 조이는 것도 방법이다. 중국 국민의 애국주의 감성을 자극하여, 시장에서 자발적 불매운동이나 경쟁하는 자국 기업 제품과 서비스 소비를 늘려 줄 수도 있다.

자산시장 대학살 사태로 전 세계 경제 대침체 기간이 길어지면, 자유무역을 외치는 국가들도 자국 이익 우선주의로 돌아선다. 한국의 동맹국인 미국도 예외가 아니다. 미국 정부는 자국 경제 회복과 일자리 창출을 위해 한국 기업에 공장을 미국에 짓고, 투자를 더 늘리라고 압박할 수 있다. 수출액 기준으로, 한국은 미국에 중국 다음으로 많은 제품을 수출한다. 한국 전체 수출액의 14.9%(871억500만 달러)다.[243] 미국 정부 눈치를 볼 수밖에 없다. 한국 기업 입장에서는 미국에 공장을 지으면, 현지 판매를 보장받는 이점 등이 있다. 하지만 한국 경제와 내수에는 손해다. 한국에 지어야 할 공장이 사라진다. 최악의 경우, 한국에 있는 공장을 빼서 미국으로 이전하는 제조업의 공동화가 추가로 일어날 수 있다. 한국 경제에서 제1차 제조업 공동화는 2000년 전후에 일어났다. 당시에는 신발, 목재가구, 조립 금속, 섬유, 의복 등이 주를 이루었다. 한국 수출이 정체기에 빠지기 시작한 2012년 이후부터는 자동차, 조선, 반도체, 디스플레이, 전기전자, 수송 기계 등 제조업에서 공동화가 시작되었다. 코로나19 시기부터는 최첨단 산업에서 공동화가 시작되었다. 심지어 미래산업은 시작부터 해외에 공장과 본사를 두는 일도 벌어지고 있다. 이런 상황은 국내에서 질 좋은 일자리 창출을 막는다. 기존에 좋은 일자리가 질 낮은 일자리로 바뀌는 일도 일어난다. 지금 선진국에서는 리쇼어링 전쟁 중이다. 해외 기업 유치는 기본이고, 해외로 나간 자국 기업을 본국으로 돌아오게 하는 전쟁이 한창이다. 기업이 돌아오면 세금도 늘고, 질 좋은 일자리가 만들어지기 때문이다. 2014년부터 코로나19 직전(2018년)까지 미국은 340, 294, 267, 624, 886개로 본국으로 되돌아오는 기업 수가 늘었다. 반면, 한국은 같은 기간에 22, 4, 12, 4, 10개에 머물렀다. 심지어 시간이 갈

---

243 김지애, "'무역한국' 수출품 지각변동… 중국-미국 줄타기의 선택은", 국민일보, 2022. 01. 15.

수록 줄었다. 국내로 되돌아온 기업도 최저임금 인상, 근로시간 단축, 까다로운 정부지원 혜택 등의 조건과 싸우느라 절반만 공장을 제대로 가동했다. 되돌아오는 기업은 적고, 더 나은 환경을 찾아 공장과 사무실을 해외로 옮기는 기업은 늘어나면서 해외직접투자액은 갈수록 늘어난다. 돈만 해외로 빠져나간 것일 아니라 일자리도 함께 빠져나갔다. 한경연의 분석에 따르면, 2009~2018년까지 직접투자 순유출로 제조업에서만 유출된 직간접 일자리가 연간 4만2천 명이고, 누적 41만7천 명이었다.

오프쇼어링(해외직접투자)액 추이

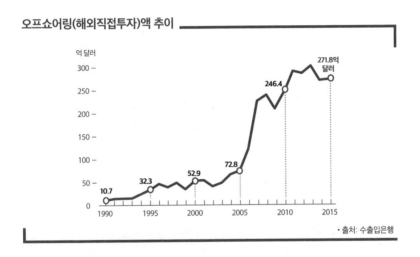

• 출처: 수출입은행

크고 길어지는 경기 대침체는 미·중 무역전쟁을 심화시킬 수 있는 빌미다. 자국의 경제 충격을 회복하고 만회하는 전략 구사에 보호무역주의 강화가 필수이기 때문이다. 미·중 무역전쟁 긴장이 한 단계 더 상승하면, 한국 수출에 위협이다. 2016년 5월 미국 상무부가 중국산 철강에 최대 522%의 반덤핑 관세를 부과했다. 중국 철강은 미국 시장에서 쫓겨났다. 이 틈을 타고, 한국 철강 수출물량이 연간 257만 톤에서 365만 톤(미 상무부 기준)으로 42%나 증가했다. 미국 철강 시장에서 중국 기업을 쫓아낸 자리를 한국 기업이 어부지리로 차지하자, 미국 철강업체는 백악관을 향해서 볼멘소리를 냈다. 2016년 미국 정부는 한국산 강관 제품에 최대 64%의 관세를 부과했다. 자국 이익을 위해서 동맹국 기업을 공격하는 선택을 고민 없이 저질렀다. 트럼프 대통령이 이런 행위를 했다면, 일면 이해를 할 수 있다. 하지만 이런 선택을 주저없이 한 대통령은 오바마였다.[244]

경제가 어려워지면, 한국 수출시장인 유럽과 남미에서는 극우 민족주의 분위기가 재고조될 수 있다. 본래, '극우[極右, extreme right]'는 극단적 보수주의나 국수주의적 성향을 말한다. 하지만 최근 일어나는 극우 바람은 이념적 보수주의의 극단적 성향과 거리가 멀다. 이슬람 테러 집단처럼 종교적 극단주의도 아니다. 잇단 금융위기와 오랜 저성장에 시달린 국가의 중산층과 서민층의 몸부림이다. 자국 우선주의를 명분으로 한 글로벌 기업들에 대한 새로운 저항이다. 외국 자본이 자국에서 막대한 경제 이익을 취하지만 세금은 적게 내고, 난민이나 외국인은 일자리를 빼앗고, 자국 기업은 중국이나 동남아 국가들에 밀리면서 경쟁력을 상실하고, 정부와 기업과 개인의 부채는 늘고, 경제성장률은 하락이나 장기 저성장으로 부의 불균형 분배가 커지는 문제에 대한 저항이고 투쟁이다. 이들의 요구는 트럼프 지지자 외침과 동일하다. 강력한 보호무역주의를 해서라도 이런 상황을 반전시켜 놓으라는 요구다. 이들에게는 부자들만 적이 아니다. 중국 기업이나 한국 기업도 경계의 대상이다.

이런 저항은 경제가 호황일 때는 수면 아래로 내려갔다가, 경제 위기가 발발하면 수면 위로 부상하여 여론을 주도한다. 유럽을 주도하는 독일에서도 극우 바람이 만만치 않다. 2018년 독일 정치계에서 제3정당으로 떠오른 극우 정당인 '독일을 위한 대안[Alternative for Germany]'은 자국 우

244 김동현, "철강 다음은 지재권?…'스페셜 301조'로 한미FTA 개정 압박", 연합뉴스, 2018. 02. 28.

선주의(nationalism), 유럽연합 회의주의(euroskepticism), 반이슬람을 표명한다. 독일 정당사에서 극우 정당이 독일연방의회에 입성한 것은 나치 패망 후 처음이다. 지독히도 나치 시절을 후회하고 부끄럽게 여기는 독일에서 극우 정당이 제3당 위치를 얻었다는 것은 중요한 것을 시사한다. 유럽에서 가장 경제가 탄탄한 독일에서도 자국 경제적 이익을 우선하라는 국민 열망이 크다는 의미다. '독일을 위한 대안'은 독일 통일과정에서 상대적 소외를 당한 동독 지역을 지지기반으로 삼았다. 2017년 시리아 난민 수용으로 독일이 상당한 경제적 부담을 떠안고, 난민 속에 테러리스트 같은 불순한 이들이 숨어들어온다는 불신과 독일인의 일자리를 위협할 것이라는 우려가 커지면서 지지율이 급상승했다. 2012년 유럽의 금융위기 이후, 유럽에서 극우 바람은 독일을 비롯해서 폴란드, 오스트리아, 프랑스, 이탈리아, 네덜란드 등으로 빠르게 확산되고 있다. 이런 바람은 경제 위기가 반복될 때마다 확산된다.

내부 시한폭탄

'역(逆) 연쇄 충격'은 한국 사회 내전 시나리오의 출발점이다. 수출 경쟁력 하락과 무역수지 악화 장기화라는 불을 빨리 진압하지 못하면, 자산시장 대학살이라는 기름이 더해지면서 거대한 불로 변한다. 자산시장을 초토화시킨 거대한 불은 좀비기업, 가계부채, 부동산 버블, 생존 위기에 빠진 자영업자들을 차례로 위협하면서 한국 사회 전체를 태울 화염 토네이도(firenado)로 돌변할 수 있다.

좀비기업, 생존 위기에 빠진 자영업, 부동산 버블, 가계부채는 '한국 사회 내전'이라는 판도라 상자를 열게 하는 내부 시한폭탄이다. 시한폭탄이 차례로 터지면, 한국 사회를 지탱했던 갖가지 시스템과 가치 체계에 도미노 붕괴가 일어난다. 좀비기업 파산은 중소기업 생태계에 충격을 준다. 2016년 한국의 좀비기업 비율은 15.7%였다. [같은 해, 일본의 좀비기업 비율은 2%, 미국은 6~7%였다.] 2021년 한국의 좀비기업 비율은 18.9%로 사상 최고치에 이르렀다. 같은 해, OECD 평균치 13.4%보다 훨씬 높고, OECD 25개국 중에서 4번째다. 좀비기업은 이자보상비율 100% 미만 상황이 3년간 이어지면 좀비기업으로 분류된다. 이자보상비율 100% 미만은 연간 수익으로 이자를 내지 못하는 상황이다. 문제는 좀비기업 비율이 늘어날 가능성이 크다. 2021년 10월 한국은행이 공개한 '2020년 기업경영분석 결과'에 따르면 국내 비금융 영리법인 기업 79만9399개 중 이자보상비율이 100% 미만인 기업 비중은 2019년 36.6%, 2020년 40.9%에 이르렀다.[245] 이들 중에서 일부는 좀비기업으로 발전할 가능성이 있다.

코로나19 기간, 자영업자들은 가장 큰 충격을 받았다. 코로나19 직전인 2019년 한국의 자영업자 비중은 25.1%였다. OECD 5위다. OECD 평균[15.3%]보다 1.64배 많고, 일본[10.3%]과 독일[10.2]보다는 2.5배, 미국[6.3%]보다 4배 많다. OECD 회원국 중에 한국보다 높은 나라는 그리스[33.5%], 터키[32.0%], 멕시코[31.6%], 칠레[27.1%]다. 한국의 자영업자 비중 변화 추세를 보면 2014년 26.8%, 2015년 25.9%, 2016년 25.5%, 2017년 25.4%, 2018년 25.1%로 매년 조금씩 줄어들었다.[246] 이렇게 높던 자영업자 비율이 코로나19 충격을 받으면서 2021년에 사상 첫 20% 아래로 감소했

245 이민아, "'좀비 기업' 비율 사상 최고치⋯국내 기업 10곳 중 4곳, 영업이익으로 이자도 못 냈다", 조선비즈, 2021. 10. 27.
246 김연정, "지난해 한국 자영업자 비중 25.1%, OECD 5위", 연합뉴스, 2019. 09. 30.

다.[247] 반면, 자영업자 부채는 크게 증가했다. 2021년 말 기준, 개인사업자 대출 규모는 221만3천 건, 259조3천억 원이다. 코로나19 이전(2019년 말)과 비교하면 건수는 58.6%, 규모는 23.1% 증가했다.[248]

반면, 코로나19 기간 부동산 가격은 폭등했다. 다음 그림을 보자. 1988년 이후 한국과 미국의 부동산 가격 변화다. 한국은 세 번의 부동산 폭등기가 있었다. 1차 폭등기는 1986년 아시안게임, 1988년 서울올림픽 호재 바람을 타고 전두환 정부 시절~노태우 정부 시절에 만들어졌다. 1차 폭등기를 잠재운 결정적 요인은 1991년부터 쏟아져나온 200만 신규 주택이었다. 그래프에서 보듯, 이 시기가 한국 역사상 단기간에 부동산 가격이 가장 높게 폭등했던 시기다. 한국 부동산의 2차 폭등기는 2002~2008년 글로벌 경제위기 직전까지다. 이 시기는 미국을 비롯해서 전 세계 부동산 시장이 폭등했다. 2000년 닷컴버블이 붕괴되면서 선진국을 중심으로 중앙은행이 엄청난 돈 풀기를 시작했기 때문이다. 한국도 기준금리 인하로 풀린 엄청난 유동성이 노무현 정부의 부동산 정책 실패와 맞물리며 부동산 가격이 대폭등했다. 노무현 정부가 2003년 10월부터 부동산 규제안을 강하게 밀어붙였다. 하지만 부동산 가격 상승세를 꺾지 못했다. 2006년 말이 되자, 글로벌 부동산 버블 붐과 맞물려 수도권 아파트 가격이 급상승이 시작되었다. 그러자 실수요자들에게 '지금 못 사면 영원히 살 수 없다'는 공포가 엄습하면서 패닉바잉 현상이 발생하면서 거래량이 폭발하면서 2008년 말까지 로켓 상승했다. 제2차 폭등기, 부동산 가격이 상승을 지속한 기간은 1차 폭등기보다 길었지만 폭

247 김정훈, 김충령, "'코로나 직격탄' 자영업자 비율 사상 첫 20% 아래로 '뚝'", 조선일보, 2021. 10. 14.
248 하채림, "'빚으로 버티기'…가계대출보다 더 빠르게 느는 자영업자대출", 연합뉴스, 2022. 02. 13.

등 규모는 1차보다 높았다. 한국 부동산 3차 폭등기는 2015년부터 시작되었다. 시작은 최경환 노믹스라 불리는 돈 풀기와 부동산 규제 완화 정책이었다. 문재인 정부에 들어서 부동산 가격 상승이 서서히 속도를 내기 시작했다. 그리고 2020년 코로나19 팬데믹 대재앙 시절에 정점에 달했다. 한국의 3차 폭등기는 글로벌 폭등기에 해당한다. 이 시기에 미국, 중국, 유럽, 호주, 캐나다, 한국, 베트남 등 대부분의 선진국과 신흥국에서 부동산 가격이 폭등했다. 심지어 일본도 부동산 가격이 코로나19 직전 상승률보다 3배 가까이 증가했다. 코로나19 기간, 선진국에서 부동산 가격의 폭등 원인은 팬데믹 머니의 힘, 자산시장 상승 분위기, 코로나19를 피해 위험한 도시 중심부를 떠나 외각으로 이사 수요 증가, 병목현상으로 인한 건축 비용 증가, 매물 부족 등이었다. 하지만 한국은 약간 달랐다. 코로나19를 피한 외각 지역으로 이사 수요는 많지 않았다. 다음 그림에서 보듯, 한국은 2018년부터 건설 산출량 자체가 급격히 줄었다. 미국은 2021년 한 해 정도만 건설 산출량이 줄었고, 감소량도 한국만큼은 아니다. 미국은 코로나19가 발발한 2020년 한 해만 외각으로 이사 수요가 몰리면서 매수 수요가 폭증해서 나타난 매물 부족 현상이었다. 2021년 미국의 신규 주택 판매 지수는 이전 평균 상승률로 복귀했다. 한국은 공급량이 턱없이 부족한 상황이 4년 정도 지속되는 상황에서 매수 수요가 몰렸다. 여기에 정부의 부동산 정책 실패를 기회로 투기 자금의 공격, 2020~2021년에 수도권을 중심으로 폭등하는 아파트 가격을 따라잡기 위한 2030세대의 영끌과 패닝바잉 현상이 재현되면서 상투 수요가 몰렸기 때문이다. 2021년 12월 통계청·한국은행·금융감독원이 공동으로 진행한 '2021년 가계금융복지 조사'에 따르면, 2021년 1분기 기준으로 30대 가구주의 부채는 평균 1억1190만 원으로 전년(1억82만 원) 대비 11.0% 늘었다. 누적 부채 규모는 40대가 1억2208만 원으로 가장 많았지만, 부채 증가율은 영혼까지 끌어모아 전세자금과 주택구매자금을 마련한 30대가 가장 높았다. 금융감독원 자료를 보더라도, 2017~2021년까지 전세자금 대출 증가율이 가장 높은 세대도 30대였다.[249] 여기에 자산시장 상승 분위기가 추가 동력을 제공했다. 마지막 그림을 보면, 한국 부동산 가격 폭등기는 주식시장 폭등기와 맞물린다. 2021년 한국의 광의 통화량(M2)은 3613조 원을 돌파했다. 증가 폭은 2002년 이후 최고치인 414조가 신규 공급되었다. 증가율로 하면 12.9%로 유로존(7.0%), 브라질(10.9%) 스웨덴(9.5%) 멕시코(7.6%) 뉴질랜드(7.1%) 러시아(6.7%)보다 높았다. 미국(12.9%)과는 비슷한 수준이었지만, 미국은 기업과 가계에 막대한 현금을 구제금융 비용으로 지급해서 늘어난 유동성이다. 한국은 부동산과 주식 투자 목적 자금조달이 급증한 것이 이유다.[250]

한국과 미국의 부동산 가격 변화

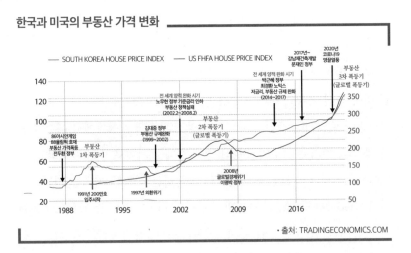

· 출처: TRADINGECONOMICS.COM

249 이광호, "돈 끌어모아 집 사고 전·월세금 낸 30대, 부채 증가 폭 최대…'빚더미 신음", 아시아경제, 2021. 12. 17.
250 김익환, "작년 유동성 400조 폭증…인플레·집값 과열 불쏘시개됐다", 한국경제, 2022. 02. 17.

미국과 한국의 건설 산출량 비교

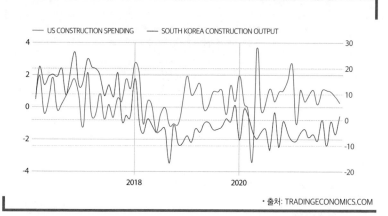

— US CONSTRUCTION SPENDING — SOUTH KOREA CONSTRUCTION OUTPUT

• 출처: TRADINGECONOMICS.COM

미국의 신규 주택 판매 지수

천개 단위 — US NEW HOME SALES — US FHFA HOUSE PRICE INDEX

미국은 2020년 한 해에
신규주택 판매 급증
2010년에는 평균 상승치로 복귀

1991M1=100, SA

• 출처: TRADINGECONOMICS.COM

한국의 부동산 가격과 주식시장 비교

— SOUTH KOREA HOUSE PRICE INDEX — SOUTH KOREA STOCK MARKET

비슷하게 움직이는 자산시장 - 부동산, 주식시장 동조

· 출처: TRADINGECONOMICS.COM

높아지고 있는 금융 취약성

필자가 부동산 버블을 '한국 사회 내전'이라는 판도라 상자를 열게 하는 내부 시한폭탄 중 하나로 평가하는 이유가 있다. 주택용 부동산은 한국 국민의 자산이 가장 많이 걸려 있기 때문이다. 그래서 가장 민감하다. 2013년 한국의 가계 금융자산은 26.8%이고, 부동산은 67.8%였다.[251] 2019년 7월 17일 한국은행과 통계청의 발표에 따르면, 가계 및 비영리단체의 순자산 중 순금융자산은 22.2%로 더욱 줄었다. 비(非)금융자산 비율은 77.8%(주택 50.5%와 기타 부동산에 27.3%)로 더욱 증가했다. 프랑스(68.5%), 영국(55%), 캐나다(53.6%), 일본(42%) 등 주요 선진국보다 쏠림 현상이 매우 심하다.[252]

부동산은 빈부 격차를 확대하는 핵심 요인이다. 부동산은 상대적 박

---

251 차대운, "부동산 올인 한국, 선진국보다 금융자산 비중 작아", 연합뉴스, 2015. 09. 02.
252 주현지, "부동산으로 쏠린 한국의 부", 디지털타임스, 2019. 07. 12.

탈감도 크게 준다. 같은 평수 아파트라도 수억에서 수십억까지 차이가 나기에 가격이 상승할수록 상대적 박탈감이 생기면서 불만이 커진다. 2021년 9월 경제정의실천시민연합(경실련)의 분석에 따르면, 서울 아파트값은 2017년 5월~2021년 5월까지 3.3㎡당 평균 2061만 원에서 3971만 원까지 올라 93% 상승했다. 30평 아파트로 환산하면, 2017년 6억2000만 원에서 2021년 11억9000만 원으로, 5억7000만 원 오른 셈이다. 같은 기간, 중산층의 실질소득 상승 6.5%(연 4520만 원 → 4818만 원)를 능가했다. 2017년 5월부터 2021년 5월까지 서울 아파트값 상승액은 직장의 실질소득 상승액은 298만 원의 192배다. 직장인의 근로 의욕을 처참하게 무너뜨리는 상승이다. 같은 기간 지역별로 보면, 강남 3구(서초구·강남구·송파구)는 30평 아파트가 평균 13억 원에서 23억9000만 원까지 올랐다. 비강남 22개 구는 30평 아파트 평균 5억3000만 원에서 10억3000만 원까지 올랐다.[253]

이미 집을 갖지 못한 절반의 국민은 높은 부동산 가격으로 절망에 빠졌다. 2021년에 서울에서 30평 아파트를 사려면, 한국인 중산층 가구의 평균 처분가능소득을 한 푼도 쓰지 않고 25년을 모아야 한다. 2017년에 14년이 걸린 것보다 11년이 더 늘어났다. 중산층이 서울에서 아파트를 살 수 있는 기회가 갈수록 줄어들고 있다. 소득 하위 20%에 속하는 사람은 서울에 30평형 아파트를 구매하는 것이 완전히 불가능해졌다. 이들이 처분가능소득(연 1009만 원)을 한 푼도 쓰지 않고 118년을 모아야 한다.[254] 이 정도니 부동산 정책을 잘못 구사하면 정권도 바뀐다.

상업용 부동산에도 위험 요소가 숨어 있다. 초저금리를 기반으로 투자가 늘면서 가격에 버블이 끼었지만, 수익성이 좋지 않은 상업용 부동산이 많다. 한국은행의 자료에 따르면, 코로나19 직전인 2019년에 국내

253 박상길, "'집값, 미친듯이 올랐다?'…4년 전보다 지금이 더 충격적", 디지털타임스, 2021. 09. 20.
254 박상길, "'집값, 미친듯이 올랐다?'…4년 전보다 지금이 더 충격적", 디지털타임스, 2021. 09.20.

상가 평균 공실률은 11.4%였다. 2007년[11.6%] 이후 12년이래 최고치였다. 사무실 공실률도 11.8%로 높은 수준이다. 공실률이 높아지면 투자자의 수익률도 하락한다. 수도권의 경우 공실률은 9.6%, 수익률은 7.2%이고, 광역시와 지방에서는 공실률이 각각 13.3%와 14.6%에 이르고, 수익률은 5.6%와 4.3%로 계속 하락하고 있다. 임대료 문제로 공실률을 숨기는 경우도 비일비재하기에 실질 공실률은 더 높을 것으로 추정한다.[255] 공실률이 계속 늘어난 원인은 지속적인 내수경제 위축과 기업실적 하락, 그리고 상업용 부동산의 과잉 공급 때문이다. 2010년부터 2014년까지 5년간 서울과 분당권에서만 총 900만㎡[273만 평] 사무실이 공급됐다. 연평균 180만㎡[54만 평]으로 63빌딩[5만 평]의 약 11개 규모다. 2001~2009년의 연평균 공급량의 두 배를 넘었다. 하지만 그 이후에도 전국에서 대규모 개발 프로젝트가 계속되었다. 상암DMC, 판교 제2테크노밸리, 강동첨단업무지구, 마곡산업단지, 105층짜리 현대기아자동차 신사옥, 85층짜리 제2롯데월드타워 등이다.[256] 코로나19 기간 경제 봉쇄가 길어지고, 자영업자나 소규모 사업장들의 파산이나 폐업률이 높아지면서 공실률은 더욱 증가했다. 공실을 피하더라도 임대수익률이 하락했다.

필자가 부동산 버블이 '한국 사회 내전'이라는 판도라 상자를 열어는 내부 시한폭탄으로 판단하는 또 다른 이유가 있다. 주택용 부동산 가격이 어느 날 갑자기 하락하고 오랫동안 회복하지 못하는 상황이 발생하면, 가계부채 부담이 극에 달한다. 일부 가계는 파산한다. 대부분의 가계는 재정 상황이 10~20년 후퇴할 수 있다. 상업용 부동산은 은퇴 준비용으로 인기가 많다. 부동산 버블 붕괴가 일어나면, 상업용 부동산은 주택보다 가격 하락률이 크다. 수도권보다 지방의 타격이 더 빠르다. 은퇴자

255 최영진, "여기저기, 빈 사무실 13% 금융위기 뒤 최악", 중앙일보, 2015. 09. 17.
256 최영진, "여기저기, 빈 사무실 13% 금융위기 뒤 최악", 중앙일보, 2015. 09. 17.

들에게 직격타다. 2020년 기준, 한국 가계부채의 73.3%가 전세자금 대출을 포함한 주택담보대출이다.[257]

다음 그림은 한국은행이 발표한 금융취약성지수[FVI]다. 금융취약성지수[FVI]는 금융 불균형을 측정하는 지표다. 자산가격, 신용축적, 금융기관 복원력 3가지 평가 요소를 11개 부문과 39개 세부 지표를 가지고 평가한다. 한국은행은 IMF 외환위기가 발발했던 1997년 11월을 기준점[100]으로 삼고 IMF 외환위기가 해소된 2000년을 0으로 삼는다. 2021년 3분기 기준, 한국의 금융취약성지수는 56.4를 기록했다. 외환위기나 글로벌 금융위기 때보다는 낮다. 하지만 세부 사항을 들여다보면 긴장을 해야 한다. 금융취약성지수 총점은 과거 두 번의 대형 경제위기 시보다 낮지만, 부동산 등 자산가격 부분의 취약성은 외환위기 때보다 높고, 글로벌 금융위기 때와 비슷한 수준까지 치솟았다.

금융취약성지수(FVI) 추이

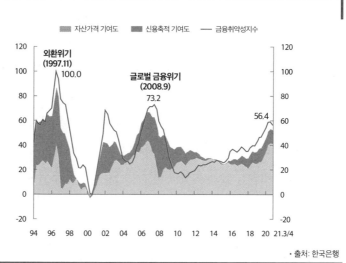

• 출처: 한국은행

257 김노향, 김창성, "대출 막았더니, 전세금 올려서 또 '갭투자' 하나", 머니S, 2020. 11. 18.

2022년 2월 한국개발연구원(KDI)은 집값이 5% 내려가면 지방에서 주택담보대출을 끼고 저가 주택을 구입해 보유한 가구 중 5%는 대출 상환에 어려움을 겪을 수 있다고 경고했다.[258] 필자가 위의 그림에서 분석했듯이, 현재 한국의 주택가격 지수는 2008년 대비 50% 이상 상승했다. 실질 가격은 2배 넘게 상승했다. 지난 1, 2차 폭등기와 비슷한 수준이다. 다음 번 집값 하락 시점이 오면, 과거 큰 폭의 하락장이 재현될 수 있다는 의미다. 한국의 부동산 2차 폭등기 당시를 되짚어 보자. 2차 폭등기 꼭지점 시기(2008년), 강남구 도곡동에 있는 공급면적 167㎡의 한 아파트는 신고가가 25억 원을 찍었다. 하지만 전 세계 부동산 버블 붕괴가 발생하자 2012년 12월 말 기준으로 14억3000만 원까지 떨어졌다. 42.8% 폭락이다. 강남 재건축 기대의 상징인 은마아파트도 13억9천만 원에서 7억1천만 원까지 떨어졌다. 48.9% 폭락이다. 2010~2012년에는 강남에서 아파트 미분양 사태도 일어났다.[259] 버블세븐 지역으로 불렸던 용인 신축 단지, 일산의 대형 신축 아파트들도 수직 하락을 하면서 패닉장을 연출했다. 다음 번 부동산 하락기가 들이닥치면, 5% 정도 하락에서 그칠 문제가 아닐 수 있다. 부동산 가격 하락은 최소한 제2, 제3 금융권에도 충격을 준다. 금융권이 부실채권 충격을 받으면, 일반 대출에 불똥이 튄다. 개인 자산에 손해가 나고 은행 문턱이 높아지면, 소비가 얼어붙고 내수 경제도 휘청거린다. 이런 일련의 결과들은 신속하게 수습하지 못하면 '한국 사회 내전'으로 가는 동력으로 비화된다.

부동산과 연관된 숨은 위험이 하나 더 있다. 그림자 금융이다. 2007

---

258 박상길, "'집값 5% 떨어지면'…KDI의 섬뜩한 경고", 디지털타임스, 2022. 02. 05.
259 박진영, 이상봉, "'거래량 싸하죠? 집값 떨어집니다, 99% 확실'…교수님이 답했다", 머니투데이, 2022. 02. 04.

년 미국 투자회사 PIMCO의 Paul McCulley가 처음으로 지칭했고, 투자은행, 헤지펀드, 사모펀드, 소액대출전문회사, 담보회사, 신탁회사, 재무회사, 금융리스회사의 투자예금업무, 민간금융인 민간대출[사채=지하 금융], 금융업 점포 등이 모두 여기에 포함된다. 이들은 자기가 직접 수신한 예금으로 대출을 발생시키지 않는다. 다른 곳에서 돈을 빌려와 대출을 해주거나 직접 투자를 한다. 은행권 밖에서 복잡한 금융거래와 상품을 통해 은행과 유사한 신용 중개 기능을 수행하지만 감독 당국의 규제 사각지대에 놓여있어서 그림자 영역으로 분류된다. 그림자 금융권은 투자 수익률을 높이기 위해 신용등급이 낮은 고위험 채권에 공격적으로 투자하는 비율이 높다. 감독도 미약하기 때문에 사건이 터진 후에 수습만 해야한다. 일부에서는 사모펀드가 한국 금융위기의 방아쇠 중 하나가 될 수 있다고 우려도 한다.[260] 그림자 금융은 부동산 부채에도 깊숙이 개입되어 있다. 2019년 9월 말 기준, 국내 부동산 관련 가계여신, 기업여신, 금융투자 상품 규모 등의 위험노출액[Exposure] 된 총금액은 2003조 9천 원이었다. 7년 동안 2배 이상 증가했다. 2019년 한국 명목 GDP 1조6467억 달러[1973조 원] 대비 102%다. 이 중에서 은행권 위험노출액[Exposure]는 59%, 비은행권이 41%였다. 한국 금융감독원은 비은행권 위험노출액[Exposure] 중에서 그림자 금융 규모가 275조7천억 원에 이를 것으로 추정했다[2019년 6월 기준]. 그림자 금융의 내부를 들여다보면, 부동산 펀드와 부동산 담보로 발행한 증권[유동화증권]이 전체의 88%다.[261]

---

260 고현곤, "금융위기가 다시 온다면", 중앙일보, 2020. 01. 07.
261 염지현, "윤석헌, 한국 칸테일형 위기… 267조 부동산 그림자금융 모니터링", 중앙일보, 2019. 12. 05.

시스템 붕괴의 시작, 가계 파산

3개의 시한폭탄이 연쇄적으로 터지면, 한국 사회 시스템을 한 순간에 무너뜨릴 수 있는 거대한 지렛대(레버리지, Leverage)에 충격이 반복해서 가해진다. 한국 기업부채와 가계부채다. 2021년 한국의 기업부채 비율은 GDP 대비 115%를 넘었다. 홍콩(247%), 중국(158%), 싱가포르(140%), 베트남(125%)에 이어 5위다. 1997년 외환위기 당시 한국 기업부채는 GDP 대비 107%보다 높다. 한국의 기업부채는 증가 속도도 세계 최상위권이다. 기준금리 인상 압력이 높아질 수록 기업 운영에 부담이 커진다. 초저금리로 연명하던 좀비기업은 파산 도미노에 빠진다. 이들이 보유한 부채는 부실채권이 되면서, 한국 경제를 불안하게 만드는 요소로 돌변한다. 하지만 기업부채 부실 충격은 가계부채가 가진 잠재적 위험과 비교가 되지 않는다. 가계 파산이나 가계 재정 약화는 한국 사회 시스템 붕괴의 지렛대이기 때문이다. 여기에 정부 재정마저 위험신호가 들어오면 부담은 가중된다. 1997년 외환위기 당시 한국경제가 기업부채 충격을 빨리 극복해낼 수 있었던 것은 가계부채가 GDP 대비 46%였고 정부부채는 GDP 대비 6%로 매우 낮았기 때문이다. 가계 살림이 상대적으로 안정적이어서 대규모 실업과 기업투자 축소가 가져다준 충격을 흡수할 수 있었고, 탄탄한 정부 역량이 있었기에 170조의 공적자금을 투여할 힘이 있었다.[262]

한국의 가계부채 위험도를 추정해 보자. 한국 가계부채는 총량부터 위험하다. 한국 가계부채는 2021년 2분기 기준으로 GDP 대비 105.8%다. 홍콩(92%), 미국(79%), 일본(64%), 유로 지역(61.5%), 중국(60.5%)보다 높다. 2020~2021년 한국의 가계부채 증가 속도는 세계 최상위권이다. 한국의

---

262 류승연, "내년 하반기 미 금융시장 대폭락 온다", 오마이뉴스, 2021. 07. 13.

가계부채 총액은 1800조 원가량이다. 하지만 이 금액은 개인금융부채(가계신용, 개인사업자, 비영리단체 채무)만이다. 개인금융부채에서 빠진 가계부채도 있다. 법인 명의로 빌린 주택담보대출 및 비주택담보대출, 전세자금을 포함한 임대보증금 채무 등이다. 전세금은 한국에만 있는 유일한 제도다. 은행권 부채로도 잡히지 않는다. 세입자가 집주인에게 직접 빌려주는 전세금은 일종의 P2P 금융이다. 세입자에게는 빚이 아니지만, 집주인에게는 빚이다. 은행권 부채보다 후순위 채권이다. 부동산 버블 붕괴가 일어나면 제2금융권과 함께 직접 타격을 입을 숨은 부채다. 전세금에 부실 충격이 가해지면 은행권은 타격받지 않지만 중산층 가계 경제는 핵폭탄이다. 집주인이 부도가 나서 전세나 월세로 사는 집이 경매에 넘어간 경험이 있는 독자라면 그 충격이 얼마나 무서운지를 직감할 것이다. 대통령 직속 '소득주도성장특별위원회'의 「주택 전월세 보증금 규모 추정 및 잠재위험 분석」이라는 보고서에 따르면, 2020년 기준 임대차 보증금 규모는 850조 원가량이다.[263] 2019년 3월 기준, 국내 부동산 관련 법인 대출 규모는 667조 원이었다.[264] 이런 것들을 포함하면, 2021년 기준으로 한국 가계부채 총규모는 최소 3200조 원에 이르고 GDP 대비 162%로 미국, 일본, 유럽, 중국의 2~2.5배가 된다.[265]

한국 가계부채는 질도 좋지 않다. 2021년 11월 말 잔액 기준, 가계 대출 변동금리 대출 비중은 75.7%다. 기준금리가 1%P 오를 때마다 연간 가계의 이자 부담이 18조 4,000억 원 증가한다.[266] 2021년 한국 명목 GDP 1조6310억 달러(1,9540조 원) 기준으로 0.95%다. 만약 기준금리가 2~2.5%P

263 손용해, "숨은 가계부채 850조…전월세 보증금 합치면 GDP 89%→133%", 중앙일보, 2021. 12. 02.
264 "국내 부동산대출 1700조 원 육박, 가계는 1000조 넘어서", 한국경제, 2019. 08. 08.
265 김용, "버블을 버블로 계속 막을 순 없다…가계부채주도 성장의 부메랑", 한겨레, 2022. 01. 05.
266 유승열, "가파른 대출금리, 치솟는 이자부담…채무상환 부실 딜레마", 아시아타임즈, 2022. 02. 17.

오르면, 코로나19 이전 한국 연간 경제성장률 전체가 이자 비용으로 사라진다. 2019년 한국은행은 가계 대출 중 취약 차주의 대출 규모를 90조 원을 넘은 것으로 추정했다. 2019년 가계부채 총규모에서 개인사업자와 신용카드 대출을 제외한 은행권 가계 대출 1천481조6천억 원의 6%였다.[267] 취약차주는 다중채무자이면서 하위 30%에 해당하는 저소득 혹은 저신용자(7~10등급)이다. 이들은 소득의 70%를 빚 갚는 데 사용한다.[268] 이들은 평상시에 산정한 취약차주다. 앞으로 기준금리가 오를 때마다 취약차주 구분선도 올라갈 것이다. 만약 기준금리가 2~2.5%P 오르면, 취약차주 비율도 2~3배는 증가할 것이다. 2017년부터 한국은행은 가계부채 부실도를 모니터링 하는 기준으로 한계가구 개념을 버리고 고위험가구라는 새로운 개념을 사용했다. 고위험가구는 처분가능소득 대비 원리금 상환 부담(DSR)이 40%를 넘고, 자산 대비 부채비율(DTA)은 100%를 초과하는 가구다. 빚의 총액이 소득보다 많고, 자산 전체를 매각해도 부채 상환이 어려운 가구다. 2021년 10월 한국은행 국정감사 자료에 따르면 고위험가구 수는 2017년 32만 4,000가구에서 2020년 40만 3,000가구로 8만 가구 정도 증가했다. 한국은행은 고위험가구가 보유한 금융부채 규모는 2017년 56조 5,000억 원에서 2020년 79조 8,000억 원으로 증가했다.[269] 이 기준은 취약차주가 보유한 부채 90조 원과 비슷한 규모다. 즉, 한국은행이 발표한 고위험가구 개념은 경제위기가 발생하지 않은 평상시나 경기 호황기에 적용할 수 있는 기준이다.

　　필자는 자산시장 대학살 사건이나 부동산 버블 붕괴가 발생할 경우, 가계 파산 위협에 직면할 대상과 가계부채 규모는 이보다 더 많을 것으

267　박지영, 연지안, "가계대출 73%가 변동금리, 2조3천억 '이자폭탄' 현실로", 파이낸셜뉴스, 2018. 11. 30.
268　강나림, "취약차주, 소득 70% 빚 갚는데 쓴다", MBC, 2018. 12. 20.
269　조지원, "자산 다 팔아도 빚 못 갚는 고위험가구 文 정부서 급증", 서울경제, 2021. 10. 18.

로 추정한다. 2015년 말(한국은행이 고위험가구 개념을 사용하기 이전), 한국은행은 한계가구를 최소 152만~최대 248만 가구로 추정했다. 한계가구는 금융부채가 금융자산보다 많아 금융 순자산이 마이너스 상태이고, 처분 가능한 소득 대비 원리금(원금과 이자) 상환액 비중이 40%를 넘는 가구다. 한국은행은 가처분소득 대비 금융부채 비율이 평균 507%로(비한계가구는 평균 77%의 6배), 가처분소득 대비 원리금 상환액 비율(DSR)도 109%(비한계가구는 평균 15%)에 해당하는 152만 가구를 최소 규모로 규정했다.[270] 그리고 이들의 부채 규모를 당시 전체 금융부채의 최소 19.3%에서 최대 32.7%(약 400조 원)으로 분석했다. 필자는 이 비율과 가계부채 규모가 자산시장 대학살 사건이나 부동산 버블 붕괴가 발생할 경우에 파산 위협에 직면할 대상이라고 추정한다. 한국은행이 한계가구 개념을 사용했던 2015년 6월 말 「금융안정보고서」를 보자. 당시, 한국은행이 분석한 최소 위험가구 비중은 10.3%, 최소 위험부채 비중은 19.3%였다. 한국은행은 기준금리가 1% 오르면 위험가구 비중이 11.2%, 위험부채 비중은 21.6%로 오른다고 추정했다. 기준금리가 2% 오르면 12.7%, 27.0%로 증가한다. 한국은행은 기준금리가 2%P 오른 상태에서 주택가격이 10% 하락하는 복합충격이 발생하면 가계의 위험부채 비율이 19.3%에서 32.3%로 13.0%포인트나 상승할 것으로 예측했다.[271]

2015년 이후, 한계가구 비율은 줄지 않았다. 한국의 다중채무자 수도 증가 중이다. 금융회사 3곳 이상에서 돈을 빌린 '다중채무자'는 코로나19 이전 5년 동안 20% 넘게 증가했다. 2015년 6월 344만 명에서 2019년 6

270 조지원, "자산 다 팔아도 빚 못 갚는 고위험가구 文 정부서 급증", 서울경제, 2021. 10. 18.
271 김충남, "한계가구 빚 400兆 금리인상 취약… 가산금리 높아 '눈덩이 이자' 위험", 문화일보, 2015.12.18.

월 422만7727명으로 증가했다. 전체 채무자 5명 중 한 명꼴이다.[272] 이들의 평균 부채도 2014년 말 9,920만 원에서 2019년 6월 1억2000만 원으로 증가했다. 전체 규모는 341조에서 500조 원으로 증가했다.[273] 코로나19 팬데믹 대재앙 기간에는 한계가구 비율, 다중채무자 수가 모두 증가했을 것이 분명하다. 현재 이들 중 70% 이상이 추가 대출로 이자를 돌려 막거나, 코로나19 기간 특별 상황유예 프로그램으로 버티고 있을 것으로 추정된다. 제2 금융권의 가계대출의 60%가 무담보 신용대출이다.[274] 2021년 2분기 기준, 한국의 가계부채 총액은 1800조 원가량이다. 이중 최소 19.3%, 최대 32.7%를 위험군으로 분류한다면, 최소 347조 원에서 최대 589조 원이다. 경제 위기가 점점 다가오면, 이들은 저신용 군에게 붙는 '리스크 프리미엄(빚을 떼일 위험에 붙는 가산금리)'도 가산된다. 경제 위기에 대응하는 엄격한 기준으로 평가하자면, 제1 금융권의 주택담보 대출 중에서 LTV, DTI 60%를 넘지 않는 범위에서 대출을 받은 프라임모기지론도 대출자가 실직을 하거나, 폐업을 하게 되면 곧바로 서브프라임모기지론으로 전락할 수 있다. 어떤 이들은 이렇게 말할 수 있다.

> "가계 총부채에서 파산까지 이르는 비율은 많지 않기 때문에 사회 시스템을 붕괴시키는 일은 일어날 가능성이 작다."

맞는 말이다. 빚을 갚지 못해서, 개인파산을 선고하는 비율이 늘어나는 것으로는 한국 사회 시스템이 붕괴되지 않는다. 사회 시스템을 흔드는 힘은 일부의 파산이 아니라 대다수를 차지하는 중산층과 서민층의

---

272 이지헌, "美 금리인상, 한국 가계부채 뇌관 건드릴까", 연합뉴스, 2015. 12. 17.
273 오수호, "다중채무자 5년새 20%늘어, 한 명당 빚 1억 2천만원", KBS, 2019. 09. 25.
274 홍정규, "다중채무자 1인당 빚 1억원 돌파, 중간계층서 급증", 연합뉴스, 2015. 09. 15.

2부 시나리오2. 붕괴, 내전

'가계 재정 약화'와 그에 따른 '미래 불안 증폭'에서 온다. 현재 급등한 아파트 가격 때문에 최근 몇 년 내에 주택을 구매자 한 사람들은 높은 금융 비용 부담을 가지고 있다. 코로나19 기간, 대부분 자영업자와 중소기업이 자기신용의 최대치로 부채를 끌어 사용했다. 코로나19 기간에 자영업자들이 단 1년 6개월 동안 신규 대출한 규모는 67조 원이다. 코로나19 직전보다 84% 증가 폭이다. 같은 기간, 중소기업도 132조3천억 원 신규 대출을 했다.[275] 정말이지 코로나19 팬데믹 대재앙을 거치면서 가계와 중소기업의 경제 상황이 매우 달라졌다. 코로나19가 종식되어도 한국 경제가 정상화되는 데 시간이 필요하다. 결국 자영업자, 중소기업, 중산층과 서민층의 경제적 충격 기간은 2020~2023년까지 4년 정도로 늘어날 가능성이 크다. 그만큼 부채는 추가로 늘어날 것이다. 이런 상처가 아물기도 전에 전 세계 경제가 침체기로 들어서면, 대부분의 가계와 중소기업이 이자 납부와 남은 부채의 원금 상환 여력에 차질이 생긴다. 빚을 갚을 수는 있어도 빚을 갚는 기간이 길어지고 심적 부담과 고통은 심해진다. 매출이 하락하고, 일자리를 잃고, 좋은 일자리에서 나쁜 일자리로 바뀌고, 부동산 등 보유 자산 가치가 하락하면, 추가 대출도 어렵다. 부동산 가격 하락으로 담보가치가 하락하면, 원금 일부를 하락한 담보가치에 맞추서 조기 상환해야 하는 압력도 발생할 수 있다. 기준금리 인상으로 이자 비용이 증가해서 부담이 가중된다. 2008년 금융위기 때와 비교해서 부채 총량이 1.5~2배 정도 늘었다. 대출금리 2~3% 상승은 과거 잣대로 보면 4~6% 상승 부담을 준다. 그만큼 소비 여력이 줄어든다. 2020년 말 기준, 30대 부채증가율이 가장 높았고, 청년 다중채무자(3개 이상 금융기관에

---

275 김영은, "자영업자 은행 대출 코로나 1년 반 새 67조 원 급증", 매일경제, 2021. 07. 21.

서 대출] 대출잔액도 전년 대비 16.1% 급증한 130조 원에 달했다.[276] 2021년 12월 한국은행이 발표한 「2021년 12월 금융안정보고서」에 따르면 가계 부채 부담이 소비를 줄이도록 역작용하는 단계로 들어가는 임계치는 총 부채원리금상환비율(DSR) 기준 45.9%다. 한은의 분석에 따르면, 2020년 3분기 한국 가계의 평균 DSR는 35.7%였고, 2021년 1분기에는 36.1%로 상승했다.[277] 2020~2021년 코로나19 기간 경제 봉쇄로 매출이 급락한 자영업자들은 은행에서 202조 원을 추가 대출하면서 버텼다. 한은은 2022년에 만기 연장과 원리금 상환유예 조치가 끝나면 자영업자의 DSR은 39.1%에서 41.3%로 상승할 것으로 예상했다. 자영업 중 가장 위험한 업종은 여가서비스업과 개인서비스업으로 이들의 DSR은 각각 52.8%에서 56.1%로, 62.2%에서 65.9%로 증가한다.[278] 한은은 대출금리가 1%P 상승할 때 가계의 평균 DSR은 1.5%포인트 정도 상승하고, 평균 DSR이 상승할수록 소득 하위 30%의 저소득층, 청년층, 자영업자, 50세 이상, 다중채무자 차주 등의 부담이 상대적으로 커질 것으로 추정했다.[279] 빚이 주는 심리적 위축이 증가하면서 가족과 이웃 등 사회적 관계에서 갈등과 스트레스 지수가 높아진다. 현재가 이렇게 불안해지면, 미래에 대한 기대감은 사라지고 걱정이 산을 이룬다.

글로벌 경제 위기가 발생하면, 원화 가치가 하락하여 수출 경쟁력을 회복할 수 있지 않느냐고 질문할 수도 있다. 맞다. 하지만 한국 통화가치만 하락하는 것이 아니다. 한국과 경쟁하는 중국, 동남아시아, 남미 국가

---

276 이광호, "돈 끌어모아 집 사고 전·월세금 낸 30대, 부채 증가 폭 최대…'빚더미 신음'", 아시아경제, 2021. 12. 17.

277 장세희, "월급 집 갚는데 다 쓰고, 집값 하락할 수도", 아시아경제, 2021. 12. 23. 김유신, "영끌 빚투에 한국 소득보다 가계빚 빠르게 늘었다. 선진국중 최고", 매일경제, 2021. 06. 28.

278 윤진호, "한은 경제충격 발생땐 가계대출 부실규모 5.4조→9.6조로 급증", 조선일보, 2021. 12. 23.

279 조귀동, "가계 대출금리 1%P 상승 시 DSR 평균 1.5%포인트 증가", 조선비즈, 2017. 12. 14.

의 통화가치도 하락한다. 기술경쟁력이 없으면, 통화가치 하락은 효과가 제한적이다. 통화가치가 하락했는데 수출 경쟁력이 회복되지 못하면, 부작용만 커진다. 통화가치가 하락하는 유리한 상황에서도 경쟁력을 회복하지 못하는 기업에 정부가 구제금융을 지원해 주면 좀비기업만 늘어난다. 통화가치 하락으로 수입 물가가 상승되고 소비자 구매력이 악화되면서 내수 소비 위축을 심화한다. 수입 물가 상승으로 인플레이션율이 상승하면 실질적 금리 부담이 낮아지면서 은행 대출금리 상승을 상쇄할 수 있지 않느냐고 질문할 수 있다. 이런 효과는 인플레이션 상승률을 임금 상승률이 따라잡는다는 전제에서만 가능하다. 기업이 수출 경쟁력을 회복하지 못하여 임금 인상을 해주지 못하면, 말이 달라진다. 상품가격이 상승하여 같은 돈으로 더 적은 상품을 구매할 수밖에 없어서 소비자 자신감이 줄어든다. 대출 이자 상승과 원금 상황 부담마저 가중되면 소비 총규모에 부정적 영향을 준다. 기업은 투자와 지출을 줄인다. 은행은 신용이 낮은 사람, 기업에 돈을 빌려주지 않고 기존 대출 회수만 서두른다. 미래가 불투명한 상황에서는 정부가 각종 보조금을 지급하면서 소비를 촉진시켜도 효과가 미미하다. 부동산은 대출 없이 매수하기 힘든 자산이다. 그래서 기준금리가 인하되어 담보대출 이자율이 낮아지면 저가 매수를 유도한다. 기준금리를 올리면, 정반대 현상이 발생한다. 부동산 시장이 얼어붙으면, 건설 경기는 한 겨울이 된다. 2020년 한국은행 경제연구원이 발표한 「주택 구매가 가계의 최적 소비 경로에 미치는 영향」 보고서를 보면, 주택 구매 후의 가계의 식료품, 의류, 의약품 등 비내구재 소비가 5.2% 증가했다.[280] 가구, TV, 냉장고, 소파 등 수명이 오랜 내구재 구입도 증가한다. 부동산 시장이 얼어붙어 거래가 급감하면 이런 소비들이

---

280 성서호, "내집 장만한 뒤 옷·식료품 소비 나선다…억압된 소비 해소", 연합뉴스, 2020. 12. 08.

모두 미뤄진다.

필자는 수출 경쟁력 하락과 무역수지 악화라는 불을 빨리 진압하지 못하는 것과 자산시장 대학살 사건이 한국 경제에 '역(逆) 연쇄 충격'을 줄 때, 위에서 설명했던 상황들이 동시에 발생할 가능성을 우려한다. 수출이 흔들리는 상황에서 내수 경제마저 후퇴하면 일자리 불안정성이 증가한다. 제4차 산업혁명으로 주력산업이 바뀌는 시점, 자영업 구조조정이 겹치면서 일자리 전반에서 대규모 혼란이 벌어진다. 손에 쥔 주식, 암호화폐, 부동산 등 자산이 줄어들고, 일자리마저 불안해지면 가정, 공동체, 지역사회 시스템이 도미노로 흔들린다. 현재 우리 사회에서 벌어지고 있는 세대 갈등, 남녀 갈등, 빈부 갈등, 지역 갈등, 인권 갈등, 일자리 갈등, 정치 갈등 등 각종 갈등이 전쟁 수준으로 격화된다. 내전 발발의 가속페달이 밟아지는 것이다. 물론 이 시나리오는 최악의 상황을 가정한 시나리오다. 불과 불이 모여 거대한 화염이 되고, 거대한 화염과 화염이 다시 합쳐져서 한국 사회 전체를 태울 화염 토네이도(firenado)로 돌변할 수 있는 뜻밖의 미래 시나리오다. 하지만 발생 가능성이 전혀 없는 미래가 아니다. 이미, 우리 주변 곳곳에서 우려가 나오고 있고, 작은 불씨들이 여기저기서 타오르기 시작했기 때문이다.

한국 부동산, 파레토 시나리오

여전히 이런 질문을 할 수 있다. **"부동산 버블 붕괴가 일어나더라도 다시 가격 회복이 되면 최악의 상황은 충분히 피할 수 있지 않을까?"** 이 질문에 "그렇다"라고 답을 하려면, 전제가 하나 있다. 한국 부동산 시장이 10년 후, 20년 후에도 우상향 하며 힘차게 상승할 여력이 충분해야 한다. 과연 그럴까? 필자는 아무리 긍정적으로 생각해 주더라도 확률은 50 대 50이라고 본다. "가능하다"는 50% 확률에 대해서는 필자가 설명할 필요가 없다. "어렵다"는 50%에 대해서 분석과 예측을 해보자. 필자는 한국 부동산 시장을 두 개의 시나리오로 예측한다.

첫째, '파레토 시나리오'다. 사회 현상의 80%는 20%로 인해 발생한다는 경험법칙이 있다. 파레토 법칙이다. 20~80 법칙, 혹은 핵심적인 소수 법칙이라고도 불린다. 이탈리아의 경제학자, 사회학자, 통계학자였던 파레토(1848~1923)는 일반 균형 이론에 관심이 많았다. 파레토는 이탈리아의 소득분포에 관한 통계조사에서 상위 20% 사람들이 전체 부(富)의 80%를 가지고 있다는 법칙을 유도했다. 파레토 법칙에 따라 움직이는 영역은 많다. 바다와 육지 면적비가 78대 22, 사람의 몸에서 수분과 수분을 제외한 기타 비율도 78대 22, 개미 집단에서 부지런히 일하는 개미와 그렇지 않은 개미의 비율이 20대 80, 공기 속 질소와 기타 요소의 비율도 78대 22이다. 상위 20% 고객이 매출의 80%를 창출한다든지, 전 세계 국가의 20%가 전 세계 총생산의 80%를 차지한다.

필자는 한국 부동산의 미래에 파레토 법칙 작동 가능성을 하나의 시나리오로 예측한다. 앞으로 한국 전체 부동산 시장에서 80%는 가격 정상화로 회귀하고, 나머지 20%만 상승을 지속하는 시나리오다. 하지만 나머지 20%를 다시 100으로 잡고, 그중에서 80%는 지난 3번의 부동산 대폭등 시기 수준의 가격 상승률을 보이기는 어려워진다. 물가상승 수준 정도의 가격 상승 추세를 보일 것이다. 나머지 20% 정도만 물가상승률을 이기는 가격 상승 추세를 기록할 가능성이 크다. 결국, 파레토 시나리오는 한국 전체 부동산 시장의 80%는 가격 정상화로 회귀하고, 16%는 물가상승률 수준의 상승 추세를 따라가고, 4%만 물가상승률을 이기는 수익률을 보일 가능성이다.

파레토 시나리오는 전국 단위나 지역 단위 모두 적용될 수 있다. 전국 단위로 적용하면, 한국 전체인구 5162만 명 중 4%〔206만 명〕에 드는 지역이다. 강남 3구를 비롯한 서울특별시 일부 구〔區〕와 수도권의 소수 지역이 된다. 지역 단위로 적용하면, 독자들이 거주하는 지자체의 4%에 해당한다. 대략, 유동인구 밀집지역, 교통 요충지역, 신시가지〔新市街地, new built-up area〕 등이 여기에 속할 것이다.

파레토 시나리오는 필자가 기존에 발표했던 한국 부동산 시장의 단계별 변화 시나리오의 마지막 단계에 해당한다. 필자는 한국 부동산 시장 변화를 3단계로 나눴다. 1단계는 전국 부동산이 모두 상승하는 대세 상승장이다. 2단계는 한국 부동산 시장이 3개 그룹으로 재편되는 단계다. 3단계는 파레토 법칙을 따라 최종 균형점을 찾는 시나리오다. 필자가 기존에 발표했던 한국 부동산 시장의 3단계 변화를 간략하게 정리해 본다.

한국 부동산 시장 1단계인 전국이 거의 모두 상승하는 대세 상승장은 이미 끝났다. 필자는 1단계의 종료 시점을 2008년 글로벌 금융위기 발발로 제2차 부동산 폭등기가 끝난 때로 잡는다. 2008~2009년에 제2차 부동산 버블기가 정점기를 지나 2010~2012년까지 가격 급락기가 일어났다.

한국 부동산 시장 2단계는 2010~2012년 가격 급락기를 지난 후에 전국 부동산 시장이 3개 그룹으로 재편되는 시기다. 제1그룹은 수도권을 제외한 지방의 절반 정도다. 초저금리 유지와 엄청난 유동성과 투기세력의 움직임에도 불구하고, 지역산업 붕괴로 실업률이 높아지고, 근로자 소득도 줄어들자, 부동산 가격이 정상으로 회귀했다. 부동산 가격의 정상화는 그 지역 거주자들이 20~30년 동안 열심히 저축해서 완전 구매가 가능한 가격이다. 완전 구매란, 은퇴 이전에 주택담보대출 원금 상환을 완료하는 상태다. 이 수준의 가격을 어림셈하는 것은 어렵지 않다. 해당 지역의 역사상 최고점 가격에서 40~60% 정도 하락한 가격이다. 제1그룹은 2010~2012년 가격 급락기에 떨어진 가격을 그대로 유지하거나 추가 하락이 일어났다. 전세 보증금이 집 값과 비슷한 수준이 된 지역도 많다.

제2그룹은 지방의 나머지 절반이다. 이 지역들은 2010~2012년 가격 급락기에 부동산 가격이 하락했지만, 그 이후에 기저효과를 노린 투기 세력의 재진입으로 풍선 효과가 발생하면서 일시적으로 가격이 상승했다. 하지만 그들이 시세차익을 얻고 빠져나가면서 2010~2012년 급락기 가격까지 재추락 하지 않지만 일정 수준 하락 안정세로 돌아섰다. 그 이후, 오랫동안 가격이 꼼짝하지 않거나 물가상승률 수준만 겨우 상승했다. 제2그룹은 2017년부터 수도권 부동산 가격의 급상승과 영끌 투자 광풍에도 불구하고 관망세를 보였다. 제2그룹은 제1그룹에 일어나고 있는 가격 정상화는 아직 일어나고 있지 않지만, 깡통 전세 증가는 시작되었다.

제3그룹은 서울 경기 등 수도권과 5대 지방 광역시의 신도심 지역이다. 제3그룹은 2015년부터 시작된 한국 부동산 3차 폭등기의 최대 수혜 지역들이다. 낮은 대출금리, 수십 조 원의 토지 보상금, 엄청난 시중 유동성이 투기 세력, 영끌 세력, 정부의 잘못된 부동산 정책, 수요공급의 미스매치와 맞물리면서 제3그룹의 아파트 가격을 비이성적 수준까지 끌어올렸다. 이곳의 부동산 가격은 급상승했지만, 그만큼 투자 위험성도 높아졌다. 제3그룹에서는 매물 부족에 의한 호가 상승과 전셋값 폭등이라는 부작용이 크게 늘었다.

한국 부동산 시장 3단계는 파레토 법칙을 따라 최종 균형점을 찾는 단계다. 3단계는 두 가지 변화가 일어난다. 첫째, 2단계에서 제2그룹에 속해서 오랫동안 박스권 가격 유지하며 버텼던 주택들은 추가 하락을 시작하면서 제1그룹처럼 정상 가격으로 최종 회귀한다. 이들이 이미 가격 정상화가 이뤄진 제1그룹과 통합되면서 전국 부동산의 80%가 가격 정상화 단계로 접어드는 파레토 법칙이 완성된다. 둘째, 2단계에서 제3그룹에 속한 부동산이 3그룹으로 다시 갈라진다. 제3그룹은 가격 상승 여력이 남은 전국 부동산의 20%였다. 3단계에서는 제3그룹(20%)을 다시 100으로 잡고, 그중에서 80%가 지난 3번의 부동산 대폭등 시기 수준의 가격 상승률을 이어가지 못하는 그룹이 된다. 이 지역은 물가상승 수준 정도의 가격 상승 추세만 보인다. 이유는 서울시에 거주하는 근로자의 80%가 소득 상승이 물가상승 수준에 머물고, 주택 공급량이 늘면서 가격 상승이 제한되기 때문이다. 2023~2027년까지 5년 동안 서울의 아파

트 공급 대기 물량은 총 30만 호다. 연평균 6만호 정도다. 2022년 한 해에 서울에서 아파트 입주 물량 1만8148~3만9천 가구의 1.54~3.3배 규모다. 코로나19 이전인 2016년~2020년에 연평균 4만 호가 공급된 것과 비교해도 1.5배~1.8배에 이르는 물량이다. 2023~2027년까지 5년 동안 아파트 공급 대기 물량을 수도권 전체로 넓히면 총 127만 호다. 2011~2022년 수도권 전체 아파트 공급 물량 연평균 15만4천호 대비 1.4배 증가다.[281] 제3그룹(20%)을 100으로 잡을 때, 나머지 20%는 물가상승률을 이기는 가격 상승 추세를 보이는 그룹이 된다. 강남 3구를 비롯한 서울특별시 일부 구(區)와 수도권의 소수 지역이 여기에 속하게 될 것이다. 물가상승률을 이기는 가격 상승 추세를 유지하는 지역을 다시 100으로 잡으면, 20%에 해당하는 지역(전국 대비 0.8%)이 수 십억이 넘는 부동산 가격을 형성할 것이다. 이 지역들은 수 십억까지 부동산 가격이 올라도 계속해서 매매가 일어나는 '상위 0.8% 부자들만의 리그' 지역이다. 2022년 기준, 한국 상위 1%의 부자는 원천 징수 금액으로 약 2억7천만 원의 연봉을 수령한다. 한국 중위소득의 10배다. 한국에는 연봉 1억이 넘는 고소득자이며 금융자산 10억 이상을 보유한 이들이 35만 명을 넘는다. 이들은 20~30억짜리 아파트를 구매할 여력을 가진다. 상위 1% 그룹의 자산은 부동산 56.6%, 금융 38.6%로 구성되어 있다.[282] 한국 상위 0.1%의 연봉은 7억7천만 원이다. 중위소득자의 27배다. 한국에는 금융자산이 300억원 이상인 '초고자산가'가 6400명(전체 인구 0.01%)이다. 이들은 50억이 넘는 아파트를 구매할 여력을 가진다.

---

281 진명선, "서울 아파트 공급 2023년부터 증가…2027년까지 30만호 계획", 한겨레, 2020. 11. 25. 나원식, "10년 전 집값 폭락, 정말 재현될까요", 비즈니스워치, 2022. 02. 09.
282 이완, "금융자산 10억이상 부자 '10년새 2.2배 늘어' 35만 명", 한겨레, 2020. 10. 28.

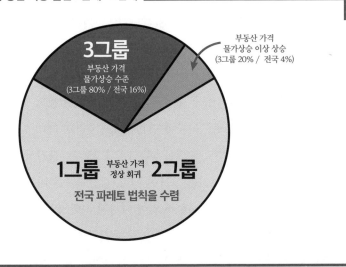

3그룹
부동산 가격
물가상승 수준
(3그룹 80% / 전국 16%)

부동산 가격
물가상승 이상 상승
(3그룹 20% / 전국 4%)

1그룹 부동산 가격 2그룹
정상 회귀

전국 파레토 법칙을 수렴

정리하면, 한국 부동산 시장 변화 최종 3단계에서는 한국 전체 부동산 시장의 80%는 가격 정상화로 회귀하고, 16%는 물가상승률 수준의 상승 추세를 따라가고, 3.2%는 물가상승률을 이기는 수익률을 유지하고, 0.8%는 부자들만의 가격상승 리그를 지속하는 상태로 균형이 형성된다. 한국 부동산 시장 3단계에서는 지역 단위에서도 파레토 법칙이 완료된다. 지자체의 4%에 해당하는 지역(유동인구 밀집지역, 교통 요충지역, 신시가지 등)만 물가상승률을 이기는 수익률을 낸다.

추격의 한계 시나리오

필자가 제시하는 한국 부동산의 또 다른 미래는 '추격의 한계 시나리오'다. 기준금리 인상 기간에는 가격상승 속도 억제가 가능하다. 자산 대학살 사건이 발생하면, 일시적으로 부동산 가격의 큰 폭 하락도 가능하다. 하지만 경기 대침체를 탈출하기 위해 기준금리 인하로 돌아서고 경기 회복 신호들이 나오면 부동산 가격은 다시 상승할 수 있다. 부동산담보 대출 금리 인상은 근본적인 대책이 될 수 없다는 말도 다시 힘을 얻는다. 가계대출 관행과 규제정책에 구조적 변화가 없는 한, 한국 부동산 가격은 하락과 상승 패턴이 반복되면서 계속 우상향할 것이라는 주장이 시장을 다시 지배한다. 필자도 동의한다. 특히, 제3그룹에서는 충분히 가능한 미래다. 제3그룹은 서울 경기 등 수도권과 5대 지방 광역시의 신도심 등이다.

하지만 한 가지 생각해 볼 변수가 있다. 획기적인 가계대출 관행과 규제정책에 구조적 변화가 없어도, 부동산 가격 상승 추세가 멈추게 만들 힘이 있다. '소득 감소'와 '부동산 가격 폭등' 그 자체가 힘이다. 소득 감소는 주로 지방 부동산 시장에 영향을 미칠 힘이다. 수도권에서 정규직 직장인의 소득은 미래에도 물가상승률을 반영한 수준에서 계속 상승할 가능성이 크다. 하지만 지방은 다르다. 지역 경제를 뒷받침하는 기업이나 산업에 위기가 발생하면, 직장인 소득은 하락하고 서비스 산업도 얼어붙는다. 이런 지역은 한국 전체 경기가 회복되는 사이클로 접어들어도 부동산 가격이 회복되지 않는다.

반면, 수도권은 자산 대학살 충격을 맞아도 전체 경기가 회복되는 사이클에 접어들면, 정규직 직장인 소득도 재상승이 시작된다. 서비스산업도 기지개를 편다. 폭락했던 부동산 가격도 전고점을 회복하고 추가 상승을 한다. 그렇기 때문에 이런 지역에서는 부동산 가격 폭등 그 자체가 부동산 가격 상승 추세를 멈추게 하는 힘이 된다. 부동산 가격이 이전 전고점을 돌파해서, 소득 상승 속도보다 더 빠른 로켓 상승을 한다고 가정해 보자. 어떤 일이 벌어질까? 다음 그림을 다시 보자. 한국에서 일어난 3

번의 부동산 폭등기 시작은 대략 14~16년 주기로 반복되었다. 폭등기 시작부터 최고점에 이르는 시간은 7~8년이고 나머지 7~8년이 하락기와 소강기였다. 이 주기를 그대로 적용하면, 2028~2030년경에 제4차 부동산 폭등기가 시작될 수 있다.

한국과 미국의 부동산 가격 변화

· 출처: TRADINGECONOMICS.COM

지난 3번의 부동산 가격 폭등기에는 주택가격 지수 기준으로는 폭등기 직전의 대비 1.5배 이상 상승했고, 실제 가격 기준으로는 평균 2~2.5배 이상 상승했다. 2022년 서울 아파트 평균가는 11.5억 원이다. 전용면적 135㎡ 초과[40평 이상] 대형 아파트의 매매평균가는 24억이다. 이 가격 기준으로 2~2.5배 상승하면 제4차 부동산 폭등기에 서울 전체 아파트 평균가는 23~28억이다. 대형 아파트의 매매평균가는 48~60억이다. 같은 기간 중산층의 연간 실질소득은 2022년[4818만 원] 대비 10~15% 정도 상승했다고 가정해 보자. 5300~5540만 원 정도다. 반면, 서울 아파트는 11.5~16.5억 원 상승했다. 중산층의 연간 실질소득이 482~722만 원 상승할 때, 서울 아파트 평균 가격은 11.5~16.5억 원 상승했다. 229~239배 차이다. 48~60억까지 상승한 40평 이상(135㎡ 초과) 대형 아파트는 831~996 배 차이다. 2020년 국세청이 발간한 자료에 따르면, 연봉 1억 원 근로자 는 전체 근로자의 4.4%(85만1906명)다. 제4차 폭등기, 서울 아파트 평균가 23~28억은 1억 연봉자 직장인이 한 푼도 쓰지 않고 23~28년을 모아야 살 수 있는 가격이다. 이 정도면 1억 연봉 근로자들도 서울에 30평형 아파 트를 구매하는 것이 매우 위험한 행위가 된다. 강남 3구를 비롯한 서울시 최고 입지 아파트 단지에 진입하는 것은 상위 1%만 가능해진다.

제4차 부동산 폭등기의 로켓 상승 그 자체가 상위 1%를 제외한 99% 근로자 전체가 강남 3구를 비롯한 서울시 최고 입지 아파트 단지에서 더 이상 추격 매수를 하지 못하도록 거대한 벽을 만들어 버린다. 서울 전 지 역에서도 추격 매수 의지가 크게 꺾일 수 있다. 한 사람의 영혼을 넘어 가족 전체의 영혼들을 모두 끌어모아 추격 매수를 해야 하는 위험에 노 출된다. 전 가족의 영혼을 걸고 산 아파트를 누군가가 최소 1.5배, 최대 2 배 이상 가격에 사주어야 한다는 압박을 감수하고 추격 매수를 해야 한 다. 왜 최소 1.5배 상승한 가격에 팔아야 할까? 계산을 해보자. 서울 아파 트 한 채를 이자율 3%에 은행 대출 60%를 끼고 사서 5년을 보유한 후에 다시 판다고 가정해 보자. 5년 후, 아파트 가격이 50% 상승했다고 가정 해 보자. 큰돈을 벌었다고 생각할 것이다. 아니다. 겨우 손해를 면한 정도 다. 아파트를 구매하면, 크게 3기간에 걸쳐서 비용(수수료, 세금, 금융 비용, 기타) 을 지불해야 한다. 7억짜리 아파트를 구매해서 5년 후에 10억 원에 매도 한다고 가정하고 계산기를 두들겨 보자. 명목 수익률은 42.8%다.

아파트 구매 시, 지불하는 비용

부동산 중개수수료(대략 0.5%) 350만 원

취득 거래세 2970만 원

5년 동안 보유 시, 매년 지불하는 비용

5년간 보유세 총액(655만8천 원×5년=) 3329만 원

매년 재산세 224만 원, 종부세 260만 원, 지방교육세 44만8천 원, 농어촌특별세 56만 원, 도시계획세 75만 원씩 납부

5년간 주택담보대출(4억2천만 원) 이자 비용(1260만 원×5년=) 6300만 원

매도 시, 지불하는 비용

은행대출금 중도 상환 수수료(통상적으로 대출금의 1.5%) 630만 원

양도소득세 7940만 원

3억 양도차익 발생했고 필요 경비가 없다고 가정할 경우, 3억에서 기본공제 250만 원 차감, 5년 장기보유특별공제 12%를 차감한 금액을 과세표준으로 하고 양도소득세 38%에서 1,940만 원 누진 공제=9880만 원(양도소득세)-1940만 원(누진 공제)

지방소득세(양도소득세의 10%) 794만 원

부동산 중개수수료(대략 0.5%) 500만 원

위 금액을 모두 합치면, 2억2813만 원이다. 이것이 전부가 아니다. 숨어있는 비용이 하나 더 있다. 집을 살 때 들어간 자기 자본 40%(2억8천만 원)다. 이 돈이 5년 동안 금융 이익을 창출하지 못하고 부동산에 묶여 있었다. 이 돈을 5년 동안 한국 코스피나 미국 다우지수 인덱스에 투자해서 매년 6% 정도의 수익(단리)을 낸다고 하면 총 8400만 원(1680만 원×5년)

의 금융 이익을 창출한다. [매년 복리 6% 수익률이라고 하면, 총 9470만 원 수익이다.] 하지만 아파트에 묶어 두었기 때문에 이 금액만큼 추가 수익을 못 냈다. 결국 2억2813만 원에 8400만 원을 더하면, 총 3억1213만 원을 5년 동안 비용으로 지출한 셈이다. 7억 원짜리 아파트를 사서 5년 동안 보유한 후에 10억에 팔아서 42.8% 수익률[3억 원]을 기록했다고 생각했지만, 실제로는 1213만 원 손해를 본 셈이다. 자기자본 2억8천만 원[40%]의 투자수익을 뺀다면, 7187만 원 수익에 불과하다. 5년 동안 최종 투자 수익률은 10.26%다. 이 금액은 기준금리 인상 전, 종부세법 조정 이전 계산이다. 기준금리 인상과 종부세의 규모에 따라서는 손해로 전환될 수도 있다. 물론 다운 혹은 업계약서 작성, 필요 경비를 늘려 잡아 양도소득세 공제액을 늘리는 것, 법인 명의로 아파트를 사서 세금을 줄이는 등 이런저런 편법이나 불법을 사용하지 않았을 때 계산법이다. [이런저런 편법과 불법을 써도, 실제로 남는 금액은 그리 크지도 않다.] 임대사업자로 등록해서 각종 세금 감면 혜택을 받으면 계산이 달라진다. 하지만 임대사업자로 등록하면 10년간 보유해야 한다. 문제는 10년간 주택담보대출에 대한 이자를 꼬박 내야 한다. 위 경우, 1억~1억2천만 원 정도다. 만약 매매 시점에 부동산 가격이 하락이라도 하면, 양도세 등 세금 감면 효과가 사라진다. 편법을 사용하지 않는다는 전제하에서, 지금 산 아파트가 5년 후에 최소 50% 상승하지 않으면 앞으로 남고 뒤로 밑지는 투자가 된다.

제4차 폭등기에 전 가족의 영혼을 걸고 서울 아파트를 사면, 그다음 추격 매수자는 서울 아파트 평균가 46~56억에 내 아파트를 사 주어야 한다. 이 정도의 재력을 가진 한국인은 상위 0.1%의 연봉 7억7천만 원 근로자뿐이다. 금융자산이 300억 원 이상인 '초고자산가'가 6400명[전체 인구 0.01%)이다. 이렇게 서울의 아파트가 추격 매수 여력을 넘어서는 가격까지 상승하면, 그 힘이 스스로 부동산 가격 추가 상승을 멈추게 한다. 결국 한국 부동산 폭등기는 [한국 근로자의 소득이 깜짝 놀랄만큼 급상승하지 않으면] 제4차 폭등기가 이론적으로 마지막이다. 이후에는 일본처럼 작고 비싼 집에 묶여 사는 미래가 펼쳐진다. 무주택자는 작은 집도 사기 힘들고, 유주택자는 장부상 가격만 오르는 상황에 빠진다. 자기가 소유한 작은 집을 팔아서 더 큰 집으로 이사가기 힘들다. 더 큰 집은 가격 상승 폭이 [같은 비율 상승만으로도 격차가 벌어짐] 더 커서 살 수 없는 수준에 이르렀기 때문이다. 꼼짝없이 일본 도쿄 주민들처럼 작고 장부상으로만 비싼 집에서 죽을 때까지 묶여 살고, 그 집을 자녀에게 엄청난 세금(양도세나 상속세)을 지불하고 물려줄 수밖에 없고, 자녀도 그 집에서 평생을 묶여 살아야 한다. 이것이 수도권 집값이 계속 폭등하는 미래를 원하는 사람들을 기다리는 '추격의 한계 시나리오'다.

한국 부동산 시장 발전 3단계 - 추격의 한계 시나리오

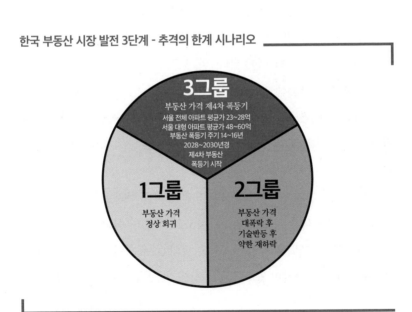

대차대조표 장기불황

경제용어에 '대차대조표 불황'이라는 말이 있다. 사전적 의미는 가계 부채 비율이 일정 수준을 넘으면 정부가 경기 부양책을 시행해도 소비나 투자가 살아나지 못하는 현상이다. 대차대조표 불황이 일어나는 핵심 원인은 부동산, 주식 등의 자산가격 폭락이다. 자산가격이 크게 하락하면 기업과 가계의 부채 부담이 커지면서 차입금을 최우선적으로 상환하는 행동 패턴으로 바뀐다. 대차대조표 장기불황의 실제 사례는 일본이다. 이 개념도 리처드 쿠 일본 노무라종합연구소 수석 연구원이 1990년대 일본의 장기 불황을 설명하기 위해 만든 것이다. 2007년 금융위기 이후, 벤 버냉키 전 미국 중앙은행(Fed) 의장이 미국과 선진국의 경기 침체 패턴을 설명하기 위해 몇 차례 언급하면서 주목을 받았다.[283]

시간이 갈수록 한국 경제와 사회 모습에서 대차대조표 불황의 대명사인 일본을 닮아가는 부분이 늘어나고 있다. 저물가·저성장 구조 고착화는 1990년대의 일본보다 빠르다. 필자는 2012년부터 한국경제에 이상 신호들이 시작되었다는 분석을 자주했다. 거시 지표 중에서 가장 먼저 위험신호를 보낸 것은 기업신뢰지수(Business Confidence Index)였다. 한국의 기업신뢰지수는 2011년 9월부터 수축기에 들어갔다. 코로나19 직전에는 OECD 최하위권으로 추락했고 한국보다 낮았던 국가는 터키, 에스토니아 정도였다. 한국의 경기선행지수는 2017년부터 아주 빠르게 하락을 시작했다. 2018~2019년에는 OECD 전체 평균을 하회하면서 거의 최하위권으로 추락했다. 한국 제조업의 구매자관리지수(PMI)도 2014년부터 50 근처로 하락을 시작해서 코로나19 직전까지 계속 하락했다. 한국은행이

---

283 "대차대조표 불황(balance sheet recession)", 네이버 지식백과: 한경 경제용어사전.

조사하는 기업경기실사지수(BSI)도 2019년 중반부터 빠르게 하락하기 시작했다. 코로나19 직전에는 수출과 내수가 동시에 약화되는 쌍둥이 위기 징후도 시작되었다. 2008년 미국발 금융위기 이후 2018년까지 그나마 선방을 했던 소비자신뢰지수(Consumer Confidence Index)가 2019년에 빠르게 하락했다. 한국의 소비자신뢰지수가 100 이하를 기록하며 수축기로 진입한 시점은 2016년 1월이다. 앞에서 소개한 다른 지표들보다 가장 늦게 수축기에 진입했다. GDP 대비 민간소비 비중도 하락을 시작했다. 2000년 GDP 대비 54.5%에서 2018년에는 48.0%로 낮아졌다.

이런 모든 신호들은 한국 경제성장률에 고스란히 반영되었다. 코로나 직전, 신흥국 성장률은 중국 성장률이 5~6%대로 둔화되면서 4%대 중후반을 기록했다. 한국의 경제성장률은 2017년 3.2%, 2018년 2.9%, 2019년 2.0%로 신흥국 성장률 둔화보다 빨랐다. 한국의 잠재성장률도 2001~2005년 4.7%에서 2016년~2019년 3%까지 하락했다. OECD 국가들 중 8번째로 빠른 하락 속도다. OECD 국가 평균 잠재성장률이 0.4% 하락할 때, 같은 기간 한국의 잠재성장률은 1.7%P 하락했다.[284] 이마저도 한국 정부가 재정지출도를 증가시키면서 경기의 하방 리스크를 완화시키는 중에 나온 결과다. 2012~2017년 정부지출 증가율은 연평균 5.4%였다. 하지만 2017~2020년 정부지출 증가율은 7.3%로 급등했다. 같은 기간, 경상 기준 민간투자 증가율이 연평균 6.9%에서 0.2%로 급락했기 때문이다. 다음 그림을 보자. 한국 정부의 예산 추이다. 2009년부터 적자 예산이 지속되었다. 2019년에는 한국 정부의 재정지출 증가율이 명목 경제성장률(경상성장률)의 2배를 초과하기도 했다. 이런 경우는 1990년대 이후 3번(1998년 외환위기, 2003년 신용카드 사태, 2009년 세계금융위기) 뿐이었다.

---

284 이도영, "韓, 경제성장률 하락폭 OECD 5번째…잠재성장률은 반토막", 데일리안, 2020. 02. 20.

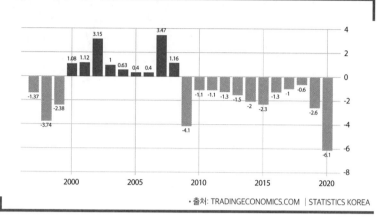

대한민국 - 정부 예산

• 출처: TRADINGECONOMICS.COM ㅣ STATISTICS KOREA

　　한국경제의 미래 불안에 대한 경제학자들의 경고도 늘어났다. 2019년 6월 국내 진보적 성향의 경제학자들이 주축이 되는 한국경제발전학회·국민경제자문회의 학술대회가 열렸다. 이 학술회의에서 취업자 1인당 노동시간과 실업률이 변함없다고 가정하는 낙관적인 전망에 따라도 생산가능인구 감소와 수요공급의 구조적 하락, 투자 비중 성장 한계 직면 등으로 한국 잠재성장률 전망치가 2028년에 1.42까지 하락할 것이라는 경고가 나왔다. 이 모든 경고가 코로나19 기간을 지나면서 경제 대충격과 막대한 돈을 쏟아부어 기저효과에 전부 묻혀 버렸다. 2021년 한국 경제성장률은 4%를 기록했고, 2022년은 3.1% 성장률 전망이 나오면서 저성장 위기감은 온데간데없다. 핵심인플레이션도 2.7~2.8%까지 상승하면서 저물가 고착화 위기감도 묻혀 버렸다.

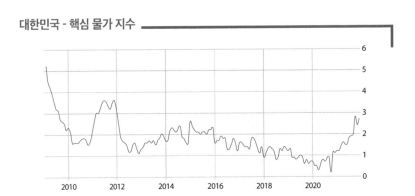

대한민국 - 핵심 물가 지수

| 6
| 5
| 4
| 3
| 2
| 1
| 0

2010 2012 2014 2016 2018 2020

• 출처: TRADINGECONOMICS.COM | STATISTICS KOREA

한번 무너지면 끝이 없다

우리를 둘러싼 2021~2022년 경제지표들은 거의 모두 착시다. 착시에 휘둘려 다가오는 자산시장 대학살, 대차대조표 장기불황 현실화라는 거대한 경제 위기들에 대한 감시와 대응 준비를 멈추면 일본처럼 '잃어버린 20년'에 진짜 빠질 수 있다. 거대한 댐이 무너지는 것도 조그만 균열에서 시작된다.

한국 경제와 사회 모습에서 일본을 닮아가는 부분이 늘어나고 있다는 것을 부정하는 목소리도 있다. 우리 입장에서는 일본처럼 된다는 말 자체가 자존심이 상하기 때문일지 모른다. 하지만 코로나19 이전 10년 동안 발표된 지표와 숫자는 "위기다!"고 신호를 보내고 있다. 2021~2022년에 발표되는 경제지표와 숫자들은 소음이다. 반복되는 신호를 모른 채 하고 부정한다고 해결될 문제가 아니다. 한번 무너지면, 끝 모를 추락에 빠질 수도 있다. 부정하고, 무시하고, 넋을 놓고 있는 동안, 위기를 알리는 신호는 거세지고, 그만큼 한국 경제와 사회 시스템은 곳곳에서 녹이 슬고 부서질 것이다.

한국 경제와 사회 위기를 알리는 신호 중에 어떤 것은 일본의 전철보다 더 안 좋은 것도 있다. 다음 그림들을 보자. 1995년부터 현재까지 한국의 경제성장률 변화 그래프다. 한국 경제성장률이 5%가 붕괴된 때는 2011년이다. 3%가 붕괴된 때는 2018년이고, 2%가 붕괴된 때는 2019년이다. 경제 규모가 커지면, 성장률은 '당연히' 하락한다. 정상이다. 정상이기 때문에 문제가 없다고 말한다. 맞다. 필자가 분석하는 한국 경제의 문제는 성장률 하락이 아니다. 진짜 문제는 성장률 하락 속도다. 빨라도 너무 빠르다. 한국의 경제성장률 변화를 미국, 일본, 독일과 비교해서 보자. "한국 경제성장률 하락 속도가 아주 심각하다"는 말이 한 번에 이해된다.

한국과 미국, 일본, 독일 경제성장률 하락 시점 비교

한국

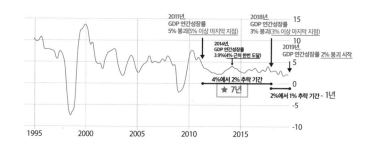

• 출처: TRADINGECONOMICS.COM | THE BANK OF KOREA

미국

• 출처: TRADINGECONOMICS.COM | U.S. BUREAU OF ECONOMIC ANALYSIS

일본

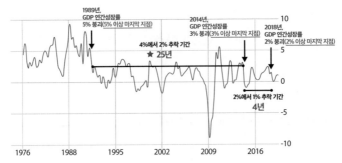

• 출처: TRADINGECONOMICS.COM | CABINET OFFICE, JAPAN

독일

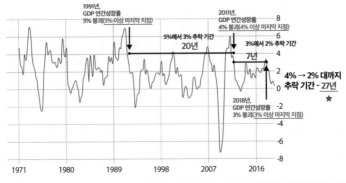

• 출처: TRADINGECONOMICS.COM | FEDERAL STATISTICAL OFFICE

미국은 경제성장률 5%가 붕괴된 시점부터 2% 붕괴 시점까지 34년 걸렸다. 독일은 27년 걸렸다. 대차대조표 장기불황의 대명사인 일본도 25년이 걸렸다. 한국은 단 7년이다. 심지어 1%대로 추락하는 데 일본은 4년 걸지만, 한국은 단 1년 만에 추락했다. 미국과 독일은 여전히 2%대 경제성장률을 유지 중이다. 다음 그림을 보자. 필자가 IMF 데이터를 가지고 비교한 것들이다. 한국의 경제성장률이 2010년 이후부터 선진국과 격차가 빠르게 좁혀지고 있다. 간격이 좁혀지는 속도가 매우 빠르다. 한국 경제는 아직 선진국이 아닌데, 성장률은 선진국형으로 낮아지고 있다.

한국 경제성장률 - 2010년 이후 선진국과 격차 빠르게 좁혀짐

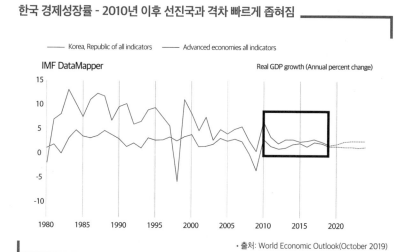

• 출처: World Economic Outlook(October 2019)

정부가 경기 부양책을 시행해도 소비나 투자가 살아나지 못하는 대차대조표 불황이 시작되는 방아쇠는 부동산, 주식 등의 자산가격 폭락이라고 했다. 버블이 붕괴하면 자산가격은 빠르게 감소하지만, 부채는 고정적이다. 당황한 경제 주체는 소비와 투자를 줄이고 제1순위 목표를 부채상환(디레버리징, deleveraging)에 '장기간' 집중한다. 2021년 12월 13일, 한국은행의 'BOK 이슈노트'에 '매크로레버리지 변화의 특징 및 거시경제적 영향'이라는 글이 실렸다. 한은이 경제협력개발기구(OECD) 38개국을 대상으로 가계부채 규모 시나리오별로 주택가격 하락이 경기에 미치는 영향을 추정한 결과에 대한 내용이다. 한은은 실물경제에 크고 부정적 영향을 초래하는 조건을 세 가지 꼽았다. 가계부채가 빠르게 증가하고, [기준금리 인상으로] 부채 축소[디레버리징]가 발생하고, 주택 등 자산가격이 상당 기간 하락할 경우, 실물경제에 큰 충격이 가해질 것이라고 추정했다. 보고서에 따르면 한국은 가계부채가 빠르게 증가하는 조건 하나를 갖춰졌고, 앞으로 나머지 2가지 조건들이 갖춰지는 지가 관건이다. 한은은 주택가격이 2년 이상 연속 하락할 경우 가계부채가 낮은 경우 5년 후 GDP가 -3% 떨어지지만, 높은 경우는 5년 후 GDP를 -7.1% 떨어뜨릴 것으로 분석했다. 가계부채가 낮은 경우 5년 후 가계소비를 -2.8% 낮추고, 가계부채가 높을 경우 5년 후 가계소비를 -8.7% 낮추는 것으로 예측했다. 실업률에도 차이가 났다. 가계부채가 높으면 4.5%P 오르고 낮은 경우 1.9%포인트 오른다. 종합하면, 가계부채가 높은 현재 상황에서 집값 하락이 2년 이상 연속 하락하면 경기 위축이 3배 더 높아진다.[285] 이자와 원금 상황 부담이 커지면서 소비와 투자가 위축되는 상황에서, 소득까지 줄어들면, 백약이 무효인 상황으로 빠져든다. 국민의 총소득을 줄이는 요인은 수출기업 경쟁력 하락, 제조업 공동화, 좀비기업과 자영업자 파산, 서비스 산업 포화상태, 조기 은퇴 등이다. 한국 경제와 사회에서 이런 요인들은 이미 시작되었다. 이런 요인들만으로 한국 경제 곳곳에서 대차대조표 불황에 빠진 일본과 비슷한 현상들이 일어나기 시작했다. 머지않은 미래에 자산가격 폭락이 본격적으로 시작되면 대차대조표 장기불황

---

285 류난영, "한은 '집값 하락시 부채 높으면 경기 위축 3배'", 뉴시스, 2021. 12. 23.

은 누구도 부정할 수 없는 확정적 이슈가 된다. 그리고 경제 시스템 붕괴 불길은 사회 시스템 붕괴 위기로 옮겨간다. 한번 무너지면, 끝 모를 추락에 빠진다는 말을 허투로 들어서는 안된다.

K자형 불평등, 약탈사회로 가는 문을 연다

미국이 극심한 정치적 분열을 거쳐 내전 상황으로 치닫고 있다. 2020년 8월 25일 위스콘신주 커노샤에서 트럼프 대통령을 지지하는 17세 백인 청소년이 '흑인의 생명도 소중하다(Black Lives Matter)'를 외치는 흑인 시위대를 향해서 자동소총을 난사하여 2명을 숨지게 하는 사건이 일어났다. 2021년 1월 6일에는 워싱턴 의사당이 습격당했다. 46대 미국 대통령 선거 결과를 인증하기 위한 117차 미국 의회에 총, 폭발물, 흉기로 무장한 도널드 트럼프 대통령 지지자들이 대선 결과에 불복하며 워싱턴 의회 의사당 건물을 습격하여 4시간 동안 장악한 사건이다. 의회 경찰관 등 5명이 사망하고 수십 명이 부상당했다. 이 사건은 미국과 영국이 벌인 '1812년 전쟁(War of 1812)'에서 영국군이 워싱턴 시를 점령하고 백악관과 국회의사당을 비롯한 공공시설을 파괴한 이후 처음 있는 일이다. 트럼프 대통령 재임 시기에 민주주의 심장인 미국에서 연이어 발생한 초유의 사건들은 표면적으로는 극심한 정치적 분열이 만들어낸 결과다. 하지만 실제로는 빈부격차, 부의 불균형 분배, 백인과 유색인종 간의 오랜 인종 갈등이 누적되어 만들어진 참사다. 미국 경제에서 소외된 러스트 벨트, 팜 벨트, 에너지 벨트에 있는 백인 서민층 근로자들은 백인우월주의, 미국 우선주의를 외치던 트럼프를 대통령에 앉혔다. 이들은 트럼프가 이민자와 중국 등에게 빼앗긴 자신의 일자리를 되찾아 줄 것을 바랬다. 트럼프를 지지하지 않더라도, 미국 국민의 상당수는 불평등과 양극화가 심해져 가는 미국 경제와 높은 의료비용으로 대변되는 사회복지 시스템에 불만이 많다. 다음 그림을 보자. 1913~2015년까지 미국, 영국, 중국, 프랑스, 러시아에서 국민 전체 부에서 상위 1% 부자들이 차지하는 비중의 변화다. 미국의 경우, 부의 불균형 분배가 대공황 직전 수준까지 근접한 상황이다. 미국 사회는 20세기 초 1%가 99%의 부를 약탈하는 시대로 되돌아가고 있는 중이다.

Share of personal wealth

In 2015, the Top 1% wealth share was 43% in Russia against 22% in 1995.

• 출처: wir2018.wid.world/executive-summary.html

　　소수가 국가 전체의 부의 대부분을 장악하는 시스템이 고착되면, 국민은 이런 사회를 정당한 사회라고 인정하지 않는다. 국민은 이런 사회를 '약탈사회'라고 규정하고 벌 떼처럼 떼지어 세차게 일어난다. 국민 봉기다. 2011년 9월 17일, 미국 사회의 경제 불안과 부조리에 항의하는 '고

학력 저임금 세대' 30여 명이 '월가를 점령하라(Occupy Wall Street)'는 구호를 외치고 월스트리트로 행진했다. 미국을 경제위기에 빠뜨리고 수많은 실업자를 양산한 주범이었던 월가 최고경영자들이 수백만 달러 퇴직금을 챙겨 나가자 오랫동안 축적된 미국민의 분노가 터진 것이다. 시위대 외친 "우리는 미국의 최고 부자 1%에 저항하는 99% 미국인의 입장을 대변한다", "미국의 상위 1%가 미국 전체 부의 50%를 장악하고 있다"는 말들은 SNS를 타고 공감 분위기가 미국 전역으로 퍼졌다. 30명에서 시작된 분노의 반월가 시위는 교수, 영화감독, 배우들들이 속속 시위에 참여하고, 보스턴, 시애틀, 로스앤젤레스, 워싱턴 D.C. 등 미국 전역을 거쳐 전 세계 1500여 개 도시까지 확대되었다. 국민이 약탈사회를 참지 못해 들고 일어날 때, 현명하고 능력 있는 정치 지도자가 나타나서 이 문제를 해결하면 사회는 곧바로 안정된다. 하지만 불만과 분노에 찬 국민을 편을 갈라서 자기의 정치적 이익에 이용하는 나쁜 정치인들이 늘어나면 사회는 내전 상태로 빠진다.

미래 한국에서도 이런 일이 일어나지 않는다고 보장할 수 없다. 한국도 약탈사회로 가는 문이 열리고 있다는 신호가 계속 나오고 있다. 2021년 기준, 한국의 상위 10%의 소득(Income) 집중도는 46.5%이고, 하위 50%는 16%다. 상위 1%로 좁히면, 14.7%의 소득 집중도를 보인다. 전체 부(Wealth)로 확대하면 2021년에 상위 10%가 58.5%를 차지했고, 하위 50%가 차지하는 비중은 5.6%에 불과했다. 상위 1%로 좁히면, 25.4%의 부의 집중도를 보인다. 한국도 소득 불평등이 심화되고, K자형으로 부의 극단적 양극화 가능성이 시작되고 있다.

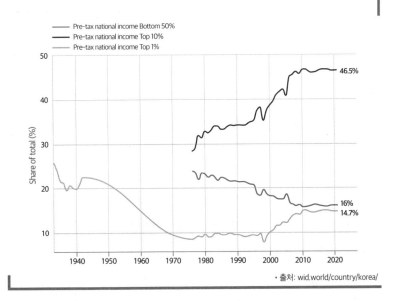

Income inequality, Korea, 1933-2021

- Pre-tax national income Bottom 50%
- Pre-tax national income Top 10%
- Pre-tax national income Top 1%

Share of total (%)

46.5%

16%
14.7%

1940 1950 1960 1970 1980 1990 2000 2010 2020

· 출처: wid.world/country/korea/

부의 양극화 속도가 빨라지면 중산층 감소 현상도 빨라진다. 감소하는 중산층 일부는 상위층으로 이동하고, 나머지는 서민층으로 전락한다. 하지만 대체로 서민층으로 전락하는 비율이 더 높다. 한국의 중산층은 2015년 전체 인구의 69.5%를 정점으로 찍고, 코로나19 직전인 2019년에 59.9%까지 줄어들었다. 반면, 빈곤층은 같은 기간 12.9%에서 17%로 증가했다. 중산층의 사전적 개념은 '재산의 소유 정도가 유산 계급과 무산 계급의 중간에 놓인 계급'이다.[286] 사전에서는 중소 상공업자, 소지주, 봉급생활자 등을 가리킨다. OECD의 분류법에 따른 중산층은 '한 나라의 가구를 소득순으로 세운 다음에 중위소득의 75~200%까지의 소득을 가진 집단'을 가리킨다. 한국 통계청은 중산층을 중위소득의 50~150% 사

---

286 "중산층", 네이버 어학사전.

이로 규정한다. 중위소득이란 총가구를 소득 순으로 1~100까지 나열할 때에 한 가운데(50)를 차지하는 가구의 소득이다. 2022년 기준, 한국 4인 가구의 중위소득은 월 512만 원이다. 이 기준을 따르면, 한국에서 4인 가족 중산층은 월 소득 256~768만 원이다.

필자는 자본주의 국가, 민주주의 국가에서 내전 수준의 사회적 갈등이 발생하는 원인으로 불평등, 차별, 이념 극단 대립, 미래 불안 등을 꼽았다. 이런 요소들은 후진국에서는 절대적 차이, 객관적 수치가 판단의 기준이다. 하지만 선진국에서는 상대적 차이 곧 주관적 체감도가 판단의 기준이 된다. 한국 국민 대부분은 정부가 측정하는 중산층 기준을 납득하지 못하고 있다. 통계청이 발표한 「2021년 사회조사」에 따르면, 2021년 월평균 가구소득이 600만 원 이상인 사람 중 91.1%가 자신을 중산층 이하라고 느끼고 있었다. 이유는 근로소득과 자산소득(부동산, 주식 등) 간의 격차가 크게 났기 때문이다.[287] 2022년 기준, 한국의 4인 가족 중산층 기준인 월 소득 256~768만 원에 속한 사람들의 대부분이 중산층이라고 생각하지 않는다는 말이다. 정부는 한국 사회의 K자형 불평등(양극화) 확대 속도가 완만하다고 말하지만, 국민은 그렇게 생각하지 않는다는 말이다. 중산층 중에 집을 갖지 못한 이들은 높은 부동산 가격으로 절망에 사로잡혔다. 2021년 서울 아파트 가격을 기준으로, 한국 중산층은 처분가능소득을 한 푼도 쓰지 않고 25년을 모아야 30평 아파트를 살 수 있는 상황이다. 소득 하위 20%에 속하는 서민들은 서울에서 30평형 아파트를 구매하는 것이 완전 불가능해졌다. 이들은 처분가능소득(연 1009만 원)을 한 푼도 쓰지 않고 118년을 모아야 한다.[288] 단기간에 이런 불평등이 개선될

---

287 "월 600만원 넘게 벌어도, 10명 중 9명 '나는 중산층 이하'", MBC, 2022. 02. 01.
288 박상길, "'집값, 미친듯이 올랐다?'…4년 전보다 지금이 더 충격적", 디지털타임스, 2021. 09. 20.

수 있을까? 필자가 **시나리오2. 붕괴, 내전**의 출발점으로 삼은 '역(逆) 연쇄 충격'이 지속되면 이런 문제들은 쉽게 개선되기 힘들다.

내수시장을 떠 받히고 있는 중산층과 서민층 대부분은 임금 수익에 전적 의존한다. OECD 국가 중에서 한국의 소득 불평등 지수는 네 번째, 저임금 노동자 비율은 두 번째로 높다. 1990년대 초반까지 한국은 경제 성장률과 임금 성장률이 비슷하게 성장했지만 1997년 외환위기 이후 격차가 빠르게 벌어졌다. 2008년 글로벌 금융위기 이후에는 격차가 더욱 심해졌다. 2008~2014년까지 국내총생산(GDP)이 24.5% 증가한 반면 실질 임금은 4.8%만 증가했다. 매년 비정규직에서 정규직으로 전환되는 비율도 10명 중 1명에 불과하다. 2000~2014년까지 한국 경제는 74%로 성장했지만, 자영업자의 이익은 -18%로 줄었다. 그 결과 외환위기 이후 국민 총소득에서 가계소득이 차지하는 비율이 70%에서 60%로 줄었고, 기업 소득만 17%에서 25%로 증가했다. 2020~2021년 코로나19 팬데믹을 지나면서 이런 추세는 더 악화되었다. 2021년 5월 한국은행이 발표한 「코로나19가 가구소득 불평등에 미친 영향」 연구에 따르면, '하위 10% 소득 대비 중위소득의 배율'은 2019년 5.1배에서 2020년 5.9배로 상승했다. 같은 기간 2분위 소득은 5.6% 줄고, 3분위는 3.3%, 4분위 2.7%, 5분위는 1.5% 줄었는데, 1분위 가구의 소득 감소율은 17.1%에 달했기 때문이다.[289]

양질의 일자리 창출 능력도 급격하게 상실되고 있다. 2012~2017년 연간 평균 신규 일자리 창출 수는 37만 개였다. 하지만 2018~2019년에는 20만 개로 줄었다. 2020년 한 해에만 해외로 빠져나간 제조업 일자리 숫자가 7만 2천 개다. 2020~2021년 코로나19 기간에는 임시직과 노인

---

289 연지안, "코로나 이후 소득불평등 심화, 1분위 소득 급감", 파이낸셜뉴스, 2021. 05. 10.

일자리 증가만 두드러졌다. 고용 질의 저하도 계속되고 있다. 2017~2019
년 36시간 이상 전일제 취업자는 59만 명 감소했고, 36시간 미만 파트타
임 취업자는 97만 명 증가했다.[290] 정규-비정규 고용 간의 혜택과 권리도
양극화되고 있다. 정규직 간에도 임금 및 승진 기회의 불평등이 심화되
고 있다. 한국 경제의 미래를 짊어지고 나가야 할 청년들의 체감 실업율
은 20%대에 육박한다. 비정규직, 하청, 용역 비율이 증가하고, 고용 능력
약화와 고용 불안정성이 높아지는 현상은 저절로 개선되기 어렵다. 그냥
놔두면 각종 불평등과 기회 축소가 장기적으로 고착화된다. 제4차 산업
혁명이 불러오는 일자리 대변동도 시작되고 있다. 앞으로 10~15년 정도
지속될 일자리 대변동기에 변화에 적응하지 못한 이들을 중심으로 대규
모 혼란, 상대적 박탈감, 일자리 안정성 급락 등이 발생할 수 있다. 고용
여건과 환경이 불안정해지고 미래에 대한 불안이 증가하면 근로자들의
기업에 대한 충성심이나 일에 대한 사명감도 감소한다. 이는 생산성 저
하로 이어진다. 코로나19 이전, 한국의 시간당 노동생산성은 34.4달러로
1위 아일랜드(88달러)의 1/3수준이었다. 한국의 노동시장 경쟁력은 세계경
제포럼 분석대상국 140개 중 73위에 머물렀다.[291]

이것이 전부가 아니다. 생산가능연령인구는 감소를 시작했고, 출산율
은 OECD 꼴찌다. 곧, 인구 증가도 멈춘다. 초고령화 속도는 일본을 앞지
른다. 2050년 한국의 노인 비율은 전체인구의 38.1%가 되어 일본(37.7%)
을 제치고 세계 1위 초고령국가가 된다. 인구 트랜드는 한 번 고착화되면
20~30년 정도 영향을 미친다. 저출산 고령화, 비혼 등으로 2025~2029년

290 박정수, "文 정책 실패에 대선 포퓰리즘 '설상가상'… 경제 기초체력·펀더멘털 '휘청'", 문화일보,
      2022. 01. 13. 김홍순, "엄한 기업규제탓, 작년 제조업 일자리 7만 2000개 해외로 빠져나가", 아시아
      경제, 2021. 04. 19.
291 임진혁, 정순구, "다가오는 제로성장 시대", 한국경제, 2019. 01. 21.

에는 민간소비가 매년 -3.6%씩 하락할 것이란 예측도 나온다.[292] 한국의 은퇴자의 대부분은 소득이 은퇴 전보다 50~75% 감소한다. 일본은 1991 년 부동산버블 붕괴 충격을 맞고 난 후, 1992년부터 2011년 아베노믹스 시행 직전까지 1% 미만 경제성장률 기록한 해가 10번이나 되었다. 한국 도 비슷하게 될 가능성이 크다. 한국노동연구원에서는 급속한 고령화를 반영하면 2020년대 10년간 한국의 연평균 성장률은 1.2%로 주저앉고, 2030년대는 -0.4%로 추락해 역성장할 가능성도 제기했다.[293] '역(逆) 연쇄 충격'이 지속되는 가운데 자산시장 시장 대학살의 충격을 극복하지 못하 고, 급속한 고령화를 반영하면 충분히 가능한 미래다. 이런 미래가 현실 이 되면, 중산층과 서민층은 자산은 더욱 감소하고 부채 부담은 커지는 상황에 빠진다. 반면, 상위 10% 그룹의 부는 더욱 증가할 것이다. 거대한 경제위기와 제로섬 게임은 부의 격차를 크게 한다. K자형 불평등은 심해 지고, "이렇게는 못 살겠다"는 국민 불만은 높아진다.

한국, 내전 발발

경제 발전이 멈추고 부와 미래 기회의 대부분을 소수가 장악하는 시 스템이 고착되면, 중산층과 서민층은 이런 사회를 정당한 사회라고 받 아들이지 못한다. '약탈사회'라고 규정하고 벌 떼처럼 떼지어 세차게 일 어날 수 있다. 들끓어 오르는 국민 불만을 자신의 정치적 욕망을 성취할 도구로 여기는 나쁜 정치 세력이 등장하면 문제는 더욱 심각해진다. 이

---

292 빈난새, "저출산 고령화가 저성장 불러", 한국경제, 2019. 01. 21.
293 임진혁, "10년 뒤엔 마이너스 성장", 한국경제, 2019. 01. 21.

들에 의해 한국 국민은 갈기갈기 분열되면서 미국처럼 이성을 잃고 극심한 정치 대립 구조에 휘말린다. 한국 국민의 대표적 3가지 고민인 '돈(money)·일(job)·집(house)' 문제마저 진영 간의 생사를 건 정치 투쟁의 도구로 변질된다. 사회갈등과 분열은 가속화되고 상대를 적으로 규정하면서, 내전 발발로 가는 가속페달이 강하게 밟힌다.

정치가 국가 경제나 사회를 망친 사례, 국민 불만을 내전으로 돌변시킨 사례는 적지 않다. 가깝게는 최근 터키가 그렇다. 터키는 "정부의 실패가 시장의 실패보다 무섭다"는 말이 그대로 적용되는 나라다. 레제프 타이이프 에르도안 대통령의 어리석은 결정들이 연달아 내려지면서 터키 경제가 곤두박질치고 있다. 터키는 유럽에서 나름 제조업 중심 성장을 하는 나라다. 동로마제국의 빛나는 유산인 이스탄불 등 세계적인 관광지도 있다. 하지만 물가는 폭등하고, 리라화 가치는 폭락하고, 경제 성장률은 바닥을 헤매고 있다. 기업 경쟁력이나 서비스업 경쟁력이 하락해서가 아니다. 자신의 정치적 이득만을 생각하는 대통령 때문이다. 에르도안 대통령은 중앙은행 은행 총재가 자신의 말을 듣지 않는다고 2년 동안 4번이나 교체했다. 중앙은행의 통화정책이 오락가락하면서 인플레이션은 높아지고 통화가치는 폭락했다. 2022년 1월 터키의 인플레이션율은 48.69%이다. 현찰을 가지고 있으면 벼락 거지가 된다. 국민들이 서둘로 은행에서 돈을 빼서 달러, 유로, 금 등 안전자산으로 바꾸기 시작했다. 일부 국민은 비트코인을 사들였다. 그러자 에르도안 대통령은 비트코인을 비롯한 암호화폐 금지 규제를 내렸다. 터키 경제 상황이 최악으로 치달으면서, 리라화 가치는 최근 3~4년 동안 반토막이 났다. 터키 중앙은행이 황급히 외환보유액을 풀어서 환율방어에 나서지만 속수무책이다. 해외에서 정책 실패를 비판하는 언론 보도가 잇따르자 미국식 자본주의를 비난하고 이자를 금지하는 이슬람 율법까지 들먹이면서 지지층 결집에만 열을 올린다. 한 명의 무능하고 사리사욕에 휩싸인 정치인 때문에 터키 국민은 하루가 다르게 가난해지고 있다.[294] 영국의 유명한 경제학자이자 철학자였던 존 스튜어트 밀(John Stuart Mill)은 국가의 고성장 조건으로 예측 가능한 정부, 예측 가능한 세금, 전쟁이 없는 상황을 꼽았다. 예측 가능한 정부는 정치 안정과 좋은 정부를 말하고, 예측 가능한 세금은 경제 성장의 기본이고, 전쟁이 없는 상황은 단단한 안보를 말한다.

한때, 높은 성장률을 구가하며 발전했던 브라질, 볼리비아, 베네수엘라, 칠레, 페루, 온두라스, 아이티, 니카라과 등 중남미 국가들의 추락도 우리에게 주는 교훈이 크다. 이들 나라들도 정치가 국가 경제나 사회를 망친 실례다. 오랜 세월, 무능하고 잘못된 정치인들이 K자형 양극화를 만들어냈고, 그로 인한 약탈사회 구조가 각종 시위와 사회적 내전 상황을 확대했다. 20세기 초, 아르헨티나는 캐나다와 호주 등과 더불어 떠오르는 신흥국가로 인정받으며 세계 10대 경제권에 속하는 부유한 국가였다. 당연히 한국보다 잘 살았다. 하지만 외부로는 제1차 세계대전, 1929년의 대공황, 제2차 세계대전이라는 거대한 충격을 겪고, 내부로는 정치, 경제, 사회에서 양극화, 분열, 갈등의 시대를 맞으면서 추락했다. 중남미에서는 이런 패턴이 지금도 반복되고 있다. 다음 그림을 보자. 브라질, 베네수엘라, 한국의 경제성장률 추이 비교다. 브라질 경제성장률은 2002~2014년까지 한국과 비슷할 정도로 양호했다. 베네수엘라 경제성장률은 2008년까지 한국보다 높은 성장률을 기록했다. 하지만 지금은 경제가 곤두박칠치고, 사회는 혼란을 멈추지 못하고 있다.

---

294 중앙일보, 2021.12.29. 주정완, "정치가 망친 터키 경제"

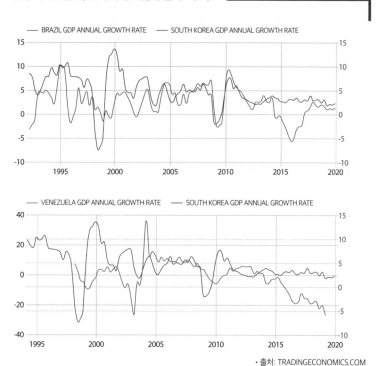

브라질, 베네수엘라, 한국의 경제성장률 추이 비교

— BRAZIL GDP ANNUAL GROWTH RATE — SOUTH KOREA GDP ANNUAL GROWTH RATE

— VENEZUELA GDP ANNUAL GROWTH RATE — SOUTH KOREA GDP ANNUAL GROWTH RATE

• 출처: TRADINGECONOMICS.COM

중남미 국가의 정치적 특징은 주기적으로 좌파 물결과 우파 물결이 거세게 반복된다. 2000년 닷컴버블 붕괴 이전에는 중남미는 우파 정치권 물결이 거셌다. 그 이후에는 좌파 물결이 중남미를 휩쓸었다. 우파 정권의 실패가 만든 좌파 도미노 현상이었다. 최근 중남미는 우파 물결이 다시 일어나고 있다. 닷컴버블 붕괴 이후 정권을 잡았던 좌파 정치세력의 잘못된 경제정책, 부정부패, 복지정책의 실패 등에 대한 반작용이다. 다음 그림을 보자. 2003~2008년까지 좌파 정부 초창기에는 중남미 경제성장률이 빠르게 상승했다. 닷컴버블 붕괴 이후, 중국 경제가 빠르게 부상하면서 원자재 붐이 일었다. 원자재(원유와 광물 등)와 농수산물 수출이

중심인 중남미 국가들의 경제성장률은 빠르게 상승했다. 2002년 44.6%
에 달하던 빈곤층 비율도 2012년에 28.8%까지 하락했다.

중남미 GDP 성장률 추이[295]

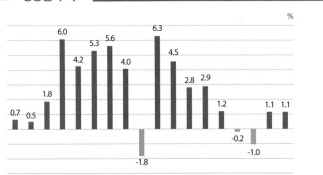

• 출처: UN 중남미경제위원회(ECLAC).

중남미 빈곤률 추이[296]

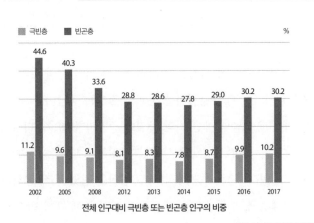

전체 인구대비 극빈층 또는 빈곤층 인구의 비중

• 출처: UN 중남미경제위원회(ECLAC).

---

295 김진오, 박미숙, '최근중남미 반정부 시위의 원인과 시사점'에서 재인용 KIEP, 2020.1.6.
296 김진오, 박미숙, '최근중남미 반정부 시위의 원인과 시사점'에서 재인용 KIEP, 2020.1.6.

하지만 이 시기에 정권을 잡은 정치인들은 소수 특권층과 손을 잡고 각종 부정부패를 일삼았다. 뇌물, 불법자금 유용, 장기집권을 위해 부정선거도 일삼았다. 그 결과 1%의 소수 특권층에게 부가 독점되었다. 절대빈곤층의 비율은 줄었지만, 국민의 상대적 박탈감은 커졌고, 실업률이 상승하면서 '약탈사회' 구조에서 벗어나지 못했다. 경제가 고속성장을 할 때는 이런 문제들이 수면 아래로 잠긴다. 약탈사회라고 하더라도, 경제가 성장하면 절대적 빈곤율은 낮아지기 때문이다. 2008년 글로벌 경제 위기가 불어닥치고, 2012년 유럽발 금융위기 발발과 중국의 고속성장이 멈추면서 원자재 붐도 수그러들었다. 2010년을 정점으로 중남미 국가들의 경제성장률이 곤두박질쳤다. 2015~2016년에는 마이너스 성장률까지 추락했다. 빈곤층과 극빈층 비율도 증가 추세로 전환되었다. 경제 추락의 장기화는 재정 악화로 이어졌고, 사회복지 지출이 줄면서 빈곤층과 극빈층의 생활은 악화되었다. 국민의 불만이 커지자, 정치인들은 한쪽에서는 포퓰리즘을 남발하며 무리한 복지정책을 구사하면서 국가 재정을 고갈시켰고, 다른 한 쪽에서는 극단주의, 이념적 갈라치기를 시도했다. 국가 재정은 파탄 나고 사회적 갈등은 악화되면서, 정치적 극단주의 내전은 노동계 내전, 젊은 세대와 노인 세대의 세대 간 내전 등으로 확대되었다.

중남미 소득 5분위 각 계층의 소득 비중[297]

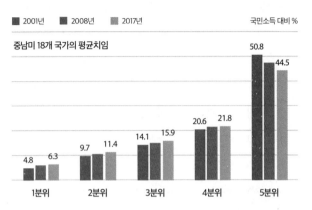

■ 2001년 ■ 2008년 ■ 2017년   국민소득 대비 %

중남미 18개 국가의 평균치임

	1분위	2분위	3분위	4분위	5분위
4.8	6.3	9.7	11.4	14.1	15.9

50.8
44.5
20.6 21.8

• 출처: UN 중남미경제위원회(ECLAC)

하의 10% 소득 대비 상위 10% 소득 비율[298]

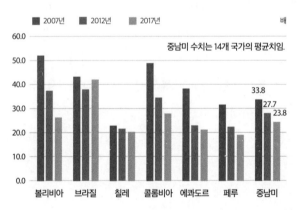

■ 2007년 ■ 2012년 ■ 2017년   배

중남미 수치는 14개 국가의 평균치임.

33.8
27.7
23.8

볼리비아   브라질   칠레   콜롬비아   에콰도르   페루   중남미

• 출처: World Bank.

297 김진오, 박미숙, '최근중남미 반정부 시위의 원인과 시사점'에서 재인용 KIEP, 2020.1.6.
298 김진오, 박미숙, '최근중남미 반정부 시위의 원인과 시사점'에서 재인용 KIEP, 2020.1.6.

이런 추락은 선진국에서도 충분히 일어날 수 있다. 일본은 미국이나 중남미처럼 사회 혼란, 내전 수준의 극단적 갈등을 겪지 않았다. 대신 국가 전체가 깊은 암흑에 갇혔고, 경제는 몸부림쳐도 빠져나오기 힘든 늪에 빠졌다. 기업과 국민은 무기력과 자포자기에 빠졌다. 1991년 부동산 버블 붕괴 이후, 일본이 지난 30년 동안 1인당 GDP 성장률이 정체에 머물고, 무역수지가 하락하고, 주식시장이 버블붕괴 이전을 회복하지 못하는 등 옛 경제 대국의 영광을 잃어버린 원인은 '통화 정책(엔약세)에만 몰두'하고 '노동생산성 둔화'와 '혁신에 뒤처짐' 등이었다.[299] 하지만 무엇보다 눈에 보이지 않지만 결정적인 이유는 일본 정부와 정치권의 무능이었다. 일본은 다당제 민주주의 국가이다. 하지만 1955년 보수계열 민주당과 자유당의 통합으로 탄생한 자민당이 60년 넘게 압도적 1당 우위로 권력을 독점하면서 독재 비슷한 정치구조가 자리 잡았다. 자민당의 장기 집권은 정치, 관료, 재계 3자의 이익결탁 구조를 만들어 부정부패가 끊이지 않고, 자만과 무능의 정치판으로 변질되었다. 일본의 수출경쟁력이 살아있고 경제가 성장할 때는 정치권의 부패와 무능은 수면 아래로 묻힌다. 하지만 경제성장이 멈추고 수출 경쟁력이 하락하기 시작하면, 금권 정치, 파벌 정치, 부패 정치의 악영향이 모든 곳에서 본모습을 드러난다. 돈, 파벌, 부패로 얼룩진 자민당 정권은 자산시장 버블의 형성과 붕괴 과정에서 안이하고 늦장 대응, 심각한 정책적 판단미스, 땜질식 졸속 정책 반복, 선거를 의식해서 방만한 재정운영과 낭비 등 무능한 정치권이 보여줄 수 있는 모든 실책을 다 보였다. 정부와 정치권이 무능과 실수를 반복하는 동안, 저출산, 초고령화, 생산가능인구 감소 등 인구구조 변화의

---

299 김태균, "'쇄락하는 일본, 겸손해져야 부활의 미래있다' 일본 원로학자의 호소", 서울신문, 2022. 01. 08.

충격이 뒤따랐다. 한번 무너지면 극적 반전을 이루기가 어렵다. 문제가 꼬리를 물고 심해질수록 악순환 고리도 고약해지고 깊어지기 때문이다. 추락하는 일본을 구원하기 위해 아베노믹스를 실시했지만 효과는 제한적이었다. 핵심 소비 세력의 절대 숫자와 소득 감소가 계속되자, 내수 기업들은 글로벌 원자재 가격 상승과 오랜 엔저 효과로 인한 수입단가 상승분을 국내 제품 가격에 이전하지 못하면서 수익구조 개선이 어려웠다. 2022년 1월 국제결제은행[BI] 공개한 엔의 실질실효환율은 67.55를 기록했다. 1972년 6월 이후 50년 만에 최저다. 엔의 실질실효환율이 최고였던 1995년 4월[150.85]로 최고 대비 56% 하락이다.[300] 실질실효환율은 달러, 유로, 위안 등 주요국의 통화에 대한 교역 물량과 물가를 고려한 환율이다. 이 환율은 수치가 낮을수록 해외에서 구매력이 떨어져서 수입 물가가 올라서 기업과 국민에게 고통이다. 기업은 해외로 떠났고, 남은 기업들은 25번이 넘는 경기부양책과 환율 효과에 기댄 수출에서 기업 이익 보전을 하며 연명했다. 내수 시장의 미래가 암울하여서 국내 투자를 늘리기 힘들었다. 일본 국민은 미래가 불안하고 상대적 빈곤감과 심리적 위축이 커지자 저축을 늘리고 소비를 더욱 줄였다. 일본 정치권은 현재도 이런 문제를 해결할 능력이 없어 보인다.

한국 사회는 내전 수준의 극단적 사회 혼란이나 일본식 장기침체와 무기력 상황까지 이르지는 않았다. 하지만 내전 사회 혹은 무기력 사회로 가는 길목에 위치한 약탈사회 조짐은 커져간다. 90년대생은 국민연금을 받지 못할 수 있다는 불안, 청년세대는 미래 희망을 잃어 가고 있다. 개천에서는 절대 용이 나오지 못하고, 성공의 사다리 걷어차기에 대한 분노가 끓고 있다. 2021년 4월 국내 한 언론사가 현대경제연구원과

---

300 신기림, "일본 엔화의 끝없는 추락…실질실효환율 50년 전으로 '후퇴'", 뉴스1, 2022. 02. 18.

산출한 「청년 경제고통지수(Misery Index)」를 보자. 2020년 청년 경제고통 지수가 113.36을 기록해서 분석을 시작했던 2015년(100) 이후 가장 높았 다. 경제고통지수는 미국 경제학자 아서 오쿤이 경제적 삶의 질을 측정 하기 위해 만든 지수로 실업률과 물가상승률을 더한 지표다.[301] 코로나19 의 경제적 압박이 심해졌던 2021년에는 청년 경제고통지수가 더 높아졌 을 것이다. 일본은 10년 이상 장기 은둔자(히키코모리)가 30%를 넘는다. 한 국도 이런 날이 곧 올 수 있다는 우려가 나온다. 2019년 기준, 6개월 이 상 집 밖에 나가지 않은 은둔 청년 숫자가 13만 명을 넘었다.[302] 은둔형 외 톨이로 전락하는 연령층이 확대될 조짐마저 보인다. 경제 충격을 연달아 맞으며 한계상황에 몰린 중장년 외톨이, 은퇴하고 경제적 사회적 단절 상황에 노인 외톨이들이 속출할 가능성이다. 2021년 3월 통계청이 발간 한 'KOSTAT 통계플러스 2021년 봄호'에 따르면, 비혼·만혼이 심화되면 서 20~44세 미혼남녀 70% 이상이 부모와 동거하는 '캥거루족'으로 분 석되었다.[303] 캥거루족이 늘어나는 현상은 사회 전반으로 고용 불황, 부동 산 가격 문제, 소득 양극화, 미래 일자리 불안이 심화되고 있다는 중요한 신호다. 경제 불안을 넘어 인구 감소로 전국 초중고등학고 3855곳이 폐 교되었고, 2042~2046년경에는 385개 국내 대학 중 절반(49.4%)만 살아남 는다는 경고도 나온다. 수도권 대학을 제외한 지방대는 252곳에서 101곳 만 살아남아 60%가량 사라진다.[304] 지방 자체가 소멸할 위기감도 커지고 있다. 통계청의 전망을 기준으로 하면, 지방 소멸 위기 지역이 전 국토의

301 남건우, 송충현, 구특교, "'코로나 3고'에 절규하는 청춘들", 동아일보, 2021. 04. 16.

302 권기석, 김유나, 권중혁, 방극렬, "'옆집 애도 그렇대' 히키코모리 국내에도 13만 명", 국민일보, 2020. 11. 29.

303 안나경, "20~44세 미혼남녀 70%이상 '캥거루족'", 노컷뉴스, 2021. 03. 31.

304 박동민, 박진주, 김제림, "교직원 월급도 못주는 지방대…25년뒤엔 60% 사라질판", 매일경제, 2022. 01. 16.

절반이 넘는다. 당분간 제4차 산업혁명기 신기술과 승자 산업이 확 바뀌면서 일자리 대이동을 만들어낸다. 이것도 생존 위기감과 갈등을 높이는 변수가 될 수 있다.

전국경제인연합회[전경련]가 OECD 30개 국가의 정치·경제·사회 등 3개 분야 13개 항목을 조사해 종합한 갈등 지수[2016년 기준]를 보자. 한국은 55.1점으로 멕시코[69.0포인트. 1위], 이스라엘[56.5포인트. 2위] 다음으로 3위였다. 2008년 4위에서 한 계단 상승했다. 사회적 갈등이 폭발하고 있는 미국[43.5포인트. 6위], 잃어버린 30년으로 치닫고 있는 일본[46.6포인트. 5위]보다 높다.[305] 우려, 걱정, 분노가 한계점을 지나면, 특정 대상과의 갈등이 혐오와 증오로 바뀐다. 한국 사회가 가장 먼저 우려하는 것은 노인혐오 시대다. 세대 필자의 **시나리오2. 붕괴, 내전**은 **시나리오1. 도약, 일본 추월**과 백지장 한 장 차이에 불과하다고 했다. 결정적 순간에 주저하거나 잘못된 선택을 하게 되면, 같은 시스템에서 '역[逆] 연쇄 충격'이 발생하고, 이미 예정된 자산시장 시장 대학살의 충격을 극복하지 못한 상황에서, K자형 양극화, 급속한 고령화, 무능한 정치인의 출현 등이 이어지면 노사 갈등, 세대 갈등, 남녀 갈등, 지역 갈등, 외국인과 내국인의 일자리 갈등, 정치 갈등 등이 순식간에 내전 수준으로 확대되는 것을 불가능한 미래가 아니다. 내전 상황이 현실이 되면, 미국 식 내전이냐 중남미식 내전이냐 하는 것만 다를 것이다.

---

305 김지애, "부글부글, 대한민국이 끓는다… 갈등지수, OECD 중 세번째", 국민일보, 2021. 08. 19.

세 번째 결정적 순간, 북한과 극한적 대립

한국의 미래에 영향을 주는 3번째 결정적 순간이 있을 수도 있다. 한국 사회 내전 시나리오가 남북한의 극한적 대립 시나리오와 만나는 순간이다. 필자는 북한의 미래 시나리오도 관심을 가지고 연구한다. 필자가 발표한 북한의 미래 시나리오 중 하나는 '2030년, 핵무력 완성 후 대미 강경 시나리오'다. 트럼프 대통령 초기 시절, 북미 간 비핵화 협상이 시작되면서 남북한 관계는 밝은 미래 시나리오가 주를 이루었다. 하지만 북한의 미래는 세계에서 가장 변화무쌍하고 불확실성이 높다. 그래서 필자는 또 다른 미래 시나리오로 '2030년, 핵무력 완성 후 대미 강경 시나리오'를 발표했었다. 필자는 오래전부터 북한 김정은의 최우선 전략은 미국과 협상의 판을 깨지 않을 정도로 시간을 끌며, 경제 재제를 약화시키고, 핵보유국 인정받는 것이라고 예측했다. 핵보유국을 인정받으면, 핵을 포기하든 핵무력-경제병진 전략을 구사하든 모두 다 유리하기 때문이었다. 2019년 2월 열린 하노이 북미 핵협상 결렬 이후, 북미 간의 핵협상은 오랜 교착 상태에 빠졌다. 북미, 남북 간 장밋빛 환상도 꺼져 간다. 2020~2021년 코로나19 팬데믹 대재앙이 창궐하면서 북미 간 협상문은 굳게 닫혔다. 2022년 현재, '2030년, 핵무력 완성 후 대미 강경 시나리오'의 현실 가능성이 점점 높아지고 있다. 미·중 패권전쟁이 극단적 갈등 단계에 진입하면 이 시나리오는 '가장 그럴듯한 미래(a plausible future)'가 될 수 있다.

바이든 행정부의 대북 협상 전략은 트럼프 정부처럼 탑다운 방식이 아니다. 그렇다고 오바마 정부 시절의 전략적 인내도 아니다. 바이든 행정부는 6자회담을 중심으로 한 다자간 협상을 기본하고, 북한의 핵 축소 단계를 거쳐 비핵화를 최종 목적으로 하는 이원 전략을 구사한다. 하지만 북한이 고강도 도발을 반복하면서 북미 관계를 악화시키면 경제 제재와 압력을 지속하면서 북한이 굴복할 때까지 기다리는 오바마식 '전략적 인내'로 복귀(Strategic Patience 2.0)할 가능성도 배제할 수 없다. 설령 북한과 미국 간에 핵협상이 재개되더라도 복잡하고 민감한 문제들이 산적해 있어서 언제든지 교착 상태에 다시 빠질 수 있다. 예를 들어, 바이든 행정부는 트럼프 행정부가 시도했던 일괄 타결을 통한 비핵화 방법에 부정적이다. 바이든 행정부 국무장관인 토니 블링큰은 2018년 6월 11일 뉴욕타임스에 '북한과의 핵합의에서 최선의 모델은?'이라는 기고문에서 북한이 핵 시설 전체 공개, 국제사찰을 통한 농축우라늄 시설 및 핵 재처리 시설 동결, 북한이 보유한 핵탄두와 미사일 일부 폐기 등에 잠정(interim) 합의를 하면 부분적 경제제재 완화를 제공할 수 있다고 했다. 이 방식은 오바마 정부 시절 진행되었던 이란식 핵합의 방식이다. 당시, 이란은 오랜 경제난으로 민심이 흉흉하면서 강경파인 마무드 아마디네자드 대통령이 퇴진하고 중도온건파 하산 로하니가 대통령에 올랐다. 이란은 핵개발이 완료되지 않은 상태였다. 미국은 이란을 경제적으로 강력하게 압박하면서 핵능력 동결에 촛점을 맞춰 단계별로 구체적인 핵합의를 이끌어냈다. 바이든 행정부와 민주당은 한반도 비핵화도 이렇게 하고 싶은 것이다.[306] 하지만 이런 방식은 올바른 방향이지만, 협상이 길어지고 디테일의 악마를 만날 가능성이 크다. 특히, 북한은 이란과 다른 점이 많다. 김정은 정권이 견고하고, 경제재제가 핵협상의 분위기를 바꿀 힘이 적다. 트럼프 행정부에서 실시했던 '최대 압박' 정책은 실패로 끝났다. 이란과 다르게 중국과 러시아가 북한 편에 서 있다. 북한은 이미 핵무기 개발을 완료한 상태다. 2021년 4월 한·미 외교·안보 싱크탱크 아산정책연구원과 랜드

---

306 이장훈, "이란 전문가 포진한 바이든의 북핵 해법, 이란 모델로?", 주간조선, 2020. 12. 22.

연구소가 공동 발표한 「북한 핵무기 위협 대응」이라는 보고서는 2027년이면 북한이 최대 242개 핵무기와 수십 기의 대륙간탄도미사일(ICBM)을 보유할 것이라고 전망했다. 미국을 향해 선제 핵 공격을 할 수 있는 규모다.[307] 이란처럼 핵개발 동결이 아니라 핵무기 감축은 기본이고 완전 비핵화를 해야 한다. 북한이 보유한 대량 살상 무기는 핵무기가 전부가 아니다. 탄저균 등 생화학 무기도 있다. 한국과 미국이 댓가로 지불해야 할 내용이 전혀 다르고 보상 규모가 천지 차이다. 김정은이 종전선언을 넘어 주한 미군 철수, 서해 북방한계선(NLL) 포기 등 무리한 요구를 할 경우, 한 발도 앞으로 나갈 수 없다. 바이든 행정부와 민주당에는 핵협상 이전에 '레짐 체인지(체제 전환)'를 주장하는 세력도 있다. 북한이 경제 제재를 단계적으로 해제하는 댓가를 받고 핵사찰 과정에서 교묘한 거짓말을 할 가능성도 높다. 이런 행동이 발각되면, 협상은 원점으로 돌아가고 경제 제재가 복원되는 '스냅백' 상황이 된다. 곳곳에 협상 결렬을 불러올 암초가 산재해 있다. '인권'을 강조하는 민주당 정책도 북미 간 협상을 더디게 만들 변수다. 기본적으로 미국 행정부와 의회는 북한 정권에 대한 의심이 매우 높다. 우리도 북한 김씨 일가의 속내를 믿기 어렵다. 북한 역시 마찬가지다. 북한 군부는 완전한 비핵화를 반기지도 않는다.

바이든 행정부나 차기 행정부가 한반도 비핵화 프로세스에 의미 있는 추가 진전을 만들려면 북한에게 핵 리스트를 넘겨 받는 것이 매우 중요한 관문이다. 하지만 북한이 핵 리스트를 쉽게 넘겨줄 리 만무하다. 북한 입장에서는 핵 리스트는 한 번 넘겨주면 협상이 결렬되어도 되돌려 받을 수 없다. 핵 리스트와 경제 제재 해제를 맞바꾸더라도 미국이 언제든지 핵사찰이나 다른 구실을 삼아 경제제재 해제를 되돌릴 수 있다고

---

307 이철재, "북한, 6년 뒤 핵무기 최대 242개, 핵 선제 공격 위협 커졌다", 중앙일보, 2021. 04. 14.

생각한다. 미국은 핵협상이 결렬되어 북한이 다시 본토를 위협을 하면 넘겨받은 핵 리스트에 실린 목표물을 동시에 폭격할 역량을 가지고 있다. 미국이 인공위성으로 북한 영변 원자로 건설과 가동을 감시하기 시작한 때는 1985년이다. 당시는 김일성이 북한을 통치할 때다. 현재 미국은 북한 핵시설 대부분을 감시 중이다. 하지만 인공위성에 잡히지 않은 북한의 지하 핵시설 목록은 없다. 섣불리 북한을 공격하기 힘든 이유다. 반격의 여지가 크기 때문이다. 부시 대통령 때 북한 공격을 고려했지만 실천에 옮기지 못한 것도 이런 이유다. 북한에게 핵 리스트는 협상 과정에서도 최후의 보루다. 최고의 카드이자 마지막 카드다. 핵 리스트를 빨리 내 주면 다음 협상에서 목소리를 낼 수 없다. 미국도 정확한 핵 리스트를 넘겨받지 못한 상태에서 핵시설 검증이라는 절차를 진행하는 것이 의미와 실효성이 축소된다.

이처럼 북한과 미국 사이에는 깊은 불신과 의심이 있다. 미국의 차기 대통령이 누가 되어도 북한의 대미 의심은 걷히기 쉽지 않다. 북한이 미국을 믿지 못하는 것은 충분히 납득된다. 북한 정권은 중국도 믿지 않는다. 반면, 미국이 북한에 대해 불신과 의심이 쌓은 것은 언제부터일까? 1991년 9월 김일성은 미국과 일본과 관계 개선을 위해 유엔에 가입했다. 1991년 12월에는 남북 간 총리를 대표로 하는 고위급회담이 개최하고 「화해와 협력 및 불가침에 관한 기본합의서」를 채택했다. 김일성은 이렇게 겉으로는 화해와 협력을 내세웠지만, 뒤에서는 핵개발에 속도를 냈다. 1992년 국제원자력기구(IAEA)의 핵시설 사찰 과정에서 북한의 꼼수가 처음으로 들통났다. 북한이 보고한 내용과 다르게 핵연료에서 추출한 플루토늄을 신고 없이 핵폐기물 저장소에 숨겨둔 것이 사찰에서 드러났다. 이때부터 미국과 유엔은 북한에 대한 의심의 싹은 시작되었다. 1993년 2월 국제원자력기구(IAEA)는 북한 핵시설 특별사찰을 요구했다. 1993년 3

월 12일 북한은 IAEA의 핵시설 특별사찰에 반발하고 NPT 탈퇴를 유엔 안전보장이사회에 통보했다.[308] 1993년 3월 21일 유엔 안보리는 대북 특별사찰 요청 결의안을 찬성 25, 반대 1, 기권 5표로 통과시켜 북한을 압박했다.[309] 국제사회의 압박에 북한이 강하게 반발하고 굴하지 않자, 미국은 1993년 5월 11일 유엔 안보리에서 첫 대북제재 결의안을 통과시키고 1994년 5월에는 영변 핵시설 폭격을 심각하게 고려했다.[310] 제1차 북핵 위기였다.

1993년 6월 북한은 상황을 반전 시기키 위해 북미 간 핵개발 문제를 다룬 고위급회담에 모습을 드러냈다. 하지만 쌍방의 이해관계 차이가 너무 컸다. 협상이 교착상태에 빠지자 1994년 6월 전 미국 대통령 카터(Carter, J.)가 평양을 방문하여 김일성과의 회담을 갖고 핵문제 해결의 극적 돌파구를 마련하였다.[311] 이 회담에서 남북정상회담과 부총리급의 실무접촉을 통해 문제에 해결에 합의했다. 이때만 해도 북한 핵문제는 쉽게 해결될 수 있을 듯한 분위기였다. 하지만 1994년 7월 8일 2시 김일성이 심근경색으로 갑작스럽게 사망했다. 모든 약속은 무기한 연기되었다.

북한의 절대 통치자가 된 김정일은 3년상 중에도 핵개발을 멈추지 않았다. 아버지 김일성의 유훈이었기 때문이다. 1995년 말, 북한은 핵로켓 23기를 완성했다. 1998년 8월 17일 뉴욕타임즈 보도를 통해 북한의 영변 핵개발 의혹이 거론되었다. 1998년 8월 31일 김정은은 인공위성 발사 명령을 내렸다. 인공위성 발사로 포장되었지만, 대륙 간 장거리 탄도

---

308 "북한 외교부장 안보리 서한전문", 매일경제, 1993. 03. 13.
309 "IAEA, 북핵 안보리 회부", 한겨레, 1994. 03. 22.
310 "북핵 긴장, 작년 5,6월 미국 영변시설 폭파검토", 동아일보, 1995. 04. 14.
311 "김일성, 카터 3시간 회담 핵문제 깊이 논의", 동아일보, 1994. 06. 17.

미사일 실험용이었다. 북한이 대륙간 탄도미사일 기술을 확보하면 미국 본토까지 공격할 수 있는 역량을 확보한다. 당연히 북한의 인공위성 발사 문제는 북미 간의 군사적 갈등 고조의 빌미가 되었다. 이때가 제2차 북핵 위기다. 북미 간에 긴장이 최고조에 오를 무렵인 2000년, 북한 김정일은 몇 가지 극적인 일을 순식간에 벌이면서 분위기를 반전시켰다. 2000년 5월 29~31일 중국을 전격 방문하고, 6월 13일에는 김대중 대통령과 평양에서 정상회담을 하고, 7월 19일에는 평양에서 러시아 푸틴 대통령과 정상회담을 하고, 10월에는 미국 올브라이트 국무장관을 북한으로 불러들였다. 불과 5개월 사이에 전광석화처럼 해치운 거대한 반전 이벤트였다. 북핵 위기감도 한순간에 사그라들었다. 하지만 북한은 겉으로는 다양한 이벤트를 만들고 비핵화를 바란다고 말했지만, 내부적으로는 김일성 시대부터 현재까지 단 한 번도 핵개발 의지와 행동을 포기한 적이 없었다. 김일성과 김정은 통치 기간 2번의 북미 간 북핵 위기 사례는 북한의 거짓말과 전략이 놀랍도록 치밀하고, 일관적이고, 주도적이라는 느낌을 준다. 거짓말과 쇼가 반복될 수록 미국 정계에서는 북한에 대한 불신은 깊어졌다.

김정은 시대에 진행되는 제3차 북핵 위기도 앞의 2번 사례와 패턴이 다르지 않다. 벼랑 끝 전술, 지루한 줄다리기, 거짓말과 쇼가 이어졌다. 김정은은 할아버지와 아버지의 방식과 성과(?)를 잘 알고 있으며, 두 사람보다 더 과감하고 승부사 기질이 있는 젊은 지도자다. 오히려 할아버지와 아버지보다 진일보 한 전략을 구사하는 듯하다. 2022년 2월 7일 미국 싱크탱크 전략국제문제연구소(CSIS)의 북한 전문 웹사이트 '분단을 넘어(Beyond Parallel)'는 북한의 회중리 ICBM 작전기지를 공개했다. 회중리 기지는 1990년대 후반 공사를 시작하여 최근 완공되었다. 이동식 발사대(TEL) 등을 수용할 수 있는 회중리 기지는 규모가 약 6㎢로 여의도 면적

(2.9㎢)의 2배가 넘는다. 최근에 건설되었다는 것, 규모가 크다는 것 이외에도 미국이 회중리 기지에 주목하는 이유가 있다. 위치다. 회중리 기지는 비무장지대(DMZ)에서 북쪽으로 338㎞, 중국 국경에서 불과 25㎞ 떨어진 자강도에 위치한다. 북·중 접경 지역에 대규모 미사일 기지를 건설했다는 것이 중요하다. 전쟁이 일어나거나 미국이 불시에 핵시설을 공격하는 사태를 대비한 포석이다. 회중리 기지는 중국 국경 인근에 근접해 있고 주위가 험준한 산악지대다. 폭격기의 접근성에 매우 불편하고 조심스럽다. 중국 국경에 근접해 있기 때문에, 신중한 작전 계획을 세워야 한다. 전투기나 폭격기가 작선 수행 도중에 중국 영공을 지날 위험이 높아진다. 사소한 실수로 중국의 무력 대응 빌미를 주기 쉽다. 이런 위험을 최소화하기 위한 기술 확보를 위해서는 비용 지출도 늘려야 한다.[312] 김정은 정권은 해킹 등 사이버 공격을 통해 암호화폐를 훔치지만, 핵·미사일 물자와 기술 탈취도 시도한다. 김정은 정권이 갈수록 영리해져 간다는 증거들이다. 김정은은 강력한 경제재제에서 탈출하는 데는 실패했다. 하지만 트럼프 행정부와 핵협상을 하며 시간을 벌면서, 내부 주민과 군부에게 핵과 대륙간탄도미사일 완성을 선언했다. SLBM(잠수함탄도미사일) 발사에도 성공했다. 미국 정계에서는 트럼프 행정부의 대북 정책이 완전히 실패했고, 북한에게 또 속았다는 목소리가 높다.

오랫동안 해외 경험을 한 김정은은 북한 인민의 경제적 풍요에 관심이 많다. 하지만 북한 김정은 정권의 제1 목표는 경제발전이 아니다. '체제와 국가를 지키는 것'이다. 종전선언이 되고, 미국과 한국이 북한을 정식 국가로 인정하고, 북한 경제가 고도성장을 시작해도, 이 목표는 바뀌지 않는다. 핵보유는 제1 목표(체제와 국가 수호)를 위한 절대 신념이다. 핵보

---

312 고재석, "北은 왜 中 지척에 ICBM 기지 만들었나", 신동아, 2022. 02. 20.

유국 지위의 공식 확보는 김일성과 김정일의 유훈이다. 유훈이고 신앙이기에 김정은이 핵보유국 지위 확보를 포기하는 것은 쉽지 않다. 만약 김정은이 북한 군부 강경파와 북한 주민을 설득시킬만한 엄청난 반대급부를 얻어내지 못하고 비핵화를 단행하면, 국가와 할아버지와 아버지를 배신한 자식이라는 주홍글씨가 박힌다. 김정은은 심혈관 질환 가족력을 갖고 있다. 극심한 스트레스와 음주·흡연과 초고도 비만으로 현재 건강 상태도 좋지 않다. 자기 사후(死後) 4대 세습 권력 유지를 위해서도 핵보유를 필수라고 판단할 가능성이 크다.

김정은은 1989~1991년에 소련을 비롯한 사회주의 국가들이 허무하게 붕괴되고, 루마니아 독재자 차우세스크가 처형되는 사건을 접하면서 엄청난 충격과 체제 붕괴에 대한 위기감을 여전히 갖고 있다. 그리고 27세 육군 대위 시절 구테타를 일으켜 권력을 잡아 무려 42년간 리비아를 통치했던 카다피가 대량살상무기(WMD)와 핵개발을 포기하고 대책 없이 미국과 서방국가들과 손을 잡다가 민주화의 열풍에 휩쓸려 나토(NATO)와 서방국가의 지원을 받은 시민군에게 수도 트리폴리를 빼앗기고 도망치다 고향 시르테에서 사살되어 벌거벗긴 채로 길바닥에 끌려다닌 사건도 알고 있다. 미국 대통령과 의회는 한반도의 비핵화에 역사적 사명이 없다. 한국 정부와 국민만큼 절박하지 않다. 미국 대통령이나 미국 국민이 원하는 수준은 핵폭탄을 장착한 북한의 대륙간탄도미사일에 미국 본토가 공격받는 상황만 차단하면 된다.

우여곡절을 거쳐서, 북미 간에 핵협상이 재개되고 핵사찰 수락까지 가더라도 안심할 수 없다. 핵무력 완성 후 대미 강경 시나리오는 언제든 되살아 날 수 있다. 핵사찰 실제 진행 단계가 되면, 북한은 중국과 손을 잡고 미국은 한국의 손을 잡고 대립 구도를 형성할 가능성이 크다. 만약 핵사찰이 진행되는 과정에서 미국은 사찰의 대상(WMD, 위성, 중거리 미사일 등)

을 늘려가면서 대북 압박 강도를 높이면 북한은 이를 빌미로 핵사찰 중단이나 전면 파기를 들고나올 수 있다. 북한은 핵사찰 일부 진행 단계까지 상황이 진전되면 협상판이 완전히 깨지더라도 절대 손해 보지 않는다는 치밀한 계산을 해두었을 것이다. 판을 깨뜨린 원인 제공이 미국이라는 모양새만 만들면 된다. 이 단계에 이르면 핵개발 중지, 추가 핵실험 포기나 일부 핵시설 파괴 등 중국이 요구했던 것을 북한이 실행해준 상황이기 때문에 [미국과 협상의 판이 깨져도] 중국과 경제협력의 길은 다시 열리게 된다. 이 시점에서 미국과 러시아의 관계가 악화되면 더욱 유리하다. 북한은 중국과 러시아와 경제 협력만 해도 기존의 3~4% 성장률에서 추가 성장의 동력을 얻을 수 있다. 10%가 넘는 고도성장은 아니더라도 북한 주민을 달랠 수 있을 6~7%대의 중속 성장은 가능하다. 시간이 지나면, 한국과 북한의 경제 협력도 슬그머니 재개될 수 있다. 완전한 비핵화까지 가지 않더라도, 김정은 정권 초기 핵무력 수준으로만 되돌려주어도 중국, 러시아, 한국과의 경제 협력을 재개할 수 있다는 계산을 하고 있을 것이다. 북한은 경제 협력에서 미국과 일본에 큰 기대를 하지 않는다. 20세기 후반까지는 후진국이 성장하려면 미국이라는 거대한 시장의 개방이 중요했다. 21세기에는 중국이 가장 큰 시장으로 부상했다. 러시아 경제가 발전하면, 북한에게 러시아도 좋은 시장이다. 핵무력을 가진 북한이 경제성장까지 한다면, 10~20년 후에는 한국과 미국에 더 큰 위협이 된다. 위협도가 높아질수록, 북한이 미국과 한국과 협상에서 유리해진다. 북한 입장에서는 미국과 한국과 비핵화 협상은 언제든 가능하다는 생각일 것이다.

북한 김정은 정권이 노리는 최종 모습은 '핵-미사일 체계 고도화' 완성을 통한 파키스탄식 비공식 핵개발국 지위 획득이다. 김정은 정권은 당장 핵무기 보유국 지위를 인정받지 못해도[혹은 비공식 핵무기 보유국으로 각

인받지 못해도] 한 단계 낮은 수준인 '핵무기 은닉 의심 국가'라는 평가를 받는 것도 나쁘지 않다. 핵시설 파괴나 핵무기 상당수를 미국에 내주더라도 여전히 "북한은 핵무기 은닉 국가일 수 있다"는 의심을 사면 미국이나 중국에 쉽게 공격당하지 않을 수 있다. 체제 유지가 가능하다는 말이다. 아이러니 하지만 김정은 정권이 경제 성장률을 높이는 데도 핵무기가 유용하다. 우선 핵무기나 핵시설을 댓가로 상당한 자본조달이 가능하다. 현존하는 무기 중 핵무기만큼 확실하게 상대국을 두렵게 할 무기는 없다. 다른 모든 재래식 무기 성능이 한국, 일본, 미국에 뒤처져도, 비대칭무기인 핵무기만으로 보완이 충분하다. 현재 북한 국방비는 GDP 대비 25%다. 정상 국가가 국방비에 지출하는 비율의 10~20배다. 전 국민 대비 군인 비율도 정상 국가들보다 많다. 한국의 4배, 중국의 33배다. 북한이 핵무기를 버리고 체제와 국가를 보존하려면 국방비 규모로 현재보다 몇 배, 몇십 배가 필요할 수 있다. 핵무기를 가져야 국방비 지출을 늘리지 않고, 군인 비율을 줄여 경제발전과 생산으로 전환시킬 수 있다. 코로나19 기간, 북한 경제와 사회의 어려움은 깊어졌다. 김정은의 지도력도 위기를 맞았을 것이다. 바이든 행정부가 대화를 서두르지 않고 대북 재제만 유지하면, 성난 민심과 불만이 높은 군부 강경파를 달래기 위해서 핵무력 최종 완성 시점을 앞당기는 선택을 할 수 있다. 만약 다음 번 자산시장 대학살과 경기 대침체가 발생하거나, 훗날 중국에서 금융위기라도 발생하여 북한 경제가 위험에 처하면, 이런 마음은 더 커질 수 있다. 한국이 친중국 노선으로 기울거나 주한 미군 주둔 비용 등의 문제로 한미 간의 관계가 점점 멀어지는 상황이 펼쳐지면, 한국과 가까워지는 중국을 압박하고, 미군이 철수한 한국에 무력 제압 위협을 주려면 핵무장이 필수다. 이처럼 북한 입장에서는 핵무력 완성과 핵무력 증강이 필수일 이유가 끝이 없다.

미국의 대북 관심도가 약화, 대북 경제 재제에 틈새가 생기고, 미·중 패권전쟁을 벌이는 중국이 러시아와 손을 잡고 북한의 뒷문을 열어주고, 미국과 유럽에 자국 우선주의 분위기가 거세지면서 북한 인권문제에 대한 비난이 약화되는 상황이 펼쳐지면, 북한은 언제라도 핵무력 증강을 재시도할 것이다. 한국 정부의 요청으로 미국이 마지못해 협상장에 나오는 모양새를 취하면, 북한은 대외적으로는 살라미스식 군사도발의 반복과 벼랑 끝 전술 구사를 병행하면서 비핵화 협상에서 주도권을 쥐려고 할 것이다. 미국에 추가 대북 경제제재 명분을 주지 않기 위해 미국 본토를 직접 공격하는 대륙간탄도미사일 개발이나 실험은 자제할 수 있다. 하지만 훗날 핵과 미사일을 담보로 대규모 외화를 벌어들이거나 개혁개방의 지렛대로 삼으려면, 핵무기의 수량을 늘리는 것과 몇 가지 추가 개발과 실험이 더 필요하다. 화성-15형 미사일의 정각 발사 성공, 대기권 재진입 기술 입증, 인공위성 발사 성공, 추가 핵실험(공중 폭파 역량)이나 수소폭탄 실험 등이다. 이 중에서 최소한 인공위성 발사와 대기권 재진입 기술 실험은 반드시 성공시켜야 대외적으로 실질적 '핵보유국' 능력을 입증할 수 있다.

시나리오2. 붕괴, 내전이라는 한국의 미래 시나리오는 뜻밖의 미래에 속한다. 하지만 '2030년, 핵무력 완성 후 대미 강경 시나리오'는 뜻밖의 시나리오가 아니다. 확률적으로 가능성이 큰 시나리오 중 하나다. '핵무력 완성 후 대미 강경 시나리오'는 **시나리오2. 붕괴, 내전**이 현실이 될 경우, 2030년이라는 시기 상으로도 맞아떨어진다. 필자는 이 두 가지 시나리오 모두 현실이 되지 않기를 바란다. 하지만 세상일은 아무도 모른다.

GREAT COUNTERATTACK

또 다른 미래들
Alternative Futures

1장

시나리오3.
새로운 게임, **반격**의 시간

개선, 혁신, 변혁[變革]의 차이

3부에서는 미래예측 프레임워크(Foresight Framework)의 세 번째 지평에 속하는 미래 시나리오를 다루려고 한다. 세 번째 지평은 첫 번째 지평에서는 거의 보이지 않거나 아주 먼 주변부를 맴돌기만 하던 작은 사건이나 근본적으로 다른 또 다른 혁신의 가능성들이 오랜 시간이 지나 도약적이고 전면적인 변화를 만들면서 지배 시스템으로 발전하는 모습이다. 일명, 변혁[變革, transformation]이다.

개선, 혁신, 변혁의 차이를 구별해 보자. 개선[改善]은 고칠 개[改], 좋을 선[善]으로 잘못되거나 부족한 것을 고쳐 더 좋게[善] 만듦에 불과하다. 예를 들어, 기술 개선이라고 하면, 기존 기술을 더 좋게 발전시키는 수준이다. 혁신(革新, Innovation)은 가죽 혁(革), 새로운 신(新)으로 묵은 가죽을 새로운 가죽으로 바꾼다는 의미다. 사회적으로는 조직이나 제도, 풍습, 방식 등을 바꾸어 새롭게 하거나, 종교적으로는 시대에 뒤떨어진 잘못된 교리나 제도를 새롭게 뜯어 고치는 일이다. 기술 영역에서 혁신이라고 할 때는 잘못되거나 부족한 것을 고쳐 더 좋게(善) 만드는 차원을 넘어 '완전히 새로움'을 가리킨다. 반면, 변혁(變革, transformation)은 변할 변(變), 가죽 혁(革)으로 가죽 자체를 변화시키는 것이다. 변혁은 '형질(形質, character)이나 유형(類型, form) 자체의 완전한 탈바꿈'을 가리킨다.

쉽게 정리하면, 개선은 기존 가죽을 고치는 것이고, 혁신은 가죽을 새로운 가죽으로 교체하는 것이고, 변혁은 가죽의 형질, 특성, 유형 자체를 완전히 탈바꿈시키는 것이다. 개선은 한 단계씩 발전이고, 혁신은 같은 방향이지만 한 번에 몇 단계를 훌쩍 뛰어넘는 발전이다. 반면, 변혁은 발전의 방향 자체가 바뀐다. 변혁은 판 자체를 바꾸는 것이다. 시스템을 통째로 새로운 것으로 바꾸는 것이다. 그래서 변혁적 기술이라고 하면, 기존 기술과 전혀 다른 기술, 완전히 새로운 기술을 가리킨다. 기존 것과 완전히 다르고 새로우면서 성능이 더 좋기 때문에 '비약적 진보'를 했다고 평가를 받는다. 다수의 혁신적 기술들 중에서 하나의 변혁적 기술이 등장하거나, 다수의 혁신적 기술들이 융복합되어 시너지를 일으키는 과정에서 변혁적 기술로 재탄생한다. 변혁(transformation)은 기업, 산업, 국가 단위에서도 일어날 수 있고, 국가 간 경쟁이 벌어지는 글로벌 국제정세에서도 일어날 수 있다.

변혁적 기술은 새로운 게임 환경을 만들고, 새로운 게임은 패러다임의 변혁(transformation)을 부른다. 게임의 규칙의 일부 수정이 아닌 새로운 게임으로 판 자체가 바뀌면, 기존 기술의 개선이나 역량의 증강은 의미가 없다. 기존 기술과 전혀 다른 기술, 완전히 새로운 변혁적 기술을 받아들여야 한다. 지금 우리가 보고 있는 제4차 산업혁명을 일으키고 있는 기술들은 기존 기술의 개선이 아니다. 비약적 진보 수준의 혁신, 형질[形質, character]이나 유형[類型, form] 자체의 완전한 탈바꿈을 하는 변혁[變革, transformation]적 기술들이다. 기존 기술들을 최고로 개선시켜도, 제4차 산업혁명을 일으키는 변혁적 기술을 이길 수 없다. 예를 들어, 내연 엔진이나 조향장치의 성능을 최고로 개선시켜도, 인공지능이라는 변혁적 기술로 작동되는 자율주행 자동차를 이길 수 없다. 자동차 산업의 본질, 유형을 완전히 탈바꿈시키는 인공지능 기술의 핵심은 '딥러닝' 기술이다. 인공 신경망을 만들어 수많은 데이터 속에서 스스로 패턴을 학습하게 하는 딥러닝 기술은 인공지능 분야의 하위분류인 기계학습 분야에서도 변방에 머물러 있던 기술이었다. 딥러닝의 기초가 되는 '인공 신경망' 개념이 처음 제안된 때는 1943년이다. 미국 수리과학자 맥컬로크와 피츠는 뉴런 정보처리를 모방해서 AND, OR, NOT 논리연산이 가능하다는 논문을 발표하면서 인공지능 신경망 개념을 최초로 제안했다. 인공지능 신경망의 실제 구현의 성공도 1949년과 1957년이었다. 1949년, 도날드 헵[Donald Hebb]은 하나의 규칙을 따라 뉴런 사이의 연결 강도가 수정되는 헵 학습[Hebbian learning] 모델 시연에 성공했다. 1957년 프랭크 로젠블레트[Frank Rosenblatt]가 인간 신경망 구조와 작동원리를 모방한 단층 뉴런망으로 구성된 인공 신경망 '퍼셉트론[Perceptron]' 모델 시연에 성공했다. 1980년대에는 단층 뉴런망의 단점을 해결한 다층 뉴런망도 등장해서 딥러닝의 가능성을 열었다. 하지만 딥러닝 기술은 2016년 3월 9일 알파고[AlphaGo] 신드롬이 일어나기 전까지 인공지능 분야에서도 무려 70년이 넘도록 변방에 머물러 있었다.

변방의 기술이 변혁의 주도자로 등장하면 생존의 길은 하나뿐이다. 기존 기술을 버리고, 변혁적 기술을 받아들여야 한다. 변혁적 기술이 새로운 게임 환경을 만들고, 새로운 게임이 패러다임의 변혁[transformation]을 불러오면, 도약적이고 전면적인 변화들이 곳곳에서 속출하면서 변혁 그 자체가 지배 시스템으로 발전하기 때문이다. 변혁에 대해서 역사가 알려 주는 교훈이 하나 있다. 한 단계씩 차근차근 진보하는 개선적 발전은 대부분 '자발적 선택'의 결과이고 '예측 가능한 경로'를 따라 진행되었다. 몇 단계를 한 번에 뛰어넘는 혁신은 '우연적 선택'의 결과이고 '예측 가능한 경로와 예측 불가능한 경로'가 섞여 진행된다. 반면, 형질이나 유형 자체를 완전히 탈바꿈하는 변혁은 모두 '강제적 선택'의 결과이고 '예측 불가능한 경로'를 보인다. 그리고 변혁을 강제로 선택하는 초기 변혁자들은 주류에서 나오지 않는다. 변방이라고 무시하거나 별 관심을 두지 않은 곳에서 등장한다. 절체절명에 선 약자, 다윗이 골리앗을 이기기 위해 생존을 걸고 어쩔 수 없이 선택한 마지막 반격 카드다.

'화약 혁명'을 예로 들어보자. 우선, 누군가에 의해 화약이라는 변혁적 기술이 발명된다. 역사적으로는 중국이 화약을 최초로 개발한 나라다. 칼, 활, 갑옷, 기병, 견고한 성벽이 지배하던 전쟁 패러다임에서 '화약'은 변혁적 기술이었다. 하지만 초기 기술은 허점이 많다. 그래서 주류의 선택을 받지 못한다. 하지만 변방에서 누군가가 강제적으로 어쩔 수 없이 화약을 전쟁에 사용하여 깜짝 성과를 낸다. 이렇게 반격자의 첫 승리가 나오면, 전쟁의 양상과 판도를 새로운 게임이 시작된다.

기존 게임이 새로운 게임으로 전환되는 초기에는 의심과 놀람 2가지 반응이 뒤섞인다. 기존 패러다임의 강자 눈에는 변혁적 기술과 그로 인한 새로운 게임의 등장이 '의심'이다. 동시에 기존 패러다임의 강자들 중 한 둘을 한순간에 무너뜨리는 '놀라운 결과'도 보게 된다. 하지만 의심의 눈이 더 깊다. 결국, 새로운 게임에 대한 무시, 저항, 폄하를 하다가 변혁적 기술의 희생양이 되어 한순간에 몰락한다. 초기의 대포는 발사 사거리가 짧았고, 포격 중에 자주 폭발했다. 초기의 화승총도 발사 간의 시간이 길어서 궁병보다 공격 속도가 느렸다. 이런 단점들은 변혁적 기술에 대한 '의심'을 만들어낸다. 하지만 초기 기술이라도 가끔은 대형 사고를 친다. 수백 년 동안 이슬람 제국의 공격을 막아냈던 콘스탄티노플 성벽이 거대한 대포에 무너진 것. 알파고가 인간 최고의 바둑기사 이세돌을 이기는 것 등 '놀람'도 만들어낸다.

새로운 게임에서 변혁적 기술을 손에 쥔 반격자의 첫 승리가 나오면, 강제 변혁에 합류하는 속도는 빨라지기 시작한다. 변혁적 기술의 승리가 반복되면, 새로운 게임이 주류가 되었다는 분위기가 형성된다. 남은 이들도 변혁적 기술, 새로운 게임을 어쩔 수 없이 받아들이게 된다. 변혁[變革, transformation]을 받아들이는 것만이 살길이기 때문이다. 그러면, 강제 변혁의 속도는 더욱 빨라지면서 지배 시스템으로 안착된다.

Foresight Framework

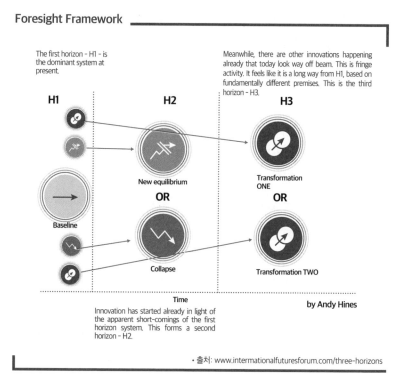

The first horizon - H1 - is the dominant system at present.

Meanwhile, there are other innovations happening already that today look way off beam. This is fringe activity. It feels like it is a long way from H1, based on fundamentally different premises. This is the third horizon - H3.

H1　　　H2　　　H3

New equilibrium

OR

Transformation ONE

OR

Baseline

Collapse

Transformation TWO

Time

by Andy Hines

Innovation has started already in light of the apparent short-comings of the first horizon system. This forms a second horizon - H2.

• 출처: www.intermationalfuturesforum.com/three-horizons

반격자의 승리, 강제 변혁의 속도를 높인다

인류 역사상 가장 강력하고 넓은 영토를 정복한 몽골제국에 맞서 승리하고 중세 십자군을 팔레스타인에서 몰아낸 왕조가 있다. 이집트 맘루크 왕조다. 맘루크 왕조는 칼, 활, 갑옷, 말이 주류였던 '중무장 기병 전쟁' 패러다임기에 유럽과 아프리카를 통틀어 마지막 최강자였다. 맘루크 왕조(Mamluk dynasty)는 13~16세기에 걸쳐 약 250년 동안 이집트를 지배한 왕조다. 남자 노예라는 뜻을 가진 아랍어의 맘루크(Mamluk, المملوك)는 터키, 시르케시, 비잔틴, 쿠르드, 슬라브 등 출신의 백인 노예들이었다. 대부분의 맘루크는 어렸을 때 노예가 되어 군인으로 길러졌고, 성장하면서 이슬람으로 개종했다. 이슬람 사회는 노예의 일에 명확한 제한을 두지 않았다. 노예라도 재주가 있고 똑똑하면 국가와 사회 요직에도 진출할 수 있었다. 어머니가 노예라도, 주인인 아버지가 허락하면 자유인이 될 수도 있었다. 그래서 노예 출신이 이슬람 제국의 왕위를 잇는 것이 가능해서, 노예가 세운 맘루크 왕조가 가능했다. 9세기 중엽 이후, 이집트를 통치했던 압바스 왕조(A.D. 749~1258)의 힘이 약화되면서 군부를 장악한 맘루크의 역할이 커졌다. 때마침 유럽에서는 십자군, 아시아에서는 몽골군이 이집트를 침입하는 일이 잦아졌다. 13세기 정치적 혼란기를 틈타서 십자군 전쟁에서 활약한 맘루크 군사령관 알-무이즈 아이벡(Al-Muizz Aybak)이 술탄 위에 오르면서 맘루크 왕조가 시작되었다. 노예가 이집트 지역의 술탄이 되자, 곳곳에서 저항이 일어났다. 설상가상으로 몽골군이 이집트를 침략해 왔다. 세계 최강의 몽골군대와 아인 잘루트 전투에서 맞대결한 맘루크 군대는 '엘리트 중무장 기병대'를 앞세워 대승을 거두었다. 이런 공적과 무슬림이면 누구나 신 앞에 평등하다고 생각하는 이슬람 사회의 관용 덕분에 맘루크 왕조는 안정적으로 자리를 잡게 되었고 터키 오스만 제국과 함께 이슬람 세계를 양분할 정도로 강력히 성장했다. 이렇게 유럽의 십자군과 아시아의 몽골군대를 모두 물리칠 정도로 강력했던 맘루크 제국도 영원하지 못하고 한 순간에 무너졌다.

맘루크 왕조가 멸망하는 데는 다양한 배경 요인들이 존재했다. 첫째, 맘루크 왕조 내내 이어진 왕실의 사치로 국고가 바닥나자 세금 징수, 토지 징발이 잦아지면서 민심이 악화되었다. 둘째, 맘루크 왕조 말기인 1492년에 중세를 무너뜨린 페스트가 이집트에 창궐하여 카이로를 비롯한 이집트 전역에서 엄청난 수의 맘루크와 토착민이 사망했다. 셋째, 민심이 흉흉하고 페스트로 수많은 사망자가 나서 경제적 파탄이 심했는데, 1509년에 인도양 해상권을 장악한 신흥 해양 강국 포르투갈에게 중계무역 이권을 빼앗기면서 막대한 관세 손실마저 보게 되었다. 그리고 마지막으로 맘루크 왕조를 멸망시킨 결정적 사건이 일어난다. 오스만투르크 제국 술탄 셀림 1세의 이집트도 공격이었다.

1516년 다비크 초원에서 맘루크 정예 군사 8만 군대와 오스만투르크 제국 술탄 셀림 1세의 군대 6만 5천이 맞붙었다. 국력이 급속히 기울기는 했지만, 맘루크 군대는 십자군과 몽골군대를 격파한 엘리트 중무장 기병대가 건재했다. 여전히 유럽과 아프리카 최고 군대였다. 반면, 오스만투르크 제국 술탄 셀림 1세의 군대는 숫자도 열세였고 보병 중심이었다. 누가 봐도 맘루크 군대가 쉽게 무너질 상황은 아니었다. 전투자 시작되자, 맘루크 중무장 기병은 거침없이 오스만 보병대를 제압하는 듯 보였다. 하지만 이내 전세가 뒤집혔다. 오스만 군대에게 혁신적이고 변혁적 기술로 만들어진 신무기가 있었다. 대포와 화승총이었다. 맘루크 군은 오스만 군대의 반격에 속절없이 무너졌다. 다비크 초원 전투에서 대패한 맘루크 제국은 내부의 반란, 반역 등이 연달아 일어나면서 맘루크 왕조의 마지막 술탄 투만 베이(Tuman Bey, 1517년 4월 13일 사망)가 오스만 제국에게 포로로 잡혀 처형되면서 1517년 1월 22일 공식 멸망했다.[313]

전쟁사가들은 맘루크 군대의 참패를 변혁적 무기가 불러온 새로운 게임의 적응 속도에서 찾는다. 맘루크 왕조도 화약 무기의 존재를 알고 있었다. 오래전부터 유럽에는 대포와 화승총 기술 발전이 광범위하게 전파되고 있었다. 맘루크에게서 인도양 중계무역권을 빼앗은 포르투갈 함대도 대포와 화승총으로 무장을 하고 있었다. 맘루크의 왕조는 자신들이 뛰어난 기병이고 기사였기 때문에, 새로운 전쟁 무기의 도래가 맘에 들지 않았다. 화약 무기를 받아들여 군대의 주력 부대로 삼으면, 기병대의 위상이 추락할 것을 우려 했다.[314] 하지만 새로운 게임에 대한 무시, 저항, 폄하는 맘누크 왕조의 몰락을 부른 결정적 한 방이 되고 말았다.

'화약'이라는 변혁적 기술이 불러온 새로운 게임에 저항, 무시, 폄하를 하다가 처참하게 무너진 사례는 아시아 역사에도 있다. 중국과 조선이다. 중국은 18세기까지 세계의 중심이고 가장 큰 경제력과 군사력을 자랑했지만, '화약'이라는 변혁적 기술이 불러온 새로운 게임에 대한 무시, 저항, 폄하로 무너졌다. 1400~1750년(명나라와 청나라 중반), 중국의 인구는 인도와 유럽을 합친 것보다 많았다. 아시아 경제가 최고조에 달했던 1750년(청나라 중반)에는 세계 경제에서 중국이 차지하는 비중은 33%, 인도는 23%, 유럽은 23%, 기타 21%였다. 세계 생산의 70%가 중국을 중심으로 한 동양에서 이루어졌다.[315] 경제가 발전하면서 막대한 부가 축적되자, 중국의 군사력도 단숨에 세계 최강으로 도약했다. 중국 대륙에서 전쟁이

---

313 "맘루크 왕조(Mamluk dynasty)", 네이버 지식백과: 두산백과.
314 "강제혁신' 1부 권력의지", EBS 다큐프라임, 2022. 01. 24.
315 "2015 특별기획, '바다의 제국(Empire of the Sea) 1부: 욕망의 바다, 대항해 시대의 시작을 알린 향신료'", KBS1.

끝나고, 시장에 돈이 넘쳐나자 자만심에 빠졌을까? 청나라는 중국을 통일한 후에 더는 전쟁에 투자할 이유가 없다고 생각했다. 유목민족 출신답게 몽골 등 주변 유목민 침입 정도만 대비하여 기마 궁수와 기병만 양성했고 바다에는 별 관심이 없었다. 중국은 전통적으로 농업 국가였다. 중국 황실에게 바다는 비용만 많이 드는 애물단지처럼 보였다. 청나라 강희 황제는 육지에서 군사력을 강화한다는 명분으로 선박 제조에 다양한 규제를 했다. 중국은 광대한 영토 덕택에 자급자족이 가능했고, 다른 나라들이 해상 무역을 시도해 왔기 때문에 스스로 바닷길을 개척할 필요가 없었다. 한마디로, 중국은 자기도취에 빠져서 '화약 혁명', '대항해 시대'라는 새로운 게임이 시작되었다는 것을 무시, 저항, 폄하했다. 중국은 세계 최초로 화약을 발명한 나라다. 고려도 세계에서 2번째로 화약을 발명했다. 하지만 두 나라 모두 발명에 그쳤다. 그것으로 새로운 게임 판을 짤 생각을 하지 못했다.

유목민으로 기병이 주력부대였던 청나라는 이집트 맘루크 왕조처럼 화약 무기 개발에 적극적이지 않았다. 고려에서 조선으로 왕조가 바뀌고 14대 왕인 선조 시대까지 우리나라도 화약 무기를 주력 무기로 사용할 생각을 하지 않았다. 창, 칼, 기병, 견고한 성벽 등 기존 무기의 안정도와 기술 수준이 높았기 때문이다. 반면, 당시 변방에 불과했던 일본은 강제로 화약 혁명을 받아들였다. 16세기 센코쿠 전국 시대 이래, 일본 내륙에서는 치열한 전쟁이 계속되었다. 주류에서 밀려나 변방에 머물러 있었기 때문에, 한 번에 반전을 만들 획기적인 것이 필요했다. 일본은 오랜 내전을 치르고 있었기 때문에, 상대적으로 열세에 있던 군벌에서 화약이라는 변혁적 기술에 대한 강제 수용력이 컸다. 결국, 일본은 조선보다 화약 무기의 발전이 크고 빨랐다. 하지만 일본도 통일시대가 오랫동안 지속되면서 화약 무기 개발이 멈췄다. 사무라이들이 권력을 잡으면서 칼을 사용하는 무사만 진정한 사무라이라는 생각이 커지면서, 조총은 품위가 없다고 멀리하기 시작했기 때문이다.

어쩔 수 없는 선택, 강요된 선택

결국 화학이라는 변혁적 기술이 일으킨 새로운 게임의 주도권은 유럽으로 넘어갔다. 화약 혁명을 받아들여 새로운 게임의 첫 번째 승리자가 된 나라는 포르투갈이었다. 포르투갈이 화약 혁명을 받아들이는 것도 어쩔 수 없는 선택, 강요된 선택이었다. 초기 포르투갈은 스페인 옆에 붙어 있는 작고 약한 변방국에 불과했다. 중세가 무너지면서 독립하게 된 포르투갈은 통치자의 작위는 백작에 불과하다는 의미로 '포르투갈 백국'이라 불렸다. 유럽 최약체 국가였던 포르투갈은 국가의 생존과 발전을 위해 반격의 카드가 절실했다. '강제적 모험' '강제적 변혁'이 필요했다.

포르투갈은 '후추'라는 향신료 무역으로 유럽 최고 부국으로 떠오른 베네치아를 모델로 삼았다. 당시 작은 도시국가에 불과했지만 해양 대국으로 인정받은 베네치아를 모델로 삼았다. 베네치아는 인구 150만 명에 불과했지만, 유럽과 아시아를 잇는 중개무역으로 성공하여 수입 경제 규모가 프랑스의 5배를 넘는 경제적 성공을 거두었다. 이를 기반으로 선박도 3300척, 선원 36,000명을 보유하는 유럽 최고 수준의 해양 강국도 되었다. 포르투갈은 첫 목표로 후추 무역을 노렸다. 하지만 한 가지 고민이 있었다. 1453년, 오스만 제국은 콘스탄티노플을 함락하고 유럽과 아시아의 직접 거래를 차단하고, 베네치아에게만 유럽과 아시아 무역로를 열어 주었다. 어쩔 수 없이 포르투갈은 오스만 제국과 베네치아를 피해 새로운 바닷길을 개척해야만 살 수 있었다. 대항해 시대라는 새로운 게임에 포르투갈은 이렇게 강제로 뛰어들었다. 강제적 모험은 포르투갈에게 강제적 변혁을 유도했다. 바닷길로 아프리카 대륙을 돌아서 인도까지 가는 먼 여정에는 곳곳에 위험이 도사렸다. 위험한 모험과 도전에서 살아남으려면, 과거 방식으로는 불가능했다. 모든 것을 바꾸는 변혁이 필요했다. 대항해 시대 이전, 유럽은 해안을 따라 이동하는 수준의 '연안 항해술'을 구사했다. 유럽인이 사용하는 지도에는 먼 바다에는 수 많은 괴물들이 살고 있고, [지구가 둥글다는 것을 이론적으로는 알고 있었어도] 바다의 끝에 가면 엄청난 낭떠러지가 있을 수 있다는 공포가 고스란히 표시되어 있었다.

포르투갈의 엔리케(엔히크) 왕자는 이런 과거의 표준, 과거의 상식, 과거의 성공방식으로는 성공이 불가능하다는 것을 직감했다. 선택의 여지는 없었다. 억지로라도 완전히 새로운 방법, 도약적이고 전면적인 변화, 변혁을 선택해야 했다. 1419년 엔리케(엔히크) 왕자는 남부 사그레스에 세계 각처에서 유능한 탐험가, 기술자, 천문학자, 지리학자 등을 불러모았다. 변혁의 시작은 선입견 없는 인재 등용이다. 포르투갈은 무역풍과 편서풍을 이용하는 새로운 항해법을 선택했고, 위도를 알 수 있는 '카말(kamal)'을 개발했다. 바람의 양을 최대로 늘릴 수 있는 장점을 가진 기존 사각형 돛을 과감하게 버렸다. 돛의 방향을 바꾸기 힘들었기 때문이다. 대신, 삼각형 돛을 선택했다. 바람을 받는 양은 줄어들지만 바람의 방향에 따라 쉽고 빠르게 돛의 방향을 바꿀 수 있었다. 먼 바다를 항해하는 도중에 만날 수 있는 수많은 변화에 대응력을 높이기 위함이었다. 그 외에도, 각종 혁신적 항해 도구를 만들고, 각종 해양 지리를 연구했다. 이런 노력을 기반으로, 포르투갈의 탐험대들은 1434년에 15번의 시도 만에 아프리카 보자도르에 도달하는 데 성공했다. 1460년, 대항해 시대를 열었던 포르투갈의 엔리케(엔히크) 왕자가 사망을 한다. 그리고 유럽의 남쪽 항로를 돌아 동쪽 아시아로 향하는 바닷길을 끈질기게 개척해 나가던 포르투갈의 바스코 다가마[바르톨로뮤 디아스] 선단은 1488년에 아프리카 희망봉을 발견하고, 드디어 인도로 들어가는 발판을 마련했다.

포르투갈의 강제 변혁은 여기서 그치지 않았다. 인도와 무역로를 개척했지만, 검은 황금인 후추의 국제무역 독점권을 두고 아랍 세력과 한판 전쟁을 벌여야 했다. 1509년 2월 캬라크선 함대 18척은 인도 디우 앞바다에서 아랍 연합의 갤리선 함대 100여 척과 맞붙었다. 여기서도 포르투갈의 강제적 변혁 수용이 빛을 발한다. 갤리선으로 구성된 아랍 함대는 선수에 무거운 금속을 덧입혀 상대 함선을 충돌하여 가라앉히거나 상대 배로 넘어가 백병전을 벌이는 전술을 구사했다. 당시, 유럽 해군들의 전형적인 전술이었다. 아랍 함대는 갤리선의 역량을 최고로 끌어올렸고, 갤리선을 이용한 전략과 전술 구사 능력도 최고였다. 포르투갈 함대는 같은 방법으로는 절대 이길 수 없었다. 어쩔 수 없이 완전히 다른 방법을 선택했다. 포르투갈이 선택한 또 한 번의 강제적 변혁이다.

포르투갈은 대포를 사용해야 전투에 이길 수 있다고 판단했다. 목표가 정해지자, 모든 것을 바꾸는 강제 변혁이 시작되었다. 포르투갈은 갤리선의 날렵함이라는 장점을 포기했다. 대신, 갑판에 무거운 함포를 실을 수 있는 상선의 장점을 전투선에 결합해서 캬라크선을 만들었다. 속도는 느리지만, 화살이 닿지 않는 먼 거리에서 대포로 상대 함선을 포격하는 전술도 선택했다. 상선의 장점도 가지고 있어서 엄청난 양의 화약과 식량을 싣고 먼 거리까지 이동할 수도 있었다. 유럽을 떠나 먼 아시아에서 전투를 하기에 안성맞춤이었다. 포르투갈 함대가 개발한 총포 기술도 아랍을 압도했다. 유럽은 오래전부터 총포 기술이 매우 발달했었고,

포르투갈은 이를 더욱 개선시켰다.[316] 아랍 함대의 갤리선에도 대포가 장착되어 있었다. 하지만 양옆으로 노를 저어야 하기 때문에 배 앞부분에만 대포를 실었다. 그래서 아랍 해군은 주 무기는 대포가 아니라 화살이었다. 이제 두 함대의 전투는 전혀 다른 시스템의 충돌이었다. 결과는 변혁적 시스템의 승리였다. 아랍 함대는 손 한번 제대로 써보지 못하고 처참하게 무너졌다. 이 전투를 기점으로, 포르투갈이 인도양 패권은 물론이고 포르투갈에서 신라에 이르는 해양 실크로드 전체를 서서히 장악해나가기 시작했다. 인도와 유럽 간의 후추 무역을 독점한 포르투갈은 유럽의 변방 국가에서 일약 최대 부국이자 강대국으로도 도약했다. 최고 전성기에는 중국의 마카오, 인도의 고아, 남아메리카의 브라질, 아프리카의 앙골라와 모잠비크 등까지 식민지로 거느릴 정도였다.[317]

변방국인 포르투갈이 강제적으로 변혁을 받아들여, 새로운 게임에서 최초의 승자가 되자, 포르투갈 방식은 새로운 표준, 새로운 성공방식이 되었다. 강제 변혁의 속도도 빨라졌다. 스페인, 네덜란드 등에서 강제 변혁이 일어나면서, 새로운 게임은 주류가 되었다는 분위기가 형성되었다. 남은 이들도 변혁적 기술, 새로운 게임을 어쩔 수 없이 받아들이게 된다. 중국, 일본, 한국 등 아시아 국가들도 '화약 혁명'이라는 새로운 게임에 휘말려 한 번 참패하고 나서야 변혁적 기술을 대세로 받아들였다. 이 역시, 강제 변혁인 셈이다.

316 "2015 특별기획, '바다의 제국(Empire of the Sea) 1부: 욕망의 바다, 대항해 시대의 시작을 알린 향신료'", KBS1.
317 "포르투갈의 역사", 위키피디아.

경계 파괴와 용해(溶解), 반격의 공간을 만든다

강제 변혁이 속도를 내기 시작하면, 자연스럽게 일어나는 현상이 있다. '강제적 경계 파괴'와 '용해'다. 수백 년 동안 견고했던 콘스탄티노플 성벽이 변혁적 무기인 화약과 대포로 무너지듯, 기존 산업을 보호하는 성벽이 변혁적 기술로 무너지는 상황을 '경계 파괴'라고 부른다. 경계를 구분하는 거대한 성벽이 무너지면, 반격자의 활동 공간이 커진다. 산업과 산업을 구분해주고, 적[동맹자]과 아군[경쟁자]을 구별해 주고, 황금분할로 시장 질서를 유지시켰던 경계가 허물어지면, 기존 산업 간 용해(溶解, dissolution), 기존 산업과 미래 산업 간 용해(溶解, dissolution)도 강제로 일어난다. 용해 현상까지 일어나면, 모든 영역이 반격자의 활동 공간이 된다. 용해(溶解, dissolution)는 융복합과 다르다. 용해는 가스, 액체 혹은 고체가 초기의 용매에 균일하게 녹아 완전히 섞인 액체화되는 현상이다. 완전히 섞였다는 것은 함께 섞이는 각기 다른 결정 구조들이 원자 혹은 이온, 분자 상태로 나누어져서 합해지는 상태다. 융복합은 원자 혹은 이온, 분자 상태까지 나누어져서 섞이지 않는다. 결정 구조들이 혼합된 상태에 불과하다. 변혁적 기술로 일어나는 경계 파괴와 용해는 결정 구조를 파괴하고, 연결하고, 합치는 과정을 반복하는 공격적 행위다. 이런 공격적 행위를 통해, 어떤 것은 완전히 없애버리고, 어떤 것은 완전히 다른 것으로 만들어 버리는 시스템 변혁이 완성된다.

왜 '강제적 경계 파괴'와 '용해'가 일어나면, 반격자의 활동 공간이 넓어지고 유리해질까? 변혁자가 등장하여 경계를 파괴하여 서로 다른 '계[界]'가 만나면, 경계에서는 섭동[흔듦, perturbation]이 일어나면서 각 계의 정상상태[正常狀態, stationary state, 한 상태가 오랫동안 유지되는 것]에 충격을 가한다. 오랫동안 유지되었던 정상상태가 흔들리면, 기존 질서가 무너지고 '무질서'가 증가한다. 질서가 유지될 때는 그 안에 있는 개체(기업, 제품, 서비스, 시장 특성 등)들이 무엇이고 어디에서 어떻게 활동하는지 알 수 있다. 특성과 규칙이 분명하기 때문에 해당 계에서 살아남고 자신이나 상대를 통제하는 방법을 안다. 원하는 목적과 필요에 따라 효과적 움직이며 이익을 얻을 수 있다. 무질서가 증가하면, 통제와 활용 능력이 떨어진다. 이럴 경우에는 충돌, 섭동(흔듦, perturbation), 파괴에 가담하여 새로운 질서를 만드는 변혁자 전략이 유리하다. 공간에 무질서가 증가할수록 변혁을 주도하는 반격자가 새로운 것을 연결하고, 서로 다른 것들이 합치고 확장하는 활동을 할 기회가 넓어지기 때문이다. 이런 일들은 이미 시작되었다.

애플과 테슬라는 전화, 오디오, TV, 게임기, 컴퓨터, 자동차의 경계를 무너뜨렸다. 제조업, 서비스업, 금융 등의 경계도 무너뜨리고 하나로 만들었다. 애플에서 쫓겨난 스티브 잡스가 애플로 복귀했을 때는 애플은 망하기 직전이었다. 스티브 잡스에게는 반격의 카드가 절실했다. 스티브 잡스는 피처폰의 최강자 노키아가 발명하며 상용화를 주저했던 스마트폰이라는 변혁적 기술을 반격의 카드로 선택했다. 변혁적 기술을 가지고 제품과 산업의 경계 파괴를 시작하자, 애플이 반격을 시도할 공간은 점점 커졌다.

테슬라가 자동차 제조에 뛰어든다고 선언하자 모두 비웃었다. 일론 머스크에게는 반격의 카드가 필요했다. 그가 선택한 것은 백 년 가까이 묻혀 있던 전기차 기술이었다. 그리고 변방에서 서서히 변혁적 능력을 발휘하기 시작한 인공지능 기술이었다. 테슬라는 인공지능 자율주행 전기차라는 혁신적 무기로 자동차 시장의 경계를 파괴하는 변혁자로 등장했다. 다음 그림은 2016~2020년까지 5년 동안 미국, EU, 중국, 일본, 한국 등 선진 5개국에서 자율주행차 관련 특허 출원 현황이다. 일본이 압도적이다. 도요타와 소니가 1, 2위를 차지했고, 10위권에 5개가 일본

회사다. 한국의 현대와 LG는 3위와 6위를 차지하며 10위권에 들었고, 미국 기업은 10위권에 3개 회사가 진입했다.

2006~2020년 선진 5개국 특허청(IP5*)내 다 출원인 TOP 10

순위	출원인	국적	건수	비고
1	TOYOTA	일본	5239	완성차 제조사
2	SONY	일본	3630	IT 기업
3	**HYUNDAI**	**한국**	3080	완성차 제조사
4	HONDA	일본	2844	완성차 제조사
5	FORD	미국	2069	완성차 제조사
6	**LG**	**한국**	2019	IT 기업
7	NISSAN MOTOR	일본	1779	완성차 제조사
8	GOOGLE	미국	1727	IT 기업
9	DENSO	일본	1636	부품업체
10	GM	미국	1633	완성차 제조사

* IP5: 전 세계 특허출원의 85%를 차지하는 선진 5개국(美·EU·中·日·韓) 특허청

· 출처: KIPO, 2021년 11월 11일 보도자료

2019년 다국적컨설팅회사인 KPMG가 발표한 '자율주행차 준비지수 (AVRI)' 분석에 따르면, 자율주행차 영역에서 한국의 종합 역량은 세계 13위 정도다. 세계 1위는 네덜란드이고, 미국은 4위, 영국 7위, 독일 8위, 일본은 10위, 이스라엘 14위, 중국은 20위다.[318] 자율주행차 준비지수(AVRI)

---

318 "전 세계 자율주행차 도입 얼마나 가까워졌을까", KITECH Webzine, 2019. 08. 14.

는 자율주행차 도입과 운용을 위한 정책과 입법, 기술과 혁신, 기반 설비와 소비자 수용성 등의 준비 상태를 점수로 평가한 것이다. 하지만 실제 도로를 달리거나 상용화된 자율주행차의 성능과 도로 주행 데이터 부분에서는 테슬라, 구글을 앞세운 미국이 압도적 1위다. 특히 자동차 산업의 변혁자 테슬라의 독주는 타의 추종을 불허한다.

'세계 최고의 차량 분해 전문가', '제조·개발 능력 향상을 돕는 구루'로 인정받는 샌디 먼로는 테슬라의 기술력이 타사보다 최소 5년 최대 10년 정도 앞서 있다고 평가했다. 샌디 먼로가 운영하는 먼로앤드어소시에이츠(Munro&Associates)는 지금까지 자동차, 항공기, 장난감, 가전, 의료기 등 고객에게 의뢰받은 500여 개의 제품을 분해하여 얻은 정보를 바탕으로 기술·원가·경쟁력을 컨설팅했다. 샌디 먼로는 자비로 구매한 테슬라 모델 스리(3)와 와이(Y)를 직접 뜯어서 원가 및 경쟁력을 분석한 영상 90여 편을 유튜브에 올렸다. 그는 국내 언론사와 인터뷰를 통해 일론 머스크를 헨리 포드에 비교하면서 혁명적이고 역동적이고 스마트한 리더라고 평가했다. 아래는 그가 평가한 테슬라의 경쟁력이다.[319] 샌디 먼로가 테슬라의 변혁 능력 평가를 후하게 준 것이라고 생각하면 오산이다. 2021년에 샌디 먼로는 일론 머스크와 회견 도중에 "어떻게 이런 차를 파는 지 상상조차 못한다"고 공격할 정도로 테슬라 품질에 심각한 문제를 제기한 사람이다.[320]

"캐스팅(부품을 주조하는 것)과 하우징(부품을 지지·보호하는 틀을 짜는 것)은 10년, 모터 설계는 5년은 앞섰다. 모터는 경쟁업체 것보

---

319 최원석, "이 할아버지, 테슬라를 분해했습니다", 조선일보, 2020. 09. 14.
320 선재규, "머스크, 테슬라 모델3 품질 결함 인정", 연합인포맥스, 2021. 02. 04.

다 가벼우면서도 힘이 더 세다. 전자부품·소프트웨어는 8년은 앞섰다고 본다. 다른 회사는 내연기관 차량 중심이라서 이를 통합·재설계하는데 어려움이 많다. 테슬라 차량엔 다른 차를 분해했을 때 본 적 없는 부품 구성이나 재료가 많다. 차체는 알루미늄과 강철을 조합해 쓰는데, 조합 비율에 테슬라만의 마법(magic)이 존재한다."

"재료·부품 조합의 화학반응(chemistry)이 다른 제조사와 확실히 다르기 때문이다. 알루미늄 주조 기술, 모터·배터리 재료·기술의 조합이 다르다. 주목할 점은 테슬라가 자체적으로 재료과학 연구개발 그룹을 갖고 있다는 것이다. 다른 회사는 이런 것을 직접 안 한다. 재료는 사다 쓰면 그만이니까. 하지만 테슬라는 재료과학을 직접 연구하기 때문에, 메가 캐스팅(차체의 큰 부분을 통째로 주조해 내는 기술)처럼 다른 회사가 하기 어려운 제조 기술을 구사할 수 있다. 올해 3월 나온 모델Y는 불과 5개월 만에 설계를 뜯어고치고 혁신적인 주조 기술을 선보였다."

"[테슬라의 전략은] 기술의 수직적 통합이다. 테슬라가 다른 모두를 능가할 수 있는 원동력이다. 중요 기술을 전부 스스로 개발한다는 얘기다. 하버드에 있는 사람들은 이게 무슨 소리인가 싶을 거다. 아웃소싱하라고 하겠지. 하지만 테슬라처럼 중요한 일을 전부 스스로 하다 보면, 심오한 지식이 쌓이고 그게 결국 힘이 돼 준다. 에드워즈 데밍(1900~1993) 박사 얘기를 하고 싶다. 데밍 박사와 나는 좋은 친구였다. 그는 기업이 성공하려면 핵심기술을 반드시 회사 내부에 둬야 하고, 누구에게도 양보해선 안된다고 늘 얘기했다. 머스크가 데밍의 가르침을 아는지 모르겠지만 그는 정확히 그렇게 하고 있다."

반격자의 승리가 나오자 구글과 삼성도 강제 변혁에 동참했다. 애플, 구글, 삼성 등은 스마트가전 특허 숫자를 늘리고, 인공지능 서비스 시장, 자율주행 자동차 시장, 스마트가전, 모바일 디바이스 시장의 경계를 흔들고, 파괴하고, 새롭게 연결하고, 그 안에 더 많은 것들을 충돌시키고 합쳐서 확장하려고 한다. 테슬라의 성공에 자극받고 새로운 게임의 시작을 받아들인 포드(Ford)사는 자동차와 운전자와 관련된 모든 서비스를 하나로 묶는 애플리케이션 포드패스(Fordpass)를 선보이고 이동성 자체에 대한 혁신을 시도 중이다. 경계를 파괴하는 자는 시장 확대라는 선물을 받는다. 애플은 매출이 몇십 배 증가했다. 테슬라는 미국의 내연기관 자동차 3사를 합친 것보다 시가총액이 크다. 국내 기업인 한샘가구는 가구 제조와 인테리어 서비스를 하나로 묶어 매출이 5배 성장하는 결과를 얻었다. 2022년 CES의 중심 키워드는 파괴, 연결, 확장이었지만, 보기에 따라서는 '무질서'의 증가다. 예를 들어, 운송 기술이 자동차에서 로봇이나 하늘을 나는 이동 수단으로 확장되고, 5G와 인공지능, 엔터테인먼트, 메타버스, 스마트홈과 연결된다. 정보통신 영역은 근거리 위성통신, 우주여행과 우주화물 운송까지 확장을 시도했다. 유통회사와 로봇회사, 건설회사와 메타버스회사, IT회사와 교육회사, 게임회사와 미디어 엔터네인먼트 회사와 금융회사의 경계가 없어졌다. 전시관 곳곳에서 충돌, 섭동(은 듦·perturbation), 파괴에 가담하여 새로운 질서를 만드는 변혁자 전략이 난무했다.

반격자가 새로운 게임에서 최초의 승리를 얻고, 변방으로 밀려난 이들이 반격의 기회로 새로운 표준, 새로운 성공방식을 따라가면서 강제 변혁의 속도도 빨라지면, 남은 이들도 변혁적 기술, 새로운 게임을 어쩔 수 없이 받아들이게 된다. 그럴수록 경계 파괴는 더욱 과감해진다. 메타버스에 회사의 운명을 건 메타(페이스북)는 2022년 2월 23일에 온라인 '인사이드 더 랩(Inside the Lab)' 행사에서 '범용 음성 인공지능(AI) 번역 시스템'에 관한 연구개발(R&D)에 집중 투자하여 소수 민족의 언어까지 포함해서 인류의 언어장벽 전체를 완전히 허무는 과감한 사업 계획을 발표했다. 필자가 예측했던 초거대 인공지능과 범용 인공지능 기술을 동시에 사용하는 도전이다. 메타는 인류의 언어장벽을 완전히 무너뜨린 기술을 메타버스와 연결하여 전 세계 모든 사람들이 함께 탐험하고 경험하는 미래를 만들어간다는 대담한 전략이다.[321] 미국의 대표적 내연기관 자동차 회사 GM은 2035년 휘발유 자동차 생산을 완전 중단한다는 선언을 했다. 정의선 회장은 현대차그룹의 미래 포트폴리오는 자동차가 50%, PAV(Personal Air Vehicle·개인용 비행체) 30%, 로보틱스 20%가 될 것이라는 비전을 제시했다. 나스닥 상장 후, 주가가 계속 하락 중인 전자상거래 기업 쿠팡은 전기차, 수소차, 자율주행차 개발에 직접 뛰어들었다. 강제적 경계 파괴다.[322]

강제적 경계 파괴는 중심 기술의 대이동도 불러온다. 예를 들어, 자동차나 선박의 핵심 기술이 엔진에서 인공지능으로 이동 중이다. 하드웨어에서 소프트웨어로 기술 중심의 대이동이다. 완전 자율주행차가 실현

---

321 김성현, "메타의 또다른 도전 '인류 언어장벽 완전히 허물겠다'", ZDNet Korea, 2022. 02. 24.
322 이현승, "쿠팡, 배송차량 개발 나선다…新쿠팡카 키워드 '수소차·자율주행'", 조선비즈, 2021. 06. 01.

되면 자동차 전체 가격의 70% 정도를 소프트웨어 비용이 차지하게 될 것으로 예측된다. 미래 자동차는 '자율'이 핵심 키워드다. 인간을 대신해서 인공지능이 자율주행을 하기 때문에 소비자는 최고의 인공지능, 최고의 소프트웨어에 돈을 쓴다. 최고만이 자신의 생명을 지킬 수 있다는 것을 직감하기 때문이다. 대부분의 미래 제품과 서비스는 자율을 최대한 활용해야 경쟁력을 확보한다. 미래 자동차 시장에서 최고의 소비자 경험은 하드웨어가 아니라 소프트웨어서 나온다. 애플 아이폰처럼 소프트웨어를 빠르게 업그레이드함으로서 [자동차를 바꾸지 않아도] 새로운 자동차의 맛을 몇 번이고 누리게 되는 기쁨을 얻는다. 자동차 사용자 경험이 하드웨어보다 소프트웨어에서 극대화되기 때문에 전체 가격에서 차지하는 비율도 소프트웨어가 높다. 완전 자율주행차는 운행하는 국가의 도로와 주변 환경 빅데이터를 수집하고 사용해야 한다. 해당 국가가 완전 자율주행차 산업에 보호무역 장벽을 걸면, 타국 회사들의 시장 진입에 엄청난 걸림돌이 된다. 만약 각국 중앙 정부나 지역 당국이 글로벌 기업을 상대로 완전 자율주행차의 안전 기술 조건을 강화하면 '한 지역에서 만든 차량으로 다른 지역에서 운행할 수 있던 시대'가 끝날 수도 있다. 미래에 자동차 수출업체는 자율주행차를 포함한 모든 자율주행 수송 장치의 빅데이터 사용 권한이 자동차 관련 자유무역협정의 핵심 이슈를 넘어야 한다. 그다음으로는 수출하는 해당 국가에서 자율주행 자동차 운행과 관련된 빅데이터 회사와 거래의 장벽, 빅데이터 활용 노하우를 가진 소프트웨어 회사의 거래 장벽도 넘어야 수출이 가능하게 될 것이다. 빅데이터와 소프트웨어 회사가 하드웨어 회사를 지배하고, 하드웨어에서 소프트웨어로 중심 기술이 이동하는 미래는 '이미 정해진 미래'다.

새로운 지배 시스템이 만들어지는
'중간 과정'에서 일어나는 놀라운 변혁

필자가 **시나리오1. 도약, 일본 추월**에서 예측한 확 바뀐 승자 산업은 제4차 산업혁명기에 등장하는 초기 변혁적 기술들이 만들어내는 새로운 산업 패러다임의 '초기 단면'이다. 새로운 패러다임 시작에 등장하는 초기 승리자, 초기 반격자들의 모습을 예측한 것이다. **시나리오3. 새로운 게임, 반격의 시간**은 제4차 산업혁명기 변혁적 기술들이 지배 시스템으로 올라서는 '중간 과정'에서 만들어지는 미래를 묘사한다. 새로운 산업 패러다임의 '중기 단면'이다.

변혁적 기술들이 지배 시스템으로 올라서는 '중간 과정기'에 들어서면, 반격자들은 선도자가 되고, 기존 강자들은 추격자가 된다. 선도자와 추격자가 뒤섞이면서 가속페달을 밟기 시작하면, 변혁적 기술을 사용하고 발전시키는 경쟁이 가열되고, 모든 분야에서 변혁이 활발하게 진행된다. 새로운 게임이 지배 시스템이 될 것이라는 분위기는 확고해지면, 하나가 아니라, 모든 것을 바꾸도록 강요받는다. 예를 들어, 초기 승자는 바둑 한 분야에서 인간을 뛰어넘는 성과를 보이면 된다. 하지만 선두주자와 후발주자 모두 가속페달을 밟기 시작하면, 모든 분야에서 인공지능을 도입해서 성공사례를 만들어야 한다. 이것이 새로운 지배 시스템이 만들어지는 '중간 과정'에서 일어나는 변혁이다. 변혁의 가속페달을 밟고 질주 경쟁을 하면, 과감한 파괴와 도전들이 만들어내는 놀랍고 새로운 미래 모습이 실체를 드러낸다.

예를 들어, 변혁적 기술들이 지배 시스템으로 올라서는 '중간 과정'에 들어서면, 자율주행 수송 디바이스는 전기에너지 기술, 지능, 콘텐츠 생태계 기술이 경쟁이 되어 있고, 중장비와 군수산업은 인공지능 로봇 기술이 핵심이 되어 있을 것이다. 인공지능을 활용한 새로운 사업은 실시간 현실과 가상 공간에서 수집한 빅데이터나 개인의 마이데이터를 분석한 것을 기반한 비즈니스(인터넷 데이터, 기업 데이터)을 넘어, 강화학습으로 생성한 가상 빅데이터 기반 비즈니스도 시작될 것이다. 알파고제로처럼 아직 없는 미래 데이터를 시뮬레이션으로 만들어서 판매하는 시장이다. 지각(컴퓨터 비전, 음성인식, 음성구현, 촉감인식) 활용 기반 비즈니스, 각종 자율주행 수송 장치와 자율로봇 등이 생산한 자율행동 빅데이터 기반 비즈니스 등도 시작된다. 인공지능의 생각과 인간의 생각을 파는 시장도 등장할 것이다. 인공지능의 생각을 파는 시장에서는 소비자가 요청한 문제를 놓고 인간보다 뛰어난 수읽기(경우의 수 계산 능력)를 통해 찾아낸 가장 효율적인 경우의 수(확률이 가장 높은 전략)를 판매한다. 인간의 생각을 파는 시장에서는 소비자가 요청한 문제를 놓고 인간 간의 사회적 관계, 인간의 정서 등에 최적화된 지혜들이 판매된다.

표정으로 감정을 읽는 인공지능 기술이 상용화되면서, 감정에 영향을 잘 미치는 정치인이 누구인지를 파악하여 선거 승리 예측, 성공하는 드라마나 영화나 음반을 예측, 스마트폰을 통해 주인의 감정을 읽고 대화 및 조언하는 서비스가 대중화된다. 글로벌 빅테크 기업들은 세계보건기구(WHO)와 협력하여 전 세계에서 수집한 실시간 질병 빅데이터와 사람들의 이동 데이터 등을 실시간으로 수집하는 인공지능을 개발하고, 특정 지역에서 발병한 질병이나 전염병 상황을 경고하는 서비스를 무료로 제공한다. 특정 행동 습관이나 미세한 소리의 차이를 분석하여 감정을 읽어낼 수 있는 인공지능 기술을 정신의학, 범죄심리학 등에 활용하는 비율도 높아진다. 심리학, 신경과학, 인공지능 분야를 교육학과 연결하여 학습과학이라는 새로운 분야가 주목을 받기 시작한다. 인공지능이 학습자를 과학적으로 분석하여 학습자 수준에 따른 맞춤형 조언과 최적의 복습 일정을 설계해서 장기 기억 보유 가능성을 높이는 새로운 서비스, 인공지능이 학습자의 뇌 사진 혹은 뇌파 분석하여 학습 발전 정도를 평가하여 수능이나 토플 등 다양한 시험을 과학적으로 준비할 수 있는 코칭 서비스도 인기를 끌기 시작했다. 학교나 교육 회사에서는 학생 관리에 대한 번거로운 일들을 인공지능이 대신 수행하고, 교사에게는 더 중요한 일에 집중하게 할 수 있도록 하는 서비스 경쟁이 치열하다.

유통과 물류는 자국 1, 2위와 글로벌 기업이 가격과 지능 기술[소비자 예측, 물류 지능] 싸움을 벌이고 언어파괴로 국경을 넘나드는 시장 확대를 하고 있다. 국가 간 경계가 깨지고, 온라인과 오프라인 경계가 깨진 '경계 없는 유통'이다. 인간의 건강을 관리하고 수명을 연장해주는 상품과 서비스가 유통업 최고의 황금알을 낳는 거위가 되어 있다. 현재의 대형 쇼핑몰 건물은 배송 기지, 다른 유통업체의 경유 허브, 온라인 주문상품의 반송지, 고객과 1시간 안에서 만날 수 있는 접촉 기지가 되어 있다. 주유소나 편의점 등 소매판매점은 생필품 물류 창고가 된다. 소비자가 주기적으로 사용하는 생필품은 고객이 필요를 느끼기 전에 인공지능이 분석하고 예측하여 '제로 클릭 주문 시스템'을 통해 오프라인 물류창고[대형 쇼핑몰, 소형 소매판매점 등]에서 고객의 집 앞에 1시간 안에 배송된다. 데이터만 전송하고 3D 프린터로 가정으로 전송하는 유통 '디지털 유통'도 등장한다. 로봇 시장은 인간을 닮은 가정용 로봇이나 산업현장의 로봇, 애완용 로봇을 넘어선다. 각종 사물, 건축용 구조물이나 소재 등은 환경과 인간의 명령에 맞춰 스스로 움직이고 형상 변형을 하는 데까지 확장되어 있다. 집안의 가구들은 배송환경에 맞춰 소재 스스로 모양을 변형하는 기능을 장착하고, 배달된 이후로는 인간이 조립하지 않아도 스스로 조립되고 필요에 따라 다른 형태로 모양을 변형하거나[의자에서 책상으로], 다른 사물과 결합하여 새로운 형태의 사물이나 구조물로 확장되어[책상들이 결합하여 침대가 되거나, 방안의 작은 방이나 독립 공간으로 변형) 사용자에게 이용 다양성을 제공하고 있다.

4차원 가상공간은 인간이 새로운 방식으로 서로 소통하고 관계를 맺게 만들고 있다. 친구와 더 많이 대화하고, 더 오래 연결되고, 전 지구적으로 더 많은 사람과 새로운 관계를 맺게 돕고 있다. 모든 사람이 타인에 대해 더 많은 것을 알게 하고 있다. 가상인간의 숫자도 폭발적으로 증가한다. 인공지능 기능이 장착된 3차원 가상 캐릭터를 소비하는 이들도 늘어난다. 특히, 태어나면서부터 게임 캐릭터와 함께 자라난 A세대 (Generation A)는 현실 같은 가상 캐릭터를 인격화시켜 자신 혹은 자신의 분신이나 친구로 여기며 산다. 언론에서는 일반 개인이 이런 수준의 인간관계 네트워크와 존재 다양성을 가진 적이 없다는 평가가 줄을 잇는다. 스마트 디바이스, 자율주행 수송 장치, IoT, 6~7G 통신 기술, 인공지능 기술 등이 결합되어 더 빠르고, 더 섬세하고, 더 즉각적 소비가 새로운 트랜드가 진행되고 있다. 한 사람의 소비에 인터넷에 연결된 친구들이 개입하고 연결되는 새로운 소비 방식이 주목받고 있다. 소비 방식이 바뀌면서 공급 방식과 일의 형태도 바뀌고 있다. 글로벌 경쟁, AI 로봇과 경쟁이 새로운 일자리 트랜드다. 주거 및 라이프스타일에도 변화가 일어나고 있다. 디지털 하우스(스마트홈과 가상에서 만든 디지털 하우스), 로봇 및 생명공학 기술로 신체 한계를 극복하게 돕는 주거 환경, 온종일 집에 틀어 박혀 가상세계에서 경제 및 사회 활동에 열중하는 라이프 스타일도 부상하고 있다. 이동 방식도 자율주행 수송 장치, 로봇을 이용한 이동, 초고속 이동체, 텔레프레즌스, 가상 이동 등이 새로운 표준으로 자리 잡아 간다. 농기구에 사물인터넷(IoT) 장치를 부착하고 인공지능과 연결하여 주변 기온이나 날씨, 토양, 농기구를 사용하는 사람의 행동 빅데이터를 수집 분석하여, 최적의 종자, 재배 방법, 수확 시점 등을 선택하여 생산량을 향상시키는 농업 기술이 대중화되어간다. 이런 기술 덕택에, 농부는 작물 자체를 키우는 시간을 줄이고, 새로운 농사기법 연구, 종자 개발, 농작물을 활용한 새로운 제품과 서비스 개발, 글로벌 판매 활동에 집중하고 있다.

금융의 새로운 게임, 미래 디지털 화폐전쟁

변혁적 기술들이 지배 시스템으로 올라서는 '중간 과정'에 들어서면, 가장 보수적인 금융산업도 완전히 새로운 게임, 새로운 전쟁을 치열하게 벌이고 있을 것이다. 일명, 미래 디지털 화폐전쟁이다. 미래 디지털 화폐 대전쟁은 비트코인, 이더리움 등 현재 존재하는 제1세대 암호화폐, NFT, 신용카드나 현금충전카드 등 기존 전자 화폐, 게임 머니나 도토리 등 기존 가상 화폐, 앞으로 등장할 메타버스 서비스들에서 0과 1의 디지털화 된 가상 화폐들이 블록체인 기술을 장착하고 참전한다. 빅테크 기업, 거대 유통 기업, 자동차 기업, 통신 기업 등이 블록체인 기술을 적용해서 발행하는 (기존 채권과 구별되는) 새로운 디지털 채권들도 미래 디지털 화폐전쟁에 참전하게 될 것이다. 현재 기업에서 자체적으로 발행하는 상품권, 마일리지, 캐쉬백 등의 대체 화폐들도 디지털 화폐로 전환되어 새롭게 발행될 것이다. 각국 정부가 발행하는 CBDC, 기업들이 현금과 1대 1로 전환한 각종 페이 (pay)도 미래 디지털 화폐전쟁에 참전하게 될 것이다. 여러 가지 통화를 섞어서 만드는 스테이블 코인, 달러 등 기존 법정화폐나 금이나 은 등 원자재와 1대 1 혹은 1대 일정한 무게로 고정 태환 된 스테이블 코인들도 등장하여 미래 디지털 화폐전쟁에 참전하게 될 것이다. 심지어 수 십, 수 백만 팔로어를 거느리는 유명 인플루언서가 블록체인 기술로 만든 개인 암호화폐도 출현하여 미래 디지털 화폐전쟁에 참전한다.

미래 디지털 화폐전쟁에는 새로운 금융 거래 및 투자 방식도 포함된다. 각종 디지털 화폐들이 발행 국가를 벗어나 전 세계 모든 시장에서 거래와 투자가 가능해진다. 각기 다른 법정화폐들이 외환시장에서 거래되는 것처럼, 각기 다른 새로운 글로벌 디지털 화폐들의 거래와 투자가 동시에 가능한 새로운 외환거래 및 외환투자시장이 출현하는 미래다. 새로운 외환거래 및 투자시장이 메타버스 안에 개설될 수도 있다. 지금과 전혀 다른 금융 시스템도 탄생할 수 있다.

필자의 예측으로는 미래 디지털 화폐전쟁은 '이미 정해진 미래'다. 그리고 미래 디지털 화폐전쟁의 양상을 판가름할 결정적 주체는 미국 연준을 비롯한 각국의 중앙은행들이다. 중앙은행이 발행한 디지털 화폐를 'CBDC'라고 부른다. '중앙은행권 디지털 화폐'라는 뜻을 가진 CBDC(Central Bank Digital Currency)는 고 제임스 토빈 예일대 교수(1987)가 정부를 최소화하는 방법으로 최초로 제안했다. 현재, 전 세계에서 CBDC(Central Bank Digital Currency) 발행을 주도하고 있는 나라는 중국이다. 중국 공산당과 중앙은행 인민은행은 2022년 동계올림픽을 계기로 디지털 위안화 사용 확대에 속도를 내고 있다. 중국과 치열한 패권전쟁을 벌이고 있는 미국의 CBDC(Central Bank Digital Currency) 발행 행보는 중국보다 느리다. 미국 정부의 CBDC 기술이 중국보다 뒤처져서 그럴까? 아니다. 이유가 있다.

미국은 CBDC 발행 주체에 대한 고민을 가지고 있다. 1996년 미국 재무부는 「국민 편의를 위해서 새로운 디지털 화폐를 만든다면 어떤 문제를 고민해야 하느냐」에 대한 보고서를 냈다. 그 보고서에서 CBDC(Central Bank Digital Currency)라는 용어를 공식 언급을 시작했다. 미국 재무부가 발행한 보고서는 CBDC(Central Bank Digital Currency) 발행의 필연성을 주장하지 않았다. 미국 재무부는 종이 화폐(은행권)를 만들 때는 위조지폐 문제 발생 때문에 조폐공사가 화폐 발행을 독점하는 것이 맞지만, 미래에 디지털 화폐를 발행할 때가 되면 민간 기술이 앞설 수 있어서 디지털 화폐 발행을 정부가 독점할 필요가 없다는 결론을 내렸다. 현재 중국에서 정부가 디지털 화폐 발행을 독점하겠다는 발상과 전혀 다른 시각이었다.

하지만 필자의 예측으로는 미국 연준을 비롯해서 EU 중앙은행, 일본과 한국 중앙은행들이 디지털 화폐 'CBDC'를 발행하는 것은 시간문제다. 가장 큰 이유는 중국 정부의 CBDC(Central Bank Digital Currency) 발행 속도와 목적 때문이다. 미국과 유럽연합은 중국 정부가 CBDC 발행을 통해 미래의 기축통화국 지위 획득과 위안화 CBDC를 기반으로 한 새로운 글로벌 금융시스템 구축에서 앞서가려는 전략을 반드시 저지해야 한다. 또 다른 이유도 있다. 계속 하락하는 미국 달러화 지폐의 가치 때문이다. 미국 정부는 달러화 가치가 하락할 때마다 창의적 해법을 모색했다. 미래에도 달러화 가치 하락에 대한 불만은 계속 나타날 것이다. 그러면 미국은 1970년대 초반 원유시장의 달러 결제 시스템을 통해 '금 태환 중단' 위기를 극복하고 기축통화 지위를 지켜냈듯 또 다른 '창의적인' 해법을 모색해야 한다. 원유처럼 규모가 크고 반드시 필요한 자산이 무엇일까? 예상되는 우선순위는 디지털 달러화 발행이다. 미국 정부가 CBDC 발행을 하여, 가상 자산시장 및 암호화폐 시장에서 제1 기축통화 역할을 하도록 시스템을 만든다면 디지털 달러화(CBDC)는 미국 재무부가 발행하는 국채처럼 달러 유동성을 흡수하면서 달러 가치를 방어할 대안 중 하나다. 만약 미국 정부가 이런 시도를 하지 않는다면, 디지털 위안화(CBDC)가 그 자리를 대신할 가능성도 있다. 그러면 디지털 위안화(CBDC)의 위상은 순식간에 폭등하고 미국 달러(종이 화폐) 가치는 급락할 수 있다.

각국 중앙은행들이 디지털 화폐(CBDC)를 발행하면 디지털 화폐전쟁 양상이 달라진다. 디지털 화폐도 돈이기 때문에, 반드시 글로벌 표준이 필요하다. 각종 글로벌 표준들은 민간이나 공공 영역에서 합의된다. 하지만 화폐는 공공 성격이 절대적이기 때문에 민간이 아닌 국가 간 합의에 의해서 결정된다. 그 합의 중심에 서는 이들이 각국의 중앙은행이다. 이들이 미래 디지털 화폐의 성격, 범위, 규칙, 활용 방식 등을 결정하면 나머지 모든 디지털 화폐들의 가치 서열이 결정된다. 심지어, 불법으로 판결되거나 글로벌 표준에 맞추지 못해 퇴출되는 디지털 화폐가 나올 수도 있다.

중앙은행이 디지털 화폐(CBDC)를 어떤 위치에 놓느냐도 중요하다. 큰 방향을 나누는 시나리오는 두 개다. 하나는 기존의 종이돈 법정화폐와 새로 발행한 디지털 법정화폐를 공존시키는 시나리오다. 다른 하나는 기존의 종이돈 법정화폐 발행을 중단하고 새로 발행한 디지털 법정화폐만을 유일한 법정화폐로 사용하는 시나리오다. 종이돈이 사라지는 미래다. 만약, 이 시나리오가 현실이 되면 현재 상업은행은 공멸의 위기에 직면하게 된다.

은행, 살아남는 시나리오

미국 씨티그룹은 최근 한국을 포함해 중국, 호주 등 13국에서 소비자 금융 업무 철수를 결정했다. HSBC(홍콩상하이은행)도 프랑스 내 시중은행 매각을 추진 중이다. 미국 웰스파고도 미국 내 지점 수 축소와 함께 비핵심 사업 구조 조정에 나섰다. 한국 상업은행들도 위기감이 높다. 머지않은 미래에 빅데이터와 인공지능 기술로 '뱅크'는 사라지고 '뱅킹'만 남을 것이라는 두려움이다. 오프라인 은행 지점의 수익성이 갈수록 하락하는데, 핀테크 스타트업들과 빅테크 기업들의 금융업 진출하면서 결제, 환전, 송금 등 상업은행의 개별 금융 업무 고객 수요를 빼앗기면서 생존 경쟁이 심해졌다. 이들은 블록체인 기술을 적용한 탈중앙금융(디파이, DeFi) 트랜드를 타고 승승장구 중이다. 강력한 보안 기능을 앞세운 블록체인 기술은 24시간 365일 실시간 운용 가능한 장점을 가진다. 가정 먼저 블록체인 기술은 해외 송금에서 위력을 발휘했다. 기존 은행시스템을 이용하면 국가 간 송금할 때 높은 수수료를 지불해야 한다. 하지만 블록체인 기술을 이용하면 비용을 대폭 낮출 수 있고 24시간 365일 실시간 송금이 가능하다. 최근 페이스북은 사명을 메타(Meta)로 바꾸고 블럭체인 기반으로 이더리움 네트워크 상에서 운용되는 달러와 가치가 1대 1로 고정된 스테이블코인을 활용해서 미국과 과테말라에서 해외송금을 무료로 할 수 있는 시범 서비스를 내놓았다.[323] 스타벅스는 전 세계에서 2340만 명(2018년 기준)이 사용하는 선불카드 스타벅스 페이에 쌓인 2조 원의 예치금을 암호화폐로 바꿔서 전 세계 어디서나 환전 없이 결제하고, 이를 기반으로 투자, 예금, 대출 등 금융업무도 가능하게 하는 계획을 발표했다. 최근에는 남미 아르헨티나에 현지 은행과 제휴하여 커피뱅크라는 오프라인 은행도 개설했다. 은행, 금융 서비스 경계가 도처에서 무너지고 있다.

상업은행들은 이들의 거센 도전에 대항하기 위해, 개발자 채용과 인수합병 등으로 디지털 맞춤 뱅킹을 강화 중이다. 고객의 관심을 끌고 빅데이터를 수집하기 위해 배달 서비스, 인공지능 로봇 어드바이저 등에 관심을 보이고 투자도 한다. 오프라인 영업점포도 줄인다. 금융감독원 발표에 의하면, 2017년 9월 말 기준으로 국내 시중·지방·특수은행 19곳의 영업점포(지점·출장소)가 1년 만에 282곳 감소하면서 7000개 선이 무너졌다. 2017년 6월 말 기준, 미국에서도 '비대면 채널'을 활용한 금융거래

---

323 이설영, "백신패스·금융·게임…블록체인 생활 속으로 '성큼성큼'", 파이낸셜뉴스, 2021. 11. 23.

증가로 은행 영업점포가 1년 만에 1765개 감소했다.[324] 하지만 이런 모든 행위들은 근본적 해법도 아니고, 추가 고객 이탈을 방지하기 위한 궁여지책이고 비용 상승만 불러온다.[325] 하지만 다가오는 거대한 위기에 비하면 현재의 위협은 약과다.

1996년 미국 재무부가 디지털 법정화폐(CBDC)를 만드는 문제를 놓고 고민을 한 다른 이유가 있었다. 사실 이것이 가장 큰 고민이었을 것이다. 미국의 법정화폐를 현재의 종이 화폐(은행권)에서 CBDC(Central Bank Digital Currency)로 바꿀 경우, 금융시스템 전반에 발생할 충격과 대변화를 걱정했기 때문이다. 만약 기존의 종이돈 법정화폐 발행을 중단하고 새로 발행한 디지털 법정화폐만을 유일한 법정화폐로 사용하면, 금융시스템 전체가 중앙은행으로 초집중되는 구조가 만들어지는 문제를 피하기 위해 새로운 금융 시스템을 만들어야 한다. 미국 내는 물론이고 미국이 주도하는 글로벌 금융시스템인 국제은행간통신협회(SWIFT: Society for Worldwide Interbank Financial Telecommunication)까지 모두 뜯어 고쳐야 한다. 이런 문제들에도 불구하고, 미국을 비롯한 주요 선진국의 중앙은행들은 CBDC(Central Bank Digital Currency) 발행을 끝까지 거부할 수 없다. 2022년 1월 24일 뱅크오브아메리카는 "디지털 화폐는 미국이 거스를 수 없는 거대한 흐름과도 같다. 2025년에서 2030년 사이 미국이 디지털 화폐를 발행할 가능성이 크다"는 전망을 내놓았다.[326]

중앙은행이 더 이상 종이 화폐를 발행하지 않고 디지털 세계 안에서 블록체인으로 신뢰 보증 재확인 기능을 구현하는 디지털 화폐(CBDC)만 발

---

324 홍석호, "뱅크는 가고 뱅킹만 남는다. 은행점포 작년 280곳 폐쇄", 국민일보, 2017. 03. 02.
325 남민우, "JP모건 회장의 경고 '은행들 엄청난 위기… 애플·월마트도 경쟁상대'", 조선일보, 2021. 04. 30. 김정현, "핀테크는 '유전자 검사', 은행은 '배달 앱'… 금융이 '딴짓'하는 이유는", 한국일보, 2021. 12. 28.
326 홍성진, "BoA '美 이르면 2025년 디지털화폐 발행…거스를 수 없는 흐름'", 한국경제TV, 2022. 01. 25.

행하면 무슨 일이 벌어질까? 첫째, 종이돈을 찍어내는 재무부 산하 조폐공사가 사라진다. 둘째, 기존 상업은행의 여수신업무가 사라진다. 은행은 2가지로 분류된다. 상업은행과 투자은행이다. 1929년 미국 주식시장 대폭락과 경제 대공황이 발생했다. 미국 의회는 주가폭락과 대공황의 원인 중 하나로 상업은행이 고객의 예금을 이용해서 주식 투자 등을 하여 시장을 교란을 일으켰다고 판단했다. 1933년 미국 의회는 은행개혁과 투기 규제를 목적으로 상업은행과 투자은행의 업무를 엄격하게 분리 제한하는 글라스 스티걸법(Glass-steagall Act)을 제정했다. 이 법안으로 상업은행만 고객의 예금을 받는 여신 및 수신 업무를 할 수 있고, 투자은행은 증권 업무만 담당하게 되었다. 상업은행은 중앙은행이 발행하는 본원통화와 일반 개인 및 기업 고객을 상대로 수신한 예금을 기반으로 신용대출을 해 주는 과정에서 이자 수익을 얻는다. 투자은행은 신규 증권 발행으로 장기자금을 조달하려는 수요자와 자금 공급자 간을 연결해주거나 인수합병(M&A) 등 증권 업무를 담당하면서, 수수료, 투자 자문료, 투자 신탁료 등으로 수익을 얻는다. 투자은행은 [고객의 예금 형태만 아니면] 자기자본이나 명성을 담보로 자본시장에서 조달한 자금으로 직접 금융이나 투자를 할 수도 있다. 중앙은행이 블럭체인 기반 디지털 화폐(CBDC)를 발행하여 법정화폐로 사용하면, [블럭체인 금융의 특성상] 고객이 자산의 돈을 은행에 보관할 필요가 없어진다. 블럭체인 기술과 양자컴퓨터 같은 강력한 슈퍼컴퓨팅 기술로 보안성이 획기적으로 개선된 인터넷 네트워크에 돈을 보관하면 된다. 모든 사람이 상업은행에 돈을 보관하지 않으면, 상업은행은 고객 예치금을 밑천으로 신용대출을 발생시키는 여수신 업무 기능을 잃어버린다. 상업은행의 존재 이유 자체가 사라진다. 상업은행의 종말이다. '중앙은행 - 상업은행 - 예금 고객'이라는 3단계 구조가 붕괴되고, '중앙은행 - 예금 고객'으로 단순화되는 새로운 금융 구조가 만들어지면, 민간 상업은행이 담당했던 요구불예금(要求拂預金, demand deposit)을 기반으로 장기 대출을 해주는 '만기 전환 기능'이라는 사회적 공공제를 중앙은행이 직접 담당하는 시스템으로 변한다. 상업은행이 살아남으려면 두 가지 방법이 있다. 하나는 투자은행으로 변신하는 것이다. 다른 하나는 중앙은행에게서 디지털 화폐(CBDC) 발행 권한을 위임받는 것이다. 이럴 경우, 중앙은행과 상업은행의 역할이 모호해지는 문제가 발생한다. 다음 그림을 보자. 중앙은행인 한국은행의 주요 역할과 영향력을 표시한 그림이다.

한국은행의 주요 역할과 영향력

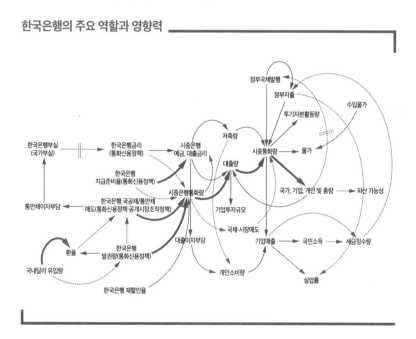

한국은행은 몇 가지 통화신용정책을 사용하여 실물경제(고용과 물가)를 조절한다. 통화신용정책의 가장 큰 무기는 '기준금리'다. 위 그림을 보자. 한국은행이 기준금리를 올리면, 시중은행의 예금과 대출금리도 오

른다. 예금금리가 오르면 저축량이 늘고, 대출금리가 오르면 대출이자 부담이 증가하기 때문에 대출량은 반대로 준다. 저축량이 늘면 시중의 통화량은 그만큼 줄어든다. 대출량이 줄어들면 기업투자 규모와 시중 통화량도 함께 줄어든다(빨간색은 같은 방향). 금리가 올라서 대출이자 부담이 늘어나면 개인 소비량은 줄게 되고 이는 다시 시중의 통화량과 기업 매출을 동시에 줄이게 된다. 줄어든 시중 통화량으로 인해 물가도 하락하고 시중에서 돈의 총량이 줄기 때문에 투자자본의 활동량도 줄어든다. 개인소비와 시중 통화량이 줄어들어 기업 매출이 함께 하락을 하면 국민소득은 감소하고 실업률은 반대로 증가하게 된다. 한국은행이 기준금리를 내리면 지금까지 설명한 모든 일들이 같은 구조 안에서 반대로 돌아간다. 한국은행의 또 다른 통화신용정책들은 지급준비율과 국공채 및 통안채 매매를 통한 공개시장조작 정책이다. 한국은행이 지급준비율을 높이면, 기준금리를 올리는 것과 비슷한 효과가 발생한다. 지급준비율은 가계와 기업에 부채 규모가 너무 커서 기준금리를 급격하게 올릴 경우 이자 부담이 커지면서 실물경제가 침체나 부실에 빠질 위험이 클 경우에 사용하는 정책 수단이다. 한국은행이 지급준비율을 높이면 신용대출을 해 주는 상업은행이 그 기준에 맞게 대출을 회수하거나 추가 대출을 줄인다. 그 결과, 시중 통화량이 조절되고 투기적 화폐 수요도 감소한다. 만약 지급준비율정책도 사용할 수 없는 특수한 상황이 발생하면, 통안채 매매를 통해 시중은행의 통화량을 직접 조절하여 같은 효과를 노린다. 통안채(통화안정증권, monetary stabilization bond)는 한국은행이 금융기관을 상대로 발행하는 채권이다. 상업은행에 고객 예금이 많이 쌓이면, 이자 수익으로 먹고사는 은행은 이자율을 낮춰서라도 대출을 늘려서 수익 증대를 모색하게 된다. 신용대출 이자율이 낮아지면, 사람들이 쉽게 돈을 빌릴 수 있어서 사치성 소비재 구입이나 주식과 부동산 등에 투자 수요가 증가한다. 이런 소비 행위는 물가상승을 불러오면서 실물경제에 부정적 영향을 준다. 중앙은행은 이런 상황을 통제할 필요성을 느낀다. 기준금리 인상이나 지급준비율 인상 등은 시장에 주는 심리적 부담이 크다. 그래서 한국은행은 통안채를 발행하여 상업은행에 주고 그 만큼의 현찰을 빌리는 모양새로 현찰을 회수하여 한국은행 금고에 보관한다. 상업은행에 쌓인 현금 규모가 줄어들면서, 신용창조 여력도 조절된다. 통화안정증권(통안채)는 경상수지 흑자와 해외 투자금의 유입으로 국내로 들어온 달러화가 원화로 환전되어 시장으로 흘러 들어가는 과정에서 [늘어난 원화 규모로 인해 원달러 환율이 폭락하지 않도록] 원화 가치 안정을 유지하기 위해서도 사용된다. 하지만 한국은행이 통안채를 남발하면 통안채 이자 부담이 커진다. 한국은행의 이자 부담은 궁극적으로는 국가의 부담으로 전가된다.

만약 상업은행이 생존을 위해 중앙은행에게서 디지털 화폐(CBDC) 발행 권한을 위임받으면 된다. 상업은행이 사라지면 중앙은행이 기업, 개인(내외국인)을 모두 상대해야 한다. 중앙은행이 외국인과 직접 상대를 하게 되면, 한국의 중앙은행인지 글로벌 중앙은행인지에 대한 정체성 재정립도 필요해진다. 이런 구조는 CBDC 법정화폐 시스템을 통해 빅브라더스 욕망을 실현하려는 세력에게 매우 유리하다. 하지만 그렇지 않은 나라에서는 당장은 득보다 실이 더 클 수 있다는 우려가 나올 수 있다. 이런 문제를 피하기 위해 상업은행에게 디지털 화폐(CBDC) 발행 권한을 위임하면 자동으로 위에서 설명했던 중앙은행 고유 업무도 이전이 된다. 그러면, 중앙은행과 상업은행의 역할이 모호해지는 새로운 문제가 발생한다. 이 문제는 상업은행이 사라지는 것보다 더 복잡한 문제를 야기한다.

그래서 상업은행이 살아남으려면 투자은행으로 변신하는 것이 유력한 방법이다. 그러면 어떤 일이 벌어질까? 두 가지다. 하나는 모든 상업은행이 투자은행으로 변신이 불가능하다. 국내와 국외 시장에는 이미 굵직한 투자은행, 증권사, 민간투자회사 등이 치열하게 경쟁 중이다. 시장은 충분히 포화상태. 시장의 과도한 경쟁(제로섬 게임)을 방지하기 위해, 정부가 나서서 최소 절반 이상의 기존 상업은행들이 투자시장에 진입하지도 못하고 정리할 가능성이 크다. 살아남아 투자은행으로 전환한 상업은행들도 치열한 경쟁에 빨려 들어간다. 일부 투자은행은 빅테크로 변신을 완료했다. 미국 투자은행 골드만삭스는 신규 직원 채용의 절반을 인공지능, 플랫폼 운용, 데이터 분석 및 IT 서비스 개발 등 정보기술(IT) 인력에 집중한다. 2021년 1분기 미국 최대 투자은행 JP모건은 역사상 최대 순익을 기록했다. 하지만 제이미 다이먼 JP모건 회장은 주주들에게 보내는 서한에서 "은행들이 거의 모든 사업 부문에서 '어마어마한 위협(enormous threats)'에 직면했다"고 적었다. 그는 "지금은 구글, 아마존, 페이스북, 애플 그리고 심지어 월마트까지도 경쟁 상대이며, 경쟁 강도와 위협은 앞으로 더 무시무시해질 것(formidable)"이라고도 했다. JP모건의 최대 순익 원인이 코로나19 기저 효과였다는 것만이 위기의 원인이 아니었다. 당장의 문제는 두 가지다. 하나는 미국의 경제성장률이 낮아지면서 대출 수요가 줄어들고, 갈 곳을 잃은 돈이 은행으로 몰려들면서 예금 수신만 늘어나는 것이다. 다른 하나는 핀테크 스타트업들과 실리콘밸리 빅테크 기업들이 금융업에 진출하면서 경쟁이 심해진 것이다.[327] 투자은행도 지금 제로섬 게임에 휘말려서 생존을 걱정 중이다. 투자은행으로 변신한 상업은행이 덩치가 커도, 투자시장에서는 초보다. 결국 투자은행으로 전환한 상당수의 상업은행들이 자연스럽게 시장 경쟁에서 탈락할 가능성이 크다.

---

327 남민우, "JP모건 회장의 경고 '은행들 엄청난 위기… 애플·월마트도 경쟁상대'", 조선일보, 2021. 04. 30.

제조업의 반격

변혁적 기술들이 지배 시스템으로 올라서는 '중간 과정'에 이르면, 제조업의 반격도 일어난다. 세계은행 자료에 따르면, 전 세계 GDP에서 제조업이 차지하는 비중은 2000년 18%에서 2020년 16%로 감소했다. 2022년 전 세계 GDP는 100조 달러를 돌파할 예정이다.[328] 16%라는 제조업의 비중을 적용하면, 16조 달러 정도다. 2021년 한국 GDP 전체의 8배가 넘는다. 전 세계 GDP에서 제조업이 차지하는 비중이 낮아지고 있지만, 한국 경제가 현재 10위를 넘어 G5에 들어서려면 미래 제조업 경쟁력을 빼앗겨서는 안 된다. 필자는 변혁의 시대에 제조업의 새로운 부흥기가 열릴 가능성이 크다고 예측한다. 전 세계 인구 증가와 도시화와 중산층 규모가 계속 증가 중이어서 소비시장 규모도 계속 커질 것이기 때문이다. 인공지능 기술이 거의 모든 제품에 연결될 가능성이 큰 것도 이유다. 미래에 판매되는 제품은 인공지능이 장착된 제품과 그렇지 않은 제품으로 나뉜다. 인공지능이 장착되지 않고 판매되는 제품은 오직 한 가지에 불과하다. 앤티크(Antique), '골동품'뿐이다. 모든 제품에 인공지능이 장착되면, 당신의 집, 사무실, 도시 안에 있는 모든 제품을 재구매해야 한다. 현재는 없는 전혀 새로운 제품 구매 수요 발생도 이유다. 인공지능이 로봇과 연결되면, 인간의 신체 능력을 향상시킨다. 인간의 인공지능 로봇을 구매하거나, 인공지능 기능이 탑재된 입는 로봇을 착용하게 된다. 제조 수요의 다양성 증가도 제조업 부흥을 이끌 것이다. 미래 제조업의 특징 중 하나는 '제품의 롱테일(Long Tail of goods)'이다. 게임을 하다가 갑자기 게임 속의 가상 캐릭터가 갖고 싶거나, 피카추라는 만화 영화를 보

---

328 박수현, "전 세계 GDP, 내년 100조달러 돌파…韓 경제, 10위 수성", 조선비즈, 2021. 12. 27.

다가 등장인물이 가지고 있는 작은 소품이 갖고 싶으면 곧바로 인터넷 웹 사이트에 접속해서 디자인 파일을 다운로드해 3D 프린터로 만들어볼 수 있다. 시골의 깊은 산골마을에 있는 고객에게 즉시 제조해서 판매할 수 있다. 단 한 사람의 필요나 아이디어를 미래 제조업 도구들을 사용해서 얼마든지 제품화할 수 있다. 선진국에서 제조업의 부흥도 이유다. 필자는 이것을 '선진국의 제조업 반격'이라고 부른다. 현재 제조업은 개발도상국에서 비중이 높은 산업이다. 글로벌 제조업이 선진국에서는 설계만 하고 개발도상국에서 저렴한 노동력을 기반으로 제품 생산을 하는 구조를 갖기 때문이다. 그래서 경제가 발전할수록 제조업 비중이 하락하는 것이 상식적이다. 다음 그림을 보자. 1960년대 이후부터 현재까지 미국, 일본, 한국, 중국, 베트남의 GDP 대비 제조업 비중 변화다.

주요 국가에서 제조업 GDP 비중 변화 추이

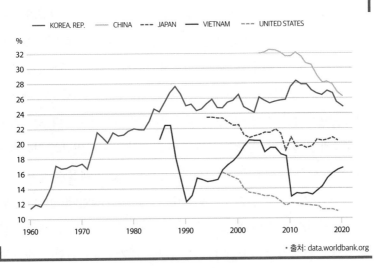

• 출처: data.worldbank.org

미국과 일본 같은 선진국은 제조업 비중이 계속 하락 중이다. 한국은 1990년경까지 제조업 비중이 꾸준히 증가했지만, 그 이후에는 24~28% 사이에서 맴돌고 있다. 경제 시스템이 개발도상국 단계를 벗어나고 있다는 의미다. 중국도 2010년경부터 제조업 비중이 빠르게 줄고 있다. 중국도 개발도상국 경제 시스템에서 벗어나고 있다는 의미다. 베트남은 제조업 비중이 들쑥날쑥하다. 개발도상국 시스템조차도 안정적이지 못하다는 의미다. 하지만 2010년 이후 중국에서 제조업 비중이 낮아지자, 제조업 비중이 다시 상승 중이다. 중국의 인건비가 높아지면서, 베트남으로 제조 시설이 이전되면서 발생한 현상이다. 미래에도 이런 기본 구조는 유지될 수 있다. 하지만 미·중 패권전쟁, 러시아와 미국의 신냉전 부활 등으로 자국 경제의 안정성과 지속 가능한 성장을 위해 미국과 유럽 선진국을 중심으로 글로벌 공급망 재편 움직임이 일어나고 있다. 이 과정에서 핵심 제조업 생산시설을 자국으로 이전하는 리쇼어링 추세가 증가 중이다. 하지만 필자가 '선진국의 제조업 반격'이라고 부를 정도로 선진국 내에서도 제조업 비중이 늘어나는 현상이 발생하는 이유는 따로 있다. 변혁적 기술들이 지배 시스템으로 올라서는 '중간 과정'에서 제조업의 미래 변화 때문이다. 필자가 예측하는 제조업의 변혁의 핵심은 생산방식의 변화에 있다. 다음 그림을 보자. 필자가 예측하는 제조업 변혁 조감도다.

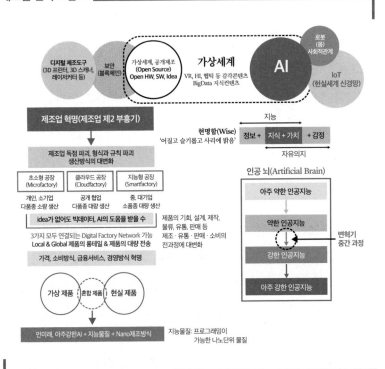

미래 제조업은 인공지능 발전과 연결되어 변혁의 속도와 범위가 결정된다. 필자는 변혁기 중간 과정에서 제조업에 영향을 미치는 인공지능 기술 발전 단계는 약한 인공지능 후반에서 강한 인공지능 초반 정도가 될 것으로 예측한다. 알리바바 창업자 마윈은 인공지능과 빅데이터 기술로 미래에는 제조업이 B2C(기업과 소비자 간 거래) 모델에서 C2B(소비자 대 기업 거래) 모델로 패러다임이 바뀔 것이라고 예측했다. B2C가 기업이 중심이 되는 거래라면, C2B는 소비자가 중심이 되는 거래다. 미래의 공장은 빅데이터를 기반으로 인공지능이 실시간 트렌드를 분석해 소비자 맞춤형으로 제품을 생산하는 디지털 공장으로 전환될 것이라고 예측했다. 알리

바바는 3년간의 연구 개발을 통해 항저우에 디지털 의류 공장 '쉰시[迅犀, 빠른 코뿔소]'를 완성했다. 이 공장에서는 유명 인플루언서가 진행하는 라이브 커머스에서 예약 주문이 들어온 수천 건의 각기 다른 옷을 다음 날 곧바로 제작에 들어갈 수 있는 시스템이 구비되어 있다. 알리바바의 자체 분석에 따르면, 쉰시 공장 시스템 덕택에 신상품 출시 주기는 60%, 납품 시간은 75%, 재고율은 30% 정도 줄었다.[329] 필자가 예측하는 미래 제조업 변혁은 이 수준을 능가한다.

제조업에서 일어나는 놀라운 변혁들

미래 제조업은 인공지능의 발전, 로봇, IoT, 가상세계의 발전에 디지털 제조도구, 공개제조, 가상제조 등의 새로운 제조방식과 환경변화가 맞물리면서 생산방식에서 거대한 변혁이 이루어질 것이다. 생산방식의 변혁은 제조업 패러다임을 바꾸는 결정적 요인이다. 예를 들어, 한 사람이 제품 전체를 개발했던 원시적 생산방식에서 여러 사람이 분업하여 제품을 생산하는 가내수공업 방식으로 전환은 제조업 혁신을 가져왔고 18~19세기 산업혁명의 기틀이 되었다. 헨리 포드는 미시간 주에 있는 자동차 공장에 기원전 250년부터 무거운 물체를 운반할 목적으로 사용되었던 컨베이어 벨트와 부품의 상호교환성을 적용하여 자동차 산업뿐만 아니라 20세기 내내 모든 제조업에 생산방식의 변혁을 일으켰다. 앞으로 변혁기 중간 과정에 이르면 또 한 번의 생산방식 변혁이 실체를 드러낸다.

---

329 조아라, "메이드 인 인터넷 시대 실현, '꿈의 공장' 만든 알리바바", 한국경제, 2020. 09. 26.

제품 생산에서 가장 중요한 것은 빅데이터가 될 것이고, 인공지능이 생산성을 높이고, 깎고 자르고 붙이고 조립하는 식의 기존의 생산방식은 구식이 될 것이다. 분자 단위의 물질을 붙이고, 깎고, 자르고, 두드리는 생산방식에서 나노 도구와 4D 프린팅 도구를 사용하여 원자 단위와 디지털 단위의 유무형의 물질을 찍어내는 새로운 형식의 생산방식이 확대될 것이다. 이런 새로운 제조 방식에 인공지능이 연결되면 제조 도구 자체가 지능을 갖고 인간을 보조하는 일이 벌어진다. 레이저 칼(laser cutter), 3D 스캐너 기술, 클라우드 기술과 인터넷 커뮤니티의 공개 제조도 생산방식의 변혁에 기여하게 될 것이다. 생산방식에서 일어나는 거대한 변혁은 아이디어가 부족하거나 특별한 제조 기술이 없는 개인도 제조업에 진출할 기회를 열어줄 것이다. 모든 개인을 제조업자로 변신시킬 수도 있다. 단일 제품 하나를 온전히 제조할 수 있는 생산 도구가 개인이 구매할 만큼 저렴해지고, 인공지능과 통신 기술의 지속적 발전으로 물품 제조 아이디어에서 판매에 이르기까지 개인의 한계를 극복할 환경이 조성된다. '생각하는 4D 프린터'가 집집마다 설치된다. 생각하는 4D 프린터는 인공지능이 연결된 4차원 프린터다. 경비행기, 로봇, 자동차 같은 제품을 생산할 전문적이고 큰 4D 프린터나 모든 제조활동이 학습 가능한 인공지능 로봇 근로자도 자동차 한 대를 구입하는데 드는 금융비용으로 구매할 수 있게 된다. 다양한 개인용 생산도구를 가지고 고장 난 샤워기부터 단종된 오래된 자동차 부품까지 자급자족할 수도 있다. 방금 머릿속에 떠오른 제품 아이디어를 즉시 만들어 전 세계에 팔 수도 있다. 참신한 아이디어가 없어도 오픈소스로 공개된 아이디어나 저렴한 저작료를 지불하고 내려받아 생각하는 4D 프린터로 만들어 사용할 수 있다. 인텔은 3D 프린터를 활용해서 고객이 2족 보행 로봇을 만들 수 있는 '지미'라는 로봇 설계도를 공개했다. 오픈소스로 공개된 로봇 설계 프로그램을 따라 3D 프린터로 부품을 인쇄하고 인텔이 판매하는 1,600달러짜리 조립세트와 연결하면 자신만의 로봇을 직접 조립할 수 있다.[330] 친구나 애인에게 물건을 사서 선물할 필요 없다. 설계도만 이메일로 전송하면 된다. 애인에게 프러포즈할 때 필요한 보석 반지를 직접 인쇄해서 선물해도 된다.[331]

생산방식 변혁은 제조업 독점을 파괴하고, 우리가 알고 있던 제조업 형식과 규칙을 모두 파괴한다. 예를 들어, 공장의 형태와 기능도 파괴된다. 초소형 공장, 클라우드 공장, 지능형 공장, 빌려 쓰는 공장, 무인 자율주행 이동 공장 등이 등장한다. 이 모든 공장들이 연결될 수도 있다. 초소형 공장은 개인이 만든 공장이다. 클라우드 공장은 가상세계를 매개로 개인들이 만든 초소형 공장들이 하나의 네트워크로 묶인 공장이다. 미래는 가상세계(메타버스)를 매개로 개인 단위 제조 기반들이 모세혈관처럼 연결되고, 이것들은 다시 인간의 동맥과 정맥처럼 거대 혈관 기능을 하는 기업 공장과 연결된다. 지구 전체가 거대한 공장이 되는 미래다. 생산자와 소비자를 연결시키는 제조 플랫폼이다. 이런 새롭고 거대한 제조 플랫폼 안에서 인터넷 활동처럼 관리 조직 없이 무수한 주문과 생산활동이 진행된다. 한 공장이나 한 지역의 생산활동에 일부 오류가 생기더라도 제조 네트워크 전체에 영향을 주지 않는다. 코로나19기간에 경제활동에 충격을 주었던 공급망 병목 현상이 발생하지 않는다. 클라우드 공장을 특정 회사가 구축할 수도 있다. 이들은 생각하는 4D 프린터를 구매한 모든 개인을 메타버스 공간에 묶는다. 물건 제조 도구와 관련된 모든 회사도 모

---

330 박종익, "인텔, 3D 프린터 활용한 2족 로봇 '지미' 공개", 서울신문, 2014. 05. 29.
331 조우상, "프로포즈용 보석반지, 이젠 3D프린터로 인쇄", 서울신문, 2016. 06. 27.

은다. 제조 지식과 정보, 맞춤형 인공지능 서비스, 제조 교육 및 훈련, 생산물의 유통, 물건을 구매하고 제조에 필요한 금융 서비스 등에 관련된 회사들도 모은다. 이들을 하나의 생태계로 만들고 유지하고 관리한다.

빌려 쓰는 공장은 자신이 거주하는 주변에서 편의점처럼 쉽게 접근이 가능한 공개형 공장(open factory)이 있고, 시간당 비용을 주고 가정용보다 큰 규모의 4D 프린터, 3D 스캐너, 레이저 커터처럼 물품 제조에 필요한 고성능 하드웨어와 고가의 운영 소프트웨어 등을 빌려 쓰는 방식이다. 빌려 쓰는 공장은 주민센터, 학교 등에도 마련될 수 있다. 무인 자율주행 이동 공장은 공개 공장이 인공지능이 운전하는 자율주행 수송 장치 안에 탑재되는 형태다. 공장의 형태와 기능에 일어난 변혁은 매우 가상적이지만 동시에 매우 현실적인 제조, 매우 개인적이지만 매우 집단적인 제조, 매우 지역적(local)이지만 동시에 매우 세계적(global)인 제조 환경을 탄생시킨다. 매우 지역적이라는 것은 1차 산업혁명 때처럼 가내공업(家內工業) 형태를 갖는다는 의미다. 매우 세계적이라는 것은 개인이 시간과 공간의 한계, 언어의 한계를 뛰어넘어 세계 곳곳에 연결된다는 의미다.

변혁기 중간 과정에 이르면, 이런 변혁적 제조 인프라를 활용해서 오픈 소스로 공개된 자동차나 개인용 잠수정 등 설계도를 내려받아 스스로 만들어 탈 수 있는 시대가 열린다. 클라우드 공장은 특정 제조 플랫폼이나 글로벌 인터넷 네트워크로 연결된 노드(node) 단위의 협력자들과 함께 제품을 만드는 시대를 열어준다. 누군가 제품 제조 요청을 인터넷에 올리면, 공동작업을 통해 설계 아이디어를 발전시킬 수 있다. 생산 총괄자가 있는 플랫폼형 클라우드 공장이라면 자사 인공지능을 사용해서 설계 아이디어를 발전시킬 수 있다. 완제품 생산에 필요한 부품들은 수천수만 개의 기업과 개인이 거미줄처럼 얽힌 생산 네트워크에 할당된다. 자동차 한 대에 필요한 수천수만 개의 부품들도 개별 생산 노드 단위에서 금속이나 플라스틱, 특수 물질 등으로 찍어 내지고, 1~2일 안에 생산 총괄자에게 배송된다. 생산 총괄자 혹은 초거대 인공지능은 생산된 부품들을 완제품으로 조립하는 서비스를 제공하는 지능형 공장이나 제품 요청자에게 직접 배송해 준다. 추가 생산이나 대량 생산을 원한다면, 클라우드 펀딩(공개형 펀딩, open funding)을 통해 미래의 제품 구매자들에게 직접 펀딩할 수도 있다. 일명, 마이크로 인베스트먼트(Microinvestment) 시스템이다. 클라우드 펀딩은 아이디어만으로 선판매가 될 수 있는 시스템이기에, 제조업자가 제품을 생산하는데 드는 비용을 은행에서 빌리거나 지분을 넘기지 않고도 쉽게 조달할 수 있다. 펀딩에 참여한 소비자는 제조업자를 후원하고 제품 개발과 홍보를 돕는 커뮤니티 회원이 될 수도 있다. 펀딩 규모 자체가 소비자 반응을 살펴볼 수 있는 시장조사 기회도 된다.[332] 지금도 매년 수십억 달러가 클라우드 펀딩으로 모아지고 있다. 미래에는 펀딩 규모가 몇 십 배로 커질 가능성도 충분하다. 클라우드 공장 시스템이 대중화되면, 재고를 쌓아둘 대형 창고도 필요 없다. 컴퓨터와 클라우드 스토리지 안에 무한히 재고를 쌓아둘 수 있다.

개인이나 소기업이 할 수 있는 초소형 공장(microfactory)은 다품종 소량 생산에 강점을 갖는다. 공개 협업을 중심으로 한 클라우드 공장(cloudfactory)은 다품종 대량 생산에 강점을 갖는다. 중·대기업이 운영하는 지능형 공장(smartfactory)은 소품종 대량생산에 강점을 갖는다. 이런 3가지의 공장을 다시 거대한 지능 네트워크로 연결시키면 '디지털 공장 네트워크(digital factory network)'가 만들어질 수 있다. 이들을 모두 제조 플랫폼

---

332 크리스 앤더슨, 『메이커스』, 윤태경 역, (서울: 알에이치코리아, 2013), 244~257.

안으로 묶으면 거대한 제조 생태계도 만들 수 있다. 애플이나 구글의 앱 생태계를 능가하는 강력한 플랫폼이 될 것이다. 이런 플랫폼 회사가 암호화폐로 발권력을 발휘하고 블록체인 기술을 활용해서 국가 간 거래(무역)까지 사업 범위를 확장하면 영향력은 더 막강해진다.

이런 변혁적 생산방식의 출현으로 아이디어가 제품화되는 논리적 단계가 단축되고, 제품이 생산되는 물리적 경로도 단축된다. 제조업은 모든 개인에게 개방된 영역으로 만들어진다. 자본가, 발명가나 창의적 엔지니어가 장악한 제조업 독점도 깨진다. 자신의 재능이 부족해도 빅데이터와 인공지능의 도움을 받을 수도 있기 때문에 성별의 차이, 나이의 차이, 힘의 차이, 지능의 차이가 더 이상 장벽이 아니다. 미래 제조업의 유일한 장벽은 게으름뿐일 것이다. 모든 사람 속에 잠재된 제조업 본능이 자극되고, 그만큼 제조업 부흥도 크고 빨라진다. 인간의 모든 아이디어를 현실로 만들 수 있는 제조업 판타지 시대가 열릴 것이다. 하루에도 수천수만 개의 스마트폰, 태블릿, 컴퓨터용 앱이 만들어져 시장에 출시되듯이, 창의적이고 지혜로운 사람들이 수천수만 개의 작은 제조 비즈니스 기회를 만들어 내는 미래가 펼쳐질 것이다.

이런 환경에서는 기업이 운영하는 공장도 강제 변혁을 받아들이게 된다. 컨베이어 벨트를 따라 숙련공이나 저임금 노동자를 배치시키고 부품의 상호교환성에만 의존한 생산방식을 버리고, 인공지능 로봇을 관리자로 세워 컴퓨터 디자인을 제어하고, 사물인터넷(IoT)과 각종 센서로 실시간 생산 정보를 수집하고, 레이저 커터 기계, CNC 기계, 4D 프린터, 나노 도구 등 새로운 미래 제조 도구들을 적재적소에 배치하고, 조립용 로봇과 이동형 근로자 로봇들을 활용하여 물건을 제조하는 모습으로 변화한다. 이렇게 공장을 초지능화하고 비용을 낮추고 효율성을 높여 초소형 공장, 클라우드 공장, 공개 공장, 무인 자율주행 이동 공장 등과 경쟁하게 된다. 미래 제조업에서 생산되는 제품도 가상제품, 현실제품, 가상과 현실을 혼합한 혼합제품, 지구상에 단 하나만 존재하는 제품들이 NFT와 연결되어 생산될 것이다. 인터넷 혁명으로 온라인 시장(online market)이 등장하면서 소품종 소량 생산을 가능하게 했다면, 새로운 제조업 변혁은 극소수 취향의 상품, 지구상에 단 하나만 존재하는 제품의 제조와 판매를 가능하게 해 준다. 유일무이한 제품들의 숫자는 무어 법칙(Moor's Law for goods)과 롱테일 법칙(Long Tail of goods)을 따라서 증가할 것이다. 기존 제조업은 다수가 원하는 상품을 대량으로 제조했다. 변혁기 중간 과정에 이르면, 제품 종류의 다양성이 꼬리 부분이 가늘고 길게 늘어나는 롱테일 곡선을 따르게 된다. 생각하는 모든 것이 제품으로 탄생될 수 있는 단계에 진입하면, 롱테일 곡선의 길이도 무어의 법칙을 따라 늘어나면서 무한대로 진입한다. 복리 제작 곡선(compound making corve)이 가능해지기 때문이다. 물론, 제품 생산에서 롱테일 법칙과 무어 법칙이 작동되는 것은 생산방식의 변혁만으로 부족하다. 경영방식의 변혁, 유통방식의 변혁, 금융 서비스 변혁 등 거의 모든 영역에서 일어나는 변혁들이 어우러진 결과다.

변혁기 중간 과정에 이르면, 가격혁명도 일어난다. 한계비용이 '제로'까지 하락하지는 못하지만, 혁명적으로 낮아진다. 제조업 인프라가 싸고, 빠르고, 무게가 없는 비트(bit)로 구성된 '디지털(digital) 세계' 위에서 작동하기 때문에 가능한 결과다. 제품 제작자가 구매자의 안방이나 근처 공개 공장, 무인 자율주행 이동 공장에서 원격으로 제품 인쇄가 가능해지면, 제품 가격을 지적 재산권 비용으로 낮출 수 있다. 초고속 인터넷을 통해 수많은 고객에게 제품 제작에 필요한 비트(bit)를 한 번에 순간이동(瞬間移動)시키는 '매스텔레포테이션(mass teleportation)'이 가능해지면 제품 가격을 현재의 음원시장 수준으로 낮출 수 있다. 한 달에 일정 비용을 내면 원하는 모든 제품을 다운로드해 인쇄하는 구독 서비스도 가능해진다. 1인 제조업자는 행복한 이익, 기업형 제조업자는 규모 있는 이익이 동시에 실현될 수 있다. 현재의 음원시장처럼 음원 단가가 낮아서 개당 수익이 미미할 수도 있지만, 글로벌 시장으로 판매 네트워크가 확대되면서 세계적인 히트 제품을 만들면 엄청난 수익을 거두는 기회도 존재한다. 소비자가 무엇을 필요하고 욕구하는지에 따라서 제조업 시장이 움직이게 되면서, 이익의 극대화보다 만족의 극대화를 비즈니스 목적으로 하는 사업가도 등장할 수 있다.

미래 제조업 시장에도 고부가가치 물건 생산은 가능하다. 세상에 단 하나 밖에 없는 특이성을 가진 제품, 같은 물건이라도 다른 사람 것과는 약간의 변형이 있는 변이성 제품이 NFT로 유일성을 인증받으면, 경매 시장을 통해 가격 상승이 일어난다. 예술 산업, 패션 산업 등 놀라운 상상력이 인정받는 제품이나 작품도 높은 프리미엄을 받을 수 있다. 복잡하고 섬세한 수학적 알고리즘을 따른 조각 작품, 폭포가 떨어지는 모습과 떨어진 물이 이리저리 튀는 기하학적 형태를 컴퓨터 시뮬레이션하고, 그 전체 모습을 4D 프린터로 찍어내는 것이 가능하다. 인간의 손으로 조각할 수 없는 특이한 예술 조각품이 가능하다. 다양한 소재를 한 번에 사용하는 디자인을 표현해 내는 조각품도 찍어낼 수 있다. 패션 산업도 부가가치 상품을 인쇄할 수 있는 영역이다. 신발이나 옷 등에서 한 사람에게 완전 맞춤형 제품을 찍어 낼 수 있다. 맞춤형 사이즈와 디자인, 소재를 사용할 수 있는 새로운 패션 디자인 산업도 가능해진다. 그 외에도 수많은 상상력, 기발함, 특이함, 예술성을 팔 수 있는 틈새시장이 만들어질 것이다. 이렇게 변혁기 중간 과정부터는 제조업이 무한 발전할 수 있는 경로에 진입하게 된다. 제품을 구상하는 인간의 생각, 생각해 낸 제품을 디자인하는 도구, 아이디어를 현실화하는 제조(製造, making)의 진보가 멈추는 그날까지 발전은 거듭될 것이다. 발전이 거듭될수록 부흥도 지속될 것이다. 도약적이고 전면적인 변화들이 곳곳에서 속출하는 중간 과정을 지나, 변혁 그 자체가 지배 시스템으로 안착되는 완성기에 이르면 인공지능과 로봇, 생각하는 기계들이 협업하여 새로운 물질을 만들고 새로운 제품을 스스로 생산하는 시대도 도래할 것이다. 말 그대로 제조업의 반격이다.

변혁의 국가 중국, 반격의 시간을 선물한다

필자는 **시나리오1. 도약, 일본 추월**에서 미국과 중국의 패권전쟁이 한국에 열어주는 새로운 기회들을 예측했다. **시나리오3. 새로운 게임, 반격의 시간** 안에는 중국 내에서 벌어지고 있는 또 하나의 변혁인 인구구조 대변화가 한국 기업에 반격의 시간을 만들어주는 하위 시나리오를 삽입한다.

변혁의 종류는 세 가지로 나눌 수 있다. 첫째, 변혁적 기술들이 만들어내는 변혁이다. 산업혁명기 이후부터는 기술 분야의 변혁이 주는 영향력이 가장 크다. 변혁적 기술은 주로 산업과 경제 등에서 강력한 변혁을 일으키지만 최종적으로는 인간의 삶의 방식까지 바꾼다. 둘째, 인구구조 대변화로 만들어진 변혁이다. 인구구조 변화는 주로 사회 시스템에 변혁을 일으키는 최고 동력이다. 셋째, 글로벌 패권 지형의 거대한 변화가 만들어낸 변혁이다. 패권 지형의 거대한 변화는 정치 및 외교 분야에서 변혁을 일으킨다. 다시 말하지만, 변혁(transformation)은 '형질(形質, character)이나 유형(類型, form) 자체의 완전한 탈바꿈'이 일어나는 도약적이고 전면적인 변화, 패러다임 대전환 수준의 변화를 가리킨다.

앞으로 10~30년, 중국은 기술 분야에서 일어나는 변혁의 물결도 영향을 받고, 내부의 인구구조 대변화, 외부 미·중 패권전쟁으로 발생하는 변혁의 물결에도 직접 영향을 받는다. 이렇게 3개의 변혁의 물결을 동시에 받는 중국은 가장 크게 흔들리고, 영향을 받고, 변화하는 국가가 될 것이다. 한국 정부, 기업, 국민은 21세기 변혁의 물결이 가장 크게 휘몰아칠 중국을 주목해야 한다.

중국 내에 변혁의 물결이 크게 몰아치면, 그 안에서 활동하는 기업이나 개인은 둘 중의 하나의 결과를 낸다. 변혁의 물결의 공격을 받고 깨져 버리든지, 아니면 변혁의 거대한 파도를 타고 다시 일어서든 지다. 변혁의 파도에 부서지지 않고, 반격의 기회로 만들려면 변혁의 본질을 알고, 변혁이 가져다줄 변화를 미리 예측해서 버릴 것은 버리고 도전할 것은 과감하게 투자하고 행동하는 전략으로 재정비해야 한다.

2022년 한국 수출의 대중국 성과가 엇갈리고 있다. 2021년 기준, 한국의 대중국 수출 비중은 25.3%다. 무역수지 흑자는 76%가 중국 수출에서 나온다.[333] 현재 대중국 수출 규모도 2017년부터 제자리에 머문 상태다. 성장세가 멈췄다는 의미다. 이대로 가면 마지막에는 대중국 수출 전체 규모가 급격하게 주는 상황까지 갈 수 있다. 대중국 수출의 반격의 기회가 필요하다. 2021년 기준, 대중국 수출 의존도가 가장 높은 업종은 석유화학 중간원료(71.9%)와 광학기기(70.5%), 반도체 제조용 장비(55.2%), 비누 치약 및 화장품(53%)다. 그 외에도 반도체(39.3%), 평판디스플레이 및

---

333 김지애, "'무역한국' 수출품 지각변동… 중국-미국 줄타기의 선택은", 국민일보, 2022. 01. 15.

센서(35.9%), 합성수지(34%), 무선통신기기(31.2%), 컴퓨터(26.3%), 석유제품(17.9%) 순이다.[334]

한국의 대중국 수출품목 쇠퇴와 성장 패턴은 전형적으로 중국 기업의 경쟁력 강화와 내수시장의 특성 변화와 맞물려 있다. 초기에는 섬유 및 봉제를 비롯한 경공업 품목이 퇴출당했고, 지난 10년 동안은 백색가전 및 자동차 완제품의 대중국 점유율이 하락하면서 퇴출을 당하고 있다. 2012년 현대차·기아의 중국 시장 점유율은 2012년 10%까지 상승하면서 일본 자동차를 앞섰지만, 2021년 현대차·기아의 중국 시장 점유율은 2.7%까지 추락했다. 중국 내수시장 점유율 8.4%를 기록한 도요타와 차이가 크다. 현대차는 베이징 1공장을 매각했고, 기아차는 장쑤성 옌청 1공장을 폐쇄했다. 삼성전자 스마트폰의 중국 내수시장 점유율은 2014년 13.8%에서 2021년 0.4%로 추락했고, 중국 내 컴퓨터 공장을 철수시켰다. SK와 LG는 베이징 본사 빌딩을 매각했고, 신세계, 롯데 등 굴지 대기업들도 중국 법인을 매각하거나 완전히 철수하고 있다. 반면, K-소비재 대중국 수출액이 서서히 상승 중이다. 중군 내수 소비시장에서 스킨과 로션같은 기초화장품과 세안용 폼클렌징 등 화장품, 샴푸, 음료 및 간식, 라면 등 인스턴트식품, 이유식, 시트나 소파 커버, 핸드백, 의류, 주방세제 등은 인기가 높아지고 있다. 스마트폰과 자동차 등 K-내구재의 수출은 쇠퇴하고, K-소비재 대중국 수출액이 증가하는 것은 중국 기업의 경쟁력 강화와 내수시장의 특성 변화에 따른 한국의 대중국 수출품목 성쇠 패턴과 일치한 현상이다. 앞으로 한국 기업이나 개인이 중국에서 일어나는 변혁의 파도에 부서지지 않고, 반격의 기회로 만들려면 변혁의

---

334 이경은, "중국 드라마에서 현대차·기아와 한국 화장품이 사라졌다", 조선일보, 2022. 02. 23.

본질을 알고, 변혁이 가져다줄 변화를 미리 예측해야 한다. 필자는 중국 내에서 벌어지는 3가지 변화 중에서 변혁적 기술들이 만들어내는 변혁과 글로벌 패권 지형의 거대한 변화가 만들어낸 변혁의 모습에 대해서는 **시나리오1. 도약, 일본 추월**과 **시나리오2. 붕괴, 내전**에서 예측했다. 물론 시나리오1, 2가 대부분 한국의 미래에 맞춰져 있지만, 변혁적 기술들이 만들어내는 변혁의 모습은 한국과 중국이 큰 차이가 없다.

이제 중국에서 일어나고 있는 인구구조 대변화와 그에 따른 사회 시스템의 변혁을 간략하게 분석하고 예측해 보자. 다음 그림은 2022년 기준 중국과 경쟁 국가들 간의 인구구조를 비교한 것이다. 경제 활동의 중심이 되는 20~59세까지를 박스로 표시했고, 그 안에 남녀를 합쳐 최소한 7%를 넘는 세대(5년 간격)를 다시 박스로 표시해서 비교했다.

2022년 중국과 경쟁국들 간의 인구구조 비교

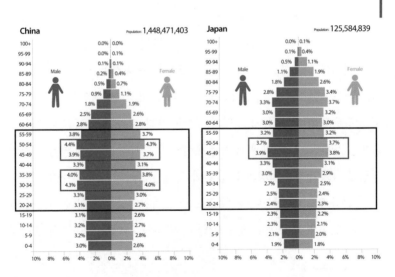

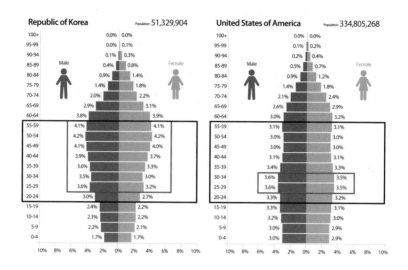

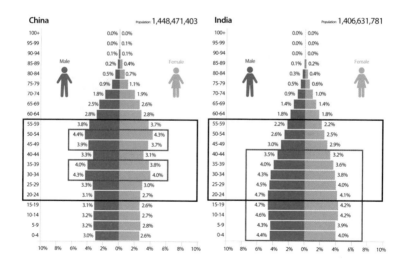

위 그림들을 비교한 결과, 중국은 선진국 중에서 가장 먼저 초고령 사회에 진입한 일본보다는 훨씬 나은 인구구조이고, 미국보다는 약간 나은 정도이다. 하지만 초고령 사회 진입을 걱정하는 한국보다는 인구구조 상태가 안 좋다. 중국이 한국보다 나은 세대는 19세 미만이다. 이는 중국이 잘해서가 아니다. 한국의 19세 미만 인구가 거의 일본 수준과 비슷해질 정도로 빠르게 악화되었기 때문이다. 중국의 인구와 경제 규모를 추월할 가능성 1순위에 있는 인도와는 압도적으로 불리한 상태다. 다음 그림을 보자. 2050년의 중국과 경쟁 국가들 간의 인구구조를 비교한 것이다.

2050년 중국과 경쟁국들 간의 인구구조 비교

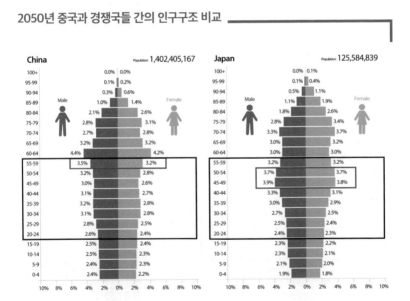

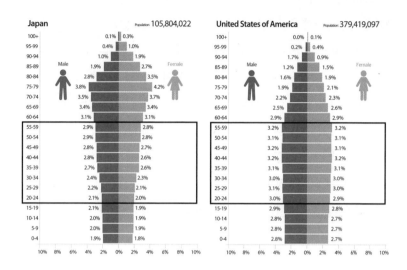

Japan
Population: 105,804,022

	Male		Female	
100+		0.1%	0.3%	
95-99		0.4%	1.0%	
90-94		1.0%	1.9%	
85-89		1.9%	2.7%	
80-84		2.8%	3.5%	
75-79		3.8%	4.2%	
70-74		3.5%	3.7%	
65-69		3.4%	3.4%	
60-64		3.1%	3.1%	
55-59		2.9%	2.8%	
50-54		2.9%	2.8%	
45-49		2.8%	2.7%	
40-44		2.8%	2.6%	
35-39		2.7%	2.6%	
30-34		2.4%	2.3%	
25-29		2.2%	2.1%	
20-24		2.1%	2.0%	
15-19		2.1%	1.9%	
10-14		2.0%	1.9%	
5-9		2.0%	1.9%	
0-4		1.9%	1.8%	

United States of America
Population: 379,419,097

	Male		Female	
100+		0.0%	0.1%	
95-99		0.2%	0.4%	
90-94		1.7%	0.9%	
85-89		1.2%	1.5%	
80-84		1.6%	1.9%	
75-79		1.9%	2.1%	
70-74		2.2%	2.3%	
65-69		2.5%	2.6%	
60-64		2.9%	2.9%	
55-59		3.2%	3.2%	
50-54		3.1%	3.1%	
45-49		3.2%	3.1%	
40-44		3.2%	3.2%	
35-39		3.1%	3.1%	
30-34		3.0%	3.0%	
25-29		3.1%	3.0%	
20-24		3.0%	2.9%	
15-19		2.9%	2.8%	
10-14		2.8%	2.7%	
5-9		2.8%	2.7%	
0-4		2.8%	2.7%	

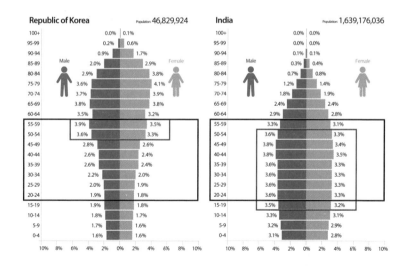

Republic of Korea
Population: 46,829,924

	Male		Female	
100+		0.0%	0.1%	
95-99		0.2%	0.6%	
90-94		0.9%	1.7%	
85-89		2.0%	2.9%	
80-84		2.9%	3.8%	
75-79		3.6%	4.1%	
70-74		3.7%	3.9%	
65-69		3.8%	3.8%	
60-64		3.5%	3.2%	
55-59		3.9%	3.5%	
50-54		3.6%	3.3%	
45-49		2.8%	2.6%	
40-44		2.6%	2.4%	
35-39		2.6%	2.4%	
30-34		2.2%	2.0%	
25-29		2.0%	1.9%	
20-24		1.9%	1.8%	
15-19		1.9%	1.8%	
10-14		1.8%	1.7%	
5-9		1.7%	1.6%	
0-4		1.6%	1.6%	

India
Population: 1,639,176,036

	Male		Female	
100+		0.0%	0.0%	
95-99		0.0%	0.0%	
90-94		0.1%	0.1%	
85-89		0.3%	0.4%	
80-84		0.7%	0.8%	
75-79		1.2%	1.4%	
70-74		1.8%	1.9%	
65-69		2.4%	2.4%	
60-64		2.9%	2.8%	
55-59		3.3%	3.1%	
50-54		3.6%	3.3%	
45-49		3.8%	3.4%	
40-44		3.8%	3.5%	
35-39		3.6%	3.3%	
30-34		3.6%	3.3%	
25-29		3.6%	3.3%	
20-24		3.6%	3.3%	
15-19		3.5%	3.2%	
10-14		3.3%	3.1%	
5-9		3.2%	2.9%	
0-4		3.1%	2.8%	

2050년 중국의 인구구조는 2022년 일본의 인구구조보다 악화된다. 2050년이 일본과 비교해도 조금 나은 수준에 불과하다. 패권전쟁을 벌이고 있는 미국과 비교하면 문제가 심각해진다. 미국보다 노년층은 두터워지고, 19세 미만은 적은 상태가 된다. 경제활동의 중심이 되는 20~59세까지는 거의 비슷한 정도다. 그나마 한국보다는 낫다. 한국보다 노년층은 적고, 49세 미만에서는 전 세대가 많은 상태다. 하지만 이것도 중국이 잘해서가 아니다. 한국의 저출산, 초고령화 문제가 심각한 상황에 이르렀기 때문이다. 2050년 한국의 인구구조는 같은 해 일본의 인구구조보다 더 안 좋을 정도로 악화된다. 중국의 인구와 경제 규모를 추월할 가능성 1순위에 있는 인도와는 여전히 압도적으로 불리한 상태다. 일본경제연구센터(JCER)는 이런 인구구조 변화를 고려해서 중국 경제가 미국을 추월하는 시점을 애초 예상한 2028년에서 2033년으로 늦췄고, 2056년에는 미국이 다시 중국을 추월할 것이라는 전망을 내놓았다.[335]

위 그림들을 통해서 보듯이, 중국에서 일어나고 있는 인구구조 대변화는 중국 사회 시스템 전체를 변혁시킬 힘을 가지고 움직이고 있다. 2020년 기준, 중국의 노인인구는 2억6400만 명을 넘었다. 중국인들은 교육, 의료, 양로, 주거를 '4개의 큰 산(山)'이라고 부른다. 위에서 본 인구구조 대변화를 감안하면, 중국인들에게 앞으로 30년 동안 4개의 큰 산은 더욱 크고 높아질 산이다. 가장 먼저 나타나는 것이 경제성장률 저하다. 그다음으로는 사회적 비용 증가로 인한 중앙정부와 지방정부의 재정 악화다. 이를 메우기 위해서는 증세가 필수다. 경제성장률이 하락하고, 세금이 높아지면 상대적 부의 불평등도 커진다. 그만큼 사회적 갈등이 증가할 가능성이 크다.

---

335 최윤식, "인구 감소 '초읽기' 들어간 중국… 대국의 꿈이 흔들린다", 조선일보, 2022. 02. 24.

인구구조가 변혁의 힘인 이유는 그 자체로 많은 변화를 불러오지만, 국가 경제 전략에 변화를 강요하기 때문이다. 중국의 15~65세의 생산가능인구는 2012년 정점을 찍고 빠르게 하락 중이다. 근로자 임금이 빠르게 상승하면서, 외국계 기업들의 탈중국도 계속되고, 수출경쟁력도 약화되면서 경제성장률은 해마다 준다. 2050년이면 15~65세의 생산가능인구는 전체 인구의 절반 이하로 떨어진다. 초고령 사회로 진입하는 속도도 가속이 붙고 있다. 중국은 2021년 65세 이상 인구 비중이 14%를 넘어서 고령사회에 진입했다. 2035년이면 전체 인구의 65세 이상이 20% 이상이면 초고령 사회에 진입한다. 중국에서는 고령화 사회 문제를 말할 때 '웨이푸시엔라오[未富先老]'라는 말이 자주 나온다. 미부선로[未富先老, 웨이푸시엔라오]는 나라가 부유해지기 전에 먼저 늙어버린다는 의미다. 일본이나 한국처럼 1인당 국내총생산이 3~5만 달러까지 부유해지기 전에 고령화 위기에 직면하는 중국의 고민이 담긴 단어다. 2020년 중국의 1인당 국내총생산은 1만403달러였다. 중국이 초고령화 사회로 달려가는 속도는 중국 인민 개인의 부의 성장 수준과 비교했을 때 너무 빠르다.[336]

이대로 두었다가는 시진핑 정부가 욕망하는 대국의 꿈, 패권 승자의 꿈을 이룰 수 없다. 자칫, 1인당 국내총생산이 2만 달러 시대가 되기 전에 일본처럼 '잃어버린 20년'이라는 장기 저성장에 빠질 수도 있다. 인구구조에 대변화가 시작되는 변곡점에 다다르면, 기존 경제 모델도 변곡점에 왔다는 의미가 된다. 중국의 시진핑 정부는 이런 문제를 해결하기 위해 정년을 연장했다. 하지만 이것은 아무것도 아니다. 경제 시스템 전체를 바꾸는 모험을 시작했다. 지금까지 중국의 경제 시스템은 '선부론[先富

---

336 김재현, "韓·日보다 빨리 늙는 中, 노인만 2.6억명…'OO산업' 뜬다", 머니투데이, 2022. 02. 27.

论)'에 기반을 둔다. 중국의 개혁개방을 열었던 등소평이 '흰 고양이든 검은 고양이든 쥐만 잘 잡으면 된다'는 뜻의 흑묘백묘론(黑猫白猫)을 주장하며 '능력 있는 자가 먼저 부자가 되라', '성장을 통해 파이를 먼저 키우자'는 경제 시스템이다. 2021년 8월 31일 기준 포브스(Forbes)가 선정한 세계 100대 부자 순위에서 중국인은 20명이 올랐다. 중국 최고 부자는 세계 부자 순위 18위다. 2001년 세계무역기구(WTO) 가입 이후 20년 만에 경제 규모로 세계 2위에 올라섰다. 억만장자 숫자도 미국이 724명이고, 중국은 626명으로 전 세계 2위다.[337]

중국 시진핑 정부는 선부론에 기반한 현재 경제 시스템이 성공적 결과를 만들었지만 한계에 도달했다는 것을 인정했다. 중국 상위 1%의 재산은 하위 50%의 5배를 넘었다. 국가 전체의 경제규모는 세계 2위이지만, 1인당 국내총생산은 1만 달러를 겨우 넘었다. 부의 불균형 분배를 감안하면, 중국 인민이 체감하는 1인당 국내총생산은 더 낮을 것이다. 1978년 개혁개방을 시작할 때 중국의 도농 간 소득격차는 2.6배였다. 하지만 2020년 도농 간 격차는 여전히 2.6배다. 그나마 2002년 3.1배까지 벌어졌던 격차가 최근에 조금 줄어든 상황이다. 절대적 가난에서 벗어나는 것은 성공했지만, 앞으로 경제성장률이 하락하고 일자리 문제와 고령화 문제가 사회를 강타하면 상대적 가난의 문제가 사회를 혼란에 빠뜨릴 가능성이 크다. 중국 속담에도 "다 같이 배고픈 건 참을 수 있었지만 배 아픈 건 못 참습니다"는 말이 있다고 한다. 중국 인민들이 상대적 가난에 관심을 갖기 시작하면, 시진핑 정부가 주장하는 '위대한 중화민족의 부흥(伟大中华民族复兴)'이나 '중국의 꿈(中国梦)'은 귓등으로도 들리지 않는다.

---

337 전병서, "중국 '배 고픈 건 참아도 배 아픈 건 못 참는다'", 한국경제, 2021. 09. 30.

2021년 11월 시진핑 정부는 선부론을 버리고 과거 중국 공산당 역사에 단 2번밖에 없었던(1945년 모택동. 1981년 등소평) '역사의 결의(历史的决议)'까지 하면서 '공동부유론(共同富裕论)'이라는 새롭고 변혁적인 경제 시스템을 띄웠다. 사실, 공부론은 시진핑 정부의 고유한 것이 아니다. 공부론을 처음 주장한 사람은 모택동(마오쩌둥)이었다. 하지만 그 당시에는 함께 나눠먹을 파이 자체가 적어서 공부론의 위력이 적었다. 하지만 지금 중국은 함께 나눠먹을 파이가 상당히 커진 상태다. 시진핑 정부의 공부론은 한 단계 업그레이드된 것이라고 할 수 있다. 공부론을 외치자마자, 중국 내 대기업들이 엄청난 금액을 기부하기 시작했다. 텐센트가 2번에 걸쳐 1000억 위안(약 18조 원)을 기부한 것을 시작으로 바이트댄스, 핀둬둬, 메이퇀, 샤오미 등 6대 빅테크 기업들이 2000억 위안 가까이 기부했다. 시진핑식 공부론의 핵심은 성장을 우선하던 데서 분배를 우선하는 시스템으로 완전한 교체를 통해 중국식 중산층 만들기, 이를 위해 분배의 공정성을 통한 소득분배로 소비를 늘리고 전통산업의 공급 측 개혁을 강화해서 '강대한 내수시장 구축' 전략이다. 내수 확대와 해외 수요의 쌍순환 전략 실시도 말했지만, 핵심은 내수 소비시장 확대다. "모두가 함께 잘 살아보자", "앞으로 15년 이내에 중산층의 소득을 2배로 늘린다"라는 새로운 구호와 경제 시스템으로 시진핑은 3연임은 물론이고 러시아 푸틴처럼 장기집권을 구상 중이다. 어쨌든 시진핑 정부가 경제 시스템의 대변혁을 가속하면 중국 내수시장에서 희비가 엇갈릴 것이다. 한국 기업들은 이런 변혁의 물결을 잘 활용해야 하다.

독점을 규제하고 부를 재분배를 통한 양극화를 해소하는 정책들을 실시하는 과정에서 다양한 기회들이 열릴 수 있다. 독점이 풀리면서 일부 시장에 새로운 진입 기회도 생기고, 실버산업처럼 중국 정부의 전폭적 지원을 받으며 적극 육성될 산업도 생길 것이다. 무엇보다 공부론의 핵심이 시진핑 정부의 구상처럼 중국 중산층이 증가하고 내수 소비시장 규모가 커지면, K-소비재 대중국 수출 증가 가능성이 크다. 물론 소비재 시장 경쟁이 치열해질 것이기에, 독창적 문화로 포장된 K-소비재, 세계 최고 품질 K-소비재 등 한 단계 업그레이드된 전략도 준비해야 한다. 해외여행 등에서도 새로운 기회의 문이 열린다. 세계 최고의 부품과 소재 기술로 소부장 시장을 노리는 전략도 필요하다. 베이징 올림픽을 치르면서 신경을 썼던 환경문제 해결도 지속될 것이다. 환경 문제는 중국 인민들이 체감하는 잘 사는 나라의 요소 중 하나이기 때문이다. 시진핑 정부는 친환경 에너지, 전기차 등의 산업에 전폭적인 지원을 계속할 가능성이 크다. 제4차 산업혁명기 신산업도 과감한 규제 혁신으로 수많은 기회들이 만들어질 가능성이 크다. 필자가 **시나리오1. 도약, 일본 추월**에서 예측한 미래의 승리 산업들의 기회다.

남한과 북한, 절묘한 균형이 주는 기회

시대가 변혁의 물결을 탈 때, 남북 정세도 새로운 게임이 펼쳐지면 어떨까? 남북 간의 새로운 미래는 '대담한 개혁개방 및 체제전환 시나리오'이다. 북한이 대담한 개혁개방을 하고 지금과 다른 체제를 선택할 경우, 한반도에 절묘한 균형이 만들어지면서 한국 정부, 기업, 국민에게 중국, 일본, 미국 등 주변 국가들을 향해 경제적 반격을 할 기회가 만들어진다.

필자가 대담한 시나리오를 전개해 보는 이유는 북한의 최고 통치자인 김정은에게 할아버지나 아버지와 다른 대담한 면이 있기 때문이다. 필자는 오랫동안 북한의 최고 통치가 김정은의 통치 스타일과 전략, 원하는 목표 등을 분석해 왔다. 만약 변혁의 물결이 세상을 휩쓴다면, 이에 대응하는 김정은의 방법과 스타일은 김일성이나 김정일과 매우 다를 것이다. 이 책에서는 지면 관계상, 김정은에 대한 모든 것을 자세히 설명하기는 어렵다. 대신 '대담한 개혁개방 및 체제전환 시나리오'를 이해하는 데 필요한 몇 가지만 다룬다.

필자의 분석으로, 김정은의 개인적 성향은 '관리와 승부에 능한 실용주의자'다. 어려서부터 조직 관리력이 뛰어났다. 10대 중반 운동 시합을 벌일 때부터 상벌이 분명하고, 일을 한 후에는 반드시 평가를 해서 구체적으로 잘한 것과 부족한 것을 찾아 개선하는 스타일이었다.[338] 승부사 기질도 타고나서 불리한 국면을 만나도 상황 전환 능력과 행동이 과감하다. 하지만 실용주의 가치를 가지고 있기에 극단적 결과나 종말적 파국을 피하고 우월 전략을 기반으로 최선의 보수 값(pay off, 승자에게 지불되는 총금액)을 찾는다.

통치 스타일을 분석해 보자. 김정은은 모든 상황을 자기가 통제하고 최종 결정권을 가지려는 스타일이다. 조직 내외부 파악에 빠르고 상황의 핵심을 간파하는 데 동물적 감각도 가졌다. 선천적 기질상, 표준과 신념을 명확히 하는 것을 선호하기 때문에 선택과 결정에 혼란과 어려움을 상대적으로 덜 느낀다. 포기하지 않고 구체적 성과를 하나씩 만들어 가며 거대한 최종 목표를 향해 저돌적으로 밀고 나가는 과업지향적 일 중독자이기도 하다. 최종 이익의 극대화를 위해서라면 실용적 응용력(유연성)이 뛰어나고, 확고한 사실에 근거해서 판단을 하며(체제 특성상 의심이 많을 수밖에 없는 것도 한 이유), 상대를 속이는 전략적 수완도 잘 발휘한다. 판 변화

---

338 후지모토 겐지, 『북한의 후계자, 왜 김정은인가?』, 한유희 역, (서울: 맥스미디어, 2010), 130~131.

나 경쟁 구도와 룰을 자기 주도하에 두기 위한 개혁(변화)을 즐긴다.

단점도 있다. 평정심을 잃거나 자만심이 극대화되는 상황에 이르면 남의 말을 잘 듣지 않고, 다른 사람이 무엇을 생각하고 느끼는지 충분한 배려나 숙고 없이 속단하고, 과도한 자신감 때문에 자신이 잘 알지 못하는 낯선 분야도 잘못된 결정을 신속하게 내릴 수 있다. 자신의 제안에 거절 받을 때 참지 못하고 지나치게 예민하다는 단점도 가진다. 이런 성향상 스트레스 상황에서는 외로움을 크게 느끼고, 자신이 느끼는 절망을 잘 표현하지 못하기 때문에 술과 담배에 의존이 심해지고, 심장병, 만성병, 직업상의 정신 쇠약, 감정적 고갈 등에 시달리기 쉽다. 독한 술을 즐겨 했던 아버지 김정일은 심장과 간이 안 좋았고, 뇌졸중으로 쓰러졌다. 김정일의 부인 고영희도 뇌졸중으로 사망했다.[339] 뇌졸중을 일으키는 심혈관계 질환이 김일성부터 김 씨 가족의 병력인 듯하다. 술과 담배를 좋아하고 비만과 스트레스가 큰 김정은도 결국 뇌신경 질환이나 간 질환이 건강상의 문제가 될 가능성이 크다.

통치 방식도 분석해 보자. 북한에서 김일성은 위대한 지도자로 추앙받는다. 김일성은 공산당을 통치의 중심에 두었다. 반면, 김정일 국방위원장은 군을 앞세웠으며 특히 빨치산주의자였다. 소련이 망하고, 동구권에 체제 전환이 일어나면서 권력 유지에 위협을 느낀 김정일은 군부 장악이 급선무였다. 선군정치(先軍政治)를 펼치면서, 역사적 의미를 가진 항일 빨치산을 정체성 중심에 두었다. 이에 반해, 김정은에게 거대해진 군부는 방해 거리였다. 그래서 할아버지 김일성과 사회주의 중국처럼 공산당 아래에 군을 놓는 통치 스타일을 구사한다. 김정은은 통치 초기에는 아

---

339 후지모토 겐지, 『북한의 후계자, 왜 김정은인가?』, 한유희 역, (서울: 맥스미디어, 2010), 73, 96.

버지의 유훈을 따라 선군정치(先軍政治)를 표방했지만, 서서히 노동당 중심 정치로 전환했다. 노동당을 중심에 두었던 할아버지 김일성의 시대로 전환하여 정통성의 이미지를 확립한다는 명분이다.[340] 필자가 김정은의 성향과 통치 스타일을 이렇게 분석(profiling)한 데는 다양한 자료와 현재까지의 행동들을 분석하고 내린 결론이다.

필자의 '대담한 개혁개방 및 체제전환 시나리오' 구상은 김정은에 대한 철저한 분석과 그가 사회적 이슈에 높은 관심을 가졌다는 것에서 시작했다. 김정은의 높은 사회적 관심은 향후 개혁개방 의지와 방식에 영향을 미친다. 김정은은 두 형과는 다르게 어려서부터 북한 사회의 공업기술, 지하자원, 전력문제, 물자부족, 중국의 개혁개방 정책 등에 관심이 강했다.[341] 이런 성향을 비추어 볼 때, 김정은은 변혁의 물결이 세계에 휘몰아치면 자신의 체재 안정성과 북한 내부 시장경제 규모를 획기적으로 개선할 방도를 찾으려 할 가능성이 크다. 필자가 분석한 김정은의 개혁개방 의지는 김일성이나 김정일보다 크다. 방식 자체도 과감할 것으로 예측된다. 김정은은 집권 초기에는 아버지보다 과감하고 빠르게 개혁개방을 추진했었다.[342] 2012년 6·28조치와 2014년 5·30조치를 통해 나타난 김정은식 개혁개방의 핵심은 공장, 기업소, 협동농장에 경영권을 부여하는 것이었다. 2014년 9월 25일에는 가족 1명당 땅 1,000평을 지급하고 소득은 국가가 40%, 개인이 60%를 갖는 농업 개혁도 단행했다. 2013년 5월 29일 '경제개발구법'을 제정하고 19개의 경제특구를 추진했고, 북한 곳곳에 자생적으로 생긴 장마당도 인정했다. 그 결과 북한의 경

340 김영환, 오경섭, 유재길, 『북한 급변사태와 통일전략』, (서울: 백년동안, 2015), 36~37.
341 후지모토 겐지, 『북한의 후계자, 왜 김정은인가?』, 한유희 역, (서울: 맥스미디어, 2010), 136~143.
342 김영환, 오경섭, 유재길, 『북한 급변사태와 통일전략』, (서울: 백년동안, 2015), 17.

제성장률은 3~4%를 기록했으며 식량 생산량도 증가하는 성과도 냈었다.[343] 미국의 강력한 봉쇄정책에 몰려서 개혁개방이 잠시 멈췄지만, 재개될 경우에는 이전보다 과감한 행보를 보일 가능성은 충분하다.

김정은은 기회만 된다면, IT 기술을 기반으로 한 미래산업 추진을 비롯해서 백두산, 금강산, 마식령 스키장 등 북한의 절경을 활용한 관광산업, 저렴하지만 우수한 노동력을 기반으로 한 인력 수출 및 북한 내 경제특구의 확대, 농업생산력 증대 등을 적극 시도할 가능성이 크다. 중국, 러시아, 한국, 일본, 유럽 등에서 대담한 외자유치도 결행할 가능성이 충분하다. 하지만 김정은이 대담한 개혁개방을 하려면 선제 조건이 필요하다. 미국과 북한의 핵협상 과정에서 틈새가 만들어지거나 극적 타결이 필요하다. 김정은이 완전한 비핵화 결심을 굳히는 결정적 신호를 보낸다면 '핵 리스트 신고'일 것이다. 핵 리스트 신고를 한다면, 김정은이 둘 수 있는 안전장치는 중국이다. 북한이 [미국이 원하는 수준의] 핵 리스트를 중국에 제출하고 중국이 적절한 진행 수위에 따라 북한을 대신해서 미국과 국제사회에 공개할 가능성도 있다. [중국을 의식하는] 미국이 당장 이런 방식을 받아들일 가능성이 적지만, 결국 이것이 최선일 가능성이 크다. 김정은이 포괄적 차원에서 비핵화 로드맵을 먼저 제시하면, 구체적 단계 진행에서는 미국이 먼저 물꼬를 열어줄 가능성도 충분하다. 미국과 북한이 극적 타협을 하지 못하더라도, 영변과 회중리 기지 핵시설과 미국 본토를 위협하는 ICBM 정도를 해체하는 선에서 미국의 체면을 세워주는 것도 가능하다. 북한과 미국이 하나씩 주고받는 식의 장기적 비핵화 프로세스를 진행할 수도 있다. 이럴 경우, 적당한 수준에서 대북 경제

---

343 김영환, 오경섭, 유재길, 『북한 급변사태와 통일전략』, (서울: 백년동안, 2015), 19~25.

제재가 풀릴 수 있다.

북한은 핵개발과 군사력 유지에 들어가는 예산을 줄이면 그만큼 경제 성장을 가속화시킬 수 있다. 북한의 비핵화 행동에 대한 미국이 김정은에게 줄 선물은 적대관계 청산을 전제로 한 북한 제품의 미국 시장 수출 허락이다. 경제 지원과 직접 투자는 중국, 한국, 일본, 러시아 등이 담당할 것이다. 김정은이 지하자원, 관광, 저렴한 노동력을 기반한 제조업 공장, IT 기반의 4차 산업과 관광 및 제조업 1단계[저렴한 노동력 기반 제조업] 중심의 경제발전을 노리고, 부동산 등 자산 버블을 일으키고, 기업의 일부 사유화 허용으로 장마당과 지하시장에 있는 자본가를 수면 위로 끌어올려 민간투자를 활성화시키는 식으로 대담한 개혁개방 정책을 진행한다면, 북한 경제는 연평균 10% 이상의 고도성장을 할 가능성이 크다. 개혁개방에 성공해서 경제성장률이 10%를 넘어가면 공산당과 군부 지지 기반이 강화되는 효과도 발생한다. 북한 주민들이 봉기하지 않는다면 지배층은 김정은과 운명공동체로 남는 것이 유리하다는 판단을 할 수밖에 없다. 김정은 체제가 붕괴되어 남한에 흡수 통일이 될 경우, 자신들의 기득권이 모두 박탈되고 전범으로 몰려 재판에 넘겨질 수 있다는 공포감을 가질 수 있다. 김정은과 손을 잡고 기득권을 유지하는 것이 더 낫다는 판단을 할 수 있다.

일부에서는 북한이 개혁개방형 경제발전과 체제 유지를 동시에 성공시키기 힘들다는 전망을 한다. 김정은이 공정한 시장 질서를 수립하고 관료 부패를 막고 지속적인 경제발전에 성공하면, 북한 주민이 더 나은 인권과 권리와 민주주의 정치 시스템을 원하게 될 것이고, 부패라는 단맛을 잃은 북한의 관료와 군부 세력이 김정은에게 반기를 들 가능성이 커진다는 예측이다. 일리 있는 주장이다. 하지만 김정은이 겉으로는 반부패를 외치지만 중국의 역대 통치자들처럼 뒤에서 적당한 타협을 할 수 있다. 북한 주민이 더 나은 인권과 권리, 그리고 민주주의 정치 시스템을 원하면 [한국이나 서양식 민주주의는 아니더라도] 새로운 체제로 극적인 전환을 과감하게 시도할 가능성도 생각해 볼 수 있다. 북한은 김일성, 김정일, 김정은으로 내려오면서 최고 지도자에 대한 신비감, 위상, 권력 기반이 약화되고 있다. 김정은 자녀 세대로 내려가면 이런 현상은 심해진다. 김정은이 이런 현실을 직시하고 변혁의 물결을 받아들인다면, 자기 자녀들에게 북한을 통치할 기반을 마련해 주기 위해 새로운 통치 체제를 만들 가능성도 있다.

김정은이 경제를 포기할 가능성은 낮다. 북한 경제가 오랫동안 나쁜 상황을 탈출하지 못하면, 김정의 통치력도 위협받는다. 북한 경제 회복과 성장은 김정은 정권의 장기집권과 4대 세습을 위한 가장 확실한 카드다. 경제가 발전하면, 장마당 세대와 정치 및 군사 엘리트층은 김정은 정권 전복에 관심을 갖지 않을 것이다. 정권이 교체되면 자신들의 이권이 사라진다는 공동체 의식 때문이다. 정권을 지켜주면서 경제성장이 가져다주는 막대한 이익을 확보하는 것이 유리하다. 중국이나 베트남의 경제 성장 과정에서 이익을 기득권층이 어떻게 나누고 독점했는지를 잘 알고 있기 때문이다. 개혁개방으로 경제가 성장하고 외부 정보와 문화 침투가 높아지는 것이 북한 주민의 봉기와 꼭 일치되는 것만은 아니다. 사람 마음은 오묘하다. 중국이 개혁개방이 일어날 때, 같은 전망이 많았다. 하지만 중국 인민은 공산당 독재와 경제발전 두 가지를 모두 인정하는 모습을 보였다.

북한 정치체제에는 구소련이나 중국 공산주의와 다른 독특한 점이 있다. 일제 강점기 이전까지 존재했던 '왕조 체제'다. 북한에서 김 씨 일

가는 왕족이다. 심지어, 신격화 대상이다. 나이가 아무리 어려도, 무능해도, 불만이 많아도 왕이다. 왕이 무능하면, 정치는 신하들이 해도 된다. 김정은이 북한 주민에 대한 공포정치를 포기하고 경제발전에 헌신하는 착한 군주의 모습을 보이면 체제 붕괴까지 가지 않을 수 있다. 경제가 급속 성장하면, 김정은도 공포정치를 고집할 이유가 없어진다. 중국 시진핑 정부처럼 제4차 산업혁명기 미래 기술들을 활용해서 한 단계 고도화된 지능형 감시 시스템을 구축하여 북한 주민을 관리할 수 있다. 김정은이 완전히 새로운 통치 체제를 선택할 가능성도 있다. 안정적 4대 세습을 위해, 절대군주제에서 변형된 입헌군주제 형식으로 전환할 수 있다. 이란의 종교지도자처럼 앞에는 정치 대리인을 세워두고 자신은 뒤로 물러서서 통치를 유지하거나, 영국처럼 군주제, 일본의 천황제를 결합한 변형된 형태다. 북한 주민도 소득이 수 십, 수 백배 높아지면, 남한에 있는 탈북민을 통해 들려오는 치열한 경쟁과 빈부격차 등의 모습이 더 귀에 들어오면서 남한에 대한 환상이 사라져 버리는 상황도 일어날 수 있다.

이렇게 북한이 대담한 개혁개방을 하고 지금과 다른 체제를 선택할 경우, 한반도 평화에도 절묘한 균형점이 유지된다. 남북 간의 경제 협력은 높아지고, 이를 기반으로 한국 기업이 중국 본토를 공략할 기회도 커진다. 한반도에 정세가 안정되고 남북 간 경제협력이 높아지면, 글로벌 사회에서 한국의 외교력과 경제적 위상이 높아진다. 그만큼, 한국 정부, 기업, 국민이 활동할 반격의 공간도 넓어진다.

미래지도로 새로운 게임, 새로운 기회를 정리한다

　다음 그림들은 미래지도(Futures Timeline Map)다. 미래지도는 이 책에서 다룬 필자의 시나리오들을 시간 축과 공간 축을 따라서 정리한 것이다. 시간 축은 2035년까지를 5년 단위로 쪼개서 표시했다. 공간 축은 미래연구를 할 때 사용하는 카테고리인 STEEPs 분류법을 사용했다. STEEPs 분류법은 사회(Social), 기술(Technology), 경제(Economy), 환경(Ecology), 법정치제도(Politics), 영성(Spirituality)라는 6개 영역으로 세상을 나눈 것이다. 미래지도는 이 책에서 예측한 중요한 이슈와 마일스톤(milestone)을 요약한 것이다. 마일스톤(milestone)은 프로젝트 진행 과정에서 특정할 만한 건이나 반드시 거쳐야 하는 중요한 지점을 말한다. 미래를 탐험할 때 생각해야 할 중요한 이슈와 마일스톤(milestone)을 한눈에 볼 수 있다는 특징 때문에 '지도'라고 부를만하다. 참고로 중요한 이슈는 선을 사용해서 표시했고, 마일스톤(milestone)은 다이아몬드형 점을 사용해서 표시했다.

STEEPs 미래지도 (Futures Timeline Map)

S
Social

인간과 AI로봇 협업 노동의 시대

미국 사회 제2건성기 - 기술발전, 경제안정

미국은 2050년 4.2억에서 총인구감소, 초고령사회 진입
중국은 어쩌면 G2. 2025년 14억에서 총인구감소.2030년 초고령사회 진입

◆ 20세기형 인간노동
70~80% 자동화

◆ 세계인구 90억

직업 안정성 위기감 증폭 기간

혼돌대면시대 시작

AI, 로봇의 인간 일자리 파괴 가속화 시대

미국 사회, 베이비부머 은퇴 영향 시작
(1946~1964년생 7,700만 명 - 총인구 30%)

◆ 도시인구비율 중국 65%(9억), 인도 40%(6억), 아시아 25억 도시 거주
전 세계 중산층 10억 명 돌파(2024년), 2015~2035년까지 13~15억 명 도시 유입

◆ 중국 증위연령 42세
미국 증위연령 38세

중국 사회, 베이비부머 은퇴 영향 시작
(1960~1971년생, 2억4500만 명 - 총인구 30%)

중국 사회, 고령화 영향 시작

중국, 2035년
65세 이상 20%(초고령사회 진입)

◆ 중국, 2022년
인구감소 시작(출생<사망)

◆ 중국, 생산가능인구 감소, 고령화사회 위기 표면화

한국 사회, 2차 베이비부머 은퇴 영향 시작
(1968~1974년생 635.6만 명 - 총인구 30%)

◆ 중국, 2021년
65세 이상 14%(고령사회진입)

코로나19 이후 자국우선주의, 인종차별갈등

◆ 한국, 인구 50~55% 은퇴자

한국 사회, 1차 베이비부머 은퇴 영향 시작
(1955~1963년생 727.6만 명 - 총인구 30%)

G20 국가 고령화, 평균수명 100세 시기(일본, 한국, 중국, 유럽, 미국 등), 남반부 인구 증가

| 2020 | 2025 | 2030 | 2035 |

Technology

2차 가상혁명 - 가상과 현실 경계 파괴(Intelligence Augmentation > Artificial Intelligence)

3차 가상혁명기 진입 - 가상영성 환상사회

- 메타버스 시장 확대기
- 웨어러블기기 10억대 판매
- 메타버스(VR·AR 시장 포함) 시장규모 1조5천억 달러
- 온톨로지 플랫폼 시작
- 게임, 미디어 메타버스 산업 경계 파괴 가속화
- 스마트폰 사용자 50억 / IoT 기기 250억개
- 6G 통신(실시간 Mobile 3D-VR, AR 완벽 구현)

- 게임산업 규모 영화산업 추월
- 5G 통신(Ubi-Presence)
- 플렉서블 디스플레이 대중화
- 초연결사회 / 지구컴퓨터화(전 세계 사람, 사물, 도시, 인터넷 연결)
- (대형컴퓨터→개인컴퓨터→모바일클라우드컴퓨터→도시컴퓨터→지구컴퓨터)

양자컴퓨팅 시대 개막

AI혁명 / 웨어러블, IoT, VR, HI, 헬리 서비스 확대(인간과 기계연결, 스마트기계, 스마트공장, 스마트홈, 스마트도시 생태계 형성기)
- 초거대AI 상용화 발전 가속
- 범용AI 상용화 경쟁 시작
- 양자컴퓨터 확대, 매년 40GB 정보 생산
- IoT 시장 11조$, 옷처럼 입고 다니는 컴퓨터
- 뇌연결 자동차, Flying Car 시장 부각
- 2030~2040년 AI 인간지능 수준 가능
- AI 반도체 시장 1179억 달러
- 전기자동차 시장점유율 20~30% (신차는 50% 이상)
- 안전 자율주행 자동차 1180만대

DateTech, 클라우드, 블록체인 암호화 발전 가속
- Level 2~3 자율주행 기술
- 양자컴퓨터 기술(Painted 태양광 자동차디스플레이)
- Level 4 완전 자율주행 기술

스마트폰 Digital Brain化

웨어러블 디바이스 다양화 단계
- AI, 건강, 의료, 렌탈, 금융 상담서비스 시작
- One Company Multi-Devices
- AI 반도체 시장 767억 달러
- 테슬라 800~1,600km 주행/1분 급속충전

개인용 자율주행 수송 장치 산업(self-driving transport device industry) 본격화
- 자율주행 전기자동차, 자율주행 선박, 도심 항공 모빌리티(Urban Air Mobility, UAM), PAV(Personal Air Vehicle, 개인용 비행체)
- Hyperloop 기술 적용 상용화(시속 1,000km)

순수 물류 인공지능 자율주행 로봇 개발 확대

2차 로봇혁명 시작(AI 결합)
- 생활 서비스형 로봇 시장 형성(2030년경 1가구 1로봇 임양)
- 3차 로봇혁명(안전자율, 자발, 자기통제 로봇, 기계와 인간 경계 파괴)
- AI 로봇, 디바이스 시장 4.5조$
- 제4차 산업혁명 기술 글로벌 표준 경쟁기

2020　　　2025　　　2030　　　2035

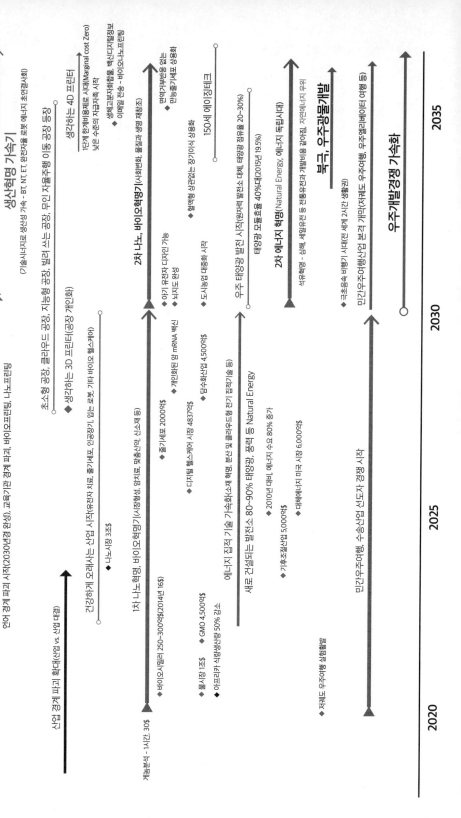

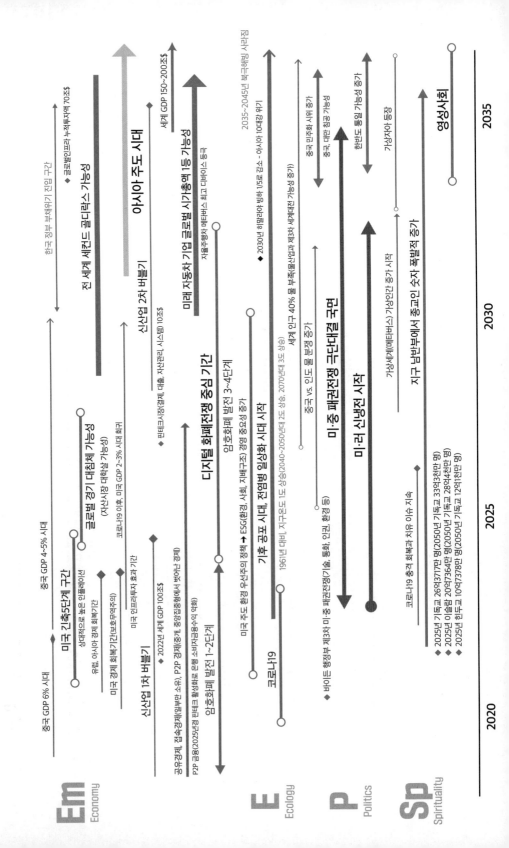

Em Economy

중국 GDP 6% 시대

중국 GDP 4~5% 시대

미국 긴축5단계 구간

상대적으로 높은 인플레이션
유럽, 아시아 경제 회복기간

미국 경제 회복기간(보호무역주의)

글로벌 경기 대침체 가능성
(자산시장 대침체 가능성)
코로나19 이후, 미국 GDP 2~3% 시대

한국 정부 부채위기 전망 구간

글로벌인프라 누적투자액 70조$

전 세계 세컨드 코디락스 가능성

아시아 주도 시대

세계 GDP 150~200조$

신산업 1차 버블기

◆ 2022년 세계 GDP 100조$

미국 인프라투자 호황기간

신산업 2차 버블기

◆ 핀테크/시장/경제, 대출 자산관리, 시스템) 10조$

미래 자동차 기업 글로벌 시가총액 1등 가능성
자율주행차 메타버스 최고 디바이스 등극

공유경제, 접속경제(일부만 소유), P2P 경제(중개, 중앙집중형에서 벗어난 경제)

2035~2045년 독극해빙 사라짐

P2P 금융(2025년경 핀테크 활성화로 은행 소비자금융수익 위축)

암호화폐 발전 1~2단계

암호화폐 발전 3~4단계

디지털 화폐(전쟁 중심 기간)

◆ 2030년 히말라야 방하 1/5도 감소 ~ 아시아 10대강 위기

E Ecology

미국 주도 환경 우선주의 정책 ➡ ESG(환경, 사회, 지배구조) 경영 중요성 증가

기후 공포 시대, 전염병 일상화 시대 시작

코로나19

1961년 대비, 지구온도 1도 상승(2040~2050년경 2도 상승, 2070년대 3도 상승)

세계 인구 40% 물 부족(물선언로 제3차 세계대전 가능성 증가)

중국 vs. 인도 물 분쟁 증가

P Politics

◆ 바이든 행정부 제3차 미·중 패권전쟁(기술, 통화, 인권 환경 등)

미·중 패권전쟁 극단대결 국면

미·러 신냉전 시작

가상세계(메타버스) 가상인간 증가 시대 시작

중국 민주화 시위 증가

중국, 대만 참공 가능성

한반도 통일 가능성 증가

가상자아 등장

Sp Spirituality

코로나19 충격 회복과 치유 이슈 지속

지구 남반부에서 종교인 숫자 폭발적 증가

영성사회

◆ 2025년 기독교 26억3717만 명(2050년 기독교 33억3천만 명)
◆ 2025년 이슬람 20억7364만 명(2050년 기독교 28억4천만 명)
◆ 2025년 한두교 10억7378만 명(2050년 기독교 12억1천만 명)

2020   2025   2030   2035

시나리오4.
먼 **미래**, 뒤바뀐 **세상**

반격자들이 완성한 미래, Transformation One

　　시나리오4. 먼 미래, 뒤바뀐 세상은 다윗 같은 반격자
가 변혁적 기술을 무기 삼아 골리앗을 쓰러뜨리고 만든 새로운 지배 시
스템의 '완성 단계'에 등장하는 미래다. 문명사[文明史]로 설명하면, 반격자
들이 완성한 미래[새로운 지배 시스템]는 '비약적 진보'가 이루어진 새로운 세
상, 새로운 문명이다. 비약적 진보로 만들어진 새로운 세상, 새로운 문명
은 발전 방향도 전혀 다르고, 발전 형태도 불연속적이고, 시대를 지배하
는 패러다임도 다르고, 과거와 전혀 다른 형질[形質, character]이나 유형[類型,
form]을 띈 새로운 시스템이다. 그래서 현재 상식으로는 거의 이해가 되지

않는다. 아니, 전혀 이해되지 않을 수도 있다. 그래서 나는 듯이 높이 뛰어 오른다는 뜻의 비약적 진보[飛躍的 進步]를 "퀀텀 점프 했다"고도 표현한다.

퀀텀 점프(Quantum Jump)는 물리학 용어로, 양자 도약으로 번역된다. 뜻은 '대약진'이다. 대약진은 연속적으로 조금씩 발전하는 것이 아니다. 단기간에 계단을 뛰어오르듯 한 도약[跳躍, 솟구침, jump]이다. 원자의 중심에는 원자핵과 주위를 도는 전자들이 있다. 양자 세계에서는 원자에 에너지를 가하면 전자는 원자핵 주위를 나선형 같은 예측 가능한[이해 가능한, 설명 가능한] 궤도를 연속적으로 돌지 않는다. 원자핵 주위를 도는 전자들의 에너지 준위가 계단을 오르듯 '불연속적으로 증가'하면 순간적으로 낮은 궤도에서 높은 궤도로 '불연속적으로 약진[躍進, jump and run]'한다.[344] 에너지 준위(energy level)가 '불연속적'으로 증가한다 것은 무엇일까? 외부에서 에너지가 가해지면, 전자의 에너지 준위는 서서히 점진적으로 증가하지 않는다. 어느 수준[임계치]을 넘어서면 마치 계단을 올라가듯 한순간에 폭발적으로 증가한다. 운동 궤도가 '불연속적'이란 것은 무엇일까? 전자 입장에서는 연속적으로 이어진 궤도를 만들며 돌지 않고, 중간중간 끊어져 있는 불연속적인 궤도를 만들면서 돈다는 것이다. 관찰자 입장에서는 A 장소에 있던 입자가 순간이동하는 것처럼 갑자기 B 장소에 나타나는 것을 의미한다. A와 B 사이의 예측 가능한 경로를 따르지 않아서 A와 B 두 지점 사이에서는 관찰자가 전자 입자를 볼 수 없다. 이해할 수 없는 아주 이상한 현상이다. 그래서 "비약[飛躍]했다"고 표현한다. [논리학에서 A와 B 두 지점 사이의 연결점을 발견할 수 없을 때 논리적 비약이라고 하듯 말이다.] 퀀텀 점프(Quantum Jump)는 이처럼 한순간에 궤도를 변경하며 급격한 약진[躍進] 하는 운동을 가리키는 말이다. 이런 운동을 하는 주체가

---

344 "퀀텀 점프(quantum jump)", 네이버 지식백과: 두산백과.

양자이기 때문에 '양자[量子] 도약'이라고도 한다. 경제학에서는 이러한 개념을 차용하여 단기간에 비약적으로 실적이 호전되는 것, 급격한 성장과 발전을 의미하는 용어로 '퀀텀 점프(Quantum Jump)'를 사용한다.[345]

문명사적으로는, 변혁적 힘에 의해 급격한 발전이나 변화가 이루어져 완전히 뒤바뀐 세상이 나타나는 것을 '퀀텀 변혁(Quantum Transformation)'이라고 부를 수 있다. 문명의 발전이 전자 운동처럼 퀀텀 점프를 반복하면서 비약적이고 불연속적 이동경로를 갖기 때문에, 현재 시점에서 그런 미래를 설명해도 이해하기 힘들다. 논리적 비약처럼 들린다. 하지만 물리적 세상에서 퀀텀 점프, 양자 도약이 [이해할 수 없지만] 실제이듯, 인류 문명사에서도 급격한 변화로 지배 시스템이 완전히 바뀌는 일도 적지 않았다.

'퀀텀 변혁'을 그린 시나리오는 '논리적으로 그럴듯한 미래(a plausible future)'는 아니다. 논리적으로 그럴듯하게 설명이 불가능하기 때문이다. 확률적으로도 발생 가능성이 큰 미래도 아니다. 확률적으로 높다는 것은 논리적으로 이해는 안 되지만 '그럴 수도 있는 미래(a possible future)'로서는 이해해 줄 수 있는 범위에 있다. '퀀텀 변혁이 완성한 미래'는 현시점에서는 이해할 수도 없고 확률적으로 낮은 가능성을 갖는 '뜻밖의 미래(Unexpected Future)'에 속한다. 하지만 와일드카드(Wild card)라고도 불리는 뜻밖의 미래와 결이 다르다. 보통 와일드카드로서 뜻밖의 미래는 '위기로 가득 찬 미래'를 묘사할 때 사용한다. 필자가 **시나리오2. 붕괴, 내전**에서 예측한 미래가 여기에 속한다. 반면, 퀀텀 변혁으로서 뜻밖의 미래는 '기회로 가득 찬 미래' 혹은 '놀라움을 주는 미래' 혹은 '완전히 뒤바뀐 세상'을 예측할 때 사용한다.

---

345 "퀀텀 점프", 네이버 지식백과: 시사상식사전.

전문 미래학자가 '퀀텀 변혁이 완성한 미래'를 예측할 때는 [논리적으로 완벽한 설명을 하기 힘들기 때문에] '특정한 변혁적 기술'을 일부러 극대화하거나 특정 단계를 비약[飛躍] 해서 시나리오를 구성한다. 대신 완전히 뒤바뀐 세상이라 말할 정도로 변혁이 완성되려면, [양자 세계에서 전자가 도약을 하기 전에 에너지 준위(energy level)가 서서히 점진적으로 상승하는 단계가 있듯이] 변혁적 기술이 출현해도 일정한 기간에는 점진적 발전 단계를 거치는 것을 고려해야 한다. 그래서 현시점에서 완전히 뒤바뀐 세상이라는 시나리오를 작성할 때는 '먼 미래'라는 시간적 거리를 두어야 한다. 필자의 **시나리오4. 먼 미래, 뒤바뀐 세상**도 이렇게 만들었다. 논리적으로 이해하기 불가능하고, 확률적으로도 낮다고 보이는 미래 가능성을 생각해 보아야 할 이유는 무엇일까? 와일드카드처럼 '퀀텀 변혁이 완성한 미래'도 일어나면, 강력한 충격을 주기 때문이다. 동시에 와일드카드처럼 '퀀텀 변혁이 완성한 미래'도 독자에게 더 높게, 더 멀리, 미래 시장 전체를 대담하게 상상하는 힘을 길러 준다.

앞으로 10~20년, 한국 기업과 개인에게 다가오는 미래 기회는 놀랍다. 크다. 가슴 설렌다. 한국이 일본을 추월하는 것도 통쾌하다. 희망적이다. 힘이 난다. 하지만 그것에 만족하지 말라. 필자는 한국 정부, 기업, 개인들이 일본 추월을 넘어 더 큰 미래, 더 나은 미래를 통찰하고 도전하기를 바란다. 10~20년의 짧고 일시적 성공에 만족하면 안 된다. 눈에 보이는 미래 시장 일부만을 보고 '이것이 전부다'라고 생각을 멈추면 안 된다. 50~100년을 넘는 길고 거대한 성공을 갈망해야 한다. 인류 역사에는 존재하지 않았던 차원이 다른 새롭고 엄청난 미래 시장 전체, 인간의 존재까지 한 단계 도약시키는 신문명까지 통찰하는 눈을 가져야 한다. 최후의 승자가 되기 위해서는, 남들보다 더 높게, 더 멀리, 더 크게 미래 시장 전체를 대담하게 상상하고 예측해야 한다.

뒤바뀐 세상을 만든 창조의 엔진들

쿼텀 변혁이 완성한 미래, '뒤바뀐 세상'은 변혁적 기술 하나로 만들어지지 않는다. 복수의 변혁적 기술들이 서로 상호작용하며, 기존 시스템의 경계와 구조를 파괴하여 무질서(혼돈, chaos) 상황을 만들어, 더 많은 변혁 기술들을 낳고, 더 많은 반격자들도 만들고, 변혁의 에너지를 누적시켜 새로운 게임을 대세로 만들고, 도약적이고 전면적인 변화들을 거의 모든 영역에서 속출시킨 후, 특정한 임계점에 도달하면 창발(創發)을 일으켜 시스템 대전이(大轉移, transfer)를 일으키면서, 패러다임의 변혁(transformation)을 불러오고, 종국에는 새로운 시스템과 패러다임이 안정에 들어가면서 지배 시스템으로 안착하는 거대한 과정을 거쳐야 한다.

하지만 이런 복잡한 변혁의 과정 속에서도 뒤바뀐 세상을 만드는 데 결정적 기여를 한 게임 체인저는 분명히 있다. 보통, 게임 체인저는 거대한 변혁의 심층에서 레버리지(지렛대) 지점에 있다. 필자가 그리는 **시나리오4. 먼 미래, 뒤바뀐 세상**을 만드는 데 결정적 기여를 한 게임 체인저는 인공지능, 나노, 생각하는 4D 프린터 기술이다. 필자는 이 3가지 기술을 '메타 도구'라고 부른다. 필자는 세 가지 메타 도구가 산업은 물론이고, 사회 시스템, 글로벌 패권전쟁의 향방, 지구환경, 인간의 생물학적 존재 방식에 이르기까지 문명 전체를 비약적으로 바꾸는 강력한 힘을 가지고 있다고 예측한다. 그래서 뒤바뀐 세상을 만든 '창조의 엔진(Engines of Creation)'이라고도 부른다.

메타(meta)는 그리스어 μετά에서 유래한 단어로 '더 높은', '넘어서', '뒤에(이면에)' 등 뜻을 갖는다. 필자가 인공지능, 나노, 생각하는 4D 프린터 기술에 '메타'라는 단어를 붙이는 이유는 도구는 제4차 산업혁명을 일으키는 '근원 기술'이고, '도구'라는 단어를 붙이는 이유는 한마디로, 산업과 사회 곳곳으로 새로운 게임을 확대하고, 도약적이고 전면적인 변화들을 속출시키며 기존 패러다임을 무너뜨리고, 새로운 시스템으로 대전이까지 불러오는 각종 변혁적 기술, 생산도구, 무기들을 [마치 자식을 출산하듯] 계속 낳는 '모든 도구들의 어머니'이기 때문이다.

첫 번째 메타 도구인 '인공지능(Artificial Intelligence)'은 발전이 정체된 인간 지능을 비약적으로 향상시키고, 무생물인 사물까지 지능을 갖게 만들 '지능의 엔진(Engines of Intelligence)'이다. 인공지능 기술은 약한 인공지능에서 강한 인공지능으로 성장하는 과정에서 수많은 변혁적 기술들도 출산할 것이다. 특히 인공지능이 낳는 변혁적 기술들은 '지능', '생각'과 연관된다. 심리학에서 '생각에 대한 생각'을 메타 인지라 부른다. 대표적 메타인지는 '성찰'이다. 인공지능이 성찰능력까지 가지려면 100년 이상 필요하다. 하지만 인간을 대신하여 문제를 해결하고, 인간의 생각을 확장하고, 인간의 학습과정을 조절하는 수준은 초거대 인공지능과 범용 인공지능 수준에서도 가능하다. 퀀텀 변혁이 완성한 미래, '뒤바뀐 세상'에서는 강한 인공지능이 지배적인 변혁 기술이 될 것이다. 강한 인공지능은 인간이 가진 인지, 생각, 지능의 힘을 수십 또는 수백 배 확장하고 강력하게 만들 것이다. 강한 인공지능에 강한 지능을 부여받은 사물들도 출현할 것이다. 강한 인공지능을 두뇌로 장착한 로봇들이다.

필자의 시나리오에서 강한 인공지능은 '인간의 능력을 완벽히 모방'하고, '강한 수준'의 학습능력, 자율성, 합리적 행위가 가능한 단계다. 강한 인공지능의 컴퓨터 시각 기능이 완벽하게 주위 환경을 인식할 수 있는 단계에 도달하고, 지구상에 존재하는 모든 자연어를 처리(인간과 소통기능) 할 수 있기에 가능한 미래다. 강한 인공지능은 지구 규모의 단위에서 기계 학습을 한다. 강한 인공지능의 기계 학습 능력도 인간처럼 맥락까지 이해할 수 있고, 논리적이고 확률적 예측 능력이 인류 전체의 역량을 뛰어넘는 자동 추론 능력을 갖춘다. 학습내용을 저장하고, 저장된 지식과 정보를 활용하여 새로운 가설을 세우고 인간과 논쟁할 수 있는 지식 표현 능력도 확보하게 된다. 이런 강한 인공지능이 현재보다 몇 십, 몇 백배 발전한 로봇 공학 기술과 만나서 인간과 똑같은 수준의 물체 조작과 운동 기능도 갖는다. 강한 인공지능이 인간 수준의 조작과 운동 기능을 갖춘 로봇을 몸을 장착하면, 스스로 공장에서 더 나은 자기 몸을 생산하는 방법도 찾게 된다. 자기복제가 가능한 최초의 인공지능의 출현도 가능하다. 자기복제는 생명체의 기본 기능이다. 인간이나 생물의 몸 안에 있는 독립 세포는 자기 안에 있는 생화학 기계들을 사용하여 스스로 DNA와 세포 부품을 복제한 뒤 두 개의 덩어리로 나눌 수 있다. 자기복제를 통한 자기증식이다. 독립 세포는 자기복제와 자기증식을 위해 세포막을 통해 연료 분자와 생화학 기계를 만드는 데 필요한 부품을 세포 안으로 받아들이고, 사용하고 남거나 폐기된 연료나 부품은 세포막 밖으로 내보내는 작용을 끝없이 반복한다.

강한 인공지능이 스스로 자기복제를 하는 단계에 이르면, 인공지능 로봇의 자기증식과 자가발전이라는 두 가지 길이 열린다. 자기 기능을 그대로 복제하거나 일부를 복제하여 하위 단위 영역이나 사물에 제한된 지능을 줄 수 있다. 자기복제를 하는 과정에서 자가발전도 시도할 수 있다. 강한 인공지능의 자가발전 방법은 유전적 다양성 구축과 돌연변이를 통한 비약적 성능 향상이다. 강한 인공지능이 스스로 반응 속도를 빠르게 만드는 자가촉매[自家觸媒, autocatalyst] 기능을 탑재한 후, 소프트웨어 및 하드웨어 형질을 자손에게 그대로 전해줄 수 있는 유전[heredity] 능력을 구사하면 유전적 다양성이 만들어진다. 자가발전을 할 수 있는 강한 인공지능은 유전정보를 안정적으로 저장하는 방법도 알고 있다. 자기복제에 필요한 반응을 촉진하는 촉매를 제어하고 보호하고 효율성을 관리하고 발전시키는 방법도 알고 있다. 자기복제를 안정적으로 하려면, 사용되는 부품의 수가 적을수록, 조립방법이 간단할수록 좋다. 강한 인공지능은 자기를 구성하는 코드를 라이브러리(library)로 묶어 자기복제 효율성과 안정성을 높인다. 자기복제를 반복하는 과정에서 쉽게 파괴되지 않도록, 주위 환경에서 생산의 원료가 되는 원자재(raw materials)를 흡수하여 필요한 요소는 자신의 물리적 형질의 일부나 에너지로 변형시키고 불필요한 요소는 밖으로 배출하는 신진대사(metabolism) 능력도 갖춘다. 강한 인공지능이 자기복제(유전) 과정에서 돌연변이(mutation)를 형성할 수 있게 되면 우연치 않게 비약적 성능 향상을 시도가 가능해진다. 퀀텀 변혁이 완성한 미래, '뒤바뀐 세상'에서는 이런 수준의 강한 인공지능과 인간이 상시연결, 초연결되는 상태에 진입하면서 인간의 두뇌 역량이 극대화된다.

두 번째 메타 도구인 '나노 기술(Nano Tech)'은 1986년 에릭 드렉슬러가 박사 발표한 박사 학위 논문 제목처럼 '창조의 엔진(Engines of Creation)'이다. 나노기술은 1/10억 미터이하 단위에 있는 모든 공간과 그 속에 있는 물리적 생물학적 개체를 대상으로 도구적 사용을 가능하게 하는 미시 제조 기술이기 때문이다. 나노 기술은 원자 하나하나를 조작하여 제품을 만들고, 생명체를 조작할 수 있는 나노기술은 제조방식에서부터 생명이란 무엇인가를 묻는 철학적 질문까지 바꾸는 강력한 미래 동력(Driving force)이다. 정보기술, 신경과학, 예술, 농업은 물론 우주개발에 이르기까지 모든 분야에서 과거에는 없었던 새로운 것을 만들어내는 창조의 엔진이다. 현재, 미국에서는 화학 촉매제 산업의 55%, 반도체 산업의 70%가 나노 기술을 직간접적으로 이용한다.[346] 2015년 8월, 91세 나이였던 지미 카터 전

---

346 박근태, "20년 전만 해도 낯설었던 나노기술, 이젠 제조방식과 삶의 철학까지 바꿔", 한국경제, 2018. 07. 13.

미국 대통령은 간과 뇌에 암세포가 퍼져서 죽음을 목전에 두었지만 머크 샤프 앤드 돔(MSD)이라는 제약회사가 개발한 나노기술 접목한 면역항암 제 키트루다(keytruda) 치료를 받고 같은 해 12월 6일 완치 판정을 받아 주위 사람들을 놀라게 했다.[347] 테슬라 전기자동차의 기술이 집적된 고성능 배터리, 차체 등에도 나노 기술이 적용되었다.[348] 퀀텀 변혁이 완성한 미래, '뒤바뀐 세상'에서 사용되는 나노 기술은 현재보다 수 십, 수백 배 향상된 기술이다.

원시시대는 돌, 나무 등 물질이 구체적 형태를 가진 '물체(物體, object)'를 쪼개고 결합했다. 물체의 최소단위는 밀리미터(㎜)를 쓴다. 1 밀리미터는 1미터의 10^{-3}이다. 고대에서 중세까지는 물체의 본바탕을 이루는 질료이고 이종의 분자들의 집합체인 '물질(物質, matter)'을 다루는 수준으로 발전했다. 철학자 데모크리토스가 원자론을 주장했지만, 고대에서 중세까지 화학은 연금술 수준에 머물렀다. 물질의 최소단위는 마이크로미터(㎛)를 쓴다. 1마이크로미터는 1미터의 10^{-6}이다. 1 마이크로미터는 머리카락 1/10 정도다. 16세기~17세기에 이르러 '분자(分子, molecule)' 시대가 열렸다. 리바비우스(Andreas Libavius, 1540~1616)가 최초의 화학 교과서를 저술하고, 영국의 자연철학자이며 화학자였던 로버트 보일(Robert Boyle, 1627~1691)이 연금술과 화학을 구분하고, 근대적인 원자, 분자, 화학 반응에 대한 개념을 정리하면서 분자를 제대로 이해하고 분자 단위에서 화합물을 쪼개거나 결합하는 길이 열었다. 분자는 원자의 집합체다. DNA, 단백질은 분자 단위에 있다. 20세기 현대 물리학은 분자 과학(molecular scinece, 分子科學)을 단위에서 자연을 연구하고 기술 문명을 발전시켰다. 동시에 20세기는

347 "키트루다", 위키백과.
348 박근태, "병든 세포만 치료, 미세한 환경오염 감시, 나노기술이 여는 신세계", 한국경제, 2018. 07. 13.

원자 시대의 준비단계였다. 1924년 독일 이론물리학자 막스 보른이 양자역학(quantum mechanics, 量子力學)이라는 개념을 처음 제기했다. 1927년 10월 24일 벨기에의 수도 브뤼셀에서 열린 제5회 솔베이 회의에서 아인슈타인과 양자역학 지지자들 간에 벌어진 '전자와 광전자' 논쟁을 벌였다. 1986년 리차드 파인만과 에릭 드렉슬러는 '창조의 엔진'이라는 창의적 논문을 발표했다. 이런 준비를 발판으로, 21세기에 양자역학을 기반으로 한 '원자(Atom)' 시대가 본격화되었다. 원자(原子, atom)는 화학원소의 특징을 잃지 않는 수준에서 물질의 최소 입자다. 원자는 원자핵과 전자로 구성된다. 원자핵은 다시 양(+) 전하는 띠는 양성자와 전하를 띠지 않는 중성자로 나뉜다. 원자핵의 주위를 도는 전자는 음(-) 전하를 띤다. 원자 시대는 원자 단위에서 원소를 쪼개거나 결합한다. 원자 시대에 사용되는 단위는 나노미터(㎚)다. 1나노미터는 1미터의 10^{-6}이다. 머리카락 한 개의 굵기는 10 마이크로미터(㎛) 정도 된다. 이런 머리카락 한 개 크기의 실리콘에 1만 개의 회로를 넣은 것이 10나노급 D램이다. 1나노미터는 머리카락 1/100,000정도다. 나노 크기에 이르면, 동일한 물질이라도 특성의 변화가 일어난다. 첫째, 광학적 특성 변화다. 색깔의 변화다. 금은 거시 세계에서는 노란색을 띠지만, 나노 영역에서는 빨간색으로 변한다. 둘째, 화학적 특성 변화다. 물질의 단위에서는 부피가 커질수록 표면적이 증대된다. 미시 세계에서는 나노 영역으로 작아질수록 표면적이 급격히 증대되고 새로운 화학적 특성이 나타난다. 은이 나노 영역으로 들어가면 세척력을 갖는 식이다. 셋째, 기계적 특성 변화다. 결정립(Grain) 크기 영역에서 들어서면, 새로운 기계적 특성이 일어난다. 결정립이란 금속이나 합금처럼 다결정질의 집합체 중의 개개의 결정을 가리킨다. 쉽게 부러지는 흑연이 나노 영역으로 내려가서 튜브 모양으로 탄소들이 재연결되면 강철의 100배가 넘는 강도를 보이고, 축구공 모양(C60)으로 조합되면 다이아몬드보다 강도가 강한 '플러랜(Fullerence)'이 된다. 마지막으로 전자기적 특성 변화다. 전자기적 특성을 갖는 반도체나 자성 금속 등은 나노 영역으로 내려가면 자기적 성질이 극대화된다. 코발트 같은 자성 금속은 나노 영역에서는 규칙적인 배열로 인해 하나하나 비트로 사용할 수 있다.[349] 나노 기술은 이런 특성 변화를 다룰 수 있기 때문에, 같은 원자를 가지고도 구조를 바꿔 새로운 물질을 만들어내는 창조의 엔진(Engines of Creation)이 된다.

퀀텀 변혁이 완성한 미래, '뒤바뀐 세상'에서 들어서면, 비약적 발전을 한 나노 기술을 경험하게 될 것이다. 그 시대에는 인간이 자연의 선택이라는 굴레를 벗어버릴 수 있다. 인간이 스스로 자연의 선택을 넘어설 수 있다. 나노 소자(Nano elements), 나노 소재(Namo materials), 나노 소자를 사용한 기계적 시스템(MEMS. Micro electro mechanical systems), 나노 포토닉스(Nano photonics) 등의 나노 스케일 공정(Nano scale process)이 대중화되고, 다양한 형태의 나노 인공물, 나노 로봇(Nano Robot)이 사용된다. 필자가 바이오 기술(Bio technology)을 메타 도구의 범주에 넣지 않은 이유가 있다. 상당수의 바이오 기술도 나노 기술을 기반으로 한다. 대표적인 바이오 기술 중 하나인 유전자 가위도 아주 탁월한 나노 도구다. 제한효소(制限酵素, restriction enzyme)라고 불리는 유전자 가위는 DNA를 파괴하는 데 사용하는 천연 단백질 분자 기계다. 코로나19 바이러스의 크기는 핵산(DNA 혹은 RNA)과 단백질 덩어리 단위다. 코로나19 바이러스를 대항하는 mRNA 기술도 나노 스케일 공정이 필수다. 미래 의료의 최대 기대주인 나노 로봇(나노 기계)도 천연 나노 기계인 '생물학적 나노 로봇(Biological Nano Robot)'과 인공 나노 기계인 '기계적 나노 로봇(Mechanical Nano Robot)'으로 나뉜다. 인간의 몸

---

349 이희철, "미래생활 속의 나노기술", 전경련 미래창조혁신 과정 강의안, 2011.5.12.

안에 있는 리보솜(ribosome)은 분자 단위에서 사용할 수 있는 가장 원시적인 천연 단백질 분자 기계다. 단백질 합성을 담당한 리보솜은 세포가 아니다. 리보솜은 세포 안에 rRNA(ribosome RNA, 리보솜 입자 내에 있는 RNA)와 단백질로 이루어진 복합체(알갱이)다. 세포 안에 있는 DNA는 리보솜에게 좀 더 단순한 분자들을 사용해서 다양한 단백질 기계를 만들라고 지시한다. 생화학자들은 이런 특징을 가진 리보솜을 다른 단백질 기계를 조종하는 도구로 사용하는 법을 터득했다. 원자의 집합체인 분자를 다루는 기술도 나노 스케일 공정이다. 생화학자들은 박테리아를 생산 기계로 사용하는 방법도 터득했다. 나노 기술과 바이오 기술의 결합이다. 독립 세포 중 하나인 박테리아는 모터와 프로펠러를 가지고 역방향 회전과 변속까지 가능한 천연 나노 기계다. 미국 제약회사 엘리릴리앤드컴퍼니(Eli Lilly and company)는 박테리아를 생산 기계로 사용하여 당뇨병 치료제인 휴물린(Humulin, Human insuline)을 생산한다. 현대 인류 문명은 나노 도구를 사용한 지 얼마 되지 않지만 놀라운 성과를 내고 있다. 제한효소, 재조합효소, 리보솜 등을 사용해서 다른 단백질 기계를 조작하여 세포를 바꾸는 신호를 전달하여 다양한 세포를 조작하는 방법도 알아냈다. 세포를 조작할 수 있으면 물체를 마음대로 조작하고 변형하는 것이 가능해진다. 퀀텀 변혁이 완성한 미래, '뒤바뀐 세상'에서 들어서면, 나노 기술은 무생물과 생물을 구별하지 않고 모든 미시 세계에서 창조의 엔진이 되어, 나노 기술 노하우 그 자체가 철이고, 금이고, 다이아몬드이고 불로초가 된다.

　세 번째 메타 도구인 '생각하는 4D 프린터(AI 4D Printer)'는 또 다른 '창조의 엔진(Engines of Creation)'이다. 나노 기술이 미시 세계의 창조의 엔진이라면, 생각하는 4D 프린터(AI 4D Printer)는 거시 세계의 창조의 엔진이다. 생각하는 4D 프린터(AI 4D Printer)는 기존 3D 프린터가 나노기술의 도움을 받아 4D로 업그레이드되고, 강한 인공지능과 연결된 도구다. 독자들이 익숙하게 알고 있는 3D 프린터는 미래 발전 가능성과 파괴력에 비해서 중요성이 간과되어 있다. 오바마 대통령이 미국의 미래 먹거리 중 하나로 3D 프린터를 소개할 때에는 기대감이 아주 컸다. 하지만 시간이 지나면서 열기가 식었고, 현재는 오히려 과소평가되고 있다. 필자의 예측으로는 3D 프린터가 재료 측면에서는 시간이나 환경에 맞춰 자가 변형이 가능한 재료를 찍어낼 수 있는 4D 프린터로 발전하고, 지능 측면에서는 강한 인공지능이 연결되어 스스로 생각하고 판단하는 4D 프린터(AI 4D Printer)로 재탄생하면, 그 자체만으로도 또 다른 산업혁명을 일으키고 남는다. 현재 3D 프린터를 과소평가하는 이유는 늦은 출력 시간, 출력 품질의 한계, 높은 가격 등 때문이다. 하지만 이 3가지 문제는 머지않은 미래에 해결된다. 퀀텀 변혁이 완성한 미래, '뒤바뀐 세상'에서는 모든 가정에 하나 이상의 생각하는 4D 프린터(AI 4D Printer)가 구비된다. 생각하는 4D 프린터(AI 4D Printer)를 가지고 지구상에 존재하는 거의 모든 물리적 제품을 만들고, 아침 식사를 만들고, 상처 난 피부를 치료한 인공피부를 만들어 붙이게 될 것이다. 병원처럼 전문 의료기관에서는 살아 있는 장기까지 만들어낸다. 4D는 3차원 입체(3D)에 시간이라는 1차원(1D)이 추가된 차원이다.

현재 MIT는 3D 프린터 속도를 10배 개선한 기술을 개발했고, 나사는 3D 프린터로 로켓엔진용 부품을 만드는 실험에 성공했고 GM은 3D 프린터로 자동차 부품을 만드는 실험을 진행 중이다.[350] 4차원(4D) 스마트 재료도 속속 개발이 되고 있다. 2013년 4월, 미국 MIT 자가조립연구소 스카일러 티비즈 교수는 '4D 프린팅의 출현(The emergence of 4D printing)'이라는 제목의 TED 강연에서 1차원 선이 물속에서 스스로 'MIT' 글자로

---

350 김승민, "GM, 3D프린팅, AI로 자동차 부품 만든다", ZDNet Korea, 2018. 05. 04.

변하고, 3차원 정육면체로도 변하는 것을 보여주어 청중을 놀라게 했다. 형상기억합금 같은 스마트 재료다. 단백질 분자들은 원하는 조건이 형성되면 스스로 알맞은 형태로 재빨리 결합(접힘, folding)해 특정 모양을 갖춘다. 3차원 단백질 접힘 현상이다. 자연계의 생체분자는 다른 생체분자를 인식하는 능력이 있다. '분자 인식 원리'다. 인간의 몸에 있는 단일 DNA 가닥은 반대쪽 단일 DNA 가닥을 인식한다. 두 DNA 가닥들은 스스로 결합해 이중 DNA 가닥을 형성한다. 백신을 맞아 형성된 코로나19 항체가 외부에서 코로나19 바이러스(항원)가 침투하면 결합하여 무력화시키는 것도 분자 인식 원리에 따른 자가조립 작용이다. 자연은 분자 인식 원리를 바탕으로 나노 크기의 생체물질을 마이크로미터 크기의 세포 한 개로 자가조립하고, 마이크로미터 크기의 세포도 자가조립 기술을 사용해서 사람의 몸과 같이 큰 구조를 이룬다. 지구상에 존재하는 모든 생명체는 자가조립 원리를 이용해 나노구조로부터 거대 구조로 만들어져 간다.[351]

나노기술을 사용하면 이런 원리를 특정 물질에 적용하거나 그런 기능을 하는 인공 물질을 만들면, 자가 변형(selftransformation) 혹은 자가조립(self-assembly)이 가능한 스마트 재료를 만들 수 있다. 하지만 분자 인식 원리를 바탕으로 한 자가조립 기술을 인위적으로 사용할 때는 사람의 눈으로 볼 수 없는 미시 세계보다 사람 눈으로 볼 수 있는 거시 세계에서 적용이 더 어렵다. 같은 물질이라도 나노미터(nm) 스케일의 미시 세계와 거시 세계에서 각기 다른 구조, 특성과 움직임을 보이기 때문이다. 거시 세계에서 눈에 보이는 흑연을 나노 스케일로 작게 하면 구조, 성질, 행동(behavior)가 전혀 다른 탄소나노튜브가 된다. 금도 거시 세계에서는 노란빛을 띠지만, 나노 스케일로 작아지면 금가루는 빨간색이나 보라색을 띤

---

351 "4D 프린팅", 네이버 지식백과: 물리산책(강종석, 과학동아).

다. 2010년 거시 세계에서 분자 인식 원리를 바탕으로 한 자가조립 기술의 어려움을 해결할 수 있는 실마리가 풀렸다. MIT 컴퓨터과학인공지능연구소[CSAIL] 다니엘라 루스 교수와 에릭 드메인 교수, 하버드대 공학 및 응용과학대 로버트 우드 교수 연구팀은 가로 세로 길이 약 5cm 가량의 종이접기 로봇이 스스로 종이비행기와 종이배로 변신에 성공하는 결과를 공개했다. 2011년 2월 스카일러 티비츠 MIT 교수도 '우리는 스스로 조립하는 물건을 만들 수 있는가[Can we make things that make themselves]'라는 제목의 6분짜리 TED 강연에서 스스로 자가조립하는 막대인 '편향 체인'을 공개했다. 일직선으로 늘어진 기다란 체인을 손으로 흔들면 3차원 구조체로 변신한다. 스카일러 티비츠 교수는 DNA를 구성하는 4개의 염기[A, C, T, G]가 일정한 규칙에 따라 조합되는 원리를 응용했다. 기다란 체인을 이루는 각각의 관절에는 두 가지 값을 가진 스위치가 내장돼 있다. 손으로 흔들면 스위치 값이 변하면서 각 관절이 정해진 방향으로 뒤틀린다. 2013년 MIT 컴퓨터과학인공지능연구소[CSAIL] 다니엘라 루스 교수 연구팀은 몸체에 형상기억합금과 전기회로를 내장한 종이접기 로봇을 3D 프린터로 제작하는 데도 성공했다. 연구팀이 3D 프린터로 제작한 종이접기 로봇은 전기가 통하면서 열이 나면 형상기억합금이 움직이면서 개구리 모양으로 변신한다.[352] 인공지능처럼 학습하는 능력을 가지고 있는 생각하는 3D 프린터도 코넬대학에서 연구 중이다.[353]

퀀텀 변혁이 완성한 미래, '뒤바뀐 세상'이 되면, 모든 가정은 하나 이상의 '생각하는 4D 프린터'를 가지고 원하는 주방에서 사용할 물건이나 자동차용 부품을 자유롭게 출력한다. 생각하는 4D 프린터는 헤드에 달

---

352 "4D 프린팅", 네이버 지식백과: 물리산책(강종석, 과학동아).
353 호드 립슨, 멜바 컬만, 『3D 프린팅의 신세계』, 김소연, 김인항 역, (서울: 한스미디어, 2013), 422.

린 광학 스캐너를 통해 출력하는 과정에서 물건의 모양이 정상 출력되지 않는 것이 포착되면 디자인을 즉시 고치거나 조정하는 식으로 프린팅 전과정을 관리한다. 출력된 물체는 시간이 지나거나 주변 환경이 변하면 그에 맞는 모양으로 변신한다. 언제, 어떤 환경에서, 어떤 모양으로 변신하게 할 것인지는, [인간이 원하는 목적만 말하고] 강한 인공지능이 스스로 생각하고 판단하여 최적의 조건들을 스마트 재료에 프로그래밍한다. 강한 인공지능이 스마트 재료에 프로그래밍을 한다는 것은 지능을 심는 행위다. 그래서 스마트 재료를 '지능물질'이라고도 부를 수 있다. 예를 들어, 스스로 복구되는 방법이 탑재된 스마트 재료로 출력된 그릇이나 컵은 금이 가거나 깨지더라도 스스로 복구된다. 물만 뿌리면, 스스로 우뚝 펼쳐지는 레저용 텐트 제작도 가능하다. 눈이 오고 도로에 염화칼슘이 뿌려진 환경을 만나면 자동차 몸체를 보호하는 특성(간단한 지능)을 갖는 물질로 스스로 변하는 부품을 만들 수 있다. 생각하는 4D 프린터가 인간의 질병을 진단하고 몸속에서 특정 조건이 갖춰지거나 특정 위치에 도달하면 스스로 몸을 변형시켜 암세포를 잘라내고 손상된 장기를 치료하거나, 손상된 세포에만 정확하게 약물을 전달하는 지능형 나노로봇도 만들 수 있다. 생각하는 4D 프린터가 찍어낸 물체는 인간의 개입 없이 열, 진동, 중력, 공기 등 다양한 환경이나 에너지원에 자극받아 변한다. 특정한 시간에 특정한 모양으로 변신을 반복하게도 할 수 있다.

퀀텀 변혁이 완성한 미래, '뒤바뀐 세상'이 되면, 국가나 기업은 생각하는 4D 프린터를 사용해서 달과 화성에서 물건을 만드는 다양한 작전을 수행한다. 거대한 규모의 4D 프린터에 탑재된 강한 인공지능은 달과 화성의 환경을 스스로 파악하고 지형이나 기후 조건에 맞는 물건이 무엇인지 스스로 판단한다. 생각하는 4D 프린터는 태양열에너지를 에너지원으로 모래를 녹여 유리처럼 만든 재료를 쌓아올려 필요한 물건을 만들거나 건물을 짓는다. '태양광 소결(solar sintering)' 프린팅 방식이다.[354] 분자 인식 원리를 바탕으로 자가조립 기술을 사용하여 나노 구조물에서 거시 물질 재로를 만들어 사용할 수도 있다. 필요하다면 환경 변화를 추적하여 반응하는 기능을 가진 자기변형 물질(selftransformation material)을 소재로도 사용할 수 있다. [상상이기는 하지만] 아주 먼 미래에, 아주 강한 인공지능이 탑재된 생각하는 4D 프린터가 나노 기계(nano machine) 군에 속하는 물질 편집기(matter compiler), 물질 제조기(matter manufacturing machine), 유전자 편집기(DNA compiler) 등과 함께 사용되면 원하는 것은 모두 편집하거나 창조해 낼 수 있다. 최소한 물질적 궁핍과 결핍이 사라지는 사회 도래가 현실이 될 수 있다.

퀀텀 변혁이 완성한 미래, '뒤바뀐 세상'은 이 3가지 메타 도구, 창조의 엔진들이 작동하면서 각종 변혁적 기술, 생산도구, 무기들을 [마치 자식을 출산하듯] 계속 낳아서 도약적이고 전면적인 변화들로 가득 찬 미래다. 생산 활동, 산업의 종류, 경제와 사회의 시스템과 질(質)과 운영 방식, 인간의 생물학적 존재 방식까지 모든 분야에서 놀랍고 경이로운 혁신으로 가득 찬 미래다.

놀라운 시장, 영생(永生)

필자는 퀀텀 변혁이 완성한 미래, '뒤바뀐 세상'에서 세 가지 창조의 엔진, 메타도구가 만들어낼 21세기 최고의 시장, 인류 역사상 가장 놀라운 시장 하나를 주목하고 있다. 바로 '영생 시장'이다. 먼 미래 뒤바뀐 세

---

354 호드 립슨, 멜바 컬만, 『3D 프린팅의 신세계』, 김소연, 김인항 역, (서울: 한스미디어, 2013), 325.

상에서는 영생[永生]도 사고파는 시장이 열릴 것이다. 필자가 **시나리오1. 도약, 일본 추월**과 **시나리오3. 새로운 게임, 반격의 시간**에서 예측했던 미래산업들은 거대하지만 최고의 소비 품목은 아니다. 퀀텀 변혁이 완성한 미래, '뒤바뀐 세상'에서 등장하는 '영생[永生]' 시장이 최고의 소비 품목이다. 2013년 구글의 창업자 세르게이 브린과 래리 페이지는 인간의 수명을 500살까지 연장하는 연구를 담당하는 회사 칼리코[Calico]를 설립했다. 이들의 도전이 성공할까? 필자는 퀀텀 변혁이 완성한 미래, '뒤바뀐 세상'이 오면, 창조의 엔진인 3가지 메타 도구들이 상호 발전을 촉진하는 시너지 현상이 일어나면서 인간의 수명 증가에 가속도가 붙을 가능성이 크다고 예측한다. 영원히 죽지 않는 상태는 아니더라도, '반[半, semi-]영생'을 사고파는 시장이 열릴 수 있다.

이런 미래가 가능할까? 첫째, 기술발전 속도가 가능하게 해 준다. 1965년 고든 무어[Gordon Moore]는 자시의 논문 「더 많은 부품을 집적 회로에 몰아넣기[Cramming More Components onto Integrated Circuits]」에서 훗날 무어의 법칙[Law of Moore]으로 불리는 예측을 했다.[355]

> "최소 부품 비용의 집적도[complexity for minimum component costs]는 연간 약 두 배의 속도로 증가해왔다. … 단기적으로 이 속도는 설령 증가하지 않는다고 할지라도 유지될 것이라고 예상할 수 있다. 더 장기적으로 보면, 증가 속도는 좀 더 불확실하다. 적어도 10년 동안은 거의 일정하게 유지될 것이라고 믿는다."

---

355 에릭 브린욜프슨, 앤드루 맥아피, 『제2의 기계 시대』, 이한음 역, (서울: 청림출판, 2014), 58.

1975년 무어는 집적도가 2배 되는 기간을 1년에서 2년으로 수정했다. 2배로 증가한다는 수정된 예측을 감안해도, 무어는 자신이 주장한 법칙이 20년 정도 지속될 것으로 생각했다. 하지만 IT 영역은 물리법칙에 따른 제약이 훨씬 덜 하고, 5~7년 간격으로 집적도 증가 속도가 물리적 한계에 부딪힐 때마다 '영리한 땜질(brilliant tinkering, 우회로)'이라는 우회 전략을 사용하면서, 18개월마다 2배로 늘어나는 주기는 여전히 작동 중이다. 반도체 집적도의 발전은 연산과 기계학습 능력의 향상으로 직결된다. 2012년 IBM의 왓슨은 1997년 체스 세계 챔피언을 이겼던 딥블루(Deep Blue)보다 100배 뛰어난 성능을 얻었고, 인간 바둑 기사를 이기는 슈퍼컴퓨터 출현을 40~50년 앞당겼다.[356] 이런 추세라면, 앞으로 몇 년 안에 개인용 컴퓨터가 2012년 IBM의 왓슨의 연산 속도를 넘어설 수 있게 된다. 기술 발전이 변혁기에 진입하여 기술 자체가 기하급수적 발전을 시작하면, 현재의 발전 속도마저도 뛰어넘는 비약적 도약이 일어난다.

둘째, 인간의 도전정신과 생각의 힘이 가능하게 해 준다. 케네디 대통령이 인간을 달에 보내겠다는 무모한 목표도 불과 8년 만에 성과를 냈다. 생각의 힘은 무섭다. 자기 능력을 의심하면, 한도 끝도 없이 무너진다. 하지만 자기 능력을 믿고 도전하면 생각은 모든 것이 가능한 곳으로 우리를 이끈다. 이런 사례는 적지 않다. 2004년 미국 국방첨단연구계획국(DARPA, Defense Advanced Research Projects Agency)이 캘리포니아 모하비 사막 250km를 자율주행 기술로 완주하는 그랜드 챌린지 경주를 시작했을 때, 15대 자율주행 자동차 중에서 2대는 출발도 못했고, 1대는 출발하자마자 뒤집혔고, 출발 후 얼마 되지 않아 8대는 경주를 포기했다. 완주

356 에릭 브린욜프슨, 앤드루 맥아피, 『제2의 기계 시대』, 이한음 역, (서울: 청림출판, 2014), 70. "수학자와 바둑 기사의 정면 승부...결과는?", YTN Scinece, 2014. 08. 20.

한 자동차는 한 대도 없었다. 언론은 '다르파의 사막 대실패'라고 조롱했다.[357] 그 당시의 결과로는 자율주행 자동차의 꿈은 캐네디 대통령의 달 착륙 프로젝트보다 무모했다. 하지만 불과 6년 후 놀라운 일이 벌어졌다. 2010년 10월 구글이 만든 자율주행 자동차가 미국의 실제 교통상황 하에서 스스로 주행하는데 성공했다는 발표가 나왔다.

셋째, 테크늄(technium)이 가능하게 해 준다. 기술은 상호 연결되어 있고, 상호의존하며 전체가 하나의 시스템을 이루며 거의 생물처럼 유기적으로 발전하면서 새로운 기술과 발전 기회를 만든다. 케빈 켈리는 기술과 기술, 발명과 발명은 서로 몹시 뒤얽히며 새로운 기술과 더 많은 도구, 더 많은 발명품들을 낳으며 자기 추진력을 가진 상호 연결된 기술계(system of technology)를 만든다고 주장했다.[358] 케빈 켈리는 이렇게 기술계가 생명체처럼 자기 생성 충동을 가진 유기적이고 자기 강화적 창조력을 가진 상태를 '테크늄(technium)'이라 칭했다.[359] 자기 생성 충동을 가진 생명체처럼 강화 피드백을 하며 진화하는 기술계는 현재의 기술로 해결할 수 없는 문제를 미래의 기술로 해결하는 길을 스스로 연다.

마지막으로 인간의 생각, 지식의 축적, 테크늄 간 선순환이 가능하게 해 준다. 미래학자 레이 커즈와일은 자신의 진화의 역사를 6기로 나눴다. 제1기는 '물리 현상과 화학 반응'이 발전하는 시기로 정보가 원자 구조에만 있던 시기다. 제2기는 '생물과 DNA'가 진화하는 시기로 탄소기반 화합물이 점점 복잡해지고 정보가 DNA에 있는 시기다. 제3기는 '뇌'가 진화하면서 정보가 신경 패턴에 있는 시기다. 제4기는 '기술'이 진화하는 시기로 정보가 하드웨어와 소프트웨어 설계에 있는 시기다. 레이 커즈와

---

357 에릭 브린욜프슨, 앤드루 맥아피, 『제2의 기계 시대』, 이한음 역, (서울: 청림출판, 2014), 31.
358 케빈 켈리, 『기술의 충격』, 이한음 역, (서울: 민음사, 2011), 17~21.
359 케빈 켈리, 『기술의 충격』, 이한음 역, (서울: 민음사, 2011), 21.

일은 현재를 제4단계에 해당하는 '기술' 시대라고 칭했다. 제4기에서는 이성적으로 추상적인 사고력과 도구를 사용할 수 있는 인간의 뇌가 기술 진화를 견인한다.[360] 제5기는 '기술과 인간 지능의 융합' 시대로서 기술이 생물(인간 지능을 포함)의 방법론을 터득하는 시기다. 레이 커즈와일에 의하면, 인류는 몇 십 년 안에 특이점과 함께 진화의 제5기에 진입한다. 제5기는 우리 뇌에 축적된 광대한 지식이 더 크고 빠른 역량과 속도, 지식 공유 능력을 갖춘 기술과 융합하면서 시작된다. 이 시기에 인간-기계 문명은 인간 뇌의 한계를 초월한다. 기술발전이 특이점을 통과하면서, 인간의 오랜 문제들이 극복되고 인간의 창조성이 한없이 확대된다. 생물학적 진화의 뿌리 깊은 한계도 극복된다.[361] 레이 커즈와일이 예측한 제5기는 필자의 시나리오에서 필자는 퀀텀 변혁이 완성한 미래, '뒤바뀐 세상'과 비슷하다. 필자는 이 시기가 되면, 인간의 지능뿐만 아니라 수명도 비약적으로 증가하는 시대가 열릴 것이라고 예측한다. 참고로 레이 커즈와일의 진화 제6기는 '우주가 잠에서 깨어나는' 시기다. 인간의 지능은 무한하게 확장되어 우주로 퍼지고, 우주의 물질과 에너지의 패턴이 지적 과정과 지식으로 가득 찬다.

반(半, semi-) 영생의 시작, 200세 에이징 기술

이제 100세 시대는 상식이다. 120세 시대 말도 나온다. 레이 커즈와일의 분류로 제4기에 불과하고, 필자의 시나리오로는 겨우 변혁적 기술

---

360 레이 커즈와일, 『특이점이 온다』, 김명남, 장시형 역, (서울: 김영사, 2007), 37~41.
361 레이 커즈와일, 『특이점이 온다』, 김명남, 장시형 역, (서울: 김영사, 2007), 41.

이 새로운 게임을 만들기 시작했을 뿐인데 말이다. 인간 수명의 변화를 추적해 보자. 어린 시절 누구나 불렀던 "김수환무~"로 시작하는 노래에 인류 역사상 가장 오래 산 사람이 등장한다. 므두셀라다. 므두셀라는 성경에 등장하는 인물로 969세를 살았다. 성경에는 므두셀라 이외에도 상상을 초월해서 장수한 사람들이 많이 나온다. 성경에 등장하는 인류 최초의 인간 아담은 930세를 살았다[창세기 5:3~5]. 아담의 아들 셋은 920세, 셋의 아들 에노스는 905세, 에노스의 아들 게난은 910세, 게난의 아들 마할랄렐은 895세, 마할랄레의 아들 야렛은 962세, 야렛의 아들 에녹은 365세를 살다가 죽지 않고 신의 나라로 들어갔다. 최고 장수인 므두셀라는 에녹의 아들이다. 969세를 산 므두셀라의 아들 라멕도 777세를 살았다. 성경에는 신이 인간의 수명을 획기적으로 단축한 사건이 2번 있었다. 첫 번째 사건은 대홍수다. 무드셀라의 손자이고 라멕의 아들인 노아는 대홍수 시기에 살아남은 주인공이다. 대홍수는 노아의 나이 600세에 시작되었다[창세기 7:6]. 노아는, 대홍수 후에도 350년을 더 살다가 950세에 죽었다. 아담부터 노아까지는 인간의 최고 수명이 777~969세였다. 하지만 노아를 마지막으로 인간 최고 수명은 이전보다 크게 줄어든다. 노아가 950세를 살았던 것에 비해, 대홍수 이후 첫 세대라고 할 수 있는 셈은 502년을 살았다. 셈의 아들 아르박삿은 438년을 살았다. 아르박삿의 아들 셀라는 433년을 살았다. 셀라의 아들 에벨은 464년을 살았다. 이 시기에, 인간의 최고 수명은 438~502세로 대홍수 이전의 절반이었다. 수명이 줄어들면서, 결혼 시기도 빨라졌다. 대홍수 이후, 사람들은 30대에 결혼을 했다. 성경에서 신이 인간의 수명을 획기적으로 단축한 두 번째 사건은 바벨탑이다. 바벨탑 사건 이후, 인간의 수명은 다시 절반으로 줄어든다. 성경에 등장하는 바벨탑 사건은 에벨과 그의 아들 벨렉 사이에 벌어진 일이다. 464년을 살았던 에벨의 아들 벨렉은 239년만 살았다. 벨렉의 아들 르우는 239년을 살았다. 르우의 아들 스룩은 230년을 살았다. 스룩의 아들 나홀은 148년을 살았다. 나홀의 아들 데라는 205세를 살았다. 아담부터 노아까지 인간의 최고 수명은 777~969세였고, 셈부터 에벨까지 인간의 최고 수명은 438~502세였고, 벨렉부터 데라까지 인간의 최고 수명은 205~239세로 낮아졌다. 그리고 이스라엘의 조상으로 받들어지는 아브라함부터는 별사건이 없었지만 최고 수명이 조금 더 낮아진다. 아브라함부터 야곱까지 최고 수명은 147~175세였고 야곱의 아들 요셉부터 가나안 정복 전쟁의 최고 사령관이었던 여호수아까지 인간의 최고 수명은 110~120세가 되었다. 하지만 이스라엘 민족을 이집트에서 탈출시킨 광야의 지도자 모세가 지은 시를 보면, "우리의 연수가 칠십이요 강건하면 팔십이라도"라는 말이 나온다(시편 90:10). 이때 이미 인간의 평균수명은 70~80세까지 낮아졌다. 이스라엘의 위대한 영웅이자 대왕이었던 다윗은 70세를 살았고, 인류 역사상 최고 지혜의 왕이라고 평가받은 솔로몬은 61세를 살았다.

역사적으로, 솔로몬 대왕은 B.C 10세기 중반 인물이다. 그 이후, 인간의 수명은 어떻게 변했을까? 높은 유아 사망률, 전쟁, 전염병 대재앙의 반복 등으로 국가 전체 평균수명은 매우 낮았다. B.C 8세기 고대 그리스 시대 인간의 평균 수명은 19세, 페스트가 창궐했던 14~15세기 유럽의 평균 수명은 21세였다. 17~20세기 초까지 유럽의 평균수명은 45~65세 사이였다. 20세기 중반에 접어들면서 대규모 전쟁이 멈추고 전염병을 막는 백신과 치료 약 개발이 빨라지면서, 영국과 미국의 등 선진국은 평균 수명이 75세까지 증가했다. 한국도 비슷했다. 고려시대 최고의 생활 환경과 의료지원을 받았던 34명의 왕들의 평균수명은 42.3세, 조선시대 왕의 평균수명은 46.1세였다. 조선시대 가장 장수했던 영조대왕은 83세까지 살았다. 조선시대 남성의 평균수명은 35세였다.[362] 현대에 들어서는 평균수명이 다시 증가했다. 일제강점기인 1925~1930년 한국의 평균수명은 37.4세에 불과했지만, 1950년 47.9세, 1960년 51.2세, 1980년 65세, 2000년 75세, 2015년 81.2로 늘었다.[363] 통계청의 2020년 자료에 따르면, 한국인 남자의 평균수명은 80.5세, 여자는 86.5세다. 비슷한 기간, 대부분의 선진국 평균수명은 79~81세 사이다. 선진국 여성은 전체 평균보다 4~5년이 높은 83~86세 사이가 되었다.

2021년 기준, 공식 역대 최장수 기록은 프랑스 여성 장 칼맹 씨로 1875년 2월 21일에 태어나 1997년 8월 4일 사망할 때까지 122세 164일을 살았다. 비공식 세계 최고령자는 1870년에 태어나서 146살을 살았던 인도네시아인 사파르만 소디메조 할아버지다.[364] 2021년 기준, 현존 최고령자의 기네스 공식 기록은 일본인 다나카 가네 할머니로 118세다. 현존 최고령자의 비공식 기록은 중국 위구르 지역 슐레에 거주하는 알리미한 세이티 할머니로 135세다.[365] 세이티 할머니는 생년월일이 '1886년 6월 25일'로 기재된 신분증을 갖고 있지만, 청나라 때의 출생기록이 확인이 불가하여 공식 기록으로 인정받지 못했다. 2021년 유엔의 분석에 따르면, 전 세계 100세 이상 인구는 57,3000명 정도다.[366] 미국 워싱턴대학 사회학과 교수이며 통계학자인 애드리안 래프터리[Adrian Raftery] 박사팀은 유럽 10개국과 캐나다, 미국, 일본 등 13개국의 초장수인들을 추적하고 있는 독일 막스플랑크 인구통계학연구소의 장수 데이터베이스에 베이지안 통계기법[Bayesian statistics]을 사용해서 2100년까지 인간의 수명 증가

---

362 "조선 시대에 왕들의 평균 수명은 몇 살일까?", 네이버지식백과: 천재학습백과 초등 역사 상식 퀴즈.
363 "국가별 평균 수명 순위", 나무위키.
364 김효진, "세계 최장수 146살 인도네시아 노인 숨 거둬", 한겨레, 2017. 05. 01.
365 임선영, "중국 '세계 최고령은 134세 할머니' 생일잔치 공개", 중앙일보, 2020. 06. 30.
366 이성규, "금세기에 세계 최장수 기록 경신된다", 사이언스타임즈, 2021. 07. 06.

추세를 예측했다. 결과는 어땠을까? 124세까지 장수할 사람의 등장 확률은 99%이며, 127세가 나올 확률은 68%였다. 130세까지 장수할 사람의 등장 확률은 13%였다.[367]

필자는 앞으로 평균 수명의 증가 속도는 느리게 움직이지만, 최고 수명은 빠르게 늘어날 것이라 예측한다. 사회 환경이 추가로 개선될 여지가 많고, 난치병 치료 기술이 획기적으로 발전하여 암, 심혈관 질환, 치매 등에서 의학 발전이 계속되고 있다. 현재, 질병 극복 관련 기술의 발전 속도가 매년 2배씩 빨라지고 있다. 스마트폰, 웨어러블 컴퓨터, 빅데이터 분석 기술, 인공지능, 통신 기술, 진단 센서, 유전자 분석 기술들이 결합된 질병 진단 개인화 서비스의 대중화도 먼 미래가 아니다. 질병 진단 개인화 서비스는 혈압, 심박수, 산소포화도, 호흡수, 체온, 심방세동, 포도당 수치, 심전도 등을 실시간으로 추적하여 개인용 의료 데이터베이스를 만들어 준다. 고급 진단장비를 구매하거나 사용하면 암, 심장마비, 만성폐쇄성폐질환, 당뇨병, A형간염, 백혈구증가증, 뇌졸중, 알레르기 유발 항원, 식품매개 질병(Food-borne Illness), HIV, 갑상선 기능 저하증/항진증 등의 전조를 파악할 수 있는 화학적 지표 검사도 주기적으로 할 수 있다. 데이터가 일정하게 쌓이는 것 자체만으로 진단과 예방 역량이 상승한다. 무심코 지나갔던 건강 위험 신호를 포착하는 것만으로 질병 중증도를 낮출 수 있다. 헬스케어 산업에 뛰어드는 기업이 늘어나면, 매일 쌓이는 생체 정보와 신호들을 기반으로 음식부터 운동에 이르기까지 코칭을 받을 수 있고, 담당 의사나 생명보험사에 데이터를 보내 세밀한 건강 관리를 쉽게 받을 수 있다. 개인별로 보급형 유전자 지도까지 확보하면 수천 가지 질병 가능성을 확률적으로 예측하는 서비스를 접목시켜 밀도 있는 건

---

367 이성규, "금세기에 세계 최장수 기록 경신된다", 사이언스타임즈, 2021. 07. 06.

강관리도 가능해진다. 이런 서비스와 관련된 기술들은 개발이 완료된 상태다. 규제 해제와 서비스 범위 확대 속도만 문제다. 이런 서비스만 대중화되어도 지금보다 평균 수명과 최고 수명의 추가 연장이 가능하다. 질병 진단 개인화 서비스의 고급 단계인 '개인 유전체 전체 정밀 분석(WGS. Whole Genome Sequencing)' 서비스 비용이 하락해서 대중화되는 것도 먼 미래가 아니다. 암이나 희귀병의 주요 원인 중 하나는 유전자 정보의 이상(변이, genetic alteration)이다. 암의 공식적 정의는 '통제되지 않는 세포의 악성 성장(unregulated malignant cell growth)'이다.[368] 개인 유전체 전체 정밀 분석을 기반으로 한 맞춤 의료 기술은 암세포의 예방과 치료에 개별적 통제가 가능한 미래를 열어 준다. 슈퍼 컴퓨팅 역량의 발전은 A, T, G, C 4가지 염기 서열로 표현되는 문자열 정보가 수백 기가바이트에서 수십 테라바이트에 달하는 인간 유전자 지도 분석 시간을 13년(2003년)에서 1분(2015년)으로 단축시켰다. 비용도 27억 달러에서 1000달러 미만으로 하락시켰다. 시간이 조금만 지나면, '개인 유전체 전체 정밀 분석' 서비스도 저렴한 비용으로 대중화될 수 있다. 2011년 10월에 췌장암으로 사망한 스티브 잡스는 인류 최초로 '개인 유전체 전체 정밀 분석(WGS. Whole Genome Sequencing)'을 한 사람 중 한 명이다. 스티브 잡스는 하버드 대학과 MIT가 공동 설립한 보스턴 브로드 연구소(Broad Institute)에 10만 달러를 지불하고 유전체 정보 전체를 분석을 의뢰했다. 자신을 괴롭히는 췌장암 치료법을 찾으려는 목적이었다. 스티브 잡스는 수백 개가 되는 암 유발 유전자를 모두 검사하는 서비스 혜택은 누렸지만, 자신의 암 유형에 맞는 표적 치료제를 구하지 못해 죽음을 맞이했다. 하지만 그 이후로 표적 치료제를 구하는 비율이 높아지고 있다. 표적 치료제가 있는 유전자를 '처치 가

368 최윤섭, 『헬스케어 이노베이션』, (서울: 클라우드나인, 2014), 34~35.

능한 유전자(actionable gene)'이라고 부른다. 스티브 잡스의 암은 '처치 가능한 유전자'가 아니었다. 2012년, 파운데이션 메디신(Foundation Medicine) 회사는 2주 안에 236개 암 관련 유전자를 정밀하게 분석하는 개인 유전체 전체 정밀 분석 서비스를 5,800달러까지 낮춰서 제공하기 시작했다. 파운데이션 메디신 사는 자체 통계를 근거로 서비스를 구매한 환자의 77%가 하나 이상의 '처치 가능한 유전자'를 발견했다고 발표했다.[369] 2012년 스탠퍼드대학교 마이클 스나이더(Michael Snyder)가 이끄는 연구팀은 DNA, RNA, 단백질, 항체, 대사물질, 분자신호 등의 4만여 종의 표지물질(어떤 것의 존재나 행방을 추적하는 데 사용하는 물질)에 대한 방대한 데이터베이스를 구축했다. 세계 최초의 '개인 체학 프로파일(iPOP, intergrative Personal Omics Profile)'이다. 이 프로파일이 있으면 개인에게 질병이 발생할 때 분자 단위 변화를 추적하여 가장 적절한 약물, 운동 혹은 식이요법 등의 치료방법을 선택할 수 있다. iPOP는 질병을 유발하는 원인을 분자 차원에서 경로를 파악하여 맞춤형 표적치료제 개발 속도를 앞당기는 핵심 기술이다.[370] 이런 기술의 덕택으로, 암 하나만 정복되어도 인간의 평균 수명과 최고 수명은 길어진다.

3D 프린터를 이용한 맞춤형 장기 모형을 제작하고 메타버스에서 수술 시뮬레이션을 하면서 치료 성공률을 높이고, 환자 맞춤형 의료기기나 뼈 골격 등을 만들어 사용하는 환경이 대중화되는 것도 평균 수명과 최고 수명을 늘리는 동력이다. 노화를 늦추는 기술이 발전하는 것도 반영해야 한다. 유전자 가위를 사용한 유전자 치료기술, 생체 이식, 최첨단 건강관리 시스템 등 '헤이플릭 분열한계(Hayflick Limit)'를 돌파하는 기술의 등

---

369 "맞춤 아기", 네이버 지식백과: 두산백과.
370 피터 W. 허버(Peter W. Huber), "의학의 미래를 진단한다"

장은 '이미 정해진 미래'다. 헤이플릭 분열한계(Hayflick Limit)은 인간 몸속 세포가 일정 시간이 지나면 세포분열 능력이 상실되는 한계다. 세포 노화, 세포 생존의 한계를 갖는 인간의 세포는 대략 50회 정도의 분열을 한 후에 수명을 다한다. 이 사실을 최초로 발견한 사람이 미국 과학자 헤이플릭이다. '헤이플릭 분열한계(Hayflick Limit)'를 돌파하는 기술이 등장하는 것만으로, 21세기 선진국의 평균수명은 100~120세까지 증가할 수 있다. 최장수 기록은 더 빠르게 증가하여 최소한 150세를 넘길 수 있다. 이 정도 기술은 퀀텀 변혁이 완성한 미래, '뒤바뀐 세상'이 열리기 이전에 불과하다. 뒤바뀐 세상에서는 일명, 200세 에이징 기술이 등장할 것이다. 200세 시대가 열리면, 반(半. semi-) 영생 시대는 공상에서 확률적으로 가능한 미래가 된다.

바이오 영생을 파는 기업들

영생을 꿈꾸는 것은 인간의 기본 욕망이다. 진시황, 이집트 파라오 무덤은 영생하는 신이 되려는 인간 욕망의 끝판왕이다. 인간이 영생을 욕망하는 이유는 각양각색이지만, 근본은 같다. 이 땅에서 영원히 살게 되면 자신이 신과 같은 존재가 된다. 이 땅에서 영원히 살게 되면 천국, 극락, 낙원, 더 좋은 세상으로 환생도 필요 없다. 진시황은 통일 제국 전체와 영생을 바꾸고 싶었다. 하지만 불가능했다. 현재 가치로 4090억 달러(490조 원)의 재산을 소유했던 미국 역사상 최고 부자 존 D. 록펠러도 죽음을 피하지 못했다. 21세기 최고의 천재로 평가받으며 혁신의 바람을 주도했던 스티브 잡스도 췌장암을 이기지 못하고 주저앉았다. 이들은 자신이 가진 엄청난 재산으로 영생을 사지 못했다. 하지만 미래는 달라진다.

퀀텀 변혁이 완성한 미래, '뒤바뀐 세상'에는 80세 죽음은 뜻밖에 갑자기 죽음을 뜻하는 '졸사[猝死]'가 되고, 100세 죽음은 아쉬운 죽음, 120~150세까지는 건강 수명이 되고, 200세는 장수 수명이 된다. 인간의 수명을 400~500살까지 연장하는 연구를 도전하는 기업들도 대거 나온다. 길거리와 미디어에서 "200세를 사는 기술을 사세요", "안전한 장기이식으로 질병과 장애 없이 젊은이 못지않은 신체능력을 회복하세요", "강력한 힘, 지구력, 운동능력, 숙취 해독력을 갖춘 '완벽한 몸'을 사세요", "원하는 몸과 뇌의 모습이 무엇인가요? 맞춤형 신체 설계를 의뢰하세요"라고 외치는 바이오 영생 기업들의 광고가 흔할 것이고, 돈으로 기술 오남용을 사서 영생을 훔치려 하는 이들도 나타날 수 있다. 전자는 합법적으로 인정된 영생 시장이고, 후자는 불법적으로 영생 기술이 거래되는 지하시장이다.

먼저, 합법적으로 영생을 사고파는 미래를 예측해 보자. 필자가 예측하는 합법적으로 영생 서비스를 소비하는 방법은 2가지다. 하나는 '생물학적 반(半) 영생(Biological semi-eternal life)'이고 다른 하나는 '디지털 영생(Digital eternal life)'이다. 퀀텀 변혁이 완성한 미래, '뒤바뀐 세상'에 이르러서도, 인간은 생물학적으로 완전한 영생에 이르기 불가능하다. 하지만 과학과 의학기술 발달로 수명을 연장하는 것은 가능하다. 필자는 이것을 '생물학적 반(半) 영생(Biological semi-eternal life)' 상태라고 부른다. 합법적으로 생물학적 반 영생을 파는 기업들의 생명 연장 기술을 예측해 보자.

퀀텀 변혁이 완성한 미래, '뒤바뀐 세상'은 인간의 능력을 완벽히 모방하고, 강한 수준의 학습능력, 자율성, 합리적 행위가 가능한 강한 인공지능, 지금보다 몇십 배 이상 발전한 나노 기술, 자기변형이 가능한 재료를 사용하는 생각하는 4D 프린팅 기술이 등장한다. 양자 컴퓨팅 기술이 보편화되어, 3가지 창조의 엔진들의 성능을 가속시킨다. 양자 컴퓨터는 현재 슈퍼컴퓨터보다 이론상 30조 배 이상 빠른 연산 성능을 발휘한다. 쉽게 말해, 일반 컴퓨터로 수만 년이 걸릴 계산을 수십 또는 수백 초 만에 끝내는 성능이다. 양자 컴퓨터 덕택에 한층 향상된 3가지 창조의 엔진들의 성능도 향상되면서 각종 변혁적 기술, 생산도구, 무기들을 [마치 자식을 출산하듯] 낳는 속도도 빨라져서 도처에 도약적이고 전면적인 변화들이 넘쳐난다. 생산 활동, 산업의 종류, 경제와 사회의 시스템과 질[質]과 운영 방식, 인간의 생물학적 존재 방식까지 모든 분야에서 놀랍고 경이로운 혁신으로 가득 찬 미래다. 가상 현실, 혼합 현실, 실제 세상이 서로 융합되어 하나의 플랫폼으로 연결되는 시대다.

'기술과 인간 지능의 융합' 시대로서 인간의 생각, 지식의 축적, 테크늄 간 선순환이 시작된다. 인간-기계 문명은 인간 뇌의 한계를 초월한다. 지식, 정보, 소프트웨어 코드, 하드웨어 공개 제조가 활발해지는 것만으로도 기술발전이 빨라진다. 예를 들어, 144만 454줄 소스코드로 구성된 구글의 기계학습 알고리즘 '텐서플로'를 독자 개발했다면 405년이 걸렸을 것이라는 분석이 있다. 하지만 구글은 4년 만에 텐서플로 알고리즘 개발에 성공했다. 1399명의 컨트리뷰터[코드 수정권자]가 공동으로 개발했기 때문이다. 소스코드 공개, 자유로운 배포, 다른 라이선스 포괄적 수용 등의 특성을 가진 공개 소프트웨어의 힘이다.[371] 인간의 생각, 지식, 정보가 공개되고 자유롭게 배포되고 상호 수용되고, 생명체처럼 자기 생성 충동을 가지고 유기적이고 자기 강화적 창조력을 가진 기술계와 선순환으로 연결된 인간-기계 문명은 인간 뇌의 한계를 초월하는 비약적 도약을 전방위로 확대한다. 이런 과정을 거쳐 기술발전이 특정 물리량들이 정의되지 않거나 무한대가 되는 공간인 '특이점[singularity]'으로 진입하면,

---

371 방은주, "공개SW의 힘…구글 '텐서플로' 독자개발 했으면 405년 걸려", ZDNet Korea, 2018. 07. 02.

인간의 오랜 문제들이 극복되고 인간의 창조성이 한없이 확대된다. 생물학적 진화의 뿌리 깊은 한계도 극복된다.[372] 이런 발전 단계에 진입한 퀀텀 변혁이 완성한 미래, '뒤바뀐 세상'은 지금 우리가 알고 있는 미래 의료 기술들이 상용화된 시대라고 전제하면 된다.

예를 들어, 퀀텀 변혁이 완성된 뒤바뀐 세상에서는 몸에 입고 심는 컴퓨터 시대가 열리면서, 개인의 생체신호가 실시간으로 분석된다. '개인 유전체 전체 정밀 분석(WGS, Whole Genome Sequencing)'이 건강보험 적용 대상이 되면서 디지털 예방의학의 획기적 발전이 있다. 실시간으로 쌓이는 개인 생체신호와 유전체 전체를 정밀 분석할 수 있어서, 천차만별인 유전인자의 개별성을 반영한 맞춤형 의약품을 연구하는 약리유전체학(Pharmacogenomics)의 수준도 매우 높아졌다. '개인 체학 프로파일(iPOP): intergrative Personal Omics Profile)'도 대중화되어 있어서, 개인에게 질병이 발생할 때 분자 단위 변화를 추적하여 가장 적절한 표적 치료제, 맞춤형 운동 혹은 식이요법 등의 정밀의학과 정밀헬스케어 시대가 열렸다.[373]

양자 컴퓨터와 강한 인공지능이 만나서, 단백질 접힘 문제 해결 비율이 높아져서 특정 단백질의 기동(起動) 방식을 이해하고, 유전자 가위(Gene Scissor) 기술을 가지고 안전하게 편집과 수정을 할 수 있는 범위도 높아졌다. 모든 생명체는 핵산(Nucleic acids)에 의해 생명 현상을 발현한다. 핵산은 DNA와 RNA라는 두 가지 유형이 있으며, 염기서열 형태로 된 유전정보(단백질 생산정보)의 저장, 전달, 발현을 돕는 기능을 담당한다. 핵산 안에 저장된 유전정보는 컴퓨터의 부트스트랩 코드처럼 작동한다. 부트스트랩이란 '시스템이 부팅될 때, 그 자체의 동작으로 정해진 어떤 상태로 자

---

372 레이 커즈와일, 『특이점이 온다』, 김명남, 장시형 역, (서울: 김영사, 2007), 41.
373 피터 W. 허버(Peter W. Huber), "의학의 미래를 진단한다"

동 이행되도록 해둔 설정'이다. 생명체는 움직임이 전혀 없는 상태에 있다가, 유전정보가 활성화되면 부트스트랩 코드(bootstrap code)처럼 작동하면서 단백질을 기동(起動)시켜 스스로 활력을 얻는다. 이 코드 안에 저장된 정보는 파손되거나 삭제될 수 있다. 외부에서 침투한 바이러스에 의해서 감염될 수도 있다. 이 코드가 손상되면 건강과 생존에 문제가 생긴다. 양자 컴퓨터와 연결된 강한 인공지능은 매우 빠른 시간에 정확하게 손상된 코드를 찾아낼 수 있다. 그리고 강한 인공지능의 지휘 감독 아래 유전자 가위가 작동하여 DNA 염기 서열의 특정 서열을 제거·수정·삽입하는 유전자 교정(Gene editing)을 한다.

제한효소(制限酵素, restriction enzyme)라고 불리는 유전자 가위는 특정 염기서열을 인지하여 해당 부위의 DNA를 절단하는 데 사용하는 천연 단백질 기계다. 유전자 가위는 편집할 타깃 DNA를 찾아 주는 '가이드 RNA(리보핵산)'와 목표 지점을 자르는 '절단효소'로 구성된다. 유전자 교정(Gene editing)은 미리 특정하게 조작 설계된 이런 유전자 가위를 가지고 유전체에서 특정한 DNA 구간을 절단한 후 이를 수리하는 과정에서 원하는 유전자를 짜깁기하듯이 빼거나 더하는 행위다. 현재 사용되는 제3세대 유전자 가위인 '크리스퍼 유전자 가위'는 몇 달씩 걸리던 원하는 유전자 부위를 절단 시간을 단 며칠로 줄였다. 여러 군데의 유전자도 동시에 자를 수도 있다. 크리스퍼(CRISPR)은 'Clustered regularly-interspaced short palindromic repeats'의 약자다.

퀀텀 변혁이 완성된 뒤바뀐 세상에서는 유전자 가위 기술이 지금보다 몇 세대 더 발전해서 단 몇 분 만에 유전자 교정(Gene editing)을 한다. 멀쩡한 유전자까지 잘라 심각한 돌연변이를 유발하는 치명적 단점인 표적이탈(Target-off) 비율을 천만 분의 1까지 낮췄다. 크리스퍼(CRISPR) 유전자 가위의 표적 이탈률은 1%였다. 유전자 조작은 99%의 성공률에도 불구하고 1%의 오차로도 엄청난 결과가 나타날 수 있다. 이런 기술 덕택으로, 인체가 인슐린을 자체적으로 생산하지 못하는 제1형 당뇨병인 '소아 당뇨병' 제2형 당뇨병, 근육 위축, 신진대사 관련 질병 등도 예방과 치료가 가능한 질병이 되었다.

인간을 괴롭히는 질병의 상당은 유전자 변형 혹은 돌연변이가 주 요인이다. 대표적인 것이 암이다. 이제 돌연변이 유전자를 외과 수술을 하듯이 고치거나 잘라내버릴 수 있다. 암세포가 증식을 하기 전에 싹을 잘라버릴 수 있게 된 셈이다. 유전자 기반 치료법 이외에도, 전 세계 곳곳에서 암을 치료하는 다양한 방법들도 개발되어 암과의 전쟁에서 승리를 선언했다. 무력화된 면역세포를 활성화시켜 암세포를 파괴하는 기술, 암세포만 골라 죽이는 표적항암제, 플라스마를 통해 암세포의 증식을 억제하는 기술, 암 유발 요인인 스트레스를 줄이는 알약을 복용하여 유전자 손상을 예방하는 기술 등이다. 개인 유전자 분석을 기반으로 암이나 각종 질병에 대한 맞춤형 백신도 개발할 수 있게 되었다. 환자 개개인의 암이나 각종 중증 질병 유발 세포 유전자를 분석하여, 개인차를 유발하는 돌연변이를 찾아내고, 돌연변이 유전자의 mRNA를 컴퓨터로 설계해 백신으로 만든 후, 해당 환자의 면역세포를 외부에서 훈련시켜 몸속에 대량으로 재주입하여 강력한 면역반응을 유도하는 원리다.[374] 악성 암세포를 직접 없애지 않고 치료가 가능한 세포 상태로 되돌린 후 환자의 몸이 스스로 치료하도록 하는 리프로그래밍 항암 치료법도 선택할 수도 있다.[375]

이 시대의 나노 기술은 놀라운 수준이다. 당뇨, 유방암, 간질 등의 질병을 감지할 수 있는 초소형 탐지장치인 분자 스캐너가 높은 성능을 자

---

374 이영완, "모더나 화이자 백신, 암백신의 길을 열다", 조선일보, 2020. 12. 06.
375 구본혁, "악성 암세포 되돌리는 리프로그래밍…'탈모·구토 화학항암 부작용 우려 던다", 헤럴드경제, 2021. 11. 30.

랑하고, 나노 로봇 치료가 본 궤도에 올랐다. 박테리아와 약물을 결합해서 대장암, 유방암, 위암, 간암 등을 진단하고 치료하는 의료용 나노 로봇이 대중화되고, 나노 로봇이 혈관 속을 돌아다니면서 각종 뇌심혈관 질환, 치매, 신경퇴행성 질환 등을 손쉽게 치료하는 길도 열렸다.[376] 몇 세대 발전한 유전자 가위를 활용해서 면역거부반응 유전자를 제거시킨 형질 전환 복제 장기도 활발하게 공급되고 있다.[377]

39년 후, 팬데믹의 공격이 다시 시작된다

전염병은 전쟁보다 무섭다. 1918~1919년 발병한 스페인독감은 제1차 세계대전에서 죽은 사망자보다 몇 배 더 많은 인명을 앗아갔다. 2020년 발병한 코로나19도 제2차 세계대전 이후에 지구상에서 발생했던 전쟁과 테러로 사망한 사망자보다 더 많은 죽음을 불러왔다. 필자는 2010년에 출간했던 『2020 부의 전쟁 in Asia』(지식노마드, 2010)라는 미래 예측서에서 '다음 번 전염병 대유행'에 대한 시나리오를 발표했다. 2009년 신종플루가 전 세계 팬데믹을 일으킨 후, 필자는 앞으로 빠르면 11년 이내에 또 다른 전염병 팬데믹이 발생할 가능성이 크다고 예측했다. 다음은 2010년에 필자가 다음 전염병 위기 가능성에 대해서 예측한 내용이다.

"전문가들은 바이러스의 대유행 주기를 11~39년 간격으

---

376 김진구, "세계 최초 암 치료용 박테리아 나노로봇 개발", 청년의사, 2013.12.16.
377 문병도, "유전자 가위, 축복인가, 재앙인가", 서울경제, 2016. 04. 25.

로 보고 있다. 그리고 1977년 마지막 대유행 이후 거의 32년이 경과한 2009년 신종플루가 대유행했다. … 하지만 2009년의 사태는 다가오는 죽음의 질병의 신호탄에 불과했을지도 모른다. …… 중국에서 인간에게 최초로 감염된 이후로 시간이 흐르면서 몇 번의 변이를 일으켜 인간을 쉽게 공격하는 새로운 바이러스 입자를 대량생산할 가능성을 배제할 수 없다. 게다가 결정적으로 이 바이러스 변이가 의료보건 인프라가 상대적으로 아주 낙후된 곳에서 발병한다면 초기의 1차 저지선이 뚫리기 쉽다. 그다음은 2009년 일시적으로나마 세계 경제를 혼란에 빠뜨린 신종 플루의 사례를 통해 알 수 있듯이 전 세계로 퍼지는 것은 시간문제다."[378]

필자가 다음 번 전염병 대유행에 대한 예측을 발표한 지 12년이 지난 2020년 스페인독감 이후 100년 만에 가장 큰 팬데믹 대재앙이 발생했다. 그것도 필자가 주목했던 국가인 중국에서 발생했다. 이제 전염병 대재앙은 끝이 났을까? 아니다. 전염병은 반드시 다시 돌아온다. 2020년 발병한 코로나19 바이러스는 2009년 발병했던 신종플루보다 강력했다. 다음 번에 팬데믹 대재앙을 일으킬 인플루엔자 바이러스는 전염성과 치사율이 코로나19보다 한 단계 높을 가능성이 크다.

WHO는 지난 40여 년 동안 39가지의 새로운 전염병이 발견되었다고 발표했다. 2022년 1월 세계적인 과학저널 「네이처」에 인류를 위협할 수 있는 미지의 바이러스 숫자가 10만 개를 넘는다는 연구 결과가 실렸다. 미국과 캐나다의 독립 과학자들이 중심이 된 연구팀이 미국 국립보

---

378 최윤식, 『2020년 부의 전쟁 in Asia』, (서울: 지식노마드, 2010), 152~154.

건원(NIH)의 클라우드 유전체 데이터베이스를 정밀 분석한 결과, 지금까지 알려지지 않은 신규 코로나바이러스 9개, 간기능 부전을 유발할 수 있는 것으로 보이는 델타 간염바이러스, 기타 인류에게 치명상을 입힐 가능성이 큰 바이러스 300개 이상이 발견되었다. 특성이 명확히 밝혀지지 않은 미지의 바이러스 숫자는 10만 개를 넘었다.[379] 우리에게 익숙한 페스트, 뎅기열병, 콜레라, B형 간염 등의 전염병도 계속 변이가 일어나면서 인간의 면역체계를 회피하는 능력을 기르고 있다. 동물에게만 발생하는 인플루엔자 바이러스가 변종을 일으켜 종간 경계를 뛰어넘어 인간을 공격하는 사례도 늘고 있다. 2010년 6월 3일, 중국 중부의 후베이(湖北)성 어저우(鄂州)시 어청(鄂城)구에 사는 22세의 임산부가 조류에만 발병하는 인플루엔자(H5N1)에 감염돼 숨지는 사건이 발생했다. 이 바이러스의 치사율은 60~80%였다. 바이러스는 치사율이 높으면, 전염성은 낮다. 하지만 바이러스도 종족 번식이 최고 목적이다. 더 많은 인간 숙주에 퍼져서 종족을 퍼트리려면 치사율을 낮추고 전염성을 강화시키는 쪽으로 선택적 변이와 변종을 반복한다. H5N1(조류 인플루엔자) 바이러스도 인간에게 감염을 시작했기 때문에 언젠가는 코로나19나 스페인독감 바이러스처럼 팬데믹을 일으킬 수 있는 수준으로 변이나 변종에 성공할 가능성이 충분하다. 치사율이 80%가 넘는 에볼라 바이러스도 변이와 변종을 계속 중이다. 언제든지 숙주를 죽이는 치명률을 스스로 낮추고 전염성을 높여 비행기 여행객을 매개로 전 세계로 퍼질 능력을 확보할 수 있다. 그러면, 또 한 번의 대재앙이 일어난다. 환경파괴와 세계화가 지속된다는 전제에서, 예측 가능한 시점은 코로나19 이후부터 11~39년 이내다. 항생제 남용도 증가로 항생제에 내성을 키운 균의 위협도 커지고 있다. 미국에서

---

379 유용하, "코로나19보다 치명적인 바이러스 10만개 새로 발견", 서울신문, 2022. 01. 28.

는 항생제내성세균(MRSA), 반코마이신 내성장구균(VRE), 병원 내 2차 세균 감염 등으로 많게는 200만 명의 환자가 감염되고, 10만 명 이상이 사망을 한다. 최후의 항생제인 '반코마이신(Vancomycin)'에도 내성을 보이는 균 (VRSA, vancomycin-resistant Staphylococcus aureus)도 이미 출현한 상태다.[380]

하지만 퀀텀 변혁이 완성된 뒤바뀐 세상에서는 'mRNA' 백신 제조 기술이 획기적으로 발전하여 주기적으로 반복되는 전염병 제압에 성공한다. 코로나19보다 강력한 신규 바이러스의 공격에도 신속하게 대응할 기반을 이미 확보해 두었기 때문에 2020~2021년보다 제압 속도가 더 빠르다. [오히려 새로운 공격을 조심해야 한다. 테러 세력이 퍼트린 나노 로봇이나 BT-IT-NT 융합학문으로 불리는 '합성생물학(Synthetic Biology)'으로 새로운 생물무기를 만들어 공격하는 것이다.[381]] 몸속에 주입된 나노 로봇이 인간의 면역세포와 연합하여 몸속에 침투한 바이러스와 항상제에 내성을 가진 세균을 즉시 공격하는 방식도 개발되었다. 혈관 속에서 초소형 나노 로봇을 운반하는 분자 규모의 나노 자동차도 개발된다. 바퀴를 달고 스스로 회전하거나 직전으로 움직이면서 자기조립(self-assembly)이 가능한 나노 자동차(Nanocar)는 나노 로봇이나 줄기세포를 가득 싣고 거대한 함대를 이루어 몸속을 돌아다니면서 질병을 감시하고 돌연변이 세포나 외부에서 침투한 균과 마주치면 사살을 하고, 손상된 곳을 고치는 일들을 한다.[382] 이런 나노 자동차는 양자컴퓨터, 강한 인공지능과 연결되어 실시간 학습을 통해 몸속에서 길 찾고 치료 방법을 찾는 능력이

380 앤드류 니키포룩, 『대혼란』, 이희수 역, (서울: 알마, 2010), 355~361.
381 이상헌, "생명의 합성, 희망인가 재앙인가?", 헬로디디, 2011. 06. 09. 김훈기, "'합성생물' 위해성 규제에 관한 그간의 논의흐름", 사이언스온, 2010. 05. 25.
382 미치오 카쿠, 『미래의 물리학』, 박병철 역, (서울: 김영사, 2012), 299. 차원용, 『미래기술경영 대예측』, (서울: 굿모닝미디어, 2006), 556. 이혜림, "줄기세포 싣고 몸속 손상 부위 찾아가는 마이크로로봇", 동아사이언스, 2017. 10. 30.

계속 향상된다.

뒤바뀐 세상에서는 줄기세포 치료 기술도 비약적 발전을 했다. 실명 위기에 놓인 80대 노인성 황반변성증 환자의 눈에 줄기세포를 이식해서 시력을 회복시키는 것은 손쉬운 치료가 되었다. 제대혈[탯줄혈액]이나 골수나 혈액 속에 있는 성체줄기세포[adult stem cell]와 성체 세포에서 직접 만든 유도만능줄기세포[iPS Cell. induced Pluripotent Stem Cell. 역분화 줄기세포] 치료가 안정적 수준에 진입하면서 파킨슨병, 제1형 당뇨병, 심장병, 시각 질환 같은 질병에서 효과를 발휘하고, 신장 조직의 생성과 간의 싹[Liver bud]을 만들고 인슐린을 분비하는 췌장세포, 연골세포, 심근세포, 신경, 뼈, 근육을 만드는데도 성과를 내고 있다. 이 기술 덕분에, 당뇨병, 하반신마비, 망막 질환, 파킨슨병, 관절염, 골다공증, 혈액 질환, 심부전 등에 대한 치료의 길이 열렸다.[383] 생각하는 4D 바이오 프린터로 인공 뼈나 피부, 혈관 등 인체 조직을 복재하는 기술도 대안 치료법으로 주목받고 있다. 이렇게 퀀텀 변혁이 완성된 뒤바뀐 세상에서는 각종 유전자 분석과 교정 기술, 약리유전체학, 나노 기술, 줄기세포, 생체공학, 4D 바이오 프린터, 3차원 설계 기술 등이 접목되어 우리가 원하는 장기들을 완벽하게 복제하거나 인쇄하여 갈아 끼울 수 있는 기술적 가능성이 열린다.

'인간 신체 전체의 노화 억제 기술'도 의미 있는 수준까지 발전한다. 노화 세포만 골라 죽이는 다양한 '세놀리틱[senolytic]' 물질을 발견하는 데 성공하고, 세포 자체의 노화를 늦추는 기술도 발전했다. '노화[Senescence]'와 '파괴하다[lytic]'의 합성어인 세놀리틱[senolytic]을 주입하면 인간 평균 수명이 10~20년 이상 길어진다.[384] 알츠하이머, 백내장, 동맥경화 등 노인

---

383 원호섭, "유도만능줄기세포로 신장 조직 생성 성공", 매일경제, 2013. 01. 23.
384 노진섭, "'150세 가능' vs '130살이 한계'", 시사저널, 2019. 01. 28.

성 질병에 강한 면역 유전자를 강화하고, DNA 복구 과정에 관여하고 세포 핵과 미토콘드리아 간의 의사소통 역할 담당하는 장수 유전자를 활성화하고, 면역세포의 일탈과 관련된 호르몬을 억제하여 뇌의 노화 속도를 늦추는 의료 서비스도 시작되었다.[385]

노화와 연관된 단백질 성분의 핵산서열인 '텔로미어(Telomere)' 연구도 성과를 내고 있다. 텔로미어는 염색체 말단의 손상 혹은 근접한 염색체와의 융합으로부터 보호 역할을 수행한다. 세포분열을 거듭하면서 텔로미어가 맨 마지막 매듭만 남게 되면 보호 역할을 할 수 없게 되어 세포 복제가 멈춘다. 세포 복제가 멈추면 생명체는 죽는다. 암세포는 텔로미어가 줄어들지 않아서 무한증식을 한다. 암세포는 증식할 때마다 텔로미어를 계속 생성하는 텔로머라아제를 스스로 만들어낸다. 정상세포는 스스로 텔러머라아제를 만들어 낼 수 없기 때문에 외부에서 인위적으로 텔로머라이제(Telomerase. 염색체를 보호하는 효소. 텔로미어 단축을 지연시킴)를 주입해야 한다. 하지만 텔로머라이제를 체세포에서 인위적으로 주입하면 부작용으로 발생하는 암세포가 발생할 수 있다. 이 시기에는 텔로머라이제의 효과를 조절하는 기술이 개발된다.

활성산소도 노화의 원인이다. 호흡을 통해 세포들에게 전달된 산소는 중 2~5%는 불완전하게 연소되어 여분의 전자 하나를 더 얻어서 이리저리 돌아다니는 활성산소(superoxide)가 된다. 불안정한 분자 상태인 활성산소(과산화물)는 안정성을 얻으려고 세포의 핵 속으로 들어가서 여분의 전자를 던져 버린다. 그 과정에서 DNA가 피해를 받는다. 활성산소에게 피해를 입은 DNA는 손상된 곳을 복구를 하는 효소를 생산하여 대응을

385 NHK, "인간게놈 4부: 생명시계의 비밀", KBS, 1999. 김병희, "면역세포 조정해 뇌 노화 되돌린다", 사이언스타임즈, 2021. 01. 22. 이성규, "금세기에 세계 최장수 기록 경신된다", 사이언스타임즈, 2021. 07. 06.

하지만, 완벽한 복구가 불가능하다. 복구와 피해가 반복되면, DNA 내부에는 손상이 누적된다. 'P53'이라는 감시 효소는 손상과 복귀를 반복한 세포가 피해를 복구할 수 없는 지경에 이르렀다고 판단되면 파괴 효소에게 명령을 내려서 DNA를 잘라내버린다. 세포 자살이다. 노화는 이런 세포사멸 현상이 뇌부터 각종 장기에 이르기까지 몸 전체에서 서서히 진행되는 상태다. 인간 유전자 21번 염색체 속에는 활성산소(superoxide)가 가지고 있는 전자를 제거하여 DNA의 피해를 감소시키게 하는 효소가 있다. 슈퍼옥사이드디스뮤타제(SOD), 카테라제, 글루카리온, 페록시다제라고 이름붙은 분해 효소다. 분해 효소들은 모든 사람에게 있다. 하지만 사람마다 작용하는 강도가 다르다. 장수하는 사람들은 이 효소가 보통 사람들보다 더 강하게 작동한다. 이런 효소들을 인위적으로 강하게 하면 노화를 늦출 또 다른 방법이 된다. 퀀텀 변혁이 완성된 뒤바뀐 세상에서는 지금까지 설명한 모든 의료기술을 합법적으로 구매할 수 있다. 시장 규모도 모든 산업을 통틀어 최고다. 전 세계의 돈이 몰려 들기 때문이다.

지하시장, 치명적 영생 기술이 불법 거래된다

전 세계의 돈이 몰리는 최고의 시장에는 큰 부작용도 동반한다. 퀀텀 변혁이 완성된 뒤바뀐 세상에서는 위와 같은 기술 이외에도 비윤리적이어서 불법으로 규정된 영생 기술도 완성도가 상당한 수준에 이른다. 바이오 나노 기술의 오남용이다. 영생은 인간이 품는 최고의 탐욕이다. 불법 기술이라도 합법적 기술보다 효과가 탁월하다면, 물불을 가리지 않고 돈으로 사려는 반드시 세력이 나타난다. 이른바, 영생을 훔치는 세력이다. 이들이 불법 영생 기술을 거래하는 시장은 지하시장이다.

오랫동안 지하시장에서 최고의 인기 품목은 마약과 무기류였다. 뒤바뀐 세상에서는 불법 영생 기술이 지하시장의 최고 거래 품목이다. 불법 영생 기술을 구매하려는 사람과 판매책이 만나는 지하시장은 모든 국가에 있다. 하지만 실제로 기술을 거래 시장은 모든 국가에 존재하지 않는다. 공권력이 약하거나 법 규정이 흐릿하거나 독재자가 통치하는 제3세계에 존재한다. 지하시장은 중무장한 폭력 카르텔이 장악 관리하고, 윤리를 생각하지 않고 오직 자신의 기술 연구에만 미친 과학자가 기술을 제공하고, 전 세계 최고 부자들, 독재자, 권력자들이 구매자로 등장한다. 돈과 권력과 군사적 힘이 어우러져 있는 시장이기에 공권력이 통제하는 것도 거의 불가능하다. 이 시장에서 가장 인기가 있는 불법 영생 기술은 인간 유전자 복제와 인공 자궁을 통한 태아 배양이다.

인간 유전자 복제를 감행하는 이유는 2가지다. 하나는 사랑하는 배우자, 부모, 자녀를 잃었을 경우 다시 되돌리기 위함이다. 다른 하나는 자신의 영생을 위해서다. 노화를 늦추는 기술을 확보해도 영원히 살 수 없다. 그래서 선택하는 것이 '생물학적 세대 복제'다. 유전자 복제 기술을 활용해서 유전학으로 완전히 똑같은 나의 재탄생을 반복하여 영생하는 방법이다. 이 방법의 단점은 내 기억과 정신 복제가 불가능하다.

2018~2021년 유전자 복제 기술과 관련해서 매우 중요한 3가지 사건이 발생했다. 첫 번째 사건은 2018년에 발생했다. 국제학술지 「셀(Cell)」은 중국과학원(CAS) 신경과학연구소에서 세계 최초로 체세포핵치환(SCNT) 기법으로 원숭이 복제에 성공했다는 내용을 발표했다. 체세포핵치환(SCNT·somatic cell nuclear transfer) 기술은 핵을 제거한 난자에 다른 체세포에서 분리한 핵을 넣어 복제 수정란을 만드는 기술이다. 이 복제 수정란을 대리모에 착상하면 체세포를 제공한 개체와 유전적으로 동일한 동물을 얻을 수 있다. 1996년 7월 영국 로즐린연구소의 이안 윌무트 경이 277번의

도전만에 최초의 복제양 '돌리'를 만들었던 기술이다. 중국과학원[CAS] 신경과학연구소는 같은 기술을 이용해서 영장류[靈長類, primate] 복제를 세계 최초로 성공시킨 것이다. 영장류 복제는 양이나 개를 복제하는 것과 차원이 다르다. 영장류 복제 기술은 사람을 복제하는 원천기술을 확보했다는 말과 같다. 원숭이 유전자 복제 시도 역사는 길다. 하지만 번번이 실패했다. 원숭이에 이식한 복제 수정란이 자궁에서 착상하기 직전 단계인 '배반포기'까지 발달하지 못했기 때문이다. 중국과학원[CAS] 신경과학연구소는 총 109개의 복제 수정란을 만들고, 그중에서 79개를 21마리의 대리모 원숭이에 나눠 착상시켰다. 6마리의 대리모가 임신에 성공했고 이중 2마리가 새끼를 낳는 데 성공했다. 바이 춘리 중국과학원장은 인간을 복제할 생각은 전혀 없고, 인간과 뇌 구조가 비슷한 복제 원숭이 기술을 치매나 파킨슨 등 인간의 뇌질환 연구용 실험 대상으로 사용하겠다고 밝혔다. 하지만 국제사회의 우려가 크다.[386]

두 번째 중요한 사건은 2019년 1월 24일에 일어났다. 역시 중국과학원 신경과학연구소가 유전자 편집기술을 이용해 인위적으로 유전적 결함을 가진 원숭이 5마리를 복제하는데도 성공했다는 발표다. 이번에 복제한 원숭이들은 BMAL1 유전자를 의도적으로 제거했다. 이 유전자를 제거하면 수면장애, 우울증, 호르몬 장애, 조현병을 일키는 것으로 알려져 있다.[387] 유전자 조작과 유전자 복제 기술의 결합이다. 질병 치료를 목적으로 한 유전자 조작은 합법이다. 2003년 4월 8일 영국 고등법원은 "아이의 생명을 구할 수 있다면 맞춤 아기 출산은 새로운 기술의 합법적

---

386 이광효, "중국 과학원장, 원숭이 복제 성공에 '인간복제할 생각없다' 유전적환경 똑같은 상태서 실험", 아주경제, 2018. 01. 26.
387 한국일보 웹뉴스팀, "유전자 편집으로 '우울증' 갖고 복제된 원숭이 5마리", 한국일보, 2019. 01. 24.

사용이다"는 판결을 내렸다.[388] 2018년 영국과 미국의 공동 연구팀은 쥐 실험을 통해 포유류의 성별을 결정하는 'DNA 스위치'를 찾아내어 유전자 가위로 남녀 성별을 조작하는데도 성공했다.[389] 하지만 훗날 법적 기준을 넘어선 기술들이 지하시장으로 흘러들어가 불법 거래될 여지는 충분하다. 2018년 중국 남방과기대 허젠쿠이 교수팀이 선전에 있는 최고 공립 병원인 뤼후인민병원과 협력해 버려진 인간 배아 400개를 가지고 유전자 편집 실험을 시도한 사실이 드러나서 충격을 주었다. 비슷한 시기에, 이 팀은 세계 최초로 인간 유전자를 조작해서 신생아 출산도 성공시켜서 비윤리적이라는 비판을 받았다. 불임 치료를 받는 부부 7쌍에게서 배아를 얻어 유전자를 편집을 시도했고, 이중 한 부부가 임신에 성공해 쌍둥이 여자 아기 2명 출산에 성공했다.[390]

마지막 사건은 2021년 4월에 일어났다. 인간 줄기세포를 원숭이 배아에 주입해 종간 혼합 배아인 '키메라'를 세계 최초로 만들었다. 과학계는 인간과 원숭이의 키메라 배양 성공이 이종[異種] 장기 이식 기술 발전에 큰 업적이라고 반겼지만, 인간 세포를 활용한 연구의 위험성 논란은 더욱 커졌다. 자칫, 사람과 같은 의식을 가진 원숭이가 나오거나, 인간과 원숭이 혼합종 출현이 가능하기 때문이다. 인간과 원숭이의 종간 혼합 배아를 탄생시킨 곳은 미국 솔크 생물과학연구소 유전자발현 실험실과 중국 쿤밍이공대학 동물학연구소의 공동 작품이다. 미·중 공동연구팀은 마카크 원숭이의 배아를 채취하고 6일 뒤에 인간의 피부세포에서 유래한 '유도만능세포주'에서 뽑아낸 세포 25개를 주입했다. 마카크 원숭이의 배아에 인간 세포를 주입하고 하루가 지난 뒤 132개 배아에서 인간 세

---

388 "맞춤 아기", 네이버 지식백과: 두산백과.
389 원호섭, "신의 영역 넘보는 유전자 가위, 남녀 전환 DNA 스위치 발견", 매일경제, 2018. 06. 25.
390 이다비, "'유전자 편집 아기' 실험한 中 연구팀, 인간 배아 실험도", 조선일보, 2018. 11. 28.

포를 포착했으며, 10일 뒤 103개의 키메라가 크는 것이 확인됐다고 한다. 이후부터는 생존율이 줄어들기 시작해 키메라는 19일만 생존했고, 20일째에 폐기되어 세기의 실험은 막을 내렸다. 연구팀이 밝힌 최종 결과는 배아에서 사람 세포의 비율이 평균 3~4%에 발했다. 이전 연구보다 매우 높은 비율이다. 심지어 배아 하나는 인간 세포 비율이 7%까지 됐다. 즉각, 이 실험에 대한 우려가 나왔다. 미국 과학공학의학원은 이런 연구가 계속되면 사람 신경세포가 동물의 뇌로 들어가 정신 능력을 변화시킬 수 있는 가능성이 열릴 수 있다고 경고하면서 명확한 윤리기준 마련을 촉구했다.[391] 2014년 미국 로체스터대에서도 쥐에게 인간 뇌세포를 주입하는 실험을 한 적이 있다. 결과는 어떻게 되었을까? 쥐의 뇌에 인간 세포가 가득 들어차서 기억력이나 인지 능력에서 일반 쥐보다 훨씬 뛰어난 능력을 보였다. 이 우려스러운 결과에 놀란 미국 국립보건원(NIH)은 2015년에 인간의 줄기세포를 동물 배아에 결합시키는 연구 지원을 중단했다. 현재, 7개 국가가 인간과 동물 세포의 혼합체를 만드는 것과 관련된 연구를 금지하거나 제한하고 있다. 하지만 미국의 강력한 경쟁국인 중국은 2011년부터 관련 연구를 허가했고, 2018~2021년에 영장류 복제와 인간과 동물의 혼합체를 만드는 연구에 성과를 내기 시작하자 미국도 흔들리고 있다. 미국 국립보건원(NIH)도 조만간 인간과 영장류 간 키메라 연구. 관련 내용을 일부 변경할 것으로 보인다.[392]

중국에서 벌어지는 생명공학 연구는 위험한 선을 오락가락한다. 전세계를 대재앙으로 몰아넣은 코로나19 바이러스 기원설도 중국 우한의 시장에서 자연발생인지, 한 실험실에서 일어난 사고인지 설왕설래하다.

---

391 이영완, "영화 '혹성탈출' 현실로? 사람·원숭이 혼합배아 실험 첫 성공", 조선일보, 2021. 04. 16.
392 김수한, "인간과 원숭이 세포 결합해 신인류 탄생? '키메라' 논란 가열", 헤럴드경제, 2021. 04. 27.

전 세계가 코로나19 충격에서 나기도 전인 2022년 2월 중국에서 또 다른 사건이 벌어졌다. 중국과학원 산하 쑤저우 생명공학기술원의 쑨하이쉬 안 교수 연구팀이 인공지능 기술을 이용해서 정육면체 모양의 인공 자궁 인 '배아 배양 장치'를 대량으로 관리하는 'AI 유모' 기술을 개발했다. 중 국 연구팀은 쥐 배아를 실험 대상으로 했지만, 미래에 인간을 대상으로 적용하는 날이 올 우려가 있어서 생명 윤리 논쟁을 불러일으킬 실험이 다. 쑨 교수팀도 궁극적 목표를 사람에게 둔다고 밝히면서, 이 기술이 발 전하면 엄마 배 밖에서 아기가 더욱 안전하고 효율적으로 자랄 수 있다 고 주장했다. 인공 자궁 연구는 중국 외에서도 진행되고 있다. 인공 자궁 기술이 난임이나, 임신과 출산으로 사회 경력에서 손해 보는 여성들에게 도움을 줄 가능성이 있기 때문이다. 하지만 이 기술이 실제로 인간에게 적용되면 다양한 법적 윤리적 논쟁거리가 될 여지가 많다. 정상적인 부 모가 아닌, 특정한 정부나 기업이 인공 자궁 기술로 군대나 노동자를 태 어나게 만들 수도 있기 때문이다.[393]

인간 복제가 성공하고 복제 인간이 200세를 살아도, 복제 인간이 영 생하는 것은 아니다. 하지만 그 복제 인간을 다시 복제하고, 복제된 인간 이 죽기 전에 다시 복제하고⋯ 이런 식의 복제를 영원히 반복하면 영생이 가능하다. 복제를 반복할 때마다 유전자를 교정하고, 복제 배아를 인공 자궁 기술로 배양할 수 있다. 필자는 이것을 '생물학적 세대 복제(Biological Generational Replication)를 활용한 영생'이라고 이름 붙였다. 물론 미래에도 이 런 시도와 기술은 불법으로 규제할 것이다. 하지만 '생물학적 세대 복제 (Biological Generational Replication)'로 영생을 훔치는 불법 거래까지 원천봉쇄하 기 힘들 것이다. 지금도 욕망과 탐욕에 이끌려 몰래 기술을 발전시키고,

---

393 김채현, "'최종 목표는 인간'⋯中, 쥐 배아 '인공자궁'서 대량으로 키웠다", 서울신문, 2022. 02. 01.

그런 기술이 완성도가 높아지면 돈을 얼마든지 주고서라도 구매할 의사
를 가진 사람들이 나타날 징후가 보이고 있기 때문이다.

창조의 엔진들, 영생으로 가는 또 다른 길을 연다

합법적으로 영생 서비스를 소비하는 또 다른 방법은 '디지털 영생
(Digital eternal life)'이다. 생물학적 세대 복제 방식은 기억과 정신까지는 복
제할 수 없다. 하지만 이 방법은 기억과 정신이 완전히 똑같은 복제 인
간을 재탄생시키는 길을 열어 준다. 황당한 발상이 아니다. 일부 과학자
들 사이에서는 진지하게 논의되는 이슈다. 2013년 6월 미국 뉴욕 링컨
센터에서 '글로벌 퓨처 2045 회의'가 열렸다. 회의에 모인 학자들은 인
간의 생물학적 신체 수명이 다한 후에도 정신만은 살려둘 수 있는 기술
에 대해 논의했다. 이들은 인간의 뇌 속에 저장된 데이터를 컴퓨터로 전
송한 후에 홀로그램 상태의 가상 신체를 만들어 연결시키는 프로젝트
를 구상했다.

디지털 영생 가능성을 열어주는 동력은 강한 인공지능, 나노 기술, 생
각하는 4D 프린팅 기술 등 세 가지 창조의 엔진들이다. 디지털 영생을
하려면, '가상 자아(假像自我, Cyber Ego)'를 만들어야 한다. 가상 자아를 만들
기 위해서는 인간의 뇌 안에 있는 신경망 구조, 그 안에 담긴 기억정보,
각종 선택과 행동 패턴, 자의식 정보 등을 디지털로 복원하여 컴퓨터 알
고리즘으로 만들어야 한다. 뇌 정보를 디지털로 복원하여 컴퓨터 알고리
즘으로 만들려면, 가장 중요한 것이 '정밀한 3D 뇌지도' 구축 기술 확보
다. 3차원 뇌지도(腦地圖, brain map)는 뇌에서 일어나는 활동을 3차원 시각에
서 표현한 것이다. 뇌 속에 있는 신경 세포들의 연결망을 종합적으로 표

현한 3차원 뇌지도[뇌회로도]를 '커넥톰[Connectome, 커넥텀]'이라고 부른다. 커넥톰을 연구하는 학문은 '연결체학'[Connectomics]이라고 한다. '정밀한 3D 뇌지도[커넥톰]'을 구축하려면 어떤 국한된 신경계 내에서 뉴런과 시냅스 간의 정밀한 미시적 상호작용부터 모든 대뇌 피질과 피질 하부 간의 기능적, 구조적 구조, 이들의 거시적 상호작용까지 파악해야 한다. 이 과정에 강한 인공지능과 나노 기술은 필수다.

2013년 독일 율리히 신경의학연구소 카트린 아문트[Katrin Amunts] 박사팀은 10년의 연구 끝에 '빅 브레인[Big Brain]'이라는 3D 뇌지도 제작에 성공했다. '빅 브레인'은 800억 개의 신경세포[뉴런]을 분석한 매우 세밀한 뇌 해부도다. 자기공명영상[MRI]보다 10만 배 많은 데이터를 포함한다. 연구팀은 뇌 질환이나 정신질환을 앓은 적이 없는 사망한 65세 여성의 뇌에 파라핀을 채웠다. 그리고 '마이크로톰[절단기]'이라는 불리는 특수 장비로 머리카락보다 훨씬 더 가는 0.02㎜ 두께의 7,400개의 단면 조각으로 잘랐다. 연구팀은 뇌세포 구조를 보여줄 수 있도록 단면 조각을 하나씩 염색하고 미세 현미경으로 일일이 단층 촬영하여 6,572장의 사진을 얻었다. 이 사진들을 고해상 스캐너로 디지털화한 뒤 이를 컴퓨터로 재구성해 '빅 브레인[Big Brain]'이라는 3차원의 정밀한 뇌 해부도를 완성했다. '빅 브레인'은 뇌 조직을 1㎛[1,000분의 1㎜] 단위까지 볼 수 있다. 기존 자기공명영상[MRI]과 비교해 50배 세밀한 초정밀 뇌 해부도다. 인간의 대뇌피질은 매우 주름져 MRI나 fMRI[자기공명영상] 등의 영상 기술로는 한계가 있었다. 반면, 빅 브레인은 마치 구글어스로 지형을 찾는 것처럼 뇌 구조를 찾아볼 수 있어서 인간의 뇌에 대한 새로운 지식을 연구할 수 있다. 특히 알츠하이머, 파킨슨병 등 피질 두께의 변화와 깊은 관련이 있는 뇌 질환 연구에 활용도가 크다. 뇌의 어디에 어떻게 기억이 저장되어 있고, 뇌 부위들이 어떻게 작동하고 있는지를 밝혀낸다면 그 부위를 인위적으로 자극해서 기억을 이식할 수도 있다.[394] 빅 브레인은 기존 뇌지도보다 50배나 정밀하지만, 디지털 영생 기술에 사용할 뇌지도는 나노 기술을 이용해서 몇십, 몇백 배 더 높은 해상도를 얻어야 하고, 강한 인공지능을 활용해서 더 정밀한 연결도, 패턴, 사이클 등의 심층 분석도 필요하다.

'정밀한 3D 뇌지도'는 말 그대로, 지도일 뿐이다. 가상 자아를 만들기 위해서는 '정밀한 3D 뇌지도'를 가상 공간에서 작동시켜야 한다. 가상 시뮬레이션 알고리즘이 필요하다는 말이다. 이것을 '뇌 업로딩(Brain Uploading) 기술'이라 한다.[395] 2014년 '트랜샌던스(Transcendence)'라는 영화가 개봉했다. 천재 과학자 '윌'(조니 뎁)은 아주 강한 인공지능을 개발을 목전에 둔다. 인류가 수억 년에 걸쳐 이룬 지능을 초월하고 자각 능력까지 가진 슈퍼컴퓨터의 출현이 눈앞에 이르자, 반(反) 과학단체 'RIFT'는 인류의 멸망을 주장하며 인공지능을 개발한 윌을 살해한다. 윌의 연인 '에블린'(레베카 홀)은 윌을 부활시키려는 목적으로 윌의 뇌를 컴퓨터에 업로드시킨다.

뇌 업로딩은 전뇌 에뮬레이션(whole brain emulation)이라고도 불린다. 생물학적 뇌를 유리처럼 비정질 상태로 고형화하는 유리화(vitrification)를 거친 후, 뉴런 네트워크를 3차원 이미지로 상세하게 스캔(scan) 하여 신경연산 구조 자료를 만들어 소프트웨어적 모형으로 정밀하게 만든 것이다. 이론적으로, 인간의 기억과 성격까지도 그대로 옮길 수 있는 수준의 전뇌 에뮬레이션이 성공하면 인간의 사고와 정신이 컴퓨터 속에서 소프트웨어로 존재하면서 가상현실 속에서 활동하거나 다른 기계를 사용하여 외부의 현실세계와 상호작용할 수 있다. 현재, 전뇌 에뮬레이션(뇌 업로딩) 기술

---

394 이케가야 유지, 『뇌과학』, 이규원 역, (서울: 은행나무, 2005), 190~193.
395 최윤식, 『미래학자의 인공지능 시나리오』, (서울: 코리아닷컴, 2016), 47~49.

에 필요한 개념, 이론 등에서 새로운 생물학 이론적 추가 통찰이 필요하지 않다. 현재 뇌의 기본 연산 성분(computational element)의 기능적 특성 이해만으로 충분하다. 관건은 이론을 현실화하는 이미 존재하는 물리학적 지식을 이용한 구체적 기술 역량의 발전뿐이다. 예를 들어, 정밀한 해상도와 대량 처리능력을 가진 스캐너, 고도의 이미지 분석기술, 뇌신경연산 구조를 수행할 수 있을 정도로 강력한 컴퓨터가 필요하다.[396] 앞으로 뇌 업로딩(전뇌 에뮬레이션) 발전 경로를 예측한다면, 단순 유기체 에뮬레이션을 시작으로, 무척추동물 에뮬레이션, 소형 포유류 에뮬레이션, 대형 포유류 에뮬레이션을 거쳐 인간 뇌 에뮬레이션 순서로 갈 것이다.

2014년 오픈웜(OpenWorm) 프로젝트 그룹이 놀라운 실험 하나를 성공했다. 302개의 뉴런을 가진 예쁜꼬마선충(Caenorhabditis elegans)의 뇌신경망 시뮬레이션 완성이다. 연구팀은 예쁜꼬마선충에 형광빛을 내는 유전자를 주입하여 신경세포가 작동할 때 빛을 내게 했다. 뇌신경망의 특정 부위나 특정 시냅스가 무슨 활동을 하고 무슨 의미가 있는지를 아는 실마리를 얻기 위해서였다. 연구팀은 예쁜꼬마선충의 뇌에 있는 302개 뉴런들의 모든 연결을 매핑한 후, 이를 컴퓨터 시뮬레이션 상에서 구현시켰다. 그리고 완벽하게 작동하는 시뮬레이션 알고리즘을 예쁜꼬마선충과 비슷하게 만들어진 레고 로봇에 업로드했다. 로봇의 몸체에는 코 역할을 하는 수중음파 탐지기와 벌레의 운동 뉴런을 대체하는 모터가 달렸다. 예쁜꼬마선충의 가상 뇌는 과학자들의 어떤 지시도 프로그래밍되지 않은 상태에서 자기 몸체 로봇을 제어하고 움직였다. 코 역할을 하는 수중음파 탐지기를 자극하자 예쁜꼬마선충 로봇은 앞으로 움직이는 것을 멈췄다. 전방 및 후방 터치 센서를 만지면 로봇이 앞뒤로 움직였고, 음식 센

---

396 닉 보스트롬, 『슈퍼인텔리전스』, 조성진 역, (서울: 까치, 2017), 66~71.

서를 자극하면 전진했다.[397] 살아있는 선충과 비슷한 행동이었다.

커넥톰 지도도 게놈 지도처럼 아직 이해하지 못한 언어로 쓰인 방대한 책이다. 글자들의 의미를 이해하는 것이 더 중요하다. 유전자 지도를 분석해도 유전자 배열들의 의미를 속속히 알아야 질병 치료가 가능해지듯이, 커넥톰 지도가 완성되어도 뇌 배선[네트워크]들의 의미를 속속히 해석해야 그 속에 담긴 기억 정보, 의미, 패턴 등을 추출할 수 있다. 퀀텀 변혁이 완성된 뒤바뀐 세상에서 강한 인공지능은 인간 뇌 배선들[커넥톰]의 의미 해독을 완료한다. 인간 뇌 전체를 시뮬레이션 할 수 있는 컴퓨터 성능도 확보된다. 컴퓨터에 업로드된 커넥톰 시뮬레이션이 제대로 작동하려면 커넥톰 변화의 기본 방식인 '4R'를 완벽하게 작동시키는 기술이 필요하다. '4R'이란 뉴런들 간의 연결의 세기를 강화하거나 약화는 방식인 '가중치 변경[Reweight],' 시냅스를 새로 만들거나 제거하는 방식이인 '재연결[Reconnet],' 가지돌기가 자라거나 축소되는 방식인 '재배선[Rewrite],' 그리고 기존의 뉴런을 제거하고 완전히 새로운 뉴런을 만드는 방식인 '재생[Regeneration]'이다.[398] 새로운 기억을 저장하거나 재조합하는 작용이 일어나지 않으면 업로드된 자아는 옛 자아 그 상태에 머물기 때문이다.[399]

디지털 의식, 베이비 엑스[BabyX] 프로젝트

인간이 죽기 전이나 죽은 직후 뇌신경망 구조[커넥톰]를 디지털화하여 가상 자아를 만드는 것보다 쉬운 방법도 있다. 살아 있는 동안 인공지능

---

397 조인혜, "과학자들, 레고 로봇에 벌레의 뇌 업로드 성공", 로봇신문, 2017. 12. 18.
398 승현준, 『커넥톰, 뇌의 지도』, (서울: 김영사, 2014), 21.
399 승현준, 『커넥톰, 뇌의 지도』, (서울: 김영사, 2014), 401~430.

510 | 3부 또 다른 미래들 Alternative Futures

알고리즘을 훈련시키는 방식이다. 현재, 뉴질랜드 오크랜드는 디지털 의식을 어떻게 만들지를 핵심 연구 주제로 삼고 있는 회사가 있다. 소울 머신즈(Soul Machines)다. 이 회사는 '베이비 엑스(BabyX)'라는 인공지능을 개발 중이다. CEO 마크 세가(Mark Sagar)는 생명공학박사 학위를 가지고 있으며 킹콩부터 아바타까지 안면 시뮬레이션 작업을 하는 등 영화계에서 오랫동안 노하우를 쌓았다. 그가 훈련시키는 자기 딸을 모델로 삼아 만든 인공지능 '베이비 엑스(BabyX)'는 유아 실물 시뮬레이션 알고리즘이다. '베이비 엑스(BabyX)'는 인간을 모델로 한 단순한 수준의 가상의 뇌와 근육 등을 가고 있다. '베이비 엑스(BabyX)'는 시각을 담당하는 웹 카메라를 통해 외부 물건을 인지하고, 청각을 담당하는 마이크로 외부 소리를 듣고 상호작용하면서 사람, 강아지, 비행기 등 물체 인식(object recognition) 훈련을 받는다. 인간 아기가 지속적인 노출과 반복을 통해 물체를 인식하는 방법과 같다. 베이비 엑스는 실시간으로 입력되는 방대한 빅데이터를 기반으로 찾아낸 일정한 패턴을 가상으로 구축된 인공 뇌신경망에 입력시킨다. 특정 개념과 감정은 인간이 설정한 기준과 윤리에 따라 반응하고 학습하도록 프로그램도 했다. 예를 들어, 강아지는 사랑스럽다고 학습시키면서 웃도록 학습시켰고, 거미처럼 무서운 것을 보면 울도록 훈련시켰다. 마크 세가(Mark Sagar)는 가상 신경 전달 물질과 호르몬까지 만들어서 베이비 엑스(BabyX)에게 스트레스 시스템까지 만들어 주었다. 겁을 주면 스트레스 호르몬이 분비되도록 작동 원칙을 코딩했다. 스트레스 호르몬이 분비되는 양에 따라서 경계 수위도 달라진다. 인간의 감정을 모사하기 위한 다양한 아이디어가 실험적으로 들어간 셈이다.[400]

---

400 "The Age of A.I. S1, E1", YouTube Originals.

가상 자아(Cyber Ego)를 만드는 기술

　퀀텀 변혁이 완성된 뒤바뀐 세상에서는 한 인간이 어머니 자궁에서 심장이 뛰고 뇌가 형성되는 순간부터 자라면서 읽은 책 내용, 대화 기록, 이메일, 살면서 느낀 감정 정보들을 실시간으로 디지털화하여 저장할 수 있다. 인간의 뇌 속 신피질에 저장된 정보보다 더 많은 기억 정보가 디지털 세계에 저장된다. 완전한 전자 기억이다. 디지털화된 전자 기억을 강한 인공지능에게 학습시키면, 내 모든 전자 기억을 기반으로 한 내 생각, 감정, 행동 패턴 등이 기억된 알고리즘이 만들어진다.

　'강한 인공지능'은 인간 지능 '전(全) 분야'에서 인간 능력을 그대로 모방하는 수준이다. 인간의 자유의지를 제외한 모든 것을 완벽하게 모방하는 수준이다. 이 수준에 올라가려면 구조적, 생물학적, 나노공학적, 인지과학적으로 많은 지식과 연구가 필요하다. 인간 뇌에 대한 모방과 신비를 알아야 하기 때문에 신경공학과 유전공학이 더 발전해야한다. 뇌 스캔 기술도 더 발전해야 한다. 그다음에는 심리학, 인지과학을 통하여 뇌 지도가 만들어지면 매뉴얼을 해석할 수 있는 기술도 나와야 하고, 마스터 알고리즘도 필요하다. 컴퓨터 처리능력도 현재의 슈퍼컴퓨터보다 연산속도가 1억 배 이상 빠른 양자컴퓨터나 자기 컴퓨터, 원자 컴퓨터 등이 상용화되어야 한다. 퀀텀 변혁이 완성된 뒤바뀐 세상에서는 이런 모든 준비들이 완료된다.

　뒤바뀐 세상에서, 강한 인공지능에 의해 내 과거와 완벽하게 최적화된(피팅, fitting) 알고리즘은 학습된 기억 내에서 실제의 나와 내 가족 그리고 친구들과 '나처럼' 대화가 가능해진다. 이것이 과거의 나, 과거의 자아를 학습시킨 1단계다. 하지만 1단계 자아는 계속 업데이트하지 않으면 현재의 내가 아니라 과거의 나일뿐이다. 인간은 끊임없이 성장하고 변하기 때문에, 현재의 자아는 과거의 자아와 다르고, 미래의 자아도 현재의 자아와 다를 것이다. 가상 자아가 계속해서 변하는 나의 생물학적 자아와 일치하게 하려면, 내가 살아있는 동안 계속 나의 뇌데이터를 업데이트해주어야 한다. 이 작업은 뇌지도를 가지고 가상 자아를 만들어도 마찬가지다. 인간의 몸에 있는 60조 개의 세포는 빠르게 증식하여 2~3달을 주기로 몸 전체 세포 교체를 한다. 하지만 뇌에는 신경세포를 억제하는 유전자가 있어서 증식을 하지 않는다. 2~3달이 지나도 예전의 내가 그대로 있어야 하기 때문이다. 뇌신경세포는 증식을 하지 않는 대신에 정보를 끊임없이 업데이트한다. 뇌신경망에서 끊임없이 업데이트되는 정보가 성장하는 내 자아다. 정보 업데이트가 멈추면, 자아 성장도 멈춘다.

뇌데이터를 업데이트하는 방식은 두 가지다. 하나는 일정한 시간 간격을 두고 뇌지도를 찍어서 학습시키는 것이다. 하지만 이 방식은 기술적으로 고난도여서 비용이 상당하고 번거롭다. 일부 방식에서는 법적 제약이 따를 수도 있다. 하지만 이것보다는 쉽고 간편한 방법이 있다. 나의 과거를 학습한 1단계의 가상 자아를 실시간 기계학습과 연결시킨다. 이것이 2단계. 내 모든 과거 기억을 학습시킨 강한 인공지능 알고리즘[가상 자아]을 카메라와 음성 입출력 장치가 달린 컴퓨터나 로봇과 연결시킨다. 내가 가지고 있는 모든 스마트 장치[스마트폰, 웨어러블 컴퓨터, 자율주행 수송 장치, 스마트홈 등]와도 연결시킨다. 이제 강한 인공지능 알고리즘은 실시간으로 나의 행동, 말, 감정 표현 등을 학습할 수 있다. 가상 자아 형성 2단계는 실시간으로 계속 성장하는 현재의 나, 현재의 자아를 학습시키는 것이다.

3단계는 실시간으로 나의 생물학적 자아와 비슷하게 성장하는 가상 자아 알고리즘을 가상세계의 3D 아바타와 연결시키는 것이다. 그러면, 가상세계 안에서 내 활동, 인격, 행동이나 감정 패턴도 실시간으로 학습할 수 있다.

마지막 4단계는 내가 죽고 난 이후다. 현실 속의 내가 죽으면 더 이상 가상세계 속 아바타에 탑재된 가상 자아에게 데이터를 업데이트해 줄 수 없다. 4단계에서는 두 가지를 선택해야 한다. 하나는 가상 자아를 탑재한 내 아바타가 내가 죽기 전에 마지막으로 업데이트한 상태에서 멈춘 채로 가상세계를 살면서 현실 속 내 가족이나 나를 아는 이들과 대화하게 하는 것이다. 이런 상태는 영원히 산다는 개념은 아니다. 그저 조종자 혹은 학습자를 잃고 '그냥 있는' 상태다. 변화가 없는 정지(停止) 상태는 진정한 영생이라고 할 수 없다. 다른 방법은 이런 문제를 해결하는 데서 나온다. 내가 죽고 난 이후에도 가상 자아가 탑재된 아바타가 계속해서 변화하고 성장할 수 있는 장치를 마련해 주는 것이다. 필자는 강한 인공지능이 이 것을 가능케 할 수 있다고 예측한다. 강한 인공지능은 내가 죽기 전까지 성장한 가상 자아의 발전 정보를 기반으로 내가 현실 속에서 발전하고 변화하는 패턴을 추출할 수 있다. 가상 자아에서 추출한 나의 성장 방식 과 경로 패턴을 기반으로, 강한 인공지능은 내가 죽고 난 이후에도 내 가 족, 친구, 이웃, 외부 세상의 정보, 가상세계 속의 정보를 내 성장 방식과 경로 패턴에 대입한다. 그러면, 가상 자아는 내가 살아있었다면 이런 환 경에서 어떻게 반응하고, 고민하고, 적응하고, 성장했을지를 예측하여 가 상 자아를 계속 성장시킬 수 있다. 강한 인공지능과 연결된 가상 자아(假像自我, Cyber Ego)는 내 살아생전의 현실 자아(現實自我, Ego)보다 더 발전할 가 능성을 얻게 된다. 이런 순환이 오랫동안 반복되면 가상 자아가 탑재된 가상 아바타도 나와 같았던 수준을 벗어나 완전히 다른 내가 될 수도 있 다. 강한 인공지능과 내 가상 자아를 분리시키지 않는 한, [이론적으로] 내 가상 자아가 탑재된 아바타는 영생하면서 내 후손들과 함께 살아갈 수 있다. 내 자녀나 후손들이 가상세계 속에서 계속 생존하고 날마다 성 장하는 내 아바타를 홀로그램으로 불러내거나 휴머노이드 로봇에 주입시키면 함께 생활하고 인생 조언도 받을 수 있다. 내가 특정 분야의 최고 지식이나 기술을 보유한 전문가였다면, 내 가상 자아는 그 분야에서 영원히 전문가로 활동할 수 있을 지도 모른다. 가상세계에서 살고 있기 때문에, 현실에 사는 인간이 하지 못하는 일을 할 수 있는 '가능성(possibility)'도 갖는다. 필자는 이것을 '디지털 영생(Digital eternal life)'이라 부른다. 이런 시도는 이미 시작되었다.

가상 자아로 영생하는 방법을 다시 정리하면 2가지다. 하나는 가상세계 속에 3D 아바타를 만들어 가상 자아를 이식시키고 영원히 살아가게 하는 기술이다. 가상 아바타를 홀로그램 기술과 결합하여 혼합현실 안으로 불러낼 수도 있다. 컴퓨터 안에 있는 가상 자아 알고리즘을 현실에 존재하는 휴머노이드 로봇과 무선으로 연결시키면 현실세계에서 활동하는 것도 가능하다. 초연결시대 인프라 안에서라면 충분히 가능하다. 다른 하나는 디지털로 복원한 뇌신경망 구조를 생각하는 4차원 프린터를 사용해서 역으로 프린팅하고 반도체 기술이나 나노봇 기술을 이용해서 가상 자아 알고리즘을 작동시킨다. 하지만 이 방식은 첫 번째 방식(아바타에 가상 자아 이식)보다 어렵다.

메타버스 이후, 매트릭스 세상

퀀텀 변혁이 완성된 뒤바뀐 세상에서는 가상세계에도 세 번째 변혁이 일어난다. 과거, 필자는 현실세계(Real world)과 가상세계(Cyber world)의 경계가 완전히 파괴되는 제2차 가상혁명 단계에서 '메타버스'가 출현한다고 예측했었다. 그리고 가상세계의 제3차 변혁기가 되면, 키아누 리브스가 주연한 영화 '매트릭스'처럼 인간의 생물학적 뇌와 몸이 가상과 현실을 전혀 구별하지 못하는 미래가 펼쳐질 것이라고 예측했다. 즉, 메타버스 이후 세상은 매트릭스 세상, 매트릭스 우주다. 이런 미래는 퀀텀 변혁이 완성된 뒤바뀐 세상에서 가능해진다.

필자의 시나리오에서 제1차 가상혁명은 현실만 있던 세상에서 가상세계가 출현하는 단계다. 2022년 현재는 가상혁명 2단계 초입부, 메타버스 개념형성기다. 제2차 가상혁명 단계는 '가상은 현실로 튀어나오고, 현실은 가상으로 흡수되는' 미래다. 필자의 예측으로는 메타버스 환경이 보편화되려면 최소 10~20년은 더 흘러야 한다. 인공지능 아바타, 홀로그램, 지연 없는 초현실감 가상현실(Virtual Reality), 6~7G 기술, 휴먼인터페이스, 웨어러블 컴퓨터, 3D 그래픽 및 디스플레이 등의 다양한 미래 기술들이 완성 단계에 들어서야 하기 때문이다.

제2차 가상혁명기에는 우리 주위에 흩어져 존재하는 디지털 기술들이 서로 융합되고 복제되어 하나의 통합된 인프라가 된다. 예를 들어, 강한 인공지능, 빅데이터, 양자 컴퓨터, 웨어러블 등 스마트 기기, 자율주행 수송 장치, 스마트홈, 스마트오피스, VR, AR, 홀로그램 등 가상현실 기술, 초고속 통신 기술, 뇌인터페이스 기술 등이 하나로 연결되고 디지털 세계에 그대로 복제된다. 그리고 이런 통합 디지털 인프라는 가상세계, 혼합세계, 현실세계가 하나로 묶인 온톨로지 플랫폼과 연결된다. 아날로그 세계에서는 언어, 시간, 공간, 속도 등의 물리적 장벽이 존재하지만, 디지털 세계에서는 이 모든 장벽이 무너진다. 2개의 세상이 완벽하게 병렬로 연결되면, 인간은 양쪽 세상을 자유롭게 넘나들 수 있게 된다.

제2차 가상혁명기 중반, 메타버스가 보편화되면 현실세계 전체를 그대로 복사한 완벽한 쌍둥이 지구도 가상 공간에 출현한다. 일명, 가상 지구(Virtual Earth) 혹은 디지털 지구(Digital Earth)다. 이 단계는 제3차 가상혁명기로 진입하기 위해 필요하다. 가상 지구는 현실의 지구보다 더 현실 같은 지구, 현실보다 더 뛰어난 초월적 지구다. 가상 지구가 완성되면, 현실에 존재하는 지구도 변화를 강요받는다. 현실의 지구 위에 가상 지구가 입혀지고, 현실과 가상이 동시에 한 공간에 존재하는 복합 지구가 된다. 현실 공간의 지구는 망가지면 다시 만들어낼 수 없다. 있는 걸 잘 보존해야 한다. 하지만 가상세계에 만들어진 가상 지구[디지털 지구]는 망가지거나 인기가 없으면 폭파하고 얼마든지 다시 만들 수 있다. 제2차 가상혁명기는 제1차 가상혁명기보다 사람, 기업, 조직, 사회, 국가 기능을 흡수하는 속도가 빨라지고 범위도 넓어진다. 현재 우리에게 익숙한 포털, 홈페이지, 게임, SNS 등 모든 인터넷 활동도 흡수해버린다.

가상혁명 2단계 후반부가 되면, 가상 지구 구현 기술만 확보하면 누구나 가상 지구, 가상 행성을 만들 수 있다. 현실과 완벽하게 일치하는 가상 지구는 하나다. 나머지 가상 지구, 가상 행성은 현실세계에는 존재하지 않는 상상으로 가득 찬 공간이다. 이 시기가 되면 가상 지구 안에 나만의 가상 공화국을 만들 수 있고, 가상 지구 전체를 하나의 가상 공화국처럼 만들 수도 있다. 가상 지구 안에 사는 디지털 주민들에게 자치를 맡기면 자치 공화국이 되고, 특정한 기업이나 개인이 가상 행성을 만들고 소유권[운영권]을 갖게 되면 그들이 운영하는 공화국이 될 수 있다. 자기나름대로 국가 운영 기준이나 헌법을 만들 수도 있다. 가상 지구들은 운영방식이 어떠하느냐에 따라서 대중적인 지지를 얼마나 얻느냐에 따라서 인기 있는 행성이 될 수도 있고, 인기 없는 행성이 될 수도 있다. 디지털 주민들이 많은 행성은 가치가 상승하지만, 디지털 주민들이 없는 행성은 불모지가 된다. 가상 지구나 가상 행서에 사는 디지털 주민[혹은 가상주민]은 현실에 사는 사람이 만든 가상 아바타다. 가상 지구를 수없이 만들 수 있는 것처럼, 가상 아바타도 원하는 만큼 만들어 낼 수 있다. 인공지능을 자기 아바타에 심어 놓으면 컴퓨터나 스마트폰에서 로그아웃을 해도 가상 공간 안에서 내 아바타가 나의 조작 없이도 24시간 활동할 수 있다. 인공지능 기술을 사용하면 동시간에 몇 개의 아바타들을 각기 다른 가상 지구나 행성들에서 동시에 움직일 수도 있다. 제2차 가상 혁명기의 완성은 이런 세상의 완성을 가리킨다.

제1차 가상혁명 단계에서는 가상 공간에 접속하고(로그인) 접속을 끊는 것(로그아웃) 모두 자신의 의지로 할 수 있었다. 컴퓨터, 인터넷, 웹 브라우저를 켜고 끄는 모든 행위를 인간 사용자가 스스로 결정할 수 있었다. 제1차 가상혁명 단계는 상시 접속이 아니었다. 비상시적인 접속이었다. 제2차 가상혁명 후반기에는 가상 공간에 접속할 의지를 갖지 않아도 강제 접속될 수 있어서 개인에게는 접속을 끊는 것만 자기 의지로 가능하다. 제2차 가상혁명이 완성 단계에 이르면 집, 회사, 자동차, 도시 등 어느 장소에서든 컴퓨터나 스마트폰을 켜지 않아도 가상세계가 눈에 보이고 들리는 상시적 접속 상황이 만들어진다. 예를 들어, 회사에 출근하기 위해서 집을 나서서 자율주행 자동차를 탑승하는 순간 자동차 안에서 내다보는 외부 풍경이 모두 가상 지구의 모습이 될 수도 있다. 자율주행 자동차는 인공지능의 명령을 따라서 나를 회사까지 안전하게 출근시켜 주는 동안, 나는 내가 즐겨 찾는 가상 행성을 여행하면서 다양한 가상 활동들을 할 수 있는 미래다. 현재의 메타버스는 이런 단계는 아니기 때문에 개념 형성 단계라고 평가하는 것이다.

제2차 가상혁명 단계에서는 내가 지금 가상 공간에 있다는 것을 인지할 수 있다. 가상과 현실 공간의 차이를 구별할 수 있다. 하지만 제3차 가상 혁명기에 진입하면 인간의 생물학적 뇌와 몸이 가상과 현실 공간의 차이를 전혀 구별할 수 없게 된다. 필자는 이런 가상 공간을 매트릭스 세상(우주)이라고 부른다. 내가 가상에 있는 지 현실에 있는 지를 인지를 하느냐 못하느냐가 2차 가상혁명과 3차 가상혁명을 나누는 뚜렷한 기준이다.

제3차 가상혁명 단계에서는 가상 공간에 접속하고 접속을 끊는 것 모두 자신의 의지대로 하기 쉽지 않다. 가상세계의 해상도가 인간의 망막으로 보는 것과 같은 수준(레티나 해상도)으로 높아지고 실사 영화적 움직임을 하는 아바타와 가상 사물들로 가득 차 있으므로 인간의 뇌가 현실과 가상을 구별하지 못하여 접속을 차단하는 의지력 발휘가 쉽지 않다. 그래서 제3차 가상혁명 단계가 완성 수준에 오르면 인간은 가상세계에 상시 접속을 하고 평생 로그아웃하지 못한 상태로 살 수도 있다.

퀀텀 변혁이 완성된 뒤바뀐 세상에서, 제3차 가상혁명기 매트릭스 세상(우주)이 펼쳐지는 것은 두 가지 방법으로 가능하다. 하나는 가상세계를 인간의 뇌에 직접 주사하는 방식이다. 가상과 현실을 구별하는 시각이나 운동을 거치지 않고, 뇌에 직접 주사하기 때문에 가상과 현실을 전혀 구별하지 못한다. 다른 하나는 가상세계의 해상도가 현실세계와 동일한 수준까지 이르고, 현실 곳곳에 가상세계로 의식하지 않고 들어가고 나가는 통로가 존재한다. 예를 들어, 자율주행 수송 장치, 스마트 건물, 가상세계 진입 전용 박스(BOX) 등이다. 이런 통로를 통해 인간은 현실 지구에서 가상 지구를 거쳐 매트릭스 세상(우주)으로 들어간다. 현실 지구과 가상 지구는 완벽하게 일치하기 때문에 인간의 지각으로 구분하기 힘들다. 인간은 현실 지구와 가상 지구를 이어주는 통로에 들어서는 것으로만 두 세계 간 이동을 의식한다. 하지만 가상 지구에 들어선 이후로는 완전히 상상으로 만들어진 매트릭스 세상(우주)으로 진입을 인식하지 못한다. 가상 지구와 매트릭스 세상(우주)이 같은 해상도를 가지고 연결되어 있기 때문이다. 매트릭스 세상(우주)은 제2차 가상 혁명기에 만들어진 수십 개, 수백 개, 수천 개의 가상 지구들을 연결하고, A라는 행성에서 B라는 행성으로 디지털 좌표 이동 기술로 순간이동하게 만들어 가상 은하계로 확장한다.

먼 미래, 인간은 세 개의 뇌,
세 개의 몸을 가지고 우주로 나간다

퀀텀 변혁이 완성한 미래, '뒤바뀐 세상'에서 펼쳐질 미래 변혁의 최고봉은 인간의 변화다. 강한 인공지능이 인간의 뇌와 연결되고, 나노 기술로 인간의 생물학적 뇌 기능을 향상시키는 방법이 찾아지고, 클라우드 안에 인간의 지식과 생각들이 연결된다. 아바타라는 가상의 몸과 현실세계의 로봇을 인간의 몸과 연결시키는 기술이 완성되고, 영원히 성장하는 디지털 자아를 매트릭스 세상에서 영원히 살게 만들고, 생각하는 4D 프린터로 인간의 몸을 자유롭게 확장하며 사는 시대다. 특히, 눈여겨볼 변혁은 인간이 3개의 뇌를 갖는 '지능 증강(Intelligence Augmentation)' 상태다.

첫 번째 뇌는 개인이 가진 생물학적 뇌(biological brain)다. 모든 사람이 갖고 태어나는 생물학적 뇌(biological brain)는 바이오 및 나노 공학의 도움을 받아 의학적으로 증강(augmentation) 된다. 하지만 인간의 뇌 증강에 결정적 역할을 하는 것은 외부에 있는 2개의 뇌다. 인간의 2번째 뇌는 인공 뇌(artifical brain)로서 강한 인공지능 기술이 탑재되어 빅데이터를 학습하면서 '추가 지능'을 제공한다. 이런 인공 뇌는 개인이 소유하고 있는 외부 스마트 장치 안에 존재한다. 인간은 인공 뇌(artifical brain)와 접속하고, 연결하고, 통합되는 단계를 거치면서 자신의 뇌처럼 자유자재로 사용한다. 바이오와 나노 기술로 증강된 개인의 생물학적 뇌에 인간의 지능을 능가하는 인공지능을 자신의 뇌처럼 연장해서 사용하는 것만으로도 인류는 수천 년의 뇌 발전과 지식 축적을 한 번에 뛰어넘는 놀라운 지능 증강(Intelligence Augmentation) 효과를 얻게 될 것이다. 인간 지능 증강에 기여하는 3번째 뇌는 '클라우드 뇌(cloud brain)'다. 강력한 지능 증강을 한 인간의 생물학적 뇌들이 인터넷 공간에서 서로 연결되고 공유되어 인류의 전체 지능이 하나의 지성처럼 움직이는 집단 뇌 활용이 일어난다. 필자는 이것을 '클라우드 뇌(cloud brain)'이라고 이름 붙였다. 21세기 말경이 되면, 가상과 현실이 완벽하게 통합되어 가상인지 현실인지 전혀 구별하지 못하는 환경이 되면 클라우드 뇌도 의식적으로 완전히 통합되어 개인 자신의 생물학적 뇌처럼 사용할 수 있게 될 것이다. 퀀텀 변혁이 완성한 미래, '뒤바뀐 세상'에서는 이 3가지 뇌가 유기적으로 연결되어 통합 지능 시스템(total intelligence system)을 형성한다. 통합 지능 시스템은 의사결정의 주체, 속도, 방식, 대상 등에도 변화를 일으킨다.

인간의 생물학적 뇌가 인공지능과 클라우드 지능의 도움을 받을 수 있기 때문에 논리적이고 확률적 의사결정력이 비약적으로 향상된다. 의사결정의 속도도 빨라진다. 인공지능이 개인에게 최적화된 인공 뇌(artifical brain)는 소유자에 빛의 속도로 맞춤형 추가 지능을 제공한다. 인공뇌가 제공하는 추가 지능은 정확한 정보, 지식, 다양한 선택지들의 확률적 시뮬레이션 결과들이다. 클라우드 지능은 가치판단을 돕는다. 클라우드 지능은 전 세계에 곳곳에 연결되어 있기 때문에 실시간으로 세계에서 벌어지는 상황 변화를 의사결정에 반영하게 돕는다. 이런 도움을 단 몇 초 혹은 단 몇 시간 만에 받게 되면 개인의 가치판단 범위는 비약적으로 빨라진다. 의사결정 속도가 빨라지고 가치판단 범위가 넓어지더라도 의사결정의 정확도는 낮아지지 않는다.

의사결정 방식도 달라진다. 우선, 의사결정 장애현상을 극복할 수 있다. 3개의 뇌가 연결되고 통합되면서 논리적이고 확률적인 분석과 판단을 통해 가장 좋은 성과를 낼 것으로 예측되는 선택지를 단 몇 가지로 압축할 수 있다. 최종적으로 선택된 대안들 중에서 무엇을 선택할지도 확률적으로 표현되기 때문에 의사결정을 쉽게 할 수 있다. 클라우드 지능의 도움으로 자신의 선택이 가져올 미래변화에 대한 가치판단도 조언을 받을 수 있어서 의사결정에 대한 불안감이 줄어든다. 인간의 생물학적 뇌가 최종 의사결정을 하기 힘든 문제나 상황에 처하면, 개인화된 인공지능에게 의사결정을 위임할 수도 있다. 그러면 개인화된 인공지능이 클라우드 지능과 협업하여 의사결정을 빠르고 정확하게 진행할 수 있다. 개인화된 인공지능이 의사결정을 대행하더라도 가장 중요한 원칙과 전제는 개인이 미리 정해 놓을 수 있다. 개인에게 의사결정을 위임받은 인공지능은 정해진 원칙, 의사결정 규칙, 고려해야 할 상황들을 따져가면서 의사결정을 할 것이다. 이런 방식의 의사결정은 인간의 생물학적 뇌가 가지고 있는 최대 약점을 보완해 준다. 감정에 흔들리기 쉬운 단점이다. 의사결정의 대상도 넓어진다. 의사결정 대상이 넓어진다는 것은 의사결정 참여 범위가 넓어진다는 말이다. 좋은 말로는 참여이지만, 간섭이다. 참견이다. 기업이 만드는 제품과 서비스의 작은 문제에서부터 인류 전체의 거대하고 복잡한 문제에 개인의 의견을 반영할 수 있게 된다. 먼 미래의 이야기이지만, 우리는 이미 3가지 뇌를 다 가지고 있다. 지금부터는 3가지 뇌의 발전이 서로 연결되면서 나선형 상승을 하게 될 것이다.

그다음으로 눈여겨볼 인간 존재의 변혁은 인간이 3개의 몸을 갖는 '신체 증강(Body Augmentation)' 상태다. 첫 번째 몸은 개인이 가진 생물학적 몸(biological body)다. 모든 사람이 갖고 태어나는 생물학적 몸도 바이오 및 나노 공학의 도움을 받아 의학적으로 증강(augmentation) 된다. 하지만 인간의 몸 증강에 결정적 역할을 하는 것도 외부에 있는 2개의 몸이다. 2번째 몸은 가상세계 안에 있다. 3차원 가상 아바타다. 3차원 가상 아바타에 영원히 성장하는 가상 자아를 연결시키면 매트릭스 세상에서 영원히 살 수 있는 몸을 갖게 된다. 3번째 몸은 현실세계에 있는 로봇들이다. 휴머노이드 로봇을 신체의 확장으로 사용할 수도 있고, 생각하는 4D 프린터로 필요한 몸의 일부분을 만들어 생물학적 몸에 장착하거나 무선으로 연결시켜 활용할 수 있다. 퀀텀 변혁이 완성한 미래, '뒤바뀐 세상'에서는 현실에 있는 생물학적 몸에 컴퓨팅 칩을 심어 가상 공간에 있는 아바타와 현실세계에 있는 로봇을 연결시켜 다양한 신체 운동, 작업, 활동을 대신하게 할 수 있다. 그래서 몸의 연장이라고 부른다.

1989년 추수감사절을 보내러 고향으로 돌아가던 쉐리 로버츤은 자동차 사고로 오른쪽 전두엽 일부를 절개하는 대수술을 받았다. 사고로 망막도 거의 사라졌다. 시각 장애인으로 살던 쉐리 로버츤에게 37살이 되던 해에 기적이 일어났다. 로봇과 생체공학이 결합된 최첨단 기술로 '사이보그 인간'이라는 새로운 삶의 시작이었다. 2003년 리스본에서 뇌를 절개하고 후두엽과 정수리에 수백 개 전극이 달린 금속판 두개를 연결하는 수술을 받았다. 카메라 달린 안경은 망막을 완전히 상실한 눈을 대신하고, 허리에 찬 컴퓨터는 카메라를 통해 들어온 정보를 뇌가 이해할 수 있는 전기 신호로 바꾸어 시각 피질로 전달했다. 기적이 일어났다. 그녀의 뇌가 세상을 보기 시작했다. 쉐리는 세계에서 2번째로 '인공 시각 (bionic eye)'을 가진 사이보그 인간이다. 세계 최초로 이 수술을 받은 사람은 옌스 나우만이라는 독일인이었다. 2017년 8월 미국식품의약국(FDA)은 눈에 심각한 손상을 입거나 실명한 환자를 대상으로 망막에 칩을 이식하는 임상실험을 허용했다. 2014년 4년간 전신마비로 살아온 23살의 이안 버크하트라는 청년은 뇌-인터페이스 기술로 생각만으로 자신의 손을 움직이는 놀라운 기적의 주인공이 되었다. 뇌에 심어 놓은 4mm 마이크로 칩이 손을 움직이라는 뇌의 명령을 포착하여 손에 부착된 근육자극 장치에 컴퓨터 신호를 보내서 기적처럼 손을 움직였다. 퀀텀 변혁이 완성한 미래, '뒤바뀐 세상'에서는 이런 기술이 획기적으로 발전한다. 뇌 안에 칩을 심지만 외부 연결 장치는 무선화 된다. 몸에 착용하는 시각, 청각, 촉각 장치들은 매우 작고 가벼워진다. 뇌 안의 칩과 외부 장치들 사이에서 데이터를 관리하는 컴퓨터는 개인이 소지하는 스마트 디바이스로 대체된다.

2013년 말을 타다가 떨어져서 중상을 입어 하반신을 사용할 수 없게 된 존조 브라이트라는 전직 기수는 미국의 웨어러블 로봇 제작회사인 엑소 바이오닉스가 개발한 '인간 외골격(Human exoskeleton) 로봇'을 입고 다시 걸었다. 미국에서 개발한 블릭스(BLEEX)라는 입는 로봇을 착용하면 지치지 않고 시속 16Km로 계속 달릴 수 있고, 200kg이 넘는 물건을 들거나 던질 수 있다. 한국도 최대 120kg까지 들 수 있는 입는 로봇인 '하이퍼'를 개발했다.[401] 1992년 스키 사고로 걷지 못하게 돈 아만다 박스텔이라는 사람은 3D 프린터로 제작한 바이오닉 슈트를 입고 22년 만에 스스로 시내를 걸어다니게 되었다. 바이오닉 슈트는 뇌파와 연동하여 사람의 생각만으로 움직이는 입는 로봇이다. 세계에서 가장 먼저 초고령 사회에 진입한 일본은 근력 보완이 필요한 노인을 위한 '입는 로봇'을 대량생산했다. '입는 로봇'을 입으면 여성이나 노인도 무거운 물건을 가볍게 들 수 있다. 압축공기를 수축하여 움직이는 인공근육의 도움으로 튼튼한 보조 허리를 가질 수 있다. 퀀텀 변혁이 완성한 미래, '뒤바뀐 세상'에서는 이런 기술이 획기적으로 발전한다. 입는 로봇을 생각하는 4D 프린터로 자기 체형과 강화하고 싶은 신체 영역을 반영해서 맞춤형으로 제작할 수 있다. 영화 '엣지 오브 투모로우'에 나오는 엑소슈트(exosuits)라는 최첨단 전투복도 등장한다. 태양열을 활용해서 전기를 생산하는 나노봇이 가득 찬 액체형 태양광 패널 기술이 등장하여 배터리 중량 문제도 해결된다. 스마트 재료를 사용하여 조건과 환경에 따라 변형도 가능해진다. 나노

---

401 박지훈, "웨어러블이 만들어가는 신세계", 매일경제, 2014. 06. 27.

기술의 적용으로 옷처럼 가벼워진다. 줄여서 환자들이 사용하는데 큰 도움이 되도록 만들었다. 3D 프린터를 활용하면 환자의 몸에 좀더 적합한 로봇의 개발도 가능해진다. 일본의 로봇 및 오토메이션학회 회장을 지낸 나고야 대학의 후쿠다 도시오 교수는 로봇 기술은 인간의 경쟁자나 적이라기보다는 인간과 상생하면서 인류의 한계를 넓혀준다 고 주장한다. 아래는 한 언론과의 인터뷰에서 그가 표현한 로봇에 대한 생각이다.

> "깊은 바다, 화산, 우주는 인간의 세계가 아니었다. 하지만 로봇이 그 속으로 들어가 인간에게 그 세계를 열어 주고 있다. 우라늄을 만지는 매직 핸드(Magic Hand)를 아는가? 인류가 이런 극한의 세계까지 간 데에는 로봇의 힘이 크다. 인간과 로봇이 만나 인간의 세계가 심해와 화산까지 확대되는 것이다. 이것이 인간과 로봇의 상생의 원리다."[402]

필자도 이 주장에 동의한다. 로봇 기술은 인간의 신체의 한계를 높여주는 '신체 증강(Body Augmentation)' 기술이다. 퀀텀 변혁이 완성한 미래, '뒤바뀐 세상'에서 3개의 뇌와 3개의 몸을 갖게 된 인간의 역량은 상상을 초월할 것이다. 미래 기술을 예측할 때, 강한 인공지능이 인간을 지배하는 두려운 미래 이야기를 종종한다. 컴퓨터 지능이 특이점을 통과하면 스스로 진화하면서 인간이 제어할 수 없는 지적 인공 생명체가 된다는 믿음이다. 일명, '초지능기계(Ultra-intelligent Machine)' 가설이다. '초지능(superintelligence)'은 '일반지능(general intelligence)'을 넘어서는 지능이다. 일반지능은 다른 생명체의 뇌가 할 수 없는 몇 가지 능력을 갖춘 더 똑똑한 뇌를 가진 인간지능 전체를 가리킨다. 초지능은 현재의 인간지능 전체를

---

402 조선일보 편집국, 『세계 석학들이 본 21세기』, (서울: 조선일보사, 2000), 93.

넘어서는 지능이다. 초지능기계는 모든 영역에서 정보를 받아들이고 저장하고 출력하는 인지력[認知力], 대상을 분별하고 판단하는 인식력[認識力]과 어떤 판단을 근거로 다른 판단을 이끌어내는 추론력[推論力] 등 모든 영역에서 인간 전체 지능을 넘어서는 '지능 대폭발[intelligence explosion]' 상태에 도달한 수준이다. 필자도 이런 가설을 쓸데없는 생각이라고 폄하하지 않는다.

하지만 필자의 예측으로는 이런 초지능 인공 생명체가 등장하기 전에 인간 스스로가 초지능기계 인간, 슈퍼인텔리전스 존재가 될 가능성이 더 크다. 방법은 두 가지다. 하나는 강한 인공지능, 생명공학 기술[BT], 나노 기술[NT] 등으로 인간 게놈과 뇌신경 작용 자체에 개입하여 생물학적 인지능력을 향상시켜 인간이 초지능체로 발전하는 미래다. 쉽게 말해, 미래 기술들을 인간의 몸 안에 직접 적용하는 것이다. 하지만 이런 방식은 상당한 위험을 가지고 있고, 세대를 거쳐서 발전된 유전 형질을 전수하고 개선해야 하고, 유전자 조작이나 우생 배아선별 등의 심각한 윤리적 문제에 부딪히기 때문에 시간이 오래 걸린다. 즉, 논리적으로는 가능하지만 확률적으로 가능성이 아주 낮은 경로다.[403] 다른 하나는 이런 능력을 발휘할 수 있는 외부 장치들을 인간이 손쉽게 사용할 수 있도록 연결시키는 것이다. 그것이 바로, 필자가 예측한 3개의 뇌, 3개의 몸을 가진 미래 인간이다. 그것만으로도 미래 인간은 현재 인간이 상상할 수 없을 정도의 능력을 획득한다. 현재 우리가 상상할 수 없는 일들을 생각하고 실행하게 된다.

21세기 현재를 사는 인간이 현재의 기술들을 모두 가지고 조선시대로 시간여행을 했다고 가정해 보자. 조선시대 사람들이 보기에, 21세기에

---

403 닉 보스트롬, 『슈퍼인텔리전스』, 조성진 역, (서울: 까치, 2017), 75~90.

서 온 인간은 자신들과 완전히 다른 인간 종(種, species)이다. 21세기 모든 기술력을 사용할 수 있기 때문에, 조선의 군대 전부를 능가하는 파괴력을 보일 수도 있다. 미래에서 가져온 자동차를 탄 인간은 100km를 단 한 시간에 주파한다. 하늘을 날 수도 있고, 바다 깊은 곳을 잠수할 수 있다. 지구 밖으로 나갔다가 살아서 돌아올 수도 있다. 그들에게는 불가능이라고 생각하는 일, 지능을 발휘한다. 조선시대 사람들은 이런 일들을 눈으로 보고도, 21세기에서 온 인간을 전혀 이해할 수 없다. 그래서 이렇게 말할 것이다. "신이 강림하셨다!" 퀀텀 변혁이 완성한 미래, '뒤바뀐 세상'에서 3개의 뇌와 3개의 몸을 가진 새로운 인간 종(種, species)을 현재의 시각에서 이해하기 쉽지 않다. 하지만 필자가 예측한 미래는 시간 문제일 뿐 언젠가는 우리 눈 앞에 그 모습을 드러낼 가능성이 크다. 3개의 뇌와 3개의 몸을 갖게 된 미래 인류는 우리가 상상할 수 없는 능력, 우리가 신의 영역이라고 간주하는 능력과 지능을 보여 줄 것이다. 이런 능력을 가지고 지구 밖 우주까지 삶의 범위, 일의 범위, 여행의 범위를 높일 것이다. 지구에서 부족한 자원을 달을 비롯한 은하계 전체에서 채취하고, 화성에 정착해서 새로운 문명을 건설할 것이다. 이것이 먼 미래, 뒤바뀐 세상에서 일어날 수 있는 일들이다. 그리고 단지 먼 미래일 뿐이지, 불가능한 미래가 아니다.

한국
위대한
반격의 시간